새로운 금융시장

허고광

박영사

머 리 말

현대 경제사회의 특징 중 하나는 세계화(globalization)라 할 수 있다. 금융자본이 전세계를 무대로 투자되며 금융시장에서는 국경을 넘나드는 선물·옵션·스왑 등 파생상품이 전통상품을 압도하고 있다. 이러한 현상은 더욱 확산될 것인가? 만약 된다면 그 기간은 얼마나 오래일까?

경제학설에 Keynes의 유효수요이론 영향이 계속 남아 있는 한편 Friedman의 신자유주의적 통화주의(monetarism) 역시 경제사회에 짙은 그림자를 드리우고 있다. 이들은 "시장은 본래 안정적이다"라고 생각한다. 시장은 과연 안정적일까? 시장심리의 변동은 시장안정에 어느 정도 영향을 미치는가?

신고전학파의 방법론적 개체주의가 풍미한 후 인간의 행동원리에 대한 포괄적 논의가 진행되고 있다. 우리들의 경제행위에 여러 가지 비합리성이나 규범이 개입된다는 이론이 상당한 설득력을 얻는다. 행동·신경·실험경제학이 그러한 것들이다. 이들 이론에 따른다면 금융시장은 어떻게 변모해갈까? 이 과정에서 게임이론이 적용될 수 있을까?

개인, 기업, 정부 등 경제주체들은 불확실한 상태를 어떻게든 예측하고 그에 따라 행동한다. 이러한 예측을 모형화한 것이 경제예측모형이다. 여기에는 정확한 예측을 전제하는 완전예측모형이 있는가 하면 주어진 정보를 활용하여 합리적 예측을 할 뿐이라는 합리적 기대모형도 있다. 오늘날의 금융시장을 예측하는 데에는 어떤 모형이 가장 적합한가?

이러한 것들은 경제학을 실제적으로 공부하면서부터 가져온 의문이었다. 더욱이 정보 및 금융공학의 발전으로 새로운 금융기법·금융상품·금융기관들이 여러 가지 형태로 시시각각(時時刻刻) 생겨나고 있는 요즈음에는 넓고 큰 눈으로 살펴보아야만 그러한 의문에 답할 수 있을 것이다. 그리고 새로운 시각으로 들여다 보아야만 보다 나은 답안을 내놓을 수 있다. 정책에 있어서도 여러 가지 사안에 동시다발(同時多發)로 접근해야만 효과적 해결책 제시가 가능하다.

「새로운 금융시장」이라고 이름 지어진 이 책은 위에서와 같은 문제의식과 필요성에 의해 구상되었다. 이론과 실제를 한 바구니에 담았고 찬성과 반대의 경우를 함께 소개하기도 했다. 내용에 있어 금융시장 기초에서 경제정책과 금융감독까지를 포괄하다보니 책의 부피가 너무 두툼해지고 말았다.

나는 1998년부터 연세대학교 경제대학원에서 금융시장론을 강의해 오고 있다. 그 영역이 넓어서인지(예를 들면 정치학, 사회학, 심리학, 법학 등) 읽어야 할 책, 정리해야 할 자료들이 생각보다 많았다. 너무나 많은 변화가 일어나고 있는 금융시장이기에 조금이라도 한눈을 팔고 있으면 놓쳐버리는 게 많을 것 같아 정신 바짝 차리고 매일매일 국내외 금융시장의 움직임을 보고 있다.

이 버릇은 한국은행 뉴욕사무소에서 외화자산운용을 담당하면서부터 비롯되었다. 그때 Wall Street에서 매일 일어나는 엄청스런 변화를 알아차린다는 것은 쉬운 일이 아니었다. 정보가 될 만한 것들은 모두 모으고 관련된 이론에 대해 공부할 수밖에 없었다. 시장분석가, 투자전문가, Broker, Trader들과 시장동향과 전망에 대해 얘기를 나누는 일은 필수적이었다.

한국은행 국제부에서는 환율 및 외환거래 문제에 대해 더욱 깊이 생각하게 되었다. 환율은 실물경제변수뿐만 아니라 통화·재정정책 나아가 세계경제와도 밀접히 연관되어 있음을 눈으로 볼 수 있었다. 다행히 조사부에서 경제전망과 국제수지 분석을 해보았고 자금부에서 통화관리와 정책금융에 관한 일을 담당했었기에 문제의 핵심과 정책방향을 비교적 빨리 잡을 수 있었다. 금융경제연구소에서 경제모형을 다루어 본 것이 정말 유익했다. 은행감독원에서 맡았던 은행의 위험과 경영, 감독 및 규제 등에 관한 업무는 경쟁과 규제를 어떻게 조화하는 것이 보다 낫다는 것을 가르쳐 주었다.

이 책은 강의시간마다 내가 소개했던 이론과 금융시장에서 직접 겪었던 일들을 정리한 것이다. 중앙은행, 시중은행, 보험회사 그리고 국제금융기구에서의 근무경험은 나의 강의내용을 한층 폭넓게 만들 수 있었다. 경제학에서 가장 어려운 것은 자연과학과는 달리, 실험을 할 수 없다는 것이라고 한다. 어떤 문제에 대한 해답도 한 가지가 아니고 여럿일 수 있다는 점이다. 이것들을 조화시킨다는 것은 쉬운 일이 아니어서 어려움이 많았다.

이 책은 총 12개장으로 구성하였다. 제 1 장에서는 금융시장이 어떻게 성립되었으며 소비—생산과의 관계는 무엇인가를 살펴본 후 시장의 효율성에 대해 검토한다. 특히 새로운 금융시장이론 중 어떠한 것이 쓰임새가 있는가를 비교해 보았다. 제 2 장에서는 금융시장을 어떻게 분석하는 것이 좋은 것인가에 대해 알아본다. 기초적 · 기술적 분석방법 외에 새로운 분석 및 예측방법을 살펴본다.

제 3 장은 금융시장에서 거래되는 상품에는 어떤 것들이 있는가를 찾아본다. 크게 3가지로 나누어 장단기금융 · 외환상품, 파생금융상품 및 국제금융상품을 구체적으로 알아보았다. 이러한 금융상품들을 어떻게 선택할 것인가에 대해서는 제 4 장에서 찾아볼 것이다. 위험과 분산투자와의 관계, 나아가 효율적 자산구성에 대해서도 살펴본다.

제 5 장과 제 6 장에서는 대표적 자산가격인 금리 · 환율의 결정과 이들의 변동이 금융시장에 미치는 영향이 어떠한가를 논의한다. 통화, 재정 및 외환정책과의 관계도 살펴볼 것이다. 제 7 장에서는 최근 급성장하고 있는 파생금융시장의 구조와 거래메커니즘을 알아본다. 물론 개별시장별 특징을 살펴볼 것이다. 특히 옵션가격결정모형인 Black—Scholes모형의 구체적 내용을 추가하였다.

금융시장에서 중심적 역할의 하나인 시장조성자 역할은 금융기관이 맡고 있다. 제 8 장은 이러한 금융기관의 경영과 최근의 변화에 대해 살펴본다. 한국의 금융기관에는 어떠한 것들이 있는지, 그것들이 하는 일은 무엇인지도 알아본다. 이어서 제 9 장과 제10장에서는 한국의 장단기 금융시장과 국제금융시장의 발전과 최근 움직임에 대해 살펴보았다.

제11장에서는 경제정책과 금융시장의 관계를 알아볼 것이다. 아울러 금융의 발전요인을 찾아본 후 금융의 안정과 위기에 대해서도 살펴본다. 1997년 한국의 금융위기 원인과 대책에 대해 평가해 보았다. 마지막으로 제12장에서는 시장 및 정부실패의 원인을 찾아본 후 금융규제와 감독의 원리 · 형태에 대해

설명하기로 한다. 최근의 금융환경변화를 부문별로 살펴본 후 앞으로의 감독정책방향을 제시하였다.

이 책이 나오기까지 여러분들이 격려해주시고 애써주셨다. 연세대학교의 윤석범, 박진근, 하성근 교수와 김대식 한국은행 금융통화위원은 내가 이 책을 쓸 수 있도록 해주신 분들이다. 언제 책이 나오느냐고 독촉도 해주셨다. 한국은행 신운 박사, 강성경 · 강태수 팀장, 금융감독원의 김종민 팀장은 각 장의 초고(草稿)를 꼼꼼히 읽으면서 잘못된 것을 고쳐주고 부족한 것을 채워주었다. 금융감독원의 박창섭 국장은 책의 구성과 세부내용에 대해 도움말을 주었다.

위의 모든 분들에게 깊은 감사를 드린다. 그리고 박영사의 안종만 회장, 심성보 위원, 조성호 차장, 송창섭 대리와 휴일도 거른 채 애써주신 편집부 여러분들께도 인사드린다. 내가 책을 쓸 동안 회사 일을 도맡아 해준 동서에프인(주)의 윤효석 상무와 Word Processor를 활용하여 원고를 정리해 준 최유진 대리에게도 감사한다. 책을 쓸 수 있도록 나를 자유롭게 해주면서 격려도 아끼지 않은 아내 손홍숙 교수와 좋은 책이 나오도록 멀리서 기도해준 호영 · 인화 · 인혜 부부들에게도 고마움을 보낸다.

2008년 7월

저 자

차 례

제1장 금융시장의 성립과 이론

제 2 장 국민경제와 금융시장분석

제 3 장 금융시장에서 거래되는 상품

제 4 장　금융자산의 선택

제 5 장 금리와 금융시장

제 6 장 환율과 외환시장

제 7 장 파생금융상품시장

제 8 장 금융기관과 금융시장

제 9 장 한국의 장단기 금융시장

제11장 경제정책과 금융시장

제12장 금융시장의 규제와 감독

표 차 례

그림 차례

CHAPTER 1

금융시장의 성립과 이론

1

제1절 금융시장의 성립

1. 금융시장이란 무엇인가?

경제주체 간의 거래는 크게 실물거래(real transaction)와 금융거래(financial transaction)로 나눌 수 있다. 전자는 상품과 서비스를 매매(賣買)하는 거래이고 후자는 금융자산의 경우이다. 흔히 실물거래에 따른 자금흐름을 산업순환(industrial circulation), 금융거래에 따른 자금흐름을 금융순환(financial circulation)이라고 한다.

금융거래는 대개의 경우 소득이 지출보다 많은 흑자지출단위(surplus spending units: SSU)와 지출이 소득보다 많은 적자지출단위(deficit spending units: DSU) 사이에 이루어진다. 저축을 초과하여 투자하는 기업은 DSU인 반면 대부분의 가계처럼 저축이 투자를 초과하는 경제단위는 SSU이다. 정부는 재정적자기에는 DSU이지만 흑자기에는 SSU이다.

금융시장(financial markets)이란 SSU로부터 DSU로 자금이 이전되는 시장을 말한다. 이 시장은 DSU의 자금수요와 SSU의 자금공급을 중개하는 시장인데 조직적으로 금융거래가 이루어지는 곳이기도 하다. 여기에서의 곳이란 구체적 공간뿐만 아니라 자금의 수요/공급이 유기적으로 이루어지는 추상적 공간도 포함한다.

모든 경제부문의 자금원천은 실물부문에서 생기는 소득과 금융부문에서 빌린 금액이다. 자금운용은 (i) 실물부문에서는 상품과 서비스에 대한 총지출로, (ii) 금융부문에서는 금융자산의 취득의 모습으로 나타난다. 일정기간의 자금원천과 자금운용은 사후적으로 같으므로 다음과 같은 관계가 성립한다.

$$E + \Delta A = Y + \Delta L \tag{1-1}$$

E: 총지출, ΔA: 금융자산취득(자산증가)
Y: 소득, ΔL: 차입액(부채증가)

편의상 가계와 기업으로 구성된 2부문 경제를 가정하면 소비를 C, 투자를 I, 저축을 S라고 할 때

$E = C + I$이고, $Y = C + S$이다.

이 두 식을 (1-1)식에 대입하면

$$C + I + \Delta A = C + S + \Delta L \tag{1-2}$$

이를 정리하면

$$I - S = \Delta L - \Delta A \tag{1-3}$$

위의 식은 투자와 저축의 차이가 금융부채증가와 금융자산증가의 차이, 곧 금융자산의 (순)변동액임을 나타내 주고 있다. 실물부문에서 투자가 저축을 초과함으로써 적자가 발생하면 금융자산은 (순)감소를 나타내어 외부(순)차입이 불가피하다. 반대의 경우에는 금융자산의 (순)증가로 외부(순)대출 현상이 생긴다.

투자 및 저축의 주체가 각각 다르기 때문에 이들이 사전적으로 같아지기는 어렵다. 따라서 자금을 빌리고 빌려주는 금융행위가 시장에서 일어난다. 만일 각 개인이나 기업이 항상 자기의 저축만을 투자에 이용하는 자기금융에만 의존할 경우 금융시장은 필요치 않을지도 모른다. 그러나 자금의 공급자 SSU와 수요자 DSU가 서로의 거래를 끈임없이 하고 있기 때문에 금융시장은 존재한다.

우리가 알고 있는 바와 같이 경제제도 안에는 세 가지의 시장, 즉 생산요소시장(factor markets), 생산물시장(product markets), 금융시장이 운영되고 있다([그림 1-1] 참조). 생산요소시장에서는 토지, 노동 및 자본과 같은 생산요소들이 제공되면서 임대료, 임금, 배당 등의 형태로 생산요소의 소유자들에게 소득이 분배된다.

생산물시장에서는 상품과 서비스 또는 소비재와 생산재의 형태로 생산물의 공급이 이루어진다. 가계의 소비지출과 기업의 투자지출은 생산물에 대한 수요이다. 기업은 생산물 시장에서 얻은 이익을 (i) 주주(株主)들에게 배당하거나, (ii) 투자기금 마련을 위하여 이익의 상당부분을 유보하며, (iii) 미래의 불확실성에 대비하여 자본준비금으로 충당하기도 한다.

금융시장에서는 금융거래를 통하여 저축과 투자가 연계된다. 흔히 말하듯이 금융시장은 가계(저축의 주체)와 기업(투자의 주체)을 연결시킨다. 구체적으로는 생산요소 및 생산물시장에서의 재화 및 서비스 거래가 원활히 이루어지도록 한다. 이러한 과정에서 금융시장은 금융제도라는 틀 안에서 금융자산의 가격과 금리를 결정하고 금융자산의 이전을 가능하게 하는 등의 핵심적 역할을 한다.

금융제도란 금융구조를 구성하는 장치로서 금융거래에 관한 일체의 규범

그림 1-1 경제제도 안에서의 3 가지 시장

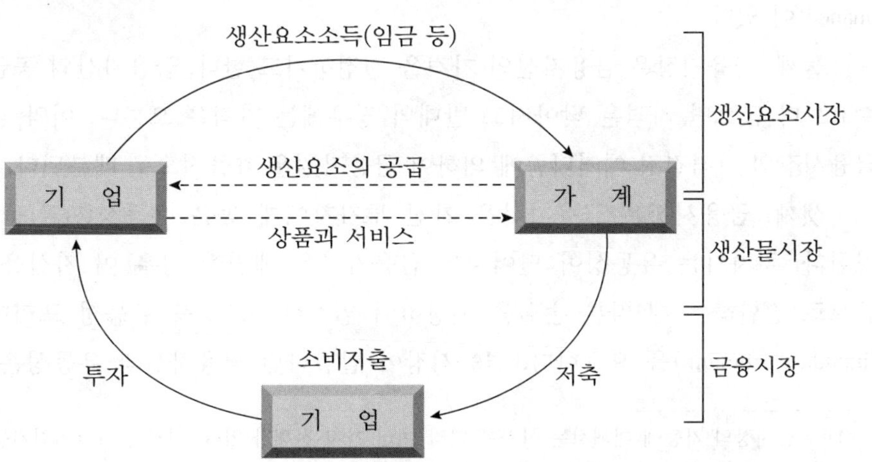

과 체계인데 금융거래와 관련된 법, 규제, 관행, 중개조직 및 수단 등을 포함한다. 금융구조란 금융제도, 각 경제주체들의 금융거래 행태, 그리고 이들의 배경이 되는 실물거래와의 상호의존관계 등을 포괄하는 개념이다.

금융제도 안에는 금융거래가 이루어지는 금융시장, 금융거래를 중개하는 금융기관, 그리고 금융거래를 지원하고 감시하는 금융하부구조가 있다. 금융하부구조는 시장의 거래준칙이나 금융기관의 인가 · 경영, 재산권 보호 등을 규정하는 법률체계와 금융거래와 관련된 각종 기구, 곧 금융감독기구, 예금보험 관련 기구 등을 말한다.

2. 금융시장의 기능

현대적 의미에서 금융시장은 금융자산의 매수자와 매도자가 거래에 필요한 정보를 서로 전달할 수 있도록 함으로써 금융자산의 교환을 쉽게 하는 메커니즘이다. 금융시장의 기능은 여러 가지이다.[1] 첫째, 금융시장은 소득보다 지출을 적게 함으로써 잉여자금을 갖고 있는 사람들(SSU)로부터 소득보다 지출을 더 많이 하려고 하기 때문에 자금이 부족한 사람들(DSU)에게 자금을 이전하는 역할을 수행한다. 자금이 이전되는 방식에는 대여자로부터 차입자에게 직접 이전되는 직접금융(direct finance)과 금융기관을 통하여 이전되는 간접금융(indirect finance)이 있다.

둘째, 금융시장은 금융자산의 가격을 결정하기도 한다. 금융자산의 공급이 수요보다 많으면 가격은 낮아지고 반대의 경우에는 가격은 오른다. 이와 같은 금융시장의 가격결정 메커니즘에 의하여 금융자원은 효율적으로 배분된다.

셋째, 금융시장은 금융자산을 가진 투자자에게 높은 유동성(환금)을 제공한다. 투자자는 유동성이 떨어지는 금융자산을 매입할 경우 이 자산을 현금으로 전환하는 데 따른 손실을 예상하여 일정한 보상, 즉 유동성 프리미엄(liquidity premium)을 요구한다. 금융시장이 발달하면 금융자산의 유동성은 높

1) 금융시장의 기능에 대해서는 학자에 따라 여러 가지 견해가 있다. 저자는 자금이전기능 외에 대략 6가지를 주요 기능으로 들고 싶다.

그림 1-2 자금이전의 경로

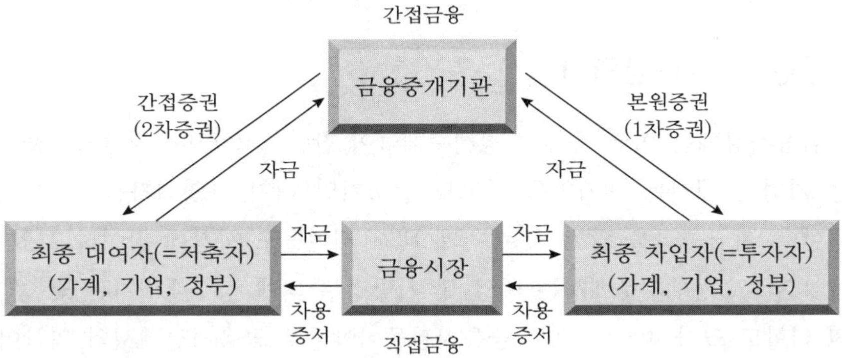

아지고 유동성 프리미엄이 낮아짐으로써 자금수요자의 차입비용은 줄어든다.

넷째, 금융시장은 저축자로 하여금 위험을 분산시킬 수 있도록 여러 가지 금융자산을 제공한다. 또한 불확실성을 기피하는 대여자 또는 차입자로부터 대가를 받고 위험을 부담하려는 저축자 또는 투자자에게 위험을 이전시키는 금융상품을 공급한다. 금융시장이 위험을 분산시킬 수 있도록 해주기 때문에 저축자는 차입자의 차용증서를 그만큼 더 많이 사게 되며 투자자는 자금조달을 더 많이 할 수 있게 된다.

다섯째, 금융시장의 또 다른 기능은 정보의 생산 및 전달이다. 거래상대방의 신용에 대한 정보가 부족하여 돈을 빌리고 빌려주기가 꺼려질 때 금융시장을 통하면 비교적 쉽게 금융행위가 이루어질 수 있다. 투자자가 차입자의 채무상환능력 등에 관한 정보를 직접 얻으려 한다면 비용과 시간이 많이 들 뿐 아니라 때로는 불가능할 수도 있다. 그러나 금융시장이 있는 경우 차입자의 신용에 관한 정보는 주식의 가격이나 회사채의 금리 등에 반영되어 전달되므로 투자자가 정보를 취득하는데 따른 비용과 시간이 크게 줄어들 수 있다.

여섯째, 최근 논의되고 있는 금융시장의 중요한 기능으로서 시장참여자를 감시하고 평가하는 시장규율(market discipline)을 들 수 있다. 이것은 차입자의 건전성을 높이기 위해 시장참여자가 그 차입자 발행의 주식 또는 채권가격 등의 시장 신호를 활용하여 감시기능을 수행하는 것이다.

3. 금융시장의 참여자

금융시장에는 여러 종류의 경제주체들이 참여하고 있다. 자금차입을 주로 하는 기업 중에서는 대기업들 말고도 중소기업 내지 자영업자들까지 시장에 참여한다. 자금공급을 맡고 있는 가계 내지 개인들도 시장에 참여하고 있다고 보아야 한다. 정부부문에서는 중앙 및 지방정부 외에 정부대행기관 및 공기업들의 역할도 크다. 마지막으로 금융기관들이야말로 금융시장에서의 역할이 매우 크다.

잘 조직된 금융시장을 보고 있노라면 마치 시장의 이면에 어떤 굉장한 능력을 갖춘 사람이 거래를 성사시키고 가격을 조절하며 초과수요 · 공급을 해결하고 있는 듯한 착각에 빠지게 된다. A. Smith가 얘기한 '보이지 않는 손(invisible hand)'이 느껴지는 것이다. 우리는 이러한 보이지 않는 실체로서 시장조성자(market maker)가 시장에 존재한다고 이해한다. 이들은 시장에서 거래를 성사시키기 위하여 가격을 공시하거나 자신의 책임하에 매매거래를 주선하는데 특화된 경제주체이다.

금융시장에서는 금융기관들이 이러한 시장조성자의 역할을 담당한다. 예컨대 은행은 예금자와 차입자의 거래요구를 만족시키는 역할을 하는 시장조성자이다. 예금자와 차입자가 거래를 원하는 시기와 자금량이 각기 다르므로 은행이 나서서 시장조성자로서 예금시장과 대출시장을 조성한다. 이 경우 예금금리와 대출금리의 차이, 즉 예대마진이 은행에게는 시장조성자로서의 역할을 하는 대가로 얻게 되는 매매차익(bid-ask spread)이 된다.

이와 같이 금융시장은 금융기관이라는 시장조성자들에 의해 조직화되어 있다. 금융기관 중에서는 은행의 역할이 특히 강조되고 있다. 왜냐하면 금융시장이나 금융산업의 균형적 발전은 은행 부문의 안정적이고 효율적인 기능 수행을 전제로 하기 때문이다. 은행은 그 자신이 자금시장의 주요 참여자일 뿐만 아니라 여신심사 및 사후감시 과정에서 기업에 대한 정보를 생산하는 중요한 역할을 담당하고 있다. 그리하여 은행 부문의 안정없이 금융시스템의 발전을 도모할 수는 없다고 인식되고 있다.

4. 금융시장과 기업

금융시장 내에서 금융기관이 시장조성자라고 한다면 기업은 최대의 자금 수요자라고 할 수 있다. 기업의 경제행위 핵심은 어떤 부문에 얼마를 투자할 것이며 이에 소요되는 자금을 어떤 방식에 의해 조달할 것이냐이다. 이때 중요한 것은 기업이 내부금융과 외부금융의 비율을 어떻게 조정하며, 외부금융에 따르는 경우 어떤 금융수단을 써서, 어떠한 방식으로 자금을 조달하느냐에 관련된 문제이다.

(1) 기업의 투자이론

자본주의 경제에 있어서 지속적 성장의 원동력은 기업의 투자이다. 투자란 기업이 이윤을 목적으로 실물 및 인적 자산을 마련하는 행위이다. 그러나 투자에 대한 근본적인 이해를 위해서는 "어떤 경제주체가 왜 투자를 하며, 그 모양은 어떻게 다른가, 또 그것은 어떤 방법으로 변화할 것인가를 이해하는 것"이 중요하다.

J. A. Schumpeter(1934)에 의하면 창의적인 기업가정신이 혁신(inovation)을 일으킨다. 이것이 투자를 발생시킴에 따라 이윤이 생기는데 이윤을 추구하기 위한 투자가 자본주의 발전의 원동력이 된다고 그는 보았다. 이 견해는 지금까지도 유효한 것 같다.[2)]

---

2) 경제발전 과정에서 기업가의 창조적 파괴 행위를 강조하는 Schumpeter는 기업가가 혁신을 이루기 위한 전제조건으로 은행의 신용창출 역할을 강조한다. 여기서 혁신이란 생산요소들을 새롭게 조합하는 행위이다. 그의 「경제발전론」에 따르면 경기순환은 자본주의 경제의 고유한 현상이며 경제는 이론적으로 끊임없이 주기적 변동을 거치면서 발전할 수 있다고 한다. 그럼에도 불구하고 그는 자본주의 경제의 미래를 낙관적으로만 보지 않았다. 그 이유는 경제발전 초기 단계에서 볼 수 있었던 기업가의 의지, 능력, 열정 등이 경제가 발전할수록 일상적인 가치로 퇴색하면서 기업가의 입지가 점차 줄어들 뿐만 아니라 혁신 과정이 창의적 기업가보다 기계적인 과정에 의해 이루어지기 때문이다.

기업이 어떤 사업에 대하여 투자를 할 것인가, 말 것인가를 결정하는 기준으로는 두 가지 방법이 있다. 내부수익률(internal rate of return: IRR)기준과 현재가치(present value: PV)기준이 바로 그것이다. 어느 기업이 1기부터 t기까지 Q만큼을 투자한다고 하자. 이때 t기까지 각각 R_1에서 R_t의 수익이 발생한다고 하면 투자의 PV를 만족시키는 어떤 할인율이 존재하는데 이를 투자의 IRR이라고 한다.

$$PV = -Q + \frac{R_1}{(1+r)} + \frac{R_2}{(1+r)^2} + \cdots + \frac{R_t}{(1+r)^t} \tag{1-4}$$

PV: 투자의 현재가치
Q: 잔존기간 t년도의 어떤 투자를 위한 투자액
R_t: 매기마다 나오는 순수익

IRR(위 식에서는 r)은 기업에 다음과 같은 투자기준을 제시한다. 우선 시장금리(i)와의 비교이다. 만일 $r > i$인 경우 이 투자는 타당성이 있는 것으로 판단할 수 있으나 $r < i$인 경우는 투자타당성이 없는 것으로 판단한다. 여러 가지 투자대안이 있는 경우 r이 높은 것부터 선택하는 것이 바람직하다.

위에서와 같은 투자의 현재가치는 (순)현금수입을 시장금리로 할인함으로써 얻어진다. 실제 계산은 각 시점에서 발생하는 수익을 시장금리로 할인한 금액과 t시점에서 평가한 당해 투자의 현존가치의 합계에서 투자액을 차감한다.

$$PV = -Q + \frac{R_1}{(1+i)} + \frac{R_2}{(1+i)^2} + \cdots + \frac{R_t}{(1+i)^t} + \frac{A}{(1+i)^t} \tag{1-5}$$

i: 시장금리
A: t년 후에 있어서 당해 투자의 현존가치

따라서 현재가치는 예상수익이 많으면 많을수록, 시장금리가 낮으면 낮을수록 크다. 현재가치는 기업에 대해 다음과 같은 투자기준을 제시한다. 먼저 $PV > 0$인 투자에 한하여 투자해야 한다. 여러 가지 투자가 있을 때는 PV가 큰 것부터 우선 투자해야 한다.

그러나 실제적으로 투자결정을 할 때 예상수익을 측정하는 것은 매우 어려

운 일이다. 그리하여 주가를 예상수익이나 기업가치의 대용변수로 활용하여 투자타당성을 판단하려는 방식이 있다. 주가 움직임이 특정 투자에 대해 사람들이 어떻게 평가하는가를 나타내 주지는 못하지만 기업의 전반적인 예상수익에 대한 사람들의 평가를 어느 정도 반영한다는 전제하에서 출발한 것이다.

J. Tobin(1969)은 기업이 소유하고 있는 기존의 물적자산의 총대체비용(aggregate substitution cost: ASC)을 평가하여 이를 주식의 시가총액(MV)으로 나누어 계산한 비율을 아래의 식과 같은 q비율로 정의하였다.[3)]

$$q\text{비율} = \frac{ASC}{MV}$$

이때 $q > 1$인 기업은 그 자산을 확보하기 위해 내부유보이윤 내지 신규주식발행대금을 실제로 투자하는 것이 유리하다는 의미에서 투자유인을 갖는다고 볼 수 있다. 반면에 $q < 1$인 경우 기존자산에 대한 투자마저도 억제된다고 평가한다.

기업의 생산시설과 생산량 간에는 일정 비율이 있다고 하자. 그런데 이번 기말의 시설은 이번 기의 예상생산량과 연결되므로 그 관계는 다음과 같은 식으로 나타낼 수 있다.

$$\frac{K_t^*}{Y_t^e} = v \text{ 또는 } \Sigma K_t^* = vY_t^e \tag{1-6}$$

K_t^* : 이번 기말에 필요한 목표자본의 저량(stock), Y_t^e : 예상산출량
v : 자본저량의 양과 생산량 사이의 기술적 관계를 나타내는 자본계수(capital-output ratio 또는 capital coefficient)

그런데 이번 기의 예상산출량은 과거의 산출량에 일정한 예상치를 감안한 것이므로 k를 예상계수라고 하면 아래와 같은 식이 성립한다.

---

3) Fumio Hayashi, "Tobin's Marginal q and Average q: A Neoclassical Approach," Econometrica 50(January 1982), pp. 213~224와 L. H. Summers, "Taxation and Corporate Investment: A q-theory Approach," Brookings Papers on Economic Activity(1981), pp. 67~140 참조.

$$K_t^e = kY_{t-1} \quad \text{단, } k>1 \tag{1-7}$$

또한 기업이 계속기업으로서 목표산출량을 달성하고자 한다면 목표자본저량과 지난 기 자본저량의 차이만큼 투자(I)가 이루어져야 하므로 이를 식으로 나타내면 아래와 같다.

$$I = K_t^* - K_{t-1}$$

그런데 투자가 모두 이번 기 내에 이루어질 필요는 없다. 기업의 입장에서는 적절한 조정을 통해 투자를 할 것이므로 a를 조정계수라하면 이번 기에 일어날 실제 투자(I_t)는 다음과 같이 정의할 수 있다.

$$I_t = a(k_t^* - K_{t-1}) \quad \text{단, } 0<a<1 \tag{1-8}$$

이제 위의 정의식들로부터 이번 기의 투자에 대한 식을 정리하면 다음과 같다.

$$I_t = a(vkY_{t-1} - K_{t-1}) \tag{1-9}$$

또는 $I = i(Y, K)$이다. (1-9)′

$$\text{단, } \frac{\partial I}{\partial Y} > 0, \ \frac{\partial I}{\partial K} < 0$$

위의 식은 투자는 실현된 생산량과 기존의 자본저량의 양에 의존함을 말해준다. 이것이 저량조정원리에 입각한 투자함수이다.

(2) 기업의 자금조달 이론

기업은 합리적인 투자를 실행에 옮기기 위해 자금을 필요로 한다. 이 자금을 내부에서 다 조달할 수 없을 경우 외부로부터 조달하여야 한다. 자금의 형태는 (i) 어떤 용도에 사용할 것이냐에 따라 시설자금과 운영자금, (ii) 조달경로에 따라 내부자금과 외부자금, (iii) 조달수단에 따라 자기자본과 타인자본, (iv) 소득 및 자산 청구권의 특성에 따라 지분조달(equity financing)과 부채조달(debt financing), 또는 후순위자본과 선순위자본 등으로 구분할 수 있다.[4]

레버리지(leverage)란 기업의 자금조달에 있어 선순위 자본을 쓰는 정도를 말한다. 이것은 차입자본과 총자본(자기자본+차입자본)의 비율로 나타내는데, 자기자본에 비해 타인자본의 비중이 많을수록 레버리지는 높아진다. 적정레버리지를 유지하기 위해 또는 자금조달에 따른 순편익을 극대화하기 위해 자금조달수단을 선택하는 기준은 대개 다음 4가지이다.

① 자금조달비율: 가장 대표적인 자금조달수단인 주식발행, 회사채발행, 금융기관차입의 조달비용비율은 다음과 같이 계산한다.

$$\text{주식발행비용률} = \frac{\text{배당금} + \text{세금}}{\text{발행금액} - \text{발행비용}}$$

$$\text{회사채발행비용률} = \frac{\dfrac{\text{당초경비} + \text{기중경비}}{\text{평균상환연수}}}{\text{발행액면가} - \text{당초경비}}$$

$$\text{금융기관차입비용률} = \frac{\text{지급이자} + \text{예금이자}}{\text{차입약정금액} - \text{구속성예금}} + \frac{\text{부대비용}}{(\text{대출기간 } X_1 / \text{차입금액 } X_2)}$$

② 자금조달의 안정성: 원하는 때에 조달하고자 하는 만큼의 자금을 차질없이 조달할 수 있고, 쓰고자 하는 기간 동안 상환압력 등으로부터 자유로울 수 있음이다. 내부 자금, 주식발행, 회사채발행, 장기차입금, 단기차입금, 기업간 신용의 내림차 순서대로 안정성이 낮다.

③ 자금조달의 난이도: 정보의 비대칭성에 따른 역선택이나 도덕적 해이를 방지하기 위한 여러 가지 제도 및 장치들로 인한 거추장스러움이다. 이것은

---

4) 기업의 자금조달에 관한 논의는 주로 아래의 자료를 참조하였다.
김성민 외, "우리나라기업의 자금조달 및 운용구조분석," 한국은행, 조사통계월보, 1990년 3월호, pp. 3~28.

[표 1-1] 기업의 자금조달 방법

자금조달총액			
내부자금	자본금		자기자본
	이익의 내부유보금		자기자본
	고정자산에 대한 감가상각충당금		자기자본
외부자금	주식발행: 기업공개, 증자－선순위자본		
	채권발행: 회사채 등		타인자본 (선순위자본)
	융통어음발행		타인자본 (선순위자본)
	차입금:	은행차입금 비은행차입금 외국차관 등	타인자본 (선순위자본)

조달하려는 주체의 대내외적인 여건, 신용이나 담보능력, 자금 공급시장 상황 등 복합적 요인에 의해 좌우되고 특히 시장 여건에 따라 약간씩 변화하기 마련이다.

④ 기타 요인: 세금과 공과(公課), 기업의 파산비용, 주식 발행의 대리인 비용 등을 들 수 있다.

얼마만큼의 자금을 조달하는 것이 적정규모인가의 문제는 주로 부채 측면에 관한 것이다. 자본이 무한정 투입된다고 좋은 것은 아니다. 자본의 비효율적인 사용 결과는 주주(株主)에 국한되는 데 비해 부채의 비효율적 사용으로 인한 지급불능상황은 사회적 파장이 크기 때문에 자본규모에 대비한 적정한 부채의 비중이 더욱 많은 관심을 끌고 있다.

기업의 부채상환능력을 저량측면에서 측정하는 대표적 지표로는 (i) 앞에서 설명한 총자본 중 타인자본의 비율로 표시되는 레버리지와, (ii) 자기자본 대비 타인자본(부채)의 비율로 표시되는 부채비율 등이 있다. 산업이나 업종에 따라 다르지만 기업의 부채비율이 200% 이하인 것이 소망스런 것처럼 받아들여지는 이유는 자기자본에 비해 부채규모가 두 배를 초과하면 기업의 상환능력에 문제가 생길 수 있다는 인식 때문이다.

기업의 부채상환능력을 유량(流量) 측면에서 측정하는 대표적 지표로는 기업이 영업활동을 통해 벌어들인 영업이익을 금융비용(은행차입금, 회사채 등의 지급이자)으로 나눈 이자보상배율(interest coverage ratio)을 들 수 있다. 이 배율은 영업이익으로 이자를 몇 배나 지급할 수 있는가를 나타내는 지표이다. 만일 영업이익이 재무고정비인 이자지급액에 미달하면 경영성과는 손실을 나타내고, 이러한 사태가 극한에 이르면 기업은 파산에 직면한다. 계산상으로는 당기(순)손실이 발생하면 이자보상배율이 1.0 이하가 된다.

$$\text{이자보상배율} = \frac{\text{영업이익}}{\text{금융비용}}$$

이자보상배율 정의식의 분자와 분모를 매출액으로 나누면 이자보상배율은 매출액영업이익률에 대한 금융비용부담률의 비율로 표시된다. 전자는 수익성을 나타내는 지표이고, 후자는 안정성을 나타내는 지표이므로 이자보상배율은 수익성과 안정성을 동시에 포함하고 있다고 하겠다.

$$\text{이자보상배율} = \frac{\text{영업이익} / \text{매출액}}{\text{금융비용} / \text{매출액}} = \frac{\text{매출액영업이익률}}{\text{금융비용부담률}}$$

한편, 금융비용부담률은 차입금평균금리와 차입금의존도가 높을수록, 자산회전율이 낮을수록 올라간다. 이렇게 금융비용부담률을 분해하면 기업의 금융비용부담이 시중금리수준, 차입관행, 투자의 활동성 등 어디에서 얼마만큼이 발생되고 있는가를 파악하는 데 효과적이다.

$$\begin{aligned}\text{금융비용부담률} &= \frac{\text{금융비용}}{\text{매출액}} = \frac{\text{금융비용}}{\text{차입금}} \times \frac{\text{차입금}}{\text{자산}} \times \frac{\text{자산}}{\text{매출액}} \\ &= \text{차입금평균금리} \times \text{차입금의존도} \div \text{자산회전율}\end{aligned}$$

결국 이자보상배율이 매출액영업이익률, 차입금평균금리, 차입금의존도, 자산회전율에 의해 결정됨을 알 수 있다. 이는 이자보상배율이 기업의 수익성(부가가치창출능력), 시중금리수준, 부채비율(차입금의존도), 투자의 효율성 등에 대한 종합적 정보를 제공해 주는 유용한 지표임을 말해준다.

(3) Miller-Modigliani의 정리

M. H. Miller와 F. Modigliani(1958)는 조세제도상 기업의 차입(부채)에 대한 이자의 손비인정이 없어 법인세 감면효과를 기대할 수 없는 한편 자본시장이 완전하다면 기업이 소요자금을 차입으로 조달하든 자기자본으로 조달하든 전체 자본비용이나 기업가치에는 아무런 차이가 없다고 주장하였다.

자본비용으로서의 차입비용은 자기자본비용보다 낮으나 차입을 많이 할수록 기업의 재무위험 증대로 자기자본 조달비용이 그만큼 높아지기 때문에 전체 자본비용은 차입과 자기자본의 구성에 관계 없이 같다. 따라서 이론상으로는 최적자본구조가 존재하지 않는다.[5] 그러나 완전한 자본시장하에서는 이러한 재정거래 발생가능성이 없기 때문에 같은 가치의 자산, 즉 같은 수익성과 위험도를 가진 기업의 가치는 같아야 한다는 것이다.

두 학자는 그 후 차입이자에 대한 법인세감면 효과를 고려하면 부채를 이용하고 있는 기업의 가치는 자기자본만에 의존하는 기업의 가치보다 그 감면효과의 현재가치만큼 크다는 점을 인정하였다.[6] 이에 따르면 차입비율이 높을수록 자본비용은 낮아지고 기업가치는 높아지게 되어 전액 차입형태로 자금을 조달하는 것이 가장 유리하다는 결론이 나온다.

Miller-Modigliani정리 이후의 최적자본구조에 관한 이론은 주로 이 정리의 비현실적인 가정을 완화하는 데 초점을 맞추었다. 자본시장의 불완전성, 기업의 파산비용과 대리인비용의 존재 등 여러 가지 현실적인 요소들을 고려하는 방향으로 발전되었는데, 대강을 살펴보면 다음과 같다.

---

5) 자산가치가 같은 두 개 기업의 시장가격은 부채의 구성이 다르더라도 一物一價의 법칙(law of one price)에 따라 같아야 한다는 직관에 기초를 두고 있다. 기업의 자본구조가 기업가치에 영향을 미치게 된다면 기업들간에 자본구조의 조정을 이용한 재정거래이익(arbitrage profit)이 발생할 수 있게 된다.

6) 웬일인지 Miller(1977)는 그 후 법인세뿐만 아니라 채권자 및 주주들이 그들의 이자소득과 배당 및 주식매매차익소득에 대해 부담하는 개인소득세 효과까지 감안할 경우 법인세감세효과가 상쇄된다고 주장함으로써 자본구조에 따른 자본비용의 차이를 다시 부정하였다.

① 정태적 상반관계(static trade-off)이론: 기업이 소요자금을 부채(차입) 형태로 조달할 것인가, 아니면 주식발행을 통하여 조달할 것인가라는 문제는 부채의 증가에 따른 이익과 비용의 상반관계를 고려하여 결정한다.

② 대리인비용(agency cost)이론: 기업의 최적자본구조는 채권자와 주주(株主)의 대리인비용의 합계가 최소화되는 점, 다시 말하면 주식발행의 한계대리인비용과 부채의 한계대리인비용이 같게 되는 점에서 결정된다.[7)]

③ 서열(pecking order)이론: 기업은 부채와 자기자본 간의 일정한 최적자본구조를 염두에 두고 자금을 조달하기보다는 필요한 자금을 우선 내부금융으로 충당한 후 외부자금으로 조달한다. 기업이 내부금융을 가장 선호하는 것은 발행비용이 들지 않고 기존 주주의 경영권을 손상시킬 위험도 없기 때문이다. 주식발행을 가장 꺼리는 것은 발행비용이 높고 경영권 확보 및 세금면에서 내부금융과 차입에 비해 불리하기 때문이다.

S. Myers(1984)는 기업과 투자자 간의 정보의 비대칭성(informational asymmetry)의 개념을 도입하여 기업의 자금조달행태를 설명함으로써 서열이론을 더욱 정교화시켰다. 그에 따르면 투자자들은 기업의 내부정보를 정확하게 알 수 없기 때문에 배당률을 당해 기업의 현재 또는 미래의 수익성에 대한 신호로 보려는 경향이 있다.

기업은 영업이익규모에 관계없이 배당을 신축적으로 조정할 수 없게 되므로 외부자금에 대한 의존이 불가피하게 된다. 또한 기업이 신주를 발행하는 것은 투자자들에게 기업의 주식가격이 과대평가되고 있다는 신호로 받아들여져 당해 기업의 주가하락을 초래하기 때문에 가급적 주식발행을 기피한다.

---

7) 주식발행의 대리인비용으로는 경영자가 자기자신을 위하여 과다한 경비를 지출하는 등 주주의 부(富)를 극대화하는 목적과는 상반된 행동을 하는 경우 발생하는 비용을 들 수 있다. 부채의 대리인비용으로는 (i) 과다한 배당지급, (ii) 채권발행 후 보다 위험한 투자안을 채택하는 자산대체, (iii) 수익성이 있는 특정 투자안이 채권자에게만 이득이 있을 경우 그 안을 기각시키는 과소투자, (iv) 추가로 부채를 발행하여 우선변제순위를 희석시키는 청구권희석(claim dilution) 등에 의하여 발생되는 비용을 말한다.

5. 금융시장의 분류

(1) 자산만기에 따른 분류: 단기금융시장(money market)과 자본시장(capital market)

금융시장은 거래되는 금융자산의 만기에 따라 단기금융시장(화폐시장)과 장기금융시장(자본시장)으로 나눌 수 있다. 일반적으로 전자는 만기가 1년 이내인 금융자산이 거래되는 시장이고, 후자는 만기가 1년을 초과하는 금융자산이 거래되는 시장이다. 이와 같은 차이 때문에 단기금융시장은 유통시장이 중요하고 자본시장은 발행시장이 주된 역할을 담당한다.

단기금융시장과 자본시장에서 거래되는 금융자산은 위험도에 있어 차이가 있다. 단기금융시장 참여자는 일반적으로 신용도가 높은 기업이나 금융기관이기 때문에 금융자산의 채무불이행위험이 낮을 뿐만 아니라 만기가 짧아 금리변동이 금융자산 가격에 미치는 영향도 크지 않다. 그러나 자본시장에서 거래되는 금융자산은 채무불이행이나 가격변동위험이 비교적 크다.

단기금융시장에는 콜(call)시장, 기업어음(commercial paper: CP)시장, 양도성예금증서(certificate of deposit: CD)시장, 환매채권(repurchase: RP)시장, 표지어음(cover bill: CB)시장 등이 있다. 자본시장 중에서는 주식시장과 채권시장이 대표적이다.

(2) 자금조달방법에 따른 분류: 채무시장(debt market)과 주식시장(equity market)

기업이나 개인이 금융시장에서 자금을 조달하는 방법에는 크게 두 가지가 있다. (i) 대출약정서, 채권 등 채무증서를 발행하는 방법, (ii) 주식을 발행하여 자금을 조달하는 방법이다. 전자는 차입자가 증서 소지자에게 원금상환이 이루어지는 만기일까지 정기적으로 일정한 금액을 이자로 지급할 것을 약속하는 계약서이다. 이 증서는 만기가 1년 또는 그 이하이면 단기, 1년과 10년 사이이면 중기, 10년 또는 그 이상이면 장기라고 한다. 채무증서가 거래되는 시장을 채무시장이라고 부른다.

주식은 기업의 자산과 순이익에 대한 일정지분을 나타낸다. 만일 10만주를 발행한 기업의 주식 하나를 소유하고 있다면 기업의 자산과 순이익의 10만분의 1의 지분을 갖고 있다는 것을 뜻한다. 일반적으로 주식은 보유자에게 정기적으로 배당을 지급하며 만기가 없기 때문에 장기증권으로 간주된다. 주식이 거래되는 시장을 주식시장이라고 한다.

(3) 거래단계에 따른 분류: 발행시장(primary market)과 유통시장(secondary market)

금융시장은 금융거래의 단계에 따라 발행시장과 유통시장으로 나누기도 한다. 발행시장은 주식이나 채권과 같은 유가증권이 신규로 발행되는 시장이다. 유가증권의 발행은 그 방식에 따라 직접발행과 간접발행으로 구분되는데 후자의 경우 인수기관(underwriting institution: UI)이 중요한 역할을 담당한다. UI는 유가증권의 발행사무를 대행하면서 발행증권의 전부 또는 일부의 인수를 통해 발행위험을 부담하며 해당 증권의 유통시장을 조성하기도 한다.

유통시장은 발행된 금융상품들이 거래되는 시장으로 대표적인 예가 증권거래소이다. 유통시장은 두 가지 기능을 갖는다. (i) 금융자산의 현금화를 쉽게 함으로써 유동성을 높여 주며, (ii) 금융상품의 발행가격을 결정하는 발행시장에 영향을 미침으로써 자금수요자의 조달비용에도 영향을 준다.

투자자들은 발행시장과 유통시장의 가격을 비교하여 가격이 낮은 쪽을 선택하여 유가증권을 매입한다. 발행시장에서 유가증권을 매입하는 투자자는 유통시장에서 결정될 것으로 기대하는 가격보다 높은 가격으로 유가증권을 매입하지 않는다. 다시 말해 유통시장의 유가증권 가격이 높을수록 발행시장의 가격이 높아지며 발행기업은 더 많은 자금을 조달할 수 있다.

(4) 거래장소에 따른 분류: 거래소시장(exchange market)과 장외시장

금융시장은 금융자산이 어떤 장소에서 거래되는가에 따라 거래소시장과 장외시장으로 나눈다. 전자는 많은 거래자가 한 장소에 모여 고객들을 위해 경쟁입찰을 통해 가격을 결정하는 경쟁입찰시장(auction market)인데 장내시장이라고도 한다. 이 시장은 특정참여자의 특정 금융상품에 대한 매수 · 매도 주문(bid-ask order)이 거래소에 집중되도록 한 다음 이를 표준화된 거래규칙에 따라 처리하는 조직화된 시장이다.

장외시장은 거래소 이외의 장소에서 거래소에 상장된 유가증권은 물론 상장되지 않은 유가증권의 거래까지 이루어지는 비조직적인 시장이다. 거래방법에 따라 직접거래시장과 전문중개기관을 통해 거래가 이루어지는 점두시장(over-the-counter market: OTC)으로 나눌 수 있다. 전자에서는 매매당사자의 개별적인 접촉을 통해 거래가 이루어진다. 같은 시간에 같은 상품의 가격이 다르게 결정되는 때도 있다.

OTC에서는 컴퓨터를 통해 거래가 이루어지기 때문에 매우 경쟁적인 시장이다. 이는 다시 딜러 · 브로커간 시장(inter-dealer segment)과 대고객 시장(dealer-to-customer segment)으로 구분한다. 이들 시장에서는 각각 딜러 · 브로커 상호간, 딜러 · 브로커와 고객간 쌍방거래로 이루어진다. 또한 거래 가격도 딜러 · 브로커가 고시한 매수 · 매도호가를 거래상대방이 승낙하여 결정되기 때문에 거래정보의 투명성이나 거래상대방의 익명성이 낮다.

(5) 청구권종류에 따른 분류: 현금결제시장(cash market)과 파생금융상품시장(derivative marktet)

거래되는 금융적 청구권이 직접적인가 또는 파생적인가에 따라 금융시장을 나눌 수 있다. 현금결제시장은 실제 청구권이 매매되고 즉시 결제되는 시장을 가리킨다. 매수인은 금융상품을 받으면서 매도인에게 대금을 지급한다. 주식이나 채권시장이 여기에 속한다.

파생금융상품시장은 거래는 지금 하지만 결제는 나중에 하는 시장이다. 예를 들면 투자자가 딜러에게 국고채권을 1년 후에 미리 정해진 가격으로 살 것을 약속할 수 있다. 가계나 기업은 현금결제시장의 가격변동에 노출되는 위험을 줄이기 위하여 파생금융상품시장을 이용하며 때로는 미래의 가격변동에 투기하는 경우도 있다.

(6) 거래통화에 따른 분류: 외환시장(foreign exchange market) 과 국제금융시장(international financial market: IFM)

외환시장이란 좁은 뜻으로 외환의 수요와 공급이 연결되는 장소를 말한다. 넓은 뜻으로 장소적 개념뿐만 아니라 외환거래의 형성, 유통, 결제 등 외환거래와 관련된 일련의 메커니즘을 포괄한다. 외환시장은 반드시 이종통화 간 매매가 수반되고 환율이 매개변수가 된다는 점에서 금리를 매개변수로 하여 대출과 차입 등 외환의 대차거래가 이루어지는 외화자금시장(foreign money market)과는 구별된다.

일반적으로 국내금융은 거주자 간에, 자기 나라 통화로, 국내거래에서 발생한 금융으로 한정하여 정의한다. 이 3 가지 요건 중 어느 하나만이라도 해당되지 않으면 국제금융으로 분류된다. 여기서 거주자란 국적보유와는 관계없이 주활동지역(center of interest)에 따른 분류, 보다 구체적으로는 경제주체가 국제조세원칙상 어느 나라에 주된 조세 부담을 지는가에 따른 분류개념이다.

국제금융시장(IFM)은 거주성이나 국적이 다른 경제주체 상호간에 직·간접으로 장단기 금융거래가 대량적·반복적으로 이루어지는 금융시장이다. 넓은 의미로는 이종 통화가 교환되는 외환시장까지를 포함하지만 일반적으로는 국제적으로 자금의 대차가 이루어지는 국제통화시장(international currency market)을 말한다.

제 2 절 소비-생산과 금융시장

1. 소비선호와 생산기회

금융시장이 없다면 (i) 미래소득은 예상되지만 지금 소득이 없어 소비하지 못하는 사람이 미래소득을 담보로 돈을 빌려 소비를 할 수 없고, (ii) 유리한 생산기회를 가지고 있음에도 돈이 없어 투자를 못하는 경제주체들이 투자를 할 수 없을 것이다. 금융시장은 이와 같은 문제를 해결해 준다. 바꾸어 말하면 소득의 시간적 배분을 가능케 함으로써 소비자에게는 그들의 시간선호(time preference)를 만족시켜 주고 생산자에게는 최적의 투자 기회를 제공함으로써 더욱 많은 생산을 가능하게 한다.

먼저 개인들에게 현재소득과 미래소득이 주어졌다고 가정하자. 소득의 현재가치는 현재 및 미래소득의 현재가치를 합한 것과 같다. 경제주체들은 미래의 소비에 대비하기 위해 현재의 소비를 얼마로 할 것인가? 그리고 생산적 투자기회에 얼마를 투자할 것인가?를 결정해야 한다.

소득의 현재가치(W_0)는 다음과 같이 표시된다.

$$W_0 = Y_0 + \frac{Y_1}{(1+r)} \tag{1-10}$$

Y_0 : 현재소득, Y_1 : 미래소득, r : 시장금리

이때 효용극대화에 대응하는 소비패턴(C_0^*, C_1^*)의 현재가치는 W_0와 같다.

$$W_0 = C_0^* + \frac{C_0^*}{(1+r)} \tag{1-11}$$

이 식을 금융시장선으로 나타내면 다음 식과 같다.

$$C_1 = (1 + r)W_0 - (1 + r)C_0 \tag{1-12}$$

또는

$$C_1 = W_1 - (1 + r)C_0 \tag{1-12\'}$$

C_1 : 미래소비, C_0 : 현재소비

따라서 금융시장선의 절편과 기울기는 각각 W_1과 $-(1 + r)$이 된다.

[그림 1-3]에서 U_1, U_2는 효용의 무차별곡선을 나타낸다. U_1곡선에서 점 a의 소비(C_0^a, C_1^a)와 점 b의 소비(C_0^b, C_1^b)는 효용면에서 무차별하다. 점 a나 b는 U_1이란 동일한 효용수준에 있으나 점 a에서는 주관적 시간선호, 즉 무차별곡선상의 점 a에 접한 기울기, C_0, C_1 간의 한계대체율(marginal rate of substitution: MRS)은 시장금리(=금융시장선의 기울기)보다 작다. 이 경우 금융시장이 주관적인 시간선호보다 더 높은 수익을 제공한다면 효용극대화를 추구하는 개인들은 소비(C_0^a)를 줄이고 대여(C_1^a)를 늘리기 원할 것이다.

반면 점 b에서는 주관적 시간선호(C_0, C_1 간의 MRS)는 시장금리보다 크다. 이 경우 금융시장이 주관적 시간선호보다 더 낮은 수익을 제공하게 되므로 개

그림 1-3 소비-저축과 금융시장선

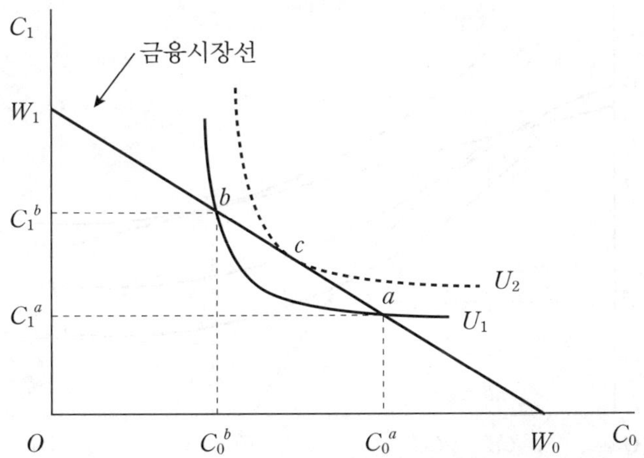

인들은 소비(C_0^b)를 늘리고 대여(C_1^b)를 줄이기 원한다. 따라서 점 a나 점 b에서 점 c로 이동하면 거기에서는 주관적 시간선호와 시장금리가 같아진다. 점 c에서는 더 높은 효용수준($U_1<U_2$)에 도달할 수 있게 된다.

앞에서는 금융시장선만 생각하였으나 이제 생산가능곡선이 함께 있는 경우를 보자. [그림 1-4]의 점 a에서는 EF로 주어지는 생산가능곡선의 기울기, 즉 유보된 소비가 생산에 투입되어 미래의 소비로 전환되는 한계변환율(marinal rate of transformation: MRT)이 주관적인 시간선호율(MRS)보다 크다. 따라서 생산증가에 따른 수익증대가 기대되므로 투자를 늘려 더 높은 효용을 얻을 수 있다.

만일 금융시장이 없다면 투자는 생산가능곡선의 기울기(MRT)가 MRS와 같게 되는 점 b에 그치게 되고 이때의 효용은 U_2 수준에 머물고 만다. 금융시장이 있다면 생산자는 금융시장으로부터 자금차입을 통해 MRT와 차입금리가 같아지는 점 p에서 생산한다고 가정하자. 이때 생산자는 0기에 FC_0^p만큼 투자를 하여 1기에 pC_0^p만큼 소득을 올리게 된다.

그러면 점 p에 대응하는 금융시장선은 W_0W_1으로 나타난다. 이 경우 주관적 시간선호율과 금융시장선의 기울기가 같은 점 c에서 소비가 결정된다. 이

그림 1-4 생산-소비와 금융시장

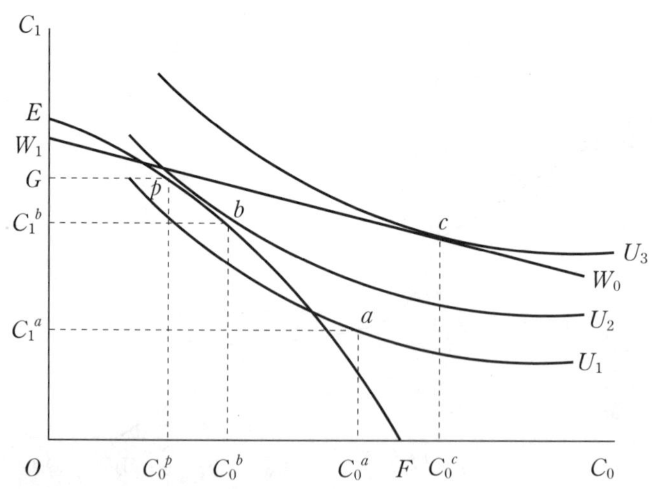

때의 효용은 U_3 수준으로 가장 높다. 따라서 금융시장이 존재함으로써 더 높은 효용수준($U_3>U_2$)에 도달할 수 있게 된다.

여기에서 주목할 점은 생산과 소비가 서로 독립적으로 결정된다는 점이다. 구체적으로 점 p에서의 최적생산의 결정은 MRT와 차입금리(금융시장선의 기울기)가 일치하는 조건만을 요구하고 점 c에서의 최적소비는 MRS와 금융시장선의 기울기가 일치하는 조건만을 요구한다는 점이다. 이처럼 투자결정과 소비결정이 두 단계로 분리되는 현상을 I. Fisher의 분리정리(seperation theorem)라고 한다.

2. 완전경쟁시장하의 분리정리[8)]

[그림 1-5]에서 점 p^*를 지나는 직선은 주어진 금리가 생산기회하에서 최대한의 부(富)를 창출하여 이를 바탕으로 형성된 새로운 소비기회선이다. 효용의 극대화를 추구하는 개별 소비자들은 그들의 시차선호에 따라 소비기회선상의 어느 한 점에서 소비를 선택하게 된다. 소비자는 그의 무차별곡선과 새로운 소비기회선이 접하는 점 c^*에서 소비를 선택함으로써 최대의 효용을 얻을 수

그림 1-5 완전경쟁시장하의 분리정리

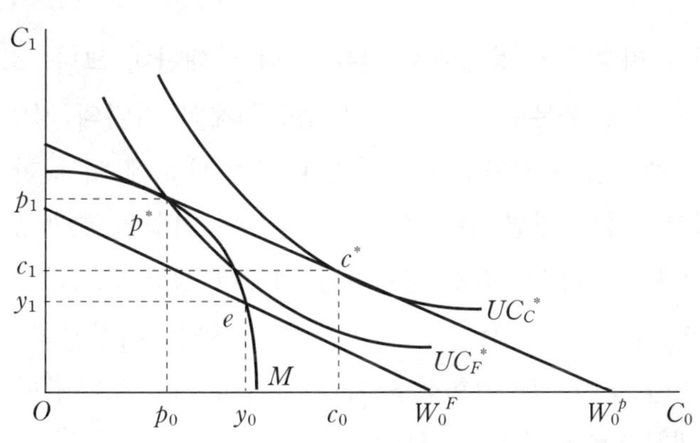

8) 이에 대해서는 강병호, 금융시장론, 2008년 1월, 박영사, pp. 527~530을 인용 · 참조하였다.

있다. 따라서 소비자가 최대의 효용을 얻기 위한 생산 및 소비선택은 각각 점 p^*와 점 c^*로 서로 다를 수 있다.

점 p^*에서 생산이 이루어지기 위해서는 생산기회선의 기울기 MRT와 시장기회선의 기울기 r(시장금리)과 같아야 한다. 그리고 점 c^*에서 소비가 이루어지기 위해서는 무차별곡선의 기울기 MRS와 소비기회선의 기울기 r과 같아야 한다.

바꾸어 말하면 소비자가 효용을 극대화하기 위해서는 먼저 부(富)가 극대화되게끔 MRT$=r_1$(시장금리)이 되는 점까지 생산을 하고, 다음 단계로 이렇게 하여 얻어진 시장기회선을 따라 MRS$=r_1$이 되는 점에서 소비를 선택하여야 한다는 것이다. 여기서 주목해야 할 점은 이 두 단계 과정이 서로 분리되어 결정된다는 것이다. 구체적으로 점 p^*에서의 최적생산 결정은 오직 MRT와 $1/\theta_1$이 같아지는 조건만을 필요로 하고 소비자의 시차선호를 나타내는 MRS와는 무관하다는 것이다.

결국 Fisher의 분리정리가 성립하기 위해서는 금리가 어느 한 개인의 선호에 영향을 받지 않아야 하며 이러한 상태는 완전경쟁시장에서만 가능하다. 이와 같이 분리정리가 성립되는 시장은 완전경쟁시장을 전제로 한다. 이는 곧 경제 전체로 자원의 최적배분이 이루어져 Pareto최적이 달성됨을 의미한다. 완전경쟁시장에서의 자원의 분배조건은 항상 Pareto최적의 충분조건이 된다는 것이다.

분리정리가 자본주의 경제에서 갖는 의미는 대단히 크다. 소유와 경영이 분리되어 있는 현대 자본주의의 대표적 생산주체인 기업의 경영자는 기업의 주인인 수많은 주주들의 시차선호가 각기 다르기 때문에 어느 한 주주의 취향에 맞추어 생산결정을 내릴 수는 없다. 경영자는 기업의 한계생산력(MRT)과 자본의 한계비용, 즉 시장금리가 일치하는 점에서 생산결정을 하기만 하면 기업의 부의 극대화로 연결되어 주주들에게 보다 높은 시장기회선을 제공하게 된다. 개별주주들은 이 시장기회선을 따라 그들의 시차선호에 따라 그들 스스로 소비를 선택함으로써 효용을 극대화할 수 있다.

3. 불완전경쟁시장하의 분리정리[9)]

지금까지 완전경쟁시장을 가정하여 분리정리를 설명하였다. 그러나 금융시장이 불완전하여 대출금리(r_L)와 차입금리(r_B)가 균형금리(r)와 다를 경우 생산 및 소비의 선택은 어떻게 이루어질까? [그림 1-6]에서 $r_B > r > r_L$로 가정하여 (i) 생산기회선 EF와 기울기가 $-(1+r_B)$인 차입기회선과의 접점을 a, (ii) 생산기회선과 기울기가 $-(1+r_L)$인 대출기회선과의 접점을 b, 그리고 (iii) 완전경쟁시장하의 균형금리하의 시장기회선과 생산기회선이 접하는 점을 c라고 하면 이들 각각의 점에서 각각의 투자선택이 이루어진다.

차입금리 r_B 상태하에서의 소비의 선택은 점 a를 통과하는 차입기회선상에 접하는 점 c_B에서 이루어진다. 이때의 효용은 무차별곡선 U_B인데 이것은 완전경쟁시장하에서의 최적소비점 c^*를 통과하는 무차별곡선 $U_C{}^*$보다 작다. 마찬가지로 대출금리 r_L상태하의 최적소비점 c_L을 통과하는 무차별곡선 U_L의 효용은 완전경쟁시장하의 무차별곡선 Uc^*의 효용보다 작다.

그림 1-6 차등금리하의 투자-소비선택

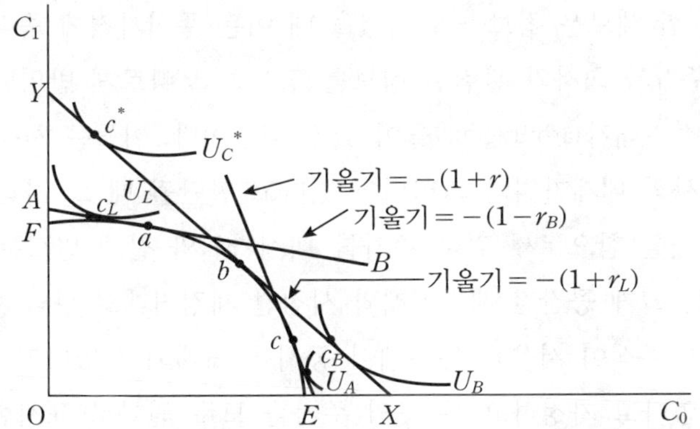

9) 이에 대해서는 강병호, 전게서, pp. 531~532를 인용 · 참조하였다.

이와 같이 금리가 다를 경우 투자결정은 소비자 선호에 따라 달리 결정되므로 Fisher의 분리정리는 성립하지 않는다. 소비선택에 따른 사회 전체의 효용도 완전경쟁시장하의 그것보다 작아져서 사회적 후생의 감소가 초래된다. 한편 생산기회선 AB는 금융시장이 전혀 이용되지 않는 영역(disinter-mediation)을 말하는 데, 대출금리와 차입금리의 차이가 클수록 이 영역이 커져서 사회적 후생의 감소가 확대된다. 바꾸어 말하면 시장이 완전경쟁시장에 가까울수록 사회적 후생이 커지게 된다.

제 3 절 금융시장에 대한 가설

1. 금융시장은 효율적인가?

시장을 신봉하는 시장주의자들은 금융시장, 그 중에서도 주식시장만큼은 효율적으로 움직인다고 믿어 왔다. 하루에도 수천번씩 신축적으로 가격이 변동하고 헤아릴 수 없이 많은 거래가 이루어지므로 냉철한 이성이 시장을 지배하는 것으로 믿었다. 주식시장이 효율적이라는 것은 주식가격이 그 회사가 갖는 내재가치를 정확하게 반영함을 뜻한다. 또한 효율적 주식시장에서는 그 회사의 경영상황에 대한 새로운 정보가 알려졌을 때 이는 주식가격에 즉각 반영된다.

이처럼 주가가 회사와 관련된 정보를 정확하고 빠르게 반영할 수 있는 것은 시장에 재정거래자(arbitrageur)들이 있기 때문이다. 이들은 시장에서 형성된 주가가 그 회사의 내재가치와 괴리되어 있다고 판단될 때 그 차익으로 이득을 얻기 위한 거래를 함으로써 결국 주가를 내재가치와 같게 만드는 거래자들이다. 재정거래는 크게 공간간 재정거래와 시점간 재정거래로 나눌 수 있다.

'갑'회사의 주식이 서울과 뉴욕에서 동시에 거래되고 있다고 하자. 환율변동의 위험은 없다고 가정하고 두 곳의 주가를 모두 원화로 표시한다. 이때 서울에서의 주가와 원화로 표시된 뉴욕에서의 주가는 같아야 한다. 이 두 곳의 주가가 다르다면 투자자는 재정거래를 통해 손쉽게 이익을 낼 수 있다. 서울에서의 '갑' 주식가격이 주당 1,000원인 반면 뉴욕에서의 주가는 주당 1,100원이라면 서울에서 주식을 산 후 이것을 뉴욕에서 팔면 주당 100원의 이익을 올릴 수 있기 때문이다.

따라서 서울에서는 '갑' 주식에 대한 수요가 늘어나 균형주가는 올라간다. 반면 뉴욕에서는 주식의 공급이 늘어나 균형주가는 내려갈 것이다. 결국 다른 조건이 같다면 뉴욕과 서울에서의 '갑' 주식가격은 서로 수렴할 것이다. 이처럼 서로 다른 두 곳에서 같은 회사의 주가가 다른 가격을 보일 때 발생하는 차익을 노린 거래를 공간간 재정거래라고 한다.

재정거래는 두 시점 간에도 발생할 수 있다. 오늘 현재 '을'회사 주식의 가격은 1,100원이고, 이 회사는 닷새 뒤에 상반기 영업실적과 앞으로의 기업경영계획을 발표한다고 하자. 그런데 앞으로 영업계획에 큰 수익을 낳을 수 있는 계약이 성립되었다는 내용이 포함되어 있어 발표 직후 주식가격이 50원 정도 오를 것으로 예상된다고 하자. 오늘 '을'회사 주식을 사면 닷새 뒤에 50원을 더 받고 팔 수 있을 것이다. 따라서 재정거래자들이 '을'회사의 주식을 사게 되고 그 결과 주가는 오른다. 이러한 재정거래는 주가가 1,150원이 되어서야 비로소 그칠 것이다.

시점간 재정거래의 존재는 주가예측이 원천적으로 불가능하다는 주가의 불규칙행보가설(random walk hypothesis: RWH)의 골격을 이룬다. 시점간 재정거래가 완벽하게 일어난다면 오늘의 주가에는 현재 이용 가능한 모든 정보가 반영되어 있을 것이다. 위의 예에서 보았듯이 닷새 뒤에 주식가격이 50원 올라갈 것이라는 새로운 정보가 재정거래의 결과로 말미암아 오늘의 주가에 모두 반영되었다. 이것을 '주식시장은 정보처리면에서 효율적이다'라고 표현한다. 이때 주식시장이 효율적이라는 것이 주가예측에 대해 갖는 뜻은 무엇인가?

오늘 어떤 주가분석가가 내일의 주가가 얼마나 될 것인가를 예측하려 한다고 하자. 시장에 합리적인 재정거래자들이 있다면 놀랍게도 내일의 주가에 대한 최적의 예측치는 바로 오늘의 주가가 된다. 이미 오늘의 주가에는 오늘 이용 가능한 정보가 모두 반영되기 때문에 내일의 주가는 내일 시장에 퍼지는 새로운 정보에 의해서만 변동할 것이다.

알 수 없는 내일의 정보에 의해서 내일의 주가는 오를 수도 있고 내릴 수도 있다. 그런데 내일의 정보가 기업에 우호적인 것일지 적대적인 것일지 미리 알 수는 없다. 따라서 평균적으로 내일의 주가는 오늘의 주가와 같다고 예측하는 것이 적절하다. 이것은 내일의 주가는 내일이 되어 봐야 알 수 있다는 말과 다르지 않다.

만일 불규칙행보가설이 맞다면 주식분석가가 선택한 주식들의 수익률이 투자초보자가 선택한 주식들의 수익률에 비해 높다는 보장이 없다. 왜냐하면 분석가가 값이 오를 가능성이 있다고 판단한 주식들의 주가는 현재의 시점에서 그러한 정보를 모두 다 반영한 상태이므로 이미 주가가 오를 만큼 올라 있기 때문이다. 이 가설에 따르면 미래의 주가가 어떻게 될지는 그야말로 무작위로 결정될 수밖에 없는 것이다.

2. 효율적 시장가설

효율적 시장이란 모든 정보가 금융자산 가격에 충분히 반영되는 시장을 말한다. 어느 시점에서의 금융자산가격은 시장에 주어진 모든 정보를 즉시 그리고 완전히 반영한다. 시장 참여자들은 주어진 정보의 가치를 제대로 평가하고, 이를 바탕으로 투자결정을 한다. 어느 순간에서나 주어진 정보가 주가에 공정하게 반영되므로 증권가격은 해당 증권이 대표하고 있는 자산의 본질가치(fundamental value)에 대한 가장 적절한 척도가 된다.

효율적 시장가설(efficient markets hypothesis: EMH)은 합리적 기대를 금융시장에 적용한 이론으로서 금융자산의 균형가격과 수익은 이용 가능한 모든 정보를 반영하고 있다고 가정한다. 위에서 본 것처럼 금융자산을 가짐으로써 얻을 수 있는 총수익(R)은 다음과 같다.

$$R = \frac{C + P_{t+1} - P_t}{P_t} \tag{1-13}$$

P: 금융자산의 가격, C: 현금지급액(이표액 또는 배당)

위 식에서 현재가격(P_t)과 현금지급액(C)은 t시점에서 확정적이므로 불확실한 변수는 $t+1$기의 가격(P_{t+1})이다. $t+1$기의 기대가격을 P^e_{t+1}라면 기대수익 R^e은 다음과 같이 나타낼 수 있다.

$$R^e = \frac{C + P^e_{t+1} + P_t}{P_t} \tag{1-14}$$

효율적 시장가설도 기대가격은 모든 정보를 이용한 최적예측가격(P^f)과 같다고 본다.

$$P^e_{t+1} = P^f_{t+1} \tag{1-15}$$

위의 합리적 기대식은 기대수익과 최적예측수익도 같다는 것을 의미한다. 즉, $R^e = R^f$이다.

식 (1-15)의 P^e_{t+1}나 R^e는 관찰할 수 없으므로 합리적 기대식만으로 금융시장의 행태를 밝힐 수 있는 것은 별로 없다. 그러나 R^e의 값을 측정할 수 있다면 금융자산의 가격이 금융시장에서 어떻게 변동하는가를 알 수 있다. 예를 들면 채권시장에서 기대수익은 수요와 공급을 일치시키는 균형수익에 접근하는 경향이 있다. 따라서 금융자산의 수요와 공급을 분석하면 균형조건에 따라 기대수익을 결정할 수 있다. 균형조건이란 금융자산의 기대수익은 금융자산의 수요와 공급을 일치시키는 균형수익과 같아야 한다는 것이다.

(1) 효율적 시장가설의 형태

E. F. Fama(1970)는 정보의 범위에 따라 효율적 시장을 약형(weak form), 준강형(semi-strong form), 강형(strong form) 시장으로 구분하였다. 약형 효율적 시장은 현재의 금융자산 가격은 이용가능한 모든 과거 정보를, 준강형은 모든 공개된 정보를, 강형은 비공개 정보를 포함한 모든 정보를 충분히 반영하고 있는 시장이다.

1) 약형 효율적 시장가설(weak form market efficiency hypothesis)

이 가설은 시장에 제공되는 정보의 범위를 과거자료에 포함되어 있는 정보에 한정하여 시장의 효율성을 찾는다. 따라서 주식투자자들 사이에 널리 이용되고 있는 기술적 분석(technical analysis) 기법으로는 장래 주가를 예측할 수 없다. 과거 자료를 이용하여 주가를 분석하는 것은 의미가 없다고 본다.

과거의 주가나 거래량패턴 등을 이용해서는 미래 주가를 예측할 수 없다. 약형 효율적 시장가설에 따르면 과거 정보와 장래 주가 사이에는 아무런 관련이 없다.

2) 준강형 효율적 시장가설(semi-strong form market efficiency hypothesis)

이 가설은 시장에 제공되는 정보의 범위를 공개된 정보로 한정한다. 과거뿐만 아니라 현재 이용 가능한 모든 공개정보도 미래의 주가를 예측하는 데 도움을 주지 못한다. 시장에 공개된 정보는 그 정보가 발표되는 시점의 주가에 모두 반영되므로 미래의 주가는 오늘 공개된 정보와 무관하다.

준강형 효율적 시장가설에 따르면 현재 이용 가능한 공개된 정보는 즉시 주가에 반영된다. 주식시장에는 수많은 재정거래자들이 있기 때문에 공적 정보가 시장에 유입되면 이것을 이용하여 이득을 챙기려는 재정거래가 활발하게 진행되어 결국 이 정보는 즉각 주가에 반영된다는 것이다.

3) 강형 효율적 시장가설(strong form market efficiency hypothesis)

이 가설은 일부 시장참여자가 갖고 있는 정보까지를 시장에 제공된 정보로 포함시킨다. 현재의 주가는 이용 가능한 공개정보뿐만 아니라 내부자들에게만 알려진 내부정보까지도 모두 반영하고 있다. 따라서 미래의 주가는 현재 있는 내부정보와도 무관하다. 강형 효율적 시장가설은 공개된 정보 이외에 내부정보도 즉각 즉각 주가에 반영된다는 것을 보여준다.

그러나 이것은 너무나 강한 가정이다. 실제로 회사 내부인사들은 회사 사정에 대해 일반 투자자들에 비해 훨씬 잘 아는 경우가 대부분이다. 주식시장이 있는 모든 나라에서 증권감독기관이 내부자거래에 대해 엄격한 기준을 정하여

규제하는 것은 이 때문이다.

(2) 효율적 시장가설의 검증

효율적 시장에서의 금융자산가격은 주어진 모든 정보를 바탕으로 하여 계산한 본질가치의 기대값이다. 그러므로 오직 새로운 정보의 유입에 의해서만 가격은 변동한다. 정보가 시장에 유입될 때마다 주가에 즉시 반영되는 시장에서는 미래의 가격변동 또는 수익률을 사전적으로 예측하는 것은 불가능하다. 이러한 이유 때문에 대부분의 효율적 시장에 대한 검증은 주어진 정보를 이용하여 앞날의 증권가격변동을 예측할 수 있는가에 초점을 두고 있다.

약형 효율적 시장에서는 기술적 분석을 통한 투자전략이 단순한 매수 · 보유전략보다 우월할 수 없는데 대부분의 경험적 증거들은 이를 뒷받침하고 있다. 그럼에도 불구하고 아직도 많은 투자자들이 도표나 이동평균선 등 기술적 분석에 매달리고 있다. 그 이유는 (i) 주가나 주가지수의 시계열 그림을 그려보면 마치 일정한 패턴이 있는 것처럼 보이는 경우가 많고, (ii) 기술적 분석을 통해 높은 수익을 얻은 투자자가 있기 때문이다. 그러나 많은 투자자가 기술적 분석을 사용하여 투자하는 경우 일부 투자자가 높은 수익을 얻는 것은 확률적으로 당연히 나타나는 현상에 불과할 뿐이다.

준강형 효율적 시장에 대한 검증은 대체로 사건연구(event study)를 중심으로 행해진다. 사건연구란 어떤 특정한 정보가 시장에 유입되었을 때 주가가 어떻게 반응하는가를 보는 절차로서 기업재무 분야를 분석할 때 자주 사용하는 방법이다. 이 방법론은 E. F. Fama, L. Fisher, M. Jensen, R. Roll이 처음으로 도입하였는데, 이들의 연구를 각자의 이름 첫자를 따서 FFJR의 사건연구라고 한다.

FFJR은 주가의 월별수익률을 이용하여 주식분할이 주가에 미치는 영향을 검증하였다. 주식분할 이전에 누적평균비정상수익률(cumulative average abnormal return: CAAR)이 지속적으로 올라가다가 막상 주식분할 이후에는 일정해진다는 검정결과를 밝혔다. 이는 주식분할의 정보를 이용하여 사건월 이후의 주가를 예측할 수 없으므로 준강형 효율적 시장가설과 합치된다.

참고 1-1 Markov 과정

(1) 시간의 경과에 따라 값이 변하는 변수를 확률과정(stochastic process)을 따른다고 말한다. 이 과정은 이산시간(이산변수)과 연속시간(연속변수)으로 구분된다. 이산변수과정에서는 변수값 사이에 간격이 있고 연속변수과정에서는 일정기간 동안 연속적인 변수값을 갖는다.

(2) 주식가격은 현실적으로 체결가격 사이에 간격이 있고 시장이 열려 있는 시간에만 거래가 이루어져 이산변수과정을 따른다. 그러나 옵션 등의 가격결정모형은 주식가격이 연속 변수, 연속시간확률과정을 따른다고 가정한다.

(3) Markov과정은 확률과정의 한 형태로서 변수의 미래가격 예측을 위해서는 오직 해당 변수의 현재 가치만이 관련있다는 것이다. 만일 주식가격이 이 과정을 따른다면 주가의 미래예측에 있어 1주일 전, 1개월 전, 1년 전 주가는 전혀 영향을 주지 않고 오직 현재의 주가만이 관련있을 것이다. 미래예측은 불확실하여 확률분포에 의해서만 표현할 수밖에 없다.

(4) 결국 미래 일정시점에 있어 주가의 확률분포는 과거 주가의 특정경로에 종속하지 않는다는 의미를 가지며 약형의 효율적 시장가설과 합치된다.

강형 효율적 시장에서는 비록 사적 정보를 갖고 있다 할지라도 이미 그 정보가 주가에 반영되어 있으므로 이를 이용하여 이익을 취할 수 없다. 이를 검증하는 것이 강형 효율적 시장가설 검정의 요체이다. 강형 효율적 시장가설에 대한 검증방법으로는 다음 두 가지가 있다.

첫째 방법은 경영자와 같은 기업의 내부자가 자신이 갖고 있는 사적 정보를 이용하여 수익을 얻을 수 있는지 여부이다. 내부자들은 미래의 주가 움직임을 예측할 수 있으며 적절한 거래시기를 알고 있다. 따라서 내부자거래로부터 얻은 경험적 증거는 강형 효율적 시장가설에 배치된다.

둘째 방법은 분석가나 투자자가 나름대로의 분석과정을 거쳐 사적 정보를 창출한다고 볼 수 있는데 이를 이용하여 비정상적인 수익을 얻을 수 있는지 여부이다.

3. 비효율적 시장가설

1960년대부터 본격적으로 시작된 효율적 시장가설에 대한 이론적 · 경험적 연구들은 시카고 대학을 본거지로 세력을 확장해 나갔다. 급기야 시카고대학 출신 경제학자인 M. Jensen은 "경제학에서 효율적 시장가설만큼 강력한 경험적 연구의 뒷받침을 받는 명제는 없다"고 주장하기에 이르렀다.

그러나 최근 들어 L. Summers, R. Thaler, A. Shleifer 등의 학자들을 필두로 주식시장의 효율성에 대한 의문이 제기되었다. 이들에 따르면 주식시장은 투자자의 심리나 비합리적 기대 등에 의해 지지받지만 거래자들이 재정거래를

참고 1-2　　카오스(chaos)의 특성

(1) 나비효과(butterfly effect)로 유명해진 카오스 또는 복잡계(chaos or complex system)이론은 1963년 MIT의 기상학자 E. N. Lorenz가 초기조건에 대한 민감성(sensitive dependence on initial condition)을 가진 이상한 끌개(strange attractor)를 발견하면서 세상에 알려지기 시작했다.

(2) B. B. Mandelbrot(1982)에 의해 금융시장분석에 적용되었으며, J. Gleick(1987)과 R. Peters(1991) 등에 의해 일반인들에게 소개된 새로운 이론이다. 이들 주장의 기본은 안정과 평형을 핵심으로 하는 고전적 자연과학 및 사회과학은 불안정성과 요동을 중심으로 한 진화적 특성을 표현할 수 있는 새로운 방향으로 발전해 나아간다는 것이다.

(3) 카오스란 '결정론적 시스템에서 발생하는 확률적 운동'이라고 정의할 수 있다. 경제학에서 카오스이론은 기존 경제 및 금융이론이 기반하고 있는 선형 패러다임의 한계를 넘어서는 것이며, 매우 복잡하고 불규칙한 움직임을 만들어 내는 비선형 동태적 시스템(nonlinear, dynamic system)에 대한 연구로 이해될 수 있다.

(4) 카오스는 분수(fractal) 특성을 가지는데, 이것은 자기유사성(self-similarity)과 장기기억(long memory)이 그 핵심적인 특징이다. 전자는 금융시장에서 단기의 가격움직임이 장기움직임의 일부가 됨을 의미하는 것으로 자산가격은 커다란 가격흐름에 대해 차원과 특징에서 대응되는 작은 가격흐름들로 구성된다는 것이다.

후자는 이러한 특성의 존재는 기존 금융이론의 한 축인 효율적 시장가설과는 배치되는 것이며 적절한 기법을 이용한 차익거래의 가능성을 제시하고 있다. 특히 장기기억특성은 기존 금융시장분석에서 널리 이용되고 있는 ARCH모형에서는 효과적으로 표현될 수 없으므로 그 대안으로 간주되고 있다.

충분히 할 수 없는 현실적 제약이 존재한다. 따라서 주가가 기업의 내재가치를 제대로 반영하지 못하는 것이 오히려 자연스럽다고 주장한다. 뿐만 아니라 불규칙행보가설이 제시하는 결과와는 달리 주가에는 상당한 정도의 예측가능성이 있다고 주장하기도 한다.

이와 같은 주장은 1980년대 중반부터 조심스럽게 있었으나 투자자의 합리성과 시장의 효율성을 맹신하던 대다수의 학자들에 의해 무시되었다. 그러다가 1980년대 후반에 들어서면서 투자자의 비합리성과 심리적 현상에 기초한 주식수익률 예측모형이 제시되었다. 또한 합리적인 투자행위의 결과라고는 도저히 볼 수 없는 주가의 급등락 현상이 관측되었다.

그러자 효율적 시장가설에 대해 의문을 제기하는 학자들이 점점 많아졌다. 이를 반영하여 최근 미국 금융학회는 투자자의 비합리성, 심리적 요인의 중요성을 강조하는 학풍을 행동주의 금융이론(behavioral finance theory)이라는 독자적 분야로 분류하기에 이르렀다. 현재 미국의 금융학계에서는 효율적 시장가설을 믿는 학자들과 그렇지 않은 학자들 사이에 치열한 공방전이 벌어지고 있다.

제 4 절 새로운 금융시장이론[10)]

효율적 시장가설(EMH)에서는 현재가격이 모든 이용가능한 정보를 포함하고 있으므로 외부충격(또는 새로운 뉴스)이 시장에 가해지지 않는다면 자산가격은 기본적 가치의 변화에 의해서만 움직이게 된다고 추론한다. 이러한 EMH는 선형확률모형으로 표현되며, 그 중 가장 대표적인 모형이 임의보행과정(RW)이다. 그러나 현실 금융시장에서 자산가격의 움직임은 RW와는 달리 서로 독립적이지 않고 시계열적 상관성을 보이며 분포도 정규분포가 아니라 두터운 꼬리를 가지는 것으로 관찰되었다.

---

10) 이 절에서 소개한 이론들은 연세대학교 조하현·이승국 교수의 「카오스와 금융시장」, 2002. 9, pp. 129~146을 인용·참조하였다.

이러한 특성을 표현할 수 있는 편의된 임의보행(biased random walk)과 분수 브라운운과정(fractional brownian motion) 등이 RW에 대한 대안으로 제기되고 있다. 이들은 증권 가격의 움직임에는 어떤 조직적인 모양이 존재하므로 적절한 모형을 이용하면 주가의 예측이 어느 정도 가능하다고 본다.

예를 들면 (i) 우리가 알고 있는 그 어떤 규칙적 패턴으로도 충분히 설명할 수 없는 현상이라 할지라도 어떤 법칙이 지배한다는 카오스(chaos)이론,[11] (ii) 증권 가격의 움직임에 있어 효율적 시장가설로 설명할 수 없는 이례적 현상(anomalies)들이 존재한다는 실증분석파 등이 그 예이다. 전자에 따르면 증권가격은 적절한 비선형모형을 이용하면 가격변동 예측이 가능하다. 이는 효율적 시장에서는 과거자료에 의한 주가의 예측이 불가능하다는 효율적 시장가설을 부인하는 것이다. 후자는 다음과 같은 여러 가지 효과를 이례적 현상의 원인으로 꼽고 있다.

① 같은 위험하에서라도 주가수익비율(PER)효과가 크다거나,

② 연도가 시작되는 1월중의 주가수익률이 다른 달에 비해 높다거나 (January effect),

③ 주말(weekend effect)이나 여름(summer rally)에 주식을 사는 것이 다른 때에 비해 상대적으로 수익률이 높다는 등의 계절효과(seasonal effect),[12]

④ 소형주의 수익률이 대형주의 수익률보다 높다는 규모 효과(size effect),

⑤ 일반투자가의 관심이 적은 주식의 수익률이 빈번하게 거래되는 주식보다 높다는 소외기업효과(neglected firm effect),

⑥ 낮은 주가수준의 수익률이 높은 주가 수준의 수익률보다 높다는 저가

---

11) 이에 대해서는 [참고 1-2]를 참조하기 바란다.

12) 미국의 경우 주말을 앞둔 금요일의 수익률은 양(+)의 수익률을 보이며 월요일의 수익률은 매우 낮아 음(−)의 수익률을 보인다고 한다. 이러한 요일효과를 기업규모에 따라 분석한 결과 월요일 효과는 기업규모에 상관없이 항상 있으나 금요일 효과는 중소기업에서 매우 크게 나타났다. 요일효과가 나타나는 이유는 기업들이 나쁜 정보를 가지고 있을 때 이를 주중에 발표하지 않고 주말에 주식시장이 끝나기를 기다렸다가 발표하기 때문이라는 주장이다. 여름 휴가기간을 앞두고 보유하고 있는 현금이나 예금을 은행금리 이상의 수익을 올리기 위해 주식에 투자함으로써 단기적으로 주가가 오르게 된다는 견해도 있다.

격효과(low-price effect),

⑦ 주가의 급격한 변화 후에는 반대방향으로 변화가 뒤따른다는 과잉반응가설(stock overreaction hypothesis) 등이다.

효율적 시장가설에서 설명하지 못하는 현실 금융시장의 불안정한 가격행태를 카오스와 분수구조에 기반하여 설명하는 이론들이 있다. 분수시장가설(fractal market hypothesis: FMH), 잡음거래자모형(noise trader model: NTM) 및 응집시장가설(coherent market hypothesis: CMH)에 대해 살펴본다.

1. 분수시장가설(FMH)

최근의 연구 결과는 효율적 시장가설이 기각되는 가장 핵심적인 원인은 시장참여자들의 투자계획기간(investment horizon)에서의 이질성 때문임을 지적하고 있다. 시장에는 매일매일 거래하는 당일거래자(day traders) 내지 단기거래자가 있고, 장기의 투자수익을 얻으려고 하는 장기투자자도 있다. 단기거래자에게 있어 0.1%의 수익은 상당히 중요한 것이지만 투자기간 5년인 사람에게 5년 후의 수익률이 95%이냐, 95.1%이냐 하는 것은 그다지 중요하지 않다.

R. Peters(1991, 1994)는 금융시장의 카오스적 특성을 규명하기 위해 효율적 시장가설 대신에 분수시장가설(FMH)을 제기하였다. 이 가설은 시장참여자의 투자계획기간의 이질성에만 초점을 맞춘 이질적 시장가설(HMH)을 유동성에 있어서의 차이 등으로 확장한 것이다.

FMH를 요약하면 다음과 같다. 첫째, 투자계획기간이 서로 다른 투자자들이 시장에 많이 있을 때 시장은 안정적이며 이로 인해 거래자들이 직면하는 유동성은 풍부하다.

둘째, 단기거래자의 정보집합은 시장심리와 기술적 요인에 더 많이 연관되어 있다.

셋째, 투자기간이 늘어남에 따라 기초경제 여건에 대한 정보가 더 중요해지므로 가격변동은 특정 투자기간에 중요한 정보만을 반영하게 된다.

넷째, 기초경제 여건에 대한 정보의 유효성에 의문을 제기하는 사건이 발생하면 장기투자자들은 단기거래를 시작한다.

다섯째, 시장의 전반적인 투자기간이 일정하게 같은 수준으로 귀착하게 되면 시장은 불안정해진다.

한편 자산가격은 단기의 기술적 분석과 장기의 기초적 분석의 결합을 반영하므로 단기의 가격변동이 장기보다 잡음이 많고 변동성이 크게 나타난다. 시장에서의 추세는 변화하는 경제 여건에 따라 기대이익의 변화를 반영하므로 단기에 나타나는 추세는 군중심리와 같은 집단행동의 결과에 의해 크게 영향받는다. 주가가 경제순환과 연관성이 별로 없다면 장기추세는 존재하지 않을 것이고, 오직 거래상황 및 유동성에 대한 단기정보가 시장을 지배할 것이다.

이러한 점에서 볼 때 FMH는 효율적 시장가설과 달리 투자자의 투자계획기간에 따라 흡수되는 정보가 다르게 평가된다고 할 수 있다. 거래빈도가 다르면 정보를 다르게 평가하기 때문에 정보의 확산이 균등하게 이루어지지 않는다. 이러한 경우에는 주가가 이용가능한 모든 정보를 반영하지 않고 특정 투자기간에만 중요한 정보를 반영하게 되므로 효율적 시장가설이 성립할 수 없게 된다.

2. 잡음거래자모형(NTM)

효율적 시장가설이 금융시장이론으로서 여러 문제점을 보임으로써 자산가격의 행태를 보다 현실적으로 포착할 수 있는 대안적인 패러다임을 찾게 되었다. 1980년대의 전세계적인 강세장과 1987년 10월 미국에서 있었던 폭락의 월요일(black Monday: BM)에 대한 경험은 주식투자자들로 하여금 시장이 합리적인 최적화 행태의 결과라기보다는 기초경제 여건과는 별 상관없는 시장심리의 표현과 더 많이 연관된 것이 아닌가 하는 의문을 갖게 하였다.

외환시장의 경우에서도 효율적 시장가설의 이론적 예측과 외환시장 참여자들의 행태 사이에는 커다란 차이가 있다. 가설의 추론대로 환율이 기초경제 여건을 정확히 반영한다면 이를 설명해 주는 거시경제모형이 있어야 하지만 아직 환율변동을 지배하는 법칙이나 요인에 대한 일치된 견해는 제시되지 않고 있다. 많은 실증연구들은 기초경제 여건에 근거한 거시모형으로 환율을 예측하는 것이 매우 어렵다는 것을 보여주었다.

Keynes로 돌아가는 이러한 관점은 효율적 시장가설을 대체할 수 있는 몇 가지 모형이 제시될 수 있는 계기가 되었다. 이 새로운 형태의 모형 중 하나가 소위 잡음거래자모형(NTM) 또는 '유형 모형'(fads model)이다. 이 모형은 거래행태의 특징을 잘 포착하는 것으로 알려진 기술적 분석과 전통적인 합리적 최적화 행태를 결합하려는 시도이기 때문에 자산가격결정에 대한 일반적인 적용을 가능하게 해 준다. 이 모형에는 거래행태에서 차별적인 두 부류의 주인공이 등장한다.

'재정거래자'(arbitrageur 혹은 smart money)는 그들의 거래전략을 대체로 기초경제 여건에 기반하여 합리적으로 이윤을 극대화하는 개인들이고, 다른 부류인 잡음거래자(noise trader)들은 비합리적인 행태를 보인다고 가정한다. 후자의 거래는 기초경제 여건과는 상관이 없는 잡음이 많은 정보에 근거하여 이루어진다. 이 두 부류의 상호작용은 자산가격을 기본적 가치에서 멀리 떨어진 수준으로 이탈하게 만들 수 있다.

NTM의 핵심은 잡음거래자가 자산가격을 기본 가치보다 훨씬 더 높이거나 혹은 훨씬 낮추게 하는 거래 행태를 보인다는 것이다. 만약 재정거래자가 기본 가치에 근거하여 합리적 극대화를 꾀한다면 그들의 행동은 가격이 기본가치로부터 점점 멀어져 가는 것을 제어할 것이다. 이러한 재정거래자의 행동과 관련하여 다음과 같은 위험과 예측불가능성이 있다.

① 근본적인 위험(fundamental risk): 가격이 기초경제 여건보다 과도하게 오르거나 내렸을 때 발생하는 위험이다. 이러한 시장상황에서 재정거래자들은 단기재정거래를 함으로써 가격의 이탈을 줄여야 하지만 의사결정과정에 개입되는 불확실성 때문에 가격을 기초 여건 가치로 수렴하게 만드는 거래를 하지 못한다.

② 미래자산가격의 예측불가능성: 비록 현재의 자산가격이 고평가되어 있

더라도 앞으로 상당기간 이러한 상태가 지속될 가능성이 있다면 단기재정거래는 제한될 수밖에 없을 것이다. 이와 달리 잡음거래자는 경제주체의 자산에 대한 수요가 기초경제 여건에 의해서가 아니라 잡음과 같은 확률적인 가격행태에 의해 변하게 된다고 생각하는 거래자들이다.

한편 재정거래자들의 단기재정거래가 잡음거래자에 의해 발생되는 불확실성에 의해 제한되고 대다수 투자자들의 수요가 이러한 잡음에 의해 영향을 받게 될 때 자산가격은 기본 가치에서 벗어나게 된다. 따라서 재정거래자들도 이러한 잡음거래자의 행태를 예측하려고 노력하며 그들의 움직임을 이용하려고 시도한다. 재정거래자와 잡음거래자들의 상호작용은 위험으로 조정된 균형가격을 결정하게 되는데, 이러한 모형이 던지는 뜻은 자산가격과 연관된 위험은 잡음거래자에 의하여 발생한다는 것이다.

3. 응집시장가설(CMH)

V. Vaga(1991)는 시장참여자들이 서로의 행동을 모방함으로써 군집행동이 발생하여 자산가격의 불안정이 초래될 수 있다는 비선형 통계모형(nonlinear statistical model)을 개발하였다. 이 가설의 기본전제는 자산가격의 확률분포가 기초경제 여건과 시장심리의 편의 정도(sentiment bias)에 의해 영향을 받으며 시간에 따라 동태적으로 변한다는 것이다. 이 변화로 시장상황이 변하고 이는 자산가격의 확률밀도에 영향을 미친다.

Vaga는 자기장에서 분자의 움직임을 모형화한 Ising모형[13]을 응용한 Callan-Shapiro모형(1974)에서 설명된 사회모방이론(theory of social imitation)을 금융시장분석에 도입하였다.[14] 자기장 외부요인의 영향을 기초경제 여건으로,

13) 내부 열(熱)요인의 수준과 외부에서 가해지는 영향력의 크기가 시스템의 현재상태를 결정한다. 외부의 영향력이 0이고 내부에 충분한 열이 가해져 분자들이 독립적으로 움직이게 되면 이 경우 분자움직임은 정규분포를 따른다.

14) Callan-Shapiro는 새와 물고기가 집단을 이루어 다니는 것과 같은 사회집단의 상호작용을 Ising모형을 이용하여 사회과학에 적용하였다. 사회모방이론은 개인들의 행동과 자기력을 받는 쇠막대 속의 분자이동이 매우 비슷하다는 가정에 따른다. 사람들의 의견은 종종 일치되지

대중적 견해를 시장성향(market sentiment)으로 각각 해석하였다. 시장에서의 위험/수익률의 상반관계는 이러한 시장성향과 기초경제 여건의 결합으로 이해될 수 있다. 결국 올바른 시장분석을 위해서는 기초경제 여건 분석과 기술적 분석의 관점을 모두 가져야 한다는 것이다.

그에 따르면 자산수익률의 확률밀도함수는 군집행동의 정도(k), 기초경제 여건의 편의 정도(h), 자유도의 크기 또는 시장참여자의 수(n)의 영향을 받게 된다. 모의실험 결과 이러한 변수들의 크기에 의해 다음과 같은 네 가지 형태의 시장상태를 예상해 볼 수 있다.

① 확률적인 시장(random walk): $h=0$, $k=1.8$일 때의 시장상태는 임의보행 과정을 따르게 되며 자산수익률은 정규분포를 따른다. 이 경우 투자자들은 서로 독립적이며 시장에 새롭게 들어오는 정보는 가격에 빠르게 반영된다.

② 전이시장(transition markets): $h=0$이고 k가 2에 근접함에 따라 확률밀도함수는 두터운 꼬리를 갖는 모양을 가지게 되며 시장은 불안정한 전이(unstable transition) 상태가 된다. 투자자들의 군집행동이 나타나면서 그들은 편의를 가지게 되고, 정보가 가격에 즉시 반영되지 않고 장기에 걸쳐 영향을 미친다.

③ 카오스시장: k가 2보다 커지면 확률분포는 2개의 마루(bottom)를 가지게 되는데, 이것은 확률밀도함수에서의 분기(bifurcation)를 나타낸다. 기초경제 여건에 대한 편의가 없어 h를 0이라 해도 시장상태는 매우 불안정하다. 이러한 상황에서 시스템 외부의 정보는 분자(개인투자자)들의 높은 군집행동의 정도로 인해 급격한 이동을 가져온다.

시장에 대한 사람들의 의견을 한쪽으로 이동시킬 수 있는 시장심리의 편의가 존재하지 않는 상황에서도 높은 군집행동으로 인해 시장은 매우 불안정해질 수 있다. 이것은 카오스시장의 전형적인 모습이다. 투자자들이 서로의 행동을 미리 짐작하면서 행동하고 있으므로 소문이나 잘못된 정보는 시장에서 커다란 움직임을 가져올 수 있다. 일단 투자자들의 군집행동이 발생하면 시장

않아 개인들은 열이 가해진 분자처럼 서로 독립적으로 움직일 수 있다. 또한 개별 사람들의 의견이 서로 강하게 연관되어 있는 형태로 나타날 수도 있다. 다른 가능성은 카오스적인 환경의 결과로 사람들의 견해가 양과 음으로 구분되어진 분자집단처럼 양극화될 수도 있다.

에서는 급격하게 집단적인 움직임이 나타나게 된다.

④ 응집시장(coherent markets): 카오스시장에서와 마찬가지로 시장참여자들의 군집행동 정도가 높은 상태에서 기초경제 여건에 대한 편의가 강해지면 거래자들은 분자가 자기장의 양(+)이나 음(−)의 한쪽으로 몰리듯이 매수나 매도 한 방향으로 집중된다.

기초경제 여건에 대한 편의가 존재하지 않는 상황에서도 투자자들의 군집행동의 정도가 커지면 시장은 점차 불안정한 행태를 보인다. 여기서 약간의 외부정보가 가해지면 시장은 전이시장에서 카오스시장으로 변하게 된다. 불안정한 행태를 보이지만 한쪽으로 편향되지는 않았던 카오스시장은 시장심리의 편의 정도가 특정 한계를 넘어서면 확률분포가 양(+)이나 음(−)으로 치우치는 형태를 보이는 응집시장으로 전환된다.

Vaga는 1973년~74년중 주식의 약세장을 이러한 경우로 볼 수 있지만 응집약세장은 현실에서 아주 드물게 발생한다고 주장하였다. 그에 따르면 1987년 10월의 주가폭락도 시장심리의 강한 편의에 의해 발생한 응집시장이 아니라 단지 사람들의 강한 군집행동의 결과로 나타난 카오스시장의 사례였다.

이외에 경제변수의 변동성에 있어 장기기억을 모형화하기 위한 다중분수자산수익모형(multifractal model of asset returns)이 있으나 다음 기회에 살펴보기로 한다.

4. 행동금융이론(behavioral finance theory)

경제학에서 개인의 인지와 행위에 대한 연구는 H. A. Simon을 시발점으로 한다. 그는 카네기멜론대학에 같이 있으면서도 J. Muth의 합리적 기대와 정반대로 제한된 합리성(bounded rationality)을 제시했다. 인간의 인식이나 계산능력이 제한되어 있고 정보나 지식도 한계가 있다는 것이다. 이런 흐름 속에서 심리학자로 2002년 노벨 경제학상을 수상한 D. Kahneman 등은 경제행위와 인간행위에 여러 가지 비합리성이나 규범이 개입된다는 것을 보였다.

Kahneman 등은 가치함수를 통해 손실과 이윤의 비대칭성, 준거의존성(reference dependence)으로 인한 현상유지효과(status quo effect)나 부존자원효과(endowment effect), 제시방식이 인식에 미치는 영향(framing effect) 등을 고찰했다. 또한 G. Akerlof 등은 공정성(fairness) 등 규범의 역할을 확인했다.

같은 맥락에서 R. Thaler는 심적 회계(mental accounting)라는 개념에 근거해 주식시장의 이례적 현상들과 소비자행동의 비합리성을 해명했다. 심적 회계란 회계장부와 같이 머릿속에서 소득이나 화폐를 항목별로 구분해 놓고 이 수준에 비추어 지출의 과부족을 판단하는 것을 의미한다.

미국의 지역연방은행 중 하나인 Federal Reserve Bank of Boston이 2003년 6월 '인간은 어떻게 행동하는가 — 경제학과 정책에 주는 시사점'을 주제로 연례회의를 가졌다. 그동안 주류 경제학자들 사이에서 큰 관심을 끌지 못했던 '행동경제학'이 FRB의 토론주제로 선정된 것이다.

'행동경제학'은 인간이 실제로 어떻게 선택하고 행동하는지, 그 결과로 어떠한 경제사회현상이 발생하는가를 연구한다. 인간행동의 실제와 그 원인, 그것이 경제사회에 미치는 영향, 사람들의 행동을 조절하기 위한 정책에 관해 심층적으로 규명하는 것을 목표로 하고 있다. 오늘날의 경제학은 빈틈없이 완벽한 사람들의 합리적 손익계산보다는 감정의 비중을 중시하는 방향으로 변화하고 있다. 이른바 '계산에서 감정으로'의 전환이 일어나고 있는 것이다.

행동경제학은 행동금융이론(behavioral finance theory)으로 발전해 표준적인 금융이나 재무관리(standard finance)에 대립하고 있다. 표준이론은 인간의 합리성을 철저하게 신뢰하면서 넓게는 기대효용모형에, 좁게는 효율적 시장가설에 근거하고 있다(M. Miller, F. Modigliani, R. Merton, H. Markowitz, F. Black, M. Scholes, E. Fama 등으로 이어진다).

행동금융이론은 행동경제학에서의 주장대로 인간의 합리적 판단이 실제 인간행동을 설명해 줄 수 있는가에 대해서 의문을 던진다. 증권투자자들의 이성적 판단이 아닌 비이성적 본성을 연구하는 데 투자이론의 본질을 둔다.

Kahneman은 인간의 합리적 판단에 대해 근본적으로 의문을 제기하는 'Heuristics' 이론을 제시하였다. 이는 불확실한 조건에서 판단을 내릴 때 인간은 확률이나 효용극대화 이론을 복잡하게 따지려 들기보다는 경험에 비추어 어림짐작, 주먹구구식으로 가장 그럴듯하게 여겨지는 방법에 의존한다는 것이다.

행동금융이론에 의하면 투자자들을 곤경에 빠뜨리는 것들로 다음과 같은 것들이 지적되고 있다.

① 과대확신(too self-confident): 주식투자자와 애널리스트들은 자신의 능력에 강한 자부심을 갖고 있다. 그러나 자부심의 증대와 성공확률 간의 상관관계는 거의 발견되지 않고 있다.

② 지나친 낙관주의(too bold): 전문가와 아마추어 투자자들은 낙관적인 편향(optimistic bias)을 가지는 경향이 있다. 특정 투자자는 자기의 우연성이 주변 사람들의 우연성보다 뛰어날 것이라는 생각을 갖고 있다. 많은 Trader들은 성과에 있어 그들 중 50%가 중간치(median) 아래에 있음을 인정하면서도 자기만은 평균 이상 수준에 있다고 생각한다.

③ 손실에 대한 두려움과다(too afraid of loss): 투자자들은 손절매(stop-loss)의 고통을 싫어하기 때문에 손실중인 주식을 보유하는 경우가 많다. 예를 들어 강세장에서 기준(benchmark) 지수보다 낮은 수익률을 기록한 펀드매니저는 약세장에서 그 지수보다 낮은 수익률을 기록한 펀드매니저보다 해고될 확률이 낮다.

④ 성급한 매매(too quick to trade): 투자자들이 보유주식을 팔고 다른 주식을 살 때 매우 성급하게 처리한다. 1년 후의 수익률을 비교해 보면 보유주식을 가지고 있는 경우가 수익률면에서 오히려 유리할 때가 더러 있다.

참고 1-3 경제학설의 흐름

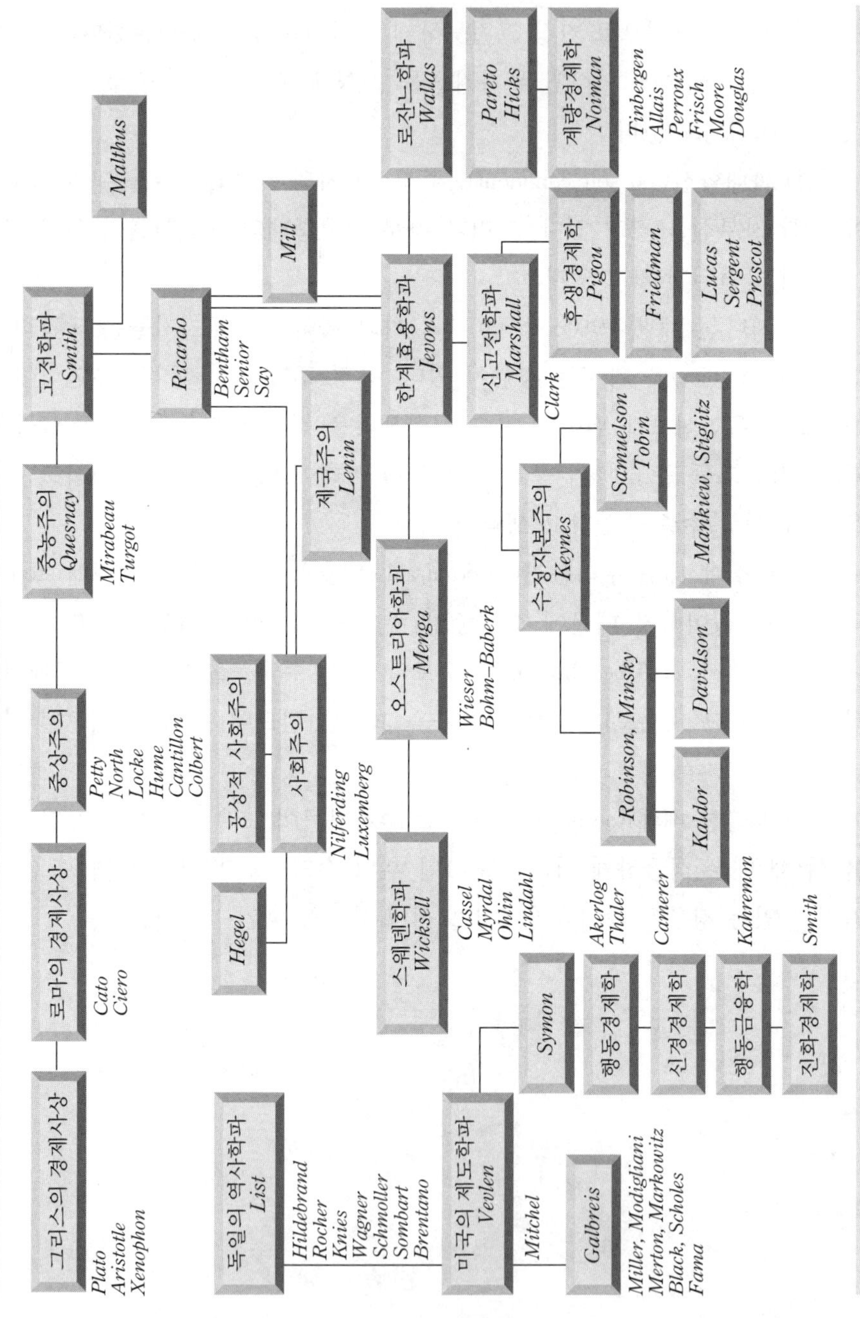

정리문제

1. 경제제도 안에서 금융시장의 기능 중 중요한 것 5개만을 골라 설명해 주시오.
2. 금융시장에는 어떠한 경제주체들이 참여하고 있는가?
3. Tobin의 q비율과 기업금융 간에는 어떠한 관계가 있습니까?
4. Miller-Modigliani가 제시한 최적자본구조란 무엇입니까?
5. 기업의 높은 수준 레버리지(leverage)비율 유지가 금융시장에 미치는 영향은 좋습니까 아니면 나쁩니까?
6. 발행시장이 활황이면 유통시장도 활황을 보일까요?
7. 앞으로 장외시장은 모두 없어지고 거래소시장만 존재할 것인가?
8. Fisher의 분리정리는 항상 성립하는가요?
9. 차등금리하에서 투자와 소비는 어떻게 결정해야 합니까?
10. 효율적 시장가설의 3가지 형태는 어떠한 것들입니까?
11. 비효율적 시장가설에 대한 귀하의 평가를 말해 주시오.
12. 다음에 대해 간단히 설명해 주시오.
    ① 계절효과 ② 규모효과 ③ 소외기업효과 ④ 저가격효과
13. 효율적 시장가설에서 설명하지 못하는 비선형계의 현상이란 무엇입니까?
14. 카오스의 특성에 따른 새로운 금융이론에는 분수시장가설, 잡음거래자 모형, 응집시장가설 등이 있습니다. 이들의 차이점을 설명해 주시오.
15. Vaga의 모의실험결과로 나타난 4가지 시장상태는 어떠한 것들입니까?
16. 행동금융이론이란 무엇입니까?

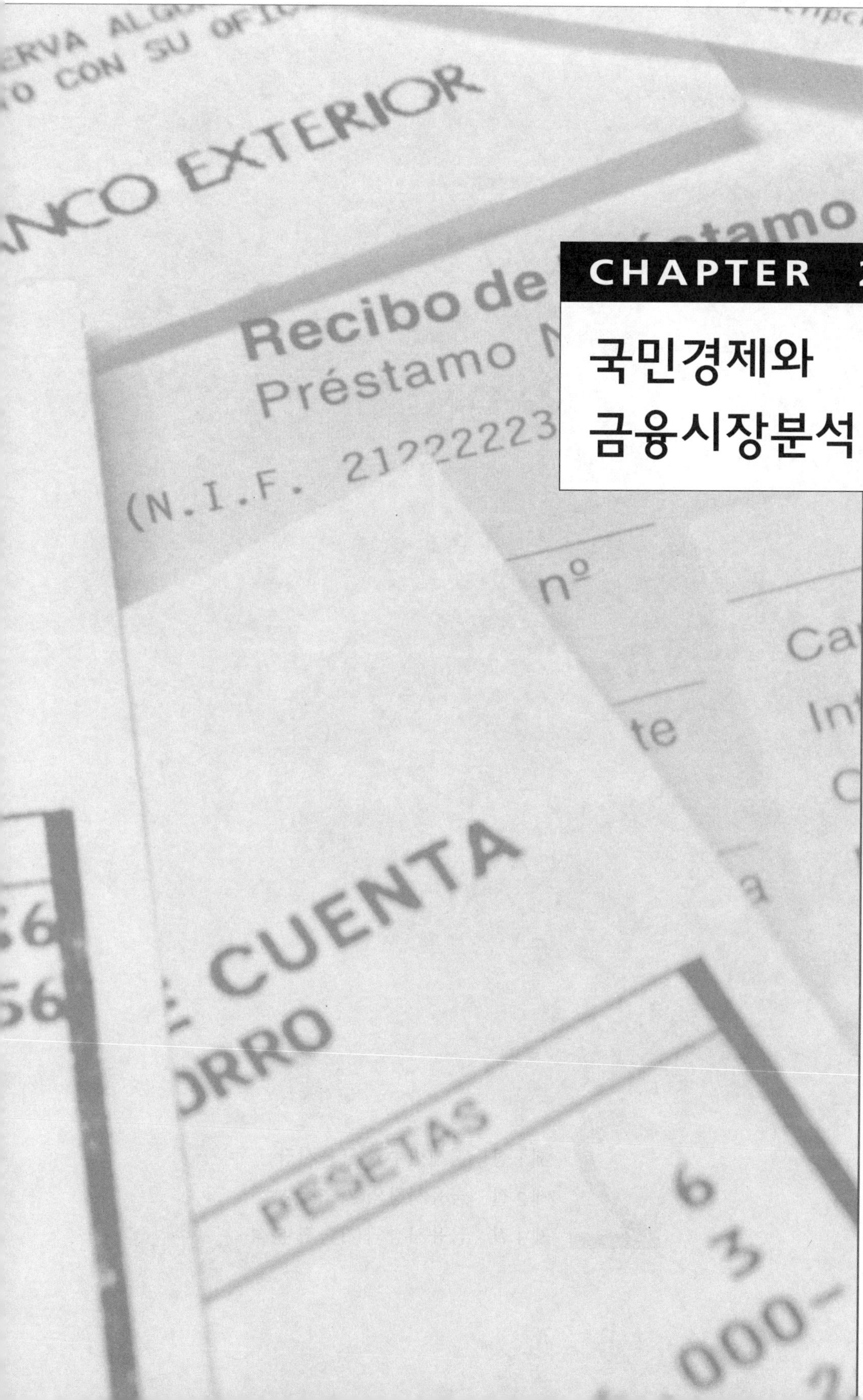

CHAPTER 2

국민경제와 금융시장분석

2

제1절 경제변수와 금융시장

1. 경제변수란 무엇인가?

국민경제 전체로 볼 때 자금의 흐름은 (i) 재화 및 서비스를 사고 파는 등 실물경제활동에 수반되는 것(산업적 유통)과, (ii) 은행에 예금을 하거나 주식을 매매하는 등 금융자산을 거래할 때 나타나는 것(금융적 유통)으로 구분할 수 있다. 전자가 원활하게 이루어지지 않는 경우에는 소비 및 생산활동이 위축되고 나아가 소득이 낮아져서 저축 여력도 줄어들기 때문에 자연히 후자도 어렵게 된다. 이것이 여의치 않아 필요한 자금을 금융시장에서 조달하지 못할 경우에는 실물부문에서 어려움이 따르게 된다.

국민경제를 체계적으로 분석하기 위해서는 위에서와 같은 실물거래와 금융거래를 연결시켜 동시에 파악하여야 한다. 이를 위해 꼭 필요한 것은 실물 및 금융통계로 나타나는 경제변수들이다. 이 변수들은 끊임없이 변동하고 있으며, 그 형태도 여러 가지이다. 일률적으로 상승하는 변수가 있는가 하면, 하락하는 변수도 있다. 체계적인 움직임을 보이는 변수가 있고, 전혀 그렇지 않는 변수도 있다. 몇몇 변수들은 장기간에 걸쳐 대체로 상승하는 추세를 보이지만, 월별 · 분기별 · 연도별로는 상하로 운동(순환: cycle)하면서 변동한다.[1]

금융변수와 실물변수 간의 관계를 분석하기 위해서는 거시경제 전체에 대

1) 경제의 추세를 연구하는 것을 경제성장론 또는 경제발전론이라 하고, 경제의 상하운동을 연구하는 것을 경기변동론 또는 경기순환론이라고 한다.

한 이해가 필요하다. 제1장 제1절에서 살펴본바, 일반적으로 국민경제체계는 4부문의 경제주체와 3개의 시장으로 구성된다. 경제주체란 가계, 기업, 정부와 국외부문을 말하며 시장이란 생산요소시장, 생산물시장 및 금융시장을 말한다. 이와 같은 4부문과 3개 시장을 포괄하는 개방경제(open economy)체제를 대상으로 하는 이론적 · 실증적 분석이 필요하다.

경제주체 간의 금융거래는 금융시장 전체적으로 통화, 외환 및 증권의 양(量)을 결정하고 이 과정에서 이들의 가격인 금리 · 환율 · 주가 등 금융변수들도 결정된다. 이와 같은 금융수단의 양과 가격수준 등 금융변수의 변동은 소비 · 저축 · 투자 · 수출입과 같은 실물경제활동에 영향을 미친다. 예컨대, 통화공급의 감소에 의해 야기되는 시장금리의 상승은 소비와 투자를 감소시키는 반면 저축을 증대시킨다. 환율의 상승은 수출을 늘어나게 하고, 수입을 줄어들게 한다.

금융변수가 실물경제에 미치는 영향에 대해 학자들 간의 인식에는 큰 차이가 있다. 통화량 증감 등 금융변수의 변동은 실물경제에 갖가지 영향을 미친다고 믿는 사람이 있는가 하면 어떠한 영향도 미치지 않는다고 주장하는 사람도 있다. 그러나 현실적으로는 금융변수의 변동이 소비와 투자에 대한 의사결정을 통하여 경제성장, 고용, 물가 등 총체적인 거시경제변수에 큰 영향을 미치고 있다. 때문에 국민경제를 보다 바람직한 수준으로 유도한다는 차원에서 금융변수의 조절에 대한 필요성이 등장한다.

금융변수를 이용하여 금융시장의 상황을 평가하는 방법에는 여러 가지가 있다. 우선 대규모 경제모형을 이용하는 방법인데, 이는 가능한 많은 금융변수의 움직임을 반영할 수 있다는 점에서 신뢰성이 높지만 효율성 측면에서 시간과 비용이 많이 드는 단점이 있다. 적은 수의 변수를 이용하는 벡터자기회귀모형은 효율성 면에서는 우수하지만 금융상황을 제대로 반영할 수 있는 변수 선정이 어려워 신뢰성이 떨어지고 있다.

이 같은 점을 감안하여 최근 여러 나라의 학계, 중앙은행 등에서는 방대한 금융변수로부터 공통요인을 찾아 적은 수의 변수로 줄이고 이를 토대로 새로운 금융상황지수를 산출하려는 시도가 이루어지고 있다. J. H. Stock과 M. W.

Watson(2002)은 215개의 미국 경제변수에서, M. Artis, A. Banerjee 및 M. Marcellino(2001)는 81개의 영국 경제변수에서 추출한 공통요인을 이용하여 예측방정식을 추정한 결과 기존 모형에 비해 예측력이 향상되는 사실을 발견했다. W. English, K. Tsatsaronis 및 E. Zoli(2005)는 미국, 영국, 독일의 경제변수에서 공통요인을 추출한 후 이를 설명변수로 하여 각각의 GDP갭과 인플레이션에 대한 예측방정식을 추정하여 금융상황지수를 시산하였다.

한국은행의 천병열 · 박나연 팀(2007)은 외국의 사례를 참조하여 금리, 금리스프레드, 환율, 자산가격, 신용총량 등 다양한 금융변수의 정보를 반영하는 새로운 금융상황 지수를 개발하였다.[2] 이 지수는 실제 금융상황을 정확히 반영할 뿐만 아니라 총수요압력에 대해 뚜렷한 선행성을 보이고 있다. 특히 새로운 지수는 금리, 환율 등 가격변수에 포함되어 있지 않은 독립적인 정보를 내포하고 있어 금융상황을 보다 정확히 평가하는 데 도움이 될 것이다. 또한 각종 금융변수의 공통요인을 하나의 변수로 축약하고 있어 이를 이용할 경우 경제모형의 예측력과 효율성을 높일 수 있을 것으로 기대된다.

2. 자금순환

실물거래의 대표적 통계인 국민소득계정이나 산업연관표는 재화 및 서비스의 거래만을 기록하기 때문에 자금의 금융적 유통을 파악하기 어렵다. 금융통계는 금융기관이라는 자금의 중개기관만을 대상으로 하기 때문에 자금의 산업적 유통은 물론 자금을 누가 어떻게 사용하였는가?라는 유통경로를 알려주지 못하고 있다. 따라서 자금의 산업적 유통과 금융적 유통을 연결시켜 기업, 개인, 정부 등 각 경제주체가 어떤 경로를 통해 자금을 조달하고 운용하고 있는가를 파악할 수 있는 종합적인 통계가 필요하다.

자금순환표는 국민경제 내에서 발생한 여러 금융활동들이 서로 어떠한 관계를 가지고 있으며 이 활동들이 생산 · 지출 등 실물활동과 어떠한 관계를 가

---

2) 한국은행조사통계월보, 2007년 3월호, pp. 23~43를 참조하기 바란다.

지고 있는가를 체계적으로 일목요연하게 정리해 놓은 표(表)이다.[3] 자금순환표는 국민소득계정, 산업연관표, 국제수지표 및 국민대차대조표와 함께 국민계정체계하의 5대 국민계정을 구성하고 있다.

자금순환표에는 일정기간중 각 경제주체들이 벌어들인 소득이 소비와 투자에 얼마나 쓰이고 여기서 남은 돈이 어떠한 형태로 금융시장에 흘러들어가서 누구에게 어떠한 형태로 공급되었는가 하는 것이 집계되고 있다. 이 표를 통해서 실물부문의 경제활동이 금융시장에 어떠한 영향을 미치며, 다시 금융시장의 변화가 상품 · 서비스의 수요와 저축 · 투자 등 실물부문의 경제활동에 미치는 영향을 체계적으로 파악할 수 있다.

한국의 자금순환표는 거래주체를 기업, 개인, 정부, 국외 및 금융 등 5부문으로 나누고 있다. 거래형태는 자금의 산업적 유통을 기록하는 비금융거래와 금융적 유통을 기록하는 금융거래로 구분한다. 이 표는 경제주체들의 금융활동분석에 유용하게 사용된다. (i) 각 경제부문별로 자금이 얼마나 남고 모자라는가? (ii) 금융의 중개구조는 어떻게 달라졌는가? (iii) 비금융민간부문의 금융행태는 어떠한가? (iv) 금융자산이 어느 정도 축적되었으며 금융구조는 얼마나 발전되었는가?를 한 눈에 볼 수 있다.

금융자산의 축적과 관련하여 금융연관비율을 소개한다.[4] 이 비율은 일정시점에 있어 한 나라의 금융자산총액을 국부총액(유형자산 + 순대외자산)으로 나눈 비율인데 다음과 같이 계산한다.

$$\frac{F_t}{W_t} = \beta_t^1\left[(r+\pi+r\pi)^{\frac{1}{2}}+1\right] \cdot [k\eta+\Phi(1+\lambda)+\varsigma] \cdot 1+\theta\left[(1+\varphi)^{\frac{1}{2}}-1\right] \qquad (2\text{-}1)$$

F_t : t기의 금융자산 잔액, W_t : t기의 국부

3) 1952년 미국의 M. A. Copeland 교수에 의해 개발되었다. 1955년 미국의 연방준비제도이사회(Federal Reserve Board: FRB)가 '1939~53년의 Flow of Funds in the U.S'라는 이름으로 처음 작성하였다. 그 유용성이 인정됨에 따라 여러 나라에서 작성하여 경제분석에 이용되고 있다. 한국에서도 1965년부터 한국은행이 정기적으로 작성·발표하고 있다.

4) 흔히 Goldsmith비율이라고 불린다. 미국의 R. W. Goldsmith 교수의 연구결과 거의 모든 나라에서 경제성장과 함께 이 비율이 높아지고 있음이 알려졌다. 금융구조의 고도화 또는 금융축적의 정도를 나타내는 지표로 널리 이용되고 있다.

β_t : t기의 평균자본계수(국부/국민소득), r : 실질국민소득증가율
π : 물가상승률, k : 비금융부문의 실물자산의 증가 · 국민소득
η : 비금융부문의 금융증권 발행액/비금융부문의 실물자산의 증가
$\delta(=k\eta)$: 비금융부문의 자금조달비율(비금융부문의 금융증권발행액/국민소득)
Φ : 금융부문의 자금조달비율(금융기관의 금융부문의 비금융부문에 대한 금융증권발행액)
Φ/δ : 금융중개비율
λ : 중층화율(금융기관 상호간의 증권발행액/금융부문의 비금융부문에 대한 금융증권발행액)
ξ :해외금융비율(외국에 대한 금융증권발행액/국민소득)
θ : 비금융부문의 가격변동 증권발행액.비금융부문의 금융증권 발행액
Ψ : 주가상승률, $K : k \cdot \mu \cdot (1+\omega)$로 표시가능
k : 한계자본계수(비금융부문의 총투자/국민소득증가분)
μ : 화폐화율(화폐화된 부문의 국민소득/국민소득)
Ω : 중간재 거래비율(중간재거래액/국민소득)

3. 경제예측모형

경제연구기관들은 경제예측 및 정책효과분석을 위해 다모형접근방식(multi-model approach)에 따라 여러 가지 모형을 활용하고 있다. 이들은 (i) 구조모형인 분기 거시계량모형, 연간 거시계량투입산출모형 등과, (ii) 비구조모형인 경기분석모형, 초단기예측모형, 시계열분석모형 등으로 구성된다. 나아가 분기 거시계량모형과 연계하여 활용할 수 있도록 물가, 대외거래, 재정 등 부문별 위성모형들도 함께 만들고 있다.

이러한 전통적 모형들은 경제주체의 최적화 행위, 가격경직성 등 최신 거시경제 이론에서 강조하는 미시적 기초가 결여된 데다 미래기대변수도 포함하지 못한다는 비판이 있었다. 이러한 한계를 극복하기 위해 최근에 널리 활용되고 있는 것이 동태적 · 확률적 일반균형모형(dynamic-stochastic general equilibrium model: DSGE)이다.

우리나라에서는 한국은행이 2006년부터 이 모형의 개발에 착수하여 소규모 개방경제 DSGE모형의 이론적 체계를 구축한 후 2007년에 이를 바탕으로 모형의 구조를 보완하고 모수 설정방식을 개선한 동태적 최적화모형

(BOKDSGE)을 개발하였다.[5] 이 모형은 한국 경제를 크게 5개의 부문시장과 4개의 경제주체 그룹으로 구성된 다시장 · 다주체 경제로 표현한다. 전자에는 재화시장, 노동시장, 실물자본시장, 유가증권시장(채권) 및 화폐시장(통화)이 포함된다. 후자에는 국내의 가계, 기업(독점적 경쟁 생산기업과 대표 판매기업) 및 정책당국(중앙은행 및 정부), 그리고 국외 경제주체들이 포함된다.

한국은행의 강희돈 · 박양수 팀(2007)은 BOKDSGE를 활용하여 우리나라 경기변동을 총 7개의 충격요인으로 분해하여 과거 경기변동을 유발하는 주요 충격이 무엇이었는지를 분석하였다.[6] 또한 통화정책이나 생산성충격이 발생할 경우 거시경제변수의 반응을 살펴보는 충격반응함수 분석도 실시하였다.

그 결과 1999~2006년중 우리나라의 GDP 변동성에 가장 큰 영향을 미친 것은 통화정책(국내금리)충격으로 약 40%이었던 것으로 추정되었다. 국내총생산에 대한 지출항목(소비, 투자, 수출입 등)들도 주로 금리와 생산성 변동에 민감한 반응을 보였는데 그 중에서도 국내금리 변동의 영향이 가장 컸다. 한편 생산기업의 한계비용과 실질금리 등 가격변수 변동의 경우에는 물량변수와는 다르게 생산성충격이 40~50% 내외를 설명하였다.

통화당국이 정책금리를 25bp 인상할 경우 수요둔화로 1차연도에 생산과 고용이 각각 0.18%(최대 △0.23%) 및 0.11%(최대 △0.12%) 감소하고, 소비자물가는 0.05% 하락(최대 △0.16%)하는 것으로 분석되었다. 기업의 생산기술 수준이 1% 향상되는 경우 경제 전체의 생산량이 0.14%(최대 +0.22%) 증가하고 고용은 0.06%(최대 +0.10%) 늘어나는 것으로 시산되었다. 소비자물가는 생산량 증대에 따른 수요압력 약화로 소폭(△0.06%) 하락하는 것으로 나타났다.

이 모의실험 결과에 따르면 한국경제의 희생비율(sacrifice ratio: SR)은 4 내외, 즉 소비자물가를 1%p 안정시키기 위해서는 생산을 4%p 정도 희생해야 하는 것으로 추정되었다.[7] 이 수치는 한국은행이 이전에 설정한 BOK04 모형의

5) 한국은행조사통계월보, 2007년 9월호, pp. 57~108를 참조하기 바란다.

6) BOKDSGE는 우리 경제에 7가지의 경제충격, 즉 생산성충격, 통화정책충격, 재정정책충격, 자본투자충격, 수출충격, 국외물가충격 및 국외금리충격이 발생한다고 설정하였다.

7) 인플레이션 억제를 위한 긴축정책 실시 등에 따라 발생하는 생산손실(또는 실업 증가)의 규모로서 물가상승률을 1%p 낮추는 과정에서 발생하는 경제성장률 하락으로 측정한다.

참고 2-1 IMF 및 주요국 중앙은행의 거시경제모형

1세대 모형(IS-LM 연립방정식 모형)

1980년대까지 주요국 중앙은행에서는 Keynesian이론에 기초한 Cowles Commission방식의 대규모 IS-LM 연립방정식모형을 이용하였다. 이 모형은 경제 주체의 적응적 기대를 가정했으며 시차변수를 이용하여 동태적 요소를 나타냈다.

2세대 모형(오차수정모형)

1세대 모형을 모태로 경제주체의 정태적 최적화를 이용하여 변수 간의 관계를 유도하거나 Davidson 등의 오차수정방법을 이용하여 변수간 장단기 관계를 설정하였다. 합리적 기대의 개념을 모형 내에 나타내고자 노력했으나 모의실험 과정에서 균형해(解)가 나오지 않아 많은 시행착오 끝에 결국 성공하지 못하고 포기한 바 있다.

2세대 모형으로는 미국 FRB의 MPS모형, 캐나다 중앙은행(Bank of Canada: BOC)의 RDX2, 한국은행의 BOK04 등이 해당된다.

3세대 모형(초기 DSGE모형)

1~2세대 모형은 정태적, 적응적 기대 및 자의적 인과관계를 바탕으로 하고 있지만 3세대 모형은 동태적, 합리적 기대 및 경제주체의 의사결정을 통한 변수 관계를 바탕으로 하고 있다. 1990년대부터 합리적 기대와 동태적 최적화를 성공적으로 구현한 RBC이론에 근거하여 개발되었는데 주로 1국가 개방경제 모형의 형태를 띠었다.

3세대 모형의 예로는 IMF의 Mark III, FRB의 FRB.US, BOC의 QPM, 뉴질랜드 준비은행의 FPS, 일본은행의 JEM, 핀란드 중앙은행의 AINO, 한국은행의 BOKDSGE 등이 있다.

4세대 모형(글로벌 DSGE모형)

2000년대에 들어 각종 가격 경직성(또는 조정비용)뿐만 아니라 이질적인 경제주체 및 재화종류를 감안하는 4세대 모형이 개발되기 시작하였다. IMF와 일부 선진국 중앙은행에서 2나라 DSGE모형을 개발하였으며 최근에는 다국가모형(5나라)으로 확장하는 과정에 있다.

4세대 모형으로는 IMF의 GEM과 GIMF, FRB의 SIGMA, 유럽중앙은행의 NAWN, 영국중앙은행의 BEQM, BOC의 TOTEM, 칠레 중앙은행의 MAS, 노르웨이 중앙은행의 NEMO 등이 있다.

희생 비율(1.5 내외)보다는 높은 수준이다. 이는 최근 물가상승률이 낮아지면서 희생비율이 높아지는 추세를 반영하고 있는 것으로 판단된다.

4. 금융시장의 분석 방법

금융시장을 분석하는 방법은 크게 기초적 분석(fundamental analysis: FA)과 기술적 분석(technical analysis: TA)으로 나눌 수 있다. 시장을 분석 · 예측하는 목적은 같지만 전자는 시장가격에 영향을 미치는 기초요인을 집중적으로 분석하여 투자할 금융상품을 선정하는 데 중점을 둔다. 반면 후자는 가격변동 그 자체를 분석하여 투자할 시점을 결정하는 데 초점을 맞춘다고 할 수 있다.

기초적 분석(FA)은 거시경제 및 산업 동향을 살펴본 후 기업의 기대수익, 성장성 등을 분석하여 금융상품의 내재가치를 추정하는 평가까지 포함한다. 이 분석의 이론적 배경은 금융시장의 가격메커니즘은 불완전하고 비합리적으로 작동한다는 것이다. 이로 인해 금융시장은 단기적으로 상품의 시장가치를 과대 또는 과소평가 하는 경향이 있다. FA는 시장에서 과소 또는 과대평가된 상품을 식별하여 과소평가된 상품은 매입하고 과대평가된 상품은 매도하기 위한 투자분석이라고도 할 수 있다.

기초적 분석은 질적 분석과 양적 분석의 두 가지로 실시된다. 전자는 기업의 재무제표나 증권가격 등에 영향을 미치고 있지만 계량화하기 힘든 요인에 관한 분석이다. 물론 기업의 연혁 및 전망, 사업내용, 경영자의 능력, 경영진의 구성, 업계에서의 지위, 노사관계, 기업문화, 연구개발(R&D) 등이 그 대상이다. 후자는 재무제표에 나타난 정보나 가격자료, 배당자료 등을 기초로 구체적인 기업가치를 구하는 내재가치 평가 방법이다. 재무제표란 대차대조표, 손익계산서, 이익잉여금 처분계산서, 현금흐름표 등을 가리킨다.

FA의 접근방법에는 기업분석-산업분석-경제분석의 순서로 분석시각을 점차 확대시키는 미시적(bottom-up) 방법과 반대로 분석대상을 축소시켜가는 거시적(top-down) 방법이 있다. 어떤 방법이건 과거의 증권가격 움직임이 미래에도 반복된다는 것을 전제하고 있다. 자산가격이 이성적인 요인뿐만 아니라 비이성적인 요인과 심리적 요인에 의해서도 결정된다고 보는 입장이어서 가격의 패턴을 결정짓는 금융자산의 수요와 공급 그 자체에 대한 분석을 중요시한다.

한편 기술적 분석(TA)은 본래 Dow이론에서 발전되었다. 증권시장의 시황이 약세시장(bearish market)이나 강세시장(bullish market)으로 전환하는 시점을 미리 포착하여 초과수익을 얻고자 하는 데 분석의 초점을 두고 있다. 적절한 투자시점은 주로 과거의 증권가격이나 거래량의 움직임을 도표(chart)로 표시하거나 이동평균, 지지선, 저항선과 같은 기술적 투자지표를 이용하여 포착한다.

TA는 금융자산의 시장가치에는 시장이나 기업의 모든 정보가 반영되어 있으며, 그 가치는 오직 수요와 공급의 상호작용에 의하여 결정된다는 것을 전제로 한다. 나아가 (i) 시장에는 사소한 변동이 있을지라도 증권가격은 오랫동안 계속되는 추세에 따르며, (ii) 추세의 반전은 수요와 공급의 변동 때문에 생기고, (iii) 수요와 공급의 변동은 도표에서 조만간 발견될 수 있으며, (iv) 도표상의 패턴은 반복해서 나타나는 경향이 있음도 전제한다.

따라서 FA가 미래지향적이라고 한다면 TA는 과거지향적이라고 할 수 있다. 두 분석 방법을 별개의 시장분석기법으로 볼 수 있으나 실제로는 상호보완적으로 이용하는 것이 효율적이다. 두 분석을 함께 이용하는 것은 마치 다른 쪽에 있는 두 개의 창으로 방 안을 들여다 보는 것과 같다. 한 쪽에 있는 창으로 볼 수 없는 것을 다른 쪽의 창으로는 볼 수 있을 것이다.

위에서와 같은 기초적 · 기술적 분석 외에 심리적 분석을 중요시하는 학자들도 있다. 특히 환율변동에 있어 심리적 요인을 감안하는가 하면 주가변동에 있어서도 동조화(bandwagon) 현상 등을 주목하고 있다.[8]

---

8) 처음에는 외환시장에서 쓰이기 시작했으나 지금은 증권시장에서 두루 쓰이고 있다. 투기자들의 동시적인 매매성향으로 인해 단기적인 가격 변동이 불안정하게 나타나는 현상이다. 투기자들은 비슷한 시장정보와 기대를 가지고 동시적인 투기거래를 함으로써 환율 및 주가변동이 같은 방향으로 일시적으로 과도하게 움직이는 경향이 있다. 일정기간 후에는 반대거래도 동시적으로 함으로써 환율 및 주가변동의 반전폭이나 속도가 크게 나타나게 된다.

제2절 금융시장의 기초적 분석

1. 거시경제분석(macroeconomic analysis)

기초적 분석은 거시경제분석으로부터 시작된다. 거시경제환경을 분석하고 예측하는 일은 금융시장을 분석하는 데 필수적이다. 분석가나 투자자는 GDP, 고용, 물가, 국제수지와 같은 거시 경제지표는 물론 통화 · 재정정책의 방향, 금리 · 주가 · 환율의 변동추이 등 금융시장동향과 해외경제 움직임까지를 분석한다.

(1) 경기변동

이 변동은 호황과 불황의 반복을 가리킨다. 이들은 반복되기는 하나 일정한 간격을 두고 정기적으로 나타나는 것은 아니다. 지속기간도 일정하지 않으며 매우 가변적이다. 경기변동은 실질 GDP로 측정되므로 경제활동이 장기적인 성장경로를 따라 확장과 침체를 되풀이하는 것을 의미한다고 할 수 있다.

[그림 2-1]은 연결된 두 개의 경기순환을 실질GDP로 나타낸 것인데 경기국면과 지속기간을 보여주고 있다. 각 경기 순환에서 실질GDP가 가장 높은 점을 경기변동의 정점(peak: P)이라 하고 가장 낮은 점을 저점(trough: T)이라고 한다. 정점과 저점 사이를 침체기(recession), 저점과 다음 고점 사이를 확장기(expansion)라고 한다.

침체기를 후퇴기와 불황기로 나누고, 확장기를 회복기와 호황기로 나누기도 한다. 어느 산업부문에서 큰 이윤을 얻고 있다든가 또는 얻을 수 있다고 예상하면 그 부문으로 투자자본이 몰리게 마련이다. 이에 따라 기업체 수가 늘어나고 설비 규모가 확장(회복기)되면서 생산량과 노동자들의 수도 증가하는 확장기를 맞는다. 이것이 다른 산업 부문으로 전파되면 경제전체가 이른바 '호황(prosperity)'을 누리게 된다.

그림 2-1 경기변동의 추이

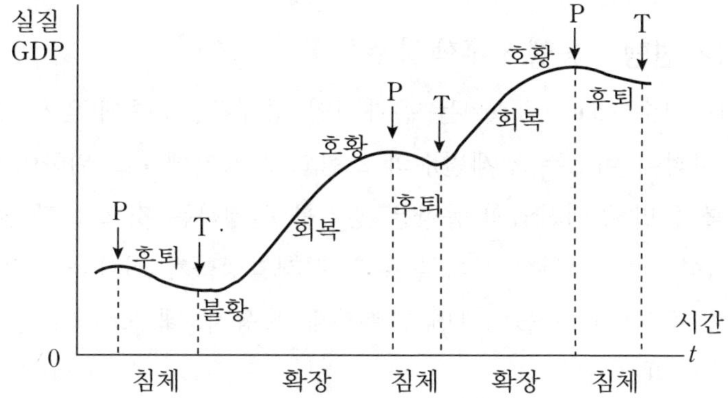

호황이 지속되면 모든 부문의 개별 자본가들은 앞으로도 계속 상품이 잘 팔릴 것으로 믿어 경쟁적으로 투자를 늘린다. 이에 따라 자본재와 원자재의 가격과 임금수준이 올라가면서 생산재산업과 소비재산업은 '팽창'(boom)을 맞이한다. 그러나 생산 설비의 확장에 발맞추어 판매시장이 커지지 않으면 상품들이 팔리지 않아 재고로 남거나 낮은 가격으로 재고를 처분해야 할 필요가 생기게 된다(후퇴기).

이렇게 되면 총수입이 감소하고 이윤율이 내려간다. 결국 과잉투자와 과잉설비가 발생되는 셈이고, 이윤율의 저하로 많은 수의 기업이 도산하는 침체기를 맞는다. 이것이 심화되면 불황으로 진전되어 경제는 혼란에 빠져서 헤어나지 못한다. 어떤 경우에는 공황으로 이어지기도 한다.

실제적으로 한 나라 경제의 성장추세는 자본축적, 기술 수준, 노동의 질과 양 등 경제의 공급측 요소에 의하여 결정되지만 단기적인 경기변동은 소비, 투자, 수출 등 수요 측 요인의 영향을 많이 받는다. 이는 수요 측면에서 파악한 국민소득 항등식에서 잘 알 수 있다.

$$Y = C + I + G + X - M \tag{2-2}$$

Y : GDP로 표시되는 국민소득, C : 민간소비

I : 민간투자, G : 정부지출
X : 수출 및 무역외 수입, M : 수입 및 무역외 지급

(2) 경기선행 · 동행 · 후행지수

경기선행지수(leading index)는 총제적인 경제활동수준에 앞서 경기변동의 정점 또는 저점에 이르는 경제변수의 조합인데 경기예측을 위하여 작성된 지표이다. 예를 들면 주택산업의 동향은 경기를 선행하는 것으로 간주된다. 주택시장이 활기를 띠면 일정한 시차를 두고 경제활성화가 뒤따를 것으로 전망한다. 왜냐하면 주택수요가 늘어나면 건축자재, 노동자, 내구소비재 등에 대한 수요가 늘어나기 때문이다.

선행지수를 이용한 경기예측방법의 장점은 무엇이 경제를 변동하게 하는가에 관한 정교한 이론이나 가정이 반드시 필요한 것은 아니라는 점이다. 주로 통계적 분석에 의하여 어느 변수가 경기보다 선행하는가를 찾아내는 것으로 충분하다. 그러나 과거 자료의 통계적 검증에 의하여 경기선행변수를 확인할 수는 있어도 선정된 변수가 언제나 미래를 예측하는 데 필요한 정확한 신호를 미리 보여준다는 보장은 없다.

선행지수가 경제의 방향을 예고하는 지표라면 동행지수(coincident index)는 현재의 경기상황을 가리킨다. 후행지수(lagging index)는 경기보다 몇 개월 후행함으로써 경기가 어떤 국면을 통과했는지를 확인해 준다([표 2-1] 참조).

경기예측에 있어 가장 중요한 것은 경기의 전환점을 예측하는 일이라고 할 수 있다. 예를 들면 경기가 언제 침체를 벗어나 회복될 것인가 하는 점은 모두가 알고 싶어 한다. 주요 연구기관들은 경제구조를 반영한 거시경제 계량모형을 추정하여 장단기 경기예측에 이용한다. 앞서 설명한 것처럼 단기적인 경기변동은 주로 수요측 요인의 영향을 받으므로 경기예측기법도 대부분 수요분석에 집중되는 경향이 있다. 그 밖에 경기예측방법으로 기업 의욕(business mind)이나 소비자의 전망(consumer confidence)을 설문 조사하여 경기지수를 작성하는 방법도 있다.

[표 2-1] 경기선행 · 동행 · 후행지수: 한국

경기선행지수	경기동행지수	경기후행지수
1. 입직자비율(제조업)	1. 비농가취업자수	1. 이직자수
2. 기업경기실사지수(실적)	2. 산업생산지수	2. 상용근로자수
3. 순상품교역조건	3. 제조업가동률지수	3. 도시가계소비지출
4. 건축허가면적 (주거+산업용, 전년동월비)	4. 도소매판매액지수(불변)	4. 소비재수입액(실질)
5. 자본재수입액(실질)	5. 건설기성액	5. 생산자제품 재고지수
6. 설비투자추계지수	6. 수출액(실질)	6. 회사채유통수익률
7. 재고순환지표(제조업)	7. 수입액(실질)	
8. 총유동성(M3) (실질, 말잔, 전년동월비)		
9. 종합주가지수(월평균)		

2. 경기국면판단

경기국면과 산업활동의 관계는 확정적이거나 고정적인 것이라고 할 수 없다. 경기변동은 발생원인, 지속기간, 진폭 및 외생요인 등 여러 측면에서 다르고 같은 산업일지라도 발전단계, 기술수준 등에 따라 경기국면에 대한 반응이 다를 수 있다. 마찬가지로 주가도 국내경기의 영향을 많이 받지만 전반적인 국내외 금융시장 여건 · 추이, 해외 경기, 외국인 투자동향 등 많은 변수의 영향을 받는다.

한 나라의 경기국면을 판단하는 방법에는 여러 가지가 있다. 한국은행은 각종 실물변수와 금융변수를 분석 · 종합하여 경기국면을 판단하고 있는데 대략 9가지의 방법을 채택하고 있다.[9]

① 경기지수(business cycle index): 경기선행지수의 순환변동치와 전년동월비 수준을 계산한다.

② 산업생산지수(추세순환요인): 통계청의 원자료에 BOK-X12기법을 적용

9) 한국은행 국내외경제동향, 2008. 2, pp. 76~82를 참조하였다.

하여 불규칙요인을 추가로 제거한 지수이다.

③ 스펙트럼 경기지수(spectral leading index): 경기 동행지수 순환변동치에 대해 10개 실물지표*를 스텍트럼분석하여 (i) 각 주기별(예: 24개월, 60개월)로 변수들 간의 선후행관계를 파악한 후, (ii) 각 변수들의 변화를 시차상관 계수로 가중평균하여 순환주기별 선행지수를 작성한 다음, (iii) 경기설명력이 높은 몇 개의 선행지수를 단순평균하여 지수화한다.

* · 생산(6개): 전산업생산, 제조업생산, 가동률지수, 생산능력지수, 전산업재고지수, 제조업재고지수
· 수요(2개): 전산업출하지수, 제조업출하지수
· 기타(2개): 통관수출(fob), 종합주가지수(KOSPI)

④ 연속신호추출법: 경기선행지수 증감률이 경기동행지수 증감률을 선행한다는 경험적 사실에 근거하여 이를 모형화한 다음 경기신호를 추출하는 방법이다. T2 국면에서 T3국면으로 전환하면 경기가 본격적인 상승 국면에 들어선 것으로 판단한다.

⑤ 마코프전환모형: 경기동행지수 증감률(전기대비)의 확장국면 분포와 수축국면 분포가 다르다는 특징을 이용하여 경기상황을 객관적인 확률로써 판단할 수 있도록 모형화하였다.

⑥ 주성분분해(principal components analysis) 경기판단지수: 30개 경제지표*의 추세순환요인의 전기비증감률에서 주성분을 추출한 후 각 지표의 증감률을 가중평균하여 지수화한다.

* · 생산(6개): 전산업생산, 제조업생산, 가동률지수, 생산능력지수, 전산업재고지수, 제조업 재고지수, 재고순환선(출하증감률-재고증감률)
· 소비(5개): 도소매판매액지수, 소비재내수출하, 전산업 출하지수, 제조업 출하지수, 서비스업활동지수
· 투자(8개): 설비투자추계, 기계설비내수출하, 국내기계수주, 자본재수입, 건축 허가면적, 국내건설수주, 설비투자조정능력(생산지수 증감률-생산능력지수 증감률), 건설기성액
· 고용(4개): 전산업 취업자수, 전산업 총근로시간, 전산업 초과근로시간,

제조업 초과근로시간

· 대외거래(5개): 통관수출(fob), 통관수출(물량), OECD선행지수, 세계반도체물량, 세계DRAM물량

· 금융지표(1개): 종합주가지수(KOSPI)

⑦ 재고순환선: 제조업 출하 요인의 전년동월비 증감률을 이용하여 계산한다.

⑧ 동행 DI와 동행누적 DI 순환변동치: 전자는 경기변동 요인이 파급 · 확산되는 정도를 나타내기 위해 경기대응성이 높은 지표(경기동행지수 구성지표)들의 변화방향을 합성한 지수이다. 통상 50을 기준으로 경기 상승국면(50 이상)과 하강국면(50 이하)을 구분한다. 후자는 동행 DI를 순차적으로 합계한 후 HP 필터를 이용하여 추세 조정(누적 DI_t=누적 $DI_{t-1}+(DI_t-50)$)한다.

⑨ 전이함수모형(transfer function model): 경기선행 종합지수와 실질GDP전년동기비 증감률 간의 교차상관계수분석을 통한 시차상관관계를 고려하여 이를 모형화한 후 GDP 성장률의 흐름을 판단한다.

한편 한국은행과 통계청은 소비자동향지수(consumer survey index: CSI)를 조사하여 발표하고 있다. 이 지수는 소비자들의 현재 경기 및 향후 경기에 대한 기대와 태도를 보여준다. 한국은행, 전국경제인연합회 및 중소기업중앙회는 기업들이 경기에 관해 어떻게 평가하고 있는지를 보여주는 기업경기실사지수(business survey index: BSI)를 조사한다.

CSI와 BSI는 그 기준이 100이다. 100 이상이면 경기를 긍정적으로 판단하는 사람이 많다는 의미이고, 100 미만이면 그 반대이다. 호황기이면 100 이상일 것이고 불황기이면 100 미만으로 내려갈 것이다.

3. 산업분석(industrial analysis)

산업은 경기변동의 영향을 받지만 경기국면에 따른 반응 정도는 산업별로 다르다. 투자자들은 경기가 저점에 가까워지면 경기침체가 끝날 것으로 예상하

여 금융관련주식에 대해 관심을 갖게 된다. 왜냐하면 경기가 회복되고 대출수요가 늘어나면 은행주의 가격이 오를 것으로 기대되기 때문이다. 은행주와 함께 증권주도 투자자의 관심을 끌게 된다. 경기침체가 끝나고 회복기에 접어들면 주식거래가 늘어나 기업의 주식과 채권발행이 증가할 것으로 전망하기 때문이다.

경기가 저점을 지나 회복되기 시작하면 투자자는 자동차, PC, 가전제품 등 내구소비재를 생산하는 산업의 주식에 관심을 갖게 된다. 경기 회복은 소비자 신뢰를 개선하고 개인소득의 증가를 가져올 것이기 때문이다. 경기회복이 본격화되고 소비나 수출의 신장이 안정적이라고 확신하게 되면 기업은 생산시설의 확충을 추진하게 될 것이므로 기계, 장비 등을 생산하는 자본재산업은 매력적인 투자대상이 된다. 내구소비재와 자본재산업은 경제활동수준에 따라 매출, 이익 등이 크게 변동하는 대표적인 경기민감산업(cyclical industry)이다.

경기가 정점을 지나 후퇴기에 진입하더라도 어떤 산업은 다른 산업보다 상대적으로 실적이 좋을 수 있다. 식료품이나 약품과 같은 단순소비재산업은 불황의 영향을 적게 받기 때문에 다른 산업에 비해 상대적으로 높은 실적을 나타낼 수 있다. 가계가 다른 어떤 지출은 줄이면서도 생활필수품에 대한 지출은 줄이지 못하기 때문이다. 이러한 산업을 경기방어산업(noncyclical indusrty)이라고 부른다. 경기방어산업의 주가는 경기 침체로 주식시장이 약세를 보이더라도 비교적 안정된 움직임을 보인다.

(1) 산업의 경쟁구도

거시경제동향이 산업에 영향을 미칠 뿐 아니라 미시경제적 요인도 산업의 구조와 경쟁에 영향을 준다. 예를 들면 독점산업은 정부의 규제를 받을 가능성이 높고 과점산업은 격심한 경쟁 속에 놓이거나 공존하는 전략을 구사하여야 한다. 경쟁적 산업은 매우 역동적일 수밖에 없다.

기업이 경영전략을 수립하고 추진하기 위해서는 자신이 속해 있는 산업의 경쟁구조를 분석하여야 한다. 산업의 경쟁구조는 기업의 이익에 결정적인 영향을 미칠 수 있기 때문이다. 경쟁의 강도는 다음과 같은 요인에 의하여 결정된다.

① 기업간 경쟁: 가격경쟁과 비가격경쟁으로 판단되는 경쟁의 강도는 비슷한 규모의 기업이 같은 산업 내에서 경쟁하면 더 높아진다. 성장속도가 둔화되면 시장점유율을 올리기 위한 경쟁이 치열해지고 고정비가 많으면 가동률을 최대한 높여 가격을 낮추려고 하기 때문에 경쟁은 더욱 가열된다.

② 신규진입: 산업 내에 경쟁자가 적을지라도 신규기업이 들어와 경쟁을 가열시킬 수 있다. 산업내 경쟁에서 성공하기 위해 넓은 배급망이 필요하면 신규진입은 더욱 어려워진다. 진입장벽 가운데 일부만 없어져도 신규진입은 쉬워지고 경쟁은 심화되어 수익률이 낮아질 가능성이 크다.

③ 대체생산물의 출현: 이것은 산업의 잠재이익을 제약한다. 대체품이 자체의 제품과 기능 · 가격 면에서 얼마나 밀접한 관계를 가질 수 있는지 검토하여야 한다.

④ 구매자의 교섭력: 구매자가 경쟁자와 협상하면서 가격을 낮추거나 더 높은 품질이나 더 많은 서비스를 요구하면 산업의 평균 수익률에 영향을 미칠 수 있다. 일반적으로 가장 취약한 기업은 단일 대기업에만 공급하는 경우라고 할 수 있다.

⑤ 공급자의 교섭력: 공급자가 가격을 높이거나 서비스를 줄이려고 한다면 산업의 미래수익을 변화시킬 수 있다. 공급자가 소수이거나 제품이 여러 산업에 필수적인 투입물이면 공급자는 강력한 교섭력을 갖는다. 이와 같은 경우 공급자는 비교적 자유롭게 가격이나 서비스를 변경할 수 있다.

(2) 산업의 생애 주기(life cycle)

특정 산업의 매출이나 이익을 전망하기 위해서는 그 산업의 생애 주기가 어느 단계에 있는가를 분석할 필요가 있다. 왜냐하면 산업이나 기업이 위치한 단계에 따라 이익, 배당, 시장수요, 자본지출 등이 달라질 수 있기 때문이다. 산업의 생애 주기는 개발, 성장, 확장, 성숙 및 쇠퇴 등 다섯 단계로 구분할 수 있다.[10]

---

10) 같은 산업일지라도 기업에 따라 성장경로, 매출, 이익, 배당 등이 다를 수 있다. 예를 들면 4단계인 성숙단계에 있는 산업에도 2단계인 성장기업이 있을 수 있다. 산업은 성숙단계에 있

① 개발단계: 새로운 아이디어, 생산물 또는 생산기술이 성공을 거두면서 시작된다. 매출은 크게 증가하지 않고 이익은 오히려 적거나 적자이기 쉽다. 이익이 발생해도 시장개척과 생산시설의 확충을 위해 재투자하여야 하기 때문에 배당은 없다. 이 단계의 산업 또는 기업이 시장에서 성공하면 생산물에 대한 수요, 매출액 및 자산 규모가 커지고 다음 단계로 진입하게 된다.

② 성장단계: 산업 또는 기업의 제품이 시장에서 일정 수준의 인정을 받는 단계이다. 제한된 수의 기업만이 활동하고 있기 때문에 아직 경쟁의 강도는 낮아서 매출과 이익은 가속적으로 늘어난다. 이익이 발생하지만 투자를 위한 자금의 내부조달이 필요하므로 현금 대신 주식으로 배당하려는 경향이 있다. 이 단계의 후반이 되면 외부자금 조달이 가능해지기 때문에 내부자금에 대한 의존도가 낮아져 약간의 현금배당을 시도하게 된다.

③ 확장단계: 산업 또는 기업의 매출 및 이익 증가는 계속되지만 그 속도는 떨어진다. 생산과 시설의 증가율이 둔화되면서 기업은 현금으로 배당할 수 있는 여력을 갖게 된다. 실제로는 산업이 [그림 2-2]에서처럼 선을 따라 성장한다는 보장은 없기 때문에 성장에서 확장단계로 넘어가는 전환점을 정확하게 판단하는 것이 매우 중요하다. 왜냐하면 전환점을 통과하면서 기업간 경쟁은 더욱 치열해지고 성장속도가 둔화하면서 주가는 하락추세로 반전할 수 있기 때문이다.

④ 성숙단계: 생애 주기 단계 가운데 가장 장기이며 산업의 성장률은 경제 전체의 성장률과 비슷해진다. 생산시설은 완성되고 제품시장은 거의 포화상태에 이른다. 필요한 자금은 국내외에서 조달할 수 있고 영업으로부터 생기는 현금흐름은 성장을 위해 필요한 것보다 많아져 배당률도 높아진다.

⑤ 쇠퇴단계: 수요는 줄어들고 대체산업의 성장으로 인해 매출은 감소한다. 이익마진은 작아지고 일부 기업은 손실을 보게 된다. 투자자는 다른 산업으로 옮겨 갈 것을 생각하기 시작한다. 기업은 쇠퇴하고 있다는 것을 보이지 않기 위하여 이익의 전부 또는 그 이상을 배당한다. 과격한 배당으로 현금부족

지만 효율적인 경영, 우수한 종업원, 현대적인 시설 등을 갖추고 보다 많은 자금을 연구개발에 투입하여 새롭고 개선된 제품을 생산하면 높은 성장세를 지속할 수 있기 때문이다.

그림 2-2 산업의 생애 주기

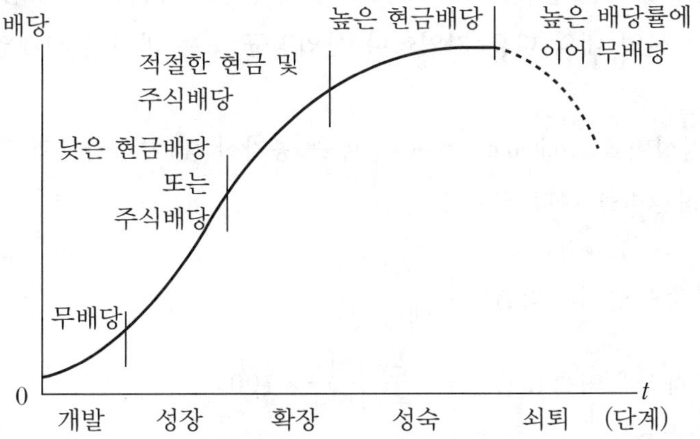

이 발생하고 퇴출 위기에 이르는 기업도 나타난다.

4. 기업분석

산업에 영향을 주는 요인은 개별기업에 대해서도 영향을 미친다. 경기변동, 수요변화, 기술변화, 노동조합 및 경쟁구조를 결정하는 요인 등은 기업의 이익과 장기적인 현금흐름에 영향을 준다. 따라서 분석가나 투자자는 기업이 채택하고 있는 구체적인 투자전략을 파악하고 산업 전체의 경쟁구도와 관련하여 평가하는 것이 필요하다.

기업을 종합적으로 분석하기 위해서는 재무제표(financial statement)상의 회계정보에 앞서 기업의 질적 요인을 분석해야 한다. 특히 기업의 성장성에 대한 분석은 산업분석에서와 마찬가지로 개별기업이나 그 제품의 도입기, 성장기, 성숙기, 쇠퇴기 중 어느 단계에 있는가를 판단하여야 한다. 경영진의 진용과 경력, 능력, 인격, 신용 그리고 최고경영진의 팀워크 등도 중요하다. 기업의 노사관계는 안정적인지, 자금조달방법은 어떤지, 연구개발비 비중은 얼마나 되는지 등도 매우 중요한 질적 분석 대상이다.

기업에 대한 양적 분석은 재무제표를 통해 수익성, 유동성, 성장성 등을 분석하는 것으로 비율분석(ratio analysis)이 대부분을 차지한다. 기업의 재무비율은 반드시 산업 내의 다른 기업이나 산업평균 또는 과거의 시계열과 비교하여야 한다.

① 수익성비율(profitability ratios): 매출 총자산 및 투자자본과 관련하여 기업의 이익 창출력을 나타낸다.

$$\text{매출액영업이익률} = \frac{\text{영업이익}}{\text{매출액}} \times 100$$

$$\text{총자산이익률}(ROA) = \frac{\text{순이익}}{\text{총자산}} \times 100$$

$$\text{총자본순이익률} = \frac{\text{당기순이익}}{\text{총자본}} \times 100$$

$$\text{자기자본이익률}(ROE) = \frac{\text{순이익}}{\text{자기자본}} \times 100$$

② 유동성비율(liquidity ratio): 1년 이내에 만기가 되는 단기부채를 상환할 수 있는 능력을 가리킨다.

$$\text{유동비율} = \frac{\text{유동자산}}{\text{유동부채}} \times 100$$

$$\text{당좌비율} = \frac{\text{당좌자산}}{\text{유동부채}} \times 100$$

③ 부채이용비율(debt-utilization ratio): 기업의 자금이 부채와 자기자본 가운데 어느 것으로 더 많이 조달되었는가를 나타낸다. 따라서 이 비율은 기업에 내재하고 있는 금융위험(financial risk)의 크기를 분석하는 데 쓰인다. 부채비율과 부채의 총자산에 대한 비율은 기업이 재무레버리지(financial leverage)를 얼마나 많이 이용하고 있는가를 보여주는데, 이자를 지급할 수 있는 능력을 나타낸다.

$$\text{부채비율} = \frac{\text{부채}}{\text{자기자본}} \times 100$$

$$\text{부채의 총자산에 대한 비율} = \frac{\text{부채}}{\text{총자산}} \times 100$$

$$\text{이자보상배율} = \frac{\text{영업이익}}{\text{금융비용}}$$

④ 가격비율(price ratio): 기업의 경영성과를 시장가치와 관련시킨 비율이다.

$$\text{주가수익비율} = \frac{\text{주가}}{\text{주당순이익}} \times 100$$

$$\text{배당수익비율} = \frac{\text{주당배당}}{\text{주가}} \times 100$$

⑤ 매출액증가율: 기업의 성장성을 나타내는 비율로서 시장점유율과도 관계가 있다.

$$\text{매출증가율} = \frac{\text{당기매출액} - \text{전기매출액}}{\text{전기매출액}}$$

⑥ Tohin의 q비율: 주식시장에서 평가된 기업가치를 나타낸다.

$$q = \frac{\text{기업의 시장가치(주가)}}{\text{기업자산의 현재가격(대체원가)}}$$

5. 주식의 평가

주식의 내재가치(intrinsic value)가 시장가격보다 높다면 투자자는 그 주식을 사려고 할 것이다. 반대로 주식의 내재가치가 시장가격보다 낮다면 주식을 팔려고 할 것이다. 이 가치를 추정하는 과정을 평가(valuation)라고 하는데 대개의 경우 계량적 분석을 활용한다. 주식의 평가모형으로는 전통적인 배당성장평가모형, 주식수익비율 및 주가순자산비율, 최근에 널리 사용되고 있는 현금흐름비율과 EV/EBITDA비율 등이 있다.

(1) 배당성장평가모형(dividend-growth valuation model)

이 모형에 따르면 주식의 가치는 미래에 받을 배당(D)을 투자자의 요구수익률(R_q)로 할인한 현재가치(V_0)이다. 배당이 일정률(g)로 끝없이 늘어난다면 배당성장평가모형은 다음과 같다.

$$V_0 = \frac{D_0(1+g)}{(1+R_q)} + \frac{D_0(1+g)^2}{(1+R_q)^2} + \frac{D_0(1+g)^3}{(1+R_q)^3} + L + \frac{D_0(1+g)^\infty}{(1+R_q)^\infty} \qquad (2\text{-}3)$$

위 식은 다음과 같이 단순화할 수 있다.

$$V_0 = \frac{D_0(1+g)}{R_0 - g} \qquad (2\text{-}4)$$

따라서 주식의 추정된 가치, 곧 내재가치는 현재의 배당, 배당증가율 및 투자자의 요구수익률에 의하여 결정된다는 것을 알 수 있다. 예를 들어 투자자의 요구수익률이 12%이고 현재의 배당액이 주당 1,000원인데 이것이 매년 6%씩 증가한다면 주식의 내재가치는 17,766.7원이 된다.

$$V_0 = \frac{1{,}000\text{원}(1+0{\cdot}06)}{0{\cdot}12 - 0{\cdot}06} = 17{,}766.7\text{원}$$

만일 주식의 시장가격이 17,766.7원보다 낮으면 주식은 시장에서 저평가(undervalued)되어 있으므로 투자자는 주식을 살 것이다. 반면에 주식의 현재가격이 17,766.7원보다 높으면 고평가(overvalued)되어 있으므로 주식을 사지 않거나 갖고 있으면 팔 것이다.

배당성장평가모형은 이론적으로는 수긍할 점이 많으나 실제 사용하는 데는 어려움이 적지 않다. 실제로 배당을 하지 않는 기업도 많은데 이 경우에는 주식의 내재가치는 0이 된다. 그 밖에 모형에 사용된 변수의 추정에도 문제가 있다. 요구수익률을 추정할 때 사용하는 무위험수익률도 단기수익률과 장기수익률 가운데 어느 것을 사용할 것인가에 관해서 명확하지 않다.

배당과 관련하여 현실적으로 많이 쓰이고 있는 것은 배당성향(dividend payout ratio), 배당률(dividend payout) 및 배당수익률(dividend yield)이다. (i) 배당성향은 당기순이익 중 현금배당으로 지급되는 비율인데, 이 비율은 배당금 지급능력 또는 기업의 배당정책을 나타낸다. (ii) 배당률은 배당금을 주식의 액면가격으로 나눈 비율인데, 배당투자를 목표로 하는 투자자들에게 의미 있다. (iii) 배당수익률은 배당금을 당해 주식의 시장가격으로 나눈 비율로 투자자의 입장에서는 더 의미가 있는 지표이다.

(2) 주가수익비율(price/earning ratio: PER)

PER은 주가의 주당순이익(earning per share: EPS)에 대한 비율이다. EPS는 주식을 평가할 때 가장 기본이 되는 지표로서 발행주식 1주당 순이익이 얼마인가를 나타내는 수치이다. 이 비율은 시장이 그 기업의 순이익 1단위에 대하여 얼마를 지급할 용의가 있는가를 가리킨다.

$$\text{PER} = \frac{\text{주가}}{\text{(전기)1주당 순이익}}$$

$$\text{단, 1주당 순이익} = \frac{\text{(전기) 순이익}}{\text{총발행주식수}}$$

PER은 주식 평가에 다음과 같이 이용된다.

$$V_0 = (PER)(EPS) = (m)(EPS) \qquad (2\text{-}5)$$

위 식은 주식의 가치는 주당이익(EPS)과 승수(m)를 곱한 것과 같다는 것을 보여주고 있다. 따라서 적정한 PER과 순이익을 알면 주식의 가치는 간단하게 계산할 수 있다. 예를 들어 어느 주식의 적정한 주가수익비율이 10이고 주당순이익이 5,000원이라면 주식의 가치는 50,000원이 된다. 만일 주식의 시장가격이 내재가치인 50,000원보다 낮으면 과소평가되어 있으므로 그 주식을 사야 하고 50,000원보다 높으면 과대평가되어 있으므로 사지 않거나 갖고 있으면 팔아야 한다.

주가수익비율 모형의 문제점 가운데 하나는 적정 PER을 어떻게 구할 것인 가이다. 이에 대한 해결책으로 산업의 평균PER을 적정PER로 사용한다. 그 밖에 어떻게 순이익을 정의하고 미래의 순이익을 측정할 것인가 하는 것도 이 모형이 해결하여야 할 과제이다.

(3) 주가순자산비율(price book-value ratio: PBR)

PBR은 주가를 1주당 순자산으로 나눈 것이다. 순자산은 대차대조표상의 자산에서 부채를 뺀 것으로 대개 자기자본과 같다. 기업이 순자산을 많이 갖고 있다는 것은 기업의 재무내용이 양호하다는 것을 나타내므로 PBR은 재무내용에 비해 주가가 어느 정도인가를 나타낸다고 볼 수 있다.

$$\text{PBR} = \frac{\text{주가}}{\text{1주당 순자산액}}$$

$$\text{단, 1주당 순이익} = \frac{\text{전기순자산액}}{\text{총발행주식수}}$$

PBR을 시장의 주식가격과 비교하여 주가를 평가할 수 있다. 이것이 낮으면 주식이 저평가되어 있고 비율이 높으면 고평가되어 있다는 것을 의미한다.

(4) 현금흐름(cash flow)비율

일반적으로 회계분석에서는 순이익의 크기나 결정요인을 중요시하지만 금융이론에서는 현금흐름을 중요시한다.[11] 이것은 현금의 유입과 유출의 차이인 (순)현금흐름인데 대체로 순이익과 비현금비용(noncash expense)의 합계로 추정된다. 대표적인 비현금비용으로는 감가상각비를 들 수 있다. 기업이 비교적 높은 장부상 이익을 내면 높은 현금흐름을 갖게 되지만 그 관계는 정확하지 않은 측면이 있다. 따라서 투자자는 이익 못지않게 현금흐름의 전망에도 관심을 갖게 된다.

주식의 가치는 투자자가 미래에 발생할 것으로 예상하는 현금흐름의 기대

11) 기업으로서는 순이익도 중요하지만 현금흐름은 더욱 중요하다. 배당은 현금으로 지급되어야 하고 채무상환, 자산 구입 등 영업을 지속하기 위해서도 현금이 필요하기 때문이다.

를 바탕으로 한다. 개별투자자는 주식을 매도하면 현금을 받을 수 있지만 주식 자체에 의한 현금흐름은 기대배당흐름(expected future dividend stream)이다. 이는 주식의 가치를 결정하는 기본적인 요소이다. 배당이 현금지급임을 전제할 때 기업의 배당지급능력은 현금흐름에 의하여 결정됨을 중요시하여야 한다.

$$\text{주당현금흐름}(CPS) = \frac{\text{현금흐름}}{\text{발행주식수}}$$

$$\text{현금흐름비율}(PCR) = \frac{\text{주가}}{\text{주당현금흐름}}$$

(5) EV/EBITDA비율

이 비율은 기업가치(enterprise value: EV)를 영업현금흐름(earnings before interest, tax, depreciation and amortization: EBITDA)으로 나눈 것이다. 여기서 EV는 주식의 시가총액과 부채를 합한 것으로 기업의 이론적 매입가격이라고 할 수 있다. EBITDA는 세전 영업이익에다 유무형자산의 감가상각비를 더한 것으로 기업이 영업을 통하여 창출한 이익규모를 나타낸다.

EV/EBITDA비율은 기업이 실제로 얻은 영업이익에 비해 주가가 몇 배로 평가되어 있는지를 나타내는 주식평가모형으로 최근 많이 이용되고 있다. 예를 들어 이 비율이 10이라면 기업은 1년간 EBITDA의 10배에 해당하는 가치를 가지고 있다는 것을 뜻한다. 따라서 이 비율을 기준으로 해당 기업이 동종유사 기업 혹은 경쟁기업과 비교하여 고평가되어 있는지 또는 저평가되어 있는지를 판단할 수 있다. 이 비율이 낮을수록 저평가되어 있으며 높을수록 고평가되어 있는 것이다.

6. 채권의 평가

채권의 평가는 주식평가에 비하여 간단하다. 왜냐하면 채권으로부터 발생하는 수익의 크기와 기간은 미리 알 수 있기 때문이다. 채권 가치는 금액과 수익률, 두 가지 측면에서 추정할 수 있다. 여기에서는 금액으로 평가하는 현재

가치모형과 채권의 현재가격을 기초로 추정한 수익률로 평가하는 수익률모형을 살펴보기로 한다.

(1) 현재가치모형

채권의 가치는 기대현금흐름(expected cash flow)의 현재가치와 같다. 채권으로부터 발생하는 현금흐름은 정기적으로 지급되는 이자와 만기에 상환받는 원금이므로 채권가치는 이자의 현재가치와 원금의 현재가치를 더한 것이 된다. 채권의 현재가치를 산출하는 데 사용하는 할인요소는 채권에 대한 요구수익률이다.

$$P = \sum_{t=1}^{n} C_t \frac{1}{(1+R_q)^t} \tag{2-6}$$

P : 채권의 현재가치, n : 채권보유기간
C_t : t기에 받는 현금, R_q : 채권에 대한 요구수익률

위 식에 의하여 추정한 가치는 투자자가 수익률을 실현하기 위하여 채권매수에 지급하려고 하는 금액을 가리킨다. 많은 사람들은 채권을 만기까지 보유하지만 적극적인 투자자는 채권을 만기 전에 매도한다. 이러한 투자자에게 채권가치는 보유기간중의 이자소득과 보유기간 말의 기대 매도가격이 된다.

채권의 매도가격이 액면가액과 같지 않을 수 있다. 채권을 액면가액 이하로 할인하여 팔 수 있으며, 액면가 이상으로 프리미엄을 받고 팔 수도 있기 때문이다. 만기 이전에 팔려는 채권의 가치를 산출할 때는 보유기간중과 보유기간 말의 매도가격을 추정하는 것이 필요하다. 채권에 투자할 것인가의 여부는 채권의 추정가치와 시장가격의 관계에 달려 있다. 채권의 추정가치가 시장가격보다 높거나 같으면 채권을 사고 낮으면 채권을 사지 않을 것이다.

(2) 수익률모형

채권의 가치는 금액 대신 수익률로 평가할 수 있다. 수익률이란 일정한 가정하에서 추정된 채권수익률을 가리킨다. 이 모형에서는 현금흐름과 현재의 채

권가격을 이용하여 채권수익률을 추정한다.

$$P = \sum_{t=1}^{n} C_t \frac{1}{(1+r)^t} \qquad (2\text{-}7)$$

P : 채권의 시장가격, C_t : t기에 받는 현금
r : 현금흐름을 채권의 시장가격과 일치하도록 하는 할인율

채권가치를 수익률로 나타내는 방법을 투자결정에 이용하려면 추정된 채권수익률과 투자자의 요구수익률의 관계가 고려되어야 한다. 만일 추정된 채권수익률이 요구수익률보다 높거나 같으면 채권을 사고 추정수익률이 낮으면 채권을 사지 않는다.

제 3 절 금융시장의 기술적 분석

1. 다우(Dow)이론

이 이론은 미국 뉴욕에서 발간되는 Wall Street Journal에 1900~02년에 걸쳐 연재된 C. Dow의 논문에서 비롯되었다. 처음에 Dow는 주가를 예측하려는 목적은 없었고 경기변동의 척도로서 주식시장에 대해 관심을 가졌을 뿐이었다. 이때 주식시장이 경기를 선행한다는 것을 주장하였는데, 이는 기술적 분석에 관한 최초의 연구일 뿐만 아니라 지금까지도 기술적 지표의 기초로 쓰이고 있다.

Dow이론은 대체로 여섯 가지의 가설로 이루어져 있다. (i) 평균은 모든 것을 집약해서 반영한다. (ii) 시장에는 3가지 추세(主추세, 중간추세, 小추세)가 있다. (iii) 주추세는 3개의 국면을 나타낸다. (iv) 평균지수는 서로를 확인한다. (v) 거래량은 추세를 확인하며, (vi) 명백한 반전신호(reversal signal)가 나타나지 않는 한 추세는 변함이 없다.

위의 가설 가운데 첫번째 가설은 앞서 설명한 기술적 분석(TA)의 대전제

를 표현하고 있다. 개별주식의 가격은 그 주식에 관하여 알려진 모든 것을 반영한다. 새로운 정보가 유입되면 시장참여자는 신속하게 정보를 전파하기 때문에 그에 따라 가격이 조정된다. 따라서 첫번째 가설은 시장과 시장가격이 수요와 공급에 영향을 미치는 모든 요인을 반영하고 있으므로 가격 그 자체를 분석하여야 한다는 TA의 본질을 나타내고 있다.

(1) 추세의 형태

시장가격의 변동은 3가지 추세로 나눌 수 있다.

① 주추세(primary trends): 가장 긴 추세로 몇 년 간 계속

② 중간추세(intermediate trends): 중간 길이의 추세로 평균기간은 6~8주

③ 소추세(minor trends): 가장 짧은 추세로 3주 미만의 일상적인 변동

Dow에 따르면 주추세는 바다의 조수, 중간추세는 파도, 소추세는 파도 위에 생기는 잔물결과 같다. 조수의 방향은 파도가 해변에 이르는 가장 높은 곳을 보고 알 수 있다. 파도의 움직임을 보고 조수의 향방을 알 수 있는 것처럼 주식시장도 중간추세의 동향으로 주추세의 향방을 판단할 수 있다.

시장이 주가상승을 기대하는 강세장일지라도 상승일변도로 움직이는 것은 아니다. 투자자가 이익을 실현하기 위하여 주식을 팔면 주가는 잠깐 떨어질 수 있다. 주가하락을 예상하는 약세장은 강세장과 반대로 중간추세가 상승반전한 다음에 이른 고점이 전고점보다 낮으며 하락반전하여 이른 저점은 전저점보다 낮다([그림 2-3]).

중간추세에서 주가는 반등할 때마다 새 고점이 전(前)고점보다 높다. 이러한 주가 반등은 거래량 증가를 수반한다. 새 고점에서 반전하락하여 도달한 저점은 전저점보다 높으며 반전하락 중 거래량은 비교적 적다. 왜냐하면 낮은 가격으로 주식을 팔려는 투자자가 적기 때문이다.

한편 중간추세가 강세장이나 약세장의 패턴을 따르지 않고 오른쪽으로 '선(line)'이나 통로(sideways channel)를 만드는 경우가 적지 않다. 주가가 계속 오르거나 내리지 않고 일정한 범위 안에서만 오르고 내리기를 반복하면서 횡

그림 2-3 다우(Dow)의 강세장과 약세장

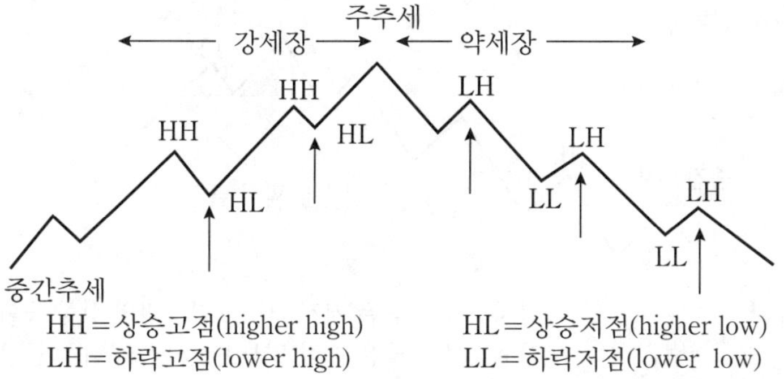

보하기 때문이다. 이와 같이 주가가 좁은 범위(약 5%) 안에서 변동하는 모양을 횡보장(ranging markets)이라고 한다.

(2) 추세의 반전

투자자는 주추세의 반전을 포착하는 데 관심이 높다. 기술적 분석의 상당 부분은 반전신호의 파악과 관련된다고 할 수 있다. Dow이론에 있어 어려운 점은 기존추세가 지속되는 가운데 앞서 본 바와 같이 주추세와 반대로 나타나는 중간추세의 반등 또는 반락과 새 추세의 시작을 알리는 첫 파동을 구별하는 일이다.

새로운 상승추세의 시작은 [그림 2-4]와 같이 전저점보다 더 높은 저점에 도달한 다음 전고점을 상향돌파하는 것이다. 반면 상승추세가 끝났음을 알리는 신호는 전고점보다 낮은 고점에 도달한 다음 전고점을 하향돌파하는 것이다. 한편 하락추세는 상승추세가 끝나면서 시작한다. 주가의 상승이 전고점보다 낮은 데서 끝나고 전저점 아래로 하향돌파하면서 시작되는 것이다.

그림 2-4 상승 및 하락추세의 시작과 끝

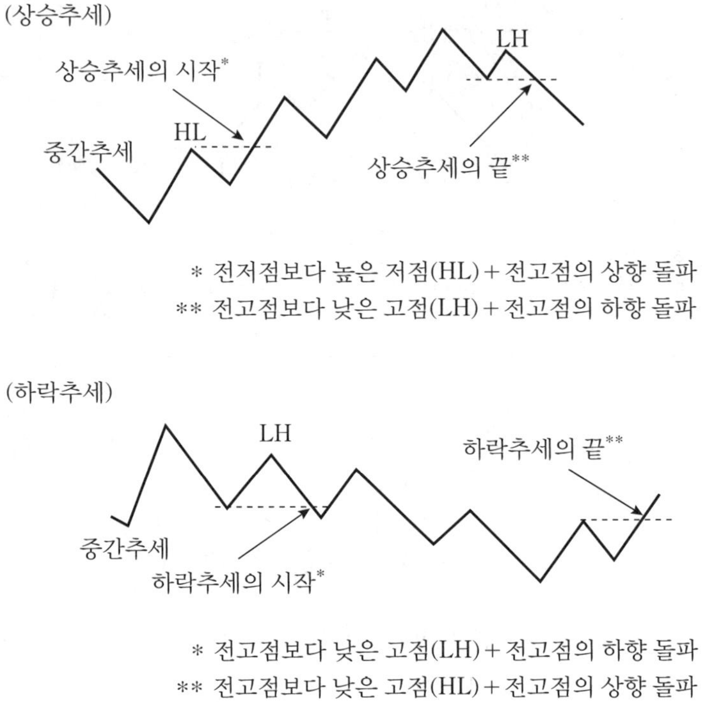

2. 엘리엇(Elliot) 파동이론[12)]

Dow이론의 영향을 받은 R. N. Elliot은 일반대중의 심리가 비관에서 낙관으로, 다시 낙관에서 비관으로 변하기 때문에 금융시장의 가격이 파동으로 나타난다고 보았다. 반복되는 파동을 식별하여 이용하면 금융시장을 예측할 수 있다고 믿은 것이다.

12) 이에 대해서는 김시담 박사의 통화와 금융, 2008. 2, 박영사, pp. 135~144를 인용 · 참조하였다.

(1) 파동의 기본형

Elliot이론의 요체는 (i) 작용 다음에는 반작용이 따르고, (ii) 추세와 같은 방향의 5개의 추진파동(impulse wave)이 끝나면 3개의 조정파동(corrective wave)이 나타나며(5-3패턴), (iii) 이 패턴이 사이클의 기간과 상관없이 유지되는 기본형인데, (iv) 이것은 한 개의 사이클을 완성하며 한 단계 더 큰 5-3파동의 일부가 된다. Elliot 파동의 기본형에 따르면 주가는 상승 5파(1~5)와 하락 3파(A~C)의 8개 파동으로 한 사이클을 형성하면서 순환한다.

[그림 2-5]에서 상승국면의 파동 5개 가운데 1, 3, 5는 추진파동이고 2, 4는 1, 3파동의 반동으로 나타나는 조정파동이다. 하락국면의 파동 A, B, C는 1~5가 만들어낸 상승추세를 조정하는 파동이다. A와 C는 추진파동이고 B는 조정파동이다.

그림 2-5 엘리엇(Elliot) 파동의 기본형

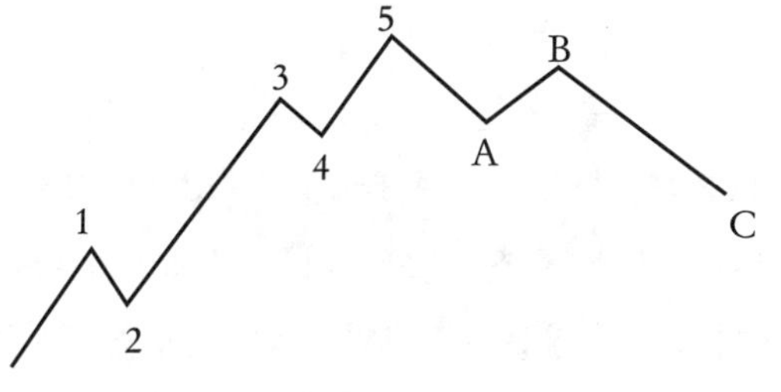

(2) 파동과 피보나치수열(fibonacci number sequence)

파동에는 여러 가지 수준이 있으므로 큰 파동 안에 작은 파동이 존재할 수 있다. 예를 들어 위의 기본형에서 점 2와 점 4 사이, 점 5와 점 B 사이를 더 작은 파동으로 나누어 볼 수 있다. 이 파동을 더욱 세분하면 [그림 2-6]의 (Ⅱ)에서와 같은 사이클을 얻을 수 있다. 이 사이클에서 [1]과 [2]는 2개 파동이며 (1), (2), (3), (4), (5), (A), (B), (C) 등은 8개 파동이고 1, 2, 3, 4, 5, A, B, C 등은

그림 2-6 엘리엇(Elliot) 파동의 구성(Ⅰ~Ⅱ)

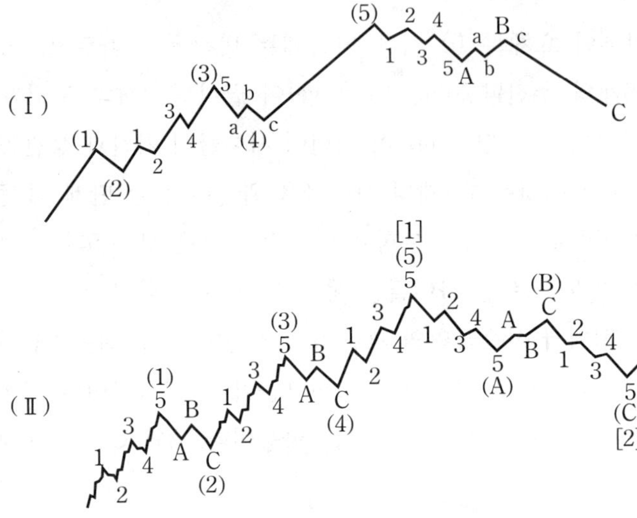

총 34개 파동이다.

Elliot이론의 수학적 기초는 피보나치수열이다. 1에서 시작하여 이전 숫자를 더함으로써 새로운 숫자를 만들어 이루어지는 수열이다. 예를 들면, 0+1=1, 1+1=2, 1+2=3, 2+3=5, 3+5=8, 5+8=13, 8+13=21, 13+21=34 등이다.

위에서의 기본형 파동은 항상 피보나치 수로 분할된다는 것을 알 수 있다. 하나의 사이클은 5개의 상승파동과 3개의 하락파동, 즉 8개의 파동으로 구성되는데 3, 5, 8은 모두 피보나치 수이다. 두 번 더 세분하면 34개의 파동과 144개의 파동을 만드는데 이것 역시 피보나치 수이다.

3. 선(線)도표 분석

(1) 이동평균선(moving average line: MAL)

가장 널리 이용되고 있는 오래된 기술적 분석지표로 이동평균선(MAL)이 있다. 이것의 주된 목적은 주가의 추세를 파악하는 데 있다. 기본이 되는 이동

[표 2-2] 5일 이동평균의 산출 (단위: 원)

일	1	2	3	4	5	6	7
종가	10,000	10,500	10,400	10,600	10,300	10,200	10,400
5일간의 종가누적					51,800	52,000	51,900
5일 이동평균					10,360	10,400	10,280

평균에는 여러 가지가 있으나 가중치를 부여하는 방식에 따라 단순(simple), 지수(exponential) 및 가중(weighted) 이동평균으로 나눈다. 단순이동평균은 옛날 및 최근주가에 같은 가중치를 주는 반면 지수 및 가중이동평균은 최근 주가에 더 많은 가중치를 주어 산출하는 것이다. 단순이동평균은 다음과 같이 계산한다.

$$MA_{t,n} = \frac{\sum_{i=0}^{n-1} P_{t-1}}{n} \tag{2-8}$$

$MA_{t,n}$: t일자의 n일 이동평균(예, 5일, 20일 등)
P_t : t일의 종가

예를 들어 5일 이동평균주가는 [표 2-2]와 같이 5일간의 종가를 누적한 다음 5로 나누어 구한다.

MAL은 두 가지 방법으로 투자분석에 이용된다. 첫째, 이동평균주가와 주가의 관계를 분석하여 투자시점을 결정하는 것은 MAL 분석에 있어 가장 많이 쓰이는 방법이다. 일반적으로 주가가 이동평균선 위로 상승하면 매수신호, 이동평균보다 내려가면 매도신호로 간주한다.

둘째, 복수의 MAL을 서로 비교하는 방법이다. 단기 MAL은 그날 그날의 주가변동에 민감하게 반응하므로 신속하게 추세를 파악하는 데 도움이 될 수 있으나 잘못된 신호를 보낼 위험이 높다. 반대로 장기 MAL은 추세를 정확하게 파악하는 데에는 이롭지만 추세전환의 신호를 보내는 것이 늦다는 단점이 있다.

이와 같은 단점은 두 개 이상의 MAL을 보완적으로 활용함으로써 극복

그림 2-7 이동평균선과 주가

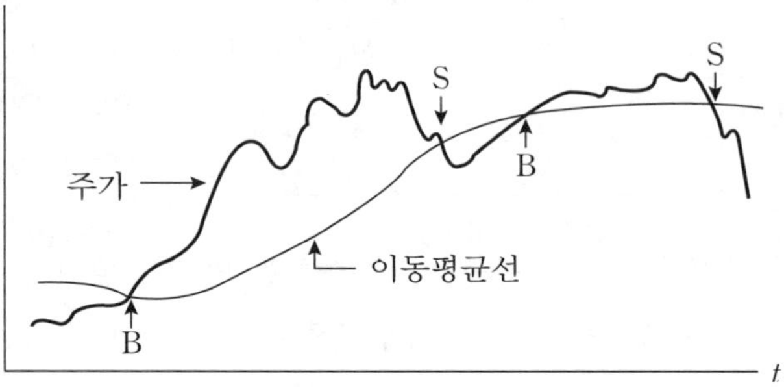

할 수 있다. 자주 이용되는 MAL은 5일 이동평균선(5MAL), 20일 이동평균선(20MAL), 60일 이동평균선(60MAL) 등이다. 일반적으로 5MAL은 단기, 20MAL은 중기, 60MAL은 장기로 간주한다.[13]

한편 단기 MAL이 장기 MAL을 아래에서 위로 돌파하면 정(正)배열 또는 황금교차(golden cross: GC)라고 하며 강세반전과 매수신호로 간주한다. 단기 MAL이 장기 MAL을 위에서 아래로 돌파하면 역(逆)배열 또는 사망교차(death cross: DC)라고 하며 약세전환과 매도신호로 해석한다. 만일 단기 MAL이 중기 및 장기 MAL 두 개를 돌파하면 강력한 신호를 나타내는 것이다. 특히 MAL이 지지선(支持線)이나 저항선을 향해 수렴하면서 교차하면 그 신호는 더욱 강력해진다.

[그림 2-8]은 5MAL이 20MAL과 60MAL을 하향 돌파하면서 DC가 발생하고 추세의 하락반전이 뒤따른 예를 보여주고 있다. 그리고 5MAL이 20MAL과 60MAL을 위로 돌파하면서 GC가 출현하는 추세가 상승전환하는 예도 볼 수 있다.

1) Granville의 도표 이론

미국의 투자전략가 G. Granville이 주가와 이동평균선의 관계에서 분석해

13) 이러한 장단기 구분은 분석의 목적이나 필요에 따라 달라질 수 있는 것으로 20일 이동평균이 단기, 60일이 중기가 되기도 한다.

그림 2-8 종합주가지수의 선(線)도표

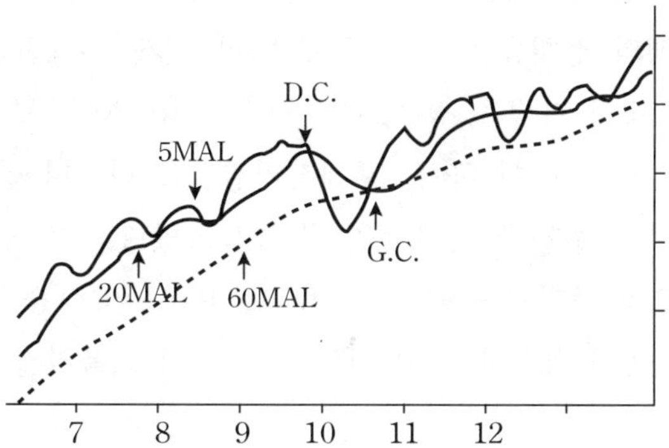

낸 실전적인 이론을 소개한다.[14] 그는 주가 추이를 토대로 매수 4가지, 매도 4가지, 합계 8가지의 투자전략을 제시했다.

① 매수신호: (i) MAL이 하락한 뒤 보합이나 상승국면으로 진입할 때 주가가 이를 뚫고 위로 올라가는 경우, (ii) MAL이 상승하고 있을 때 주가가 그 아래로 내려가는 경우, (iii) 주가가 MAL 위에 있을 때 이를 향해 내려가다가 다시 올라가는 경우, (iv) 주가가 MAL 아래에서 급속히 떨어지다가 MAL에 다가갈 경우이다.

② 매도신호: (i) MAL이 상승한 뒤 평행 또는 하락으로 전환되는 국면에서 주가가 이를 뚫고 내려올 경우, (ii) MAL이 계속 하락하고 있을 때 주가가 이를 뚫고 올라갈 경우, (iii) 주가가 MAL의 아래에서 이를 향해 계속 올라가다가 뚫지 못하고 다시 내려가는 경우, (iv) 주가가 상승하고 있는 MAL을 넘어서 급격히 오르다가 다시 내려갈 기미를 보일 경우이다.

대개의 경우 당일거래자(day trader)는 매매기간이 짧기 때문에 중기인 20MAL을 이용해 하루 주가나 5MAL이 20MAL을 상향 돌파하는 때를 매수시점으로 삼는다. 하루 주가가 5MAL을 상향 돌파한 데 이어 20MAL마저 상향

14) Granville의 법칙에 따르면 주가는 이동평균선에서 멀어질수록 회귀하려고 하며 가까워질수록 멀어지려고 한다. 그는 당일거래자(day trader)는 20MAL, 중장기투자자는 200MAL을 유효한 지표로 삼는다고 하였다.

돌파하는 종목이 있다면 강력한 매수신호를 내보내고 있는 것을 의미한다. 중장기 투자자들은 주식시세를 전망할 때 200MAL을 가장 유효한 지표로 삼는다.

SC제일은행의 정대용은 이 법칙에 따라 실제 주가변동 추이와 200MAL을 같은 그래프에 표기했을 경우, 매수시점은 (i) 200MAL 밑으로 주가가 내려갔을 때, (ii) 200MAL이 하락 후 제자리걸음을 하거나 상승할 때, (iii) 상승하는 200MAL보다 주가가 내려갔을 때라고 보았다.[15] 반대로 매도 시점은 (i) 200MAL 이상으로 주가가 올랐을 때, (ii) 200MAL이 상승 후 제자리걸음을 하거나 내려갈 때, (iii) 하락하는 200MAL보다 주가가 올라갈 때라고 주장했다.

2) 이 격 도

이동평균은 과거의 자료를 이용해서 계산되기 때문에 MAL을 이용하여 매매시점을 포착하고 투자하면 시간적으로 이미 늦게 된다는 결점이 있다. 이를 보완하기 위한 수단으로 개발된 것이 이격도(disparity) 지표이다. 이격도는 당일의 주가를 이동평균값으로 나누어 계산하며 25일 이동 평균값이 많이 이용된다.

당일의 주가가 MAL보다 위에 있으면 이격도는 100% 이상이 되고 당일의 주가가 MAL보다 아래에 있으면 이격도는 100% 이하가 된다. 흔히 25MAL의 이격도가 150% 이상이면 매도시점으로 해석하고 50% 이하이면 매수시점으로 해석한다.

(2) 지지선(support line)과 저항선(resistance line)

주가는 어떤 수준까지 내려가면 지지를 받아 올라가고 어떤 수준까지 올라가면 저항을 받아 되밀려 내려오는 경향이 있다. 전자를 지지선이라 하고 후자를 저항선이라고 한다. 이와 같은 현상은 [그림 2-9]에서 볼 수 있다. a, c, e와 같은 전저점은 지지선이 되고 b, d와 같은 전고점은 저항선이 된다.

쉽게 보면 지지선은 투자자들이 주식에 대한 수요가 크게 늘어나 상승반전할 것으로 기대하는 주가수준이다. 주가가 상당히 오른 다음 이익 매물로 인

15) 한국금융연수원, 「자산운용실무」, 2006년 3월, pp. 118~119를 참조하기 바란다.

그림 2-9 지지선과 저항선

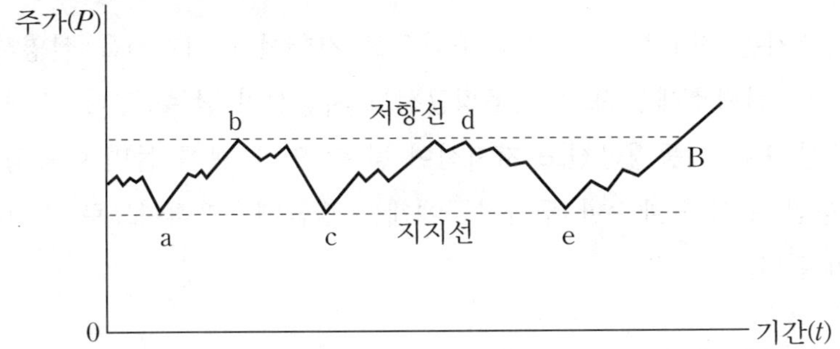

해 반락을 시작하면서 형성된다. 그 이유는 주가가 처음 오를 때 주식을 살 기회를 놓치고 주가가 반락하면 주식을 사려고 기다리는 투자자들은 주가가 일정 수준까지 내려가면 주식을 살 것이기 때문이다.

많은 투자자들이 주식매수를 기다리는 선(지지선)까지 주가가 떨어지면 수요는 늘어나고 거래량도 증가하기 시작한다. 전저점은 떨어지던 주가가 반등한 경험이 있는 주가수준이기 때문에 이번에도 주가가 전처럼 그 밑으로는 떨어지지 않고 올라갈 것이라고 기대하는 투자자가 많은 것이다.

반면 저항선은 주식공급이 크게 늘어나 주가가 반락할 것으로 기대하는 가격대이다. 저항선은 주가가 높은 수준에서 떨어진 다음 형성된다. 주가가 떨어지기 시작하면 높은 가격대에서 주식을 산 투자자는 자신이 주식을 산 가격대 또는 그와 가까운 수준에서 팔 수 있는 기회를 기다리게 된다.

따라서 이들 투자자들이 설정하고 있는 가격대까지 반등하면 주식공급의 증가로 더 이상의 주가상승은 저항을 받게 된다. 다시 말하면 전고점은 상승하던 주가가 하락한 적이 있는 주가수준이기 때문에 많은 투자자는 이번에도 전고점까지 오르면 반락할 것으로 예상하여 거기에서 팔려는 주식의 공급이 늘어날 것이다. 주가는 더 이상 오르지 못하고 내려가게 된다.

그러나 주가가 저항선을 상향돌파([그림 2-9]에서의 B점)하거나 지지선을 하향돌파하면 주가는 새로운 가격대에서 움직이게 된다는 것을 의미한다. 저항선은 돌파되면 새로운 지지선으로 변한다. 마찬가지로 지지선도 돌파되면 저항선으로 바뀐다.

지금까지는 전고점과 저점을 중심으로 저항선과 지지선을 설명하였는데 전고점 외에 하락추세선 또는 이동평균선도 저항선이 될 수 있다. 전저점 외에 상승추세선 또는 이동평균선도 지지선이 될 수 있다. 예를 들면 이동평균은 평균기간 동안 주식을 매수한 투자자들에게는 평균매수가격이므로 지지선 또는 저항선이 된다.

(3) 머리어깨형 반전패턴(head & shoulder pattern: HSP)

이 패턴은 이름 그대로 머리와 양쪽 어깨(HS)로 이루어진 추세반전패턴이다. 대부분의 반전패턴은 이 패턴의 변형이라고 할 수 있다. HS형은 크게 두 가지로 나눌 수 있다. 상승추세의 하락반전을 나타내는 정점형(HS top reversal pattern)과 하락추세의 상승반전을 가리키는 저점형(HS bottoms reversal pattern)이다. 두 패턴의 신호와 형태는 대칭적이다.

[그림 2-10]에서 보는 바와 같이 정점(저점)형은 세 개의 고점(저점), 즉 왼쪽 어깨(left shoulder: LS)에 이어 머리(head: H)와 오른쪽 어깨(right shoulder: RS)가 출현한다. 중간에 있는 고점(저점)이 가장 높(낮)고, 그 양쪽에 있는 고점(저점)은 정점(최저점)보다 낮(높)거나 거의 같다. 저점(고점)을 연결하는 직선을

그림 2-10 머리어깨(HS)형 반전패턴

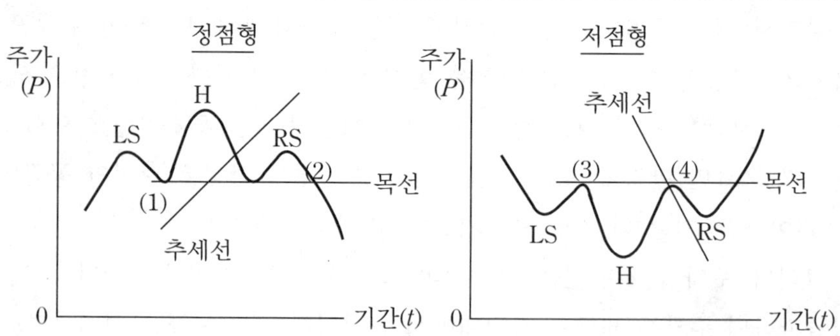

목선(neckline)이라 한다.

① 추세선: 반전패턴이 되기 위해서는 상승(하락)추세가 먼저 지속되고 있어야 한다.

② LS(왼쪽 어깨): 상승추세가 지속되면서 LS가 추세선보다 높은 곳에 고점을 만든다. 고점에 이른 다음 시작된 하락은 점 (1)에서 그친다. 저점은 일반적으로 추세선 위에 있으나 추세선과는 닿지 않는다.

③ H(머리): LS의 저점 (1)에서 시작한 상승은 전고점을 지나 머리(정점)를 만든다. 정점 후 하락은 상승추세선을 하향돌파하여 저점 (2)에 이른다. 이 저점은 추세선 아래에 있으므로 상승추세에 영향을 줄 수 있다.

④ RS(오른쪽 어깨): 머리의 저점에서 상승하기 시작하여 RS를 만든다. RS의 고점은 머리의 고점(정점)보다 낮으며 LS와 비슷한 높이이다. 두 어깨가 대칭적인 것이 바람직하지만 때로는 그렇지 않을 때도 있다. RS의 고점에서 시작한 하락은 목선을 하향돌파하여야 한다.

⑤ 목선: 저점 (1)과 (2)를 연결한 직선이다. 저점 (1)은 LS의 끝이면서 H의 시작이다. 저점 (2)는 H의 끝이면서 RS의 시작이다. 두 저점 관계에 따라 목선은 우상향, 우하향 또는 수평선의 형태를 취한다. 목선의 기울기는 약세의 정도를 가리키며 우하향은 우상향보다 더 약세일 수 있다. 목선은 주가가 그 위에 있으면 지지선이지만 아래로 내려오면 저항선이 된다.

⑥ 거래량: 머리어깨형(HSP)은 거래량에 의하여 확인되어야 한다. 일반적으로 LS가 만들어지는 과정에서 최대의 거래량이 나타난다. LS가 완성되면서 거래량은 줄어들다가 H를 형성하는 과정에서 거래량은 다시 늘어난다. 그러나 H를 만드는 과정에서 나타나는 거래량은 LS를 만들 때 나타나는 거래량보다 적다. 거래량의 위축은 RS가 만들어지는 과정 때까지 지속된다.

RS의 붕괴가 시작되고 목선이 하향 돌파되면서 거래량은 크게 늘어난다. 이러한 거래량 증가는 전고점에 도달하지 못한데 대한 실망매물의 증가에 기인한다. 이 단계에 이르면 정보에 밝은 '현명한 자금(smart money)'은 시장에 새로 참여한 투자자에게 주식을 이미 넘긴 다음이라고 할 수 있다.

⑦ 목선의 돌파: 목선이 돌파되어야 HS형은 완성되고 상승추세도 하락반전한다. 목선의 돌파는 약세의 시작을 뜻한다. 목선의 돌파가 거래량의 확대와 함께 이루어지면 추세전환은 더욱 확실해진다. 이때 목선은 지지선에서 저항선으로 변한다. 일반적으로 목선을 하향돌파한 시장은 몇 차례 상향돌파를 시도한다. 시장이 목선의 상향돌파에 실패할 때마다 거래량은 늘어난다. 때로는 주가가 목선까지 반등하지만 저항을 받아 다시 떨어지기 시작한다.

도표분석가들은 경제의 기초경제 여건에는 거의 주목하지 않는다. 이들은 주가나 다른 자산가격의 추세가 언제 상승할 것인지 혹은 반전될 것인지에 관심이 있다. 기술적 분석(TA)에서 추세와 관련하여 가장 중요한 개념은 아마도 심리적 저지선과 심리적 저항선일 것이다. 이 분석은 과학적인 방법이라기보다 간단한 수학이나 그래프 비교를 이용하는 방식이다. 그러나 약간의 과학적인 엄밀함이 가격신호를 발생시키는 데 사용되는 기계적인 거래규칙에 첨가될 수 있는데, 아마도 이런 형태 중 가장 널리 쓰이는 것이 이동평균법일 것이다.

Allen-Taylor(1990)는 런던 외환시장의 딜러들을 대상으로 한 설문조사에서 단기에는 90% 이상이 도표분석을 사용하는데 적어도 60% 이상이 도표를 기초경제 여건만큼 중요하게 생각하고 있음을 발견했다. 그러나 흥미롭게도 기간이 장기일수록 딜러들은 기초경제 여건의 비중을 높였다. 그들의 연구에서 가장 흥미로운 점은 몇몇의 거래자들은 과거 가격행태에 기초한 기술적 분석이 임의보행모형보다 미래가격에 대해 더 우월한 예측을 할 수 있다고 본다는 것이다.

4. 새로운 분석과 예측[16)]

기초적 분석(FA)방법은 경제 여건의 변화와 기초적 요인의 변동으로 자산가격변화를 상당부분 설명할 수 있기 때문에 설득력을 얻고 있으나 예측력은 부족하다. 기술적 분석(TA)방법은 예측력의 우위에도 불구하고 자산 가격의 변

16) 조하현 · 이승국, 전게서, pp. 191~199를 참조하였다.

화에 대해 자기실현적 예측에 근거를 두고 있기 때문에 합리적 분석을 결여하고 있다는 비판을 받는다. 학계에서는 변수들 간의 관계를 사전에 설정하지 않고 분석하는 VAR(vector auto regressive)모형이 널리 사용되어 왔다.

많은 사람들은 TA에 대해 학문적 편견을 갖고 있다. 더 작은 정보집합을 사용하여 이루어지는 예측이 정확성에서 떨어지는 것은 분명하기 때문에 일반적으로 더 큰 정보집합을 취하는 FA가 보다 우월한 예측이 될 수 있다고 믿는 것이다. 이러한 생각의 이면에는 몇 가지 문제가 있다. 보다 많은 정보를 사용하기 위해서는 정보의 수집과 처리에 상당한 비용이 든다. 게다가 보다 많은 변수들을 고려한다고 하더라도 FA가 항상 더 큰 정보집합을 사용하는가 하는 점도 그다지 명확하지 않다.

예컨대 많은 FA모형이 GDP자료를 사용하고 있지만 이러한 자료는 어느 정도 시간이 지나야만 얻을 수 있다. 시간이 지남에 따라 그 자료는 사용할 수 있을 것이지만 현실적인 유용성은 떨어지는 것이다. 더욱이 그러한 정보는 상당한 측정오차(measurement error)가 있기 때문에 많은 변수의 사용이 모형 내에 더 많은 잡음(noise)을 만들 수도 있다.

이와 대조적으로 금리, 환율, 거래량 등 TA에서 일반적으로 사용되는 변수들은 시간의 지체없이 즉시 사용가능하며 측정오차도 거의 없다. 이러한 이유로 기존에 이미 TA를 사용하여 왔던 금융시장 분석가들뿐 아니라 이전에는 FA를 이용하였던 투자자들도 자신들의 주요한 분석도구를 TA로 대체하거나 그의 결과를 자신들의 예측규칙의 집합 내에 포함시키고 있다.

과거자료를 이용한 주식수익률의 예측가능성에 대한 연구는 TA가 무용한 것이라는 결론이 잘못되었음을 지적하고 있다. W. A. Brock은 1897~1986 Dow Jones 산업평균지수(DJIA) 시계열자료를 이용하여 가장 간단하고 대중적인 기술적 거래규칙의 성과에 대해 검토하였다. 거래규칙은 미래주가변화를 예측하는 능력에 의해 평가되는데 Brock 등은 실제 DJIA 시계열자료에서 매수(또는 매도)신호 규칙에 의한 수익률을 현재 금융시장 분석에서 인기있는 확률모형에 의해 가상으로 생성된 비교시계열의 수익률과 비교해 보았다.

이러한 연구결과는 대체로 TA의 예측가능성을 강하게 지지하고 있는데,

매수(매도)신호에 의한 수익률은 학계에서 지지를 받고 있는 모형에 의한 수익률과는 상당한 차이를 나타냈다. 현재 금융시장 분석에서 널리 사용되고 있는 GARCH-M모형은 단순한 이동평균규칙이 만들어 내는 수익률을 거의 설명할 수 없었으며, 이 연구에서는 GARCH모형도 여러 가지 문제가 있었다.[17] EGARCH모형은 자료에서의 조건부 평균을 일치시키는 데 있어서 비슷한 문제를 나타내지만 GARCH-M모형보다는 변동성을 예측하는 데 더 나은 성과를 보여주었다.

위에서와 같은 결과는 이론적으로 거의 지지받고 있지 못하는 TA가 현실 금융시장에 대한 분석에서 시계열모형보다 더 우월한 예측력을 가지고 있음을 보여준다. 이는 주식수익률의 생성과정이 선형확률모형을 이용한 이전 연구에서 제기하는 것보다 훨씬 복잡한 구조를 가지고 있음을 입증하는 것으로 이해된다. 카오스이론을 연구하는 대부분의 물리학자, 화학자, 생물학자, 경제 · 경영 학자들은 TA 방식을 사용한다는 점에서 도표분석가들의 입장을 뒷받침하는 것으로 볼 수 있다.

주가나 환율의 추세와 관련하여 그러한 자산가격을 결정짓는 변수가 미래변동에 대해 신호를 발생시키는 정보라는 기술적 분석가들의 견해는 다양한 여과규칙(filter rule)에 대한 W. Poole(1967)의 검정을 통해서 확인되었다.[18] 이 규칙의 유효성에 대한 검정은 가상의 투기자가 다음과 같은 계획을 따를 때 이익을 얻을 수 있는가를 살펴봄으로써 이루어진다.

환율이 저점에서 $x\%$ 상승할 때 이 투기자는 매수하며 최고점에서 $x\%$ 하락했을 때 매도한다. 이 $x\%$의 여과 규칙은 확률적인 변동분을 제거하여 가상적인 투기자가 추세를 인식할 수 있도록 해 준다. 만약 시계열에 실제로 추세

17) ARCH(p)모형에서 시차 p의 수를 줄이기 위해 도입된 GARCH모형에서 시계열의 조건부 이분산과 기대값을 결합한 것이 GARCHM(mean)모형이다. 이는 결정적인 부분으로 인식하였던 부분을 조건부 이분산을 포함하는 함수로 설정하여 위험이 수익률에 직접적으로 영향을 미칠 수 있도록 한 것이다. 이 모형은 대략적으로 매수와 매도에서 같은 변동성이 나타날 것으로 예측하지만 실제 결과는 이와 전혀 다른 모습을 보여주었다.

18) W. Poole, "Speculative prices as random walks: an analysis of ten time series of flexible exchange rates," Southern Economic Journal, 33, 4 참조.

가 존재한다면 이러한 여과 분석은 투기자가 양(+)의 수익을 얻을 수 있게 할 것이지만 추세가 없다면 수익의 합계는 0이 될 것이다.

Poole은 이러한 모형으로 변동환율제하의 외환시장에서 높은 수익률을 얻을 수 있음을 보였으며 그에 따라 효율적 시장가설은 기각될 수 있다고 결론 내렸다. Logue-Sweeney(1977)는 Poole의 전략과 매수-보유전략을 비교하였다. 그들은 Poole에 의해 시도된 14개 전략 중 하나만이 근소한 차이로 매수-보유 전략의 수익에 못 미쳤다고 설명했다. 이러한 연구결과는 시장이 비효율적이라는 점을 제시하기는 하지만 효율적 시장가설을 기각시키는 결정적인 근거로 보기는 어렵다. 이는 언급된 연구들이 보고하고 있는 여과 규칙에 의한 이윤들이 내재된 위험성을 제대로 반영하지 못하고 있기 때문이다.

R. J. Sweeney(1986)는 자본자산가격모형(CAPM)을 이용하여 이 문제를 검토하였는데 여전히 통계적으로 유의적인 수익이 존재한다고 결론 내리고 있다. 여과 규칙 검정이 보여준 자산가격에 대한 예측가능성은 고빈도 자료의 환율 움직임에서 보여지는 실질적인 비선형관계를 제기하는 T. Y. Hsieh(1989)에 의해 지지되기도 했다.

■■ 정리문제

1. 실물변수와 금융변수 중 중요한 것 다섯 가지씩을 들어주시오.
2. 거시경제변수(경제성장, 물가, 국제수지)와 금융시장 간에는 어떠한 관계가 있습니까?
3. 우리나라에서 쓰고 있는 경기선행 · 동행 · 후행지수를 각각 3개씩만 들어서 그 특징을 설명해 주시오.
4. 통화정책에 대한 금융시장의 반응은 경기국면에 따라 다르게 나타날 것이라는 데에 동의하십니까?

5. 산업의 생애주기와 금융시장은 어떠한 관계가 있습니까?
6. 주식 및 채권의 평가를 위한 기본요소는 무엇입니까?
7. 금융시장의 기초적 분석과 기술적 분석의 차이점은 무엇입니까?
8. Dow에 의한 시장가격의 변동추세를 간추려 설명해주시오.
9. 추세의 반전을 포착하는 방법에는 어떠한 것들이 있습니까?
10. Elliot 파동이론은 현실적용이 가능한 것입니까?
11. 주식시장의 강세반전을 판단하는 방법으로 어떠한 것이 좋습니까?
12. 지지선과 저항선을 이용하여 주식투자 방법을 제시해주시오.
13. Allen-Taylor가 조사한 런던외환시장딜러들의 행태는 우리들에게 무엇을 얘기해 줍니까?
14. 머리어깨반전패턴(head & shoulder pattern)을 활용하면 주식투자에 성공할 수 있습니까?
15. 주가예측을 위한 새로운 방식에는 어떠한 것이 있는지 소개해 주시오.

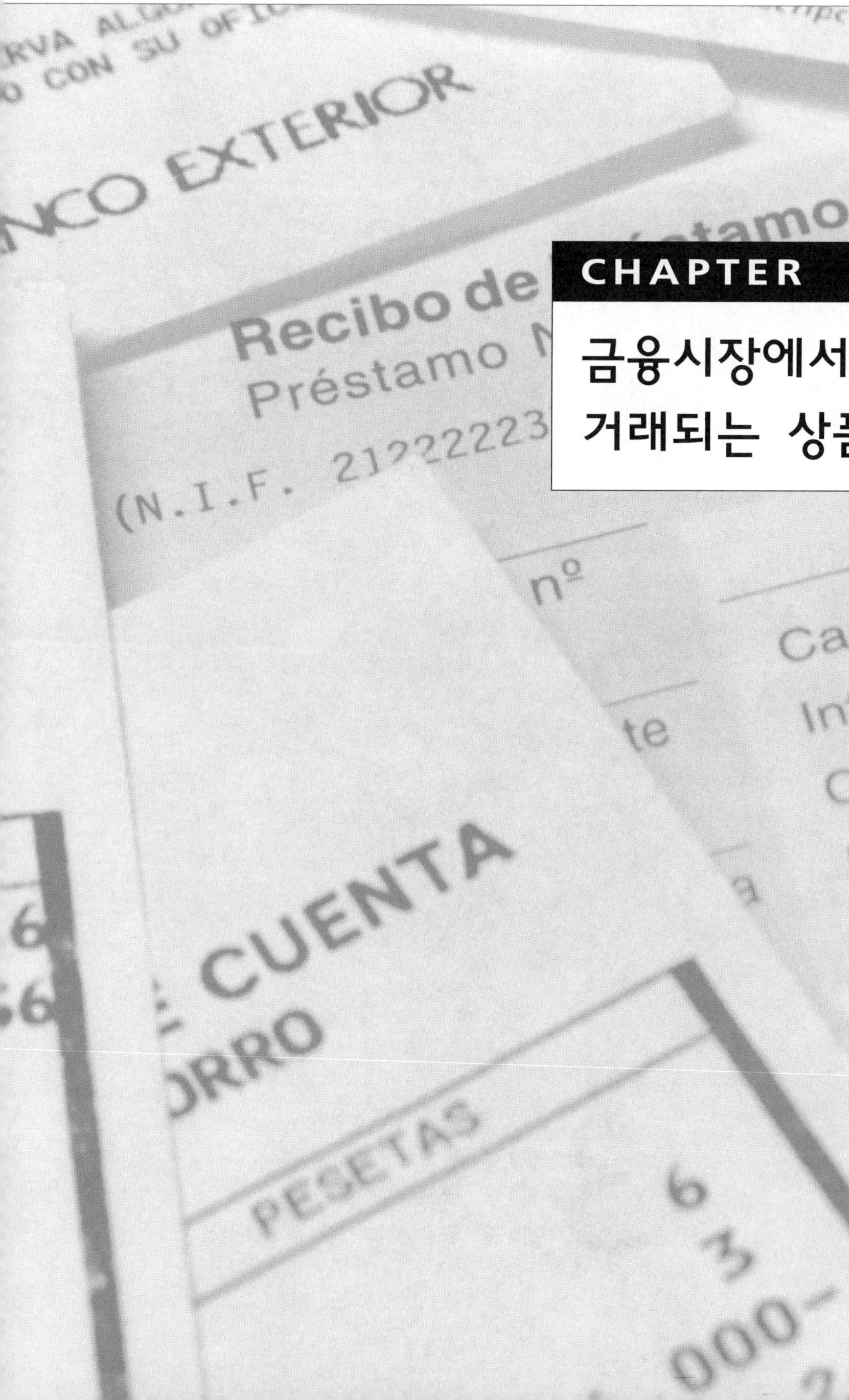

CHAPTER 3

금융시장에서 거래되는 상품

3

제1절 전통적 금융상품

이 절에서는 금융시장에서 거래되고 있는 전통적 금융상품을 살펴보고자 한다. 먼저 단기금융시장에서 거래되는 상품을 살펴본 후 은행의 예금 및 대출상품, 비은행금융기관상품, 자산운용상품, 증권 및 외환시장상품 등을 찾아본다.

1. 단기금융상품

(1) 콜(call) 자금

은행을 비롯한 금융기관은 고객으로부터 예금을 받고 거래처에 대출을 하거나 또는 투자처에 투자를 하는 과정에서 때때로 자금이 남기도 하고 부족한 경우가 있다. 이러한 자금과부족은 금융기관간 초단기거래를 통해 조정되는데 이를 call 자금이라 한다. 빌려주는 자금을 call loan이라 하고 빌리는 자금을 call money라 한다.

금융기관의 단기유동성 사정이 호전(악화)되면 콜자금공급이 늘어나(줄어들어) 콜금리는 내려(올라)간다. 콜거래의 최장만기는 담보 · 무담보에 관계없이 30일 이내에서 일별로 정할 수 있으나 실제거래에서는 1일물(overnight)이 대부분을 차지하고 있다. 대개 지급준비금 적립기간 종료 앞날에는 2일물이, 또 주말을 앞둔 금요일에는 3일물이 거래의 주종을 이룬다.

(2) 단기정부증권

정부증권은 크게 재정증권과 기타증권으로 구분한다. 한국의 경우 일시적 자금부족 보전을 위한 국고출납 목적으로 발행되는 재정증권의 발행한도는 국회 동의가 필요하며 당해 회계연도에 상환토록 되어 있다. 통화관리목적으로 발행되는 재정증권은 과잉유동성을 흡수하기 위해 한국은행에서 발행한다. 연간 발행 및 잔액한도는 국회 동의로 확정되고 연도 이월도 가능하다.

한국에서 재정증권 거래자는 예금은행, 보험회사, 종합금융회사 등이다. 재정증권의 액면단위는 100만원권, 500만원권, 1,000만원권의 3종류가 있다. 기간은 30, 35, 60, 90, 118, 364일 등이 있는데 주로 90일물이 발행되고 있다.

(3) 통화안정증권(monetary stabilization bond: MSB)

한국에서만 발행되고 있는 통화안정증권은 통화량조절 등을 위해 한국은행이 일반이나 금융기관 등 기관투자가를 대상으로 발행하는 단기증권이다. 한국은행은 경상수지 흑자(적자) 또는 외국인투자자자금 유입(유출) 등으로 시중의 유동성이 계속 증가(감소)하여 이를 구조적으로 조정할 필요가 있을 경우 통화안정증권을 발행(상환)하여 남는(모자라는) 유동성을 흡수(공급)한다.

통화안정증권의 만기는 14일부터 546일까지 10종류 외에 1996년에 새로 도입된 2년물을 합쳐 모두 11종류가 있는데, 주로 364일물과 2년물이 대종을 이룬다. 최저발행단위는 100만원이며 액면금액은 100만원, 500만원, 1,000만원, 5,000만원 및 1억원의 5종류로 정형화되어 있다.

(4) 기업어음(commercial paper: CP)

CP는 소정 신용등급 이상의 적격업체가 상거래와 관계없이 자금조달을 위해 자기신용을 바탕으로 발행하는 융통어음이다. 상거래에 수반하여 발행되는 상업어음(commercial bill)과는 구별된다. 그러나 우리나라에서 CP는 법률적으로는 상업어음과 같은 약속어음으로 분류되고 있다.

CP 발행기업은 상거래시 유통되는 상업어음과 똑같은 어음용지를 거래은행으로부터 교부받아 CP를 발행하고 거래은행의 당좌계좌를 통해 사후결제한다.

(5) 양도성예금증서(certificate of deposit: CD)

CD는 은행이 정기예금에 대해 양도성을 부여하여 발행하는 예금증서로 제 3 자에게 양도 가능한 금융상품이다. 여러 선진국에서 금리가 완전 자유화되고 증권회사 등을 통한 중개기능이 높아짐에 따라 CD는 유통시장에서 활발히 거래되고 있다.

CD는 매수주체에 따라 대고객 CD와 은행간 CD로 구분된다. 전자는 은행 창구에서 직접 발행하거나 증권회사 등 중개기관을 통해 발행된다. 일반개인, 연기금 및 지방자치단체들은 주로 발행은행 창구에서 직접 CD를 산다. 은행신탁, 투자신탁운용회사, 생명보험회사 등 금융기관은 중개기관을 통해 사는 경우가 일반적이다. 이와는 달리 후자는 중개기관을 통하지 않고 발행은행과 매수은행이 직접 교섭하여 발행된다.

(6) 환매채권(repurchase securities: RP)

채권매매당사자들 간에 일정기간 후 매매 당시의 가격에다 소정의 이자를 더한 가격으로 되사거나 되팔 것을 약정하고 채권을 팔거나 사는 거래를 환매채권매매라고 한다. 전자를 RP(repo), 후자를 reverse RP(reverse-repo)라고 한다. 형식은 채권의 매도와 환매라는 두 거래가 하나의 계약으로 구성된 형식이지만 실제는 채권을 담보로 한 단기자금융통의 성격을 띠고 있다.

RP는 (i) 금융기관과 일반고객간 이루어지는 대고객 RP, (ii) 금융기관간 이루어지는 RP, (iii) 통화신용정책수단으로서 금융기관과 중앙은행 간에 이루어지는 RP로 나눌 수 있다. 거래기간을 기준으로 1일물 RP(overnight RP), 만기가 2일 이상으로 미리 정해진 Term RP, 만기일을 미리 정해두지 않고 어느 한 쪽의 통지가 있기 전까지는 매일 자동적으로 만기가 연장되는 Open RP 등으로 나누어진다.

그리고 대상채권의 관리형태에 따라 매도자가 매수자에게 유가증권을 넘겨주는 전도(delivery) RP, 매도자가 대상채권을 보관하는 보관(hold-in-custody)

RP, 제3자의 예탁기관을 통해 채권을 관리하는 제3자(triparty) RP로 나누기도 한다.

(7) 표지어음(cover bill: CB)

이 어음은 은행 등 금융기관이 할인하여 보유하고 있는 상업어음, 무역어음, 팩터링어음 등을 분할 또는 통합하여 이를 원어음으로 하고 여기서 어음을 새로이 발행한 약속어음이다. 일반적으로 만기 1년 이내인 원어음의 잔여만기를 기초로 하여 새로운 기일로 발행되므로 단기금융상품으로 분류된다.

표지어음의 만기는 원어음의 만기 이내에서 정해진다. 여러 개의 원어음을 통합하여 발행하는 경우에는 개별어음의 남은 만기 중에서 최장만기 이내로 제한된다. 발행금리는 시장금리와 할인기간 등을 따져서 결정된다. 은행표지어음의 경우는 지급준비금 부과대상에서 제외되기 때문에 대고객CD 금리보다 약간 높은 것이 일반적이다.

(8) 은행인수어음(banker's acceptance: BA)

이 어음은 특정일에 특정금액의 지급을 약속하고 발행되는 기한부환어음(bill of exchange)을 은행이 인수한 것이다. 주로 국제 간의 무역결제과정에서 발행된다. 환어음이란 발행인이 지급인으로 하여금 소정의 금액을 특정일에 지급하여 줄 것을 지시하는 어음이다. 인수은행이 만기에 이를 지급하지 못할 경우 어음발행인이 지급을 책임지는 이중명의어음(two name paper)이기도 하다.

BA의 만기는 외상거래기간에 맞추어 통상 30일부터 180일까지로 다양하다. 뉴욕과 한국시장에서는 90일물이 주축을 이루고 있다.

2. 예금 및 대출상품

(1) 예금상품

1) 요구불예금(demand deposit)

요구불예금은 자금의 일시적 보관, 출납편의 등을 위하여 일시 예탁한 것으로 예금주의 청구에 따라 즉시 인출이 보장되는 예금이다. 이자는 지급되지 않는다. 어떤 예금보다도 최우선하여 맡겼던 예금을 환급받을 수 있는 즉시인출성 예금이다. 대표적인 것은 예금자가 당좌수표에 의해서 인출하는 당좌예금(checking account)이다.

우리나라에서 기타 요구불예금으로는 보통예금, 별단예금, 공공(公共)예금 등이 있다. 보통예금은 거래대상, 예치금액, 예치기간, 입출금횟수 등에 아무 제한이 없는 일반예금으로 낮은 이자가 지급된다. 별단예금은 환(송금 등), 자기앞수표 발행대전, 자금의 일시적 보관 등 미결제 또는 일시적 보유예금인데 나중에 청산되는 과도적 예금이다. 공공예금은 은행과 지방자치단체 간의 금고업무취급계약에 의거 각종 공과금의 수납대행에 따라 생겨나는 예금이다.

2) 정기예금(time deposit)과 정기적금(installment savings deposit)

정기예금은 저축성예금의 대표적 예금이다. 이자수익을 목적으로 일정기간의 예치를 약정한 예금이며 금리가 높다. 그 대신 예금자가 약정기간이 오기 전에 예금을 해약할 경우 기한이익이 상실되어 낮은 이율의 중도해지 이율이 적용된다. 은행으로서 가장 선호하는 예금이다.

정기적금은 계약금액과 계약기간을 정하여 예금자가 일정금액을 매월 정기적으로 예입하면 은행이 만기일에 계약금 전액을 예금자에게 지급하는 방식의 저축성예금이다. 또한 계약금의 일정률 이상을 납입하면 계약금액 범위 내에서 계약기한 이전이라도 대출(적금대출)이 보장되는 등 예금자에게 옵션이 부여된다.

3) 시장금리부자유입출식예금(money market deposit account: MMDA)

이 예금은 은행의 수시입출 및 결제기능을 가진 요구불예금에 시장금리를 지급하는 예금이다. 실적배당상품과 같이 변동된 시장금리를 지급하며 일반적으로 특정증권의 수익률이나 특정지수에 연계된다. 이것은 지급준비부과로 인하여 수익률은 여타 화폐시장상품보다 약간 낮다. 그러나 결제기능을 갖고 있는 예금이라는 점에서 편의성과 안전성이 높다.

4) 주가지수연동정기예금(indexed time deposit)

은행들은 예금자에게 저금리시대에 적합한 새로운 예금상품들을 속속 출시하고 있다. 예를 들면 한국의 시중은행들은 KOSPI200 지수를 연동지수로 하여 확정금리 정기예금을 한시모집 위주로 판매한다.

5) 스위프예금(sweep account: SA)

SA는 1990년대 미국에서 본격 출시된 복합 예금상품이다. 은행이 예금계좌와 고금리투자계정을 예금자의 조작 없이 자동 연결시켜 주는 금융상품이다. 구체적으로는 수시입출식 예금계좌의 잔액이 기준금액을 넘어서면 이 초과액을 고금리상품으로 자동이체하고, 반대로 잔액이 기준금액 아래로 내려가거나 결제금액이 부족해지면 그 부족액을 고금리상품에서 수시입출식 예금계좌로 자동 역이체한다. 2007년 8~9월중 국내 3개 은행(우리, 하나, 기업)이 증권사 CMA로의 예금이탈에 대응하기 위해 SA를 내어놓았다.

(2) 대출상품

1) 기업대출(business loan)

기업에 대한 은행대출은 본래 제조업자 또는 판매업자가 그들의 제품 또는 상품 판매대금으로 대출금을 상환(self liquidation)할 수 있도록 하여 회전기간 동안 필요한 생산 및 구매자금을 지원하는 취지의 대출이었다. 일반적으로 1년 이내의 대출을 단기대출, 1년 이상의 대출을 중장기대출이라 한다.

기업대출은 자금용도를 융통금융 또는 운전자금을 목적으로 한다. 기업대출에는 상업어음할인(bills discounted), 무역금융(foreign trade loan), 기업구매자금대출(corporate procurement loan), 일반자금대출(general loan), 중장기분할상환대출(term loan) 등이 있다.

2) 소비자신용(consumer's credit)

소비자신용은 재화나 서비스의 구입이나 개인적 지출에 충당하기 위하여 소비자에게 제공되는 모든 금융(대출)을 말한다. 소비자신용에는 판매신용, 소비대출(소비자대출), 주택자금대출, 신용카드대출, 할부금융 등이 있다.

3) 담보대출(loan secured)

이 대출에는 부동산담보대출(loan secured by real estate), 매출채권담보대출(pledging), 재고자산담보대출(inventory loan), 창고증권담보대출(warehouse receipt financing), 유가증권대출(loan secured by securities), 지적재산권담보대출, 기업담보대출 등이 있다.

특기할 것은 기업담보제도이다. 이는 기업의 전 재산을 동적(動的) 가치로 파악하여 각종 권리나 물적재산을 포함하여 기업에 귀속되는 모든 가치를 한 덩어리로 평가하여 담보화하는 제도이다. 선진국에서는 도입되어 있으나 한국에는 아직 미도입 상태이다.

4) 대출유동화상품

은행대출은 대출만기에 가서야 자금이 회수되므로 취급은행 쪽에서 볼 때 대출채권은 유동성이 낮다. 따라서 은행이 만기 이전에 대출자원을 재활용할 목적으로 대출채권을 유동화하는 방법이 등장하였다. 유동화 방식에는 대출채권 자체를 제 3 자에게 매각하는 매각방식(loan brokering)과 대출채권을 근거로 새 증권을 발행하는 증권화방식(loan securitization)의 두 가지가 있다.

〈대출채권의 매매〉

이것은 대출을 실행한 금융기관이 대출만기 이전에 대출증서를 제3자에게 매각하는 것을 말한다. 매각방법은 권리의무의 승계방법 및 채권원리금의 회수방법 등에 따라 다음 세 가지로 구분한다.

① 양도(assignment): 양도인(매각자: original lender)과 양수인(매입자: sub-participant) 간에 양도 · 양수계약을 통해 대출채권의 양도가 성립된다. 차주(借主)의 승낙 또는 차주에의 통지가 필요하다.

② 경개(更改): 양도인과 차주 간에 체결된 원계약에 기초하는 채권 · 채무 관계를 발생시킨다. 양도인, 양수인, 차주 3자간의 3면계약으로 이루어진다. 저당권 설정이 되어 있는 경우에는 그 저당권의 이전도 동시에 이루어질 필요가 있다.

③ 대출참가: 양도인이 양수인에게 대출채권에 대한 원리금 수취권의 일부만을 양도한다. 채권양도 후에도 차주와 양도인과의 채권 · 채무관계는 계속 유지되며 양수인은 차주에 대해 직접 대출금변제를 요구하거나 기한의 이익을 상실시키는 행위를 할 수 없다.

〈대출의 증권화〉

이것은 대출채권을 자본시장에서 거래될 수 있는 증권의 형태로 변환시키는 것이다. 주로 미국의 주택저당증권시장에서 발달된 상품이다. 저당증권은 만기, 금액, 금리 등이 다양하여 이들의 거래를 개별적으로 취급하는 데는 여러 가지 제약이 있다. 이를 해결하기 위해 개별 저당증권을 집합(pooling)하여 이 자산에 대한 지분이나 이를 담보로 하는 별도의 증권을 발행하여 유통시키고 있다.

증권을 발행하는 방법에는 (i) 동질 · 동종 대출을 묶어 이를 표창하는 방법, (ii) 대출채권을 담보로 증권을 발행하는 방법, (iii) 대출채권을 신탁하고 신탁증서를 발급받아 이를 유통시키는 방법 등이 있다. 특히 마지막 방법은 대출기관이 보유대출채권을 특수목적회사(special purpose vehicle: SPV)에 매각하고 SPV가 이 매출채권을 집합하여 신탁회사에 재매각하고 수익증권을 교부받는 형식을 취한다. 미국의 주택저당증권담보부채권(mortgage backed bond: MBB), 이것과 수익증권(pass-through security)을 혼합한 주택저당채권담보부수익증권(collateral mortgage obligation: CMO) 등이 여기에 포함된다.

3. 비은행금융기관상품

(1) 리스(lease)

리스는 임대인(lessor)이 설비자산 또는 현금이 아닌 자산을 임차인(lessee)에게 임차료의 정기적 지급을 조건으로 빌려주는 것이다. 전통적인 금융과 구별하여 물융(物融)이라 부르기도 한다. 리스의 대상은 기업설비자산이 일반적이며 최근에는 자동차리스 등 소비자금융과 기관차 · 항공기 · 발전설비까지로도 확장되고 있다.

리스는 운영리스(operating lease)와 금융리스(financial lease/capital lease)로 나눈다. 전자는 리스기간 동안 물건가액을 회수한다. 비교적 단기간의 계약으로 설비수선비, 보험료, 재산세 등 설비유지에 소요되는 일체의 비용을 임대인이 부담하는 것이 원칙이다. 후자는 임대인이 리스기간 동안 물건가액 전액을 회수하며 임차인이 리스기간중에 미상환금액 전액을 상환하지 않는 한 비용을 부담한다.

그 밖에 리스와 비슷한 거래방식인 임대(rental), 연불판매(deferred payment), 할부판매(installment payment) 등이 있다.

(2) 팩터링(factoring)

팩터링은 팩터(factor)가 고객이 보유한 매출채권의 구입을 통해 고객에게 간접적으로 금융을 제공하는 방식이다. 팩터는 원래 수수료를 받고 위탁상품의 판매를 대신해주는 판매대행인(commission merchant)이었으나 점차 이런 기능이 없어지고 매출채권의 매입을 통한 신용공여자로 바뀌었다.

팩터링은 두 가지 형태를 보인다. 고객이 거래처에게 매출채권을 양도하였다는 사실을 통지하고 그 대금을 팩터에게 직접 납부하라는 내용을 통지하는 통지방식(notification)과 통지하지 않는 비통지방식(nonnotification)이 있다. 미국과 영국의 경우 통지방식이, 한국과 일본의 경우 비통지방식이 일반화되어 있다.

팩터링의 종류에는 만기팩터링(maturity factoring), 종합팩터링(full service factoring), 연계팩토링(maturity factoring with an assignment of equity), 중계팩터링(drop-shipment factoring), 국제팩터링(international factoring), 수출환어음매각(forfeiting) 등이 있다.

(3) 신용카드(credit card)

신용카드란 카드회원의 신청에 따라 신용카드사가 카드를 발행하고 회원은 이 카드를 이용하여 현금없이 계속적 · 반복적으로 카드사의 가맹점에서 물품구입 또는 용역(서비스)의 제공을 받을 수 있는 증표이다. 신용카드는 카드소지인의 거래은행 결제계좌에서 실제 결제되는 결제시점을 기준으로 하여 선불카드(prepaid card), 직불카드(debit card), 후불카드(credit card) 등 3가지로 구분한다.

최근에는 신용카드의 발달로 전자화폐(electronic money)가 등장했다. 전자화폐는 IC(직접회로) 칩이 카드에 내장되어 있어 대량의 정보가 실시간으로 암호화에 의해 처리되므로 보안방지도 된다. 한국의 경우 2000년 7월에 한국은행이 주관하여 국내은행과 신용카드사들이 공동으로 'K-cash'라는 전자화폐를 유통시키고 있다. 국제적 사례로는 영국의 Mondex, 미국의 VISA Cash, 덴마크의 Danmont, 핀란드의 Avant, 독일의 Geltkarter, 벨지움의 Ploton 등이 있다.

(4) 할부금융(installment credit)

할부 및 연불판매는 높은 가격의 내구소비재 구입 등의 경우 금융회사가 판매회사에게 물품대금을 대신 선지급해주고 소비자(할부구입자)로부터 일정기간 그 할부구매에 수반되는 대출의 원리금을 여러 차례에 걸쳐 분할 회수하는 방식을 말한다. 리스는 계약기간 종료 후의 물건처분을 당사자간의 약정사항으로 하여 리스 물건의 환불, 재임대, 소유권이전 등 여러 가지 방식이 가능하나 연불 및 할부판매는 소유권의 이전시기가 당사자간의 약정 또는 최종납입금의 완납 후에 반드시 실현된다.

참고 3-1　　신용카드의 발전

(1) 신용카드의 효시는 미국에서 1894년 1월 Hotea Credit Letter Company가 발행한 것이었다. 1914년에 General Petroleum Corporation이 동전형태의 석유카드를 발행하였고, 이어서 철도회사, 항공사들도 카드를 발행하였다.

(2) 본격적인 카드 전문회사로는 1951년 Diners Club이 처음이다. 이 카드는 자체상품 판매가 아니면서 판매업자들과 가맹점 계약을 체결하여 카드제시 회원에게 외상판매토록 하는 것으로서 3당사자카드의 시초이다. 이것은 T&E(travel and entertainment)카드의 효시이기도 한 데 여행이나 오락 접대를 비롯하여 다양한 사교목적 기능을 가지고 있어 호텔, 식당, 항공사, 극장, 골프장 등 다목적카드로 이용되는 범용카드로서의 자리를 잡게 되었다.

(3) 은행권에서는 1951년 뉴욕주 Franklin은행의 카드가 처음이었다. 1958년 Bank of America가 VISA카드의 전신인 Bank Americard를 발행하여 미국 서부 지역에서 할부거래 및 현금서비스를 제공함으로써 카드보급의 획기적 발전을 가져왔다. 이 무렵 미국 동부지역 17개 은행이 현재의 Master Card의 전신인 Interbank Card Association(ICA)을 설립하여 Interbank Card를 발행하기 시작하였다.

(4) 위의 두 카드회사가 세계 각국의 은행계 또는 전문계 카드사와의 업무제휴를 통하여 각각 VISA, Master Card의 이름으로 국제카드로서의 업무영역을 넓혀가고 있다.

(5) 한편, 일본에서는 1961년 할부금융사인 일본신판과 Daiichi Credit(DC), 1968년에는 스미토모계의 Smitomo Card와 도까이은행계의 Million Card(MC), 그리고 1969년에는 몇몇 도시은행 합동으로 Union Credit(UC) 등이 설립되어 각각 카드를 발행함에 따라 카드산업이 확산되고 있다.

(5) 프로젝트 파이낸싱(project financing: PF)

이 방식은 일반대출과는 달리 당해 사업 자체에서 생기는 생산물 판매대금 또는 수익을 대출의 상환조건으로 하고 프로젝트의 자산을 담보로 한다. 따라서 차입자의 재력과 신용, 제3자의 보증 등 부차적인 것이 있어야 하며 공사의 완공과 생산·판매 등 프로젝트의 성공적 수행이 전제로 되고 있다. 이때 상환자금은 사업 자체에서 나오는 현금흐름에 한정되며 모기업(sponsor)에게 상환하게 할 수 없는 비소구조건(non-recourse/without recourse)이거나 청구하더라도 그 범위가 제한적이라는 점이 가장 큰 특징이다.

자금의 조달형태로는 co-financing, syndicated loan, international leasing,

국채발행, 지분참여 등 여러 가지가 있다. PF방식으로는 완공 · 운영 · 이양방식(build, operate and transfer: BOT), 완공 · 임대 · 이양 방식(build, lease and transfer: BLT), 완공 · 이양 · 임대회수 방식(build, transfer and lease: BTL) 등이 있다. 이 밖에도 그 때마다의 투자사업 여건에 따라 BOS(build, operate and selling), BTO(build, transfer and operate), BOO(build, owner and operate), 공급자신용인 BT(build and transfer) 등 다양한 방식이 있다.

(6) 모험자본(VC)

모험자본이란 '모험기업(venture business)'의 창업이나 사업확장을 지원하고 그 기업이 성공한 후 투자원금의 회수는 물론 높은 투자수익과 부수적 수익을 기대하는 기업 또는 투자가 그룹을 말한다. VC는 기업가정신이 투철한 모험기업의 경영자에게 자금지원과 함께 자신의 경험, 전문기술, 네트워크 등 모든 지원을 하며 경우에 따라서는 경영자를 교체하거나 자산을 매각하는 등 철저하게 이윤을 추구한다.

VC는 모험기업과 그 모험사업에 대한 위험을 분담 내지 공유한다는 점에서 일반금융과 다르다. 모험기업에 대한 지배(ownership control)의 목적이 없다는 점에서 출자관계와도 다르다. 투자형태는 모험기업의 주식, 신주인수권, 신주인수권부사채, 전환사채, 전환우선주 등의 취득이다. 주식보다는 이익배당이나 청산의 경우 우선권이 있는 전환우선주나 전환사채 등을 취득하는 것이 일반적이다. 이 외에도 VC는 모험기업에 대하여 대출, R&D 지원, 경영기술컨설팅 등의 서비스를 제공한다.

(7) 금융부대서비스

금융부대서비스로는 신용평가, 자문서비스, 유가증권 관리대행, 기타 현금관리서비스, 환, 보호예수업무 등이 있다. 신용평가는 피평가대상주체나 이들이 발행하는 유가증권의 신용등급을 평가하고 그 대가를 수수료의 형태로 받는 행위를 말한다. 신용평가회사의 존재이유는 정보의 비대칭을 완화함으로써 금융시장의 효율성을 증대시킨다는 것으로 그 이론적 배경은 정보제공대가설

(reputational capital view)에 근거하고 있다.

자문서비스는 개인고객자문 서비스와 기업고객자문 서비스로 구별할 수 있다. 전자는 개인고객에 대한 투자, 보험, 세금, 재산관리, 평생생활설계(life-cycle planning) 등 소위 개인금융계획(personal financial planning: PFP) 서비스에 관한 자문을 말한다. 후자는 기업에 대한 경영지도 및 기업상담 등을 말한다. 경제생활이 더욱 다양화해짐에 따라 경기예측, 판매예측, 수익계획, 세무상담, 자금운용표 작성 등으로 업무영역이 넓어질 전망이다.

유가증권의 보관 및 관리대행업무는 투자자를 대신하여 유가증권에 대한 보관, 관리 및 제반 권리행사를 대행해주는 서비스를 말한다. 이 업무는 매매주문(placement of orders), 매매에 따른 자금 및 증권의 결제, 투자유가증권의 보관 및 관리, 실제주주명세작성, 유·무상 청약, 배당금 수령, 주주권 행사, 조세관리, 각종 보고서 및 정보 제공, 법령에 의한 각종 신고 등을 포함한다.

최근 금융기관의 겸업주의가 일반화되고 여수신업무 외에도 부수업무가 개발되어 다음과 같은 색다른 서비스도 제공되고 있다.

① 현금관리서비스: 각 은행 상호간 또는 은행과 비은행 금융기관 간의 자금이체
② 컴퓨터서비스: 단순계산수탁, 장부관리대행 외에 software의 개발, data base기능 서비스 제공
③ 자금추심: 채권, 채무 결제 등 대행
④ 대리업무: 자금의 수입, 지출을 대행
⑤ 보호예수: 고객의 귀중품 기타의 보관업무

(8) 보험상품

한국에서는 「상법」과 「보험업법」에 따라 보험상품을 다르게 구분하고 있다.

[「상법」상 분류]

구 분	인(人)보험	손해보험
보험종목	–생명보험 –상해보험	–화재보험 –운송보험 –해상보험 –책임보험 –자동차보험
비 고	–보험의 목적이 사람인 경우	–보험의 목적이 물건 또는 경제적 이익인 경우

[「보험업법」상 분류]

구 분	생명보험	손해보험	제3보험
보험종목	–생명보험 –연금보험 (퇴직보험)	–화재보험 –해상보험 (항공/운송보험) –자동차보험 –보증보험 –재보험 –책임보험 –기술보험 –부동산권리보험 –도난보험 –유리보험 –동물보험 –원자력보험	–상해보험 –질병보험 –간병보험

1) 생명보험(life insurance)상품

(가) 개인생명보험(individual life insurance), 단체생명보험(group life insurance) 및 신용생명보험(credit life insurance)

개인생명보험은 개개인을 피보험자로 한다. 이는 다시 보험금지급조건에 따라 다음과 같이 나눈다.

① 사망보험(life insurance): 예기치 못한 사망으로 인한 경제적 손실에 대비하기 위한 보장을 목적으로 한다. 보험금지급방식에 따라 (i) 피보험자가 보험기간 만료일까지 생존했을 때 보험금은 물론 만기환급금도 지급되지 않는

'순수 보장성보험', (ii) 피보험자가 보험기간 만료일까지 생존했을 때 만기환급금이 지급되나 만기환급금이 피보험자가 납입한 보험료를 초과하지 않는 '일반 보장성보험'으로 구분한다.

보험계약기간에 따라 정기보험(term life insurance)과 종신보험(whole life insurance)으로 나누기도 한다. 전자는 약정한 보험기간중에 피보험자가 사망한 경우에 한하여 보험금이 지급되는 사망보험으로 특정기간중에만 보험의 보호가 필요한 경우에 이용된다. 이 보험에는 계약기간중 사망보험금이 일정한 정액보험(level face amount policy)과 기간경과에 따라 보험금이 체감하는 체감정기보험(decreasing term insurance) 등이 있다.

종신보험은 피보험자가 사망하면 보험기간에 관계없이 보험 수익자에게 약정된 사망급부금을 지급하는 보험이다. 이는 다시 보험료납부방법에 따라 다시 전기납종신보험(contineous premium whole life), 단기납종신보험(limited payment whole life), 일시납종신보험(single premium whole life)으로 구분된다.

② 생존보험(pure endowment insurance): 피보험자가 보험기간 만료일까지 살아있어야만 보험금이 지급되는 보험이다. 한국에서는 순수한 의미의 생존보험은 판매되지 않고 있으나 교육 및 연금보험을 생존보험으로 분류하고 있다.

③ 생사혼합보험(endowment insurance): 피보험자가 보험기간 만료일 전에 사망했을 때는 사망보험금을 지급하고, 만기까지 생존했을 경우에는 만기보험금 또는 약정된 환급금을 지급하는 보험이다. 이 보험은 정기보험과 생존보험의 성격이 혼합된 형태라고 할 수 있다.

④ 연금보험: 연금지급개시 이전에 피보험자가 사망할 때에는 사망급부금을, 그리고 피보험자가 일정기간까지 살아있는 경우 정기적으로 연금(living cash benefit)을 지급하는 보험이다.

한편 단체생명보험은 일정한 조건을 갖춘 단체의 구성원을 피보험자로 하는 집합보험이다. 고용주가 보험기간중 피보험자의 사망, 질병, 상해 등의 재해를 당하거나 퇴직할 경우에 대비하여 가입한다. 신용생명보험은 채권 · 채무관계에서 채무자의 사망시 잔여채무액을 보험자가 채권자에게 지급하는 보험으로 금융기관의 대출시 첨가되는 것이 보통이다.

(나) 단생보험(single life insurance), 연생보험(joint life insurance) 및 단체보험(group insurance)

단생보험은 피보험자가 1인, 연생보험은 2인 이상 5인 이하, 단체보험은 5인 이상인 경우를 말한다. 연생보험은 부부(夫婦), 친자 등 2인 이상의 조합을 구성하여 조합구성원의 생사를 동시에 보장하는 보험으로서 자녀의 학자금보장을 목적으로 하는 교육보험이 그 대표적인 예이다.

연생보험의 주(主)피보험자는 통상 계약자가 되며 보험료납입, 계약 해지 등의 권리도 함께 보유한다. 종(從)피보험자는 주피보험자와 결합하여 계약관계를 형성하며 가입시 반드시 본인의 동의가 필요하다.

(다) 배당상품(participating product)과 무배당상품(nonparticipating product)

생명보험상품은 계약자에게 배당을 지급하는가의 여부에 따라 배당상품과 무배당상품으로 구분된다. 전자는 보험회사가 생명보험계약의 장기성과 경영의 불확실성 등을 고려하여 예정위험률, 예정이율, 예정사업비율 등이 안전하게 설계된 계산기초에 의해 산정된 보험료율과 실제보험금 지급액의 차액을 정산하여 보험계약자에게 반환하는 개념이다.

무배당상품은 계약자배당을 지급하지 않는 상품이다. 배당요소가 포함되어 있지 않기 때문에 보험료가 배당상품에 비해 아주 낮다.

2) 손해보험(non-life insurance)상품

손해보험은 재난으로부터 발생하는 재산상의 손실위험에 대처하기 위한 상호보장적 성격의 제도이다. 이 보험은 재산보험(property insurance)과 책임보험(liability insurance)으로 나눈다. 전자는 화재, 도난, 해손 등 우발적 사건에 따른 재산상의 손실을 보상한다. 후자는 피보험자가 제 3 자에게 법적으로 부담하는 재산상의 배상책임을 보상한다.

(가) 재산보험

① 화재보험(fire insurance): 화재로 인하여 발생한 손해를 보상하는 재산보험이다. 화재를 보험사고로 보지만 이에 따른 손해보험의 범위는 화재에 따른

손해는 물론 소방손해 및 피난손해까지 확장담보하고 있다. 화재보험은 원래 그 원인 여하를 막론하고 화재에 의해 발생하는 손해를 보상하여야 하나 실제로는 보험약관에 의해 그 보상범위가 상당히 제한되고 있다. 화재보험의 종류로는 보통화재보험, 주택화재보험, 주택점포종합보험, 장기종합보험 등이 있다.

② 해상보험(marine insurance): 가장 역사가 오래된 손해보험인데 선박의 운항이나 화물의 수송과 관련하여 폭풍우, 침몰, 좌초, 충돌, 화재 등의 해상보험에 의해서 발생하는 손해보험을 목적으로 하는 보험이다. 보험대상이 되는 것은 정확히 선박 및 화물이라는 재산 자체가 부보되는 것이 아니라 그 선박, 화물에 대하여 손해를 입을 염려가 있는 경제상의 이해 관계에 보험을 부보하는 것이라 할 수 있다.

해상보험의 종류로는 선박보험(hull insurance)과 화물보험(cargo insurance)이 있다. 전자에는 다시 선박불가득손실보험, 선박수선보험, 선박건조보험, Protection & Indemnity보험이 있다. 후자에는 희망이익보험, 수입세보험, 컨테이너보험 등이 있다. 한편 항공기/육상운송물/인공위성 등의 사고로 인하여 생긴 손해를 보상하는 항공/운송 보험은 보험종목 구분 시 해상보험으로 본다.

③ 자동차보험(motor insurance): 자동차를 소유, 사용 또는 관리하는 동안에 발생한 사고로 생긴 손해를 보상할 것을 목적으로 하는 보험이다. 자동차를 운행하는 사람이 자동차 사고에 대한 불안감을 경제적 측면에서 해소하기 위해 일정한 액수의 보험료를 내고 사고가 발생할 경우 인적 · 물적손해를 보상받는 제도가 자동차보험이다.

한국의 자동차보험에는 (i) 「자동차손해배상책임법」에 규정된 자동차운행에 따른 인체치상으로 인한 손해를 배상하기 위해 계약의 체결이 강제되고 있는 자동차손해 배상책임보험, (ii) 계약자의 자유의지에 따라 임의로 부보하는 차량손해 및 재산손해배상책임을 담보하는 자동차보험의 두 종류가 있다. 후자는 다시 개인용 · 업무용 · 영업용 자동차보험과 운전자보험 그리고 보험약관이 영문으로 기재되고 보험금액과 보험료가 미국달러로 표시되는 외화표시 자동차보험이 있다.

④ 신용보험(credit insurance): 신용보험은 상품, 서비스, 금융을 신용으로

제공한 채권자가 채무자의 지급불능이나 채무불이행 등으로 채권을 회수하지 못하여 입게 되는 경제적 손실을 보상하는 실손보상보험(indemnity insurance)의 하나이다. 신용보험의 종류에는 상업신용보험(commercial credit insurance), 금융신용보험(financing credit insurance), 신원신용보험(fidelity insurance) 등이 있다.

⑤ 장기보험(long-term insurance): 장기보험은 보험기간 만료시 보험급부가 전혀 없는 일반손해보험과는 달리 만기시에 이미 납입한 보험료를 되돌려 받을 수 있는 보험이다. 보험과 저축을 겸비한 형태로 화재보험과 상해보험 분야에서 주로 취급되고 있다.

⑥ 보증보험(guaranty insurance): 보험자가 보험료를 받고 채무자인 보험계약자가 채권자인 피보험자에게 계약상의 채무불이행 또는 법령상의 의무불이행으로 손해를 입힌 경우에 그 손해를 보상하는 것을 목적으로 하는 보험이다. 보증보험의 종류에는 입찰, 매매, 도급, 금전소비대차, 특약점판매계약 등에 대한 보증 등이 있다. 이들은 대개 보증증권으로 발급되는데 그 종류에는 입찰보증(bid bond), 이행보증(performance bond), 선수금보증(advance payment bond), 하자유보보증 (retain bond), 납입보증(supply bond), 신원보증(fidelity bond) 등이 있다.

⑦ 재보험(reinsurance): 재보험이란 보험자가 피보험자로부터 인수한 책임의 일부 또는 전부를 위험분산을 통해 사업의 안전성을 높일 목적으로 다시 타보험업자에게 부보시키는 제도이다. 재보험자(reinsurer)는 원보험자(primary insurer)로부터 인수받은 위험을 다시 타보험자에게 재부보시킬 수 있다. 이 경우를 재재(再再)보험(retrocession)이라고 한다.

(나) 책임보험

① 기술보험: 기계설비 및 장치, 전자기기, 조립공사, 건설공사 등 이와 유사한 목적물과 관련된 사고로 인하여 생긴 손해를 보상한다.

② 부동산권리보험: 부동산에 대한 권리상의 하자로 인하여 생긴 손해를 보상한다.

③ 도난보험: 도난으로 인하여 생긴 손해를 보상한다.

④ 유리보험: 유리가 파손됨으로써 생긴 손해를 보상한다.

⑤ 동물보험: 동물에 발생한 사고로 인하여 생긴 손해를 보상한다.

⑥ 원자력보험: 원자력손해배상법에 의한 배상책임을 지게 됨으로써 생긴 손해를 보상한다.

⑦ 비용보험: 상금, 상품, 소송비용, 기타비용을 발생시키는 사고로 인하여 발생한 손해를 보상하는 보험이다.

(9) 연금상품

연금은 연금기간에 따라 (i) 미리 정한 기간 동안만 연금을 수령할 수 있는 확정기간연금(temporary annuity), (ii) 연금수령자가 사망할 때까지 받을 수 있는 종신연금(life annuity)이 있다. 종신연금은 환급금지급 여부에 따라 순수종신연금과 확정기간보증부종신연금으로 구분한다. 이 밖에도 연금은 기금 출연방법에 따라 일시납연금과 정기납연금으로 나누기도 한다. 연금지급 개시시점에 따라 연금가입 후 즉시 지급이 시작되는 즉시연금(immediate annuity)과 연금가입 후 일정기간이 지나고 난 후부터 연금이 지급되는 거치연금(deferred annuity) 등으로 구분하기도 한다.

한국의 연금제도는 운영주체에 따라 (i) 정부에서 노후의 최저생활보장을 위해 운영하는 공적연금제도, (ii) 기업에서 근로자의 표준적인 생활보장을 위해 운영하는 기업연금제도, (iii) 개인이 풍요로운 노후를 위해 본인 스스로 준비하는 개인연금제도로 나누어진다. 이 세 가지 제도를 통칭하여 '연금제도의 3층 구조'라고 한다.

우리나라에는 공적연금으로서 국민연금, 공무원연금, 군인연금, 사립학교교원연금 등이 있고, 사적연금으로서 기업연금, 개인연금 등이 있다. 기업연금은 법정퇴직금제도가 이미 시행되고 있기 때문에 본격적인 발전이 이루어지지 못하고 있는 실정이다. 개인연금은 은행, 보험회사, 투자신탁회사 등 금융기관이 취급하고 있다.

4. 자산운용상품

(1) 은행신탁상품

은행신탁상품은 인수재산의 형태에 따라 금전신탁과 금전 이외의 신탁 또는 재산신탁으로 분류된다. 금전신탁은 위탁자의 신탁재산 운용방법의 특정 여부에 따라 특정금전신탁과 불특정금전신탁으로 구분한다. 전자는 신탁재산 운용대상으로 특정주식, 특정대출 등을 구체적으로 정한다. 후자는 이를 수탁자에게 일임하고 신탁종료시에 금전으로 환급할 것을 약정한다. 신탁재산의 운용방법으로는 합동운용(common fund trust)과 개별운용(private fund trust) 두 가지가 있다.

재산신탁 중에서는 유가증권 · 금전채권 · 부동산신탁이 대표적이다. 유가증권신탁이란 위탁자가 유가증권의 관리, 운용, 처분을 위탁하는 것을 말한다. 금전채권신탁은 수탁자가 금전채권 등 신탁재산을 수탁하여 이를 관리하고 그 대금을 받아 위탁자에게 지급하는 것을 말한다(일반금전채권신탁과 생명보험신탁). 부동산신탁이란 부동산 또는 부동산에 관계되는 재산권을 대상으로 하는 신탁이다(관리신탁과 처분신탁). 이외에 동산의 관리처분을 목적으로 신탁재산으로 인수하는 동산신탁이 있다.

한편 은행이 개인에게 제공하는 신탁서비스에는 다음과 같은 상품들이 있다.

① 생활신탁(living trust): 은행이 노약자, 미성년자를 위해 그들의 재산을 안전하게 관리 · 운용하기 위한 신탁이다.

② 유언신탁(testamentary trust): 개인의 유언이나 이에 따른 법원의 판결에 의해 유언의 집행자로 지명을 받았을 경우, 그 재산의 보전매각, 세금 채무의 변제, 수익자에의 잔여재산 배분 등 유산의 정리에 관한 일체의 업무대행을 위한 신탁이다.

③ 재산관리신탁(personal agency account): 고객재산의 증식, 금전채권의 수령, 유가증권의 관리 등을 위한 신탁이다.

④ 기업신탁: 은행의 전문적 관리기술과 전문적 조언활용, 업무량절감 등의 목적으로 기업이 은행에 위탁하는 것으로 주식의 관리, 배당 및 회사채이자 지급, 종업원복지계획, 사채권자권한대행이 있다.

(2) 증권투자신탁상품

이 상품은 투자관리전문기관인 투자신탁회사가 일반 투자자의 자금이나 영세투자자들의 소액자금을 모아 대형기금을 형성하고 이를 증권에 투자운용하여 그 과실을 투자자의 지분비율에 따라 배분하는 상품이다.

1) 계약형(contractual type)과 회사형(corporate type)

계약형 투자신탁은 위탁자와 수탁자 간에 체결된 신탁약관(trust deed)에 따라 신탁재산을 창설하고 이에 대한 수익권을 균등하게 분할하여 표창하는 지분증서인 수익증권(beneficiary certificates)을 수익자(투자가)가 취득하는 형태이다.

회사형 투자신탁은 증권의 대형투자를 목적으로 설립된 회사가 일반대중에게 주식을 발행하고 그 운용수익을 배당한다. 미국의 상호펀드(mutual fund), 영국의 투자신탁(investment trust) 등이 그 전형적 예이다. 한국은 1998년에 이것을 처음 도입하였다. 2007년말 현재 12,000개의 펀드가 320조원의 자금을 조성 · 운용하고 있는 것으로 알려지고 있다.

2) 개방형(open-end)과 폐쇄형(closed-end)

개방형 투자신탁은 환매청구권이 부여된 증권을 투자자에게 매각한다. 이때 투자자가 증권을 환매할 경우 적용되는 가격을 기준가격이라 한다. 이는 신탁재산의 자산총액에서 부채총액과 신탁재산에 부담되는 여러 경비와 신탁보수 등을 차감한 순자산액(net asset value)을 잔존수익증권 총 좌수로 나눈 금액이다.

폐쇄형 투자신탁은 증권의 추가발행이나 환매가 되지 않는 대신 투자신탁 설정액의 일정률을 표시하는 증권이 유통시장에서 거래되므로 그 가치는 유통시장의 시가에 의해 결정된다.

3) 고정형(fixed trust)과 관리형(flexible trust)

고정형 투자신탁은 일단 단위에 편입된 증권은 증권발행사의 합병 · 해산 등 불가피한 경우를 제외하고는 위탁자가 그 운용을 마음대로 변경할 수 없는 신탁이다.

관리형 투자신탁은 위탁자에게 운용관리에 관한 일체의 권한이 위임된 신탁이다.

4) 단위형과 추가형

단위형 투자신탁은 당초 설정한 수익증권의 원본에 추가설정이 불가능한 신탁이다. 일반적으로 각 펀드마다 다른 수익률, 신탁보수, 해지, 상환 등이 적용된다.

추가형 투자신탁은 신탁설정에 의해 발행된 수익증권이 모두 매출된 경우 일정한도 내에서 원금을 증액하여 수익증권의 추가발행이 가능한 신탁이다. 신탁약관 및 수익증권에 추가설정을 할 수 있는 한도액과 수익증권의 총 좌수가 명문화되어야 한다.

5) 공모형과 사모형

투자신탁을 모집형태에 따라 구분한 것이다. 사모펀드는 소수(50~100 미만)의 투자자 또는 전문투자자를 대상으로 자금을 모집하기 때문에 공모펀드에 비해 투자자보호의 필요성이 상대적으로 작다. 사모펀드는 일반적으로 고위험 · 고수익을 추구하므로 운용성과에 따라 운용보수를 정해야 한다.

6) 그 밖의 증권투자상품

① 자사주펀드: 상장회사가 간접적으로 자기회사주식을 살 수 있도록 투자신탁회사에서 만든 펀드이다.

② 모자(母子)형 펀드(family fund): 여러 개의 개별펀드인 자펀드의 신탁재산을 1개 이상의 특성을 달리하는 모펀드에 통합하여 운용하고 자펀드는 펀드의 성격에 따라 해당 모펀드의 수익증권을 편입하여 운영하는 투자신탁을 말한다.

③ 현금관리계좌(cash management account: CMA): 투자자로부터 자금을 예탁받아 이를 CP 등과 같은 단기금융자산으로 운용하여 그 운용수익을 투자자에게 지급하는 제도이다. 이와 비슷한 상품으로 채권관리계좌(bond management account: BMA)가 있다. 이는 투자자로부터 받은 자금을 주로 채권에 투자하여 그 수익을 투자자에게 지급하는 제도로 법률적으로 신탁계약이 아닌 「민법」상의 '소비임치계약'이라는 점에서 CMA와 구분된다.

④ 시장금리부펀드(money market fund: MMF): 요즈음 한국에서 인기가 있는 MMF의 주요 내용은 [표 3-1]과 같다.

⑤ 역외펀드(off-shore fund): 비거주자를 대상으로 하는 증권투자신탁이다. 현재 한국에는 외국인 전용수익증권과 외국펀드(발행주체가 외국의 펀드운용회사)가 있다.

(3) 부동산투자신탁(real estate investment trusts: REITs)상품

이것은 불특정 다수인으로부터 금전을 수탁 또는 납부받아 이 금전으로 부동산을 매입, 개발, 관리, 처분하거나 부동산관련 채권, 유가증권 등에 투자하고 그 수익을 수익자 또는 투자자에게 교부하는 상품이다. REITs는 신탁형과 회사형으로 구분된다. 전자는 신탁회사가 금전을 신탁받고 그 대가로 수익증권을 교부하며 운용수익을 수익자에게 배분한다. 후자는 부동산 투자회사가 자본금을 납부받고 그 대가로 주식을 교부하며 운용수익은 주주에게 배당하는 부동산상호펀드라고 할 수 있다.

부동산투자회사는 (i) 회사로서의 실질을 갖추고 업무행위를 하는 부동산투자전업회사, (ii) 자산운용을 외부에 위탁하는 명목회사(paper company), (iii) 특정프로젝트의 추진을 위한 개발회사 등으로 나누어진다.

(4) 증권저축상품

증권저축이란 투자정보나 투자관리기술의 부족, 자금의 영세성 등으로 직접 증권투자가 어려운 소액투자자들의 저축금을 모아 증권투자관리를 대행해 주는 제도이다. 증권저축상품은 근로자나 저소득자의 재산형성을 지원한다는

[표 3-1] 시장금리부펀드(MMF)의 주요 내용: 한국

항 목	내 용
간접투자 재산의 잔존만기	-MMF 전체의 가중평균 잔존만기 90일 이내 -채권, CP: 1년 이내 -기타자산(CD, 예금 등): 6개월 이내
편입투자증권의 신용평가등급	-취득한 시점을 기준으로 상위 2개 등급 이내 -2개 이상의 신용평가회사로부터 신용등급을 받을 경우 그 중 낮은 등급 기준 -보증인의 신용등급이 상위 2개 등급 이내인 경우와 간접투자 재산평가위원회가 이에 상응한다고 인정하는 경우 예외
시가평가 여부	-평가원칙: 장부가평가 -장부가와 시가에 따라 평가한 기준가격의 차이가 0.5% 이상인 경우 시가로 평가(또는 처분)
운용대상 자산의 분산	-동일인 발행 최상위신용등급 투자증권은 각 간접투자기구자산 총액의 5% 이내(채권: AAA등급, CP: A1등급) -동일인 발행 차상위신용등급 투자증권은 각 간접투자기구자산 총액의 2% 이내(채권: AA등급, CP: A2등급) -동일인 발행 투자증권은 각 MMF자산총액의 10% 이내 (단, 국채 및 통화안정증권, 지방채, 정부투자기관 발행채권, 산업금융채권, 중소기업금융채권 등은 제외)
유동성위기 대비	-증권금융발행어음 운영 의무비율: 자산총액의 10% 이내에서 금융감독원장이 결정(현행 0%, 2004년 5월 이전 4%) -법인투자자의 매매기준가격은 미래가격을 적용: 매입 · 환매시 매매를 청구한 일자의 종가를 기준가격으로 적용하여 청구일 다음날 대금 지급 -개인투자자의 매매기준가격은 미래가격을 적용: 매입 · 환매시 매매를 청구한 전일의 종가를 기준가격으로 적용하여 청구 당일 대금 지급
펀드 대형화	-고객유형별(개인 또는 법인)로 간접투자재산이 일정금액을 초과할 때까지 신규 MMF 설정을 금지개 인용 3,000억원, 법인용 5,000억원)
국채 및 통화 안정증권 등의 투자한도	-국채, 통화안정증권, 정부가 보증한 채권: 투자한도 없음 -지방채, 은행채, 종합금융회사 · 증권회사가 발행한 채권, 후순위 ABS, MBS 등: 30%
기타	-환매조건부채권매도 한도: 보유 채권 총액의 5% -상장법인이 발행한 사모사채에 한하여 신용등급이 A등급 이상인 경우에 한해 취득 가능(자산총액의 5% 이내) -무보증사채에 투자하는 경우 2개 이상의 신용평가회사로부터 신용평가 필요

취지에서 증권저축투자수익에 대한 비과세, 증권저축금 세액공제 등 세제상의 혜택이 부여되는 상품이다.

1) 일반증권저축

〈저축주체별〉

① 개인형 증권저축: 한국의 위임형 증권저축, 미국의 MIP(monthly investment plan) 등이다.

② 단체형 증권저축: 한국의 재형증권투자저축과 우리 사주조합, 미국의 투자클럽(investment club) 등이다.

〈운영관리형태별〉

① 위임형 증권저축: 증권저축취급기관이 저축자의 위임을 받아 단순히 관리만 대행해 주는 상품이다. 투자종목의 선택과 처분의 결정권이 저축자에게 있다.

② 신탁형 증권저축: 증권저축취급기관이 저축자로부터 신탁을 받아 투자관리를 대행해 주는 상품이다. 투자종목의 선택과 처분의 결정권이 그 기관에 있다.

〈신용제공관련〉

① 적립식 증권저축: 증권저축취급기관이 저축자가 불입한 저축금 누계액 범위 내에서 증권을 매입, 보관, 관리를 대행하는 저축제도이다.

② 할수식 증권저축: 증권저축취급기관이 증권의 매입자금을 미리 융자하여 증권저축자가 매입하고자 하는 종목을 매입해 주고 그 원리금을 분할하여 상환받는 저축제도이다.

2) 종업원지주제도(employee stock ownership plan)

이 제도는 매년 급여의 일정액 또는 미리 정한 금액을 종업원지주신탁에 출연하고 이 신탁에서는 자사주 50% 이상과 다른 주식에 투자하여 종업원 퇴직시에 퇴직금으로 받도록 하는 제도로 확정갹출형 기업연금의 일종이다.

한국의 종업원지주제도는 '우리사주조합'을 통해 운영되고 있다. 특히 상장기업의 경우 기업공개 또는 유상증자시 의무적으로 일정비율을 발행가격으로 우선배정토록 하고 있다. 소요취득자금에 대해 기업 자체, 한국증권금융㈜, 은행 등에서 일부 지원 또는 대출을 해주고, 주식취득가액의 일정액을 종업원의 소득세액에서 공제한다.

3) 주식성과보상제도(stock option scheme)

이 제도는 임직원에 대한 동기유발제도의 하나로 주식매입선택권제도(incentive stock option scheme)가 대표적이다. 이는 특정성과를 올린 경영진 또는 핵심종업원에게 주식매입권한을 부여하든가 또는 옵션행사가격과 시가와의 차액(stock appreciation rights)을 현금 또는 주식으로 주는 제도이다.

주식매입 선택권제도는 동기유발의 목적과 방법에 따라 (i) 경영자의 지속적인 동기유발을 위해 옵션이 부여되면 자동적으로 새로운 옵션이 부여되는 재충전옵션(reload option), (ii) 경영성과를 제대로 평가하기 위해 경영자능력과 무관한 주가변동분을 분리하는 실적제외 옵션(out-performance option), (iii) ROE 또는 ROA 등 특정 경영성과를 달성하는 것을 조건으로 하는 조건부스톡옵션, (iv) 수익을 일정시점의 주가가 아닌 계약기간 전체의 평균주가에 의해 결정하는 경로종속옵션(path-dependent stock option) 등으로 구분한다.

5. 증권시장상품

증권시장에서 거래되는 상품은 크게 주식과 채권으로 나누어진다. 주식회사에 대한 지분을 표창하는 증서인 주식은 배당방법, 의결권유무, 액면가액 기재 여부, 주주명 기재 여부, 보증 · 상환 · 전환 등에 따라 여러 가지로 나눈다.

채권은 발행주체를 기준으로 정부가 발행하고 있는 국채, 지방자치단체가 발행하는 지방채, 특별법에 의해 설립된 법인이 발행하는 특수채, 금융기관이 발행하는 금융채, 주식회사가 발행하는 회사채 등으로 나눌 수 있다. 한국의 「증권거래법」 제2조 제1항은 열거주의방식(positive system)으로 유가증권의 범위를 규정하고 있다.

[표 3-2] 「증권거래법」상 유가증권의 범위: 한국

① 국채증권 ② 지방채증권 ③ 특별법에 의해 설립된 법인이 발행한 채권 ④ 사채권 ⑤ 특별법에 의해 설립된 법인이 발행한 출자증권 ⑥ 주권 또는 신주인수권을 표시하는 증서 ⑦ 외국법인이 발행한 증권 또는 증서로서 ①호 내지 ⑥호의 증권이나 증서로서 금융위원장이 지정한 것 ⑧ 외국법인이 발행한 증권 또는 증서를 기초로 하여 대통령이 정하는 자(증권예탁결제원)가 발행한 유가증권예탁서(DR) ⑨ ①호 내지 ⑧호의 증권 또는 증서와 유사하거나 이와 관련된 것으로서 대통령이 정하는 것 (1) 신탁회사 · 투자신탁회사 · 외국투자신탁회사가 발행하는 수익증권 (2) 유동화전문회사가 발행한 출자증권, 주택저당채권유동화 회사가 발행한 주택저당증권 (3) 기업이 자금조달목적으로 발행하는 어음 중 금융위원장이 정하는 어음(CP) (4) 유가증권옵션 ⑩ 유가증권지수는 유가증권으로 의제한다. ⑪ 이상의 유가증권에 표시되어야 할 권리는 그 유가증권이 발행되지 않은 경우에도 유가증권으로 본다.

(1) 주식의 종류

1) **보통주**(common stock), **우선주**(preferred stock) **및 후배주**(deferred stock)

보통주는 주주가 가지는 권리인 이익배당청구권, 경영참가권, 잔여재산분배청구권 등을 평등하게 가진 주식이다. 우선주는 이익배당 및 잔여재산분배에의 참가순위가 보통주에 우선하나 사채보다는 후순위이다. 우선주는 우선 배당률이 사전에 결정되어 있다는 점에서 사채와 비슷하나 우선배당률은 사채와 같이 보증되어 있는 것은 아니다. 여기서 부족배당 차후누적실행시기를 놓고 우선주는 다시 누적적 · 참가적우선주, 비누적적 · 비참가적우선주로 갈라진다.

후배주는 보통주에 비해 이익배당이나 잔여재산분배의 순위가 낮은 주식이다. 통상 배당금을 지급하지 않고 지배를 위한 의결권만의 부여를 목적으로 발기인 등에 제공되기 때문에 미국이나 영국에서는 발기인주(founder's share)라고 한다.

2) 의결권주(voting stock)와 무의결권주(non-voting stock)

의결권주는 의결권이 부여된 주식이다. 무의결권주는 의결권이 부여되지 않거나 의결권행사에 있어 특별한 제한이 가해지는 주식이다.

3) 액면주(par value stock)와 무액면주(non-value stock)

액면주는 주권에 그 주식의 액면가액이 기재되어 있는 주식이다. 액면가액은 자본금의 구성단위(=액면가액×주식발행수)라는 점 이외에는 별 의미가 없다. 무액면주는 주권에 액면가액이 기재되지 않은 주식으로서 발행가액은 주식을 발행할 당시의 시가가 보통이다. 한국의 「상법」에는 무액면주의 발행을 인정하지 않고 있으나 미국·일본 등 선진국에서는 무액면주가 보편화되어 있다.

4) 기명주와 무기명주

기명주는 주주의 이름이 주권 및 주주명부에 기재되어 있는 주식으로 권리행사자를 명확히 알 수 있고 그 통지를 함에 있어서도 편리하다는 이점이 있다. 무기명주는 주주의 이름이 주권이나 주주명부에 기재되지 않고 주권을 소유함으로써 주주로의 자격을 인정받게 된다. 한국의 경우 무기명주는 정관에 그 발행을 예정하고 있는 경우에만 가능토록 되어 있다. 발행이 되었을 경우에도 그 권리행사를 확정짓기 위해서는 주권을 회사에 공탁시키도록 하고 있다.

5) 보증주(guaranteed stock), 상환주(redeemable stock) 및 전환주(convertible stock)

보증주는 이익배당의 지급을 제 3 자가 보증한 주식으로 사회적 신용도가 낮은 회사가 주로 발행하며 모회사가 보증하는 경우가 대부분이다. 상환주는 조달자본이 주주에게 상환되는 주식으로서 한국 「상법」에서는 우선주에 한하여 발행을 허용하고 있다. 전환주는 그 소유자의 의사에 따라 일정조건 아래 소유주식을 다른 종류의 주식으로 전환할 수 있는 주식이다.

(2) 채권의 종류

채권은 원칙적으로 약정된 기일에 원리금을 상환하는 고정수익증권(fixed income security)이라 할 수 있다. 발행주체, 원리금상환방법, 담보유무, 각종 옵션조건 등의 첨가 여부에 따라 다음과 같이 분류한다.

1) 발행주체에 따른 분류

국공채는 정부 또는 공공기관이 재정적자의 보전 또는 투융자자금의 조달을 위해 발행하는 채권이다. 발행주체에 따라 정부발행의 국채, 지방자치단체 발행의 지방채(municipal bond), 공공기관발행의 공채(public bond), 금융기관발행의 금융채(financial bond)로 구분한다.

현재 한국정부가 발행하는 국채로는 국고채권, 국민투자채권, 국민주택채권, 외국환평형기금채권, 양곡기금채권, 농어촌발전채권, 농지채권 등이 있다. 지방채로는 지하철공채, 지역개발공채 등이 있다. 공채로는 전기통신공사채, 전력채권, 토지개발채권, 예금보험기금채권, 부실채권 정리기금채권이 있다. 금융채로는 산업금융채권, 주택채권, 중소기업금융채권 등을 들 수 있다.

2) 원리금상환방법에 따른 분류

할인채는 채권상환기간중 이자를 전혀 지급하지 않고 만기에 액면금액만을 상환하는 조건으로 할인되어 발행되는 채권(pure discount bond)으로 무이표부채권(zero coupon bond)이라고도 한다. 영구채(perpetuities 또는 consol)는 원금은 상환하지 않고 일정한 이자만을 영구히 지급하는 채권이다.

이표채(coupon bond)는 상환기간중 정기적으로 이자(coupon)를 지급하고 만기에 액면금액을 상환하는 채권이다. 이는 다시 액면금액이 채권의 시장가격보다 높은 할인이표채(discount coupon bond), 액면가격과 시장가격이 같은 액면채(par bond)와 액면가액이 시장가격보다 낮은 할증채(premium bond)로 구분된다.

3) 담보유무에 따른 분류

담보채(secured bond)는 발행회사 또는 제3자가 원리금의 상환을 보증하기 위해 담보를 설정한 채권이다. 회사자산을 담보로 수탁회사와 담보신탁계약을 체결하며 수탁회사는 물상(物上)담보권을 설정하고 이를 보존, 실행할 의무를 부담한다. 발행회사는 담보가액 범위 내에서 사채를 발행한다. 담보채는 다시 담보의 종류에 따라 부동산담보채(mortgage bond)와 유가증권담보채(collateral bond)로 구분된다.

무담보채(unsecured or debanture bond)는 사채원리금에 대해 제3자의 지급보증이나 담보신탁 없이 발행자의 신용만으로 발행되는 채권이다.

4) 옵션성격에 따른 분류

옵션채(option bond)는 채권에 옵션적 성격이 더해진 채권으로 콜옵션 성격과 풋옵션 성격의 채권으로 나눈다. 전자는 다시 (i) 콜옵션이 채권발행인에게 있는 수의상환채(callable bond)와 전환사채(convertible bond: CB), 신주인수권부사채(bond with warrant: BW), 교환사채(exchangeable bond: EB) 등과, (ii) 주식연계채권(equity kicker)과 같이 콜옵션이 채권소지인에게 있는 채권으로 구분된다.

① 수의상환채: 채권발행자가 일정기간이 경과한 후 일정한 상환가격으로 채권만기 이전에 채권 소지자의 의사와 관계없이 상환할 수 있는 권리를 갖는 채권이다.

② 전환사채(CB): 투자자에게 미리 정해진 일정한 조건, 즉 주식(보통주 또는 우선주)으로 전환할 수 있는 권리가 전환가격으로 부여된 채권이다. 투자자들은 전환권 행사 이전까지는 보통사채와 마찬가지로 확정부이자를 받는다. 전환권을 행사하여 주식으로 전환한 이후에는 배당과 자본이득을 취할 수 있어 주식과 채권의 양면적 성격을 지니고 있다.

③ 신주인수권부사채(BW): 사채발행 이후 일정기간 내에 미리 정해진 약정가격으로 사채의 소지자가 발행사 주식의 신주 발행을 요청할 수 있는 권리가 첨부된 사채이다. 보통사채와 주식옵션의 결합이라 할 수 있다. BW는 신주인수권이 따로 분리되어 독립된 상품으로 거래될 수 있느냐 혹은 없느냐에 따라 분리형과 비분리형으로 나눈다.

신주인수권 행사에 따른 주금납입을 BW의 상환으로 갈음할 수 있느냐의 여부에 따라 대용불입형과 현금불입형으로 나눌 수 있다. 한국의 「상법」은 분리형 · 비분리형 외에 현금 불입형 · 대용불입형을 모두 허용하고 있다. 선진국에서는 분리형이 보편화되어 있으며 현금불입형이 일반적 관행이다.

④ 교환사채(EB): 소지인에게 소정의 기간 내에 사전에 합의된 조건으로 당해 발행회사가 갖고 있는 상장 유가증권으로 교환청구를 할 수 있는 권리(교환권)가 부여된 채권이다. EB는 사채 자체가 상장회사의 소유주식으로 교환되는 것으로 교환 시 발행사의 자산(보유 유가증권)과 부채(교환사채)가 동시에 줄어들게 되는 특징이 있다. 수시로 주식과 교환할 수 있고 추가적인 자금유입이 없다는 점에서 BW와 다르고 자본금 증가가 수반되지 않는다는 점에서 CB와도 다르다

⑤ 지수연동형 신주인수권부사채(index linked bond with warrant): 전환권으로서 주가상승분만큼 현금이 지급되는 채권이다. 행사기간중 주가지수가 일정수준 이상 상승하면 권리행사가 가능하며 이때 행사지수를 초과하는 지수포인트당 일정금액을 지급한다. 전환권은 채권원리금의 상환이 끝나면 소멸한다.

한편 풋옵션 성격의 채권에는 채권소유자가 만기 도래 이전에 일정한 가격으로 만기일을 사전에 명시되는 기일로 단축할 수 있는 단축가능채권(retractable bond)이나 일정기간 만기를 사전에 연장할 수 있는 연장가능채권(extendible bond) 등이 있다.

5) 특수채(special bond)

이익채(income bond)는 발행회사가 일정수준 이상의 이익을 실현했을 경우에 한하여 이자를 지급하는 채권이다. 이익참가채(participating bond)는 채권보유자가 약정금리를 받고도 채권발행자의 이익이 일정수준 이상일 경우에는 다시 이익에 참가할 수 있는 권리를 가진 채권이다. 수익채(revenue bond)는 특정재산이나 프로젝트에서 발생하는 수익으로 원리금을 상환하는 조건의 채권으로서 미국의 경우 주로 정부기관이나 정부소유기업 등이 발행한다.

복리채는 할인채의 변형이다. 할인채가 액면할인의 형태로 채권발행시에

이자를 선급하는 데 반해 복리채는 채권발행시에는 액면가액으로 발행하고 원리금은 표면금리를 복리로 계산하여 만기에 일시 지급함으로써 이자를 후급하는 형식을 취하는 채권이다.

이외에 분할상환채는 일정 거치기간이 경과한 후 원리금을 분할하여 상환하는 채권이다. 연속상환채(serial bond)는 채권을 서로 다른 만기를 가진 여러 개의 조(組)로 나누어 발행하는 것으로 각 조의 채권은 무이표채형식으로 발행되는 것이 보통이다. 감채기금채(sinking found bond)는 채권의 원리금 상환가능성을 높이기 위해 감채기금의 적립을 요구하는 조항이 붙은 채권이다.

6) **고정금리채**(straight bond: SB)와 **변동금리채**(floating rate bond: FRB)

고정금리채는 가장 전형적인 채권으로서 보통채라고도 불린다. 발행시 확정된 표면금리에 따라 일정기간 고정이자를 지급하고 만기에 액면가격으로 상환하는 채권이다. 일반적으로 만기는 3~7년 정도이나 이보다 짧거나 긴 만기의 채권도 있다.

변동금리채는 채권의 이자지급액이 고정되어 있지 않고 시장금리 등에 연동되어 변하는 채권이다. 매 이자지급기간(보통 매3개월 단위) 개시 전에 차기 지급금리가 결정되므로 이자지급 기간을 각각 만기로 하는 단기의 고정금리부 채권을 만기상환시까지 연속적으로 매입할 것을 약속한 채권과 같은 효과를 갖는다. 현재 국제채의 대부분이 FRN방식으로 발행되고 있다. 최근 한국에서도 많은 회사채와 공채가 이 방식으로 발행되고 있다.

7) **보증채**(guaranteed bond)와 **무보증채**(unguaranteed bond)

보증유무에 따라 보증채와 무보증채로 나누기도 한다. 채권 원리금의 상환에 대해 제3자가 보증한 채권을 보증채라 하고, 그렇지 않은 것을 무보증채라 한다. 지금까지 한국의 회사채는 금융기관이 원리금상환을 보증하는 보증채가 대부분이었다.

(3) 자산유동화증권(asset backed security: ABS)

ABS는 기초자산에 따라 유동화자산이 채권인 채권담보부증권(collateralized bond obligation: CBO)와 대출인 대출채권담보부증권(collateralized loan obligation: CLO), 주택저당채권인 주택저당채권담보부증권(mortgage-backed securities: MBS), 매출채권, 회사채 등으로 다양한 자산유동화 CP(asset backed commercial paper: ABCP) 등이 있다.[1)]

ABCP는 특수목적회사(SPV)가 대상자산을 기초로 ABS채권을 발행하는 것은 일반 ABS 와 같으나 이미 발행된 ABS채권의 상환을 조건으로 일정기간마다 단기의 CP를 계속 차환발행하는 형태이다. 이외에도 토지분양대금채권, 신탁비용상환청구권, 주식 등 다양한 재산권을 기초로 ABS증권이 발행되고 있다.

6. 외환시장상품

(1) 송금(remittance)

송금은 크게 당발(當發)송금과 타발(他發)송금으로 구분한다. 전자는 국내에 있는 송금인의 신청에 따라 원화 또는 외화를 송금대전으로 받고 외국의 수취인에게 송금하는 것이다. 반대로 후자는 해외지점 또는 해외환거래은행의 위탁에 의하여 국내의 수취인에게 해외송금대금을 지급하는 것을 말한다.

송금의 방법에는 우편송금(mail transfer: M/T)과 전신에 의한 전신송금(telegraphic transfer: T/T) 및 송금수표(demand draft: D/D)에 의한 방식 등이 있다. M/T와 T/T는 각각 지급지시서를 우편과 전신으로 보내는 방식이고, D/D는 수표에 의해 송금하는 방식이다. D/D는 통상 소액거래에 이용한다.

(2) 추심(collection)

추심이란 매각 또는 의뢰한 외화수표 또는 어음을 채무자 앞으로 지급 제

1) 이에 대해서는 제9장 제3절에서 보다 상세히 살펴보기로 한다.

시하여 자금의 대차관계를 결제해 주는 업무를 말한다. 추심방법에 의한 자금의 거래는 추심전매입(bills purchased)과 추심후지급(blills collected)의 두 가지로 나눈다. 전자는 고객의 요청에 따라 지급은행에서의 지급이 확실하다고 예상되는 외화수표나 어음 등을 은행이 매입하여 대금을 고객에게 먼저 지급한 후 지급은행 앞으로 추심하여 매입자금을 회수하는 방법이다. 후자는 고객의 위임에 따라 외화수표나 어음 등을 추심하여 대금이 은행 예치금계정에 입금되었음을 확인한 후 고객에게 그 대금을 지급하는 방법이다.

(3) 여행자수표(traveller's check: T/C)

여행자수표는 해외여행자가 현금휴대에 따르는 분실, 도난 등의 위험을 피하기 위하여 고안된 수표의 일종이다. 대다수 국내은행의 경우 현재 세계 일류금융기관이 발행하고 있는 여행자수표를 위탁판매하고 있다.

(4) 외국통화

외국환은행이 보유하고 있는 외국통화는 통화발행국에 현송하여 외화타점 예치계정에 입금된 후에야 비로소 대외 결제자금으로 사용할 수 있는데 보유기간중에는 비수익성 자산에 불과하다. 따라서 고객과 외국통화를 매매할 때에는 외화송금 또는 외화현수(現輸)에 소요되는 보험료와 운임이 감안된 대고객 현찰매매율이 적용된다.

(5) 외화예금(foreign currency deposit)

외화예금은 거주자 및 비거주자에게 외화예치금계정의 개설을 허용하여 취득 또는 보유하고 있는 대외지급수단이나 외화채권을 말한다. 외화예금은 외국환은행의 외화자금 조달면에서 가장 안정적인 자금조달원천 중의 하나이다. 외화예금에는 보통 · 당좌 · 정기예금 등이 있다.

(6) 외화대출(foreign currency loan)

거주자 및 비거주자에 대한 외국통화대출을 말한다. 주로 시설자금이나 수출입자금으로 사용된다. 우리나라에서는 미국달러화, 일본엔화, 유로달러화 등 여러 종류의 통화로 이루어지고 있다. 시중은행들이 일부 특수은행으로부터 전대(轉貸)를 받아 대출하기도 한다.

제2절 파생금융상품

파생금융상품(financial derivatives)이란 기초자산의 가격이나 가격지수의 변동에 따른 위험을 회피하기 위해 고안된 금융상품이다. 파생금융상품의 기능으로는 위험기피자에게는 위험을 회피할 수 있게 해주고 투기자에게는 위험을 받아들이는 대신 이익을 획득할 수 있는 기회를 준다. 나아가 차입비용을 줄이며 투자수익을 높일 수 있다.

[표 3-3] 주요 파생금융상품의 종류

	장내거래	장외거래
통화 관련	통화선물(currency futures) 통화선물옵션(currency futures options) 통화옵션(currency options)	선물환(forward exchange) 통화스왑(currency swaps) 통화옵션(currency options)
금리 관련	금리선물(interest rate futures) 금리선물옵션(interest rate futures options)	금리선도계약(forward rate agreements) 금리스왑(interest rate swaps) 금리옵션(interest rate optionscaps, floors, collars) 스왑션(swaptions)
주식 관련	주가옵션(equity options) 주가지수선물(index futures) 주가지수옵션(index options) 주가지수선물옵션(index futures options)	주식옵션(equity options) 주식스왑(equity swaps) 파생결합증권(derivative linked securities)
신용 관련		신용파산스왑(credit default swaps) 총수익스왑(total return swaps) 신용연계증권(credit linked notes) 합성자산담보부증권(synthetic collateralized debt obligations)

파생금융상품은 (i) 기초자산에 따라 통화, 금리, 주식, 신용관련 상품으로, (ii) 거래 기법에 따라 선도(forwards), 선물(futures), 옵션(option) 및 스왑(swap) 등으로, (iii) 거래장소에 따라 장내거래와 장외거래로 구분한다([표 3-3] 참조).

1. 선도와 선물

일반적으로 선도는 장외시장에서 거래당사자 간에 직접 이루어지거나 딜러나 브로커를 통해 이루어진다. 반면 선물은 거래소에서 정형화된 형태로 이루어진다. 선물거래에 이용되는 것은 상품선물(commodities futures)과 금융선물(financial futures)로 나눌 수 있다.

상품선물은 이미 중세부터 상인들 사이에서 이용되어 왔다. 지금과 같이 체계적인 선물거래가 이루어지기 시작한 것은 1847년 미국의 시카고 선물거래소(Chicago board of trade: CBOT)의 창설로 소급된다. 초기의 CBOT에서는 곡물을 중심으로 선물거래가 발달하였으나 그 후 각종 농산물, 임산물, 금속 및 금융상품까지 거래되면서 세계 제1의 선물거래소로 성장하였다.

금융자산에 대해서는 1970년대 초에 이르러서야 비로소 선물이 도입되었다. 1972년 시카고상업거래소(Chicago mercantile exchange: CME)부설 국제통화시장(international money market: IMM)에서 최초로 거래된 통화선물이 금융선물의 효시이다.[2] 1975년 10월에는 CBOT가 정부주택저당증서(government national mortgage association collateralized depository receipts: GNMA-CDR)를 대상으로 한 금리선물을 개발하였다.

1982년 캔사스증권거래소(Kansas city board of trade: KCBT)에서 가치선(線) 주가지수(value line stock index)를 대상으로 주가지수선물거래를 시작한 후 다양한 주가지수선물들이 등장하였다. 이러한 주가지수선물은 거래량으로 볼 때 이제까지 거래된 선물 가운데 가장 성공적인 것 중 하나로 인정되고 있다.

---

2) 금융선물거래의 발상은 그 당시 시카고 대학교수였으며 후에 노벨경제학상 수상자가 된 M. Friedman의 기여가 컸다. 그의 이론을 배경으로 하여 선물시장이 발전하게 되었으며 관련분야의 연구, 즉 금융공학이 한 단계 높이 발전되기에 이르렀다.

[표 3-4] 선물거래와 선도거래의 비교

	선물거래	선도거래
거래방법	공개경쟁매매방식	거래당사자가 직접계약
경제적 기능	연속적 헷징기능	불연속적 헷징기능
시장형태	조직화된 거래소	장외거래
시장성격	완전경쟁시장	불완전경쟁시장
시장참가자	제한 없음	실수요자중심
가격형성	매일 형성	계약시 단 한번 형성
거래조건	표준화되어 있음	당사자계약에 따름
계약이행	대부분 실물의 인도 없이 반대거래에 의해 이루어짐	대부분 실물의 인도에 의해 이루어짐
이행보증	결제회사가 보증	거래당사자의 신용도에 좌우
증거금	개시증거금을 납부하고 계약이행 이전까지 유지증거금 이상을 유지	원칙적으로 없고 거래시 필요에 따라 징수
가격변동제한	일일 최대변동폭 제한 있음	제한 없음
매매가격	매입(bid), 매도(ask)가격, 동시고시(two way)	특정단일가격에 의해 매입 및 매도

금융선물은 상품선물에 비해 역사가 짧지만 환율의 불안정, 높은 금리수준 및 지속적인 인플레이션 등에 따른 국제금융시장에서의 불확실성 증대로 그 중요성이 강조되고 있다. 금융선물에는 통화선물, 금리선물, 주가지수 선물 및 통화선물옵션 등이 있다.

2. 옵션(option)

옵션은 장래 특정일에 특정자산 또는 상품을 일정한 가격에 매입·매도할 수 있는 권리를 매매하는 계약이다. 1960년대 이후 미국증권시장의 장기침체 속에서 경영위기에 처해 있던 증권회사뿐만 아니라 새로운 금융자산운용의 수단을 필요로 하던 투자자의 요구에 따라 옵션거래가 생겨났다. 레버리지 작용으로 자본이득이 가능하고, 약세시장 상황에서도 투기적인 거래에 대한 가격보험기능이 있기 때문이었다.

옵션은 기관투자가에게는 대규모 손실에 대한 보호를 해 주는 동시에 확실하고도 즉각적인 수익수단을 제공한다. 동시에 전문투자자에게는 상당한 이익의 가능성을 주며, 거의 무한대에 가까운 투자전략을 제공해 주는 혁신적인 금융기법이다.

옵션매도자는 옵션프리미엄을 맛볼 수 있지만 기초 상품가격이 불리하게 움직이면 큰 손해를 볼 위험이 있다. 반면에 옵션매입자는 기초상품을 매입하거나 매도함으로써 콜옵션 혹은 풋옵션을 행사할 수 있으므로 상품가격변동에 의한 이익을 취할 수 있는 기회를 갖는다. 이러한 옵션계약의 비대칭성 때문에 옵션매입자는 옵션프리미엄보다 큰 손실에 대비하여 보험을 들어야 한다.

옵션의 최종가치는 기초상품가격과 행사가격간 차이로 정의된다. 옵션이 내가격일 때 시장가격과 행사가격의 차이의 절대값이 옵션과 관련된 최소가치 혹은 내재가치(intrinsic value)를 결정한다. 그러므로 대개의 경우 콜옵션 행사 때의 수익은 시장가격이 행사가격을 초과하는 금액이 되며, 풋옵션 행사 때의 수익은 행사가격이 시장가격을 초과하는 금액이 된다.

시장가격과 함께 옵션가격에 결정적 영향을 주는 행사가격은 계약시점에서 매도자와 매수자 간에 정해지는 상수다. 따라서 행사격이 작을수록(클수록) 콜옵션 프리미엄의 크기는 커지게(작아지게) 된다. 반면에 풋옵션은 행사가격이 오름에 따라 더 큰 가치를 갖게 된다.

옵션거래시 매도자는 매입자에게 권리를 제공하고 매입자는 그 대가로 프리미엄(옵션가격)을 지급한다. 이때 매입권리를 콜옵션, 매도권리를 풋옵션이라 한다. 콜옵션을 매입하고 동시에 풋옵션을 매도하는 것을 합성선물 매입이라고 하며, 콜옵션을 매도하고 동시에 풋옵션을 매입하는 것을 합성선물 매도라고 한다.

콜옵션 매입자는 만기일에 기초자산가격이 행사가격을 넘어서면 권리를 행사한다. 이 경우 기초자산가격이 행사가격과 지급한 프리미엄의 합(合)과 일치하는 수준에서 손익분기점이 형성된다. 콜옵션 매입으로 이익을 얻기 위해서는 기초자산가격이 행사가격과 프리미엄의 합을 초과해야 된다.

3. 스왑(Swaps)

스왑은 사전에 약정한 방식대로 장래의 현금흐름을 교환하는 계약이다. 전통적인 스왑거래는 외환시장에서 이종통화 간의 현물환거래와 선물환거래가 서로 반대방향으로 동시에 이루어지는 이중환거래이다. 환위험을 회피하거나 통화 간의 일시적인 수급불균형을 해소하기 위한 수단으로 사용되어 왔다. 그러나 1970~80년대 금융환경변화에 따라 스왑거래는 외환시장의 이종통화간 스왑거래에서 벗어나 차입비용의 절감이나 금리위험의 헷지를 위한 통화 및 금리스왑 등의 형태로 발전하기에 이르렀다.

스왑에서 교환되는 기초자산은 현물시장에서 거래되는 실물자산(actuals)과 구별하기 위해 명목자산(notionals)이라 한다. 스왑거래에 있어서는 명목자산을 한번 이상 거래하는데 스왑 개시시점에서 명목자산을 교환하고 종료시점에서 이를 다시 교환한다. 스왑은 은행, 투자은행, 보험회사 등 금융기관이 중심이 되는 장외파생상품시장에서 거래된다. 따라서 선물이나 옵션과 같이 거래소(장내거래)시장에서 되는 장내파생상품과 구별된다.

1971년 8월 미국의 금태환 중지 선언으로 Bretton Woods 협정이 깨지고 선진제국의 고정환율제도가 변동환율제도로 이행됨에 따라 주요 국가의 외환규제는 점차 철폐 또는 완화되었다. 이에 따라 다국적기업들의 환위험이 커지자 이를 줄이기 위한 노력의 일환으로 금융선물 · 옵션의 등장과 더불어 1976년에는 영국에서 최초로 통화스왑이 체결되었다. 1981년에는 역시 영국에서 금리스왑이 체결되었다. 1982년에는 미국의 학자금대출조합(Student loan marketing association: SLMA 또는 Sallie Mae)에서 부채의 금리특성을 전환시키기 위해 고정금리와 변동금리간 채무상환스왑을 개발하였다.

스왑은 고정금리채권과 변동금리채권과 같은 서로 다른 금융상품을 통합시키고 국제금융시장과 연결시킴으로써 시장 간의 교량 역할을 한다. 스왑을 통한 시장간 연결은 채권시장이나 외환시장은 물론 주식시장, 상품 및 서비스시장 등으로 계속 확장되고 있다.

4. 장외파생금융상품

(1) 신용파생상품(credit derivatives)

신용위험이 있는 대출이나 채권 등 기초자산이나 준거자산에 내재되어 있는 채무불이행위험을 분리하여 거래하는 스왑이나 옵션계약을 신용파생금융상품이라 한다. 계약의 매수자(protection buyer)는 대출이나 채권의 보유자인데 이것들을 매도하지 않고 이 계약의 매도자(protection seller)에게 소정의 보상금을 지급하는 대신 신용위험을 전가시키며 매도자는 위험인수와 함께 수익을 실현한다.

1) 신용파산스왑(credit default swaps: CDS)

CDS는 모든 신용파생상품의 근간을 이루는 상품으로 그 성격은 원금 지급보증과 비슷하다. 이 거래에서 보장매입자는 보장매도자에게 정기적으로 일정한 프리미엄을 지급하고 그 대신 계약기간 동안 기초자산에 신용사건이 생길 경우 보장매도자로부터 손실액 또는 사전에 합의한 일정금액을 보상받거나 문제가 된 채권을 넘기고 채권원금을 받기도 한다. 만일 기초자산에 신용사건이 생기지 않으면 보장매입자는 프리미엄만 지급하면 된다.

일반적으로 신용사건이 생기면 보장매입자는 마지막으로 프리미엄을 지급하고 실물인도 또는 현금 결제에 의하여 신용파산스왑이 정산된다. 만일 계약조건이 실물인도를 요구하는 경우라면 보장매입자는 기초자산을 보장매도자에게 인도하고 기초자산의 액면가를 받는다. 현금결제를 하는 경우에는 신용사건이 생긴 후 일정한 날짜가 지난 시점에서 평가 대리인들(calculation agents)이 문제가 된 채권의 호가를 조사하여 기초자산의 평균 시장가격을 계산한다. 이때 기초자산의 명목원금과 평균 시장가격과의 차이가 정산금액이 된다.

2) 총수익스왑(total return swaps: TRS)

TRS는 기초자산에서 생기는 총수익과 일정한 약정이자(통상 Libor+α)를 교환하는 계약이다. 총수익에는 채권 이표, 스왑기간 동안의 자본이득이나 자본손실이 포함된다. TRS가 CDS와 다른 점은 기초자산의 신용위험뿐만 아니라 금리 및 환율 변동에 따른 시장위험도 거래상대방에 이전할 수 있다는 것이다.

스왑기간 동안 현금흐름은 다음과 같다. 이표 지급일에 보장매입자(TRS 지급자)는 채권에서 생기는 이자를 지급하고, 보장매도자(TRS 수취자)는 Libor+α의 이자를 지급한다. 스왑계약이 끝나는 시점에 채권가치의 변동을 반영하여 현금흐름이 발생한다. 예를 들어 액면가가 1억원인 채권을 기초자산으로 한 스왑의 계약기간 동안 채권가격이 10% 올랐다면 TRS 지급자는 '1억원+표면이자'를 지급하여야 한다. 반대로 채권가격이 10% 떨어졌다면 TRS 수취자가 '1억원-표면이자'를 지급하게 된다.

3) 신용연계증권(credit linked notes: CLN)

CLN는 신용파생상품을 증권화한 것이다. 이 거래에서 보장매입자는 기초자산의 신용상태와 연계된 증권을 발행하고 약정된 방식으로 이자를 지급한다, 보장매도자는 높은 약정이자를 받는 대신 신용사건이 생기는 경우 기초자산의 손실을 부담한다. 증권발행에 있어서는 기초자산을 보유한 금융기관이 직접 발행하는 방식과 특수목적회사(SPV)를 통하여 발행하는 방식이 모두 행해지고 있다.

거래계약의 특징은 보장매도자(CLN 매수자)가 지급하는 신용연계증권 매수대금은 현금담보 역할을 한다는 점이다. 즉 보장매입자(CLN 매도자)는 신용연계증권 매도대금으로 신용사건 발생시 보장매도자가 부담해야 하는 손실에 대한 담보로서 국채 등 저위험자산을 매입하거나 금융기관에 예치한다.

기초자산에 신용사건이 발생하는 경우 증권 대금에서 기초자산의 손실분을 차감하여 보장매도자에게 돌려주거나 기초자산을 인도한다. 이와 같이 CLN 거래에서는 CDS와는 다르게 신용연계증권 대금이 현금담보 역할을 하고 있어 보장매도자의 신용도는 문제가 되지 않는다.

4) 합성자산담보부증권(synthetic collateralized debt obligations: SCDO)

이 증권은 다수의 대출, 채권 등 기초자산에 내재된 신용위험을 이전받아 이를 기초로 발행한 선·후순위 채권을 말한다. 앞에서와 같이 기초자산이 대출인 경우 CLO, 채권인 경우 CBO 등으로 나눌 수 있으나 이들을 합하여 자산담보부수익증권(collateralized debt obligations: CDO)으로 통칭하기도 한다.[3)]

SCDO는 기초자산군의 신용위험을 효율적으로 관리하기 위하여 1개 또는 여러 기업에 대한 채권의 신용위험관리에 유용한 신용파생상품의 특성과 여러 개의 채권을 유동화하는 전통적 CDO를 결합한 자산담보부 증권의 일종으로 볼 수 있다. 즉 자산유동화의 일반적인 구조에 CDS, TRS, CLN 등 신용파생상품을 활용하여 기초자산군을 실제 양도하지 않고 서로 연계시켜 증권화함으로써 투자자에게 신용위험을 전가한다.

증권별 신용등급은 1~3종 증권(senior, junior, mezzanine)이 대개 AAA~BB- 수준이지만 4종 증권(first loss)은 신용사건 발생시 제일 먼저 손실을 부담하는 높은 위험성 때문에 통상 신용등급이 부여되지 않는다. 이에 따라 4종 증권은 보장매입자가 보유하고 나머지 증권들은 시장에서 매각하는 것이 일반적이다.

SCDO의 원리금은 특수목적회사(SPV)가 CDS 계약에 따라 갖는 프리미엄과 증권 발행 대금의 담보조로 매입한 국채 등 저위험자산의 현금흐름(이자 및 채권 매각대금)으로 지급한다. 반면 전통적인 CDO의 경우 기초자산군으로부터 생긴 현금흐름(원리금, 회수대금 등)으로 증권 원리금을 지급한다.

(2) 금리옵션계약(interest rate option agreement: IROA)

이 계약은 변동금리부 채무에 있어 금리변동위험을 헷지하기 위해 금리의 상한(cap) 또는 하한(floor)을 설정하여 옵션을 첨가하는 계약이다. 금리캡은 계약기간중 시장금리가 계약시 정한 상한을 웃도는 경우 매도자가 상회분을 매

3) 2007년에 불거진 미국의 비우량주택담보대출(subprime mortgage loan) 채권이 유동화되면서 대부분 CDO에 편입된 것으로 알려지고 있다.

수자에게 지급하는 계약이다. 금리캡의 매입은 채권에 대한 풋옵션을 소유하는 것과 같으며 매수자는 주로 변동금리차입자로 매도자에게 프리미엄을 지급한다.

금리마루(interest rate floor)는 시장금리가 계약시 정한 하한을 밑도는 경우 그 부분을 마루매도자가 매수자에게 지급하는 계약이다. 금리마루의 매입은 채권에 대한 콜옵션을 소유하는 것과 같으며 마루매수자는 주로 변동금리채무대여자이다.

금리깃(interest rate collar)은 금리캡과 마루를 동시에 사고 파는 거래이다. 깃매입은 금리캡을 사고 금리마루를 매도하는 거래를, 반대로 깃매도는 금리캡을 매도하고 마루를 매수하는 거래이다.

플로션(floortion)과 캡션(caption)은 금리마루와 금리캡에 대한 2중옵션계약을 말한다. 플로션은 금리마루에 옵션이 부여된 것으로 장래 정해진 시점에 정해진 가격으로 금리마루를 매입할 수 있는 권리이다. 캡션은 미래의 정해진 시점에 정해진 가격으로 금리캡을 매입할 수 있는 권리이다.

마지막으로 스왑션(swaption)은 장래 일정시점에 금리조건을 교환(swap)할 수 있는 권리(option)를 사고 파는 거래이다. 만기일은 기초스왑이 시작되는 날짜이며 행사가격은 기초스왑의 고정금리이다. 스왑션을 통해 계약기간 동안 시장금리가 계약시 정한 수준 이상(이하)으로 상승(하락)하는 경우 변동금리채무(고정금리채무)를 고정금리채무(변동금리채무)로 전환 가능하다. 수취인스왑션(receivers swaption)은 스왑거래에서 특정고정금리를 지급할 수 있는 권리이다. 반대로 지급인스왑션(payersswaption)은 수취할 수 있는 권리이다.

(3) 금리선도계약(forward rate agreement: FRA)

이 계약은 장래 일정시점에 선도계약 매입자(자금차입자)와 매도자(자금대여자) 간에 일정금액에 대해 일정기간에 해당하는 계약금리를 정하여 계약기간이 시작되는 날짜인 결제일에 원금이동 없이 계약금리와 결제일 현재 시장금리와의 차이에 의해 계산된 이자차액만을 주고 받기로 하는 계약이다. 역시 금리변동위험 회피수단의 일종이다.

금리선물거래는 자금결제일이 3, 6, 9개월 등으로 정형화되어 있어 헷지대상기간의 신축성이 작은데 반하여 선도금리계약은 부외거래(簿外去來)로 인정함으로써 금리선물시장의 경직성을 보완하기 위해 최근에 개발된 기법이다. 선도외환계약(forward exchange agreement: FXA)도 있는데, 이는 결제일에 환율변동 차익만을 주고 받는 계약으로 그 방식은 선도금리계약과 같다.

(4) 변형옵션(exotic option)

표준옵션계약의 하나 또는 그 이상의 거래조건을 여러 가지로 변형시킨 옵션으로 여러 종류가 있다.

① 정액옵션(binary option): 옵션만기일에 내가격(in the money) 상태가 되면 사전에 약정한 일정한 금액을 받는다.

② 최상옵션(look back option): 옵션만기일까지의 기초자산가격 중 옵션매입자에게 가장 유리한 가격을 행사가격으로 한다.

③ 수량조정옵션(quanto option or quantitive adjusting option): 수익은 특정 기초자산의 가격에 의해 결정되지만 위험은 다른 자산의 가격에 의해 결정된다.

(5) 파생결합증권(derivative linked securities: DLS)

DLS는 유가증권과 파생금융상품이 결합된 증권으로 기초자산의 가치변동에 연계하여 미리 정해진 방법에 따라 이익을 얻거나 손실을 회피하기 위한 계약상의 권리를 나타내는 증권 또는 증서이다. 기초자산은 주식, 채권, 통화, 신용위험의 지표, 일반상품 등 다양하다.

(6) 주식워런트증권(equity linked warrant: ELW)과 주식연계증권(equity linked security: ELS)

ELW는 미래 일정시점에 특정 주식 또는 주가지수를 사전에 정해진 조건으로 매입하거나 매도할 수 있는 권리가 부여된 투자상품이다. 이 증권은 개별주식옵션 또는 주가지수옵션과 본질적인 특성은 비슷하지만 법적 구조, 시장구조, 발행조건 등은 크게 다르다. 개별주식옵션은 거래소가 결제를 보증하고 결제월 등 발행조건이 표준화되어 있는 반면 ELW는 증권회사가 다양하게 설계하여 발행하므로 발행한 증권사의 신용위험의 영향을 받는다.

ELS는 개별주식의 가격이나 주가지수의 변동에 연계되어 투자수익이 결정되는 투자상품이다. 이 증권을 발행한 증권회사는 대부분의 자금을 국공채 등 우량채권에 투자하여 안정적인 수익을 확보하는 한편 일부 자금을 주식관

[표 3-5] 주요 파생결합증권의 예시

<table>
<tr><th></th><th>종 류</th><th>이자(또는 상환액) 결정방식</th></tr>
<tr><td rowspan="6">금리 연계</td><td>Capped FRN</td><td>이자구조; [단기지표금리+스프레드, 금리상한 α%]
· 투자자는 금리상한 설정으로 금리 상승분을 포기하는 대가로서 높은 스프레드 향유</td></tr>
<tr><td>Floored FRN</td><td>이자구조; “단기지표금리+스프레드, 금리하한 β%”
· 투자자는 금리하한 설정으로 일정금리를 보장받는 대신 낮은 스프레드 감수</td></tr>
<tr><td>Range Accrual Note</td><td>시장금리가 일정범위 이내일 경우 높은 이자 수취, 일정범위 밖일 경우 낮은 이자 수취</td></tr>
<tr><td>CMS Spread Accrual Note</td><td>수익률곡선의 장단기금리차에 따라 이자 결정
· 투자자는 장기금리의 상승이 예상되어 수익률곡선의 경사가 현재보다 더 급해질수록 높은 이자 수취</td></tr>
<tr><td>Inverse FRN</td><td>특정 금리수준과 시장금리간 차이에 연계하여 이자 수취</td></tr>
<tr><td>Dual Indexed FRN</td><td>이자구조: “장기지표금리-단기지표금리+스프레드”
· 투자자는 장단기금리차 확대시 높은 이자 수취</td></tr>
<tr><td rowspan="2">통화 연계</td><td>FX Linked Note</td><td>이자가 환율 변동에 따라 결정
· 투자자는 환율 상승시 높은 이자 수취 가능하나 환율 하락시 손실 발생 가능</td></tr>
<tr><td>Dual Currency Note</td><td>이자는 저금리 통화로 지급되나 만기 상환액은 약정환율에 의한 고금리 통화로 지급
· 만기시점에서 환율이 약정환율보다 약세인 경우 높은 투자수익 기대</td></tr>
<tr><td>상품 연계</td><td>귀금속, 금속, 에너지 상품 등 다양한 상품을 기초 자산으로 이용</td><td>이자 또는 만기 상환액이 특정상품의 가격이나 지수에 연계
· 투자자는 상품연계증권의 매입을 통해 선물환을 매입하는 효과를 얻게 되어 상품 구매자로서 사전에 일정가격으로 해당 상품을 확보하는 결과</td></tr>
</table>

련 파생상품(주로 옵션)에 투자하여 초과수익을 얻는다. ELS는 파생상품을 활용하여 수익구조를 다양하게 설계할 수 있는 장점이 있으나 유통시장에서 거래되기 어려운 단점이 있다. 투자자는 만기 이전에 발행증권사에 환매를 요구할 수 있으나 이 경우 5~10%의 환매수수료를 부담해야 된다.

이 증권은 주식관련 파생상품 투자비중이 낮은 원금보장형 상품과 그 비중이 높아 원금손실 가능성이 있는 원금비보장형 상품으로 대별할 수 있다. 또한 투자수익률이 주가지수에 연동되는 주가지수형 상품과 개별종목의 주가에 연동되는 개별종목형 상품으로 구분할 수도 있다. 일정기간마다 주가가 어느 수준에 도달할 경우 비교적 높은 수익률로 조기에 상환되는 조기상환옵션형 상품도 있다.

한편 증권회사가 발행하는 ELS와 비슷한 상품으로는 자산운용사가 운용하는 주가연계펀드(equity linked fund: ELF)와 은행이 취급하는 주가연계예금(equity linked deposit: ELD) 등이 있다.[4)]

제3절 국제금융상품

국제금융시장에서 거래되는 금융상품을 국제금융상품이라고 한다. 이 상품 역시 예금, 대출, 단기증권, 채권 및 어음형태의 상품 등으로 구분할 수 있다. 예금과 대출은 전통적 의미에서의 상업은행상품이고 단기증권, 채권 및 어음은 투자은행상품이다.

---

4) 한국의 현행 「증권거래법시행령」에서는 ELW와 ELS를 파생결합증권(DLS)과 별도로 정의하고 있으나 2009년 2월부터 시행될 「자본시장 및 금융투자업에 관한 법률」에서는 DLS에 포함하고 있다.

[표 3-6] 주요 국제금융상품의 분류

〈상업은행상품〉
- (1) 예 금
  - 콜예금
  - 정기예금
  - 유로CD
- (2) 대 출
  - 공동대출(syndicate loan)

〈투자은행상품〉
- (1) 단기증권 및 정부관련채권
- (2) 국제채
  - 유로채(euro bond)
  - 외국채(foreign bond)
  - 세계채권(global bond)
- (3) 어음형태의 상품
  - Note issuance facility(NIF)
  - Medium term note(MTN)
  - 상업어음(CP)

〈발행형태별 채권〉
- (1) 주식관련채권
  - 해외전환사채(CB)
  - 신주인수권부사채(BW)
  - 주식예탁증서(DR)
  - 해외교환사채(EB)
  - 이익참가부사채(PB)
- (2) 부채형 채권
  - 고정채(straight bond)
  - 변동금리부채권(FRN)
  - 변동금리부 양도성예금증서(FRCD)
- (3) 혁신형태의 채권
  - 환율연계형 채권
  - 주가지수연계형 채권
  - 물가지수연계형 채권

1. 유로예금과 대출

(1) 콜 예 금

어떤 구체적인 만기일자 없이 예금으로 남겨진 단기금융 형태의 예금이다. 콜예금은 예금자에게는 높은 이자를 보장할 뿐만 아니라 언제든지 하루 전에 통지만 하면 현금화할 수 있어 유리하다. 은행입장에서도 차입비용이 상대적으로 낮으며 콜머니의 평균치는 비교적 장기예금으로 간주될 수 있기 때문에 안정적인 자금으로 선호된다.

(2) 유로정기예금

은행이 이자지급에 대한 의무를 지는 고정 만기를 갖는 예금으로 유로예금의 가장 큰 비중을 차지하고 있다. 하루 예금에도 이자를 주는 부리(附利)예금이며 예금단위가 100만 달러로 도매금융의 성격을 갖는다. 예금의 만기는 1일부터 5년까지 다양하다. 표준만기는 1월, 2월, 3월, 6월, 9월, 12월이나 추가적으로 1일, 2주일의 만기를 갖는 예금도 있다.

유로정기예금은 거래계약 2영업일 이후부터 유효하나 익일물(overnight)예금은 거래가 성립됨과 동시에 결제되며 다음날 만기가 도래한다. Tomorrow/next 예금은 거래일 다음날에 결제되고 만기결제는 하루 뒤에 이루어진다. Spot/next 예금은 실제 자금거래일자에 예치되어 7일 후에 인출된다.

(3) 유로CD

유로CD는 유통시장이 있다는 점에서 일반 정기예금과 다르다. 만일 CD의 보유자가 만기 전에 자금을 회수하기를 원한다면 시장에서의 현재가치로 이를 매도할 수 있다. 유로달러CD가 주종을 이루고 있으며 그 외에 유로스털링CD, 유로엔 CD, SDR표시 CD, ECR CD 등도 유통되고 있다. 예금증서에 발행금액, 금리 및 금리계산방법 등을 명시한다.

거래단위는 통상 100만 달러이며 대부분 3개월에서 6개월의 만기를 갖고 있다. 발행금리는 시장에서 자금수급 상황을 감안하여 발행자와 투자자의 협의를 통해 결정된다. 유동성의 이점 때문에 동일 만기구조를 갖는 유로정기 예금금리보다 0.125~0.25% 낮아 발행자가 자금조달비용을 줄일 수 있다.

(4) 유로공동대출(Euro syndicated loan)

공동대출은 전통적인 상업은행의 대출기능과 투자은행의 인수기능이 복합된 대출 형식이다. 차입자가 간사은행(lead manager: LM)에게 기채 알선을 의뢰하는 교섭의뢰서(mandate)를 발급하면 LM이 참여은행을 모집, 차관단을 구성하여 대출한다. 광범위한 참여은행의 모집과 이의 계층화를 통한 능력별 대출을 통하여 거액의 자금차입이 가능하다는 이점이 있다.

공동대출의 만기는 5~10년의 중장기물이 대부분이다. 금리를 만기까지 고정시키지 않고 매 이자지급일(3개월 혹은 6개월)마다 당시의 Libor에 일정 스프레드를 가산하여 연동시키는 것이 일반적이다. 이 대출은 차입자의 높은 신용도, 국제간 담보관리의 어려움에 따라 물적담보 없이 신용대출로 이루어지는 것이 관례이다. 채권보전을 위하여 계약서에 강력한 법적 의무조항이 규정되어 있다. 신용도가 다소 낮은 차입자에 대해서는 금융기관의 지급보증이 요구된다.

2. 단기재정증권 및 정부관련 채권

미국, 영국, 독일, 일본 등 주요 금융선진국에서 발행되고 있는 중앙정부발행의 단기재정증권 및 중장기정부채권, 정부기관채권, 지방정부발행채권 등은 국제금융시장에서도 거래되고 있다. 여기에서는 주로 뉴욕시장에서 발행 · 거래되고 있는 금융상품을 살펴본다.

(1) 미국의 단기재정증권(treasury bills: T/B)

이 증권은 미국재무부가 발행하는 할인형식의 단기국채로서 만기시에 액면금액을 투자자에게 지급하겠다는 일종의 약속증서이다. 연방정부의 재원조달과 채무관리를 위해 발행되고 있다. 채무불이행에 따르는 위험이 없어 안전성이 매우 높을 뿐만 아니라 유통시장 규모도 커서 유동성면에서도 다른 어떤 증권보다 유리하다.

증권의 최장만기는 1년인데, 대부분의 증권만기는 91일(13주)과 182일(26주), 그리고 364일(52주)로 되어 있다. 증권투자는 증권현물을 보유하는 것이 아니고 투자자의 거래은행별로 투자내용이 뉴욕연방준비은행(Federal Reserve Bank of New York)에 개설되어 있는 재무부의 장부기입계정에 기록된다. 다만 투자자들은 증권매입 후 매입증빙으로서 영수증을 받는다.

증권은 단기금융시장에서 가장 안전한 투자수단의 하나로 인정되고 있다. 아울러 연방준비제도이사회(Federal Reserve Board: FRB)의 공개시장조작 대상이 됨으로써 통화관리 면에서도 주요한 정책수단대상이다. 이와 같은 안전성과 높은 시장성 때문에 개인투자자로부터 은행 및 비은행 금융기관 등 기관투자가와 외국정부 · 외국중앙은행의 투자대상이 된다.

(2) 미국의 중장기 중앙정부채권

이 채권은 FRB가 재무부를 대신하여 공개입찰형식으로 발행하는 확정이자부 채권이다. 여기에는 만기 2~10년의 중기정부채권(treasury notes: T/N)과 만기 30년의 장기정부채권(treasury bond: TB)의 두 가지가 있다. 채권의 이자지급은 재무부가 매반년마다 표면금리에 따른 확정이자를 정기적으로 지급하며 만기에는 원금을 포함하여 지급한다. 이 채권투자에서 생기는 소득은 액면금액, 표면금리 그리고 만기의 장단(長短)에 의해 결정되는데, 이들 조건은 채권표면상에 명시되어 있다.

거래가격은 가격기준(price basis)으로 표시된다. 즉 액면가액(par value)을 100point로 하여 1point 미만의 가격은 보통 1/32point 단위로 거래된다(T/B가격은 할인율로 표시). 신규발행채권의 거액거래나 주요 채권딜러 간의 거래시에는 1/64 또는 1/128point 단위로 표시되기도 한다. 예를 들어 정부채권의 가격이 96.14point로 표시되어 있다면 이는 원금의 96-(96-14)14/32(=96.14375%)임을 의미하게 된다.

(3) 미국의 지방정부채권(municipal notes & bonds)

주 및 지방정부 그리고 이들 산하기관이 단기자금을 조달하기 위해 발행하는 1년 미만의 증권을 지방정부채권이라 한다. 이것의 특징은 정부(기관)채나 회사채와는 달리 이자소득에 대하여 연방소득세가 면세된다는 점이다. 이에 따라 표면금리는 다른 유사만기증권의 표면금리보다 낮다. 지방정부채권은 발행주체와 발행목적에 따라 (i) 일반채권(general obligation securities: GOS), (ii) 재정수입채권(revenue and authority securities: RAS) 그리고 (iii) 수익(경유)증권(pass-through securities: PTS)으로 구분된다.

GOS는 증권발행기관이 증권상환에 필요한 재원조달을 위해 과세능력을 갖고 있으며, 특히 투자자가들에게 증권발행기관의 수입에 대한 최우선 청구권을 주는 지방정부채이다. RAS는 지방정부가 도로, 공원, 비행장, 주택 등의 공공건설에 따른 재원조달을 위해 지방정부채를 발행하고 이들 시설의 이용자로부터 수입을 받아 상환하는 채권이다. PTS는 최종 차입자에 대한 재대출을 위한 지방정부의 채권발행이다. 이때 채권발행 지방정부는 금융중개역할도 수행한다.

(4) 미국의 정부기관채권(government agency securities)

이 채권에는 연방정부출자기관채(federal agency securities)와 연방정부후원기관채(federally sponsored agency securities: FSAS)의 두 가지가 있다. 전자는 직접발행이 금지되어 있고, FRB의 공개시장조작에서도 제외되어 있어 정부기관채라 함은 후자를 말한다.

FSAS는 주택, 농업 및 교육 등 특정부문에 대한 자금지원 목적으로 설립한 연방정부 후원기관이 발행한 채권이다. 이들 기관 중 중요한 것은 (i) Federal national mortgage association(FNMA 또는 Fannie Mae), (ii) Federal home loan bank(FHLB), (iii) Federal farm credit bank(FFCB) 아래의 Federal loan bank(FLB), Federal intermediate credit bank(FICB), Bank for cooperatives(BCs), (iv) Federal home loan mortgage corporation(FHLMC 또는 Freddie MAC), (v) SLMA(Sallie Mae) 등이다. 이들 기관들은 자본시장에서 장단기증권을 발행하여 자금을 조달하고 이 자금을 농업금융기관이나 담보대출기관 등에 대해 직접대출 또는 대출매입형식으로 지원한다.

(5) 부동산담보대출증서 담보부증권(collateralized loan secured obligations: CLSO)

미국의 부동산담보대출은 제2차 세계대전 이후 주택경기의 호전지속에 따라 꾸준히 늘어났는데 최근 들어 금융의 증권화를 배경으로 급속한 신장세를 보이고 있다. 원래 부동산담보대출증서는 자금대차관계에 있어서 차주의 채무변제를 담보하기 위하여 부동산에 설정하는 저당권 또는 우선변제권을 지칭하는 제반 법적 서류를 의미했다. 그러나 오늘날에는 금융기관이 건설업자 등에 대하여 보유하고 있는 부동산담보대출채권을 증권화하기 위하여 발행·유통되는 증서를 말한다.

미국에서 주택담보대출의 등급은 (i) 우량(prime), (ii) 중간(Alt-A), (iii) 비우량(subprime)으로 나눈다. 이 등급에 따라 대출금리 차이가 2~3% 포인트씩 있다. 최근 말썽이 되고 있는 비우량주택담보대출(subprime mortgage loan: SML)은 등급이 가장 낮은 담보대출인 셈이다.

CLSO로서 가장 대표적인 것이 1970년에 도입된 수익증권형태인 경유증권(pass-through security)이다. 이 증권은 FNMA, FHLMC 등 정부기관의 지급보증을 받아 발행된 후 증권회사를 통하여 일반투자가에게 매각된다. 차입자가 매월 지급하는 원리금은 은행 등의 발행자(지급대행기관)를 경유하여 투자자에게 그대로 지급한다.

대부분 정부기관이 지급보증을 하고 있기 때문에 안전성이 높고 정부채의 수익률을 1~2%포인트 정도 웃도는 등의 이점이 있다. 그러나 부동산담보대출의 성격상 차입자의 만기 전 조기상환에 의하여 당초의 상환기간이 단축되는 사례가 많아 투자자의 입장에서 매입채권의 투자수익률을 확정할 수 없는 단점이 있다.

이와 같은 일반수익증권의 결점을 보완하기 위하여 개발된 것이 주택저당채권담보부 수익증권(collaterized mortgage obligations: CMO)이다. 이것은 하나의 '집합'으로 조성된 부동산대출을 담보로 3~6종류의 만기가 다른 채권을 발행하여 투자자의 다양한 기간 선호에 부응하는 동시에 담보가 되는 부동산대출채권이 만기 전 상환되는 경우 만기가 짧은 순으로 상환함으로써 상환기간의 불확실성을 줄일 수 있는 장점이 있다.

최근 미국에서 말썽이 되고 있는 SML 관련 부실이란 개별금융회사들의 대출이 1차적으로 MBS로 유동화되고 이것이 다시 2~3차로 전세계 은행 또는 헷지펀드에 CMO와 비슷한 부채담보부증권(collateralized debt obligntions: CDO) 형태로 유동화되었는데 이것들이 연이어 부실됨으로써 대출금융기관 외에 보증은행 및 회사, CDO매입기관 등이 큰 손실을 보고 있는 것을 가리킨다.

[표 3-7] 일반수익증권과 주택저당채권담보부 수익증권의 비교: 미국

	일반수익증권	주택저당채권담보부 수익증권
발행자	정부기관이 인가한 민간금융기관	FHLMC, 증권회사, 주택 건설업자, 저축대부조합 등
발행자의 행위	부동산담보대출채권, '집합'의 매각	부동산담부대출과 pass-through 증서 등을 담보로 한 채권 발행
보증기관	GNMA FHLMC FNMA	무보증
도입시기	1970년	1983년
액면금액	25,000달러 이상	1,000~25,000달러
원리금 지급	매월	매분기 혹은 반기
법적 성격	부동산대출 '묶음'에 대한 직접적 소유권	발행자에 대한 채권

3. 유로채 · 외국채 · 세계채권

유로채는 표시통화국 이외의 지역에서 발행된 후 국제적으로 인수되어 전 세계 투자자를 대상으로 판매되는 채권이다. 이자소득에 대한 원천세 등 각종 세금이 부과되지 않으며 소지인식으로 발행되어 투자자의 익명성이 보장된다는 장점이 있다. 1963년에 최초로 발행된 이후 비약적 신장을 거듭하고 있다.

발행통화별로는 미국 달러, 독일 마르크, 일본 엔 등 3대 통화가 전체 발행금액의 2/3 이상을 차지하는 등 주요 통화에 편중되어 있다. 최근에는 오스트레일리아 달러, 홍콩 달러, 스웨덴 크로네, 덴마크 크로네, 핀란드 마르카 등의 발행규모도 꾸준히 늘어나고 있다. 발행자별로는 개발도상국의 비중이 점차 늘어나는 추세지만 아직은 OECD 국가의 비중이 90% 이상을 차지하고 있다. 발행형태별로는 고정금리채가 60~70%이고 나머지는 변동금리채 및 주식연계채 등이다.

외국채는 어느 나라의 국내시장에서 그 나라 통화로 외국 기채자가 발행하는 채권을 뜻한다. 주로 발행지역의 금융기관으로 구성된 인수단을 통하여

[표 3-8] 유로채와 외국채의 비교

구 분	유로채	외국채
발행규제	없음	발행시장 금융당국의 허가 또는 신고
인수 · 판매단	국제적 인수단	발행시장 소재국의 금융기관 중심
상장	세계유수의 증권거래소	발행시장 소재국의 증권거래소
발행형태	소지인식	등록시
이자지급	연 1회	각 발행시장의 관행에 따름
세금	이자소득에 대한 원천세 면제	통상 비거주자의 이자소득에 대한 원천세 면제
공시의무 및 신용등급	원칙적으로 공시의무나 신용등급 취득 불필요	대부분 공시의무나 일정수준 이상의 신용등급 요구
시장의 장점 및 특징	자금조달비용이 적고 신속한 모집 가능	재원조달원의 다양화와 발행국에서의 지명도 제고

인수, 판매된다. 발행자가 비거주자인 점을 제외하면 내국채와 비슷하므로 그 나라 관련법규가 상당부분 적용된다. 채권의 형식은 주로 등록식이며 비거주 투자자에 대하여는 대부분 이자소득원천세가 면제된다.

외국채는 발행지역에 따라 특수한 명칭으로 불리고 있다. 미국의 Yankee bond, 일본의 Samurai bond, 스위스의 Swiss Fr. bond, 영국의 Bulldog bond, 네덜란드의 Rembrandt bond 등이 그것이다. 1998년에는 한국에서도 비거주자인 아시아개발은행(Asian Development Bank: ADB)이 아리랑채권(Arirang bond)으로 이름지어진 원화채권을 처음으로 발행하였다.

1980년대 말 이후 유로채와 외국채 두 시장을 동시에 활용하는 세계채권(global bond) 발행이 활발하게 이루어지고 있다. 최우량 차입자가 대규모로 기채(起債)할 때 주로 이용되는 이 채권은 미국, 유럽, 중동, 아시아 등 전세계에서 동시에 채권의 모집 및 판매가 이루어지고 결제 또한 국내와 Euro-clear 등을 통한 국제적 결제가 모두 가능하다. 이 채권의 장점은 여러 시장에 동시에 진출함으로써 일시에 거액의 자금조달이 가능하며 폭넓은 투자자들을 확보할 수 있다는 것이다.

1989년 9월 세계은행(World Bank)이 최초로 15억 달러의 세계채권을 발행한 이래 국제금융기구, 각국정부, 다국적기업 등 우량차입자들이 연쇄적으로 이 시장에 진출하였다. 발행통화도 미국달러뿐만 아니라 엔, 마르크, 크로네 등으로 다양화되고 있다. 한국에서는 1993년에 한국전력이 최초로 13.5억 달러의 세계채권을 발행하였다. 이후 한국산업은행 등 정부와 거의 같은 신용등급을 가진 국영기업체들이 매년 이 시장에 진출하고 있다.

세계채권이 전세계의 투자자들을 상대로 발행되는 데 비해 한정된 지역의 투자자들을 상대로 채권을 발행하는 경우도 있는데, Dragon bond가 대표적인 예이다. 이 채권은 싱가포르, 대만, 홍콩 등 아시아 · 태평양 지역의 신흥시장국의 투자자를 상대로 발행되는 일종의 유로채권으로서 1991년에 ADB가 개발한 새로운 국제금융상품이다.

4. 주식관련 채권

(1) 해외전환사채(CB) 해외신주인수권부사채(BW) 및 해외교환사채(EB)

본장 제1절 5항에서 설명한 증권시장상품 중 옵션성격에 따른 채권으로 분류된 CB, BW 및 EB가 국제금융시장에서 거래되는 경우를 말한다.

(2) 이익참가부사채(participating bond: PB)

PB란 기업수익의 급증으로 주주가 일정률 이상의 배당을 받을 때 사채권자도 참가할 수 있는 권리가 부여된 사채로서 참가사채라고도 한다. 배당을 받지 못했을 경우 다음 연도로 권리가 넘어가는지의 여부에 따라 누적적 이익참가부사채와 비누적적 이익참가부사채로 구분된다.

특히 누적적 이익참가부사채는 회사의 이익분배에 대한 참가권이 부여됨으로써 투자상의 매력이 높아 회사채 발행에 의한 자금조달을 촉진시킬 수 있는 장점이 있다. 그러나 이러한 이익분배에 대한 참가권은 그만큼 주식에 대한 배당을 감소시키는 결과를 초래하여 주식발행에 의한 자본조달을 어렵게 할 수 있는 요인이 되기도 한다.

최근 들어 국제금융시장에서는 발행자의 자본조달 용이성 추구와 투자자의 세분화 및 고도화로 발행증권의 종류가 다양해져 가고 있어 채권과 주식의 명확한 특성이 희석되어가고 있는 추세이다. 무의결권주, 상환주식, 이익첨가부사채, 신주인수권부사채, 전환사채 등 주식과 채권의 중간 성격의 신종증권 발행이 크게 늘어나고 있으며 중장기 채권의 발행으로 채권의 준자본화 현상이 나타나고 있다.

(3) 주식예탁증서(depository receipts: DR)

DR이란 기업이 해외에서의 주식 발행으로 자금조달을 하고자 할 때 주식대체증권으로서 원주(原株)를 바탕으로 하여 발행된다. DR을 발행하고자 하는 기업은 국내보관기관에 원주를 보관시키고 그것을 담보로 하여 외국의 예탁기관이 현지의 투자자에게 예탁증서를 발행한다. DR은 발행지에 따라 (i) 미국 및 아시아지역을 중심으로 한 기명식, (ii) 유럽지역을 중심으로 한 무기명식으로 분류되며 거래되는 장소에 따라 명칭을 달리한다.

원주발행회사가 DR발행에 직접 간여하는가, 아닌가에 따라 보증주식예탁

[표 3-9] 주식예탁증서(DR)의 종류

구 분	명 칭	발행지	형 식
ADR	American depositary receipts	New York	기명식
DRS	Depositary receipts of Singapore	Singapore	〃
HKDR	Hong Kong depositary receipts	Hong Kong	〃
BDR	Bearer depositary receipts	London, Brussels	무기명식
CDR	Continental depositary receipts	Amsterdam	〃
CDR	Curacao depositary receipts	Curacao	〃
EDS	European depositary receipts	London, Luxembourg	〃
IDR	International depositary receipts	Brussels	〃
BC	Bearer certificates	Vienna	〃
GBC	Global bearer certificates	Frankfurt	〃
GDR	Global depositary receipts	New York, Europe	기/무기명식

증서(sponsored DR)와 무보증주식예탁증서(unsponsored DR)로 나누기도 한다. 전자는 원주발행회사가 주체적인 주관을 하고 모든 발행 및 부수비용을 부담한다. 후자는 어느 외국기업주식에 대한 투자자들의 관심이 고조되고 있다고 판단되는 경우 특정 중개인이 은행과 접촉하여 해당 기업의 동의 아래 발행하며 발행 및 부수비용을 투자자가 부담한다.

5. 부채형 채권

(1) 고정금리채(SB)와 변동금리채(FRN)

국제금융시장에서의 SB와 FRN도 본장 제1절 5항에서 설명한 국내시장에서의 그것들과 내용은 같다. 다만 SB의 경우 미국시장에서는 100년 만기의 채권이 발행되기도 하나 유로시장에서는 만기가 10년을 넘는 채권은 드문 편이다. 이자지급은 유로채의 경우 일년에 한번 지급하는 것이 상례이나 외국채의 경우에는 해당국의 이자지급관례에 따른다.

FRN의 경우 금리는 기준금리에 일정률의 스프레드를 가산하여 결정되는데 유로시장에서는 기준금리로 통상 Libor가 이용되고 있다. 스프레드는 발행자의 신용도 및 지명도에 따라 달라진다. FRN은 유로시장에서 발행자의 신용등급평가 획득이 필수적인 것은 아니지만 미국의 신용평가기관인 Moody's나 Standard & Poor's(S&P)로부터 BBB 이상의 등급을 받으면 발행이 유리하다.

발행금액은 보통 $5,000만에서 $2억 정도이며 유통시장에서의 유동성 및 시장성을 높이기 위하여 양도 가능한 소지인지급식으로 발행된다. 만기는 대부분 5년에서 15년이지만 20년 이상의 장기채 및 만기가 없는 영구채도 있다. 그러나 장기채의 경우 유통시장에서의 가격변동이 커서 발행물량의 소화가 어려운 단점이 있다.

FRN의 변형상품으로 다음과 같은 것들이 있다.

① Drop-lock bond(DL bond): 기준금리가 일정수준 이하로 내려가는 경우 잔존기간의 이자는 고정금리가 적용된다.

② Mismatch FRN(또는 Rolling-rate FRN): 보통의 FRN은 이자기간개시 2

영업일 전의 Libor의 평균치를 기준금리로 한다. 그렇지 않은 FRN을 말한다.

③ Mini-max FRN: 금리의 최저 · 최고한도가 정해져 있는 FRN이다.

④ Capped FRN: 금리 최고한도가 정해져 있다.

⑤ Puttable & callable perpetual FRN: 만기는 없으나 채권소지자가 매 이자지급일에 액면으로 상환을 청구할 수 있으며, 발행자도 프리미엄부로 상환이 가능하다.

⑥ Convertible FRN: 장기고정금리채로의 전환이 가능하다.

(2) 변동금리부 양도성예금증서(floating rate certificate of deposit: FRCD)

FRCD는 대개 18개월~5년의 만기로 발행되는데 투자자에게 금리위험에 대한 보호장치로 3개월 혹은 6개월마다 예금금리를 재조정해 주는 변동금리부 CD이다. 1970년대 두 차례의 석유파동과 함께 국제금리의 변동성이 커지면서 투자자들이 변동금리부 금융상품을 요구하게 되자 기존의 FRN이 지니고 있는 특성에 높은 안정성과 수익성을 가미한 FRCD가 출현하게 되었다. 1977년 일본계은행이 Libor에 연동되는 5년만기의 FRCD를 최초로 발행한 이후 미국계 은행들도 단기성 FRCD를 발행하기 시작했다.

FRCD의 기준금리로 Libor, 미국의 단기재무성증권금리 및 우대금리(prime rate) 등이 이용되고 있으나 Libor가 가장 많이 쓰이고 있다. 기준금리가 Libor일 경우 1개월, 3개월 및 6개월 Libor가 주로 쓰인다.

(3) 증서발행퍼시리티(note issuance facility: NIF)

NIF는 변동금리시장에서 중장기 자금조달수단의 하나로서 금융기관 인수단이 전액을 인수하는 조건으로 발행한다. 차입자가 3~12개월의 어음을 발행하여 자금을 인출하고 만기에 자금을 상환하거나 새로운 어음을 발행함으로써 계속하여 자금을 사용할 수 있도록 하는 방식이다.

NIF로 대표되는 각종 유로 NIF를 통한 자금조달은 1986년부터 급격한 쇠퇴를 보였다. 주요 원인은 첫째, 유로노트 발행의 대부분은 선진국의 정부, 국영기관, 세계 유수의 다국적기업 등 신용등급이 우수한 차입자들에 의하여 이루어져 왔는데 이들 우량 차입자들은 그들의 유로노트를 판매할 능력이 있기 때문에 수수료를 지급할 필요가 없는 유로CP시장에서의 자금조달을 선호하였다.

둘째, 1987년에는 미국과 영국이 유로노트 인수약정을 위시한 모든 부외거래에 대한 새로운 규제조치를 취하는 등 규제가 거세지자 NIF시장은 위축되기 시작했다.

6. 혁신형태의 채권(innovative bonds: IB)

국제채권시장은 혁신 창출의 보고(寶庫)라고 불릴 만큼 각종 혁신적 형태의 채권이 속출하고 있다. 이 중 최근 주류를 이루는 것은 고정금리채에 각종 옵션 및 선물을 첨가한 소위 연계형 채권(linked bond)이다. 발행자 측면에서의 장점은 고정금리채 보다 낮은 비용으로 자금을 조달할 수 있다는 점이다. 그러나 연계형 채권의 특수성 때문에 대규모 발행이 힘들다는 단점도 있다.

(1) 환율연계형 채권(exchange rate linked bond: ERLB)

이 채권은 원금상환액 또는 이자지급액이 환율과 연계된 채권을 말한다.

① 천당지옥채권(heaven & hell bond: HHB): 특정 통화간 환율의 변동에 따라 만기시 원금상환액이 액면가보다 많아질 수도 적아질 수도 있는 채권이다. HHB의 만기시 상환액의 일반화된 공식은 다음과 같다.

$$R = 100 \times \left(1 + \frac{S-P}{S}\right) \qquad (3\text{-}1)$$

R : 만기시 상환금액(액면가의 %로 표시)
S : 만기시 실제환율, P : 약정환율

② 이중채권(duet bond: DB): 이자지급액과 만기상환액이 실제환율과 약정환율과의 차이에 따라 달라지는 채권이다.

③ 이종통화채권(dual currency bond: DCB): 원금조달 및 이자지급통화와 상환통화가 다른 채권이다. 전자는 엔, 스위스 프랑과 같은 비달러화이고 후자

는 미국달러화이다. 만기시 달러화 상환액은 발행시 결정된다. DCB는 고정금리채와 선도환계약의 복합 형태도 있다. 발행자가 고정금리채를 발행하고 따로 선도환계약을 하지 않고 DCB를 발행하는 이유는 채권만기(보통 10년)만큼의 장기 선도환계약을 맺기가 힘들기 때문이다.

④ 역이종통화채권(reverse dual currency bond: RDCB): DCB와는 반대로 원금조달 및 이자지급통화는 미국달러화이고 원금상환통화는 달러화가 아닌 채권이다.

⑤ 지수통화선택증서(indexed currency option note: ICON): 만기시 원금상환액이 약정환율과 실제환율과의 차이에 따라 액면가와 같거나 작아지는 채권이다. ICON은 발행자가 투자자로부터 통화옵션을 매입하는 것이 되고 발행자는 보통채보다 높은 이자를 지급함으로써 프리미엄을 대신한다.

⑥ 외국금리지급채권(foreign interest payment security: FIPS): 원금의 조달 및 상환통화는 미국달러화가 아니면서 이자는 달러화로 지급되고 만기가 없는 영구채를 말한다. 금리는 매 10년마다 재조정되며 투자자는 매 10년마다 상환청구권을 갖는다. 이 때 상환액은 미국달러화가 비달러화에 대하여 약정환율과 같거나 강세를 보이면 액면가가 되고 약세를 보이면 액면가 이하가 된다.

⑦ 조정가능 장기상환 청구증권(adjustable long-term puttable security: ALPS): FIPS와 같으나 만기가 정해져 있다는 증권이다.

(2) 주가지수연계형 채권(stock price index linked bond: SPILB)

① 황소 · 곰 채권(bull & bear bond): 원래 특정 주가지수의 등락에 따라 만기상환액이 결정되는 주가지수연계형 채권을 뜻하였으나 지금은 주가지수뿐만 아니라 모든 지수를 연계대상으로 하고 있다. 실제지수가 약정지수보다 높으면 상환액이 늘어나고 낮으면 줄어드는 채권을 황소채권이라 하고 그 반대의 경우 채권을 곰채권이라 한다. 두 채권의 일반적인 상환공식은 다음과 같다.

$$P=100\times\frac{M\times V}{I} \tag{3-2}$$

$$P^* = 100 \times \left(\frac{2A}{100} - \frac{M \times V}{I}\right) \tag{3-3}$$

$$A = \frac{C+F}{2} \tag{3-4}$$

P : 황소채권의 만기시 상환가격(%), M : 승수
V : 만기시 지수, I : 기준지수(약정지수)
P^* : 곰채권의 만기시 상환가격(%), A : 평균상환액(%)
C : 최대상환액(%) (ceiling), F : 최소상환액(%) (floor)

황소채권의 최소상환액이 되는 지수(최소상환지수)는 곰채권의 최대상환액이 되는 지수(최대상환지수)가 되고 반대로 황소채권의 최대상환지수는 곰채권의 최소상환지수가 된다. 따라서 황소채권의 투자자는 곰채권의 최소상환지수를 행사가격으로 하는 콜 옵션을 매입하고 최대상환지수를 행사가격으로 하는 콜 옵션을 매도하는 황소차익 포지션을 취한다. 곰채권의 투자자는 황소채권의 최대상환지수를 행사가격으로 하는 콜 옵션을 매입하고 황소채권의 최소상환지수를 행사가격으로 하는 콜 옵션을 매도하는, 즉 곰차익 포지션을 취하는 셈이다.

② 주식실적교환연계채권(stock performance exchange linked bond: SPEL): 주가지수에 연계하되 이것이 기준지수(약정지수)를 밑도는 경우 액면가로 상환하고 웃도는 경우로 상환하게 되는 채권이다. 투자자는 발행자로부터 주가지수 옵션을 매입하는 것이 되고 프리미엄은 고정금리채보다 훨씬 낮은 이자를 받음으로써 대신한다. 연계주가지수를 S&P 지수로 한 것이 S&P 지수채권(SPIN)이고 호주의 총보통주식지수 무위험보통주식가격지수(all ordinaries share price riskless index: ASPRIN)를 연계주가지수로 한 것이 ASPRIN 채권이다.

(3) 물가지수연계형 채권(price index linked bond: PILB)

이 채권은 현금흐름의 실질가치가 물가상승에 의해 잠식되는 것을 방지하기 위해 원리금상환이 소비자 물가지수 등에 연계된 채권이다. 투자의 실질가치 보장을 위해 PILB는 보통 금리하한을 0으로 둠으로써 디플레이션에 의한

가치의 감소는 없다. 가격 결정시 가장 중요한 것은 사전에 결정되는 실질수익률이며 일반채권은 기대인플레이션 이상 물가상승시 실질 수익률이 감소하나 PILB는 실질수익률이 변하지 않도록 설계된다.

실질수익률이 3.0%이고 기대인플레이션율이 2.5%이며 위험 프리미엄이 0.5%일 때 명목수익률은 (1+3.0%)×(1+2.5%)×(1+0.5%)-1=6.1%가 된다. 일반채권의 경우 물가상승률이 높아질수록 실질수익률이 낮아지지만 PILB의 경우 실질수익률은 물가상승률에 관계없이 3.0%로 고정된다.

PILB의 가격산정은 일반 변동금리부 채권과 같으며 이표는 물가상승과 실질 고정금리의 합계가 된다. 원리금 연계채권의 경우 원금을 포함한 현금흐름이 물가상승률과 함께 증가하나 누적 조정된 원급부분의 지급이 만기로 이연되기 때문에 동일 만기의 일반채권보다 듀레이션이 커지게 되어 위험이 그만큼 더 크다고 볼 수 있다.

PILB의 위험을 회피하기 위한 수단으로서는 전통적인 헷지방법과 마찬가지로 스왑과 옵션이 활용되고 있다. 이러한 파생거래를 통해 인플레이션 위험을 제거하거나 일반채권으로 전환할 수 있으며 부외거래로의 전환도 가능하다.

7. 어음형태의 국제금융상품

(1) 중장기차입증서(medium term note: MTN)

발행자가 차입기간(15~20년), 발행한도 및 유가증권 형태에 관한 프로그램을 설정하고 그 범위 내에서 금리와 만기가 다른 어음을 수시로 발행할 수 있는 자금차입수단이다. 이것은 미국의 General Motors Acceptance Corp.(GMAC)에 의하여 1972년에 처음 도입되었다. 1980년대 들어 자동차회사인 Ford와 Chrysler도 이를 발행함으로써 MTN시장은 커지기 시작하였다.

시장규모가 커짐에 따라 어음의 만기도 길어졌으며 발행자도 정부, 정부기관, 금융기관과 다국적기업 등으로 다양화되었다. MTN은 특히 미국 증권관리위원회가 일괄등록(shelf registration)제도를 시행함으로써 발행절차가 보다 간편해졌다. 이에 따라 시장도 급속히 팽창하고 있다.

(2) 미국CP와 유로CP

① 미국기업어음(American commercial paper): 발행자에 따라 미국기업이 발행하는 국내CP와 미국기업 이외 기업이 발행하는 비미국기업CP로 구분할 수 있다. 외국기업이 미국시장에서 CP를 처음 발행할 경우 신용도 및 판매에 문제가 있으므로 미국은행들이 지급보증을 하고 있다. 이때 미국내 기업에 비해 0.15~0.25%의 해외프리미엄을 추가로 지급하여야 한다. 만기는 보통 270일 이내이나 20~45일이 보편적이며 발행자는 만기도래시 신규어음을 발행함으로써 장기자금조달과 동일한 효과를 얻을 수 있다. 미국CP의 평균 액면금액은 약 $200만이다.

발행방법은 직접매출방식(directly-placed)과 중개인 매출방식(dealer-placed)이 있다. 전자는 발행자가 중개인을 통하지 않고 직접 투자자에게 매각하는 방식으로 판매조직망이 넓은 대형금융회사나 은행지주회사가 주로 이용하고 있다. 후자는 발행자가 중개인에게 전액 매출한 후, 중개인들이 기관투자가에게 판매하여 소화하는 방식으로 일반회사들이 주로 이용하고 있다.

② 유로기업어음(Euro commercial paper): 유로CP란 유로에서 발행되는 CP로 유로증서발행 퍼시리티(Euro note issucnce facilities: ENIF)의 발전된 형태라 할 수 있다. ENIF의 경우 후원장치(back-up facliting)가 있는 데 반해 유로CP는 그러한 인수약정 없이 발행되는 데 큰 차이가 있다.

유로CP는 1971년에 처음 미국회사에 의해 발행된 바 있었으나 미국의 자본유출규제의 해제 등으로 중단되어 오다가 1984년 미국의 Chrysler사에 의해 다시 발행되었다. 그 후부터 유로CP는 금융기관들의 안정적인 자산선호현상과 신용등급평가가 불필요하고 서류작성이 단순하다는 특성으로 인해 발행이 크게 늘어나고 있다.

제4절 금융공학과 새로운 금융상품

1. 금융공학의 발전

금융공학(financial engineering)이란 수학이론 또는 컴퓨터를 이용한 모의실험을 통해 효율적인 자산운용수단이나 위험관리기법을 새로이 개발함으로써 여기서 확립된 이론을 시장에 적용·실천하는 학문을 말한다. 금융공학은 지금까지 경험적 법칙에 의해서 행하여졌던 이익극대화나 위험회피대책에서 벗어나 이를 수학적 이론에 기초한 금융상품이나 금융거래의 혁신을 일으키는 기법이다.

금융공학을 좁은 의미로는 파생금융상품거래의 실익과 위험을 계산측정하는 실험기법 또는 체제개발기법이라고 할 수도 있다. 그러나 이 학문이 세계 금융시장에 미치는 영향을 생각하면 분야를 특정하지 않고 모든 금융상품, 모든 금융거래 등에 활용하는 수학적 기법과 응용사례 전반을 금융공학이라고 정의하는 편이 훨씬 현실적이라고 할 수 있다.[5)]

금융공학의 원천은 정보통신기술과 처리기술 등 IT(information technology) 산업의 발전이다. 인터넷의 급속한 발달은 21세기 금융시장을 좌우하게 될 것이다. 개인금융고객들은 머지 않아 은행의 점두에 가지 않더라도 인터넷을 통해서 자기 시간에 알맞은 장소에서 필요한 정보를 입수할 수 있고 훌륭한 금융상품을 골라서 점두보다 싼 수수료를 물면서 사고 팔 수 있을 것이다.

1971년 8월 미국의 금태환정지 발표(Nixon shock), 달러화의 평가절하, 변동환율제로의 이행 등 Smithsonian 10개국 재무장관합의에 의해 각국의 통화 그 자체가 변동하는 상품으로 인식되기에 이르렀다. 이와 같은 변화는 다국적 기업 또는 국제기업이나 개개인으로 하여금 환율변동에 의한 손실을 회피할 필요를 느끼게 하였다.

---

5) 이요섭·황의각, 「금융시장과 금융상품」, 2003. 3, pp. 8~17 참조하였다.

본장 제2절에서와 같이 1972년에 CME에 통화선물거래시장이 처음으로 개설된 후 금리 및 주가지수 등 여러 가지 금융선물거래가 시작되었으며 시카고는 상품뿐만 아니라 금융에서도 세계 선물거래의 중심지가 되었다. 1973년에 시카고옵션거래소가 개설됨으로써 선물, 옵션과 함께 시카고시장 중심으로 금융공학을 실행 · 운용하는 계기가 마련되었다.

금융공학의 발전에 따라 옵션거래의 이론가격산출이 가능해진 데 힘입어 옵션거래도 활발해지기 시작했다. 그 혁신적 가격산출모형이 1973년에 발표된 Black-Scholes 모형이다.[6] 이 모형에 따라 컴퓨터를 이용한 이론가격 산출이 가능하므로 옵션거래에서는 오늘날에도 마법의 도구로 크게 쓰이고 있다. 금융공학이 시장발전을 촉진시킨다는 말도 여기에서 비롯되었다. 거래원의 경험에 의존한 거래가 아니고 컴퓨터에 의한 가격산정에 의존하기 때문에 투자자들이 안심하고 합리적 판단아래 거래가 이루어진다는 것이 결정적 계기였다.

스왑거래는 1970년대 초에 미국과 영국 간에 성행한 평행대출(parallel loan)과 국제상호직접대출(back-to-back loan)[7]에서 그 기원을 찾을 수 있다. 1975년에는 CBOT에서 저당권 담보부채권인 GNMA-CDR(coll-ateralized depositary receipt)을 대상으로 하는 최초의 금리선물거래가 시작되었다. 이어서 1976년에는 CME 내의 국제통화시장(IMM)에서 단기재정증권 선물거래가 시작되면서 단기금융시장과 연계된 본격적인 금융선물시장이 출범하였다. 이를 계기로 주가지수, 채권, 금리 등 다양한 금융상품이 선물시장에서 거래되었으며 이에 따라 금융공학의 발전도 더욱 촉진되는 결과를 가져왔다.

더구나 1970년대 두 차례의 석유파동은 시장변동성과 위험관리의 중요성을 인식시키는 계기가 되어 금융공학의 연구에 더욱 박차를 가하였다. 또한 1986년의 영국의 금융개혁(Big bang),[8] 1998년의 일본의 금융개혁 등은 금융공학의 응용을 한 단계 발전 · 확산시키는 계기가 되었다.

---

6) 이에 대해서는 제7장 제3절에서 자세히 살펴볼 것이다.

7) 평행대출에 관해서는 본장 제2절 2항 통화스왑을 참조하기 바란다.

8) 이에 대해서는 제8장 제2절을 참조하기 바란다.

2. 새로운 금융상품

(1) 은행의 복합금융상품

은행들은 고금리 복합예금상품을 계속적으로 내놓고 있다. 보통예금계좌에 입금한 돈이 100만원을 넘어서면 초과금액이 자동으로 5% 중반 금리의 종합자산관리계좌(CMA)로 이체되고, 필요할 땐 자동으로 CMA계좌에서 보통예금계좌로 돈이 넘어와 결제되는 식이다(swing account방식).

최근 들어서는 은행 · 증권 · 신용카드를 넘나드는 복합금융상품이 잇달아 개발되고 있다. 이종(異種)금융상품간 결합을 통해 개별 금융상품의 약점을 최소화하고 장점을 극대화한 복합금융상품 투자로 '예금금리+알파(α)'의 수익을 올리게 해주는 것이다.

신용카드 회사들도 은행 서비스와 결합한 다양한 복합금융서비스를 제공하고 있다. 카드이용실적에 따른 포인트를 은행 대출이자 상환 등 각종 금융거래에도 쓸 수 있게 한다. 그리고 은행에서 대출을 받을 때 카드 이용실적에 따

[표 3-10] 최근의 복합금융상품: 한국 (2008. 3월 현재)

	상품명	내 용
신한은행	세이프 지수연동예금	KOSPI200 5% 오르면 연 9% 수익률 제공. 연 6.6~6.8% 정기예금 가입 가능
외환은행	e-좋은 정기예금	KOSPI200 주가상승 따라 최고 연 10% 수익 실현. 연 6.8% 확정금리 정기예금 가입 가능
우리은행	우리AMA통장	보통예금계좌와 연 4~5.3% 금리 제공하는 저축 MMDA계좌 하나로 연결
하나은행	빅팟통장	보통예금계좌와 연 5~5.2% 금리 제공하는 하나 빅팟 CMA계좌 하나로 연결
기업은행	아이플랜 급여통장	계좌잔액 100만원 넘으면 연 4~5% 금리 제공
하나금융그룹	하나캐시백	OK캐시백 포인트를 대출이자 상환 등 각종 금융거래에 사용 가능
KB카드	KBFnSAVE카드	대출시 최고 연 0.3% 포인트 금리할인 혜택

라 금리할인 혜택도 받는다. 포인트를 선지급받아 대출원금과 이자를 일부 우선 상환하고, 나중에 적립되는 포인트로 선지급받은 포인트를 갚아 나가는 서비스도 이용할 수 있다.

(2) 변형파생금융상품

1) 채권관련 상품

정부나 공공(公共)기관의 채권을 담보로 하여 발행된 일련 무이표부채권(serial zero coupon)은 재정증권과는 달리 이자는 지급하지 않고, 만기에 액면금액만을 지급하는 증권이다. 액면금액의 총액은 담보된 재정증권의 액면금액과 같지만 개별 무이표채권의 가격은 단기시장금리에 의해 결정되기 때문에 매도가격의 합계가 기초증권에 대한 수익을 웃돌 수 있다. 결과적으로 발행자는 지급이자가 줄어들어 무위험이익(arbitrage profit: 차익)을 얻을 수 있다.

금융기관은 보유하고 있는 주택담보대출 또는 자동차담보대출 등 대출채권을 담보로 증권을 발행하여 유동성을 확보하고, 투자자에게는 잘 분산된 포트폴리오에 투자할 수 있는 기회를 제공한다. 예를 들어 주택저당채권담보부수익증권(CMO)은 주택담보대출의 조기상환위험을 제거한다. 변형금리조정채권(adjustable rate notes: ARN)와 변동금리부채권(FRN)은 금리가 변동하는 경우 투자원금의 가치변동을 감소시키는 이점이 있다. 이중통화채권(DCB), 지수연동통화옵션채(indexed currency option notes) 등은 환위험을 감소시킬 수 있다.

만일 만기 전에 채권발행자의 신용이 악화되어 채권등급이 낮아지면 투자자는 채권의 시장가격이 하락하는 위험을 감수해야 한다. 반면에 발행자는 시장금리가 떨어지는 경우에도 발행시점에서 결정된 비싼 금리비용을 감수하거나 발행비용을 부담하고 재조달하여야 한다. 금리조정부채권(interest reset bond)이나 만기조정채권(puttable-extendible notes) 등은 이와 같은 투자자나 발행자가 채권만기 중에 발생한 신용평가와 관련한 손실을 방지할 수 있는 금융상품들이다. 만기연장가능채권(extendible notes)은 2~3년마다 금리를 조정하여 추가적인 발행비용 없이 기간을 연장할 수 있다.

변동쿠폰갱신부채권(variable coupon renewable notes)은 매 분기마다 채권의 만기가 91일로 자동연장되고 쿠폰금리가 시장금리로 조정되며 채권투자자가 자동만기 연장조건을 취소하지 않는 한 채권만기는 계속 연장된다. 채권소유자가 금리하락으로 인한 손실이 예상되면 해당 채권을 매각할 수 있다.

인수청구권부채권(puttable bond), 발행조건조정채권(adjustable tender securities) 등은 발행자가 시장금리 변동에 따라 발행조건을 조정할 수 있는 상품이다. 유로노트나 유로CD는 자금수요자인 기업이 금융시장에서 자금을 직접조달하여 투자은행이나 중개기관을 이용할 때 발생하는 비용을 절감하는 상품이다.

2) 선물, 옵션, 기타 금리위험관리 관련 상품

금리위험 등의 관리를 위해 출현한 상품 중 가장 새로운 금융상품이 금융선물이다. 유로시장에서 발달한 채권인수권(warrants to purchase debt)은 만기가 1~5년으로 중기 또는 장기채권에 선택권을 부여한 상품이다. 발행자는 방비콜(cobered call) 옵션을 발행하여 부채에 헷지포지션을 갖고 인수자는 시장에서 매입할 수 없는 옵션을 매입할 수 있는 이점이 있다.

금리선물, 금리선물에 대한 옵션, 선도금리계약, 금리스왑, 금리캡, 금리플로어, 금리칼라 등은 금리위험을 관리하기 위한 상품이다.

3) 우선주 관련 상품

우선주에 투자하면 우선주배당수입의 일정액에 대하여 소득공제를 받을 수 있어 완전과세대상인 단기채권이나 상업어음 투자보다 세금을 줄일 수 있다. 그러나 시장금리가 오르면 고정된 배당금을 지급받는 우선주에 기회비용이 늘어나 투자가치가 낮아진다. 배당률조정부우선주(adjustable rate preferred stock: ARPS)는 금리 변동분 만큼 배당률을 조정하여 우선주의 투자가치하락을 방지하기 위한 상품이다. 전환가능배당률조정부우선주(convertible adjustable preferred stock: CAPS)는 ARPS의 단점을 보완하기 위한 상품이다.

전환가능 우선주를 이용한 새로운 금융상품은 추가적인 세금공제를 얻기 위해 개발된 상품이다. 전환채권이나 우선주 투자자들은 대부분 면세자들로서 투자와 관련한 세금공제를 선호한다. 따라서 이러한 투자자들이 선호하는 새로운 금융상품은 기본적으로 세금차익거래가 가능하도록 설계된다. 전환가능 전환우선주(convertible-exchangeable preferred stock: CEPS)는 전환가능하위채권(convertible subordinated debt: CSD)과 교환할 수 있다.

이 우선주의 전환율과 배당률은 교환되는 전환채권의 전환율 및 금리와 같다. 따라서 발행자가 세금을 지급해야 하는 경우 우선주의 배당률과 같은 금리의 채권으로 전환하여 지급이자에 대해 세금면제이익과 부채조달에 대한 재조달비용을 절감할 수 있다. 또 전환사채가 세법상 자본금으로 분류되기 때문에 은행이나 발행기관에 대한 자본규제를 회피할 수 있다.

4) 혼성증권(hybrid securities)

혼성증권은 채권시장, 주식시장, 외환시장, 파생금융상품시장 등에서 거래되는 두 가지 이상의 금융상품을 서로 결합하여 각 상품의 특성을 겸비하도록 만들어 낸 새로운 금융상품이다. 혼성증권의 종류에는 기초상품만큼이나 수없이 많다. 혼성증권은 기본적으로 요소증권(elemental securities)을 어떻게 결합하느냐에 따라 채권·통화 혼성증권, 채권·주식 혼성증권, 통화·파생상품 혼성증권, 채권·파생상품 혼성증권, 주식·파생상품 혼성증권, 채권간 혼성증권 등으로 분류된다.

금융시장은 매우 복잡하게 발전되고 있어서 각 시장의 상품과 혼성증권의 구분이 명확하지 않다. 앞으로 혼성증권도 유동성이 풍부한 거래시장이 형성되는 경우 새로운 상품으로 발전될 수 있을 것이다.

■■ 정리문제

1. 전통적 단기금융상품에는 어떤 것들이 있습니까?
2. 한국에서는 정부의 재정증권이 단기금융상품으로 각광받고 있지 못한

데 그 이유는 무엇이라고 생각하십니까?
3. 증권시장이 활황이면 은행예금의 이탈현상이 많은데 이에 대해 어떻게 생각하십니까?
4. 한국은 은행대출 중 담보대출비중이 높다고 하는데 개선방안은 없습니까?
5. 대출유동화 상품이 여러 단계를 거쳐 늘어나고 있습니다. 제한 없이 무한정 확산되도록 그대로 놔두는 것이 좋겠습니까?
6. 생명보험 및 화재보험상품을 통합하여 판매할 수 있는 보험회사를 허용하는 것은 어떨까요? 방카슈랑스에 따라 은행에서 판매하고 있는 것과 같이 말입니다.
7. 은행이 개인들에게 제공하는 신탁서비스에는 어떠한 것들이 있습니까?
8. 시장금리부펀드(MMF)와 상장지수펀드(ETF)의 차이점은 무엇입니까?
9. 한국에서 한때 유행하던 주식성과보상(stock option)제도가 요즈음은 시들해지는 분위기입니다. 계속 활용해야 할까요?
10. 보통주와 우선주 중 기업가들이 선호하는 것은 무엇입니까?
11. 지수연동형 신주인수권부사채(index linked bond with warrant)는 추천할 만한 상품입니까?
12. 콜옵션채권과 풋옵션채권의 종류로는 어떠한 것들이 있습니까?
13. 자산유동화증권(ABS)이 환영받고 있는 이유는 무엇입니까?
14. 선물거래와 선도거래를 구분하여 설명해 주시오.
15. 신용파생금융상품 중 합성담보부증권이 가장 선호되는 이유는 무엇일까요?
16. 금리옵션계약(IROA)과 금리선도계약(FRA)의 차이는 어디에 있습니까?
17. 파생결합증권(DLS)의 종류 중 한국시장에 가장 알맞은 것은 무엇이라고 생각하십니까?
18. 은행에서 개발되고 있는 복합금융상품이란 무엇입니까?
19. 금융공학이 발전될수록 파생금융상품은 한없이 개발될까요?

CHAPTER 4

금융자산의 선택

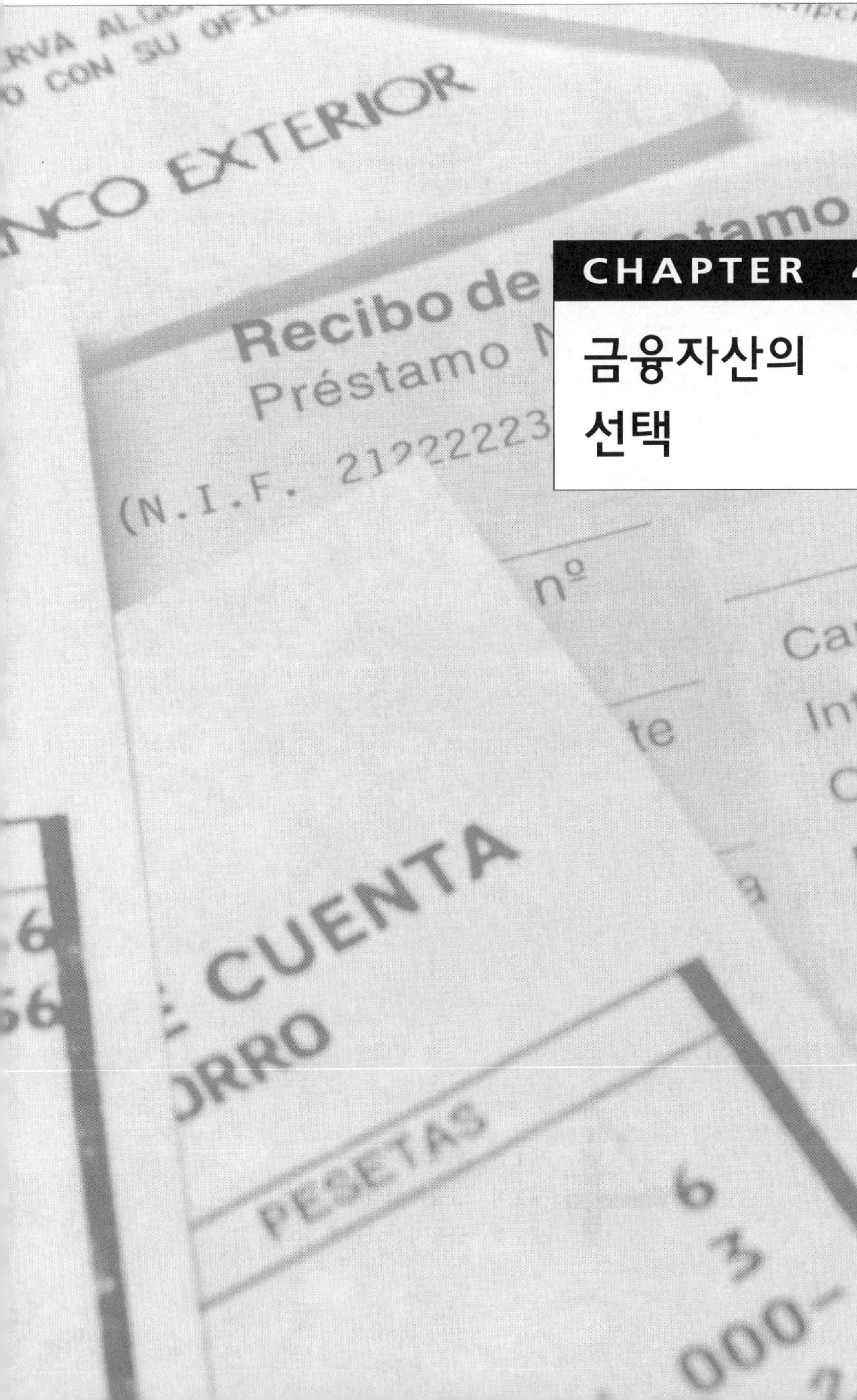

4

제 1 절　위험과 자산구성
제 2 절　금융자산의 선택모형
제 3 절　금융자산가격과 선택

제1절 위험과 자산구성

1. 위험의 측정

(1) 위험이란 무엇인가?

금융이론에서 위험이란 앞으로 전개될 불확실한 상황에서의 수익률 변동성, 즉 기대수익률이 실현되지 않을 가능성을 말한다. 위험에는 사후적 위험(ex-post risk)과 사전적 위험(ex-ante risk)이 있다. 전자는 투자의 위험을 단순하게 과거 수익률로만 측정한다. 표준편차, β, 초과수익률 등 대부분의 위험척도가 과거수익률로 추정되는 사후적 위험지표들이다. 투자자는 과거뿐만 아니라 미래의 투자위험을 알고자 하므로 단순하게 과거수익률의 표준편차 같은 위험을 미래의 투자위험으로 간주하는 것은 한계가 있다.

사전적 위험은 미래의 경제변수가 변화할 때 투자에 미치는 영향을 측정하는 위험을 말한다. 투자에서 중요하게 생각하는 것은 미래수익률을 높이기 위해서는 단순한 과거의 위험이 아니라 미래의 위험을 적극적으로 추정하는 것이다. 그러므로 투자수익률에 영향을 줄 수 있는 요인들을 규명하고, 수익률이 이들 요인들과 어떤 관계를 가지고 있는가를 추정하는 것이 필요하다.[1)]

금융시장이론에서는 위험을 체계적 위험(systematic risk)과 비체계적 위

1) 위험은 크게 시장위험과 개별위험으로 나눌 수도 있다. 전자는 경제 전체적인 공통적 위험으로 전쟁, 불황 등과 같이 체계적이고 비분산적이라는 특징을 갖는다. 후자는 개별 산업, 개별 기업에 존재하는 독특한 위험으로 비체계적이고 분산적이라는 특징이 있다.

험으로 구분한다. 전자는 증권시장 전반의 공통적 요인에 의해서 야기되는 위험(nonsystematic risk)으로 분산투자의 구성종목수를 무한대로 늘려도 줄어들지 않는 위험을 말한다(분산불능위험: nondiversifiable risk). 후자는 개별적인 특성으로 인한 가격 변동위험으로서 시장의 움직임과 관계없이 해당 기업에게 특이한 고유위험(firm specific risk)이다. 투자자 입장에서 이 위험은 여러 개별자산에 분산투자함으로써 실제적으로 제거 가능하기 때문에 회피가능한 위험(avoidable risk) 또는 분산가능한 위험(diversifiable risk)이라고도 한다.

체계적 위험과 비체계적 위험의 합계가 총위험이다. 총위험은 금융자산을 구성하고 있는 금융상품의 수익률이 똑같이 움직이는 정도가 약할수록 투자자의 분산투자를 통해 더욱 줄어든다. 투자자들은 일반적으로 위험을 싫어하므로 다양한 상품으로 자산을 구성하여 위험을 최대한 줄이려고 한다. [그림 4-1]은 주식 포트폴리오를 다각화함으로써 위험을 얼마나 줄일 수 있는가를 보여주고 있다. 체계적 위험은 포트폴리오를 구성하고 있는 주식수와는 독립적이기 때문에 *ab*선으로 나타낸다. 총위험은 *cd*선으로 표시한다. 비체계적 위험은 *ab*와 *cd*의 차이가 된다.

그림에서 보는 바와 같이 보유주식수가 늘어남에 따라 비체계적 위험은 줄어든다. 특히 보유주식수가 10개에서 15개에 이르는 사이에 비체계적 위

그림 4-1 **포트폴리오의 효과**

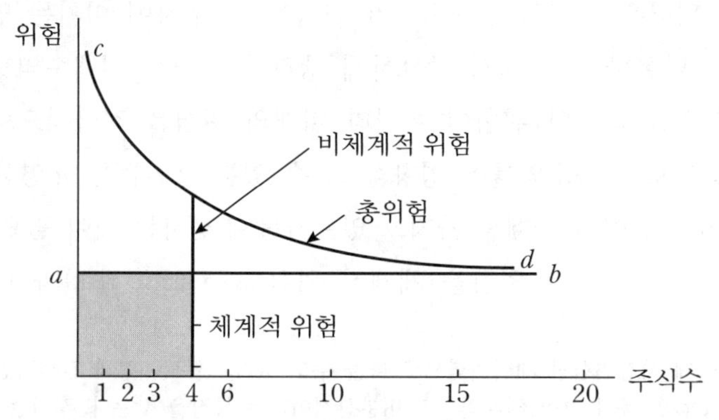

험은 뚜렷하게 줄어들며 총위험선은 체계적 위험을 나타내는 *ab*선에 근접하게 된다. 그러나 체계적 위험은 주식수가 늘어나도 줄어들지 않으므로 수평선 그대로이다. 이와 같이 다양한 자산으로 포트폴리오를 구성하면 위험이 감소하는 것을 포트폴리오효과(portfolio effecrt) 또는 다각화의 이점(advantage of diversification)이라고 한다.

위험에 대한 투자자의 태도를 통털어 위험선호도(risk preference)라 하는데 그 정도에 따라 위험회피형(risk averter), 위험중립형(risk neutral), 위험선호형(risk lover) 3가지로 나누어 볼 수 있다. 이들 유형의 특성이 어떻게 다른지는 부(富)가 증가할 때 한계효용(효용의 증가율)이 체감하는지, 체증하는지, 일정한지에 따라 평가할 수 있다.

위험회피형 투자자는 위험을 기피하는 이성적인 투자자로 위험을 부담하는 경우에는 반드시 이에 상응하는 보상을 바라는 투자자를 말한다. 이러한 투자자의 효용함수는 부의 증가함수이다. 한 단위의 위험증가가 있을 때 이보다 더 큰 기대수익의 증가가 있어야 같은 만족을 느끼는 투자자이다.

위험선호형 투자자는 투자위험을 선호하는 투자자로서 높은 수준의 수익률 획득을 위해 큰 위험도 기꺼이 부담하려는 투자자를 말한다. 이 투자자의 경우 투자수익의 증가에 따라 한계효용이 체증하는 모습을 보이며, 공정게임을 택하려고 한다. 이 투자자는 한 단위의 기대수익 증가가 있을 때 그 이상의 위험증가가 있더라도 만족한다.

위험중립형 투자자는 위험이 있는 투자안을 위험의 크기와는 관계없이 단순히 기대수익률에 의해서만 판단하는 투자자를 말한다. 이 투자자의 경우 투자수익이 증가하더라도 한계효용이 일정하며 오로지 기대수익에 따라 투자결정을 하므로 공정게임에 무관하다. 이 투자자의 효용함수는 부에 따라 일직선으로 증가하고 한계효용은 불변인 선형함수이다. 이들은 한 단위의 위험증가가 있을 때 똑같은 수준의 기대수익 증가가 있으면 같은 만족을 느끼는 투자자이다.

금융부문 내지 업종에 따라 위험의 원칙은 다르다. 그 중에서도 보험부문에서의 위험원칙은 특징적이어서 여기에 소개한다.

그림 4-2 위험선호와 무차별곡선

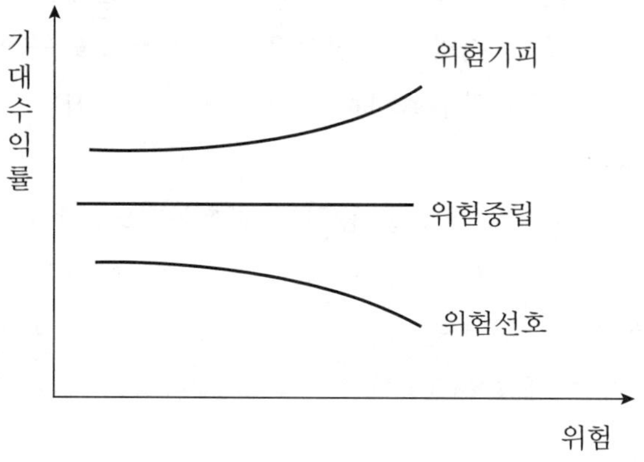

① 위험대수의 원칙(law of large numbers of risk): 개개의 입장에서는 아주 우연한 것이지만 이것을 대량으로 관찰해 보면 그 현상의 발생 경향을 예측할 수 있다. 보험이 성립되기 위해서는 일정기간중 그 위험집단에서 발생할 사고의 확률과 함께 사고에 의해 발생할 손해의 크기를 파악할 수 있어야 한다.[2]

② 위험동질성의 원칙(law of homogeneous risk): 원활한 보험경영을 위해서는 동종, 동질의 위험을 모아야 한다. 예를 들어 화재보험이 이루어지기 위해서는 비슷한 위험을 갖고 있는 주택이나 건물을 소유한 사람끼리 모아야 하고, 생명보험이 이루어지기 위해서는 비슷한 신체나 환경적 조건을 갖고 있는 사람끼리 모아야 한다는 것이다.

③ 위험분산의 원칙(principle of distribution of risk): 위험의 집중에 대립되는 개념으로 안정성 확보를 위해 보험회사가 인수한 위험을 재보험이나 공동보험을 통해 분산해야 한다. 재보험은 보험회사간 위험의 수직적 분산이며 공동보험은 위험의 수평적 분산이라고 할 수 있다. 이 원칙은 최근 들어 자산구성 이론에서 각광을 받고 있다. 예를 들어 분산투자를 통해 투자위험을 줄이거나 제거하려는 위험분산효과(risk diversification effect)는 단일종목에 100% 자금

2) 이러한 대수의 법칙을 보험에 응용한 보험경영의 원칙이 위험대량의 원칙이다.

을 투자할 때의 위험보다 훨씬 줄어들 것이다.

(2) 위험측정방법

포트폴리오를 구성할 때 불확실한 미래 상황에서 수익률의 변동성, 곧 기대수익률이 실현되지 않을 가능성을 포트폴리오 위험이라 한다. 이 위험의 크기를 계량적으로 측정하는 방법에는 어떠한 것이 있는지 알아보기로 한다.

1) 분산(σ^2: variance)에 의한 방법

포트폴리오 분산은 개별자산의 분산을 구하는 방법과 마찬가지로 각 상황에서 얻게 되는 예상수익률과 기대수익률의 편차의 자승에, 발생할 확률을 곱하여 더한다.

$$\sigma_p^2 = \sum_{t=1}^{m} \left[(r_{pi} - E(R_p) \right]^2 \cdot P_i \qquad (4\text{-}1)$$

σ_p^2 : 포트폴리오 분산, r_{pi} : 일정상황에서의 포트폴리오 예상수익률
$E(R_p)$: 포트폴리오 기대수익률, P_i : 상황이 발생할 확률

주식 X와 Y로 구성되는 포트폴리오 분산은 다음과 같이 구한다.

$$\sigma_n^2 = \omega_X^2 \sigma_X^2 + \omega_Y^2 \sigma_Y^2 + 2\omega_X \omega_Y Cov(r_X, r_Y) \qquad (4\text{-}2)$$

ω_X : 주식 X에 대한 투자비율, ω_Y : 주식 Y에 대한 투자비율
σ_X^2 : 주식 X의 분산, σ_Y^2 : 주식 Y의 분산
$Cov(r_X, r_Y)$: 주식 X와 주식 Y 간의 공분산

N개의 주식으로 구성되는 포트폴리오의 분산은 다음과 같이 측정된다.

$$\sigma_n^2 = \sum_{t=1}^{n} \sum_{t=1}^{n} \omega_i \omega_j \sigma_{ij} = \sum_{t=1}^{n} \omega_i^2 \omega_j^2 + \sum_{t=1}^{n} \sum_{t=1}^{n} \omega_i \omega_j \omega_{ij} \qquad (4\text{-}3)$$

= 개별주식 고유위험 + 타 주식과의 공분산위험

금융자산을 구성할 때 투자위험 감소는 일차적으로 구성주식 간의 상관관계에 기인한다. 수익률이 구성주식과 같은 방향으로 움직이면 결합수익률의 변

동성은 별로 줄지 않지만, 구성주식의 수익률변동 방향이 반대이면 결합수익률의 변동성은 크게 감소한다. 위험 감소효과를 가져오는 또 다른 요인은 투자금액의 비율이다.

2) 표준편차(σ: standard deviation)에 의한 방법

포트폴리오의 위험은 개별자산과 마찬가지로 수익률의 표준편차로도 나타낸다. 예를 들어 포트폴리오가 A, B 두 주식으로 구성되어 있다면 표준편차(σ_p)는 다음과 같이 계산한다.

$$\sigma_p = \sqrt{\omega_A^2\sigma_A^2 + \omega_B^2\sigma_B^2 + 2\omega_A\omega_B\sigma_A\sigma_B\rho_{A,B}} \qquad (4\text{-}4)$$

ω_A, ω_B : A, B의 가중치(포트폴리오 내에서 A, B가 차지하는 비중)
σ_A, σ_B : A, B 수익률의 표준편차, $\rho_{A,B}$: A, B 수익률의 상관계수

위 식은 A, B의 수익률이 어느 정도 밀접하게 변동하는가를 나타내는 상관계수가 포트폴리오의 표준편차를 결정하는 데 중요한 역할을 한다는 것을 보여주고 있다. A와 B의 표준편차와 가중치가 일정하다는 가정하에서 상관계수의 크기를 바꾸면서 포트폴리오의 위험(표준편차)을 위 공식에 따라 계산하면 [표 4-1]과 같은 결과를 얻는다.

이 표에서 (a)는 A와 B의 수익률이 같게 변동하는 완전정(正)상관관계($\rho_{A,B}$=1.00)를 갖는 경우로서 포트폴리오의 표준편차는 A나 B의 표준편차와 같은 0.10이다. 다시 말하면 완전정상관관계를 갖는 자산으로 포트폴리오를 구

[표 4-1] 상관계수와 포트폴리오 위험

	$\rho_{A,B}$[1]	σ_A[2]	ω_A[3]	σ_B[2]	ω_B[3]	σ_P[4]
a	1.00	0.10	0.50	0.10	0.50	0.10
b	0.50	0.10	0.50	0.10	0.50	0.86
c	-5.0	0.10	0.50	0.10	0.50	6
d	-1.00	0.10	0.50	0.10	0.50	0.05

주: 1) A, B 수익률의 상관계수, 2) A, B 수익률의 표준편차
3) A, B의 가중치, 4) 포트폴리오의 표준편차

성하면 포트폴리오의 위험은 감소되지 않는다.

A와 B의 수익률이 정반대로 변동하는 완전부(負)상관관계($\rho_{A,B}=-1.00$)인 (d)의 경우를 보면 포트폴리오의 표준편차가 0이 된다. 즉 수익률이 정반대로 변동하는 자산으로 포트폴리오를 구성하면 위험을 완전 제거할 수 있다는 것을 알 수 있다.

(a)와 (d)는 극단적인 경우이며 (b)나 (c)가 보다 현실적인 사례라고 할 수 있다. (b)와 (c)의 위험이 낮은 것은 A와 B의 수익률이 달라져 부분적으로 상쇄되기 때문이다.

3) VAR(value at risk)에 의한 방법

VAR은 특정 포트폴리오에 있어서 시장이 불리한 방향으로 움직일 경우 일정 보유기간 및 신뢰구간에서 발생 가능한 최대손실액을 계량화하는 방법이다.[3] 이 방법이 획기적인 것은 다양한 상품의 위험을 총체적인 관점에서 계량화하고 위험측정과정에서 고도의 통계적 기법을 사용한다는 점이다. 또한 손실액이 금액으로 표시되기 때문에 포트폴리오의 기대수익뿐만 아니라 자기자본과의 비교가 가능하다.

그리고 다양한 상품에 대해서도 통일된 지표로 위험을 측정하기 때문에 지금까지 비교가 어려웠던 다양한 위험을 비교할 수 있다. 국제결제은행(BIS)도 금융기관의 시장위험을 측정하고 관리하는 기법으로 VAR의 이용을 권장하고 있다.

VAR의 크기는 설정한 신뢰구간, 포트폴리오의 예상 보유기간, 분석자료의 기간, 특정모형의 선택에 의존한다. 신뢰구간은 VAR를 계산할 때 어느 범위까지의 손실발생 가능성을 고려할 것인가를 결정한다. 예를 들어 신뢰구간 95%, 보유기간 1일의 가정하에 VAR를 측정한 결과 그 값이 10억원이라면, 이

3) JP Morgan의 前회장이었던 D. Weatherstone은 회사가 직면하는 시장위험 및 앞으로 24시간 내에 발생가능한 잠재적 최대손실액에 관해서 한 페이지의 보고서를 매일 제출하도록 지시했다. 이 보고서는 매일 오후 4시 15분에 회장에게 전달되었다(4.15 보고서). 실무자들은 회사가 보유하고 있는 모든 포트폴리오의 위험와 잠재적 손실발생 가능액을 간략하게 요약하기 위해 다양한 형태의 포지션위험을 하나의 일관성 있는 척도에 근거해 종합할 필요가 있었다. VAR 방법론은 이와 같은 필요성에 의해 탄생하였다.

는 1일간 포트폴리오 손실액수가 10억원을 초과할 확률이 5%임을 뜻한다.

만일 손실발생가능성이 VAR의 값을 초과할 확률 5%로는 충분하지 않다고 판단되면 신뢰구간을 98%로 설정할 수도 있다. 이와 같이 신뢰구간을 크게 설정하면 보수적인 위험측정이 되고 VAR의 값은 커진다. 또한 포트폴리오의 보유 기간을 길게 설정하면 분포가 넓어지기 때문에 VAR도 증가한다. 신뢰구간과 보유기간은 경영자의 위험회피도에 의해 결정되는 변수이다.

VAR의 사용목적에 따라 신뢰구간, 보유기간 및 이용하는 분석자료의 기간을 정한다. BIS의 바젤협약Ⅱ 권고안에 의하면 신뢰구간이 99%, 보유기간이 10영업일이다. 단 가격이 선형적 구조를 지닌 포지션에 대해서는 보유기간 1일로 측정된 VAR를 $\sqrt{10}$배함으로써 보유기간 10일의 VAR를 구할 수 있다. 또한 VAR의 추정에 이용되는 자료의 기간은 최소한 1년으로 권장하고 있다.

부분분석의 단점을 극복하기 위해 VAR 방법론은 모든 자산과 부채 간의 상관관계를 고려하면서 포괄적이고 통합된 형태의 위험을 측정한다. VAR의 추정에 이용되는 모형은 공분산모형(covariance model), 역사적 모의실험모형(historical simulation model), 몬테-카를로 모의실험모형(Monte-Carlo simulation model) 등이 있다.

2. 분산투자의 원리

전통적 투자이론에 따르면 [그림 4-3]에서와 같이 투자수익이 기대수익, 즉 평균치로부터의 분산의 정도가 클수록 투자위험이 커진다. 따라서 포트폴리오 수익률의 분산을 최소화하기 위해 수익률의 변동특성이 다른 투자대상을 조합하여 자산구성에 편입할 수 있다.

분산투자를 통해 투자위험이 줄어드는 정도는 일차적으로 구성주식 간의 상관관계에 좌우된다. 상관관계가 작은 주식들로 투자를 구성하면 현격한 위험저감효과를 누릴 수 있다. 이 효과를 가져오는 또 다른 요인은 투자금액의 비율이다. 비록 같은 주식으로 구성하더라도 투자비율을 조정하면 투자위험이 크게 줄어든다.

그림 4-3 포트폴리오의 위험

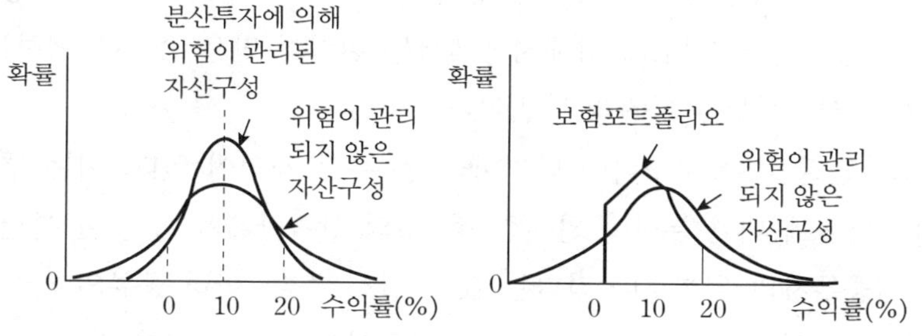

자산을 구성하는 증권 간의 상관관계가 일정하게 주어졌을 때 투자비율의 조정에 따른 포트폴리오 기대수익률과 위험(표준편차)의 변화를 그림으로 나타낸 것이 포트폴리오결합선(portfolo combination line: PCL)이다. 포트폴리오 위험의 감소는 상관관계가 낮은 증권들 간의 결합을 통해서도 가능하지만, 투자자금의 비율을 적절히 변경함에 따라 가능하다.

예를 들어 두 주식 X, Y의 상관계수(P_{XY})가 $+1$이면 주식 X에 대한 투자비율이 줄어들고 대신 주식 Y에 대한 투자비율이 높아질수록 비례적으로 자산구성 기대수익률과 위험이 동시에 감소함을 볼 수 있다(분산투자의 효과가 나타나지 않음). 그러나 두 주식의 상관계수(P_{XY})가 -1이면 투자비율이 달라질 때 기대수익률의 감소보다 위험감소효과가 더 커서 자산구성 수익률의 위험(σ_P)이 0이 되는 경우도 있다. 한편 PCL에서 위험이 최소가 되는 자산구성을 최소분산 포트폴리오(mini-mum variance portfolio)라고 한다.

포트폴리오 위험(특히 체계적 위험)에 상응하는 기대수익률보다 높은 투자이익을 얻기 위한 적극적 투자전략을 시장격파전략(beat the market strategy)이라 한다. 이 방법은 증권시장이 비효율적인 것을 전제로 내재가치와 시장가격 사이에 차이가 있는 증권을 식별하여 과소평가된 증권은 매수하고 과대평가된 증권은 매도하는 방법이다. 이는 궁극적으로 시장이 균형상태에 이른다는 논리에 입각한 것이며, 여기서 내재가치는 보통 기본적 분석에 의해 계산된다.

이 전략의 또 다른 방법은 증권시장에서의 투자시기(market timing)를 포착하려는 방법으로 기술적 분석을 활용한다. 이 방법은 증권이 과소평가되거나 과대평가되는 시기를 알 수 있다는 믿음에 기초한다. 그리고 강세시장에서는 위험이 큰 종목을 선택하고, 약세시장에서는 위험이 작은 종목을 택하는 것도 투자시기를 활용하는 투자관리 방법이다.

"모든 달걀을 한 바구니에 담지마라"는 투자 격언이 있다. 이는 투자자산의 기대수익률에 대한 분산이 완전한 정(正)의 상관관계가 아닌 한 분산투자의 위험이 집중투자의 위험보다 작다는 것을 말해 준다. 여러 종류의 금융상품에 분산투자하면 위험을 분산할 수 있다. 분산투자는 위험을 보다 작게 나누어 분산하도록 해준다. 분산투자의 이점에 대한 연구는 C. J. Tobin, H. Markowitz 및 W. Harpe 등이 선도하였다.

분산투자의 구성 종목수가 늘어남에 따라 줄어드는 위험은 일종의 비체계적 위험인 기업고유위험이다. 포트폴리오의 비체계적 위험을 계량적으로 측정하기 위해 포트폴리오 잔차분산(portfolin's residual variance)을 활용한다. 이는 포트폴리오 수익률의 잔차수익률의 분산으로 개별주식의 잔차분산($\sigma^2(\varepsilon_j)$)에 그 주식에 대한 투자비율(W_{ij})의 자승을 곱해 추정한다.

$$\sigma^2(\varepsilon_P) = \sum_{j=1}^{n} w_{ij}^2 \sigma^2(\varepsilon_j) \qquad (4\text{-}5)$$

분산투자로 비체계적 위험이 제거되면 체계적 위험(시장위험)만이 포트폴리오 위험으로 남게 된다. 체계적 위험의 크기는 β에 의하여 측정된다. β는 모든 위험자산으로 구성되어 있는 시장포트폴리오(market portfolio)의 수익률이 변동하면 그 자산의 수익률은 어느 정도 변동하는가를 나타낸다. 예를 들어 시장포트폴리오의 가격이 1% 올랐는데 특정 자산의 가격이 0.5% 오르면 그 자산의 β는 0.5가 된다. 만일 시장포트폴리오의 가격이 1% 오를 때 자산의 가격이 1.5% 오르면 그 자산의 β는 1.5이다(β값이 1.5라는 것은 β가 0.5인 경우보다 체계적 위험이 3배나 높다는 것을 의미함).

어떤 자산이 높은 β값을 갖고 있으면 그 자산의 수익률은 높은 체계적 위험을 갖고 있다는 것을 뜻한다. 체계적 위험은 분산할 수 없기 때문에 투자자는

[표 4-2] 자산구성주식과 β(예시)

주식	자산 구성비율(%)	β_i
A	10	0.9
B	20	1.2
C	30	1.6
D	40	1.7

다른 조건이 같다면 β가 낮은 자산을 선택하려고 한다. 따라서 β값이 높은 자산은 투자자의 위험노출을 보상할 수 있는 높은 기대수익을 갖고 있어야 한다.

β계수는 포트폴리오 전체에 대해서도 산출할 수 있다. 포트폴리오의 β는 포트폴리오 내 자산의 β를 가중평균하여 산출한다. 위에서 포트폴리오의 β는 $(0.1)(0.9)+(0.2)(1.2)+(0.3)(1.6)+(0.4)(1.7)=1.49$이다. 포트폴리오의 β가 1보다 크다는 것은 시장포트폴리오보다 가변적이라는 것을 뜻한다.

3. 효율적 자산구성

포트폴리오 선택이론은 개별투자자들이 기꺼이 받아들일 수 있는 위험수준아래 기대수익률을 극대화하는 효과적 자산구성을 연구한다. 투자자들은 자신의 위험선호를 알 때 최대한의 수익률을 가져다주는 자산구성, 이른바 효율적 포트폴리오를 선택한다는 점을 전제로 하고 있다.

자산구성을 할 때 평균적으로 기대되는 미래수익률을 자산구성 기대수익률(portfolio expected rate of return)이라 한다. 이를 측정하는 방법에는 두 가지가 있다. 첫째, 자산구성수익률의 확률분포로부터 직접 기대치를 구하는 방법이다. 개별증권의 기대수익률을 구하는 방법과 마찬가지로 각 상황에서 가능한 자산구성수익률에 그 상황이 일어날 확률을 곱한 다음 이를 모두 합계하는 방법이다.

둘째, 개별증권의 기대수익률을 투자금액의 비율에 따라 가중평균하여 구하는 방법이다. N개의 주식으로 구성되는 자산구성의 기대수익률 $E(R_p)$를 식으로 나타내면 다음과 같다.

$$E(R_P) = W_1E(R_1) + W_2E(R_2) + \cdots + W_nE(R_n) \qquad (4\text{-}6)$$
$$= \sum_{i=1}^{n} W_iE(R_i)$$

W_i : 주식 i에 대한 투자비율

투자자는 앞으로 가격이 오를 것으로 기대되는 금융상품을 매수한다. 그러나 매수한 모든 금융상품의 가격이 기대한 대로 오르는 것은 아니다. 모든 분석을 거쳐 주의를 기울여 금융상품을 선택했다 할지라도 그 상품이 원했던 바대로 성과를 나타낸다는 아무런 보장은 없다.

완벽한 금융상품을 발견할 수 없다는 점을 보완하기 위하여 사람들은 여러 가지 형태의 상품을 보유하게 된다(분산투자 또는 다각화). 예를 들면 금융상품 가운데서도 주식, 채권, 예금 등을 보유하고 주식 중에서도 여러 기업의 주식에 분산투자하는 것이 일반적이다. 이를 위한 자산구성의 전략에는 다음 몇 가지가 있다.

① 역기전략(barbell portfolio): 구성 채권을 단기 · 중기 · 장기로 구분할 경우 중기물을 제외시키고 단기물과 장기물 두 가지에 집중해 만기를 구성하는 투자전략이다. 수익성은 낮지만 유동성은 높다. 따라서 금리변동위험이 낮은 단기채의 장점과 반대로 위험은 높지만 상대적으로 고금리인 장기채의 장점이 잘 조화되어 유동성과 수익성이 동시에 확보될 수 있는 장점이 있다.

② 탄환전략(bullet portfolio): 역기포트폴리오와는 대조적으로 장 · 단기물의 비중을 줄이고 중기물의 매입비중을 높이는 투자전략이다. 현재 평평한 형태를 띠고 있는 수익률곡선에서 앞으로 중기물의 수익률은 내려가고, 단기물과 장기물의 수익률은 상대적으로 올라감으로써 수익률곡선의 형태가 역나비형 형태를 띨 것으로 예측할 때 주로 취하는 전략이다.

③ 사다리형 만기구성전략(ladder portfolio): 채권의 보유물량을 각 만기(잔존기간)와 같게 분산시켜 금리변동의 위험을 평준화시키고 수익성도 어느 정도 확보하려는 소극적 채권투자전략이다. 금리변동이 단기채와 장기채에 미치는 영향이 대조적이므로 만기별로 채권을 균등하게 가짐으로써 시세변동에 따른

위험을 분산시키고 유동성을 확보할 수 있다.

위에서의 전략을 비교해보면 역기전략은 탄환전략보다 투자성과가 좋기는 하지만, 관리가 복잡하고 잦은 종목 교체에 따른 수수료 비용 등 지출이 많다는 단점이 있다. 경기 및 금리변동을 감안해 단기채와 장기채의 비율을 신속히 변화시키기 위한 포트폴리오로 좋으나 이 경우 정확한 금리예측이 전제되어야 한다.

사다리형 만기구성전략은 관리가 쉽고 금리예측이 필요없으며, 만기상환되는 자금은 최장기채에 재투자되므로 거래비용이 상대적으로 적게 든다는 이점이 있다. 역기 및 탄환전략과는 달리 포트폴리오 구성 채권의 잔존만기가 다양하기 때문에 유동성이 필요할 경우 매도할 채권의 선택폭에 제한도 받지 않는다.

4. 포트폴리오 보험전략(portfolio insurance strategy)

자산구성을 동적으로 변경시킴으로써 전체 포트폴리오의 수익률이 일정수준 이하로 내려가지 않으면서 목표포트폴리오(target portfolio) 수익이 올라갈 경우 그 상승분의 일정부분을 그대로 가지려는 전략을 포트폴리오 보험전략이라 한다. 어떠한 상황이 일어나더라도 일정수준의 최저수익을 보장받으려는 전략의 일종이다.

포트폴리오 보험의 원리를 살펴보자. [그림 4-4]에서 *M*선은 원점을 통과하는 45°의 점선으로 포트폴리오 보험을 하지 않고 과녁포트폴리오에 투자할 경우의 수익률이다. A선과 B선은 최저수익률을 각각 -5%와 5%로 하는 포트폴리오 보험을 한 경우의 수익률이다. 과녁포트폴리오의 수익률이 내려가더라도 소정의 최저수익률을 유지하고 올라가는 경우 상승분에서 일정폭만큼 차감한 수익률을 그대로 얻을 수 있다.

포트폴리오 보험이론에 따르면 수익률이 어떤 일정수준 이하로 떨어질 확률을 거의 0으로 하여 시세가 떨어질때도 일정한도 내에서 손실을 유지하고,

그림 4-4 **포트폴리오 보험의 원리**

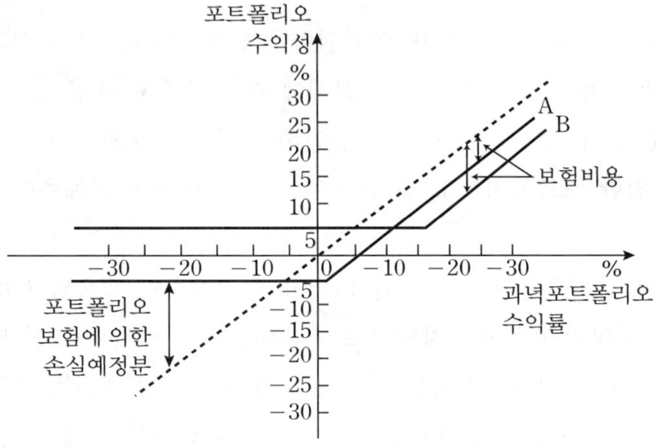

반면 시세가 올라갈때는 그 이득을 그대로 누릴 수 있다. 구체적 전략으로는 선물 · 옵션을 이용한 전략과 위험자산과 무위험자산의 구성비율을 위험자산의 가격변동에 따라 동태적으로 조정하는 동적 자산재구성전략(dynamic asset allocation)이 있다.

우발면역(contingent immunization: CI)전략은 채권포트폴리오의 시장수익률이 최저수준 이상을 유지할 때 최대수익을 추구하는 공격적 투자전략을 구사하다가 상황이 불리해져 시장수익률이 최저수준 이하로 떨어지는 순간에 포트폴리오를 면역시키는 전략이다. 이 전략은 일단 면역을 하면 사정이 호전되더라도 다시 공격적으로 전환할 수 있는 방법이 없는 반면 포트폴리오 보험전략은 신축성있게 대응할 수 있다.

그러나 포트폴리오 보험전략은 과녁포트폴리오의 가격이 일시에 크게 변동하거나 이 전략을 이용하는 투자자가 많아 이들이 일시에 매도주문을 내어 사실상 주식을 팔 수 없는 경우 그 기능을 발휘하지 못할 가능성이 있다. 또한 낮은 비용으로 언제든지 주식을 사고 팔 수 있는 시장의 연속성을 전제로 성립하는 전략이기 때문에 전제조건이 깨질 경우 그 효과는 상실되고 말 것이다.

포트폴리오 보험전략은 주가가 오르면 주식매수를 늘리고 주가가 내리면 주식매도를 늘려야 하는 이른바 적극적 피드백 거래(positive feedback trading)전략의 하나이므로 주가의 변동을 과대하게 증폭시킬 수 있다. 이를 작은 폭포효과(cascade effect or spiral free fall effect)라 한다.[4)]

마지막으로 포트폴리오 보험을 위시한 복잡한 수학적 모형들은 비슷한 가정 및 전략을 사용한다. 따라서 시장참여자들이 일시에 이러한 모형을 이용할 경우 그 이용 자체가 금융시장의 불안정성을 더욱 높이는 결과를 초래할 수 있다. 미국에서는 1987년 10월의 주가대폭락 원인이 이러한 전략에 바탕을 둔 프로그램매매(program trading)나 기관투자가들의 자기매매에 기인한 것으로 판단하였다. 이들 거래를 통해 선물시장이 현물시장에 급격한 충격을 주는 것을 완화하기 위하여 몇 개의 장치(circuit breaker)를 고안 · 시행하고 있다. 긴급거래정지제도(trading halt), 매매체결지연제도(side car), 햇볕거래제도(sunshine trading) 등이 그것들이다.

제 2 절 금융자산의 선택모형

1. 케인즈(Keynes)의 자산선택모형: 유동성선호이론

Keynes는 투자자가 화폐를 보유할 것이냐, 혹은 채권을 보유할 것이냐를 선택할 때는 정상금리(r_c)와 시장금리(r)를 비교하여 결정한다고 보았다.[5)] 채권가격과 금리는 역(逆)의 관계에 있으므로 시장금리가 정상금리보다 높다면 채권가격이 상승할 것이라고 기대(시장금리는 곧 내려갈 것이라고 예상)하며 채권의 매수를 선호한다([그림 4-5] 참조). 반대로 시장금리가 정상금리보다 낮다면 채

---

4) 주가가 내려가면 「포트폴리오 보험전략에 의한 선물매각 → 선물가격하락 → 실제선물가격 < 이론선물가격 → 선물가격 < 현물가격 → 재정거래전략에 의거 선물매입 · 현물매각」하면 주가하락의 악순환과정이 반복된다.

5) 정상금리(normal rate of interest)란 채권을 매입하려는 사람이 현재의 여건상 적정한 금리 수준으로 당연하다고 생각하는 수준의 금리이다.

그림 4-5 케인즈(Keynes)의 유동성선호이론

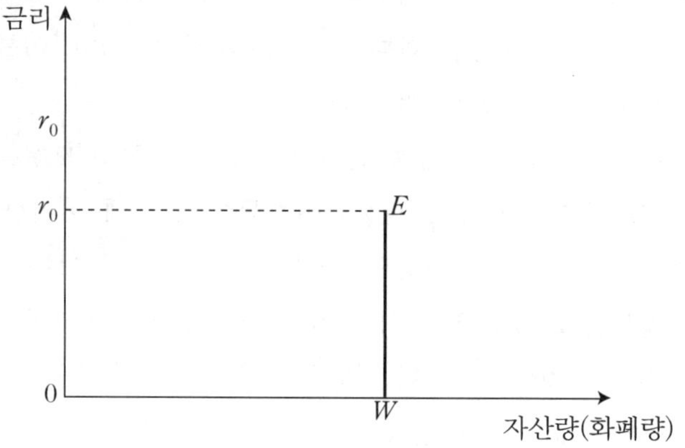

권가격이 하락할 것으로 기대(금리가 올라갈 것으로 예상)하며 현금보유를 선호한다는 것이다.

그러나 Keynes의 유동성선호설은 두 가지 자산 중 하나만을 보유한다고 전제함으로써 실제로는 두 가지를 나누어 보유하는 현실을 반영하지 못하는 한계를 지니고 있다. 여기에서 발전된 것이 J. Tobin의 자산선택이론(1958)이다.

Keynes는 개별투자자가 모든 자산을 화폐와 채권 중 한 가지로만 보유한다고 보았으나 Tobin은 개인이 채권가격에 대한 예상을 어떻게 하던지 간에 화폐와 채권을 동시에 나누어 갖는 자산구성을 한다고 주장했다. 아울러 Keynes의 비현실적인 화폐적 정상금리(normal interest rate)의 개념에 의존하지 않고, 투기적 화폐수요와 금리의 역관계를 이론적으로 규명하였다.

그에 따르면 이성적인 투자자라면 자신들의 위험선호도와 관계없이 시장포트폴리오를 효율적인 위험자산으로 선택한다(Tobin의 분리정리). 이 정리에 의하면 "위험자산들의 효율적 결합은 투자자들의 위험선호도와 관계없이 항상 일정하다. 위험선호도에 따라 변하는 것은 단지 시장포트폴리오와 무위험자산에 대한 투자비율뿐이다."

최적포트폴리오의 구성은 다음과 같이 두 단계로 분리되어 이루어진다. (i)

투자자들의 행동은 지배원리에 따라 효율적 위험자산을 선택(투자안)하는 단계와, (ii) 투자자의 위험과 수익에 대한 무차별곡선에 적합한 선택(투자안)을 하는 단계이다.

2. 마코위츠(Markowitz)의 평균-분산모형(mean-variance model: MVM)

현대 포트폴리오이론의 창시자인 H. Markowitz(1959)의 포트폴리오 선택이론은 포트폴리오 투자위험을 줄일 수 있는 효율적 분산투자 방법에 관한 것이다. 분산투자로 비체계적 위험을 제거할 수 있다는 모형이 Markowitz의 MVM이다.[6] 이 모형은 수익률의 평균과 분산, 두 요인으로 자산가치와 경제주체의 기대효용을 접목시켰다. 기대효용을 극대화하려는 합리적 투자자는 투자계획의 기대수익률과 분산을 계산하여 최적점을 선택하는데 이를 평균-분산 평면에서 분석하였다.

이 방법은 수많은 증권과 포트폴리오의 기대수익률과 분산이 주어졌을 때

그림 4-6 최적포트폴리오의 결정

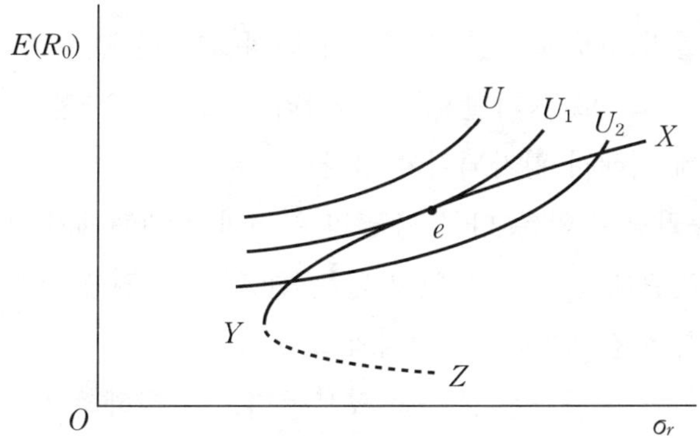

6) H. Markowitz, Portfolio, Selection, New Haren, Yale University Press, 1959, pp. 85~105 참조하기 바란다.

평균-분산기준에 의하여 효율적 경계선(efficient frontier)을 찾아 내고 투자자의 수익률분포에 대한 선호에 따라 최적포트폴리오를 선택한다는 투자의사결정 접근방법이다. 위 그림에서 투자자의 무차별곡선은 개별투자자들이 위험기피적 성향을 보인 것을 가정하여 우상향하고 아래로 볼록한 모습이다.

또한 포트폴리오의 효율적 투자선은 같은 기대수익률이 보장되는 포트폴리오 중에서 가장 작은 분산을 갖는 (X-Y-Z)를 연결한 곡선 위에 있다. 이때 최소분산 포트폴리오의 집합을 효율적 투자선 또는 효율적 변경이라고 부른다. 효율적 변경 중에서 (Y-Z) 부분은 경제학적으로 큰 의미가 없다. 왜냐하면 (X-Y) 부분들에 의해 지배되기 때문이다. 같은 위험수준에서 수익률이 더 높은 집합을 선택할 수 있기 때문에 투자선의 우하향부분은 선택할 이유가 없을 것이다.

실제 의미가 있는 부분은 (X-Y) 구간이고 개별투자자의 무차별곡선과 접하는 부분에서 기대효용을 극대화시키는 포트폴리오 균형점 e를 구할 수 있다. 투자자는 점 X에 해당하는 포트폴리오를 선택할 것이다.

Markowitz는 포트폴리오 평가와 관련하여 다음과 같은 점을 강조하고 있다. 첫째, 기대수익과 이에 수반하는 투자위험이라는 두 가지 변수를 함께 사용하여 평가해야 한다. 기대수익은 실제 예상되는 수익을 확률로 가중평균한 기대치와 실제 예상수익과의 괴리의 크기를 말하며 분산 혹은 그것의 제곱근인 표준편차로 측정한다.

둘째, 포트폴리오에 포함된 각 유가증권의 효용은 단순히 개별증권의 기대수익과 위험의 크기로 평가할 것이 아니라 포트폴리오 전체의 수익과 위험에 미치는 영향에 의해서 평가되어야 한다.

셋째, 한 증권의 수익은 다른 증권의 수익과 상관관계가 있으며, 모든 증권이 완전히 상관관계를 가지고 있지 않는 한 많은 증권을 추가할수록 포트폴리오 전체의 위험은 감소한다(분산투자의 효과).

넷째, 합리적인 투자자는 효율적 포트폴리오를 취하려고 한다. 이때 효율적 포트폴리오란 일정한 위험에서는 기대수익을 최대로 하는 것, 또는 일정한 기대수익 수준에서는 위험을 최소화하도록 구성한다.

다섯째, 특정한 투자자의 수익과 위험의 조합에 관한 선호도(효용무차별곡선)가 주어진다면 그 투자자에게 효용을 최대로 해주는 최적포트폴리오가 반드시 하나 존재한다.

그러나 Markowitz이론 역시 한계가 있다. (i) 위험증권만으로 구성된 포트폴리오를 분석대상으로 하고 있는 것은 현실성이 없다. (ii) 투자자 개개인의 선택원리만을 문제로 한 개인균형모형일 뿐 시장균형모형이 아니다. (iii) 모든 증권의 평균과 분산이 계산되고 또한 공분산의 계산도 하여야 하는 등 계산작업이 방대하다.

3. 자본자산가격모형(capital asset pricing model: CAPM)

자본시장이론(capital market theory)이란 투자자의 투자의사결정이 증권가격결정에 미치는 영향과 투자자산의 가격결정구조에 관해 다루는 이론체계를 말한다. 대표적인 것이 CAPM의 이론체계로서 W. F. Sharpe(1964), J. Lintner (1965), J. Mossin(1965)에 의해 거의 같은 시기에 독자적으로 제시되었다.[7)]

CAPM은 자본시장이 균형상태를 이룰 때 자본자산가격(기대수익률)과 위험과의 관계, 위험을 감안할 경우의 적정가격 수준을 밝히는 모형이다. 여기서 자본자산이란 미래의 수익에 대해 청구권을 가지는 자산을 말하는데, 주로 주식·회사채 등의 유가증권을 가리킨다. 또한 균형상태라는 것은 자본자산이 거래되는 자본시장에서 수요와 공급이 일치되도록 가격이 형성된 상태를 말한다. 그러므로 CAPM은 개별투자자들이 효율적 분산투자를 하고 시장 전체가 균형상태에 있을 때 증권과 같은 자본자산의 균형가격이 위험을 반영해 어떻게 결정되는가를 설명하는 모형이라고 할 수 있다.

Markowitz의 포트폴리오이론의 핵심은 분산투자를 통해 투자에서 발생하는 비체계적인 위험을 제거할 수 있다는 점이다. 그러나 분산투자를 하는 경우에도 제거할 수 없는 위험이 존재한다. 시장전체의 변동 때문에 발생하는 체계적 위험이 바로 그것이다. 이러한 체계적 위험을 고려하여 개별자산의 수익률이 결정되는 과정을 설명하는 것이 CAPM이다. 이 이론은 비체계적 위험뿐만

7) Markowitz의 자산선택이론과 Tobin의 분리정리가 결합된 이론들이라고 할 수 있다.

아니라 자산이 내포하는 체계적 위험의 크기에 따라 기대수익률이 결정되는 관계를 제시하는 일반균형이론이다.

(1) 자본시장선(capital market line: CML)

CAPM은 Markowitz의 포트폴리오 이론을 무위험자산(risk-free asset)이 존재하는 경우로 확장한 CML을 통하여 발전하였다. 자산시장에서는 국채나 은행의 정기예금처럼 위험이 거의 없는 무위험자산과 시장포트폴리오(위험자산) 두 가지에 투자한다. 이때 평균-표준편차 평면에서 위 두 가지를 연결한 선을 자본시장선이라고 하는데 시장포트폴리오의 균형가격을 제시해 주는 역할을 한다.

여러 자산을 크게 위험자산과 무위험자산으로 구분하고 위험자산만으로 먼저 포트폴리오를 구성해 보면 여기서 도출된 효율적 경계는 [그림 4-7]의 AB로 표시된다. 위험자산의 포트폴리오에 의한 효율적 경계와 무위험자산의 기대수익률을 연결하면 바로 CML을 구할 수 있다. 그러나 무위험 금리와 효율적 경계인 포트폴리오 p_A 또는 p_B를 연결한 직선은 포트폴리오 p_M과 연결한 직선에 의해 지배당하기 때문에 CML이 될 수 없다.

그림 4-7 자본시장선(CML)

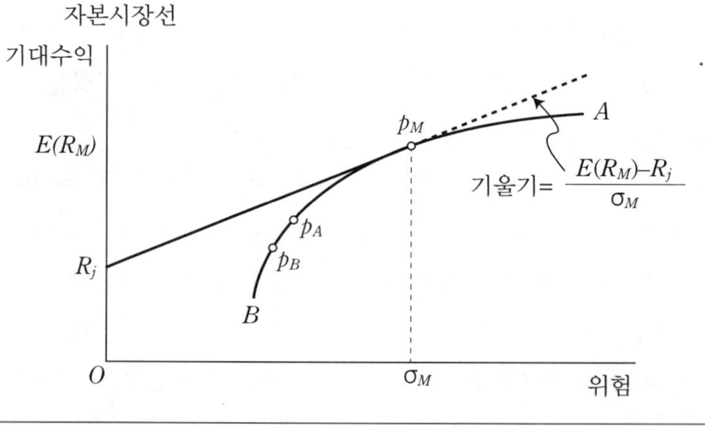

CML은 (i) 개인투자자들이 투자대상으로서 위험이 있는 주식뿐만 아니라 무위험자산도 포함시키며, (ii) 완전 분산투자를 할 경우 균형된 자본시장에서 효율적 포트폴리오의 기대수익과 위험의 선형관계를 나타낸다.

무위험자산이 존재하고 무위험금리로 무제한적으로 차입이 가능하다고 가정하면, 이 같은 무위험자산을 포트폴리오에 편입시키는 것이 더욱 우월한 투자성과를 가능케 한다. 최상의 포트폴리오는 투자자금의 일부를 무위험자산에 투자하고 나머지 자금은 위험자산인 시장포트폴리오(완전 분산투자된 효율적 포트폴리오)에 투자할 경우이다.

이러한 방법으로 투자자들이 투자자금을 무위험자산과 위험자산의 효율적 시장포트폴리오에 나누어 투자하게 될때 자본시장이 균형 상태에 이르게 되면 이 효율적 포트폴리오의 기대수익과 위험 사이에는 일정한 선형 관계가 성립한다. 이 관계를 식으로 표현하면 아래와 같다.

$$E(R_M)=R_f \frac{E(R_M)-R_f}{\sigma_M}\sigma_M \qquad (4\text{-}6)$$

$E(R_M)$: 시장포트폴리오의 기대수익률
σ_M : 시장포트폴리오의 표준편차, R_f : 무위험수익률

CML의 특징을 보면 첫째, 무위험자산이 개입되면 기존의 위험자산만으로 구성된 효율적 변경은 더 이상 효율적이지 못하다. 이는 무위험자산이 개입되면 CML이 기존의 효율적 경계를 대체하기 때문이다.

둘째, 무위험자산이 존재하면 투자자의 최적선택 과정에서 의미있는 자산은 시장포트폴리오와 무위험자산뿐이다.

셋째, CML은 반드시 직선이다.

그러나 CML은 시장에서 무차별곡선을 알 수 없으므로 실용화하기가 어렵다는 단점이 있다. 그리고 포트폴리오의 균형가격을 제시해 주기는 하지만 비효율적인 포트폴리오나 개별자산의 균형가격에 대해서는 아무런 설명을 하지 못하는 한계가 있다. 이러한 한계를 극복하기 위해 CML으로부터 도출된 것이

증권시장선(security market line: SML)이다.

(2) 증권시장선(SML)

완벽하게 분산 투자된 포트폴리오는 비체계적 위험은 제거할 수 있으나 체계적 위험은 남는다. β가 클수록 체계적 위험이 크기 때문에 β가 큰 자산을 보유하려는 투자자가 요구하는 기대수익률은 높아야 한다. 이 점에 착안하여 CAPM은 위험자산의 기대(요구)수익률과 체계적 위험의 관계를 SML로 나타낸다.

SML은 비효율적인 투자대상까지 포함한 모든 투자자산의 기대수익을 식 (4-7)과 같이 체계적 위험을 나타내는 계수의 선형함수로 나타낸 것이다. 투자자산의 위험보상률(risk premium)이 어떻게 결정되어야 하는가를 설명해 준다.

$$E(R_i) = R_f + \beta_i \, [E(R_M) - R_f] \qquad (4\text{-}7)$$

$E(R_i)$: i주식의 기대(요구)수익률, R_f : 무위험수익률
$E(R_M)$: 시장포트폴리오의 기대수익률
$E(R_M)$-R_f : 시장포트폴리오의 위험프리미엄
$\beta_i[E(R_M)-R_f]$: i주식의 위험프리미엄

위 식의 무위험수익률은 채무불이행 위험이 없는 금융자산의 수익률이다. 시장포트폴리오는 모든 위험자산으로 구성된 포트폴리오이며 위험(β_M)은 정의에 따라 1이다. 위험프리미엄은 주식이 기대수익을 실현하지 못할 위험을 투자자에게 보상하는 것이다.

주식의 기대(요구)수익률과 위험의 관계를 나타내면 [그림 4-8]과 같다. 그림에서 무위험자산의 위험은 0이므로 무위험수익률은 세로 축의 절편이 된다. SML의 기울기는 투자자가 위험을 기피하는 정도를 나타내기 때문에 투자자의 위험기피가 클수록 기울기는 커지고 그에 따라 주식에 대한 위험프리미엄과 기대(요구)수익률도 높아진다.

그러면 요구수익률을 산출해 보자. 무위험수익률 R_f가 8%, 시장포트폴리오의 기대수익률 $E(R_M)$이 14%이고 A, B, C 주식의 β가 각각 0.70, 1.00, 1.15

그림 4-8 증권시장선(SML)

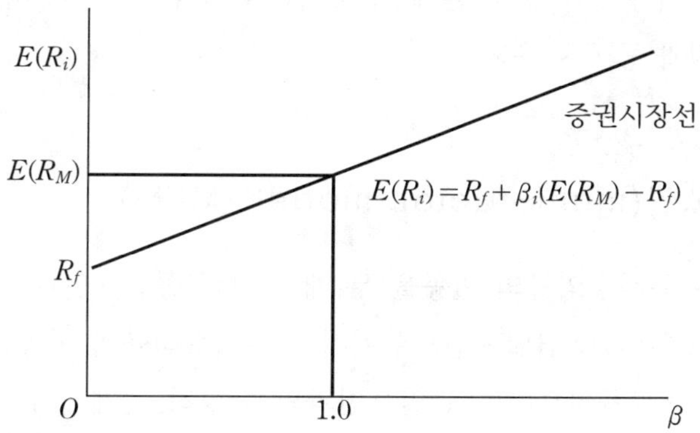

라고 가정한다. 식 (4-7)에 따르면 3개 주식의 요구수익률은 다음과 같이 계산할 수 있다.

$$E(R_A) = 0.08 + 0.07(0.14 - 0.08) = 0.122$$
$$E(R_B) = 0.08 + 1.00(0.14 - 0.08) = 0.14$$
$$E(R_C) = 0.08 + 1.15(0.14 - 0.08) = 0.149$$

SML의 의미는 균형된 자본시장에서 자본자산의 기대수익률(가격)을 결정짓는 적절한 위험요인은 β계수로 대표되는 체계적 위험이고, 이 체계적 위험이 높으면 기대수익률도 높고, 체계적 위험이 낮으면 기대수익률도 낮다는 것이다. SML은 무위험자산도 투자대상에 포함시켜 완전분산투자했을 때 가장 효율적인 포트폴리오들의 기대수익률과 위험(표준편차)과의 선형적 관계를 나타낸 것이라는 점에서 대조적이다.

SML이 보편적 CAPM으로 사용되는 것은 투자자의 관심대상이 되지 못하는 잔차분산(비체계적 위험)은 자본자산의 가격결정 또는 기대수익률 결정에 아무런 영향을 미치지 못하고, 오로지 체계적 위험을 나타내는 β계수만이 가격결정에 반영되어야 하는 논리에 근거한다. SML상의 기대수익률은 평균상태에서 투자위험을 감안한 적정수익률이므로 주식과 같은 위험자산에 대한 투자결정 문제에 활용되고 있다. 궤적으로는 특정 증권의 요구수익률 추정과 증권의 평가, 자기자본비용의 추정, 자본예산, 공공(公共)요금의 산정, 비상장주식의 평가, 투자성과평가 등에 이용되고 있다.

4. 다요인모형(multi-factor model: MFM)

이 모형은 주식수익률의 변동을 두 개 이상의 공통요인과의 공분산관계에서 파악하는 모형이다. 단일요인모형에서는 주식수익률의 변동을 유일한 공통요인으로 시장포트폴리오라는 단일요인과의 선형적 관계에서 설명한다. 그러나 다요인모형에서는 주식수익률이 시장포트폴리오 이외에도 산업생산증가율, 물가상승률, 통화량증가율, 유가변동률 등과 같은 다수의 공통요인의 변화에 따라 민감하게 변동한다고 본다.

체계적 위험을 시장포트폴리오에 대한 민감도로만 표현하는 것은 위험자산의 기대수익률에 영향을 미치는 다른 위험요인을 배제시키는 결과를 가져올 수 있다. Ross(1976)는 경제에 단순히 포트폴리오의 분산화만으로 제거되지 못하는 위험의 여러 원천이 있을 수 있다는 관점에서 차익거래가격이론(arbitrage pricing theory: APT)을 제안하였다. 단순한 형태의 APT는 개별 수익률의 생성과정을 다음과 같은 k개의 요인모형(K factor model)으로 가정한다.

$$E(r_i) - r_f = \beta_1[E(r_{f1}) - r_f] + \beta_2[E(r_{f2}) - r_f] + \cdots + \beta_k[E(r_{fk}) - r_f] \quad (4\text{-}8)$$

$E(r_{fi}) - r_f \quad (i=1, ..., k)$: 균형에서 i번째 요인에 대한 위험프리미엄
β : k번째 요인(f_k)의 변화에 대한 i번째 자산수익률의 민감도

APT에 의하면 각 자산의 평균수익률은 각각의 위험요인 f_i에 노출됨으로써 보상받게 되는 위험프리미엄의 선형결합이다. 개별 자산의 기대수익률에 영향을 미치는 k개의 요인들은 인플레이션이나 GDP변동 등과 같이 경제 전반에 영향을 미치는 것으로 간주할 수 있다.

APT에서는 각 요인에서의 변화에 대한 자산수익률의 민감성을 추정함으로써 k개의 β를 계산한다. 이 이론은 자산수익률에서의 위험프리미엄은 각 요

인에 대한 위험민감도와 연관되어 있으며, 각 요인에 대한 위험민감도가 커짐에 따라 개별 자산의 위험프리미엄도 또한 증가하게 됨을 가리킨다. 이러한 APT는 CAPM에 비해 다소 일반화된 형태로 볼 수 있다. 즉 f_1을 m으로 두고 다른 요인의 영향을 배제하면, 이는 바로 CAPM의 형태가 되므로 APT를 다요인모형(multifactor model)으로 부른다.

APT이론은 다음과 같은 몇 가지 문제점이 있다. 첫째, 모형에 포함되어야 하는 요인의 선택기준이 없다. 비록 Chen, Roll and Rass(1986)가 후보가 되는 다섯 가지 요인을 제시하기는 했지만 특정 자산의 성격에 따라 포함되는 요인이 달라져야 하므로 연구자의 자의적인 선택문제는 여전히 남는다.[8)]

둘째, 위험자산의 기대수익률을 설명하는 변수로서 요인의 수(數)를 결정할 기준이 분명하지 않다.

셋째, APT는 기본적으로 선형모형의 범주에서 벗어나지 못하고 있으므로 시계열이 비선형 구조를 포함하고 있다면 적절한 가격결정방식이 될 수 없다.

5. 자동회귀조건부 이분산(auto-regressive conditional heteroskedasticity: ARCH)모형[9)]

주가와 같은 자산가격이 선형함수의 형태를 취하게 된다는 CAPM/APT가 현재 금융시장의 대표적인 자산가격이론이다. 포트폴리오를 구성하는 위험자산들은 서로 간에 선형 관계를 가진다고 상정된다. 자산가격을 결정하기 위해 주어지는 공간은 주로 벡터공간인데 이는 선형공간으로 벡터공간에서 형성되는 수학적 연산이 일차식 또는 직선의 관계로 이루어지기 때문이다.

이러한 이론들의 기본 전제는 금융변수들이 (i) 카오스가 아닌 결정론적

8) 체계적 위험을 포착할 수 있는 변수선정시 기대현금흐름을 할인할 때 사용하는 할인율의 변화와 기대현금흐름 자체를 설명할 수 있는 변수들을 선택할 것을 권고하고 있다. 이들이 선택한 요인은 (i) 장·단기 재정증권 수익률의 스프레드, (ii) 기대인플레이션율, (iii) 산업생산지수증가율, (iv) 상위 및 하위 등급 회사채수익률의 스프레드, (v) 예상치 못한 인플레이션 등이다.

9) 이에 대해서는 조하현 · 이승국, 전게서, pp. 157~160을 인용 · 참조하였다.

시스템이거나, (ii) 이 시스템에 확률적 부분이 선형으로 결합된 형태라는 것이다. 선형확률모형에서 전제하고 있는 확률성(randomness)은 카오스 동학이 외관상 발생시키는 확률성과는 같은 것이 아니기 때문에 금융시장에 비선형 동학을 고려하는 모형의 필요성이 제기된다.

가격에 비선형적인 카오스 동학이 존재한다면 이러한 가격동학은 지속적인 추세, 주기적 또는 비주기적 순환, 장기기억 등을 나타내는 시계열을 만들어 낼 것으로 추론할 수 있다. 실제로 관찰되는 금융시계열의 특징 중 순수한 확률성에서 가장 벗어나 있는 것으로 보이는 것은 변동적 지속성(volatilitic persistence) 현상이다. 자산가격의 수익률은 매우 예측하기 어렵지만 그러한 가격변동성의 크기는 어느 정도 예측 가능하기 때문에 많은 실증연구들이 이러한 분산의 특성을 모형화하려고 노력하였다.

금융시계열에서 관찰되는 변동성은 시간에 따라 변할 수 있으며 이는 오차항의 공분산 가정을 위배하게 되므로 이를 조건부 이분산(conditional heteroskedasticity)이라고 할 수 있다. 이러한 이분산을 과거 오차항의 제곱(ε_t^2)에 대한 1차 함수로 표현한 것이 R. F. Engle(1982)이 제기한 ARCH모형이다. 이 모형은 현재 이용가능한 정보집합을 조건으로 하여 조건부 이분산을 추정하려는 것이다.

$$y_t = X_t'\delta + \varepsilon_t$$

$$\varepsilon_t = y_t - E(y_t/\Omega_{t-1})$$

$$\varepsilon_t^2/\Omega_{t-1} \sim N(0,\ h_t)$$

$$h_t = a_0 + a_i\,\varepsilon_{t-1}^2$$

y_t : 특정자산가격, X'_t : 변수, δ : 변수의 계수

ε_t : 오차항, h_t : 조건부 이분산

Ω_{t-1}: $\sum_{i=1}^{n}$ 기까지의 모든 정보들의 집합

$a_0 > 0$, $a_i \geq 0$: 조건부 분산이 양(+)이기 위한 필요조건

이러한 ARCH류의 모형에 대한 연구를 통하여 현실 금융시장에서 자산가격의 변동성 크기는 예측 가능한 것으로 보여졌다. 이러한 예측을 위해서 조건

부 분산식에 비선형성을 도입할 필요성이 인식되었다. 하지만 ARCH류의 모형은 기본적으로 자산가격의 특성 중에서 조건부 분산식에서 나타나는 특정한 형태(변동성 집중화)의 비선형성만을 고려하는 형태이므로 자산수익률에서 보여지는 비선형적 특성들은 제대로 포착할 수 없다는 단점이 있다. 또한 시간척도에 따라 다른 모형을 설정해야 한다는 문제점도 지적되고 있다.

ARCH모형에 비해 추정해야 하는 모수를 줄여 금융시장에서 관찰되는 변동성의 집중화현상을 표현할 수 있는 GARCH(generalized ARCH)모형과 여기에 지속성을 가미한 IGARCH(intergrated GARCH)모형도 있다. 어쨌던 금융시계열의 특성을 보다 잘 이해하기 위해서는 조건부 분산에서 보다 일반적인 비선형성뿐 아니라 평균식에서의 비선형성에 대해서도 더 많은 연구가 필요하다고 생각된다.

6. 자산선택 일반이론

일반적으로 투자자는 두 가지 이상의 금융자산을 갖기 때문에 개별자산보다는 포트폴리오를 중심으로 투자를 결정하고 관리한다고 가정한다. 투자자가 개별상품의 분석을 통해 어떤 상품을 투자대상으로 선정하면 그 상품은 투자자의 포트폴리오에 편입된다. 따라서 투자대상으로 어떤 개별상품을 선택하는 것은 자산선택을 의미한다. 자산선택이론에 따르면 투자자는 다섯 가지 기준에 따라 어느 금융상품에 얼마 투자할 것인가를 결정한다고 정리되고 있다.

(1) 부(富)

일반적으로 부가 늘어나면 자산에 대한 수요도 늘어난다. 그렇다고 자산을 구성하고 있는 모든 금융상품에 대한 수요를 늘리는 것은 아니며 선별적으로 금융상품을 매입한다. 저축자가 어느 상품을 선택하는가는 상품수요의 부에 대한 탄력성(wealth elasticity of demand for asset)에 의하여 결정된다.

부의 탄력성을 기준으로 필수상품(necessary goods)과 사치상품(luxury goods)으로 나눌 수 있다. 전자는 현금과 같이 수요의 부탄력성이 1보다 작은 것을 가리킨다. 후자는 수요의 부탄력성이 1보다 크다.

(2) 기대수익

저축자는 자신의 부를 어떻게 금융상품에 배분할까? 만일 조건이 비슷한 두 상품 가운데 하나를 선택한다면 기대수익률이 높은 것을 선택할 것이다. 상품의 수익은 그 상품을 가짐으로써 얻을 수 있는 것을 나타내는 데 불과하다. 상품의 매입을 결정하는 데에는 그 자산의 수익에 대한 기대가 오히려 더 큰 영향을 미친다. 기대수익 $E(R)$은 가중평균수익률이라고 할 수 있으며 다음과 같이 계산한다.

$$E(R)=\sum_{i=1}^{n} P_i \times R_i \tag{4-9}$$

P_i : 수익(R_i)이 실현될 확률

투자자는 주식의 배당수익과 자본이득을 합한 총수익률을 기대하면서 주식을 매수한다. 배당수익은 주식보유로부터 생기는 배당소득의 흐름이고 자본이득은 이익증가에 따라 발생하는 주식가치의 상승이다. 따라서 투자자의 기대수익은 기대배당수익률 $E(D)/P$와 기대성장률 $E(g)$를 합한 것과 같으므로 다음과 같이 계산할 수도 있다.

$$E(R)=\frac{E(D)}{P}+E(g) \tag{4-10}$$

$E(D)$: 기대배당수익, P : 주식가격

기대수익의 정확한 척도는 실질기대수익률(expected real rate of return)이라고 할 수 있는데 이는 인플레이션이 수익에 미치는 영향을 고려한 것이다. 인플레이션으로 인한 통화가치의 하락은 수익의 실질가치를 낮게 하므로 저축자는 인플레이션이 수익에 미치는 영향을 생각하게 된다. 실질기대수익률은 명목수익에서 기대인플레이션율을 뺀 것과 같다.

(3) 위　　험

저축자는 투자를 결정하면서 기대수익의 크기뿐 아니라 기대수익의 가변성(variability), 즉 위험이나 불확실성도 고려한다. 기대수익률이 같은 경우에는 어느 주식에 투자할 것인가? 투자자는 당연히 투자와 관련된 위험 또는 기대수익의 가변성을 따져서 결정한다.

대부분의 사람들은 위험기피형 투자자이다. 무엇보다도 투자의 안전성을 원한다. 투자자는 위험이 적으면 수익이 상대적으로 낮은 주식일지라도 매수한다. 거의 모든 저축자는 위험기피형이므로 위험이 상대적으로 높거나 높아지는 자산의 수요를 줄인다.

(4) 유 동 성

금융상품수요를 결정하는 요소로서 얼마나 적은 비용으로 상품을 산 후 필요할 때 빠르게 현금화할 수 있는가를 나타내는 유동성을 들 수 있다. 유동성이 높은 금융상품은 필요할 때 손쉽게 팔아서 지출에 이용할 수 있다. 만일 어떤 상품의 시장이 깊고 넓으면(사는 사람과 파는 사람이 많으면) 그 자산은 유동성이 높다고 한다.

유동성이 가장 높은 금융상품은 현금이지만 시장에서 많이 거래되는 상품, 예를 들면 정부채권이나 일류대기업의 회사채는 사려고 하는 사람을 쉽게 만날 수 있으므로 유동성이 높다. 일반 투자자는 유동성이 높은 상품을 선호하기 때문에 자산구성에 어느 상품을 추가하려고 할 때 수익이 다소 낮더라도 유동성이 높은 상품을 선택하는 경향이 있다.

(5) 정보비용

저축자는 금융상품을 구입하는 데 따르는 위험을 낮추고 싶어하면서도 상품공급자의 신용을 평가하거나 차입자의 행동을 알아보는 데 시간과 비용을 소비하지 않으려고 한다. 금융상품 가운데 정부채권 같은 일부 상품에 대한 정보는 일반인도 비용 없이 손쉽게 얻을 수 있다. 그러나 신설회사의 주식이나 채권에 대해서는 투자를 결정하기 전에 정보를 수집하고 분석하기 위해 시간과 자원을 투입하지 않을 수 없다.

투자자는 될 수 있으면 정보비용이 적은 자산에 투자하고 싶어한다. 다른 조건이 같다면 정보비용이 상대적으로 많이 드는 금융상품에 대한 수요는 줄어들고 반대로 적게 드는 금융상품에 대한 수요는 늘어난다.

현실적인 상황에서 금융자산을 보유하는 경우 흑자경제주체(SSU)는 매우 다양한 금융자산의 구성을 시도할 것이다. 중앙대학교의 김인기 교수는 다음과 같은 여러 유형의 자산구성을 제시하고 있다.[10)]

① 화폐와 하나의 위험자산 간의 포트폴리오
② 화폐 이외의 안전자산과 하나의 위험자산 간의 포트폴리오
③ 두 가지의 위험자산이 있는 경우의 포트폴리오
④ 세 가지 이상의 위험자산이 있는 경우의 포트폴리오
⑤ 하나의 안전자산과 여러 개의 위험자산 간의 포트폴리오

그러면 일반적인 자산선택의 경우를 살펴보자. 시장 내에 있는 각 자산의 수익률을 r_i라고 하고 시장 전체에 있어서 평균수익을 r_M이라고 하자. 그러면 r_i는 다음과 같이 표시될 수 있다.

$$r_i = \alpha_i + \beta_i r_M + \varepsilon_i \tag{4-11}$$

α_i: 상수항, β_i: i번째 자산과 다른 자산 간의 상관관계
ε_i: 잔여치

위의 식은 자산의 수익이 시장 전체의 평균수익에 따라 움직인다는 것을 나타낸다. 이때 i번째 자산과 다른 자산간의 상관관계를 나타내는 β_i는 다음과 같은 세 가지의 경우를 의미한다.

① $\beta_i > 0$: i번째 자산의 수익이 다른 자산의 수익과 같은 방향으로 움직이는 경우

10) 김인기, 신금융론, 2004. 1, 박영사, pp. 298~307 참조하기 바란다.

② $\beta_i = 0$: i번째 자산의 수익은 다른 자산의 수익과 아무런 상관관계가 없는 경우

③ $\beta_i < 0$: i번째 자산의 수익은 다른 자산의 수익과 반대방향으로 움직이는 경우

또한 ε_i는 자산 i에 관련된 어떤 특수한 사정을 나타낸다. 따라서 투자자가 각 자산에 λ_i씩을 투자한다고 하면 이와 같은 포트폴리오의 수익은 다음과 같이 결정될 것이다.

$$r = (\lambda_1\alpha_1 + \lambda_2\alpha_2 + \cdots) + (\lambda_1\beta_1 + \lambda_2\beta_2 + \cdots)r_M + (\lambda_1\varepsilon_1 + \lambda_2\varepsilon_2 + \cdots) \quad (4\text{-}9)$$

ε_1: 자산이 많아지면 상쇄되어 0으로 수렴

결국 포트폴리오의 유일한 위험은 r_M에 관한 불확실성, 즉 시장위험(β)이다. β_i가 0보다 크면 이는 시장위험이 존재한다는 것을 뜻한다. β가 높은 자산을 갖는다는 것은 포트폴리오의 위험이 비교적 크다는 것을 의미한다. 위험기피자는 β값이 높은 자산을 기피할 것이다.

위에서와 같이 자산선택이론은 자산선택자의 행태를 비교적 잘 설명해 주고 있다. 그러나 이러한 이론은 기대수익률의 확률분포를 투자자들이 확실히 안다고 가정한다는 점에서 한계를 지닌다. 개인들은 기대수익률과 위험에 관한 분석을 할 능력도 시간적 여유도 없다는 것을 간과하고 있다.

제3절 금융자산가격과 선택

1. 시장가격의 예측

증권투자의 성공 여부는 시장가격의 예측에 있다. 이 예측에 대해서는 본질적으로 불가능하다는 주장에서부터 어느 정도 예측할 수 있다는 주장에 이르기까지 많은 이론들이 있다. 불행하게도 이들 중 대부분이 단편적인 경험이

나 단순한 개연성에 입각한 것들이고 논리적인 틀을 가진 것들은 그리 많지 않는 것 같다.

지금까지 학문적인 체제를 갖춘 것으로 인정받고 있는 이론 중 대표적인 것으로는 Keynes학파 등을 중심으로 한 투기이론(speculation theory)과 신고전학파의 합리적 기대이론(rational expectations theory)을 들 수 있다. 전자는 투기로 인한 시장의 집단적 심리와 변덕 등에 의해 금융상품가격이 결정된다고 본다. 이에 반해 후자는 투자자들의 합리적 예측의 결과로 본다.

(1) Keynes학파의 투기이론

Keynes는 미래에 대한 지식이란 변동이 심하고 모호하며 매우 불확실하기 때문에 경제현상을 합리적으로 예측하기란 매우 어려운 일이라고 믿었다. 대부분의 투자자는 합리적인 예측을 할 능력이 없어 다수의 집단적 심리에 따르게 마련이고 이에 따라 주가도 비합리적으로 변동하게 된다는 것이다.

이와 같은 현상은 기업의 경영과 소유의 분리현상이 심화될수록 더욱 확산된다고 보았다. 특히 집단적 심리가 미래에 대한 합리적 근거없이 형성될 경우 지나치게 낙관적이거나 비관적인 예상이 교차하게 되고 이에 따라 증권가격은 진정한 내재가치와의 괴리, 즉 거품현상이 발생할 수 있음을 주장하였다.

K. D. West(1988)는 거품이 형성되는 것은 시장에서 결정되는 자산가격이 내재가치모형에 포함되어 있지 않은 외생요인에 의해서도 영향을 받기 때문이라고 지적했다. 특히 가격상승에 대한 시장참여자들의 기대가 실제가격을 상승시키고 이것이 다시 시장참여자들의 가격상승에 대한 기대를 부추키는 현상이 반복되면서 거품이 발생한다. P. R. Flood와 P. Garber(1980)는 증권가격의 과도한 상승에 따라 가격 상승에 대한 기대심리가 더 이상 지속될 수 없게 될 경우 거품은 꺼지기 시작한다고 주장했다.

거품발생의 원인에 대해서는 합리적 거품(rational bubble)이론과 비합리적 거품(irrational bubble)이론이 있다. 전자는 거품이 시장참여자들의 합리적 행동의 결과로 나타날 수 있다고 본다. 투자자들이 거품이 존재하고 있음을 알면서도 시장에 계속 참여하는 것은 기대수익이 주가하락의 위험을 보상해 주고도 남을 만큼 충분한 거품차익(bubble premium)을 포함하고 있기 때문이라는 것이다. 후자는 거품발생의 원인을 군중심리, 부정확한 정보에 의한 투자, 가격조작, 심리적 요인 등 비합리적인 것으로 보고 있다.

금융자산시장에서의 투기현상을 설명하는 이론으로는 다음 두 가지가 있다.

① 합리적 투기설(rational speculative attacks): 투자자들이 정책당국의 정책방향을 사전에 예측하여 합리적으로 대응하기 때문에 시장에서의 투매 또는 매집현상이 나타난다. 외생적인 대사건(big events)이 없더라도 금융자산가격은 내생적으로 항상 상·하 두 방향으로 변동하게 된다. 특히 기관투자가들의 신금융기법을 이용한 자금운용이 가격의 등락폭을 더욱 크게 한다.

② 비합리적 투기설(irrational speculative attacks): 투자자들의 비합리적 군중심리(herd instinct)에 의한 매집 또는 투매행위로 금융자산가격의 급등락이 발생한다. 여기에는 불안정투기설(destabilizing speculation), 제동점(制動點)설(trigger points), 유지가능설(sustainability) 등이 있다. 먼저 불안정투기설에 따르면 일단 자산가격이 상승추세(하락추세)에 있으면 투자자들은 가격상승(하락)이 지속될 것으로 예상하여 금융자산매수(매도)를 늘린다. 이러한 움직임은 군중심리 내지 동조효과(bandwagon effect)에 의해 더욱 가속화되어 급격한 가격등귀(하락) 현상을 동반하게 된다.

다음으로 제동점설은 금융자산가격이 명시적 또는 암묵적인 특정수준 이하(이상)로 하락(상승)할 경우 기관투자가들을 중심으로 일단의 투자자들이 자동적으로 대량 매도(매수)함으로써 시장에서 큰 가격변화가 일어난다. 마지막으로 유지가능설은 정보의 불완전성으로 내재가치에 비해 비정상적으로 높은(낮은)수준을 유지하던 특정자산의 가격이 더 이상 유지될 수 없다는 회의가 투자자들 사이에 팽배해지면서 투매 또는 매집현상이 나타나 가격의 급등락이 초래된다는 것이다.

(2) 합리적 기대이론(rational expectations theory)

J. Muth(1975)에 의해 처음 제기되고 T. J. Sargent, N. Wallace, S. Scheffern 등에 의해 발전된 이론이다. 이들에 따르면 모든 경제 주체들은 합리

적 행동을 하는 경제인(homo economicus)이다.[11] 경제인들의 행위기준은 효용의 극대화이고 이를 위해 그들은 과거의 경험에만 의존하지 않고 현재 입수할 수 있는 모든 정보를 활용하여 가장 효율적인 방법으로 합리적 예측을 한다고 가정한다. 이 예측의 결과로 나타난 가격은 경제이론으로 설명되는 시장의 균형가격과 일치하게 된다는 것이다.

합리적 기대이론이 증권시장에서 갖는 의미는 효율적 시장가설로써 설명된다. 제1장 제3절에서 살펴본바 효율적 시장이란 정보가 충분하고 신속하게 증권의 가격에 반영되는 시장이기 때문에 시장이 효율적일 경우 투자자의 합리적 예측의 결과인 증권의 내재가치는 시장의 균형가격(주가)이 된다. 바꾸어 말하면 시장이 비효율적일 경우(충분한 정보를 토대로 한 투자자의 합리적인 예측의 결과가 아닐 경우) 내재가치와 시장의 균형가격 사이에는 괴리가 생길 수 있다. 시장이 효율적인 경우에도 괴리가 발생할 수 있다. 이러한 괴리는 투자자들이 곧바로 괴리의 원인이 된 예측의 오류를 발견하여 제거함으로써 사라지게 된다.

투자자들은 과거의 경험과 전문가 등으로부터 얻은 학습과 지식을 토대로 증권가격을 예측함에 있어 구조적인 오류는 제거할 수 있기 때문에 결과적으로 남는 오류는 정보의 본질과는 무관한 확률적 오류(random error)에 불과하다. 이들 오류는 시간적으로 무작위하게 분포되어 있어 그들의 기대값은 "0"에 가깝다는 것이다.

합리적 기대이론의 타당성 여부는 (i) 그 전제인 투자자가 합리적인가? 곧 경제이론의 충분한 습득 등 투자자가 과연 합리적인 예측능력을 갖추고 있는가? (ii) 경제현상이 합리적 기대이론이 제시하는 균형경로대로 움직여질 것이냐?에 달려 있다. 특히 후자의 경우 시장의 균형이 성립될 수 있을 정도로 모든

---

11) P. Drucker는 18세기 산업혁명 후 유럽에서 대표적 인간모델로 부상한 '경제인(economic man)'은 경제적 만족만이 사회적으로 중요하고 의미가 있는 것으로 간주하였다. 경제인은 경제적 지위 · 권리를 얻기 위해 노력한다. 그는 "기존의 경제인 사회를 토대로, 그것들을 전제로 자유롭고 평등한 비경제인 사회를 새로 개발해야 한다"고 역설했다. 그가 제시한 21세기 사회와 인간의 모습인 '지식사회'와 '지식 근로자'는 '경제인 사회'와 '경제인' 이후의 인간모델인 셈이다.

재화의 가격이 충분하게 그리고 신축적으로 움직이느냐는 점이 관건이 된다.

결국 이론의 타당성 여부는 실증적인 문제로 귀착된다. 그간의 많은 실증적 결과는 적어도 금융시장에서는 이 이론의 실증성이 인정된다는 것이었다. 그 이유는 (i) 증권시장의 상품은 거의 동질적이라고 할 수 있을 정도로 상품의 표준화가 이루어져 있고, (ii) 시장에는 여러 사람의 전문가들이 있어서 대량의 정보를 처리 · 분석하여 시장에 제공하며, (iii) 투자자들은 이들로부터 필요한 정보를 아주 싼 비용으로 쉽게 얻을 수 있고, (iv) 증권가격의 조정이 시장의 균형을 달성할 수 있기에 충분할 만큼 신축적으로 이루어지기 때문이라는 것이다.

최근 들어 경제주체들의 합리적 행동을 전제로 한 합리적 기대이론은 현실과 괴리가 있다는 비판이 일고 있다. G. A. Arkerlof 등은 인간의 행동원리를 설명하기 위해 경제학에 사회학, 인류학, 심리학 등의 이론을 접목시켜 종래 경제학의 합리성 대신에 근사합리성(near-rationality)이라는 개념을 도입하여 이론과 현실의 괴리를 좁히려는 노력을 시도하고 있다.

2. 공정게임(fair game: FG)모형

증권시장의 효율성은 증권가격이 이용 가능한 모든 정보를 충분히 그리고 신속하게 반영하는 상태를 요구한다. 약간의 거래비용이나 시장의 마찰요인이 있더라도 크게 문제되지 않는다. 이때 증권시장은 증권의 가치를 적절하게 평가함으로써 자원의 효율적 배분을 촉진한다. 이런 의미에서 증권시장의 효율성을 정보효율성(informational efficiency)이라고도 한다.

효율적 시장가설이 증권투자에서 갖는 의미는 증권시장이 효율적일 때 연속되는 증권가격의 움직임은 어떤 조직적인 추세를 갖지 않는 이른바 임의보행(RW)과정을 따른다는 것이다. 증권가격의 움직임은 시계열적으로 서로 독립적이며 같은 형태의 확률분포(independent and identical probability distribution)를 갖는다.

이에 따르면 과거의 움직임을 보고 미래의 증권가격 움직임을 예측하려는 기술적 분석은 쓸데없다. 그러나 가격변동의 상당부분이 정보의 종류와 정보량의 크기에 의해 설명되며 이를 과학적으로 분석함으로써 보다 높은 수익을 얻을 수 있는 현실을 고려하면 증권시장이 전적으로 RW과정을 따른다고 보기는 어렵다. 만일 가격변동이 전적으로 그 과정을 따른다면 증권시장은 단순한 도박판과 다를 바가 없을 것이다.

지금까지 증권가격의 변동에 대한 많은 실증적 연구는 변동 자체가 반드시 RW 속성 모두를 지니고 있지는 않다는 것을 보여 주고 있다. 그 중에서도 증권가격변동의 확률분포가 같다는 것은 매우 비현실적임을 증명하였다, 대표적인 것으로 공정게임(fair game: FG)모형을 들 수 있다.[12]

FG모형은 RW모형이 요구하는 증권가격변동의 독립성과 확률분포와는 관계없이 변동을 일으키는 경제적 속성의 연구에 초점을 둔다. 이 모형은 현재 이용 가능한 모든 정보를 토대로 예측한 증권가격과 사후적으로 볼 때 실제로 실현되는 증권가격과 대체로 일치한다고 결론지었다. 통계학적으로 표현하면 다음과 같다.

$$E[P_{j,\,t+1} - E(P_{j,\,t+1} \mid \Phi_f)] = 0 \qquad (4\text{-}12)$$

$$E[r_{j,\,t+1} - E(r_{j,\,t+1} \mid \Phi_f)] = 0 \qquad (4\text{-}13)$$

$P_{j,t+1}$: 주식 j의 $t+1$기에 실현되는 주가
$E(P_{j,t+1} \mid \Phi_1)$: 현재 정보(Φ_1)가 주어졌을 때 주식 j의 $t+1$기에 기대되는 주가
$r_{j,t+1} : \dfrac{P_{j,t+1} - P_{j,t}}{P_{j,t}}$

이 모형이 뜻하는 것은 t기 현재 알려진 정보(Φ_1)를 토대로 예측한 주가 $E(P_{j,t+1} \mid \Phi_f)$와 $t+1$기에 실현된 주가 $P_{j,t+1}$과의 차이를 내어 여러 기 또는 여러

12) 주가변동설명모형으로 RW모형은 각 기간에서의 주가변동의 확률분포가 같은 형태의 분포를 취해야 한다고 주장하고 있다. 반면 FG모형은 주가변동에 영향을 주는 정보의 패턴과 강도는 시간의 흐름에 따라 언제나 다르게 나타나기 때문에 어떤 특정 기간의 주가변동에 기초하는 것이 아니라 주가변동의 평균적 동향에 기초하는 것이 타당하다고 본다. 이 모형에서는 증권시장의 이용 가능한 정보집합에 기초한 기대가격과 실제가격이 평균적으로 일치하는 경향이 있다.

증권에 걸쳐 평균을 계산해 보면 "0"이 된다는 것이다. 이는 주가의 예측 당시 이미 정보가 충분히 반영되어 있는 앞서 설명한 정보의 효율성이 지배하고 있음을 뜻한다.

따라서 FG가 지배하는 시장에서는 미래의 주가에 대한 최량의 불편 예측치(unbiased estimator)는 현재의 주가이다. 이러한 시장에서는 누구든지 현재까지 주가에 반영되어 있지 않은 새로운 정보에 의하지 않고서는 어떠한 투자전략에 의해서든 보통 투자자가 얻는 평균적인 수익보다 더 많은 수익을 얻을 수 없다.

3. 투자심리와 행태

효율적 시장가설에 따르면 증권가격은 새로운 정보가 시장에 유입되었을 때에만 반응한다. 그러나 행동주의 금융학자들은 시장에 특별한 정보가 없더라도 큰 가격변동이 유발될 수 있는 위험이 존재한다고 주장한다. 시장참여자의 심리상태 변화에 의해 기업의 내재가치와는 무관한 가격변동이 가능하다는 것이다. 예를 들어 1987년 10월 19일(폭락의 월요일)에 미국 Dow Jones 지수는 하루 사이에 사상 최고치인 22.6%나 떨어졌다. 그러나 이 때 주가를 변동시킬 만한 특별한 뉴스가 시장에 퍼진 것은 아니었다.

이 밖에도 주가가 뚜렷한 새로운 정보의 유포없이 큰 폭으로 변동했던 사례는 여럿있다. D. Cutler, J. Poterba, L. Summers(1991)는 제 2 차 세계대전 이후 가격 변동폭이 컸던 50일을 뽑아 그 날을 전후한 주요 뉴스의 발표 여부를 살펴보았으나 특별한 뉴스발표는 없었다고 결론지었다.

새로운 정보가 없더라도 투자자의 심리가 갑자기 비관적 · 낙관적으로 변화하여 주가가 큰 폭으로 변동할 수 있다는 것이 행동주의 금융학자들의 주장이다.[13] 일부 학자들은 소위 '닷-컴'으로 알려진 신경제(new economy)의 주식이 이와 비슷한 논리에서 과대평가되는 경우가 많다고 주장한다.

A. Schleifer는 "yahoo.com"이나 "amazon. com" 등의 기업이 자산도 별

13) 이에 대해서는 제 1 장 제 4 절 4항을 참고하기 바란다.

로 없고 인적 자본이 크게 훌륭한 것도 아니며 심지어 부(負)의 수익을 올리기도 하는데 1998년 한해 동안 주가는 천정부지로 치솟은 사실에 주목했다. 실제로 1999년 "amazon.com" 주식의 시장가치는 300억 달러에 달했는데, 이것은 1998년 초에 비하면 20배나 오른 것이었다. 인터넷 사업이 무한한 잠재력을 갖고 있을지는 모르지만 한 해 사이에 주식가격이 20배 오른 것은 납득하기 어렵다는 것이다.

J. De Long, A. Schleifer, L. Summers, R. Waldmann(1990)은 이러한 현상을 '따라하기 심리상태'를 이용하여 설명한다. 가격이 오를 때 증권을 사고 가격이 내릴 때 증권을 파는 것이다. 따라하기는 추세에 순응하는 투자기법이다. 예를 들어 증권시장에 합리적인 투자자 그룹과 따라하기 투자기법을 따르는 투자자 그룹이 있다고 하자. 그리고 합리적 투자자들이 자신의 정보를 바탕으로 증권을 매수하기 시작했고 그 결과 주가가 올랐다고 하자. 이때 따라하기 투자기법에 익숙한 투자자들은 가격이 오른 것을 보고 추종매수에 나선다. 그리고 그 다음날 가격이 또다시 오른 것을 확인한 투자자들은 증권을 또다시 매수하는 등 이러한 과정이 계속된다.

증권가격은 그 회사에 대한 정확한 정보가 시장에 나오기 전까지 계속 오르며 일정 시점 이후부터는 내재가치 수준을 훨씬 뛰어넘는 수준의 가격이 형성된다. 물론 기업의 실상에 대한 정확한 정보가 공개되면 투자자들 중 일부가 증권을 팔기 시작하고 그 결과 가격이 떨어지면 급격한 따라팔기가 이어질 것이다.

행동주의 금융학자들에 따르면 지나치게 비싼 인터넷 주식들 중에는 따라하기에 의해 내재가치보다 훨씬 높게 평가된 주식들이 많고, 이러한 거품상태는 궁극적으로 조정과정을 거치게 될 것이라고 보고 있다. 그렇다고 단기에서는 과소반응하고 장기에서는 과민반응하는 투자자의 행태를 모형화하여 분석하기란 쉬운 일이 아니다.

최근 몇몇 경제학자들은 심리학에서 몇 가지 개념을 빌려와 위와 같은 반응을 하는 투자자를 모형으로 설명하는 데 성공했다.[14] 이것들은 '보수주의 경

---

14) 정운찬, 전게서, pp. 180~182를 참조하였다.

향'(conservatism), '소수의 법칙'(law of small numbers) 및 '대표성 발견법'(representativeness heuristic)이다.

먼저 A. Edward는 1968년 발표한 조사에서 사람들은 새로운 정보를 접하더라도 자신들이 이미 가지고 있던 믿음을 쉽게 바꾸지 않고 '천천히' 변화시킨다는 사실(보수주의)을 발견했다. 여기서 '천천히'란 합리적인 사람이라면 새로운 정보에 대해 보다 큰 비중을 두어야 하는데, 실제로 사람들은 자신이 먼저 갖고 있던 믿음에 대해 필요 이상의 집착을 보인다는 의미에서 사용된 말이다.

보수주의에 따르면 전기(轉機)현상은 어떤 기업에 대한 낙관적인 정보가 흘러나왔을 때 효율적 시장에서 상정되는 것처럼 투자자들이 적극적으로 반응하지 않고 그 기업에 대해 가지고 있던 기존의 믿음에 더 중요성을 둠으로써 정보가 신속하게 주가에 반영되지 않아 생기는 현상이다.

'소수의 법칙'과 '대표성 발견법'은 과민반응을 설명하는 심리학 이론이다. 두 개념 모두 사람이 무작위적인 일련의 사건들 속에서 특정한 패턴을 발견했다고 믿는 경향을 가리킨다. 소수의 법칙이란 소수의 조사대상만 보고 모집단 전체에 대한 판단을 쉽게 내리는 경향을 말한다.

대표성 발견법의 사례를 보기 위해 어떤 기업이 3~4년을 연이어 매우 높은 수익률을 기록했다고 가정하자. 처음 한두 해 높은 수익률이 발표될 때까지만 해도 크게 반응을 보이지 않던 투자자들은 이 현상이 3~4년 반복되면 이 회사가 앞으로도 계속 높은 수익률을 올릴 것이라고 단정한다. 그리고 한두 번 더 확신을 갖게 되면 대량의 주식매수주문을 낼 것이다. 만일 시장에 이러한 모양으로 행동하는 투자자가 많다면 이 회사의 주가는 내재가치와는 무관하게 폭등할 것이다.

보수주의 경향, 소수의 법칙 그리고 대표성 발견법이라는 특징을 보이는 투자자는 새로운 정보에 대해 일단 과소반응하다가 어떠한 패턴이 있다고 믿는 순간부터 과민반응을 보이는 행태를 보인다. 이러한 현상은 주식시장에서 때때로 일어나는 승자-패자 역전현상과 전기(momentum)현상을 동시에 설명해준다.

여기에 재미있는 Pygmalion효과를 소개한다. 이 효과는 무언가에 대한 사람의 믿음, 기대, 예측이 실제적으로 일어나는 경향을 말한다. Pygmalion은 그리스 신화 속의 키프로스 왕이자 조각가였다. 자신이 조각한 여성상을 진심으로 사랑하게 되었고, 이를 지켜본 미의 여신 아프로디테가 그의 소원을 들어주어 조각상을 인간으로 만들어 준 데서 유래한다. 이 효과는 교육심리학에서 Rosenthal효과 또는 교사기대효과로 널리 알려져 있다. 1968년 간행된 R. Rosenthal과 L. Jocobson의 "Pygmalion in the classroom" 보고서에 근거한다.

경제학에서는 '자기충족적 예언효과'라고 표현하기도 하는데 어떤 사람이 확실한 믿음(A주식 수익률이 높을 것)을 가지고 이를 달성하기 위해 노력(주가분석과 정보수집)하면 언젠가는 좋은 결실(기대수익 확보)이 있을 수 있다는 정도로 이해하면 될 것 같다. 이와 반대되는 것으로 낙인효과(stigma effect)가 있다. 남들에게 무시당하고 부정적 낙인이 찍히면 계속 나쁜 쪽으로 변한다는 것이다.

〈투자심리지표〉

주식투자에 있어 심리적 요인을 중시하는 지표가 있다. 투자심리지표는 종합주가지수가 최근 10일 동안에 상승한 날이 며칠인가를 계산해서 백분율로 표시한다.

$$\text{투자심리지표} = \frac{\text{투자10일 중 상승일수}}{10} \times 100$$

주가는 주로 경제적 요인에 의하여 움직이지만 정치 상황이나 시장분위기와 같은 비경제적이고 심리적인 요인에 의해서도 상당한 영향을 받는다. 이러한 모든 요인이 결국은 종합주가지수에 반영되므로 투자심리지표를 보면 증권시장이 과열되었는지, 침체되었는지를 파악할 수 있다. 일반적으로 투자심리지표가 25% 이하이면 주가가 상당기간 하락하였으므로 주식을 매수할 적기라고 본다. 투자심리지표가 75% 이상이면 증시가 과열되는 징조로 보아 주식을 매도할 시점으로 본다.

4. 금융자산의 최적선택

투자자는 요구수익률과 추정수익률을 비교하여 투자를 결정한다. 여기서 추정수익률은 [표 4-3]에서 보는 바와 같이 주식의 현재가격, 기대가격 및 배당을 기초로 산출한 수익률이다. 그리고 추정수익률과 요구수익률을 비교함으로써 각 주식이 적절하게 평가되어 있는가를 분석할 수 있다.

[표 4-3]에서와 같이 주식 A는 위험수준(β=0.7)에 대응하는 추정수익률이 요구수익률에 매우 가까이 있다. 주식 A는 시장가치가 적절하게 평가되어 있으므로 특별히 사고 팔 이유가 없다.

주식 B(β=1.0)는 추정수익률이 요구수익률보다 낮으므로 [그림 4-8]의 증권시장선(SML) 아래에 있다. 주식 B의 시장가치는 고평가되어 있다는 것을 뜻하므로 파는 것이 유리하다.

반면 주식 C(β=1.15)는 추정수익률이 요구수익률보다 높기 때문에 SML 위에 놓여 있다. 주식 C는 시장가치가 저평가되어 있으므로 사는 것이 유리하다.

[표 4-3] 주식의 평가

주식	β (a)	요구수익률 (b)	추정수익률 (c)	수익률의 차이 $(c-b)$	평가
A	0.70	12.2	12.0	-0.2	적절
B	1.00	14.0	9.1	-4.9	과대
C	1.15	14.9	24.2	9.3	과소

참고 4-1 투자성과와 Sharpe지수

(1) 미국의 기관투자자협의체(AIMR)는 1999년에 투자성과평가기준(global investment performance standard: GIPS)을 마련하였다. 투자자산에 대한 회계처리, 수익률계산, 성과평가기준, 공시방법 등을 서술한 규정이다.

(2) 정확하고 공정하며 지속적이고 비교 가능한 투자성과 측정과 국제적으로 통용되는 단일평가기준으로 현재 25개 이상의 국가와 80% 이상의 미국기업이 적용하고 있다.

(3) 샤프지수(Sharpe measure)는 투자성과 평가지수의 하나로 자본시장선(CML)에서 제시되고 있는 균형관계가 사후적으로도 성립된다고 보고, 이의 기울기를 이용하여 포트폴리오 운용성과를 평가하는 척도이다.

$$\text{자본시장선 기울기} = \frac{\overline{R}_p - \overline{R}_f}{\sigma_p}$$

$\overline{R}_p$: 포트폴리오 p의 실현수익률,

$\overline{R}_f$: 무위험금리의 평균

$\overline{\sigma}_p$: 포트폴리오 p수익률의 표준편차

(4) 이 지수는 포트폴리오의 총위험 1단위당 무위험금리를 초과하여 실현된 수익률의 비율, 즉 1단위의 총위험을 감수하는 대신에 얼마나 큰 초과수익률을 얻는지를 보여준다. 이를 투자보상 대 변동성비율(RVAR: reward-to-variability ratio)이라고도 한다.

■■ 정리문제

1. 체계적 위험과 비체계적 위험이 금융시장에서 갖는 의미는 무엇인가?
2. 위험선호도에 따른 투자자의 태도를 3가지로 구분해 보시오.
3. 위험측정방법 중에서는 어느 것이 가장 많이 쓰일까요?
4. 체계적 위험의 크기 β계수는 어떻게 계산합니까?
5. 포트폴리오의 기대수익률이란 무엇을 말합니까?

6. 포트폴리오 보험의 전략 중 어느 것이 가장 효과적이겠습니까?
7. 금융자산선택을 할 때 고려하는 요인 5가지만 들어주시오.
8. Keynes가 제시한 자산선택모형의 내용은 무엇입니까?
9. 현대포트폴리오이론의 창시자인 Markowitz의 평균분산모형의 특징을 말해 주시오.
10. 자본자산가격모형(CAPM)에서 자본시장선과 증권시장선이 갖는 의미는 무엇입니까?
11. 다요인모형으로서의 차익거래가격이론(APT)은 무엇이며 CAPM과의 차이를 발견할 수 있습니까?
12. 비선형모형으로서의 ARCH모형의 이점에 대해 말해주시오.
13. 금융자산가격 예측에 있어 Keynes학파의 투기이론과 합리적 기대이론의 차이는 어디에 있습니까?
14. 증권시장의 효율성검토에 있어 임의보행(RW)모형과 공정게임(FG)모형 중 어느 것이 우선되어야 합니까?
15. 금융자산의 최적선택이란 무엇을 말합니까?

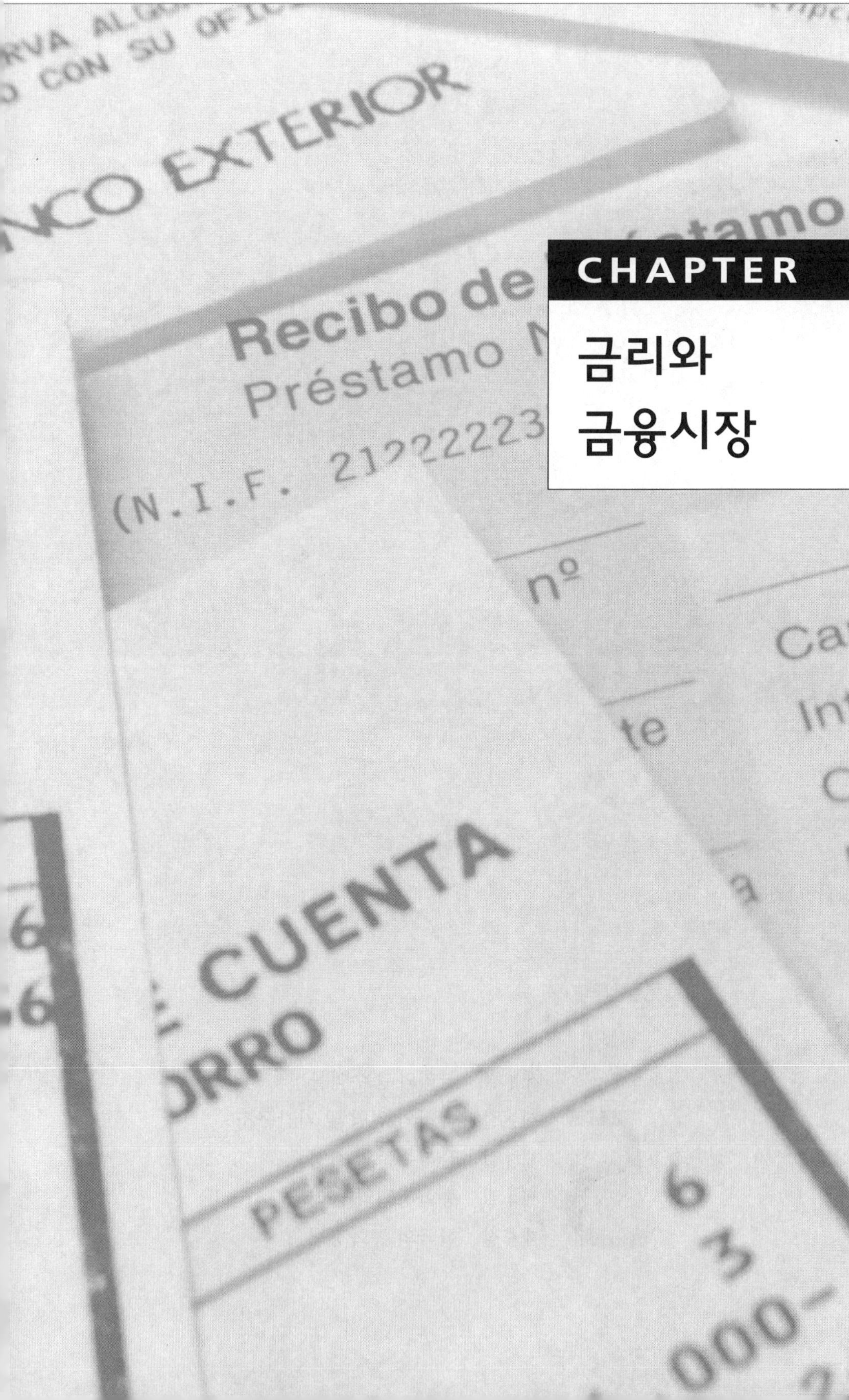

CHAPTER 5

금리와 금융시장

5

제1절 금리와 총수익률

1. 금리(interest rate)란 무엇인가?

경제제도라는 틀 안에서 생산요소, 생산물 및 금융시장들이 효율적이기 위해서는 무엇보다 가격기능이 제대로 작동되어야 한다. 금융시장에서 가격기능을 수행하는 것이 금리이다. 일반적으로 금리 또는 이자율은 만기수익률(yield to maturity)을 가리킨다. 이 수익률은 자산의 현재가치와 자산수익의 현재가치를 같게 하는 금리이다. 자산수익이란 만기까지 지급받는 금리와 만기에 상환받는 원금의 합계를 말한다.

흔히 금리는 이자를 원금에 대하여 나눈 값으로 계산한다. 그러나 현실의 금융거래에서 금리는 이자 및 원금의 상환방법에 따라 다른 형태를 보인다. (i) 이표채(coupon bond)는 만기까지는 매년 고정된 이자를 채권자에게 지급하고 만기에는 액면금액 상환을 약속하는 방식의 채권이다. (ii) 할인채는 액면가액 이하로 판매하고, 만기시에는 액면가액을 상환해 주는 채권이다. 이표채와 달리 이자 지급은 없고 액면금액만 지급한다.

금리에는 여러 가지가 있다. 보통 개인 간에 돈을 빌려주고 받는데 쓰이는 사채금리, 회사 발행의 채권에 붙는 회사채금리, 정부 및 공공기관 발행의 국공채에 표시되는 국공채금리, 은행의 예금 및 대출금리 등이 있다. 금융수단의 잔존만기에 따라 통상 만기가 1년 미만인 금융수단의 금리를 단기금리라고 부른다. 반면 만기가 1년 이상이면 장기금리라 한다.

가치기준에 따라 명목금리와 실질금리로 나누기도 한다. 전자는 화폐금리라고도 하는데 화폐자금에 대한 사용료인 이자의 자본에 대한 비율이다. 후자는 자연금리라고 하는데, 화폐가치의 변동에 영향을 받지 않는다. 금리에 대한 규제의 유무에 따라 실세금리와 규제금리로도 나눈다. 실세금리는 시장금리, 자유금리, 변동금리 등으로도 불리는데 주로 직접금융시장에서 자금의 수요자와 공급자 간의 경쟁을 통해 결정된다. 규제금리는 정부 및 통화당국의 정책금리인데 대개의 경우 고정금리이다.

이자지급방식에 따라서도 금리를 나눌 수 있다. 차입자가 차입원금에 대한 이율로 지급할 것을 약속한 표면금리와 구속성예금 등 차입에 따른 부대비용을 표면금리에 가산한 실효금리가 있다.

결정과정의 특성에 따라 시장금리와 금융기관금리로 나누기도 한다. 전자는 다수의 거래당사자가 참여하는 직접 금융시장(공개시장)에서 수요와 공급에 따라 형성되는 금리를 말한다. 주요 시장금리로는 단기금융시장에서 형성되는 콜금리, CD 및 CP 유통수익률 등이 있으며 장기채권시장에서는 국고채 및 회사채의 유통수익률 등이 있다. 시장금리 가운데 단기금리로서는 1일물 콜금리, 장기금리로서는 3년만기 회사채수익률이 금융시장의 대표적인 지표금리(benchmark rate)로 간주한다.

금융기관 금리는 금융기관과 고객 간의 상호계약에 의해 형성되는 금리이다. 대고객 금리는 금융기관이 신용을 제공할 때 적용하는 여신금리와 예금을 받을 때 적용하는 수신금리로 나눌 수 있다. 여신금리는 금융기관이 차입자의 신용상태와 차입기간 등에 따라 차등 적용한다. 수신금리는 예금의 특성, 규모, 만기 등에 따라 달리 적용한다.

대고객 금리는 금융기관별, 고객별로 서로 다르게 결정되므로 대표금리를 정하기 어려운 점이 있다. 한국에서는 여신금리 중에는 은행의 우량기업에 대한 일반대출금리(prime rate)가, 수신금리 중에는 1년만기 정기예금금리가 대표금리로 간주되고 있다. 대체로 은행대출의 기준금리로는 CD(91일물) 유통수익률 또는 1년 정기예금금리를 이용한다.

여기에서 이자발생에 관한 옛날 경제학자들의 의견을 들어보기로 하자.

Aristoteles는 "화폐는 새끼를 낳지 못한다"는 화폐불임설을 주장하면서 중세에 이자징수를 죄악시하는 이자금지론을 폈다. 그러나 J. B. Say, T. R. Malthus 등은 자본재가 생산력이 있다고 보아 이를 이자의 발생원천으로 생각했다. 생산력을 갖는 자본재를 구입하는 데 소요되는 자금을 빌려준 대가인 이자를 받는 것은 옳은 것으로 판단했다.

제욕설은 N. W. Senior가 제창하고 A. Marshall이 지지한 이자발생의 원천론이다. 그들은 생산력이 있는 자본재를 얻기 위하여 저축이 필요하고, 저축은 소비를 억제해야만 가능한 것이기 때문에 이러한 고통과 희생에 대한 대가인 이자는 정당한 것이라고 주장한다. 이 논리는 완전고용 아래 저축이 항상 투자가 되는 경제에서는 성립한다. 그렇지만 유휴생산시설이 있는 경제에서는 제욕만으로 생산력이 항상 증가하는 것은 아니기 때문에 실업이 발생하는 오늘날의 경제현장에서 이자발생 원천을 설명하기에는 한계가 있다.

E. Böhm-Bawerk, I. Fisher 등은 사람들이 현재재보다 미래재를 상대적으로 낮게 평가하는 이른바 시간에 대한 선호가 다르다는 데 착안하였다. 현재재를 구입할 수 있는 자금을 빌려주고 일정기간 후에 같은 금액을 되돌려 받는다면 그 때 구입할 수 있는 미래재의 가치는 현재재의 가치보다 작다. 따라서 이를 보상해 주는 것이 타당하고 그 시간선호의 차이를 이자 발생의 원천으로 보고 그 대가를 이자로 보았다(제1장 제2절 참조).

저축자들이 저축한 소득을 현금의 형태로 보유하고 있으면 원하는 때에 상품과 서비스로 즉시 바꿀 수 있다. 이러한 현금이 갖는 매력적인 장점을 유동성이라고 한다. Keynes는 현금이 갖는 탁월한 유동성은 매우 가치있는 것인데 현금을 보유하는 대신에 이를 빌려주면 그러한 유동성을 포기해야만 하므로 그 대가가 이자라고 보았다.

(1) 현재가치(present value)

주어진 금리를 이용하여 미래에 행사하기로 예정된 권리를 현재의 가치로 환산하는 작업을 할인(discounting)한다고 한다. 그리고 할인에 의해 계산된 현재 시점에서의 가치를 현재가치라 한다. 현재가치는 1년 후에 받을 1,000원은 오늘 받는 1,000원보다 가치가 더 작다는 상식에 근거를 두고 있다. 미래에 받을 1,000원의 현재가치는 미래의 1,000원이 되도록 현재의 금리로 현시점에서 투자해야 할 금액을 가리킨다.

지금의 투자액이 *PV*(현재가치), 금리가 *r*이라면 투자액의 *n*년 후 미래가치(*FV*)는 다음과 같다.

$$FV = PV \times (1+r)^n \tag{5-1}$$

위 식은 다음과 같이 바꾸어 쓸 수 있다.

$$PV = \frac{FV}{(1+r)^n} \tag{5-2}$$

식 (5-2)는 현재가치가 기간이나 금리와는 반비례의 관계를 갖는다는 것을 보여 주고 있다. 기간이 길거나 금리가 높을수록 현재가치는 작아지며 기간이 짧거나 금리가 낮을수록 현재가치는 커진다.

계속해서 받는 금액의 현재가치도 다음식에 의해서 계산할 수 있다. 첫해에 FV_1, 두 번째 해에 FV_2를 받는 등 매년 받는 금액이 다를 경우 이들의 현재가치는 다음과 같다.

$$PV = \frac{FV_1}{(1+r)^1} + \frac{FV_2}{(1+r)^2} + \frac{FV_3}{(1+r)^3} + \cdots + \frac{FV_n}{(1+r)^n} \tag{5-3}$$

현재가치는 다양한 금융자산의 수익을 비교하거나 평가하는 데 사용된다. 예를 들어 금리가 10%일 때 지금 600만원을 주고 5년만기 액면가 1,000만원의 할인채를 사는 것과 앞으로 5년간 매년 150만원씩 상환받는 조건으로 600만원을 대출해주는 것 중 어느 것이 유리한가를 평가하기 위해서는 각각으로부터 생기는 수익의 현재가치를 계산해 보아야 한다. 액면가 1,000만원인 할인채를 600만원에 사는 것과 할부상환대출 600만원의 현재가치는 다음과 같다.

$$PV = \frac{1{,}000\text{만원}}{(1+0.1)^5} = 620.92\text{만원}$$

$$PV=\frac{150\text{만원}}{(1+0.1)^1}+\frac{150\text{만원}}{(1+0.1)^2}+\frac{150\text{만원}}{(1+0.1)^3}+\frac{150\text{만원}}{(1+0.1)^4}+\frac{150\text{만원}}{(1+0.1)^5}$$
$$=568.61\text{만원}$$

할인채로부터 받는 수입의 현재가치는 600만원보다 크고 할부상환대출로 받는 수입의 현재가치는 600만원보다 작기 때문에 할인채를 구입하는 것이 보다 유리하다.

(2) 만기수익률(yield to maturity)

만기수익률은 여러 종류의 금리 중 대표적인 것이다. 일반적으로 시장금리라고 할 때에는 만기수익률을 뜻한다. 먼저 대출의 만기수익률을 계산해보자. 1,000만원을 1년 만기로 대출하고 1년 후 1,100만원(원금 1,000만원+이자 100만원)을 받는다고 하면 대출의 현재가격은 미래수익의 현재가치와 같아야 하므로 만기수익률(r)은 다음과 같이 구할 수 있다.

$$1{,}000\text{만원}=\frac{1{,}000\text{만원}+100\text{만원}}{1+r}$$

(대출의 현재가격=미래가격의 현재가치)

$$r=\frac{1{,}100\text{만원}-1{,}000\text{만원}}{1{,}000\text{만원}}=\frac{100\text{만원}}{1{,}000\text{만원}}=0.10 \text{ 또는 } 10\%$$

할인채의 만기수익률도 대출의 경우와 마찬가지로 계산된다. 가령 만기 1년, 액면가액 1,000만원의 할인채를 오늘 920만원을 주고 샀다면 만기수익률은 다음과 같다.

$$920\text{만원}=\frac{1{,}000\text{만원}}{1+r}$$

(할인채의 현재가격=미래수익의 현재가치)

$$r=\frac{1{,}000\text{만원}-920\text{만원}}{920\text{만원}}=0.087 \text{ 또는 } 8.7\%$$

다음으로 이표채의 만기수익률을 계산해 보자. 이것은 할인채와 마찬가지로 매기 지급하는 이자와 만기에 지급하는 액면가액을 합한 것과 채권구입액을 같게 하는 금리이다. 예를 들면 1년만기 이표채를 950만원에 산 후 1년이 지나 이표이자 60만원과 액면가액 1,000만원을 받는다면 이표채의 만기수익률은 다음과 같다.

$$950\text{만원}=\frac{60\text{만원}+1{,}000\text{만원}}{1+r} \Rightarrow r=0.1158 \text{ 또는 } 11.58\%$$

금리는 만기수익률 외에도 경상수익률(current yield), 표면금리(coupon rate) 등으로 표시되기도 한다. 경상수익률은 이표이자(C)를 이표채의 가격(P_{CB})으로 나눈 것이며, 표면금리는 이표이자를 이표채의 액면가액(F)으로 나눈 것이다. 예를 들어 액면가액이 1,000만원이고 이표이자가 연 100만원인 이표채의 가격이 750만원이라면 경상수익률은 13.3%이고 표면금리는 10%가 된다.

$$\text{경상수익률}=\frac{C}{P_{CB}}=\frac{100\text{만원}}{750\text{만원}}=0.133 \text{ 또는 } 13.3\%$$

$$\text{표면금리}=\frac{C}{F}=\frac{100\text{만원}}{1{,}000\text{만원}}=0.10 \text{ 또는 } 10\%$$

(3) 금리와 채권가격

대개의 경우 금리와 채권가격 사이에는 역(逆)의 관계가 있다. 이러한 관계를 영구채(perpetuity bond), 할인채(discount bond) 및 이표채를 중심으로 살펴보자.

1) 영 구 채

영구채는 만기가 없는 채권으로 매년 일정액의 이표이자를 지급하는 채권이다. 영구채의 가격(P_{PB})은 다음과 같이 나타낼 수 있다.

$$P_{PB}=\frac{\text{이표이자}(C)}{\text{금리}(r)}$$

예를 들어 어느 영구채가 매년 100만원씩 이자를 지급한다면 금리가 5%

일 때 영구채의 현재가격(P_{PB})은 2,000만원이 된다.

$$P_{PB}=\frac{100\text{만원}}{0.05}=2,000\text{만원}$$

만일 금리가 10%로 오르면 영구채가격은 1,000만원으로 낮아진다. 이와 같은 영구채가격과 금리의 역관계는 우(右)하향곡선으로 나타낼 수 있을 것이다.

2) 할 인 채

할인채의 경우 액면가격과 발행가격의 차액이 이자가 된다. 예를 들어 시장금리가 7%일때 투자자가 액면가액이 1,000만원이고 1년 만기인 할인채를 산다고 하자. 금리가 7%이므로 투자자가 1년 후 액면가액을 받기 위해 현시점에서 지급하여야 할 할인채의 가격(P_{DB})은 1년 후에 받을 액면가액의 현재가치와 같다.

$$P_{DB}=\frac{1,000\text{만원}}{1+0.07}=934.6\text{만원}$$

P_{DB}=934.6만원은 시장금리가 7%일 때 채권 매도자가 받을 수 있는 최대가격이다. 만일 시장금리가 6%로 내려가면 할인채의 가격은 다음과 같이 올라간다.

$$P_{DB}=\frac{1,000\text{만원}}{1+0.06}=943.4\text{만원}$$

3) 이 표 채

액면가액이 F이고 이표이자가 C인 n년 만기의 이표채가격은 어떻게 나타낼까? 매년 이표이자를 받다가 n년 후인 만기에는 이표이자와 액면가액을 함께 받게 되므로 다음과 같이 나타낼 수 있다.

$$P_{CB}=\frac{C}{(1+r)}+\frac{C}{(1+r)^2}+\frac{C}{(1+r)^3}+\cdots+\text{A}+\frac{C+F}{(1+r)^n} \qquad (5\text{-}4)$$

예를 들어 이자를 매년 100만원씩 2년간 지급하고 2년 후 만기에는 액면가액 1,000만원을 상환하는 이표채가 있다면 채권보유자는 1년 후에 1,100만원을, 2년 후에는 1,200만원을 받는다. 만일 시장금리가 8%이면 이표채의 가격은 다음과 같이 된다.

$$P_{CB}=\frac{100\text{만원}}{1+0.08}+\frac{100\text{만원}}{(1+0.08)^2}+1{,}000\text{만원}=1{,}035.7\text{만원}$$

이때 투자자는 시장금리가 8%이면 이 채권을 액면가보다 높은 가격으로 사려고 할 것이다. 왜냐하면 이표금리(10%)가 시장금리(8%)보다 높기 때문이다. 그러나 시장금리가 10%로 오르면 이표채가격은 1,000만원으로 떨어진다. 따라서 이표채의 가격도 시장금리와 역의 관계를 갖는다는 것을 알 수 있다.

$$P_{CB}=\frac{100\text{만원}}{1+0.01}+\frac{100\text{만원}}{(1+0.01)^2}+1{,}000\text{만원}=1{,}000\text{만원}$$

2. 총수익률과 피셔(Fisher)식

총수익률은 금융자산 소유자가 지급받는 금액과 가치변동액을 합한 것을 매입가액으로 나눈 것이다. 예를 들면 액면가액이 1,000만원이고 이표금리가 10%인 이표채를 1,000만원에 산 다음 1년 후에 1,200만원에 팔았다면 수익은 얼마인가?

채권소유자에게 지급하는 이표이자액은 100만원이고 가격상승은 200만원(=1,200만원−1,000만원)이 된다. 이 두 금액을 산 가격으로 나누면 채권을 1년간 가짐으로써 얻는 총수익률(R)은 다음과 같다.

$$R=\frac{100\text{만원}}{1{,}000\text{만원}}+\frac{200\text{만원}}{1{,}000\text{만원}}=0.3\ \text{또는}\ 30\%$$

첫번째 항은 경상수익률(10%)이고, 두 번째 항은 자본이득(20%)이다. 이 예를 보더라도 채권수익률은 반드시 채권이자와 같은 것은 아니라는 것을 알 수 있다. 금리와 총수익률은 밀접한 관계를 갖고 움직이지만 서로 구별하여야 함을 말해 주고 있다.

총수익률 계산식은 일반화할 수 있다. 이표채를 t기부터 $t+1$기까지 가져서 얻는 총수익률은 경상수익률에다 자본이득률 또는 손실률을 합한 것과 같다.

$$R=\frac{C}{P_t}+\frac{P_{t+1}-P_t}{P_t} \tag{5-5}$$

C : 경상수익, P : 채권가격

총수익률은 경상수익률과 다를 수 있다. 경상수익률이 정(+)일지라도 자본손실이 크면 총수익률은 부(−)가 될 수 있다. 따라서 투자자는 경상수익률이 아니라 보유기간의 총수익률에 더 관심을 가져야 할 것이다.

인플레이션은 통화의 실질구매력을 떨어뜨리므로 이것이 발생하면 장래에 받을 금액은 오늘 대여한 자금이 갖고 있는 수준의 구매력을 갖지 못한다. 자금대여자는 인플레이션이 이자소득의 실질가치를 감소시킨다는 것을 알기 때문에 자금을 대여할 때 장래의 인플레이션에 대한 기대(inflationary expectation)에 상응하는 프리미엄을 요구하게 된다.

Fisher는 1896년 그의 논문 "Appreciation and Interest"에서 기대인플레이션과 금리와의 관계를 설명하면서 채권의 명목금리와 실질금리 그리고 기대인플레이션율과의 관계를 다음과 같이 표시하였다.

$$1+i=(1+r)\cdot(1+P^e) \tag{5-6}$$

i: 명목금리, r: 실질금리
P^e: 채권만기까지의 기대인플레이션율

위의 식에서 명목금리(i)는 다음과 같이 표시할 수 있다.

$$i=r+P^e+r\cdot P^e \tag{5-7}$$

여기서 기대인플레이션율(P^e)이 매우 낮은 수준이라면 $r\cdot P^e$는 무시할 수 있기 때문에 이 식은 다시 $i=r+p^e$로 나타낼 수 있다. 이 식은 명목금리=실질금리+기대인플레이션율의 관계를 나타내고 있는데 이를 Fisher효과라고 한다. 그런데 실물자산의 생산적 수익과 위험 프리미엄에 의해 결정되는 실질금리는 상대적으로 안정적이기 때문에 t시점에서의 Fisher효과를

$$i_t = r + P^e$$

로 표시할 경우 일정기간이 지난 $t+1$시점에서의 Fisher효과는

$$i_{t+1} = r + P^e_{t+1} \tag{5-8}$$

로 표시된다. 식 (5-8)에서 식 (5-7)을 차감하면 다음과 같은 식을 얻을 수 있다.

$$i_{t+1} - i_t = P^e_{t+1} - P^e_t \tag{5-9}$$

위의 식은 일정기간중 명목금리수준의 변동이 기대인플레이션율의 변동폭과 같음을 보여주고 있다. 여기에서 명목금리는 인플레이션 프리미엄의 성격을 갖고 있다. 이는 자금대여자의 입장에서 보면 일정 기대인플레이션하에서 상환기에 회수될 원리금의 실질구매력이 그만큼 줄어들 것을 말해준다. 그 이유는 명목금리가 기대인플레이션율만큼 조정되어 이를 충분히 보상하여야 하기 때문이다.

[그림 5-1]은 Fisher효과를 나타낸 것인데, 가로축에는 기대인플레이션율(P^e)이, 세로축에는 명목금리(i)가 나타나 있다. 직선 F_c는 기대인플레이션율의 변화에 따른 명목금리의 변화를 나타낸 것으로 실질금리수준 r을 통과한 45°선이 된다. 그림에서 기대인플레이션율이 0에 접근하게 되면 명목금리와 실질금리는 같게 된다. 여기에서 특기할 것은 기대인플레이션율이 $P_1{}^e$에서 $P_2{}^e$로 상승할 경우 명목금리도 i_1로부터 i_2로 같은 폭으로 상승하게 되어 실질금리 r은 일정수준을 그대로 유지하게 된다.

시간이 지남에 따라 인플레이션에 대한 기대가 달라지면 명목금리도 변동한다. Fisher식에 따르면 기대인플레이션과 명목금리 간에는 1 대 1의 관계가 있다. 기대인플레이션이 높아지는 만큼 명목금리도 올라가는 것이다. 그러나

그림 5-1 명목금리와 기대인플레이션율

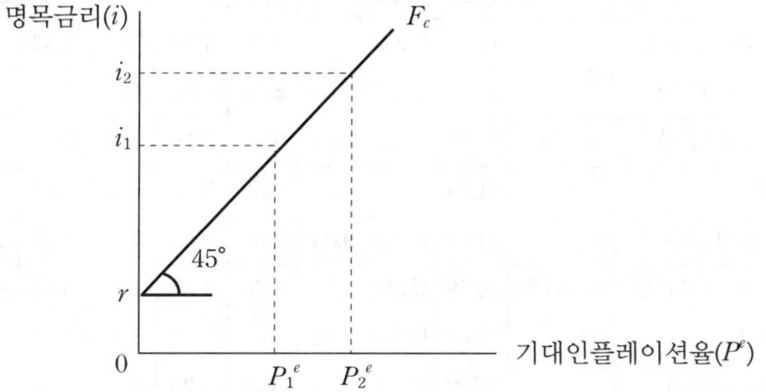

실제로 기대인플레이션과 명목금리 사이에 1 대 1의 관계가 있다는 분석은 찾아보기 어렵다. 인플레이션을 기대하면 명목금리가 올라가는 것은 틀림없으나 기대인플레이션이 명목금리에 어느 정도 반영되는가는 불확실하다.

Fisher식에 의하여 계산된 실질금리는 명목금리에서 기대인플레이션을 차감한 것이므로 사전적(ex-ante) 실질금리라고 할 수 있다. 명목금리에서 실제인플레이션을 차감하면 사후적(ex-post) 실질금리가 된다. 이것은 실제인플레이션을 활용하여 산출하기 때문에 투자를 결정할 당시에는 알 수 없다는 결점이 있지만 기대인플레이션보다 관련자료를 얻기 쉬우므로 이것을 실질금리로 사용하는 경우가 많다.

3. 시장금리와 금융기관금리의 연계성

시장금리가 어떤 요인에 의해 변동되는가 이를 알기 위해서는 대표금리에 관한 함수를 추정하는 것이 일반적이다. 이 경우 회사채 유통수익률을 대표금리로 하고 이를 결정하는 설명변수로서 여러 가지를 생각할 수 있다. 대체로 투자수요를 나타내는 설비투자, 중앙은행의 금리정책을 시사하는 콜금리, 달러/원 환율, 해외금리, 총통화 및 소비자 물가, 종합주가지수 등이 금리함수의

[표 5-1] 한국의 주요 금리 추이

	1996	1998	2000	2001	2002	2003	2005	2006	2007
콜금리(1일물)	12.35	15.07	5.05	4.65	4.18	3.97	3.33	4.19	4.77
CD유통수익률(91일물)	12.63	15.22	7.08	5.32	4.81	4.31	3.65	4.48	5.16
통화안정증권(364일)	12.11	12.38	7.81	5.45	5.19	4.42	3.97	4.67	5.21
국고채(3년)	11.84	12.94	8.30	5.68	5.78	4.55	4.27	4.83	5.23
회사채(장외3년, AA-등급)	11.87	15.10	9.35	7.05	6.56	5.43	4.68	5.17	5.70
저축성수신평균(신규취급액 기준)	10.79	13.30	7.01	5.43	4.73	4.15	3.62	4.41	5.07
정기예금	9.00	13.39	7.08	5.46	4.71	4.15	3.57	4.36	5.01
양도성예금증서	11.22	13.24	6.88	5.23	4.79	4.22	3.72	4.52	5.19
금융채	10.30	11.85	7.81	5.65	5.39	4.55	4.14	4.87	5.46
대출평균(신규 취급액 기준)	11.21	15.18	8.55	7.70	6.70	6.27	5.59	5.99	6.55
가계대출	12.26	15.21	9.88	8.20	6.92	6.50	5.49	5.80	6.48
기업대출	10.98	15.20	8.18	7.49	6.50	6.17	5.65	6.08	6.60

자료: 한국은행조사통계 연보 및 월보.

설명변수로 등장한다.

한국에서 콜금리는 콜시장에서 금융기관의 자금수급사정에 따라 결정되고 있다.[1] 원칙적으로 무차별중개방식에 의해 자율적으로 결정되기 때문에 수시로 변동한다. 일반적으로 지급준비금 부족은행은 부족자금의 충당을 위해 통화안정증권 및 콜시장의 활용 이외에 국채 등 보유증권의 매각 또는 CD발행, 한국은행으로부터의 차입 등을 이용한다.

여기서 콜금리는 이들 단기금융시장의 금리들과 밀접한 연관성을 갖고 오르내린다. 또한 콜금리는 분기말이나 지준마감일에 보통때보다 상대적으로 큰 변동을 보이는데, 이는 은행 간에 지준예치부족을 매우기 위한 일시적인 자금

1) 미국의 콜금리인 FFR은 당초 연방준비제도 이사회(FRB)의 가맹은행 상호간 지급예치금의 대차시장에서 형성되는 금리였다. 최근에는 가맹은행간 거래뿐만 아니라 비가맹 상업은행과 상호저축은행, 저축대부조합 및 협동조합 그리고 외국은행의 미국내 지점 등 각종 금융기관의 지준예치금 및 즉시 가용자금(immediately available funds)의 대차가 이루어지는 대표적인 단기금융시장에서 결정되고 있다.

참고 5-1 한국의 은행간금리(Koribor)

(1) KORIBOR(Korea inter-bank offered rate)는 은행간시장의 대출기준금리로 2004년 7월 26일부터 공식적으로 산출 · 공표되고 있는데 총 10종의 금리로 구성되어 있다.* 공표 금리는 14개** 은행이 제시한 금리*** 중 상하 각각 3개씩을 제외한 나머지 8개를 산술평균하여 산출된다.

(2) Koribor의 산출 · 공표절차를 보면 (i) 금리제시은행들이 매 영업일 오전 10시 40분~55분 사이에 만기별 호가금리를 정보제공업체 단말기를 통해 입력하면, (ii) 주관기관인 전국은행연합회는 은행별 제시금리와 산출된 기준금리의 착오 여부 등을 검토한 후 승인하며, (iii) 승인과 동시에 당일 금리가 정보제공업체를 통해 발표된다.

(3) 발표시간은 원칙적으로 오전 11시이다.

* 1주일, 2주일 및 1,2,3,4,5,6,9,12개월물(Libor는 1일, 1주일, 2주일물, 1~12개월물 등 총 15종)

** 2007년 말 현재 7개 시중은행(국민, 우리, 하나, 신한, 외환, 씨티, SC제일), 2개 특수은행(기업, 농협), 2개 지방은행(대구, 부산) 및 3개 외은지점(홍콩상하이, 칼리온, JP 모건체이스)

*** 금리제시 기준은 은행간 대차시장에서 통상 거래 가능한 규모의 중도상환 가능 등 조건이 붙지 않은 원화자금을 무담보로 차입할 경우 차입 가능한 호가금리(offered rate)

수요가 발생하기 때문이다.

우리나라의 회사채수익률(장단기)이 어떠한 요인에 의해 변동하는가에 대한 한국은행의 최근 연구결과에 따르면 콜금리, 달러/원 환율, 3개월물 Libor, 총통화, 소비자물가, 종합주가지수 등의 영향을 많이 받는 것으로 나타났다.[2)]

많은 사람들이 직접금융시장에서의 시장금리와 간접금융시장에서의 은행예대금리 간에 어떠한 관계가 있을까에 대해 의문을 가져왔다.[3)] 이에 대한 연구는 유럽중앙은행(European Central Bank: ECB) 중심으로 활발하게 진행되고 있다. C. Kok Sorensen와 T. Werner(2006)는 다음과 같은 동태 SUR(dynamic seemingly unrelater regression: DSUR)식과 패널오차수정모형(panel error correction model: PECM)을 통해 유로지역 국가의 금리연계성 정도를 파악하였다.

2) 한국은행조사통계월보, 2006년 9월호, pp. 23~127 참조.

3) 한국은행, 위 게서, 2007년 8월호, pp. 23~44 인용, 참조.

$$b_{i,t} = \alpha_i + \beta_i r_{it} + \sum_{i=1}^{N} \sum_{n=-n}^{P} \sigma_{i,s} \Delta r_{i,t-s} + v_{i,t} \tag{5-10}$$

$$\Delta b_{i,t} = \alpha_i + \theta_i (b_{i,t-1} - \beta_i r_{i,t-1}) + \sum_{s=1}^{p} \delta_{i,s} \Delta b_{i,t-s} + \sum_{s=0}^{s} \Phi_{i,s} + v_{i,t} \tag{5-11}$$

$b_{i,t}$: t기 i국가 은행의 가중평균 예대금리(금액기준)
$r_{i,t}$: t기 i국가의 시장금리
$v_{i,t}$ 와 $u_{i,t}$: 평균 0과 분산 σ_v^2, σ_u^2을 지닌 정규분포를 따르되 상호 상관관계가 있는 것으로 가정되는 확률변수

이들은 식 (5-10)에 의해 시장금리가 은행 예대금리로 파급되는 장기파급승수(β_i)를 나라별로 산출한 다음, 식 (5-11)로 이 승수의 효과가 얼마나 빨리 나타나는지를 보여주는 조정속도(θ_i), 그리고 승수와 조정속도의 곱으로 나타나는 조정규모($\beta_i \times \theta_i$)를 각각 나라별로 파악하였다. 이를 토대로 유로지역 각국 간에 상당한 정도의 금리연계성 격차가 있는 것으로 나타났다.

M. A. Weth(2002)는 Kok Sorensen & Werner와 달리 장기균형관계가 자료에 의해 내생적으로 나타나도록 모형을 설정하였다. 그는 식 (5-12)와 같은 형태의 ECM모형을 통해 독일만을 대상으로 금리연계성을 파악하였다.

$$\Delta b_{ij} = u_i + \sum_{k=1}^{p} \alpha_k \Delta b_{ij-k} + \sum_{k=1}^{p} \beta_k \Delta r_{t-k} + \gamma \left[b_{ij-k} - r_{ij-k} \right] + \delta b_{ij-1} + \varepsilon_{ij} \tag{5-12}$$

r_i : t기 독일의 시장금리

이 연구는 개별은행간 금리연계성 정도에 차이가 있는지, 그리고 있다면 그 원인은 무엇인지를 파악하는 데 주된 목적을 두었다. 실증분석 결과 은행간 금리연계성 정도는 은행별로 구조적 차이를 보이고 있으며 자산규모, 대출자금 조달여건, 취급업무 범위 등에 의해 주로 영향을 받는 것으로 나타났다.

M. Van Leuvensteijn 등(2006)은 유로지역 나라들을 대상으로 은행산업 경쟁도가 금리연계성에 미치는 영향을 분석하였다. 그는 경쟁도가 높을수록 시장금리와 은행 예대금리 간의 격차가 축소되어 금리연계성이 높아지는 것으로 해석하였다. 그리고 경쟁도가 높을수록 은행의 예대금리가 시장금리 변동에 더

빠르게 반응한다는 실증분석 결과도 제시하였다.

다른 한편으로는 기업대출금리가 지니는 시장금리와의 연계성이 가계대출금리, 정기예금금리 등에 비해 상대적으로 높다는 결론을 얻었다(이는 여타 관련 연구의 결과와 같다). 또한 경쟁도와 예대금리 스프레드 간의 관계를 분석하여 양자 간에 정(+)의 상관관계가 있음을 주장했다. 이에 대해 그는 예금시장보다 대출시장의 경쟁도가 높아 경쟁이 치열할수록 은행들이 대출금리 인하로 인한 수익성 악화를 예금금리 인하를 통해 보전하려는 유인을 크게 갖기 때문인 것으로 해석하였다.

한국은행의 서정의 · 권효성 팀(2007)은 오차수정모형을 통해 은행 예대금리가 시장금리 변동에 반응하는 조정속도 등을 분석하였다.[4] 한국의 시장금리와 은행기업대출금리 간의 연계성을 보면, 장기파급승수는 유로나라와 비슷하나 조정속도가 크게 낮아 이를 종합한 조정규모는 유로지역 평균의 절반 이하 수준에 불과하였다. 가계대출금리와의 연계성도 유로나라들의 절반 이하이며, 정기예금 금리의 경우 25% 정도 낮은 것으로 나타났다.

이것은 한국의 은행들이 예대금리를 결정함에 있어 유로지역은행들만큼 시장금리의 변동을 적극적으로 반영하지 않고 있음을 뜻한다. 시장금리에 대한 기업대출금리의 연계성이 예금금리보다 낮은 것은 직접금융이 간접금융과 원활하게 경쟁하지 못하는데다 기업대출금리는 대형은행 중심으로 가급적 낮게 유지하면서도 예금금리는 시장금리에 가깝게 조정하는 등 시장점유율 경쟁이 지속되고 있기 때문이다. 이러한 점들은 결국 우리나라 직·간접금융의 균형발전 정도가 유로지역보다 낮은 수준에 머물고 있음을 말해 주는 것이다.

이 팀은 은행별 특성이 금리연계성에 미치는 영향도 분석하였다. 시장지배력이나 신용위험 등 대부분의 개별은행 특성이 시장금리와 기업대출금리 간의 연계성에 별다른 영향을 미치지 못하고 있는 것으로 나타났다. 이는 은행들이 자산규모 등 개별 은행의 특성에 관계없이 시장금리에 민감하게 반응하지 않고 있기 때문이다. 반면 가계대출금리의 경우에 있어서는 거의 모든 은행별 특성이 금리연계성을 높이기보다는 낮추는 요인으로 작용하였다. 구체적으로

4) 한국은행, 조사통계월보, 2007년 8월호, p. 49 참조.

는 시장지배력이 크고 유동성이 풍부할수록, 업무영역이 다각화되거나 외국인 주식소유 비중이 높을수록 금리연계성이 뚜렷하게 낮아졌다.

제2절 금리의 위험 및 기간구조

금융자산의 만기는 같은데 금리가 다른 것은 금리에 위험이 반영되기 때문이다. 위험과 금리의 관계를 금리의 위험구조(risk structure of interest rates)라고 한다. 위험뿐 아니라 만기도 금리에 영향을 미친다. 만기와 금리의 관계를 금리의 기간구조(term structure of interest rates)라고 한다.

1. 금리의 위험구조

두 개의 채권 가운데 A는 만기에 소유자에게 원금 1억원을 상환하는 것이 확실한 반면 B는 발행기업이 파산하지 않는 경우에만 1억원을 상환받을 수 있다고 가정하자. 만일 발행기업이 파산할 확률이 10%라면 B채권의 만기 상환기대치는 0.9×1억원+0.1×0원=9,000만원이 된다.

투자자는 위험이 높은 자산에 대해서는 낮은 가격을 지급하려고 한다. 위험이 높은 자산은 위험이 없는 자산보다 기대수익이 낮기 때문이다. 위험이 있는 채권은 위험이 없는 채권보다 기대수익이 작으므로 가격은 낮고 금리는 높다. 위험이 있는 자산의 금리와 위험이 없는 자산의 금리 차이가 위험 프리미엄(risk premium)이다.

(1) 채무불이행위험

채무불이행위험은 차입자가 약속대로 채무를 상환하지 못할 가능성을 일컬으며 채무증서 발행자의 신용과 밀접한 관계를 갖는다. 예를 들면 정부가 발행한 국채의 채무불이행위험은 거의 없다. 정부는 채무를 상환하기 위해 세금을 거두거나 국채를 발행하든지 아니면 중앙은행으로부터 차입할 수 있기 때문이다. 정부신용이 뒷받침하는 국채나 우리나라의 경우 한국은행이 발행하는 통화안정증권은 무위험(default-free) 채무증서라고 할 수 있다.

회사채는 국채보다 높은 채무불이행위험이 있다. 기업은 정부처럼 부족자금을 조달할 수 있는 방법이 별로 없기 때문에 회사채는 국채보다 위험이 높다. 재무상태가 건실한 기업은 취약한 기업보다 채무불이행위험이 낮음은 명백하다. 은행대출은 비교적 높은 채무불이행위험을 갖고 있으며 위험수준은 대출형태에 따라 다르다. 일반적으로 개인에게 대출하는 소비자금융이 대기업에 대한 대출보다 채무불이행위험이 높다.

채무불이행위험이 채권가격의 결정에 어떻게 반영되는가를 살펴보자. 예를 들어 채무불이행위험을 제외한 모든 조건이 같은 국채와 회사채(B급)가 있다고 가정한다. 둘다 만기 1년, 액면가액 1억원, 이표금리 5%이며 1년 후 채권보유자에게 1억 500만원을 지급할 것을 약속하고 있다.

먼저 위험이 전혀 없는 국채를 보면 국채가격(P_G)은 1억 500만원의 현재가치인 1억원이다.

$$P_G = \frac{1.05\text{억원}}{1.05} = 1\text{억원}$$

다음으로 회사채의 신용등급이 B급이므로 만기에 상환받을 확률은 90%이고 상환받지 못할 확률이 10%라면 1년 후 받을 금액의 기대치는 9,450만원이다.

$$0.9 \times 1.05\text{억원} + 0.1 \times 0\text{원} = 9{,}450\text{만원}$$

회사채도 1년 후에 1억 500만원 상환한다고 약속하고 있으나 상환받을 것으로 기대되는 기대치는 9,450만원에 불과하다.

B급 회사채를 사려는 투자자는 얼마를 지급하여야 위험이 없는 투자수익률인 5%를 받을 수 있는가를 알아보자. 이 B급 회사채에 대해 지급하고자 하는 가격(P_B)은 투자자가 상환받을 기대금액의 현재가치인 9,000만원이다.

$$P_B = \frac{9,450\text{만원}}{1.05} = 9,000\text{만원}$$

국채와 B급 회사채 둘다 만기에 1억 500만원을 상환한다고 약속하고 있지만 회사채가격이 국채보다 낮은 것은 회사채는 채무불이행위험이 높기 때문이다.

채무불이행위험이 금리 결정에 어떠한 영향을 미칠까? 국채와 B급 회사채 모두 만기에 상환된다는 가정하에서 만기수익률을 계산하면 국채의 만기수익률(r_G)은 5%이다.

$$1\text{억원} = \frac{1.05\text{억원}}{1+r_G} \Rightarrow r_G = \frac{500\text{만원}}{1\text{억원}} = 0.05 \text{ 또는 } 5\%$$

채무불이행위험을 제외한 모든 조건이 국채와 같은 B급 회사채의 만기수익률(r_B)은 16.7%이다.

$$9,000\text{만원} = \frac{1.05\text{억원}}{1+r_B} \Rightarrow r_B = \frac{1,500\text{만원}}{9,000\text{만원}} = 0.167 \text{ 또는 } 16.7\%$$

B급 회사채와 국채의 만기수익률 차이(16.7%−5.0%=11.7%)는 B급 회사채에 부과되는 채무불이행위험 프리미엄이다.

(2) 유동성위험

유동성위험은 금융자산을 적은 비용으로 어느 정도 쉽게 현금화할 수 있는 가를 일컫는다. 국채와 같은 채권은 많은 투자자들이 보유하고 유통시장에서 쉽게 팔 수 있으므로 유동성이 매우 크다. 반면 중소기업이 발행하는 회사채는 보유자가 적을 뿐 아니라 유통시장에서 별로 거래되지 않는다. 이러한 채권을 현금화하는 것은 쉽지 않으며 경우에 따라서는 아주 낮은 가격에 팔아야 하기 때문에 유동성이 낮다. 유동성이 낮은 채무증서는 유동성위험이 높다고 할 수 있다.

투자자는 유동성이 높은 금융자산을 더 선호한다. 대기업 회사채는 비교적 유동성이 높으므로 균형금리를 6%로, 중소기업 회사채는 유동성이 낮으므로 균형금리를 그보다 높은 8%라고 각각 가정하자. 두 금리의 차이인 2%가 유동성 프리미엄이며 투자자가 유동성위험에 대한 보상으로 받는 추가금리이다. 마찬가지로 유통시장에 상장된 채권은 유동성이 높으므로 비상장채권에 비해 금리는 낮고 가격은 높다.

(3) 정보비용과 세금

정보비용은 금리의 위험구조에 영향을 주는 제3의 요인이라고 할 수 있다. 투자자가 투자자산에 관한 정보를 획득하기 위하여 시간과 돈을 쓰게 되면 기대수익은 작아진다. 따라서 이들을 쓰는 데 따른 비용은 자금 대여자가 차입자에게 부과하는 차입비용에 포함되어야 한다. 만일 두 금융자산이 같은 채무불이행 및 유동성위험을 갖는다면 투자자는 정보비용이 낮은 자산에 투자하려고 할 것이다.

예를 들면 국채는 정보비용이 매우 적다. 원금과 이자가 상환될 것이라는 것을 모든 투자자가 잘 알고 있기 때문이다. 잘 알려진 차입자에 대한 정보를 수집하는 데 드는 비용은 적지만 별로 알려지지 않은 차입자에 대한 정보를 수집하는 데 드는 비용은 많을 수밖에 없다. 일반적으로 정보수집비용이 많은 금융자산은 상대적으로 유동성이 낮다. 이는 쉽게 이용할 수 있는 정보가 없으면 금융자산이 금융시장에서 거래되기가 어렵기 때문이다.

금리에 차이가 생기는 또 하나의 이유는 세금에 있다. 모든 금융자산의 수익에 대해 똑같이 세금을 부과한다면 위에서 본 위험과 정보비용만이 금리의 위험구조를 결정한다. 금융자산에 따라 세율이 다르기 때문에 투자자는 이자에 대한 과세 여부는 물론 세율도 고려하여 투자하게 된다. 투자자의 세금부담 정도에 따라 금리수준은 달라지기도 한다.

2. 금리의 기간구조

위에서 본 바와 같이 금융자산의 수익률에 차이가 있는 것은 채무불이행

그림 5-2 **금리의 기간구조**

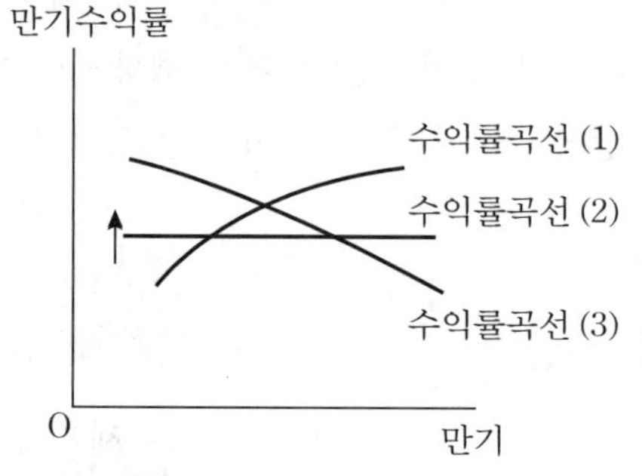

위험, 유동성위험, 정보비용 등에 기인한다. 그러나 위험이 같을지라도 만기까지의 기간이 다르면 수익률도 달라지는 경우가 있다. 만기와 그에 대응하는 금리를 그림으로 표시한 것이 수익률곡선이다.

수익률곡선은 [그림 5-2]에서 곡선 (1)과 같이 우상향의 기울기를 갖는 것이 일반적이다. 만기까지의 기간이 길수록 수익률이 높다는 것을 가리킨다. 장단기금리 사이에 별다른 차이가 없으면 수익률곡선은 곡선 (2)와 같이 거의 수평이다. 단기금리가 장기금리보다 오히려 높으면 수익률곡선은 곡선 (3)과 같이 우하향의 기울기를 갖는다.

금리의 기간구조 또는 수익률곡선을 설명하는 이론으로는 기대설(expectations hypothesis: EH), 시장분할설(segmented-markets hypothesis: SH), 서식처선호설(preferred-habitat hypothesis: PH), 유동성 프리미엄설(liquidity-premeuon hypotheis: LH)이 대표적이다.[5)]

(1) 기대설(EH)

이 설은 I. Fisher(1896)에 의해 처음 제기된 후 F. Lutz(1940) 등에 의해

5) F. A. Lutz, "The Term Structure of Interest Rate,"Quarterly Journal of Economics, 1940, pp. 36~63 참조; J. H. Culbertson, "The Term Structure of Interest Rates," Quarterly Journal of Economics, 1957, pp. 485~517 참조; S. M. Goldfeld and L. V. Chandler, The Economics of Money and Banking, Haper & Fow, 1986, pp. 86~87 참조.

발전되었다. 기대설에서 장기채권의 금리는 그 채권이 존속하는 기간의 기대단기금리를 평균한 것이다. 1년 만기 채권의 현재 금리가 5%이고 내년의 금리를 7%로 기대한다면 2년 만기 채권의 현재 금리는 두 개의 1년 만기 채권금리를 평균한 6%이다.

EH는 단기채권과 장기채권이 완전한 대체관계를 갖는다고 가정한다. 예를 들어 2년간 투자하려는 사람에게는 두 가지 선택이 있다. 하나는 2년 만기 채권을 사는 것이고 다른 하나는 1년 만기 채권을 산 다음 만기가 되어 회수한 자금으로 다시 1년 만기 채권을 사는 것이다. 2년간 투자할 자금이 1,000만원, 1년 만기 CD의 현재금리는 5%, 내년의 CD금리가 r_1이라면 오늘 1년 만기 CD를 사고, 1년 후 판 자금으로 다시 금리가 r_1인 1년 만기 CD를 사면 수익(Vs)은 다음과 같다.

$$Vs = 1{,}000\text{만원}(1+0.05)(1+r_1)$$

1년만기 CD를 2년에 걸쳐 사면 투자자의 수익은 두 번째 해 금리(r_1)의 영향을 받는다. 금리는 시장사정에 따라 변동하므로 1년 만기 CD의 다음 해 금리(r_1)는 기대만 할 수 있을 뿐이다. 만일 다음 해의 기대금리 $E(r_1)$도 5%인 1년만기 CD를 계속 산다면 2년 후에 받을 금액은 다음과 같다.

$$Vs = 1{,}000\text{만원}(1+0.05)(1+0.05) = 1{,}102.5\text{만원}$$

만일 1년 후의 기대금리 $E(r_1)$가 10%라면 1년만기 CD를 연이어 삼으로써 2년 후에 받을 금액은 다음과 같다.

$$Vs = 1{,}000\text{만원}(1+0.05)(1+0.10) = 1{,}155\text{만원}$$

위에서 1년만기 금리를 높게 기대하면 1년만기 CD를 계속 삼으로써 생기는 총수익은 더욱 커진다는 것을 알 수 있다. 은행이 2년만기 CD의 금리로 r_2를 제공한다면 이 CD를 산 사람의 총수익은

$Vt = 1{,}000\text{만원}(1+r_2)^2$ 이다.

투자자는 장단기 CD를 완전한 대체재로 간주하기 때문에 $V_s < V_t$인 경우에는 장기 CD를 사고 $V_s > V_t$이면 단기 CD를 살 것이다. $Vt = Vs$인 경우에만 2년만기 CD 구입에서 생기는 기대수익과 1년만기 CD의 연속구입에서 생긴 기대수익이 같게 된다.

그러면 금리의 기간구조가 어떻게 결정되는가를 살펴보자. 먼저 1년만기 CD의 금리가 현재 5%이고 투자자가 기대한 내년 금리가 6%인 경우 투자자가 2년만기 CD를 사도록 하는 방법은 $V_t = V_s$를 만족시키는 2년만기 금리(5.5%)를 투자자에게 지급하는 것이다.

$$1{,}000\text{만원}(1+r_2)^2 = 1{,}000\text{만원}(1+0.05)(1+0.06)$$
$$(1+r_2)^2 = (1+0.05)(1+0.06)$$
$$1+r_2 = \sqrt{(1+0.05)(1+0.06)} = 1.055$$

$r_2 = 5.5\%$에서 투자자는 두 가지 투자방법으로부터 같은 수익($V_s = V_t = 11{,}113$원)을 얻게 되므로 은행이 5.5%의 금리를 지급하면 2년만기 CD를 투자자에게 팔 수 있다.

다음으로 미래의 단기금리에 대한 기대가 달라지면 현재의 장기금리도 달라지게 된다. 현재 1년짜리 금리가 5%이고 투자자가 내년 금리도 5%에 머물 것이라고 기대한다면 2년만기 CD의 금리는 다음 식을 만족시킨다.

$$(1+0.05)(1+0.05) = (1+r_2)^2$$

앞 식을 r_2에 관해서 풀면 $r_2 = 5\%$가 된다. 따라서 투자자의 수취금리가 2년간 불변이라고 기대하면 1년만기 CD 금리는 2년만기 CD 금리와 같게 된다.

마지막으로 투자자가 내년에 1년만기 CD 금리가 4%로 떨어진다고 예상한다면 2년만기 CD 금리는 다음 조건을 만족시켜야 한다.

$$(1+0.05)(1+0.04) = (1+r_2)^2$$

이를 r_2에 관해서 풀면 2년만기 CD 금리는 4.5%가 된다. [그림 5-3]은 위

그림 5-3 기대설과 수익률곡선

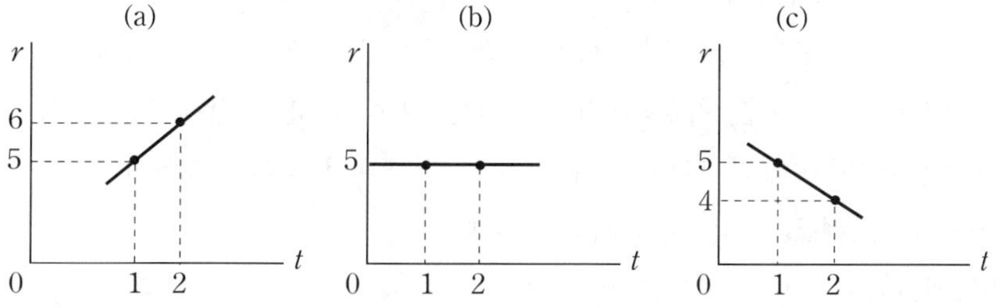

에서 설명한 세 가지 경우의 수익률곡선을 차례로 보여 주고 있다. 수익률곡선의 기울기는 장래의 단기금리에 대한 기대에 의하여 결정된다는 것을 알 수 있다. 그림에서 t는 만기까지의 기간을 가리킨다. 그림 (a)는 우상향의 수익률곡선으로서 투자자는 내년 금리가 더 높을 것으로 기대한다. 그림 (b)는 평탄한 수익률곡선으로 투자자는 금리가 5%선을 유지할 것으로 기대한다. 그림 (c)는 우하향의 수익률곡선으로 투자자는 내년에 금리가 낮아질 것으로 기대한다.

(2) 시장분할설(SH)

이 설은 1957년에 J. H. Culbertson에 의해 처음 제기되었다. 채권시장은 만기에 따라 분할되어 있으며 만기가 다른 채권 간에는 대체관계가 없다고 가정한다. 만기가 다른 채권의 금리는 각 채권에 대한 수요와 공급에 의하여 결정되며 다른 채권에 대한 기대수익률 등에 의하여 영향받지 않는다. 이 가정은 만기가 다른 채권간에 완전한 대체관계가 있다고 보는 EH와는 정반대라고 할 수 있다.

SH 신봉자들이 만기가 다른 채권 간에 대체관계가 없다고 보는 이유는 투자자들은 자기가 선호하는 만기의 채권 기대수익률에만 관심을 갖는다고 믿기 때문이다. 투자자들은 채권보유기간을 가장 중요시한다. 만일 채권의 만기가 현금이 필요한 시기와 일치하면 아무런 위험없이 확실한 수익을 얻을 수 있기 때문이다.

투자자가 특정만기의 금융자산을 선호하는 이유는 무엇일까? 만일 2년간 특별히 사용할 데가 없는 여유자금이 있다면 2년만기의 금융자산을 선호할 것이다. 2년만기 채권을 사서 만기까지 갖고 있는 것이 2년 동안 1년만기 채권을 두 번 사거나 또는 2년 이상의 장기채권을 사서 만기 이전에 파는 것보다 더 나을 수 있다. 왜냐하면 그렇게 하는 것이 거래비용을 최소화하고 투자결정에 따른 비용과 노력을 줄일 수 있기 때문이다.

SH에 따르면 단기채권과 장기채권은 대체관계가 없으므로 만기에 따라 채권시장은 [그림 5-4]의 (a), (b)와 같이 그릴 수 있다. 각 시장의 금리는 그 시장의 대출자금 수요와 공급에 의하여 독립적으로 결정되며 만기가 다른 시장에 영향을 미치지 않는다. 예를 들어 그림 (a)의 1년만기 채권시장에서 대출자금수요가 감소($D \rightarrow D'$)하면 1년만기 시장의 금리만 6%에서 5%로 떨어지고 2년만기 시장은 아무런 영향을 받지 않는다.

SH는 수익률곡선이 우상향하는 이유를 설명할 수 있으나 만기가 다른 채권의 수익률이 함께 이동하는 현상을 설명할 수 없다는 단점이 있다. 왜냐하면 전체 수익률곡선이 같은 방향으로 움직인다는 것은 장단기금리 간에 관계가 있을 경우에만 가능하다. 이에 따르면 채권시장은 만기에 따라 완전히 분할되어 있으므로 특정만기의 채권에 대한 금리변동이 다른 만기의 채권금리에 영향을 미치지 못하기 때문이다.

만일 시장분할설이 옳다면 중앙은행은 장단기채권의 공급을 조절함으로써

그림 5-4 **시장분할설과 수익률곡선**

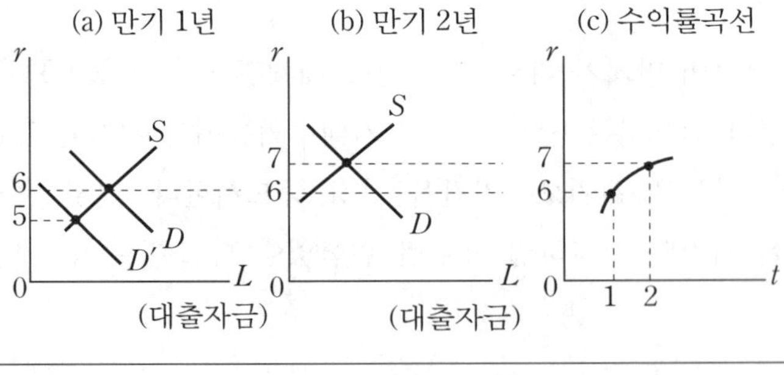

금리의 기간구조를 변경시킬 수 있다. 실제로 미국의 FRB는 1960년대 초 장기금리를 낮추어 설비투자를 촉진시키는 동시에 단기금리를 높여 자본의 해외유출을 억제하려는 목적으로 장기채권의 공급을 줄이는 한편 단기채권의 공급을 늘리는 뒤틀림운용(twist operation)을 시도한 바 있다.

(3) 서식처선호설(PH)

F. Modigliani와 R. Sutch(1966)는 위에서의 시장분할설에 대하여 적절한 수정을 가하였다. 이에 따르면 대출자들은 그들이 선호하는 만기집단(perferred maturity habitats)을 가지고 있으나 수익률에 있어서 적절한 유인이 제공되면 그 집단을 떠난다. 그러나 수익률에 있어서 상당히 큰 유인이 없을 경우에는 그들이 선호하는 만기의 시장에 그대로 머물러 있게 된다. 따라서 결국 시장의 분할을 가져오게 되고 만기가 다른 시장에서 수익률차이는 있다는 것이다.

이 설은 금리의 기간구조에 관한 이론 가운데 가장 널리 받아들여지고 있다. 장기채권의 금리는 만기까지의 기대된 평균단기금리와 기간 프리미엄(term premium)을 합한 것이라고 본다. 만기가 다른 채권 간의 대체관계에 관하여 기대설(EH)은 완전한 대체관계를 전제하고 있고, 시장분할설(SH)은 대체관계를 전혀 인정하지 않지만 서식처선호설(PH)은 극단적인 가정을 따르지 않고 채권 간에 어느 정도의 대체관계를 가정하고 있다. 따라서 EH와 SH를 종합하고 있는 셈이다.

투자자들은 특정만기를 선호하는 경향이 있다. 투자자들이 단기채권을 더 선호한다면 수익이 장기채권보다 낮을지라도 단기채권을 보유하려고 한다. 따라서 투자자들이 장기채권을 보유하도록 하기 위해서는 정(+)의 기간 프리미엄으로 보상해 주어야 한다.

만기까지의 기간이 n년인 채권의 수익률(r_n)은 만기까지 기간의 1년 기대금리($E(r_1)$)의 평균과 기간 프리미엄(a_n)을 추가하여 나타낼 수 있다.

$$r_n = \sqrt{a_n} + \frac{r + E(r_1) + E(r_2) + \cdots + E(r_{n-1})}{n} \qquad (5\text{-}13)$$

a_n은 자금차입자와 대여자의 특정만기채권에 대한 수요와 공급에 의해서 결정된다. a_n은 정 또는 부의 값을 가질 수 있으나 대체로 장기채권에 대해서는 정의 기간 프리미엄이 추가된다. 조건이 같다면 투자자는 유동성이 높은 단기채권을 선호하기 때문에 기간 프리미엄을 유동성 프리미엄이라고도 부른다.

또한 PH는 우상향의 수익률곡선은 물론 평탄하거나 우하향의 수익률곡선도 잘 설명한다. 아울러 수익률곡선이 왜 우하향보다는 우상향의 기울기를 더 자주 갖는가를 명쾌하게 설명해준다. 예를 들어 2년만기 채권에 필요한 기간 프리미엄(a_2)이 0.01이고 1년만기 채권의 금리가 6%라면 PH에 의한 2년만기 채권의 금리(r_2)는 다음 식에 따라 계산된다.

$$r_2 = 0.01 + \frac{0.06 + E(r_1)}{2}$$

위 식에서 r_2는 $E(r_1)$의 값에 따라 달라진다. 가령 $E(r_1)=0.20$이면 $r_2=0.14$가 된다. 이때 수익률곡선은 [그림 5-5]의 (a)에서 보는 바와 같이 우상향의 기울기를 나타낸다. 여기에서 $E(r_1)=0.04$이면 $r_2=0.06$이 되며 이때 수익률곡선은 그림 (b)와 같은 평탄한 모습을 보인다. 그리고 $E(r_1)=0.01$이면 $r=0.045$가 되고 이때 수익률곡선은 그림 (c)와 같은 우하향의 기울기를 갖는다.

앞에서 본 예는 PH가 여러 가지 형태의 수익률곡선을 잘 설명한다는 것을 보여 주고 있다. 단기금리가 변동하지 않거나 약간 떨어질 것으로 예상되어도 장기채권의 기간 프리미엄 때문에 수익률곡선은 우상향의 기울기를 가질

그림 5-5 서식처선호설과 수익률곡선

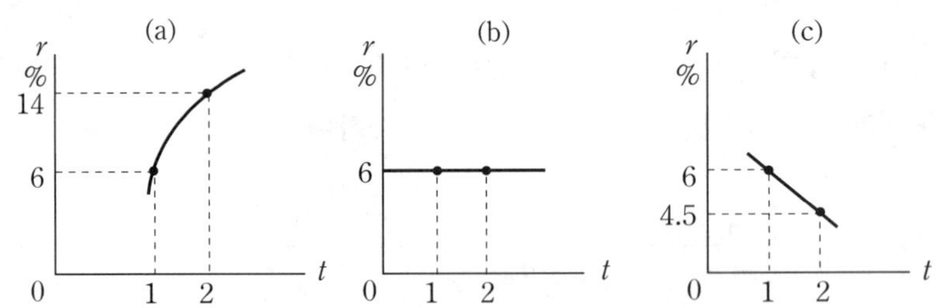

수 있다. 우하향의 기울기는 앞으로 단기금리가 급격히 떨어질 것으로 예상되는 경우에만 생겨난다.

(4) 유동성 프리미엄설(LH)

이 설은 J. R. Hicks(1939)에 의해 그 개념이 제기된 후 B. G. Malkiel(1962)과 D. Meiselman(1962) 등에 의하여 발전되었다. LH는 장기금리가 현재의 단기금리와 미래에 실현될 것으로 기대되는 단기금리의 평균치에 잔존만기별 유동성 프리미엄을 더한 수준에서 결정된다고 주장한다. 이는 기대설과는 달리 채권의 만기구조에 따라 투자자의 선호도가 달라질 수 있음을 가정하는 것이다.

투자자들은 단기수익에 더 많은 관심을 가지고 있을 뿐만 아니라 장기채권이 단기채권에 비해 금리변동에 따른 위험도가 더 높은 것으로 보는 경향이 있기 때문에 단기채권을 선호하게 된다고 가정한다. 따라서 장기채권의 판매를 위해서는 투자자들에게 만기가 길수록 증가하는 금리 위험부담에 상응하는 프리미엄을 보장해 주는 것이 필요하게 되어 장기채권금리는 이러한 위험부담이 보상되는 수준에서 결정된다고 주장한다.

$$(1+R_0^{nj})^n=(1+R_0^j)(1+E_0R_1^j+L_1)\cdots(1+E_0R_{n-1}^j+L_{n-1}) \qquad (5\text{-}14)$$

R_0^j: $t=0$인 시점에서 만기가 j인 채권금리(연수익률)
$E_0R_i^j$: $t=i$인 시점에서 만기가 j인 채권의 $t=0$ 시점에서의 기대금리
L_j : 유동성 프리미엄($0<L_1<L_2<\cdots<L_{n-1}$)

위의 식은 기대설에다 유동성 프리미엄의 개념을 도입함으로써 기대설로는 알 수 없었던 수익률곡선의 일반적인 형태를 뚜렷하게 제시해 주고 있다. 즉 투자자들이 미래의 단기금리가 약간 내리거나 또는 일정할 것으로 기대한다 할지라도 유동성 프리미엄의 영향을 상쇄하지 못하는 한 수익률곡선은 대체로 우상향의 형태를 지니게 될 것이기 때문이다. 이에 따라 LH는 일반적으로 금리기간 구조를 가장 잘 설명해 주는 이론으로 받아들여지고 있다.

이와 같이 금리기간 구조 또는 수익률곡선은 미래 인플레이션 및 경기상황과 관련하여 금융시장에서 형성된 기대치에 관한 정보를 지니고 있기 때문

에 중앙은행은 통화정책을 결정함에 있어 이를 유용한 정보변수의 하나로 활용할 수 있다. 예를 들어 우상향하고 있는 수익률곡선이 종전보다 가파르게 변화하였다면 이는 금융시장 참여자들이 지니고 있는 인플레이션에 대한 기대치가 종전보다 더욱 높아지고 있음을 나타낸다.

이 경우 중앙은행은 정책금리를 상향조정함으로써 인플레이션 기대심리를 완화하려 할 것이다. 그 결과 수익률곡선의 변화에 대응한 중앙은행의 정책금리 변화 효과는 중앙은행의 신뢰성에 따라 다르게 나타날 수 있다. 중앙은행이 물가안정을 위해 정책금리를 조정할 때 중앙은행의 물가안정의지에 대한 신뢰성이 높다면 중앙은행이 정책금리를 약간 올려도 인플레이션 기대가 완화되어 장기금리가 단기금리보다 적게 상승하여 수익률곡선의 기울기가 종전보다 완만한 모습으로 변화하게 될 것이다.

반면 중앙은행의 신뢰성이 낮을 경우에는 정책금리의 인상에도 불구하고 인플레이션 기대가 여전히 존재하거나 추가적인 단기금리 인상을 예상하여 장기금리 상승폭이 단기금리 상승폭과 같거나 오히려 그보다 높아지는 결과를 가져와 수익률곡선의 기울기가 더욱 가파르게 되는 등 당초 기대했던 정책효과가 나타나지 않을 수도 있다. 이는 중앙은행의 신뢰성이 높아질 경우 중앙은행은 통화정책의 정보변수로서 금리기간 구조를 보다 유용하게 활용할 수 있다는 점을 시사해 준다.

3. 듀레이션(duration)

금융자산의 기간에 관한 척도로서 만기의 문제점을 보완하기 위하여 듀레이션 개념을 사용한다.[6] 듀레이션(D)은 표면금리, 채권수익률 및 만기의 함수

6) 영국의 통계학자 F. R. Macaulay는 채권수익률이 만기시의 원금뿐만 아니라 중도에 지급되는 이자와도 함수관계에 있다는 사실에 주목해 1938년에 듀레이션(D)이라는 지표를 개발했다. 현실적으로는 이표와 만기가 다른 채권들의 금리위험을 비교할 필요가 있으며, 이 경우 사용되는 대표적인 측정치가 바로 D이다. 금리변동에 따른 채권의 가격민감도인 D는 채권투자분석에 있어서 가장 중요한 역할을 하는 개념이며, 만기 · 이표가 다른 채권을 하나의 기준을 가지고 비교할 수 있는 지표이다.

로서 다음과 같이 표시된다.

$$D = \frac{\sum_{t=1}^{n} \frac{C_t \cdot t}{(1+r)^t}}{\sum_{t=1}^{n} \frac{C_t}{(1+r)^t}} \qquad (5\text{-}15)$$

C_t: 기간 t에서의 이자 혹은 원리금 지급액
t: 이자 혹은 원리금 지급시점까지의 기간
n: 만기까지의 기간, r: 만기수익률 또는 시장수익률

듀레이션 공식의 분모는 채권의 모든 이자 및 원리금의 흐름을 수익률로 할인한 총현재가치, 즉 채권의 현재시장가격이다. 분자는 채권의 모든 이자 및 원리금의 흐름에 그 지급 시점까지의 기간을 곱한 값의 총현재가치를 나타낸다. 다음과 같은 A, B, C 세 종류의 채권이 있다고 가정하여 듀레이션을 계산해 보자.

	A	B	C
액면금액	1,000만원	1,000만원	1,000만원
표면금리	5%	10%	5%
만　기	3년	3년	5년
만기수익률	10%	10%	10%

듀레이션을 구하는 공식에서 분모는 채권의 현재시장가격이 된다고 하였으므로 A, B, C 세 가지 채권에 대하여 듀레이션을 계산할 때 이들 채권의 현재시장가격도 얻을 수 있다.

A채권

$$D = \frac{\frac{(50)(1)}{(1.10)} + \frac{(50)(2)}{(1.10)^2} + \frac{(1,050)(3)}{(1.10)^3}}{\frac{50}{(1.10)} + \frac{50}{(1.10)^2} + \frac{1,050}{(1.10)^3}} = 2.85$$

위 식의 분모는 A채권의 현재시장가격이 되므로 P_0=875.6만원이다.

B채권

$$D=\frac{\frac{(100)(1)}{(1.10)}+\frac{(100)(2)}{(1.10)^2}+\frac{(100)(3)}{(1.10)^3}}{\frac{100}{(1.10)}+\frac{100}{(1.10)^2}+\frac{100}{(1.10)^3}}=2.74$$

P_0=1,000만원

C채권

$$D=\frac{\frac{(50)(1)}{(1.10)}+\frac{(50)(2)}{(1.10)^2}+\frac{(50)(3)}{(1.10)^3}+\frac{(50)(4)}{(1.10)^4}\frac{1{,}050(5)}{(1.10)^5}}{\frac{50}{(1.10)}+\frac{50}{(1.10)^2}+\frac{50}{(1.10)^3}+\frac{50}{(1.10)^4}+\frac{1{,}050}{(1.10)^5}}=4.49$$

P_0=810.5만원

따라서 이들 세 종류 채권의 만기 중간에 지급받는 이자 및 듀레이션을 다음과 같이 정리할 수 있다.

채 권	A	B	C
만기	3년	3년	3년
Coupon 지급액	50만원	100만원	50만원
듀레이션	2.85	2.74	4.49

이제 시장수익률(만기수익률)이 10%로부터 11%로 갑자기 올라가는 경우 이들 채권의 새로운 시장가격을 구하면 다음과 같다.

A채권

$$P_0^*=\frac{50}{(1.11)}+\frac{50}{(1.11)^2}+\frac{1{,}050}{(1.11)^3}=853.4\text{만원}$$

$$\text{채권가격의 변동률}=\frac{P_0^*-P_0}{P_0}$$

$$= \frac{853.4-875.6}{875.6}$$

$$= -0.0254(-2.54\%)$$

시장수익률이 10%로부터 11%로 높아질 때 A채권의 시장가격은 2.54%만큼 떨어진다.

B채권

$$P_0^* = \frac{100}{(1.11)} + \frac{100}{(1.11)^2} + \frac{1,100}{(1.11)^3} = 975.56\text{만원}$$

$$\text{채권가격의 변동률} = \frac{975.56-1,000}{1,000}$$

$$= -0.0244(-2.44\%)$$

B채권의 시장가격도 2.44%만큼 떨어진다.

C채권

$$P_0^* = \frac{50}{(1.11)} + \frac{50}{(1.11)^2} + \frac{50}{(1.11)^3} + \frac{50}{(1.11)^4} + \frac{1,050}{(1.11)^5} = 778.3\text{만원}$$

$$\text{채권가격의 변동률} = \frac{778.3-810.5}{810.5}$$

$$= -0.0397(-3.97\%)$$

C채권의 시장가격은 3.97%만큼 떨어진다.

이제 A채권과 C채권을 비교하면 쿠폰수준은 5%로 서로 같으나 만기는 서로 다르다. 이 경우 시장수익률이 10%로부터 11%로 높아질 때 A채권(3년만기)의 시장가격은 2.54%만큼 떨어지지만 C채권(5년만기)의 시장가격은 3.97%만큼 떨어짐을 알 수 있다. 즉, 채권의 만기가 길수록 금리변동에 따른 채권가격의 변동위험은 더 크다는 사실을 확인할 수 있다.

반면 A채권과 B채권을 비교하면 만기는 3년으로 같으나 쿠폰수준은 서로 다르다. 이 경우 시장수익률이 10%로부터 11%로 높아질 때 A채권(5% 표면금리)의 시장가격은 2.54%만큼 떨어지지만 B채권(10% 표면금리)의 시장가격은 2.44%만큼 떨어짐을 알 수 있다. 쿠폰수준이 낮은 A채권이 쿠폰수준이 높은 B채권에 비하여 금리변동에 따른 채권가격의 변동위험이 더 크다는 것을 말해준다.

그리고 A채권의 듀레이션은 2.85인 반면 B채권의 듀레이션은 2.74이므로 듀레이션이 더 긴 A채권의 경우가 금리변동에 따른 채권가격의 변동위험이 더 크다는 점도 알 수 있다. 따라서 만기보다는 중간에 지급받는 이자의 수준까지도 고려하는 듀레이션이 금융자산의 실질만기를 나타내는 척도로서 보다 낫다고 볼 수 있다.

듀레이션은 시장수익률(할인율)의 변화에 대한 채권가격의 탄력성을 나타내는 척도이므로 다음과 같이 나타낼 수도 있다.

$$D = -\frac{\frac{\Delta P}{P}}{\frac{\Delta(1+r)}{(1+r)}} \tag{5-16}$$

P: 채권의 시장가격, r: 시장수익률 또는 만기 수익률
Δ: 기준시점과 비교시점 간의 변화량

ΔP를 얻기 위해 위의 식을 변형하면 다음과 같은 표현을 쉽게 얻을 수 있다.

$$\Delta P = -D \cdot \frac{\Delta(1+r)}{(1+r)} \cdot P \tag{5-17}$$

위의 식은 채권가격 변동의 크기는 듀레이션과 $(1+r)$의 상대적 변화량을 곱한 값에 원래의 채권가격을 곱한 후 다시 (-1)을 곱해주면 얻을 수 있다는 것을 보여주고 있다. 앞의 예제에서 본 A채권의 경우 원래의 시장가격은 875.6만원이고 듀레이션은 2.85, 그리고 시장수익률이 10%로부터 11%로 변동한다고 하였으므로 위의 식을 이용하여 채권가격 변화의 크기를 구하면 다음

과 같다.

$$\Delta P = (-2.85) \cdot \frac{0.01}{1.10} \cdot (875.6) = -22.7\text{만원}$$

따라서 A채권의 새로운 시장가격은 852.9만원(=875.6만원−22.7만원)이 된다. 그러나 A채권의 당초 시장가격은 853.4만원이었으므로 위의 공식을 이용하여 구한 값 852.9만원과는 약간의 차이가 생기는 것을 알 수 있다. 그 이유는 시장수익률의 변동 등에 대한 채권가격의 탄력성을 나타내는 듀레이션은 미분의 개념이므로 엄격한 의미에서는 시장수익률 r의 아주 적은 변화량에 대하여만 위의 식이 성립하기 때문이다. 따라서 위의 경우와 같이 시장수익률 r이 10%로부터 11%로 변동하는 경우에는 위의 공식을 이용하여 얻는 채권가격의 변화량 ΔP의 값은 근사치이다.

듀레이션은 채권포트폴리오의 관리자들이 위험을 관리하는 데 있어 쓰임세가 많다. 그들이 앞으로 금리(시장수익률)가 내려가리라고 예상하는 경우에는 채권가격의 상승폭이 작고 듀레이션이 짧은 채권을 처분하는 대신 채권가격의 상승폭이 크고 듀레이션이 긴 채권을 매입하면 된다. 반대로 금리가 올라가리라고 예상하는 경우에는 채권가격의 하락폭이 큰 듀레이션이 긴 채권을 처분하고 채권가격의 하락폭이 작은 듀레이션이 짧은 채권을 매입함으로써 채권포트폴리오 전체의 듀레이션을 더 짧게 만들면 된다.

우리는 예상되는 금리변동을 이용하는 적극적 포트폴리오 관리를 위하여 듀레이션이 매우 좋은 개념임을 알았다. 그러나 때로는 채권포트폴리오의 관리자들이 금리변동을 예상하고는 있지만 그 변동방향에 대하여는 확신을 가지지 못하는 경우가 더러 있다. 듀레이션 개념을 이용하여 포트폴리오의 가치가 금리 변동에 따라 변화하지 않도록 채권포트폴리오를 면역시키는 기법을 면역기법(immunization technic)이라고 한다.

일반적으로 은행의 대차대조표에서 부채포트폴리오의 듀레이션은 자산포트폴리오의 듀레이션보다 짧다고 할 수 있다. 그 이유는 전자에는 요구불예금 등의 단기성 부채가 포함되기 때문이다. 그러므로 부채포트폴리오보다 자산포트폴리오의 가치가 금리변동에 더 민감한 반응을 보이게 된다. 이때 두 포트폴리오의 금리변동에 대한 민감도를 같게 해주면 금리상승에 의한 자산포트폴리오의 가치하락이 부채포트폴리오의 가치하락에 의하여 상쇄되어 자기자본변동이 없게 된다. 즉, 이들 포트폴리오의 듀레이션을 같게 해줌으로서 전체 포트폴리오는 금리변동에 대하여 면역된다고 할 수 있다.

제3절 금리수준의 결정

1. 고전학파의 실물적 금리

고전학파에 따르면 금리는 생산물(실물자본)의 수요와 공급에 의하여 결정된다. 즉 생산물시장에서 총공급과 총수요를 일치시키는 것이 금리의 역할이다. 생산물시장에서의 균형조건은 정부와 해외부문을 제외하면, 소비(C)와 저축(S), 투자(I)에 의해 결정되는

$$C+S=C+I$$

이다. 위의 양변으로부터 현재소비를 빼면 생산물시장의 균형조건은 단순히

$$S=I$$

가 된다. 의도된 저축과 의도된 투자가 일치하지 않으면 생산물시장은 불균형상태가 되고 저축과 투자를 일치시키기 위한 조정은 실질금리의 변화를 통해 이루어진다.

저축은 현재소비를 연기하는 행위(시간선호)이다. 실질금리의 상승은 현재소비를 연기하는 데 대한 대가로서 미래의 상품과 서비스로 표시된 보상을 늘리게 되므로 저축은 실질금리의 증가함수가 된다. 투자는 현재의 자본저량(stock)에 추가되는 유량(flow)이다. 실질투자는 장래에 상품과 서비스를 생산하기 위하여 사용되는 자본재에 대한 수요로 나타난다. 기업의 소유자와 경영자

들은 자본재에 대한 실질수익률이 같은 위험을 가진 금융자산에 대한 실질수익률을 초과할 경우에만 자본재를 수요할 것이다.

기업의 자본비용은 금융시장에서의 실질금리를 반영한다. 그러므로 실질금리의 하락은 내부수익률이 일정하다면 자본재 수요를 늘리는 요인으로 작용할 것이다. 자본재 수요의 증가에 따라 자본재 가격이 오르고 이것이 자본재의 생산량 증대를 가져온다. 투자량이 늘어남에 따라 자본재로부터의 순현금흐름에 대한 예상이 비관적으로 되면 이는 자본재의 가격상승과 더불어 내부수익률을 하락시키는 요인으로 작용한다. 금융시장에서 실질금리의 하락에 의해 유발된 투자량 증가는 내부수익률과 실질금리가 일치할 때까지 계속될 것이고, 따라서 투자수요는 실질금리의 감소함수로 된다.

고전학파이론에 있어서 실질금리는 저축과 투자를 일치시키는 가격으로서의 역할을 한다. [그림 5-6]에서와 같이 실질저축과 실질투자수요를 일치시키는 실질금리 r_0를 자연금리(natural rate of interest)라고 하며 이 점에서 생산물시장의 균형이 이루어진다. 만일 현재의 시장금리가 r_1이면 실질저축은 실질투자수요를 초과할 것이고, 이것은 총공급이 총수요보다 클 것임을 말해준다. 실질투자에 대한 실질저축의 초과분으로 인해 현존자본저량에 대한 뜻밖의 추가분은 자본에 대한 내부수익률과 금융시장에서의 실질금리를 하락시키는 요인

그림 5-6 생산물시장과 금리(고전학파이론)

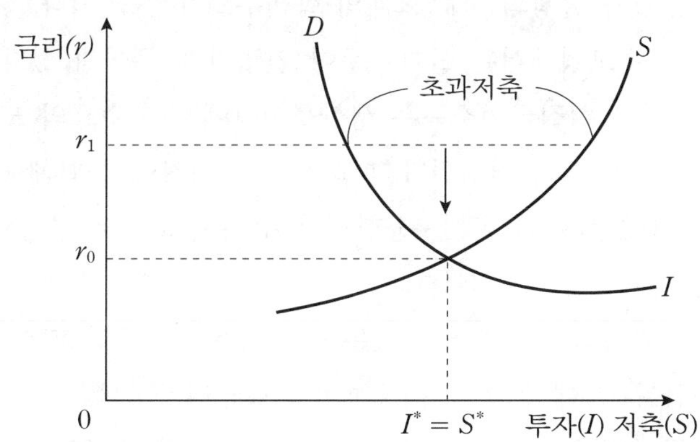

으로 작용할 것이다. 이러한 과정은 생산물시장이 자연금리 r_0에서 균형이 이루어질 때까지 계속될 것이다.

마찬가지로 실질금리가 자연금리보다 낮다면 실질투자수요는 실질저축을 초과하고 총수요는 총공급을 초과한다. 총수요의 초과분은 재고감소를 가져와 현존 자본저량에 뜻밖의 감소가 발생한다. 이에 따라 재고를 보충하기 위하여 실질금리는 실질저축과 실질투자수요가 일치하고 시장금리와 자연금리가 일치할 때까지 올라간다.

2. 케인즈(Keynes)의 화폐적 금리

Keynes는 금리란 화폐시장에서 화폐의 수요와 공급에 의하여 결정되는 화폐적인 현상이라고 보았다. 그는 화폐에 대한 수요는 실질국민소득의 증가함수이고, 금리의 감소함수라고 믿었다. 화폐의 공급은 금융정책당국이 정책목표에 따라 일정수준으로 결정할 수 있다. 금융정책당국이 금리수준에 관계없이 화폐 공급량(M_s)을 일정수준으로 유지한다고 가정하면 화폐시장의 균형조건은 다음 식으로 표시된다.

$$M_d = PL(Y, r) = M_s$$

위 식에서 물가(P)와 실질국민소득(Y)이 고정되어 있으면 주어진 대출수요(L) 아래 금리(r)가 결정되는데, 그때의 화폐수요량은 M_d이다.

Keynes의 단순모형에서는 물가수준이 일정하게 주어져 있다고 묵시적으로 가정한다. 그리고 실질국민소득은 생산물시장에서 총수요의 크기에 의하여 균형국민소득수준(Y_0)에서 결정된다. 따라서 화폐시장에서 화폐공급량이 주어져 있을 때 금리(r_0)는 화폐시장을 균형시켜 주는 수준에서 결정된다. 이를 그림으로 표시한 것이 [그림 5-7]이다.

화폐시장에 외생적으로 주어져 있는 물가수준이나 국민소득수준이 올라가면 화폐수요곡선이 M_d^a에서 M_d^b로 이동하여 균형금리가 r_0에서 r_1으로 올라간다. 그리고 통화당국이 통화공급량을 M_s에서 M_s'로 늘리면 수직의 통화공급곡선이

그림 5-7 케인즈(Keynes)의 금리결정

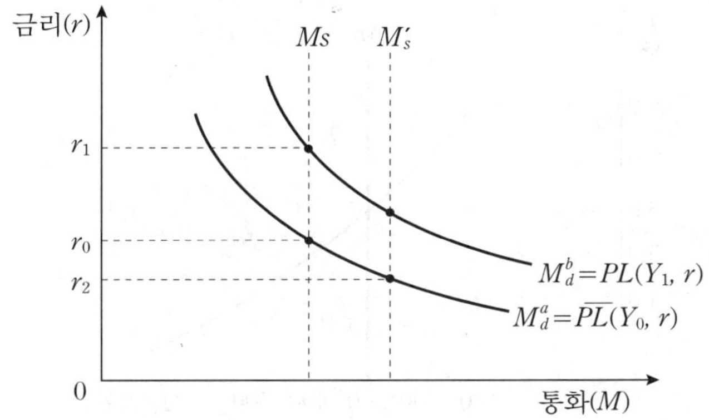

오른쪽으로 이동하여 금리가 r_0에서 r_2로 내려간다.

이처럼 Keynes는 금리가 생산물시장의 실물적 요인과는 관계없이 화폐시장에서 독자적으로 결정되는 명목적인 현상이라고 보았다. 금리결정에 관한 그의 공헌은 고전학파가 금리는 실물적 요인만에 의하여 결정된다고 보는 것에 대하여 화폐적 요인이 금리에 영향을 미친다는 유동성선호설을 깨우쳐 주었다는 점에 있다.

이와 같은 유동성선호설에서는 채권(B)과 통화(M) 두 가지만을 자산으로 상정한다. 경제 내의 부(富)는 채권과 통화를 합한 것이며 채권과 통화에 대한 수요도 부를 초과할 수 없다. 따라서 채권 및 통화의 공급과 수요는 일치한다.

$$B_s+M_s=B_d+M_d \qquad (5\text{-}18)$$

위의 식에서 $M_s=M_d$이면 $B_s=B_d$가 성립하므로 통화시장이 균형을 이루면 채권시장도 역시 균형을 이룬다.

$$B_s-M_s=B_d-M_d \qquad (5\text{-}18)'$$

채권시장과 통화시장 가운데 어느 것을 분석대상으로 하든 균형금리의 결

그림 5-8 통화시장의 균형

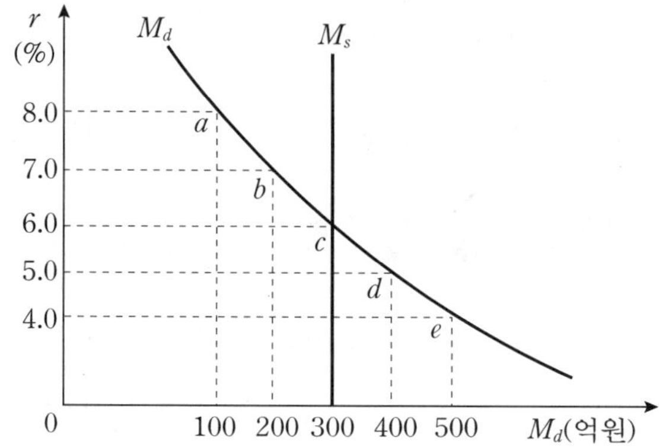

정과정은 같다고 할 수 있다. Keynes는 통화를 현금과 당좌예금으로 정의하여 이자수익이 전혀 없는 반면 대체자산인 채권을 보유하면 금리 수준에 상응하는 수익을 기대할 수 있는 것으로 가정하였다. 채권금리가 올라가면 통화를 보유하는 데 따른 기회비용이 높아지므로 통화수요는 줄어든다.

[그림 5-8]의 점 a는 금리가 8%일 때 통화수요가 100억원임을 타나낸다. 금리가 7%로 떨어지면 통화의 기회비용이 낮아지므로 통화수요는 200억원으로 늘어나 점 b로 이동한다. 금리가 더욱 낮아지면 통화수요는 c, d, e와 같이 늘어난다. 점 a와 e를 연결한 M_d가 통화수요곡선이며 우하향하는 모습을 보인다.

다음으로 중앙은행이 통화공급량을 300억원 수준에서 관리한다고 가정하면 통화공급곡선은 M_s와 같은 수직선의 형태를 갖는다. 통화시장의 균형은 수요곡선과 공급곡선이 교차(통화수요와 공급이 일치)하는 점 c에서 이루어지며 이 때 균형금리는 6%가 된다.

통화공급의 변동이 금리에 어떠한 영향을 미치는가에 대해 분석해 보기로 하자. 만일 중앙은행이 확장적 통화정책을 펼치기로 하여 통화공급을 늘리면 [그림 5-9]에서와 같이 통화공급곡선은 M_s^0에서 오른쪽인 M_s^1으로 이동한다. 균형점은 e_0에서 e_1으로 이동하고 균형금리는 r_0에서 r_1으로 떨어진다. 통화공급이 증가함에 따라 금리가 떨어지는 것을 유동성효과(liquidity effect)라고 한다.

그림 5-9 통화공급과 금리

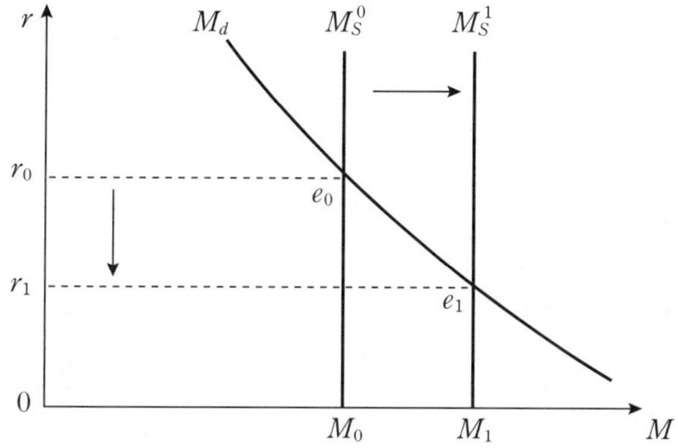

통화량 증가는 유동성효과 외에도 여러 가지 효과를 가져온다. 먼저 통화공급이 늘어나면 경제에 확장적인 영향을 미침으로써 국민소득을 증가시키는 소득효과(income effect)가 발생한다. 소득효과는 통화수요를 늘리므로 금리가 올라간다.

한편 통화공급은 물가수준을 상승시키는 물가효과(price-level effect)도 있다. 물가가 오르면 명목거래액이 늘어나므로 통화수요가 증가하는데 이것도 금리를 높아지게 한다. 통화공급이 늘어남에 따라 앞으로 물가가 더 오를 것으로 기대하게 되면 기대인플레이션율은 상승한다. 기대인플레이션효과(expected inflation effect)도 역시 금리를 올라가게 한다.

위에서와 같이 유동성효과는 금리를 낮추는 반면 소득, 물가, 기대인플레이션효과는 모두 금리를 높이는 작용을 한다. 따라서 개별 효과의 상대적 크기와 조정속도에 따라 금리는 올라갈 수도 있고 내려갈 수도 있다. 일반적으로 통화공급의 증가는 금리를 비교적 신속하게 하락시키므로 유동성효과는 즉시 나타난다. 그러나 소득 및 물가효과가 나타나기까지는 시간이 지나야 한다. 또한 경제주체들이 기대인플레이션을 얼마나 신속하게 조정하느냐에 따라 기대인플레이션효과가 나타나는 속도는 달라질 것이다.

[그림 5-10]의 (a)경우는 유동성효과가 다른 효과들에 비해 압도적으로 크

그림 5-10 유동성효과가 큰 경우와 작은 경우

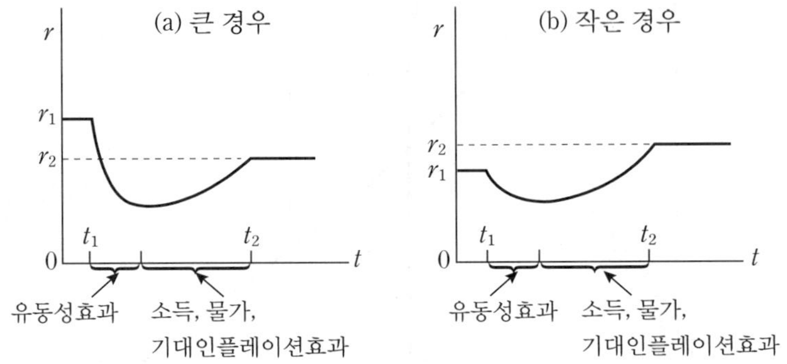

기 때문에 금리가 r_1에서 r_2로 낮아지는 것을 보여 주고 있다. 유동성효과는 즉시 금리를 떨어뜨리지만 시간이 지남에 따라 다른 효과들이 금리 하락을 조금씩 상쇄시킨다. (b)의 경우는 유동성효과가 다른 효과들에 비해 작음을 보여주고 있다. 유동성효과로 인해 초기에는 금리가 낮아지지만 소득, 물가 및 기대인플레이션효과 등 금리를 상승시키는 효과가 그보다 크기 때문에 금리는 오히려 처음의 r_1보다 높은 r_2로 올라간다. 통화공급의 증가가 단기적으로 금리를 낮추지만 결국은 금리를 높이는 예이다.

통화공급이 늘어날 때 기대인플레이션의 조정이 신속히 이루어져서 압도적인 효과를 나타내는 극단적인 경우도 있다. 기대인플레이션효과가 처음부터 유동성효과를 능가하므로 금리는 즉시 오르기 시작한다. 시간이 지남에 따라 소득효과와 물가효과도 나타나기 때문에 금리는 더욱 올라서 처음보다 훨씬 높은 수준이 된다. 기대인플레이션이 높으면 금리를 내리기 위해서는 통화공급을 늘리기보다는 줄여야 한다는 것을 뜻한다.

위의 예는 금리하락이 목적일지라도 경우에 따라 채택할 정책이 달라질 수 있다는 것을 보여 주고 있다. 유동성효과가 다른 효과에 비해 압도적으로 클 때에는 통화량을 늘여야 하지만 다른 효과가 유동성효과보다 크고 기대인플레이션이 신속하게 조정되는 경우에는 통화량을 오히려 줄여야 한다.

3. 오린-로버트슨(Ohlin-Robertson)의 대출자금설

긍정적으로 보면 금리는 경제의 총공급과 총수요의 상호작용에 의하여 결정되는데, 구체적으로는 대출자금(loanable funds)의 공급과 수요에 의하여 결정된다. 대출자금설에서는 금리를 대출자금의 가격으로 보아 다른 상품가격의 결정과 같이 대출자금의 총공급과 총수요에 의하여 결정된다고 본다.

대출자금의 공급을 결정하는 요인에는 (i) 실물부문에서는 가계, 기업 및 정부에 의한 저축과 (ii) 화폐부문에서 통화공급의 증가(신용창조) 또는 화폐수요의 감소(부의 퇴장)가 있다. 대출자금에 대한 수요를 결정하는 요인에는 (i) 실물부문에서는 가계에 의한 소비자 금융, 개인 · 기업에 의한 투자 그리고 정부에 의한 예산적자가 있고, (ii) 화폐부문에서는 화폐공급의 감소 또는 화폐수요의 증가가 있다.

경제 내에서 저축을 S, 투자를 I, 정부의 예산적자를 ΔG, 신용창조를 ΔM 그리고 부의 (순)퇴장을 ΔL, 해외부문을 F, 금리를 r로 표시하기로 한다. 먼저 대출자금의 공급과 수요의 균형으로부터 다음의 관계식이 유도된다.

$$S + \Delta M = F + I + \Delta G + \Delta L \qquad (5\text{-}19)$$

이를 간단히 정리하면

$$(S-F) + \Delta M = I + \Delta G + \Delta L \qquad (5\text{-}19)'$$

이를 함수화 하면

$$S(Y,\ r) + \Delta M = I(r) + \Delta G + \Delta L(Y,\ r) \qquad (5\text{-}20)$$

여기에서 저축은 소득과 금리의 함수이며, 신용창조와 정부예산적자는 외생변수로 하고 해외부문은 중립이라고 본다. 투자는 금리의 함수이고, (순)퇴장은 소득과 금리의 함수이다. 이 식에서 방정식은 하나이고 변수는 2개이므로 Y

의 값이 주어져야 r의 유일한 값이 결정될 수 있다.

저축은 금리와 정(+)의 관계를 가지며 신용창조는 정책당국의 의지에 따라 이루어지므로 대출자금의 공급곡선은 우상향의 곡선으로 나타난다. 이는 약간의 저축증가를 가져오기 위해서는 상대적으로 높은 금리상승이 필요하다는 것을 나타내 준다.

한편 가계의 주택투자를 위한 자금수요는 금리 변동에 상당히 민감하게 반응하며, 기업투자를 위한 자금 역시 금리 및 자본비용의 감소함수이다. 이러한 투자자금수요에 금리수준과 무관한 예산적자와 금리의 변동에 매우 탄력적인 (순)퇴장을 합치면, 대출자금에 대한 수요곡선은 우하향의 곡선으로 나타난다.

대출자금의 관점에서 보면 시장금리(r)와 대출자금량(L)은 대출자금의 공급과 수요의 상호작용에 의해 결정된다. 대출자금의 공급곡선과 수요곡선을 하나의 그래프에 그리면 [그림 5-11]에서 보는 것처럼 L_s곡선과 L_d곡선의 교차점 a에서 균형금리(r_0)와 균형대출자금량(L_0)이 결정된다.

대출자금의 수요량은 금리 이외의 다른 요인들, 예컨대 경기호전이나 정부지출증가 등의 요인에 의해 수요곡선이 L_d에서 L'_d로 쉽게 이동하는 경향이 있다. 반면, 대출자금의 공급곡선은 소득의 증가나 경제주체들에 의한 저축의

그림 5-11 대출자금의 변동과 금리

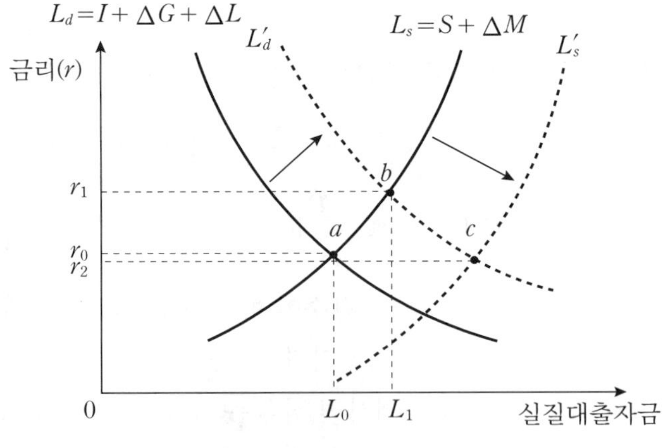

욕의 증대 또는 중앙은행에 의한 확대통화정책으로 인하여 L_s에서 L'_s로 오른쪽으로 이동한다. 이 경우에 금리는 r_1에서 r_2로 내려가게 된다.

대출자금과 채권 사이에는 대칭적인 관계가 있다. 예를 들면 기업이 채권을 공급하는 것은 채권매입자로부터 자금을 차입하는 것과 같으므로 채권공급은 대출자금수요에 해당한다. 채권을 수요하는 것은 채권매입자가 대출자금을 공급하는 것이므로 채권수요는 대출자금의 공급과 같다. 따라서 채권공급곡선과 수요곡선은 대출자금 수요곡선(L_d)과 공급곡선(L_s)으로 나타낼 수 있다.

[그림 5-12]는 대출자금의 수요와 공급에 의해 금리가 결정되며 균형점은 c이고 균형금리는 17.6%임을 보여 주고 있다. 점 c가 안정적인 균형점인가를 검토해 보기로 하자. 만일 금리가 균형금리인 17.6%보다 낮은 5.3%라면 자금의 조달비용이 낮아지기 때문에 대출자금 수요는 i(500억원)로 늘어나지만 대출자금 공급은 이에 못 미치는 a(100억원)에 그치기 때문에 대출자금에 대한 초과수요($i-a$)가 발생한다. 이와 같은 초과수요가 지속되는 한 금리는 계속 올라가다가 균형금리인 17.6%에 이르러 오름세를 멈춘다.

반대로 금리가 균형금리보다 높은 33.3%일 경우에는 대출자금의 초과공급상태가 되므로 금리는 균형금리가 될 때까지 떨어진다. 대출자금시장에서 결정되는 점 c는 안정적인 균형금리라고 할 수 있다.

그림 5-12 대출자금의 수요와 공급

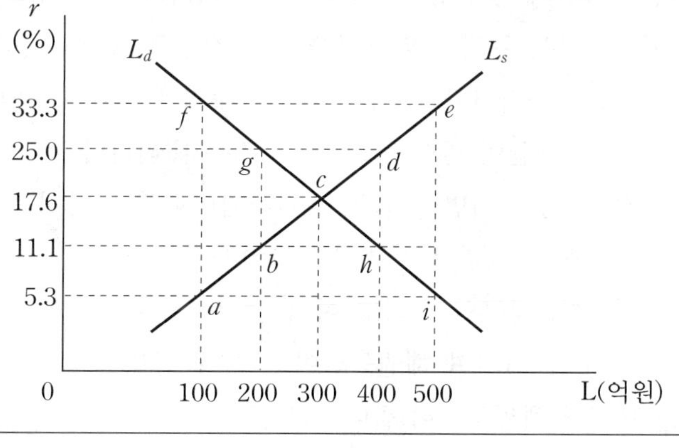

4. 채권시장에서의 금리결정

현대적 의미에서 채권의 수요와 공급측면에서 시장 금리의 결정요인을 찾아보기로 하자. 첫째, 경기 주기의 팽창과 부의 증가로 경제가 빠르게 성장할 때 채권 수요량은 늘어난다. 같은 이유에서 불경기에 부의 수준이 낮아지면 채권 수요량은 줄어든다.

둘째, 장기채권의 기대수익이 떨어지면 수요는 감소하여 금리는 올라간다. 더 높은 기대수익이 예상된 장기채권의 수요는 늘어나고 금리는 내려간다. 다만 채권 외의 다른 자산들(특히 부동산 등 실물자산)에 대한 기대수익의 변화도 채권의 수요곡선을 이동시켜 금리 변동을 초래한다.

셋째, 채권의 위험이 커지면 채권의 선호도가 낮아져 수요가 줄어들며 그에 따라 금리는 올라간다. 반대로 증권과 같은 다른 자산의 가격변동폭이 커지면 채권은 더 많이 선호된다. 대체자산에 대한 위험의 증가가 채권에 대한 수요를 늘리므로 금리는 내려간다.

넷째, 더 많은 사람들이 채권시장의 거래에 참여하여 채권이 잘 팔려서 시장에서의 유동성이 늘어나면 채권수요가 늘어나 역시 금리는 내려간다. 채권의 유동성이 증가하면 결과적으로 채권에 대한 수요가 늘어난다. 대체자산의 유동성증가는 채권 수요를 감소시킴으로써 그 반대의 현상이 나타난다.

위에서와는 달리 채권의 공급측면에서도 시장금리의 결정요인을 찾아볼 수 있다. 경기확장기에는 투자 수익성이 높아질 것으로 예상되어 채권공급량이 늘어남으로써 금리는 올라간다. 반대로 경기수축기에는 투자수익성이 낮아질 것으로 예상되어 채권공급이 줄어듦으로써 금리는 내려간다.

물가상승 기대가 높아지면 기업의 실질차입비용이 낮아지므로 채권의 공급량은 늘어나 금리상승 효과를 가져온다. 반대로 물가상승 기대가 낮아지면 그 반대현상이 생긴다. 정부의 정책도 여러면에서 채권공급에 영향을 미칠 수 있다. 재정적자 규모가 커지면 채권공급이 늘어나 금리상승 현상을 가져오고 재정이 흑자를 보이면 채권공급이 줄어들어 금리하락 현상을 결과한다.

참고로 한국의 증권사들이 채권금리를 예측하는 과정을 살펴보자. 대개의 경우 (i) 무위험 수익률인 국고채 금리를 기초로 통화안정증권 금리, 공사채 금리, 은행채 금리 및 회사채 금리 등 신용위험 프리미엄을 더해가면서 시장에서는 채권금리를 예측하거나(신용 프리미엄 기준), (ii) 초단기 금리인 익일물 금리를 기초로 채권 만기가 길어짐에 따라(장기금리일수록) 유동성 프리미엄을 더하여 예측(유동성 프리미엄 기준)하기도 한다.

실제적으로 「명목금리=실질무위험금리+기대물가상승률+신용프리미엄+유동성 프리미엄」으로 계산하는 셈이다. 특정 시장금리를 예측하기 위해서는 신용 및 유동성 위험프리미엄이 제거된 초단기 무위험수익률을 우선적으로 예측해야 한다. 초단기 무위험수익률은 대체로 각 나라의 정책금리를 뜻한다. 통화정책의 파급경로가 초단기 금리로부터 장기금리로 이어지므로 각 통화당국은 초단기 금리에 영향을 미쳐 모든 금리에 점차 영향을 미치고자 하기 때문이다. 따라서 정책금리(기준금리)를 전망하는 것이 시장금리 예측의 출발이라고 할 수 있다.

결국, 시장에서의 채권금리를 예측하기 위해서는 경제성장률과 인플레이션율 예상이 전제되어야 한다. 국내지표로는 산업생산, 경기선행지수, 수출입동향, 고용지표, 환율, 소비자물가 등을 이용한다. 해외지표로는 미국 ISM제조업지수, 신규고용 취업자수, 소매판매, 주택판매, 내구재주문, 독일 IFO지수, 중국 수출입, 원유 및 원자재 가격동향 등 이용 가능한 모든 경제지표가 활용된다. 이 밖에도 수급을 예측하기 위해 채권만기 도래물량 및 발행량 예측도 병행하고 있다.

제4절 통화정책과 금리

1. 통화정책의 목표

통화정책도 다른 경제정책과 마찬가지로 목적 · 목표 · 수단으로 구성된다.

통화정책을 활용하여 도달하고자 하는 궁극적 목적도 경제사회 전체의 후생증진이다. 대개의 나라에서 국민경제의 바람직한 상태, 곧 경제성장 및 완전고용, 물가안정, 국제수지 균형 달성을 통화정책의 주된 목표로 삼고 있다. 통화정책의 수단은 목표달성을 위해 정책 당국이 직접 활용할 수 있는 정책도구를 말한다. 만약 물가안정이 정책의 최종목표라 한다면 1차적인 중간목표는 통화량 조절이다. 이를 위해 사용할 수 있는 도구는 중앙은행의 재할인율 · 지급준비율 · 공개시장 정책 등이다.

선후진국을 막론하고 거의 모든 나라에서 통화정책의 주요 목표들이 동시에 추구될 수 있는 것은 아니고 상호충돌을 일으키는 데에 정책의 어려움이 있다. 첫째, 고용 증가와 물가안정간에는 적어도 단기적으로는 상반관계가 있다는 사실이 Philips곡선에 의해 잘 알려져 있다.

둘째, 물가안정과 경제성장 간의 상반현상도 흔히 경험하는 사실이다. 특히 개발도상국에서는 경제성장을 촉진하기 위한 투자자금을 통화증발에 의해 충당함으로써 인플레이션을 유발하는 경우가 흔히 있다.

이와 같이 통화정책의 여러 목표들 간에 상반관계가 일어나는 경우 이를 어떻게 해결할 수 있겠는가? 이때 통화정책만으로 문제를 해결하려고 할 것이 아니라 여러 정책수단을 함께 채택하여 종합적으로 추진해야 한다. 통화정책은 하나의 목표를 위해 사용하고 다른 목표를 위해서는 다른 정책수단을 동시에 사용하는 것이 효과적이다. 그리고 정책의 목표끼리 충돌하는 상황하에서는 한 목표를 다른 목표에 우선시키는 것이 현명하다.[7)]

Keynes는 유동성선호설에서 통화정책의 중간목표로서 금리지표가 통화공급량보다 더 중요하다는 입장을 취했다. 그에 따르면 통화량 증감은 그 자체가 의미있는 것이 아니라 그것이 금리를 변경시킨다는 데 의미가 있다. 통화량을 증감시키는 것은 금리를 변동시켜 투자수요에 영향을 미치는 간접적인 역할을 하는 데 불과하며 그 자체는 아무런 의미가 없다는 것이다. 따라서 통화량을 통화정책의 중간목표로 삼을 수 없고 다만 참고자료로 삼아야 한다고 주장했다.

신화폐수량설을 주장하는 M. Friedman 중심의 통화주의자들은 금리지표

7) 이에 대해서는 한국은행조사통계월보, 2001년 9월호, pp. 32~35를 참조하였다.

가 경우에 따라 매우 불안정하기 때문에 금리 대신 통화량을 통화정책의 중간목표로 삼아야 한다고 주장한다. 이들은 통화량 증가로 인한 물가상승이 있을 때 금융거래자들은 인플레이션 지속을 예상함에 따라 실질 금리에 예상물가를 가산하여 명목 금리를 책정한다고 보았다. 따라서 인플레이션이 진행되고 있으면 명목 금리가 오르기 마련이다.

그러나 이 사실만 가지고 금융시장의 자금사정이 어렵다고 판단하여 통화공급량을 늘리면 그 결과로 명목금리가 하락하는 것이 아니라 오히려 물가상승을 자극하여 인플레이션을 가속시킨다. 나아가 예상물가상승률을 올리게 되어 결국 명목금리를 더욱 상승하게 한다고 믿었다.

1970년대 이후 대부분의 금융선진국들은 경제성장, 물가안정 등 통화정책의 최종목표를 달성하기 위해 통화총량을 중간목표로 설정하고 이를 본원통화 또는 지급준비금의 조절을 통해 관리하는 통화량 중심의 통화정책(monetary targeting)을 펼쳐왔다. 특히 미국의 경우 Humphrey-Hawkins법이 발효된 1978년부터는 통화량 중시 정책을 강화하였다.[8] 그러나 1980년대 중반 이후 금융의 자유화 및 국제화, 금융혁신 등의 진전으로 새로운 금융상품들이 쏟아져 나오고 금융상품간 자금이동과 외국자본의 유출입이 빈번해짐에 따라 통화총량과 최종목표 간의 관계가 불안정해지기 시작했다. 이에 따라 통화량의 중간목표로서의 유용성이 크게 낮아졌다.

이러한 가운데 전세계적으로 금리자유화의 확대, 장단기 금융시장의 발달 등으로 금리의 가격기능이 크게 높아지면서 파급경로도 활성화되었다. 대외부문에서는 자유변동환율제의 영향으로 환율변동성이 커진 데다 국제자본시장이 통합되어 감으로써 통화정책의 전환이 불가피하게 되었다. 대부분의 금융선진국들은 1990년을 전후하여 통화정책 운영체계(monetary policy framework: MPF)를 종전의 통화량중시에서 금리중시로 전환하였다.

MPF는 통화정책이 결정되고 집행되는 제도적 장치로서 다음 네 가지를

8) 미국의 통화정책 목표는 「연방준비법(Federal Reserve Act)」에는 고용극대화, 통화가치 안정 및 금리안정으로 그리고 1978년에 제정된 「완전고용 및 균형성장법(일명 Humphrey-Hawkins법)」에는 물가안정 및 완전고용으로 규정되어 있다.

포괄한다. (i) 통화정책의 최종목표, (ii) 통화량, 환율, 인플레이션율 등 명목기준지표, (iii) 중앙은행의 독립성 · 책임성 · 투명성 등 제도적 측면, (iv) 통화정책의 수단 등이다.

[표 5-1]은 통화정책의 운영체계에 있어 통화량 및 금리중시 정책 간에 어떠한 차이가 있는가를 보여주고 있다. 금리중시 통화정책은 단기정책금리를 운용목표로 채택하고 이를 조절함으로써 최종목표를 달성하는 방식이다.[9] 통화량중시 정책과 다른 점은 중간목표를 설정하지 않거나 설정하는 경우에도 이를 엄격히 관리하지 않으며 이에 따라 통화량은 중간목표라기보다는 정보변수의 하나로 활용된다는 점이다.[10] 또한 통화량, 환율, 주가, 산업생산, 실업률 등 여러 가지 금융 · 경제지표들을 정보변수로 활용하여 미래의 물가 및 경기전망 등을 평가한후 이를 토대로 필요시 단기 정책금리를 조절함으로써 최종목표를 달성한다는 점이다.

[표 5-2] 통화정책의 운영체계 비교

	운 영 체 계			
통화량 중시	정책수단 ⟶ [공개시장조작, 재할인정책, 지준정책]	운용목표 ⟶ [본원통화, 지급준비금]	중간목표 ⟶ [통화량]	최종목표 [물가안정, 경제성장 등]
금리 중시	정책수단 ⟶ [공개시장 조작 등]	↑ 정보변수 [통화량, 주가, 환율 산업생산, 실업률 등 각종 금융-경제지표]	운용목표 ⟶ (단기금리)	최종목표 [물가안정, 경제성장 등]

9) 지금까지 한국은행은 통화정책의 최우선목표를 물가안정에 두고 연간 및 중기 물가안정목표를 설정 · 공표하면서 운용목표인 콜금리목표의 조정을 통하여 이를 달성하고자 한다.

10) 미국은 M2 및 M3의 증가율 목표를 설정하고 일본은 M2+CD의 전망치를 발표하고 있으나 이를 엄격하게 관리하지 않고 있다. 유로지역과 영국도 각각 M3 증가율의 기준치 및 M0와 M4 증가율의 감시범위만을 발표할 뿐 중간목표로 활용하지 않고 있다.

2. 몇 개의 기준지표

통화정책의 운영체계에 있어 기준지표의 선택은 나라에 따라 다르다. 대개의 경우 이 지표는 특정 통화량지표를 목표로 하는 통화목표제(monetary targeting), 환율을 목표로 하는 환율목표제(exchange rate targeting), 특정 물가상승률을 목표로 하는 물가안정목표제(inflation targeting)로 구분한다. 이외에 미국과 같이 별다른 기준지표 없이 통화정책을 수행하는 방식 일명 'just-do-it approach'도 있다.

(1) 통화목표제

이것은 통화지표(M1, M2, M3 등)의 증가율을 중간목표로 정하여 이를 달성하는 방식이다. 1970년대 후반에 많은 나라들이 도입하였는데 그 배경으로는 다음 두 가지를 들 수 있다. 첫째, Friedman이 이끄는 통화론자들의 영향력이 커졌다는 점이다. "인플레이션이란 언제, 어디서나 통화적인 현상이다(inflation is always, and everywhere a monetary phenomenon)"라는 그들의 말은 물가에 가장 강력한 영향을 미치는 것이 바로 통화량이므로 이를 적절히 제어해야만 통화정책의 최종목표가 달성될 수 있다는 것이었다.

둘째, 통화론자들의 주장과 이론이 설득력을 얻어 가고 있는 중에 1, 2차 석유파동이 발생함으로써 전세계가 인플레이션과의 전쟁에 돌입하게 되었다는 사실이다. 제2차 세계대전 이후 처음으로 높은 인플레이션을 겪게된 여러 나라들은 이를 억제하는 데 총력을 기울였으며, 그 일환으로 인플레이션과 가장 밀접한 관계가 있는 것으로 인식되는 통화량을 중간목표로 하는 통화정책 운용체계를 선택하였다.

통화목표제의 선구자라 할 수 있는 Friedman이 생각했던 것은 경제의 상황변화와 관계없이 매년 통화를 일정한 비율만큼 늘려 가는 "k% 준칙(rule)"이었다. 그러나 현실적으로 이렇게 극단적인 통화목표제를 채택한 나라는 별로 없었다. 이를 채택했던 일부 나라들도 1980년대 들어 이를 포기하였다.

(2) 환율목표제

이것은 자기 나라 통화와 다른 나라 통화 간의 비율인 환율을 일정수준에서 고정시키는 것을 통화정책의 목표로 한다. 따라서 고정환율제도를 채택하고 있는 나라의 통화정책 운용체계는 예외 없이 환율목표제라고 할 수 있다. 엄격한 고정환율제도는 유럽통화동맹(EMU)이나 통화위원회제도(currency board system), 미국 달러화 통용제도(dollarization)를 들 수 있다. 나아가 중심환율을 기준으로 소폭의 변동만을 허용하는 크롤링 페그(crawling peg)와 같은 중간단계의 환율목표제를 실시하는 나라들도 있다.

이들 나라들은 환율을 일정수준에서 유지하기 위하여 금리조정 및 외환시장 개입의 두 가지 정책수단을 활용한다. 예컨대 달러화에 대한 수요가 늘어나 자기 나라 통화 가치가 큰 폭으로 떨어질 때는 국내금리를 인상하여 자기 나라 통화에 대한 수요를 자연스럽게 늘리든가, 아니면 중앙은행이 외환시장에 직접 개입하여 달러를 팔고 자기 나라 통화를 매입함으로써 달러에 대한 초과수요를 충족시키든가 한다.

고정환율제와 이를 유지하기 위한 환율목표제는 오랜 역사를 지니고 있다. 1930년대 대공황시까지 유지되었던 금본위제가 대표적인 고정환율제도였다. 제2차 세계대전 이후 새로이 구축된 Bretton Woods체제도 금본위제도의 정신을 이어 받은 고정환율제였다. 즉 미국은 금 1온스당 35달러로 고정된 금평가(gold parity)를 유지하고 각 나라가 대미달러 환율을 설정한 후, 이의 상하 1% 범위 안에서 환율을 유지하도록 하였다.

1973년 미국의 금태환 정지조치로 Bretton Woods체제가 붕괴되자 세계 각국은 저마다의 사정에 맞는 환율제도를 채택하게 되었다. 그러나 많은 나라들, 특히 개발도상국들은 최근까지 자기 나라 통화가치를 달러화에 연동시키는 고정환율제도를 유지하고 있다.

(3) 물가안정목표제

이것은 중앙은행이 일정기간 동안 달성해야 할 물가상승률 목표치를 미리 제시하고 이에 맞추어 통화정책을 운용하는 방식이다. 중앙은행은 통화량, 금리, 환율 등 다양한 정보변수를 활용하여 장래의 인플레이션을 예측하고 실제 물가상승률이 목표치에 수렴할 수 있도록 통화정책을 운용한다. 이후 운용성과를 평가하고 시장의 기대와 반응을 반영하면서 정책방향을 수정해 나간다.

물가안정목표제는 1990년 3월 뉴질랜드가 최초로 도입한 이래 영국, 캐나다, 스웨덴 등 선진국을 중심으로 시행되었으나 점차 신흥시장국으로 확산되고 있는 추세이다.

통화정책이 결정되고 집행되는 내부과정면에서 보면 이 목표제는 다른 통화정책 운용체계와 크게 다를 것이 없다. 다시 말해 물가안정이 통화정책의 최종목표이며 이를 달성하기 위해 중앙은행의 최고의사 결정기구가 운용목표(주로 단기금리)를 정하고 다양한 정보변수와 정책수단을 활용함으로써 목표를 달성한다는 점에서 비슷하다.

다른 통화정책 운용체계와 근본적으로 다른 점은 통화정책의 대외적 측면을 중시한다는 것이다. 중앙은행이 달성하고자 하는 물가목표를 명시적 · 공개적으로 제시하고 일반국민들이 이 목표를 준거(準據)로 하여 각종 경제행위에 대한 의사결정을 하도록 유도하고 의사소통과 feedback 관계를 중시한다는 사실이다.

이와 같이 대외적 측면을 중시하고 있기 때문에 이 제도가 성공을 거두려면 통화정책 또는 중앙은행에 대한 일반의 신뢰성(credibility) 확보가 가장 중요한 관건이 된다. 즉 물가안정목표제는 중앙은행의 '약속'에 대한 '믿음'이 핵심요소이다. 만약 일반국민들이 중앙은행을 신뢰하지 못하고 있다면 중앙은행이 제시하는 약속인 물가안정목표도 믿지 않게 되어 이와는 전혀 다른 방향으로 의사결정을 하게 될 것이다.

3. 통화정책의 수단과 운용

통화정책의 최종 및 중간목표와 관련하여 그 수단은 여러 가지 있을 수 있다. 정책 효과가 대상에 미치는 영향력 여부에 따라 크게 간접적 정책수단

(indirect instruments)과 직접적 정책수단(direct instruments)으로 나눈다. 전자는 공급되는 자금의 용도에는 관계없이 단지 자금의 전체 변동량만을 변경시킴으로써 총수요를 조절하여 소기의 목적을 달성하고자 하는 수단이다. 여기에는 전통적 금융정책수단인 재할인율조정, 지급준비율 조정, 공개시장정책 등이 있다.

중앙은행의 재할인율조정은 상업은행에 대한 할인 및 대출금리를 조정함으로써 신용창조를 간접적으로 조절하여 시중 자금에 대한 팽창이나 수축을 꾀하는 수단이다. 지급준비율 조정은 금융기관이 보유해야 할 법정지급준비금을 변동시킴으로써 금융기관의 신용창조능력을 조정하여 시중의 자금을 조절하는 것이다. 그리고 공개시장정책은 중앙은행이 공개시장에서 국채를 비롯한 유가증권을 매매함으로써 금융기관과 민간의 유동성을 간접적으로 조절하고자 하는 수단이다.

이러한 간접적 정책수단은 자유개방경제체제 아래 순환적으로 발생하는 경기변동을 완화하고, 물가안정과 순조로운 경제성장을 이룩하기 위해 19세기에 등장한 것이었다. 그러나 제2차 세계대전 이후 자본주의 경제의 구조변화에 따라 간접적 수단의 기능은 약화되었다. 특정부문에 대한 집중적인 자금배분과 자금의 효율성 제고의 필요성이 부각되자 주요 선진국에서는 직접적 정책수단을 채택하기 시작하였다. 이 정책수단은 희소한 자금이 불요불급한 부문에 유용되는 것을 방지하고 자금의 효율성 증대와 특정부문의 집중적 육성을 위해 처음부터 자금의 용도, 흐름 및 자금량에 대하여 직접적으로 선별·통제하는 정책이다.

몇몇 선진국에서 때때로 채택되고 있는 직접적 정책수단으로는 증권금융의 규제(margin requirement on security), 수출입금융규제(import-export predeposit requirement), 소비자신용 및 할부신용규제(consumer installment credit control), 각종 특수금융제도 등을 들 수 있다. 개발도상국에서 주로 활용되고 있는 것으로는 대출통제(direct credit control: DCC), 금리제한(ceilings on interest rates: CIR), 도의적 권유(moral suasion) 등이 있다.

위에서와 같은 직접적 금융정책에 대해 과도한 금융시장 개입은 아닌지 또는 얼마나 효과적인가에 대해 많은 의문이 제기되고 있다. 전시나 그 밖의 국가비상시에만 효과적일 수 있다는 것이 금융선진국에서의 경험사례이다. 우리나라에서도 직접금융정책수단은 더 이상 활용되지 않고 있다.

그러면 통화정책의 운용은 어떻게 해나가는가? 이에 대해서는 중간목표변수를 어떻게 설정하고 운용할 것인가를 기준으로 크게 재량에 의한 것과 준칙에 의한 것으로 나눈다. 전자는 정책 당국이 경기 상황에 따라 필요하다고 판단되는 방향으로 통화정책을 운용하는 것이다. 후자는 단기적 경기변동상황에 관계 없이 정해진 규칙에 따라 통화정책을 운용하는 것이다.

J. B. Taylor의 준칙에 따르면 인플레이션과 경제성장률을 고려한 정책 반응함수를 이용해 단기금리(정책금리) 수준을 계산한다. 단기금리는 $F(p-p^*, g-g^*)$로 계산하는데 이때 $(p-p^*)$는 실제 인플레이션과 인플레이션 목표치 간의 차이이며, $(g-g^*)$는 실제생산 및 잠재생산 증가율 간의 차이이다. 이 준칙은 물가와 성장이 당초목표와 차이가 발생할 경우 그동안 정책 당국이 어떻게 단기금리를 조정해 왔는지, 그리고 그것이 적정했는지를 검증하기 위한 지표로 활용되고 있다.[11)]

통화론자들은 통화총량의 증가율을 기준으로 하는 준칙에 의한 정책의 운용이 재량에 의한 것보다 우월하다고 주장한다. 첫째 이유는 통화정책을 성공적으로 수행하기 위해서는 지금의 정책이 영향을 미치게 될 미래의 경제상태를 정확히 예측하거나 '시차'의 크기를 판단할 필요가 있다. 이 두 가지 모두 어려운 문제이기 때문에 준칙에 의한 통화정책이 보다 낫다는 것이다. 여기에서의 시차는 다음 세 가지를 말한다.

① 인식시차(recognition lag): 불경기 또는 과열경기가 발생한 시점과 정책 당국이 이를 인식하고 통화의 확대공급 또는 환수를 결정할 필요성을 인식하는 시차이다.

② 정책시차(policy lag): 정책 당국이 정책변화의 필요성을 인식하고 이에 대한 새로운 대응책을 입안 · 확정하는 데까지 소요되는 시차이다(위의 인식시

---

11) J. B. Taylor, "Discretion Versus Poticy Rules in Practice," Carnegie-Rochester Conference Serieson Pullic Potiey 39, 1993, pp. 195~214.

차와 정책시차를 합하여 내부시차(inside lag)라고 한다).

③ 외부시차(outside lag): 입안 · 확정된 정책이 경제에 영향을 미치기까지의 시차이다.

둘째 이유는 정책효과의 크기에 대한 불확실성이다. 이것이 존재하는 경우 실행되는 정책의 최종목표를 바람직한 수준으로 유도할 수 없을 뿐만 아니라 당초의 상태보다 경제를 더 악화시킬 수도 있기 때문이다.

그러나 준칙에 의한 통화정책에 대해서도 몇 가지 한계가 지적되고 있다. 목표달성을 위한 정책수단의 부족과 통화수요의 불안정성 때문에 통화당국이라 하더라도 통화량을 효과적으로 통제할 수 없다. 그렇다면 준칙에 의한 금융정책의 유효성을 높이기 위해서는 통화총량의 증감뿐만 아니라 금리, 환율 등도 정보변수로 적극 활용해야 할 것이다.

4. 통화정책의 파급경로

통화정책의 집행결과가 실물경제부문에 대해 제대로의 영향을 미치는지를 파악하기 위해서는 그의 파급경로에 대한 이해가 선행되어야 한다. 정책의 파급경로 또는 전달기구(transmission mechanism)란 정책시행 후 경제 각 부문에 효과가 나타날 때까지의 매개수단을 말한다. 여기에서는 전통적인 금리경로뿐만 아니라 자산가격경로, 환율경로 및 신용경로에 대해 살펴보고자 한다.

(1) 전통적인 금리경로

거시경제모형에서 금리경로는 표준적인 통화정책의 파급경로로 다루어져 왔다. 이러한 견해는 자산시장에는 통화와 채권만이 있으며, 그 외 주식, CP 등 금융자산과 여타 실물자산은 채권과 완전대체관계에 있는 것으로 가정한다. 이는 설령 금융긴축으로 은행대출이 줄어든다 하더라도 기업은 자본시장에서 유가증권발행을 통해 부족자금을 얼마든지 충당할 수 있기 때문에 착오없이 투자계획을 수행할 수 있는 등 총수요에 전혀 영향을 미치지 않음을 뜻한다.

금리론자들은 안정적 통화수요를 가정함으로써「은행의 지급준비금 조정에 의한 통화공급의 변동 ⇒ 통화수요와의 상호작용에 의한 시장금리의 변동 초래 ⇒ 투자 및 소비수요의 변화 ⇒ 총수요의 변동으로 이어진다」고 주장한다. 그러나 통화와 밀접한 대체관계에 있는 금융자산이 존재하지 않아서 통화 당국이 지급준비금을 흡수하더라도 CD 등과 같은 자산을 이용하여 외부자금을 조달할 수 없어야 하는데 현실은 그렇지 않다.

(2) 자산가격을 통한 경로

전통적인 금리경로가 채권가격의 변동에만 분석의 초점을 맞추고 있는 데 반해 금리 이외의 자산가격경로에서는 외환, 주식, 부동산 등의 상대가격과 부의 변화를 통하여 실물경제에 영향을 미치는 경로에 분석의 초점을 맞추고 있다.

① 주식가격경로: 주가 변동을 통한 파급경로에는 투자측면에서의 Tobin q와 소비측면에서의 효과 등 두가지 경로가 있다. 먼저 통화공급이 늘어날 경우 주가가 올라 실물자본의 대체비용에 대한 기업의 시장가치(주가)의 비율인 Tobin q가 높아지면서 투자가 늘어나고 생산이 증대된다.[12)]

다음으로 Modigliani의 생애주기모형에 의하면 소비자의 생애자원은 인적자본, 물적자본, 금융자산형태의 부로 이루어지는데 통화공급이 늘어나면 주가가 올라 금융자산 형태의 부 및 생애자원이 늘어남으로써 소비가 늘어나고 생산이 증대된다(제1장 제1절 4항 참조).

② 부동산가격경로: 통화공급이 늘어나 주택 및 토지가격이 오르면서 주택의 시장가치가 대체비용(신규건축비용)보다 커져서 주택의 Tobin q가 상승하며 이에 따라 신규주택건설이 늘어나고 생산이 증대된다. 주택 및 토지는 부의 주요 구성요소이므로 통화공급이 늘어나 주택 및 토지가격이 오르게 되면 부가 증대되어 소비와 생산이 증대된다.

(3) 환율경로

환율경로의 1차 단계는 국내금리 변동이 환율을 변화시키는 것이다. 국내

12) Tobin의 q이론에 관해서는 제1장 제1절을 참조하기 바란다.

금리가 내려가면 그 나라 통화표시 금융자산의 수익률이 떨어지므로 투자자들은 상대적으로 수익률이 높아진 다른 나라 통화표시 금융자산을 사고자 한다. 이는 자기 나라 통화의 초과공급과 다른 나라 통화의 초과수요를 가져와 자기 나라 통화의 가치를 떨어뜨리게 된다.

환율 상승은 2차 단계로 다음과 같은 세 가지 과정을 통해 실물경제에 영향을 미친다. 먼저 다른 나라 통화표시 수출품 가격을 낮추는 대신 자기 나라 통화표시 수입품 가격을 오르게 한다. 이러한 가격 변화에 따라 수출은 늘어나고 수입은 줄어들어 무역 및 경상수지가 개선된다.

다음으로 수입품 가격을 높여 곧바로 국내물가에 영향을 미친다. 국제원유가격이 배럴당 100달러에서 변함이 없더라도 환율이 달러당 1,000원에서 1,050원으로 올라가면 한국의 석유류 가격은 5.0% 오른다. 그리고 기업이나 금융기관들의 외화 자산과 부채가치를 변화시켜 재무구조에 중대한 영향을 미친다. 국내 기업이나 금융기관들은 해외자본을 도입하고 이를 해외에서 운용하기도 하는데 환율이 오르면 해외부채가 많은 기업은 상환부담이 커져서 수익성이 악화된다.

(4) 신용경로

신용경로는 금리경로를 중시하는 전통적인 이론만으로는 설명하기 어려운 현상들을 설명할 수 있다. 여기에는 은행대출과 기업 · 가계 대차대조표 과정이 있다.

① 은행대출과정: 통화공급이 늘어날 경우 은행의 대출여력이 커져서 중소기업 등에 대한 대출도 증가하게 되므로 투자 및 생산이 증대되는 결과를 초래한다. 이 과정이 있기 위해서는 (i) 정보의 비대칭성이 존재하는 불완전한 자본시장에서 은행의 대출의지 변화에 대해 투자지출의 의사결정이 민감하게 영향을 받는 특정 차입자가 있어야 하며, (ii) 통화정책의 변화가 은행의 자산구성을 제약함으로써 체계적인 영향을 미칠 수 있어야 한다,

② 기업대차대조표과정: 통화정책은 다음과 같은 세 가지 과정을 통해 기업의 대차대조표에 영향을 미친다. (i) 「통화공급 증가 ⇒ 주가상승 ⇒ 기업 순

가치 향상」이 되므로 대출자의 역선택과 도덕적 해이 문제가 줄어들어 대출이 늘어나고 투자 및 생산이 증대되며, (ii) 「통화공급 증가 ⇒ 명목금리 하락 ⇒ 기업의 현금흐름과 재무상태 개선」이 되므로 대출자의 역선택과 도덕적 해이 문제가 줄어들어 대출이 늘어나고 투자와 생산이 증대되며, (iii) 「통화공급 증가 ⇒ 예기치 않은 물가상승 ⇒ 기업의 실질차입금 상환부담 경감 및 실질순가치 상승」으로 역선택과 도덕적 해이 문제가 줄어들게 되어 대출이 늘어나고 투자와 생산이 증대된다.

③ 가계 대차대조표과정: 신용경로는 기업의 투자의사결정뿐만 아니라 가계의 내구소비재 및 주택구입에도 영향을 미친다. 「통화공급 증가 ⇒ 주택가격 상승 ⇒ 가계 보유 금융자산의 가치 향상 및 가계의 유동성제약 완화」로 내구소비재 및 주택구입이 늘어나고 생산이 증대된다. 반면 통화긴축시에는 금리가 올라서 부채가 많은 가계의 현금흐름이 줄어들고 자금융통에 어려움을 겪을 가능성이 높아지므로 내구재 및 주택구입에 대한 수요가 줄어들고 생산이 감소한다.

(5) 파급경로에 관한 최근의 연구

금융혁신에 의해 유사금융상품들이 출현하여 통화수요가 불안정해짐에 따라 통화정책수단으로서의 통화지표 유용성에 대해 회의적인 견해가 대두되었다. 또한 정보경제학이 발전함에 따라 정보의 비대칭성이 존재하는 경우에 통화정책의 파급경로로서 신용의 역할을 강조하는 이론적 · 실증적 연구들이 활발히 진행되어 왔다.

B. S. Bernanke(1983)는 대공황기의 상황을 금리경로만으로는 설명할 수 없으며, 은행의 연이은 도산과 예금인출 소동으로 금융중개 기능이 마비되어 버린 것도 중요한 요인이었다고 주장하였다. Bernanke and Blinder(1992)의 연구에서도 금융정책의 유용한 대리변수라고 상정한 연방기금금리(federal funds rate: FFR)의 상승이 은행대출의 감소로 연결되어 경기 침체에 영향을 미친 것으로 나타났다.[13] 통화정책의 파급경로로서 신용경로의 중요성을 강조한 셈이다.

---

13) FRR은 한국의 정책금리인 콜금리와 같다. 연방기금은 금융기관의 지급준비 및 현금포지션

이처럼 금융긴축이 은행대출을 감소시키고 실물경제에 영향을 미친다는 점에 대해서는 대부분의 연구자들이 의견의 일치를 보이고 있지만 신용경로가 금리경로에 비해서 상대적으로 더 중요한가에 대해서는 의견이 달라지고 있다. 예를 들어 C. King(1986)은 대출 · 예금 · GNP를 포함하는 모형을 구성하고 추정한 결과 GNP 변동에 있어 대출보다도 예금변동으로 설명되는 부분이 큰 것으로 보아 금리경로의 역할이 중요하다고 주장하였다.

C. Romer and D. Romer(1990)는 연방공개시장위원회(Federal Open Market Committee: FOMC)의 보고서 등을 바탕으로 금융긴축의 시점을 정하고 이 시기에 대출과 예금 어느 쪽이 긴축에 대해 먼저 반응하는가를 측정하였다. 그 결과 예금은 금융긴축 후 곧 감소하지만 대출은 시차를 두고 반응하는 것을 밝혀 신용경로가 그다지 중요하지 않다고 주장하였다.

Kashyap, Stein and Wilcox(1993)는 금융긴축의 대출감소가 실물부문에 영향을 미친다는 사실을 증명하기 위해 기업의 자금조달수단(은행대출과 CP)간의 비율에 초점을 맞추었다. 분석결과 FFR에 의한 기준이나 Romer and Romer의 기준에 의한 금융긴축 시기에 CP 발행이 증가하는 데 반하여 은행대출이 감소하기 때문에 대출의 CP에 대한 비율로서 정의되는 혼합(mix) 변수는 감소하는 것을 확인하였다. 이 변수는 설비투자 및 재고투자에 영향을 미치는 것으로 확인되었으며 특히 재고투자에 미치는 영향이 크다는 것을 밝히고 있다.

한편 통화정책의 파급과정에서 신용경로에 의한 분배적 측면을 분석하고 있는 연구들을 보면 M. Gertler and S. Gilchrist(1994)는 금융긴축기에 CP 발행이 늘어나 은행대출이 줄어들면 긴축의 효과는 CP를 발행할 수 있는 대기업보다는 은행대출에 의존하지 않을 수밖에 없는 중소기업에 집중된다고 주장하였다. Kashyap and Stein(1995)은 금융긴축기의 예금감소는 은행의 규모에 따라 그 정도의 차이가 없지만 대출의 감소 및 그 밖의 금융자산감소는 은행의 규모가 작을수록 뚜렷이 나타난다고 보았다.

의 일차적인 조정수단으로 금융기관의 단기유동성 사정을 신속하게 반영하기 때문에 FRB의 긴축 및 완화정책에 따라 즉각적으로 영향을 받는다. FFR은 여타금리의 기준이 되며 통화정책운용의 중요한 판단지표가 되고 있다.

제5절 한국의 통화정책

1. 변천과정

한국의 통화정책이 체계적인 틀 안에서 이루어지기 시작한 것은 1957년 「재정안정계획(financial stabilization program)」이 수립되면서부터이다. 이 계획은 연간 또는 분기별로 통화(M1)의 공급 한도를 정하고 정부, 민간, 해외, 기타 등 각 부문별 통화공급 한도를 따로 정하여 그 범위에서만 통화가 공급되도록 하였다. 이는 통화정책에 중점을 둔 것이지만 결국 재정, 외환부문을 포괄하기 때문에 통화정책, 재정정책, 외환정책이 경제의 안정(단기)이라는 기본목표 아래 서로 조정되면서 조화를 이룰 수 있었다.

정부는 계속되는 국제수지 적자 보전을 위하여 1965년 3월 IMF와 대기성차관(stand-by credit) 협정을 체결하였는데 이 협정내용에 통화지표의 구체적 목표치를 IMF와 협의하여 결정하도록 하였다. 대상지표는 처음에는 M1이었으나 이후 중앙은행의 (순)국내자산(1966~69년 상반기), 본원통화(1969년 하반기), 금융기관의 국내신용(1970~82년) 및 (순)국내신용(1983~86년) 등으로 변경되었다.

국제수지가 개선되기 시작한 1976년부터는 IMF와의 협정과 별도로 M1의 증가율 목표를 독자적으로 설정하고 공표하기 시작하였다. 그러나 M1의 움직임이 매우 불규칙하여 실적치와 목표치 간의 괴리가 커짐에 따라 1979년부터는 중심통화지표를 M2로 변경하였으며 운용체계도 본격적인 통화목표제의 모습을 띠게 되었다.

통화공급목표 설정은 Fisher의 교환방정식($MV=PT$)에 이론적 근거를 두고 EC(European Community)방식을 이용하였다. 목표 경제성장률 및 물가상승률 그리고 통화유통속도의 변화 등 예상되는 여러 가지 경제 여건을 고려하여 목표를 설정하였다.

중심통화지표인 M2가 다시 불안한 움직임을 보이기 시작한 것은 1996년

4월에 신탁제도를 개편하면서부터이다. 정부는 금전신탁의 본래 기능을 회복시키기 위해 최단만기 연장, 일반불특정 금전신탁 취급금지 등의 조치를 취했다. 이에 따라 그동안 호조를 보여 오던 금전신탁의 증가세는 크게 둔화된 반면 여기서 이탈한 자금의 상당부분이 은행의 저축성 예금으로 유입되었으며 이는 저축성 예금을 포함하는 M2의 증가율을 큰 폭으로 끌어올렸다.

급기야 M2 증가율은 한국은행이 설정했던 1996년 목표범위 11.5~15.5%의 상한을 크게 웃돌았다. 통화정책기조에 아무런 변화가 없었음에도 신탁제도 개편 영향으로 중심통화지표 증가율이 크게 높아짐으로써 통화정책이 완화된 것처럼 비쳐지게 되었다. 이에 한국은행은 금융자산 간의 이동효과가 상쇄되는 새로운 통화지표를 중시하기 시작하였다. 새로운 지표는 기존의 M2에 양도성 예금증서(CD)와 금전신탁(trust)을 합한 MCT이었다. 금전신탁에서 저축성예금으로 자금이 이동하면 M2는 상승하지만 MCT 내에서는 그 효과가 상쇄될 수 있기 때문이었다.

한국은행은 1997년부터 M2와 MCT 두 지표를 중심으로 하는 복수통화목표 시스템을 도입하여 M2의 증가율 목표(12월 평잔기준)를 14~19%, MCT의 증가율 목표를 15~20%로 설정하였다. 두 개의 통화지표를 목표로 하였지만 사실상 M2보다는 MCT에 중점을 두었다. 그러나 MCT 역시 지급준비제도의 개편으로 유용성이 떨어지게 되었다.

1997년 2월 전반적인 지준제도 개편의 일환으로 CD에 대해서도 2%의 지급준비율을 새로이 부과하였는데, 그 결과 CD의 수익률이 낮아짐으로써 만기가 된 CD의 상환이 큰 폭으로 이루어졌다. CD에서 이탈한 자금들은 발행한도가 폐지되어 새로운 투자수단으로 부상된 표지어음으로 이동하였고 그 결과 MCT 증가율이 크게 낮아지게 되었다. 1996년 12월중 19%에 달했던 MCT 증가율은 1997년 들어 계속 낮아져 5월에는 15.6%로 증가율 목표의 하한에 가깝게 되었다. 통화정책의 기조에 변화가 없었음에도 또다시 중심통화지표의 증가율이 과도하게 낮아져서 한국은행이 긴축정책을 쓰고 있는 것처럼 비쳐지게 되었다.

그러다가 1997년말 개정된 「한국은행법」에 물가안정목표를 명시적으로 공표해야 한다는 조항이 포함됨으로써 우리나라는 물가안정목표제로 이행하게 된다. 한국은행은 정부와의 협의를 거쳐 1998년의 물가상승목표를 소비자물가 기준 9±1%로 설정 · 발표하였다. 그러나 실제로는 IMF 대기성차관 도입에 따른 조건(conditionality)의 일환으로 제시된 통화운용방식을 따랐다. 이 방식은 가장 광의의 지표인 M3를 참고지표로, 이에 상응하는 본원통화 공급한도를 예시한도로 설정하여 관리하는 것이었다. 따라서 일정기간 물가안정목표제와 통화목표제가 병행 · 실시된 셈이었다.

1999년부터는 IMF와 M3의 적정수준에 관해 협의하지 않아도 되었으나 한국은행은 당해연도 물가목표와 함께 M3의 평잔 기준 증가율 목표를 13~14%로 설정하였다. 이는 유럽중앙은행이 채택하고 있는 이중 목표제도와 비슷한 것이었다. 통화정책 운용체계의 모호성에도 불구하고 M3 목표를 함께 발표한 것은 지난 수십년간 실시해 온 통화 목표제도를 일시에 폐지할 경우 금융시장에 혼란이 예상될 뿐 아니라 아직까지 일반의 인플레이션 기대심리가 통화지표에 영향을 받고 있는 현실을 감안할 때 적정한 통화증가율을 제시함으로써 인플레이션 기대심리를 낮추는 것이 필요하다고 판단한 것 같다.

2000년에도 물가목표와 함께 M3 증가율목표를 7~10%로 제시하였으나 2001년부터는 M3를 중간목표가 아닌 감시지표(monitoring indicator)로 전환하면서 그 범위를 6~10%로 하였다. 따라서 통화량이 이 범위를 벗어나더라도 중간목표의 경우와 같이 곧바로 대응하지는 않게 되었다. 이로써 한국의 통화정책 운용체계는 순수한 물가안정목표제로 이행한 모습을 보였다.

한국은행은 매년 정부와 협의하여 물가안정목표를 정하도록 되어 있다. 이에 따라 12월경 다음해에 적용될 물가안정목표를 정부와 협의한 후 이듬해 초에 연중 통화정책방향 발표시 함께 공표하고 있다. 그러나 단년제 물가목표제의 단점을 보완하기 위하여 2000년부터는 연간 물가안정목표와 함께 "근원인플레이션율이 2.5%에서 유지되도록 노력한다"는 내용의 중기목표를 제시한다.[14)]

14) 근원인플레이션은 소비자물가(가중치: 1,000)에서 채소류(16.4), 과실류(16.6), 기타농산물(7.0) 및 석유류(76.5, 도시가스 포함) 품목을 제외하여 산출한다.

산출품목	곡물 축수산물	공업제품 (석유류 제외)	집세	공공요금 (도시가스 제외)	개인 서비스	합계
가중치	67.4	285.0	131.4	132.3	267.4	883.5

이 수준은 1970~80년대 고성장기에도 물가가 안정되었던 기간의 상승률이 3% 내외에 그쳤기 때문에 중기적 물가상승률은 이보다 낮을 필요가 있으며, 현재 물가안정 목표제를 운용하고 있는 선진국들의 물가안정목표가 대체로 2~2.5% 수준인 점을 고려한 것으로 보인다. 그러나 이는 불변의 목표는 아니며 경제의 구조변화, 대외여건 변화 등을 감안하여 적정한 수준으로 변경할 수 있을 것이다.

한편 1998년 12월 초 한국은행은 IMF와의 협의 아래 큰 폭으로 떨어진 원화가치를 조기에 회복시키기 위하여 콜금리의 대폭 상승을 유도하였다. 콜금리는 「이자제한법」상의 상한인 25%까지 상승하였으며, 이후 금리 상한이 40%로 상향조정되면서 콜금리는 곧 30%를 넘어섰다. 이에 따라 회사채금리, 은행의 예대금리가 모두 큰 폭으로 오르는 등 초고금리 시대가 도래하면서 많은 사람들의 관심이 금리에 집중되었다. 명시적인 것은 아니었으나 이때부터 금리는 실질적인 운용목표로 활용되기 시작했다. 외환시장이 빠르게 안정을 되찾음에 따라 한국은행은 긴축기조를 조금씩 완화하였고 그 결과 콜금리와 다른 금리들도 다 같이 하향추세에 접어들었다.

한국은행이 금리를 명시적인 운용목표로 활용한 첫 사례로는 1998년 9월 30일의 금리인하 조치를 들 수 있다. 위축된 실물경기를 되살리고 극심한 신용경색을 완화하기 위하여 미국 등 주요 선진국 중앙은행의 금리인하를 계기로 한국은행은 공개시장조작금리를 종전의 8.1%에서 7% 수준으로 인하한다고 발표하였다.

콜금리가 공개시장조작금리를 거의 추수한다는 점에 비추어 볼 때 이 조치는 콜금리를 운용목표로 하는 통화정책 운용방식으로 한 걸음 나아간 것이라 할 수 있다. 1999년부터 콜금리는 운용목표로서의 위치를 확고히 하였으며 이때부터 정책금리는 콜금리(월별)를 중심으로 언급되기 시작하였다. 이후 콜금리의 목표를 조정할 때는 그 폭을 명확히 기술함으로써 명실상부하게 통화정책의 운용목표로 자리잡아 갔다.

참고 5-2 통화지표와 유동성 지표의 포괄범위

(1) 한국은행이 2002년 3월 통화지표를 개편하여 M1(협의통화) 및 M2(광의통화)라는 지표를 공표한 데 이어, 2006년 6월 광의유동성(liquidity aggregates: L) 지표를 새로 편제 · 공표하였다. L지표는 IMF의 「통화금융통계방법(2000)」에서 제시하고 있는 유동성 지표로서 한 나라의 경제가 보유하고 있는 전체 유동성을 측정하기 위한 것이다.

(2) L지표는 종전의 M3에 정부 및 기업 등이 발행하는 기업어음, 회사채, 국채 등의 유동성 금융상품이 추가된다. 종전 M3는 통계이용자의 수요 및 유동성 지표로서의 적합성 등을 고려하여 L의 구성지표로 계속 편제하되, 보험상품 등 통화성(moneyness)이 아주 낮은 상품도 포함하고 있음을 고려하여 그 명칭을 통화의 의미가 내포된 M3에서 Lf(금융기관유동성)로 개칭하였다.

통화 지표	M1 (협의통화)	=현금통화+요구불예금+수시입출식 저축성예금
	M2 (광의통화)	=M1+정기예·적금 및 부금*+시장형 상품+실적배당형 상품*+금융채*+기타(투신증권저축, 종금사 발행어음) * 단, 만기 2년 이상 제외
유동성 지표	Lf (금융기관 유동성) 〈=종전 M3〉	=M2+만기 2년 이상 정기예·적금 및 금융채+증권금융 예수금+생명보험협회사(우체국보험 포함) 보험계약준비금 및 RP+농협 국민생명공제의 예수금 등
	L (광의유동성)	=Lf+정부 및 기업 등이 발행한 유동성 금융상품(증권회사 RP, 여신전문기관의 CP 및 채권, 예금보험공사채, 자산관리공사채, 자산유동화전문회사의 자산유동화증권, 국채, 지방채, 기업어음, 회사채 등))

2. 중기물가안정목표제

한국은행은 1998년 물가안정목표제를 도입한 이후 연간 물가목표를 설정해 오다가 2003년 제 7 차 「한국은행법」 개정을 계기로 2004년부터 중기물가안정목표제로 전환하였다. 이에 따라 2004~06년중 중기물가안정목표는 기간중 평균 근원인플레이션율 기준 2.5~3.5%로 설정하였다.

중기물가안정목표제 시행 이후 물가는 뚜렷한 하향안정 추세를 보였다. 근원인플레이션율의 경우 2000~03년 평균 2.9%에서 대상기간인 2004~06년중에는 목표범위의 하한인 2.5% 내외로 낮아졌다. 소비자물가상승률도 같은 기간중 3.2%에서 2.9%로 낮아졌다.

2007~09년중 중기물가안정목표는 다음과 같이 설정하여 시행되고 있다.

① 목표 대상지표: 2004~06년중 대상지표였던 근원인플레이션율은 일반 국민들의 구매빈도가 높은 농산물, 석유제품 등의 가격변동을 반영하지 못함에 따라 소비자물가에 비해 체감물가와의 괴리가 큰 단점이 있었다. 일반적으로 임금협상 등의 경우 생계비와 관련이 깊은 소비자물가지수를 기준으로 하고 있어 근원인플레이션을 계속 사용할 경우 물가안정목표제에 대한 신뢰가 낮아질 수 있다.

이와 같은 문제점을 개선하기 위해 한국은행은 2007~09년중 목표대상지표를 소비자물가지수로 다시 바꾸었다. 국민들과 친숙하고 실생활과 관련이 깊은 지표를 선택하는 것이 타당하다고 생각한 것 같다.

	1998	1999	2000	2001	2002	2003	2004~06	2007~09
목표 대상지표	소비자물가지수 ←→	단서조항 설정	근원인플레이션 ←→					소비자물가지수 ←→
목표수준	9.0±1%	3.0±1%	2.5±1%	3.0±1%	3.0±1%	3.0±1%	2.5~3.5%	3.0±0.5%

② 목표 수준: 한국은행은 2007~09년중 중기물가안정목표는 중심치를 3.0%로 하고 상하 각각 0.5%포인트의 변동폭을 설정하여 3.0±0.5%로 한다고 공표하였다. 한국경제가 중장기적으로 추구해야 할 적정 물가상승률, 중앙은행의 물가안정 의지, 현실적인 달성 가능성 등을 종합적으로 감안한 것으로 보인다. 중심치 변동폭은 대부분의 나라들이 상하 각각 1%포인트로 설정하는 데 비하면 좁은 편이다.

한편 특정 품목이나 요인에 의한 물가목표 이탈을 허용하는 이탈허용규정(escape clauses)은 두지 않고 있다. 이 규정은 금융경제의 급변동이 우려되던 1998~99년중 목표대상지표를 소비자물가지수로 하면서 설정한 적이 있으나 이를 둘 경우 소비자물가지수로 목표 대상지표를 변경한 취지가 퇴색될 수 있다는 염려 때문인 것으로 여겨진다.

③ 목표 적용기간: 물가안정목표의 적용기간은 3년으로 하여 2007~09년으로 하였다. 통화정책의 물가 파급시차가 긴 데다 그 효과도 장기간 지속되는 점을 감안할 때 기간을 설정하는 것은 선제적 통화정책의 운영취지에 부합하지 않는다. 그러나 새로운 물가목표가 중장기 적정수준이라는 사회적 합의가 미흡한 데다 중기물가안정목표제에 대한 일반의 이해를 높이기 위해서는 2004~06년 형태를 좀더 유지할 필요가 있다는 한국은행의 판단인 것 같다.

3. 새로운 통화정책

한국은행은 금융위기 이후 물가안정목표제를 도입하면서 통화정책 운영을 통화량중심에서 금리중심으로 변경하고 금융통화위원회에서 매월 콜금리의 목표수준을 설정하여 왔다. 이와 같은 콜금리목표제는 그동안 거시경제 및 금융시장의 안정에 크게 기여해 왔으나 여러 가지 문제점이 있었다.

첫째, 콜금리가 자금수급사정에 관계없이 목표수준에서 거의 고정된 범위내(±5bp)에서 등락하면서 콜금리의 시장신호 전달 및 자금배분 기능이 약화되었다. 그리고 한국은행이 RP매매 등을 통해 언제든 단기자금 수급불균형을 해소해 줌에 따라 자금관리에 있어 금융기관의 자율성 발휘 여지가 크게 제약되고 있었다.

둘째, 콜금리의 변동성 제한으로 단기자금거래가 콜시장에 과도하게 집중되고 기일물 단기금융시장의 발달은 크게 저조하여「콜금리 → 단·장기시장금

[표 5-3] 콜시장과 환매채권(RP)시장의 국제비교[1)]

	한국(조원)	미국(10억 달러)	영국(10억 파운드)	일본(조 엔)
콜시장(A)	32.5	325	19	20
RP시장(B)	1.7	3,760	225	134
B/A(배)	0.05	11.6	11.8	6.7

1) 2007. 8월 말 잔액 기준(미국은 2006. 6월 말, 영국은 2005. 8월 말, 일본은 2006. 9월 말 현재).

리」로 이어지는 통화정책 파급경로의 원활한 작동을 어렵게 하는 요인으로 작용하였다.

셋째, 한국은행 대출 및 지급준비금제도는 통화량중시하에서의 기본틀을 유지하고 있어 금리중시하의 효율적 운영을 제대로 뒷받침하지 못하였다.

위에서와 같은 콜금리중시제도의 문제점을 해소하고, 금리중심 통화정책과 부합하는 대출 및 지급준비제도의 운영 등을 위해 지난 2007년 12월 한국은행은 통화정책 운영체계를 개편하기로 하였다. 새로운 제도는 2008년 3월부터 실시되고 있는데 주요 내용을 보면 아래와 같다.

① 정책금리의 변경: 금융통화위원회가 매월 결정하는 정책금리를 현행 「콜금리 목표」에서 「한국은행 기준금리」(약칭 '기준금리')로 변경하였다. 여기에서 기준금리란 한국은행의 RP매매, 대기성 여수신 등 대(對) 금융기관 거래의 기준이 되는 금리이다. 기준금리의 결정 · 공표 방식은 현행 콜금리목표 결정 · 공표방식을 유지한다. 콜금리는 통화정책 파급경로의 시발이 되는 시장금리로서의 기능을 계속 수행하므로 한국은행은 콜금리가 기준금리 수준에서 크게 벗어나지 않도록 노력할 것으로 보인다.[15)]

② 지급준비적립기간의 완전이연: 지준적립과 관련한 불확실성을 제거하고 지준적립일이 정책금리 결정일과 조화를 이룰 수 있는 방향으로 지준제도를 개선하였다. 즉, 현행 반월계산 7일 이연 적립방식을 반월계산 1개월 이상 이연적립방식으로 변경하였다. 이는 지준적립기간 개시 이전에 필요지준규모가 확정되도록 함으로써 지준수요와 관련된 불확실성을 제거하기 위한 것으로 보인다.

지준적립기간은 현행일자 기준에서 요일기준으로 변경하여 상반월 계산기간(1일~15일)에 대한 적립기간은 다음 달 둘째주 목요일부터 넷째주 수요일

---

15) 미국은 FRB는 1982년 11월~87년 9월 중 차입지준(borrowed reserve)을 공식적인 통화정책운용 목표로 활용하다가 1987년 10월 주가 폭락을 계기로 차입지준 대신 콜금리와 같은 연방기금금리(FFR)를 실질적인 운용목표로 활용하였다. 1994년 이후 FOMC 회의에서의 FFR 목표수준 변경사항을 즉시 대외에 공식적으로 발표하기 시작함으로써 금리의 운용목표로서의 성격을 명백히 하였다.

<2주>로, 하반월 계산기간(16일~월말일)에 대한 적립기간은 다음달 넷째주 목요일부터 그 다음달 둘째주 수요일 <2주 또는 3주>로 하였다. 아울러 지준금 인정대상 시재금을 지준계산기간중 보유현금으로 변경하여 현금 인출로 인해 예기치 않게 지준과부족이 발생할 수 있는 문제점을 해소하였다.

③ 공개시장조작 시기 정례화 및 RP매매시 적용 금리 변경: 단기유동성 조절을 위한 공개시장조작은 원칙적으로 매주 목요일 1회 실시하며 7일물 RP 매매를 주된 수단으로 사용한다. 금융통화위원회의 정책금리 결정일이 목요일이 아닌 경우에는 정례 RP매매의 일자와 만기를 조정한다. 그리고 매월 정하는 기준금리를 7일물 RP매각시에는 고정입찰금리로, 7일물 RP매입시에는 최저입찰금리(minimum bid rate)를 활용한다.

④ 대기성 여수신제도 도입: 콜금리 변동이 일정 범위 내에서 제한되도록 금융기관이 금액, 횟수 등에 구애됨이 없이 재량적으로 이용할 수 있는 대기성 여수신제도(자금조정대출 및 자금조정예금)를 도입 · 실시한다. 자금조정 대출금리는 기준금리+100bp, 자금조정 예금금리는 기준금리−100bp이다. 다만 콜금리 급변동을 방지하기 위해 지준마감일에는 가산금리를 ±50bp로 축소 운용한다.

새로운 통화정책의 파급경로

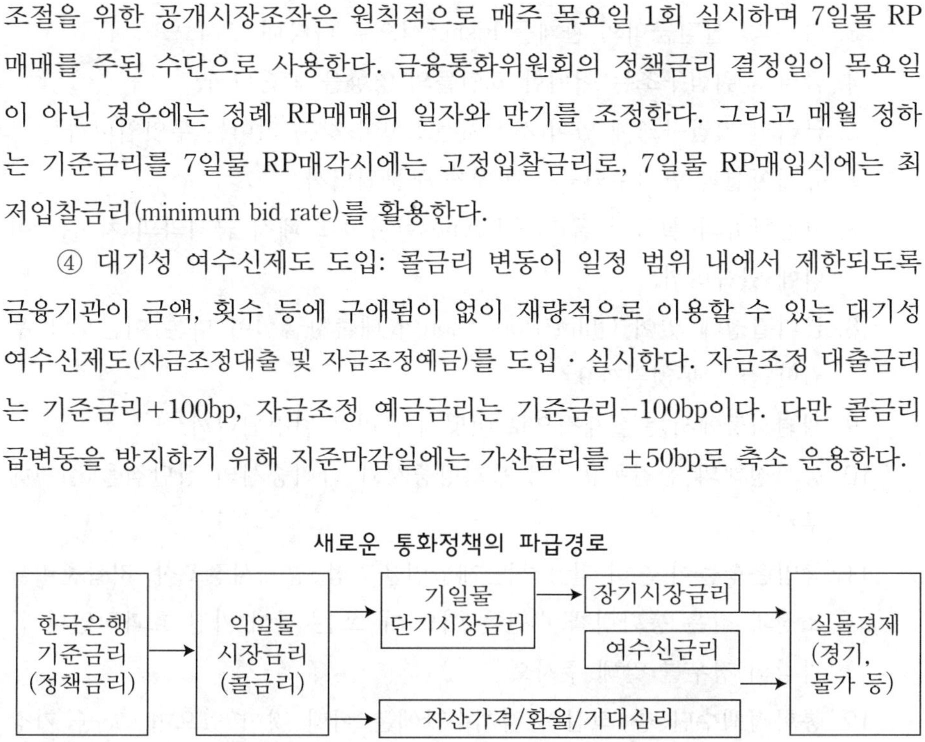

위에서와 같은 새로운 통화정책운영체계 개편은 금리중시 통화정책을 더욱 강화한 것으로 평가된다. 그 효과는 점차적으로 나타날 것이다. 우리나라 중앙은행의 통화정책이 제대로 펼쳐지기를 기대하면서 지켜보기로 하자.

■ 정리문제

1. 현재가치와 만기수익률의 차이를 실제 계산으로 보여 주시오.
2. 금리와 할인채 · 이표채와의 관계를 그래프로 설명해 보시오.
3. 명목 및 실질금리의 관계를 Fisher식으로 나타내 주시오.
4. 금리의 위험구조는 어떠한 요인들의 영향을 받습니까?
5. 금리의 기간구조에 있어 서식처선호설이 갖는 의미는 무엇입니까?
6. 듀레이션과 만기수익률은 어떻게 구분됩니까?
7. 고전학파의 실물적 금리와 Kaynes학파의 화폐적 금리와의 차이는 어디에 있습니까?
8. 금리결정에 있어 Ohlin-Robertson의 대출자금설이 다른 이론보다 우월한 점은 무엇일까요?
9. 채권시장에서는 실제적으로 어떻게 금리가 결정됩니까?
10. 통화정책의 중간목표로서 통화량중시와 금리중시의 장단점을 설명해 주시오.
11. 중앙은행들이 흔히 활용하는 재할인율조정, 공개시장조작, 지급준비율 조정과 같은 통화정책 수단은 어느 때 쓰는 것이 가장 효과적입니까? 각각의 경우를 말해 주시오.
12. 통화정책수단 중 직접적 정책수단에는 어떤 것이 있으며 그 중 가장 많이 쓰이는 것은 무엇입니까?
13. 금융정책의 파급경로 중에서는 최근 들어 신용경로가 가장 큰 주목을 받고 있는데, 그 이유는 무엇입니까?
14. 한국의 현행금리정책을 평가해 주시고 개선방안을 말씀해주시오.
15. 우리나라의 시장금리와 예대금리의 상관관계는 어느 정도인가요?
16. 한국은행이 2008년 3월부터 시행한 새로운 통화정책운영체계는 어떠한 것입니까?

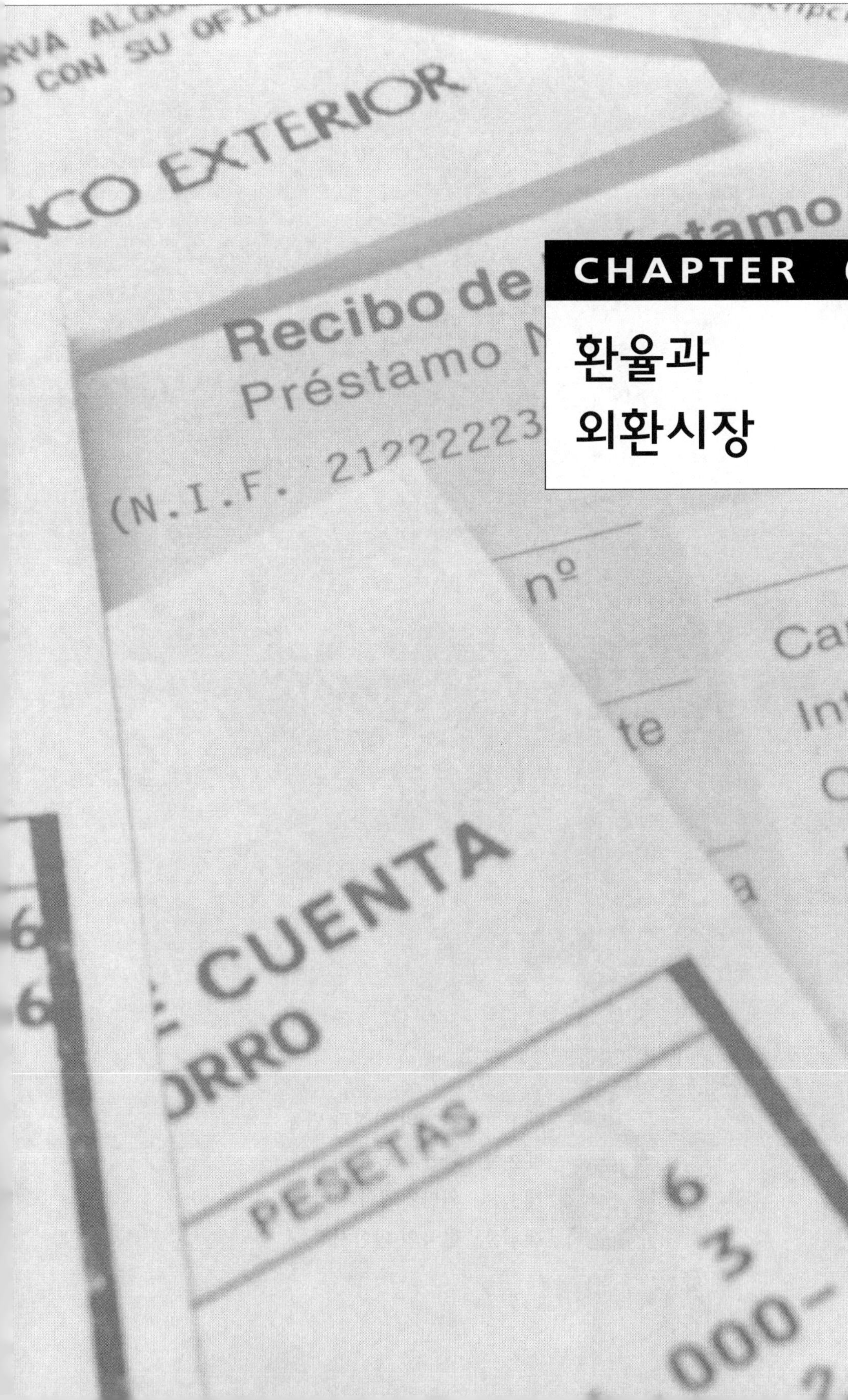

CHAPTER 6

환율과 외환시장

6

제 1 절　환율의 결정과 변동

제 2 절　환율제도와 정책

제 3 절　외환거래와 시장

제 4 절　한국의 외환시장

제1절 환율의 결정과 변동

1. 환율(exchange rate)이란 무엇인가?

(1) 환율의 뜻

환율이란 자기 나라 통화와 다른 나라 통화 간의 교환비율로서 두 나라 통화의 상대적 가치를 나타낸다. 환율이 자유롭게 변동하는 변동환율제도 아래에서는 외환시장에서 외환의 수요와 공급에 의해 환율은 결정된다. 예를 들어 한국의 경상수지가 흑자이면 외환시장에서는 외환의 공급이 수요보다 많아지게 된다. 이에 따라 외화의 가치가 떨어지고 원화의 가치는 절상되어 환율은 내려간다. 이와는 반대로 경상수지가 적자이면 외환의 수요가 공급보다 많아져 원화가치는 절하되어 환율은 올라간다.[1)]

이와 같이 외환의 수요와 공급에 의해 결정되는 환율을 우리는 균형환율(fundamental equilibrium exchange rate: FEER)이라고 한다. 이 환율에는 기조적 균형환율(basic FEER)이나 행태적 균형환율(FEER in behaviral sense) 등 다양한 개념들이 있다.[2)] 전자는 J. Williamson(1985) 등이 제시한 것으로 대내외

1) 환율과 외환수요 · 공급의 관계는 본절 3항에서의 Marshall-Lerner조건이나 Robinson-Metzler의 외환시장 안정조건을 참고하기 바란다.

2) 국제통화기금(International Monetary Fund: IMF)의 O. Baycumi(1994) 등은 적정환율을 소

균형을 동시에 달성할 수 있는 환율수준이다. 대내균형은 물가상승을 가속시키지 않는 상태에서 잠재GDP 수준으로 생산활동을 할 경우 달성되는 것으로 본다. 대외균형은 적정저축 및 투자의 관계로부터 얻어지는 경상수지(=저축- 투자)가 기조적 수준을 유지할 경우에 달성되는 것으로 가정한다.

[그림 6-1]에서 기조적 균형환율은 대외균형선(*BB*)과 대내균형선(*YY*)이 만나는 *E*점, 곧 r^* 수준에서 결정된다. 전통적 이론에 따르면 실질환율 상승시와 소비 · 투자 증가시에는 수입수요가 늘어나 대외균형이 악화되므로 *BB*는 우상향하게 된다.

행태적 균형환율은 환율과 여러 경제변수와의 관계를 설정한 후 행태방정식을 추정하여 얻은 균형환율이다. 이에 대한 정의와 환율방정식은 학자들에 따라 약간씩 다르다. S. Edward(1989)는 대내외균형을 동시에 달성하는 교역재와 비교역재의 상대가격을 의미하는 균형실질환율(equilibrium real exchange rate: ERER)을 균형환율로 정의하였다. 세율, 교역조건, 자본이동, 기술진보 등을 주요 변수로 전제하였다.

그림 6-1 **기조적 균형환율의 결정**

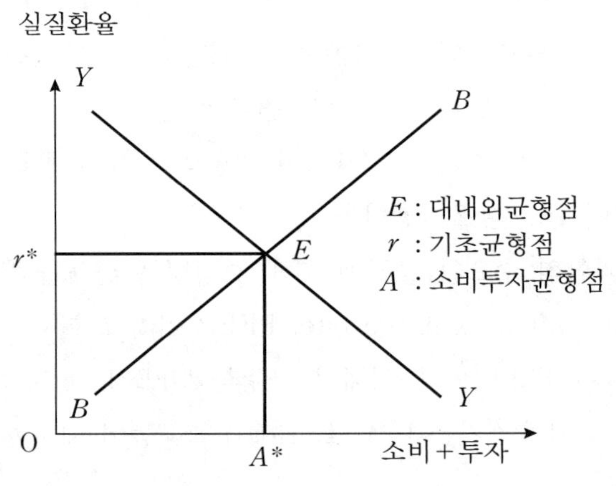

망균형환율(desired equilibrium exchange rate: DEER)로 정의하였다. 기본적인 개념은 기조적 균형환율과 비슷하나 환율을 정책조정수단으로 사용한다는 점에서 차이가 있다.

(2) 환율의 종류

1) 현물환율(spot exchange rate)과 선물환율(forward exchange rate)

현물환율이란 외환거래 당사자간 매매계약 후 대개 2영업일 이내에 외환의 결제가 이루어지는 환율을 말한다. 과거 한국의 현물환거래는 외환매매계약 체결과 같은 날자에 결제가 이루어지는 경우(value today), 그 다음날에 결제가 이루어지는 경우(value tomorrow), 그리고 제 2 영업일에 결제가 이루어지는 경우(value spot)로 구분하였다. 그러나 2002년 8월 이후 은행간시장에서의 현물환거래는 국제관행에 따라 제 2 영업일에 결제가 이루어지도록 일원화하였다.

선물환율은 외환의 매매계약 체결일로부터 제 2 영업일 경과 후 특정일에 결제가 이루어지는 환율을 말한다. 예를 들어 국내 수입업자가 미국달러화의 선물환 매입계약을 체결하였다고 하자. 이 경우 국내 수입업자는 선물환 만기가 되기 전까지 달러화 매입에 필요한 원화자금을 운용할 수 있다. 만일 국내금리가 달러금리보다 높다면 내외금리차만큼의 투자이익을 보게 된다. 따라서 선물환매입자는 계약시 선물환 기간의 내외금리차를 반영하여 그만큼의 대가를 더 지급해야 한다.

이때 선물환율과 현물환율의 차이인 선물환 프리미엄(=$(F-S)/S$)은 양(+)의 값을 가지며 달러화가 원화에 대해 '선물환 프리미엄 상태에 있다'라고 말한다. 반대로 달러금리가 국내금리보다 높으면 선물환율이 현물환율보다 낮아져 선물환 프리미엄은 음(−)의 값을 갖게 된다. 이를 달러화가 원화에 대해 '선물환 디스카운트 상태에 있다'라고 말한다.

2) 매입환율(bid rate 또는 buying rate)과 매도환율 (offered rate 또는 asked rate)

은행간 외환시장에서 매매가격의 제시는 매입환율과 매도환율을 동시에 고시하는 것이 일반적이다. 매입환율이란 은행이 외환을 매입할 의사가 있는 가격(환율)이며 매도환율은 외환매도가격으로 제시한 환율이다. 예를 들어 한 은행이 달러/원 환율을 1,000.00~1,010.00으로 제시하였다면 이는 1달러당

1,000원에 살 의사가 있으며 1,010원에는 팔 의사가 있음을 나타낸다. 이 경우 그 중간값인 1,005원을 중간환율이라 부르기도 한다.

매입환율과 매도환율의 차이를 매매율차(bid-offer spread)라고 하는데 이것은 거래통화의 유동성 상황이나 환율 전망 등에 따라 달라진다. 일반적으로 거래빈도가 높은 국제통화간에는 매매율차가 작게 나타난다.

3) 은행간환율과 대고객환율

환율은 외환거래 당사자에 따라 은행간거래에 적용하는 은행간환율과 은행과 고객간 거래에 적용하는 대고객환율로 나누어진다. 대개 외환시장에서 결정되는 환율은 은행간환율을 의미한다. 이것은 대고객환율보다 매매율차가 작은데, 이는 은행 간에는 거래가 대규모로 이루어짐으로써 단위당 거래비용이 더 적게 들기 때문이다.

대고객환율은 은행간환율을 감안하여 각 은행이 자율적으로 결정 · 고시하고 있다. 하루에 은행간 환율변동이 심한 경우에는 실시간의 환율변동을 반영하여 하루 동안 몇 차례에 걸쳐 대고객환율을 수정 · 고시하기도 한다.

외국환은행의 대고객환율에는 외환의 결제방법에 따라 현찰매매율, 여행자수표(T/C)매매율, 전신환매매율 등이 있다. [표 6-1]의 대고객 환율예를 보면 어제 은행간시장에서 달러/원 평균환율이 1,000.0원으로 결정됨에 따라 상하 일정율의 차이(margin)를 두고 매입환율과 매도환율을 고시하고 있다. 이 중 현찰의 매입률과 매도율의 차이가 가장 큰데, 이는 여행자수표(T/C)나 전신환에 비해 현찰의 보관 및 관리에 더 많은 비용이 들기 때문이다.

[표 6-1] 대고객 미국달러당 환율표(예: 평균환율 1,000.0) (단위: 원)

현찰매입물	T/C매입률	전신환매입률	전신환매도율	T/C매도율	현찰매도율
985.0	990.0	992.5	1,012.5	1,017.5	1,022.0

4) 교차환율(cross rate)과 재정환율(arbitraged rate)

교차환율이란 자기 나라 통화가 개재되지 않은 기타 다른 나라 통화 간의 환율을 말한다. 한국에서는 달러/엔 환율이나 달러/유로 환율 등이 이에 해당된다.

재정환율이란 두 해당 통화가 은행간시장을 통해 직접 매매되지 못하는 경우 두 시장에서의 가격을 이용하여 산출되는 환율이다. 한국의 엔/원 환율이나 유로/원 환율과 같이 국내외환시장에서 직접 거래되지 않는 통화와의 환율을 결정할 때 쓰인다. 실제적으로는 달러/원 환율과 국제금융시장에서 형성되는 달러/엔 환율 또는 달러/유로 환율을 이용하여 환율을 산출한다. 서울의 외국환중개회사들은 원화와 주요국 통화간 재정환율을 매일 고시하고 있다.

5) 명목환율(nominal exchange rate) · 실질환율(real exchange rate) 및 실효환율(effective exchange rate)

명목환율은 한 나라 통화와 다른 나라 통화의 명목교환비율을 말한다. 실질환율이란 다른 나라 통화에 대한 자기 나라 통화의 상대적 구매력을 반영한 환율로서 구매력평가(purchasing power parity: PPP) 이론에 근거하고 있다.

$$PPPI = \frac{\sum_{i=0}^{n} w_i \left[PPI_{it} / PPI_{io} \right]}{\left[KOPI_t / KOPI_o \right]} \times 100$$

$PPPI$: 구매력평가지수, w_i : i국의 교역가중치
PPI_i : i국의 물가지수, $KOPI$: 한국의 물가지수
하첨자 t 및 o는 비교시점과 기준시점을 표시

가령 한국의 물가가 미국 물가에 비해 더 크게 올라 원화의 구매력이 상대적으로 떨어지면 달러/원 명목환율이 변하지 않더라도 실질환율은 내려가게 된다. 실질환율은 다음의 산식으로 표시한다.

$$e = s \cdot (p^* / p)$$

e : 실질환율, p : 자국 물가수준
s : 명목환율, p^* : 외국 물가수준

일반적으로 실질환율은 자기 나라의 수출경쟁력을 나타내는 지표로 활용된다. 실질환율이 내려가면 세계재화시장에서 자기 나라 재화의 가격이 상대적으로 비싸져서 가격경쟁력이 떨어진 것을 뜻한다. 반대로 실질환율이 올라가면 자기 나라 재화 가격이 내려가서 가격경쟁력이 높아졌음을 뜻한다.

여기서 주의할 것은 실질환율은 명목환율이 고정되어 있더라도 상대물가의 움직임에 의해 변동한다는 점이다. 수출경쟁력은 명목환율에 의해 영향을 받기보다는 장기적으로 실질환율에 의해 영향을 받기 때문에 물가안정을 통해 실질환율의 안정을 유지하는 것이 중요하다.

수출경쟁력을 나타내는 또 다른 지표로 명목실효환율(nominal effective exchange rate: NEER)을 들 수 있다. 이것은 자기 나라 통화의 명목가치와 교역상대국통화간 명목가치의 변동만으로 자기 나라 통화가치의 가격경쟁력을 판단해 보는 지표이다.

$$NEERI = \frac{\sum_{i=0}^{n} w_i \left[ER_{it} / ER_{io} \right]}{\left[KOER_t / KOER_o \right]} \times 100$$

$NEERI$: 명목실효환율지수, ER_i : i국 통화의 대미달러환율
$KOER$: 원화의 대미달러환율

한편 실질환율과 명목실효환율을 결합하여 실질실효환율(real effective exchange rate: REER)을 구할 수 있다. 이 환율은 다음의 산식으로 계산하는데 그 지수가 100 이상이면 기준시점 대비 자기 나라 통화의 고평가, 100 이하이면 저평가를 나타낸다.

$$REERI = \frac{NEERI}{PPPI} \times 100$$

$REERI$는 구매력평가와 교역상대국과의 명목환율 변동을 바탕으로 균형환율 수준을 판단하는 지표로 활용되고 있다. 그러나 구매력평가에 의한 균형환율은 단기간 내에 성립하기 어려운 데다 기준연도 및 물가지수의 선정, 국별 가중치의 부여 방법 등에 따라 서로 다른 결과를 보일 수 있다.

2. 환율결정이론

환율결정에 관한 이론은 크게 국제수지접근방법, 자산시장접근방법 및

미시구조적 접근방법으로 나눌수 있다. 먼저 국제수지접근방법은 유량접근(flow approach to the exchange rate determination)방법으로 외환의 공급과 수요가 환율을 결정한다는 것이다. 이 방법의 대표적인 모형으로서는 구매력평가모형(purchasing power parity model: PPPM)과 Keynsian 일반균형모형(Keynesian equilibrium model: KEM)을 들 수 있다.

다음으로 자산시장접근방법은 저량접근(stock approach to the exchange rate determination)방법으로 외환(통화)을 금융자산으로 보면서 통상적인 금융자산의 가격결정이론이 환율결정이론으로서 가장 타당하다고 주장하고 있다. 여기에서는 환율을 한 나라의 화폐 가격을 다른 나라의 화폐 단위로 나타낸 하나의 상대적 자산가격인 것으로 본다. 이 접근방법은 다시 통화론적 접근(monetary approach)과 포트폴리오균형접근(portfolio-balance approach)으로 나눈다.

마지막으로 미시구조적 접근방법은 위에서의 거시환율모형들이 외환시장 참여자들의 거래행태를 제대로 반영하지 못했다고 비판하면서 거래량, 거래주문흐름, 매입-매도 스프레드와 같은 미시경제 변수들을 중요시한다. 이 방법은 분석의 요점을 환율변동에 두고 있으므로 흔히 환율변동이론으로 간주한다.

본절에서는 경제연구 및 예측기관들이 많이 쓰고 있는 환율결정모형을 소개하기로 한다. 이에 따라 (i) 국제 수지접근방법에 의한 환율결정이론 중 구매력평가모형과 Keynsian모형 중 대표적인 Mundell-Fleming모형, (ii) 자산시장접근 방법에 의한 환율결정이론 중 통화모형인 신축가격 및 경직가격통화모형과 포트폴리오모형인 Branson모형, 그리고 두 개의 경험적 환율모형을 살펴본다. 마지막으로 미시적 접근방법에 의한 환율결정은 환율의 변동이론에서 살펴보기로 한다. 따라서 통화대체모형, 통화−포트폴리오 통합모형, Dooley−Isard의 국가선호모형은 제외하고 다른 기회에 다루고자 한다.

(1) 국제수지접근방법에 의한 환율결정

1) 구매력평가모형

환율의 인플레이션이론으로 불리어지기도 하는 구매력평가(PPP)이론은 어느 기간중 두 나라 통화들 간의 환율이 상대가격 수준의 변동에 의해 결정된

[표 6-2] 환율결정이론의 체계

접근	모형	세부 모형
국제수지접근	구매력평가모형	절대적 구매력평가모형
		상대적 구매력평가모형
	Keynsian모형	Mundell-Fleming모형
자산시장접근	통화모형	신축가격통화모형 (Bilson-Frenkel모형, 소규모국모형, 이질적 파라미터모형, 기대인플에이션모형, 합리적 기대모형)
		경직가격통화모형 (Dornbush모형, Frankel모형 Ⅰ)
		통화대체모형 (Gorton-Roper모형, Hallwood-MacDonald모형)
	포트폴리오모형	Branson 모형
		Frankel모형(국내외 자산결합비율 적정화모형, 국내자산보유비율 적정화 모형)
	통화-포트폴리오 통합모형	Frankel 통합모형 Ⅰ, Ⅱ
		Hooper-Morton 통합모형
	경험적 환율모형	Frankel-Froot모형
		Dornbush의 재정정책모형
미시구조적 접근	미시환율모형	Frankel-Froot의 기대심리모형
		O'Hara의 거래주문흐름모형
	거시 · 미시 혼합모형	Evans&Lyons 모형
		Dornbush의 재정정책모형
	국가선호모형	Dooley-Isard의 국가선호모형

다는 것이다. 이 이론은 환율결정의 가장 핵심적 요인으로서 관련나라들의 물가변동을 지적하고 있다. 이는 다시 물가와 환율간 구체적 함수관계에 따라 강력한 형태 또는 절대적 구매력평가(strong or absolute version of PPP)이론과 약한 형태 또는 상대적 구매력평가(weak or relative version of PPP)이론으로 구분되고 있다.

〈절대적 구매력평가모형〉

재화의 자유이동을 저해하는 수송비, 관세 등 일체의 마찰적 요소들을 제외시키는 경우 어느 주어진 재화의 가격은 그것을 한 가지 통화로 나타냈을 때 지역간 재정(spatial arbitrage)의 결과로 인해 모든 지역에서 똑같게 될 것이다.

$$P_j = S \cdot P^*_j$$

P_j = j 재화의 자기 나라 통화표시 가격
P^*_j = j 재화의 다른 나라 통화표시 가격
S = 자기 나라 통화의 환율(다른 나라 통화 한 단위와 교환되는 자기 나라 통화의 단위수)

또한 자기 나라 및 다른 나라의 일반물가지수 P와 P^*는 각각 다음과 같이 나타낼 수 있다.

$$P = f(P_1,\ P_2,\ \dots\ P_j,\ \dots\ P_n)$$
$$P^* = f(P^*_1,\ P^*_2,\ \dots\ P^*_j,\ \dots\ P^*_n)$$

P = 자기 나라내 물가수준(자기 나라 통화표시)
P^* = 다른 나라내 물가수준(다른 나라 통화표시)

이때 실질환율을 e라 하면 $P_j = e \cdot P^*_j$ 이므로 P와 P^*의 재화군에 같은 재화들이 같은 가중치를 갖고 포함된다면 일물일가(一物一價)의 법칙은 개별재화에 적용될 뿐만 아니라 전체(일반)물가수준의 경우에도 그대로 적용된다. 그 결과 당연히 다음과 같은 절대적 구매력평가가 성립된다.

$$S = \frac{P}{P^*}$$

위의 식은 즉각적이며 전혀 비용을 수반하지 않고 이루어지는 재정으로 인하여 자기 나라와 다른 나라 내에서 같은 재화군의 가격은 그것을 한 가지 화폐로 표시할 경우 항상 같게 된다는 점을 말해준다. 즉 $P/S \cdot P^*_j=1$의 관계가 항상 이루어진다는 것이다.

〈상대적 구매력평가모형〉

Cassel은 제1차세계대전중의 환율변동을 분석하면서 환율의 변동률은 두 나라간 물가변동률의 차이와 같음을 발견하였다. 상대적 구매력평가이론은 절대적 구매력평가이론에서의 가격을 상대가격수준의 변동형태로 다시 표현하고 그에 따라 환율은 다음과 같이 결정된다고 보았다.

$$S=\theta \cdot \frac{P}{P^*}$$

θ : 무역에 대한 장애들을 나타내는 상수

따라서 운송비, 세금 등 무역장애요인들이 주어질 경우 자기 나라 물가의 상승은 자기 나라 통화의 평가절하를 뜻한다.

$$\frac{\Delta S}{S}=\frac{\Delta P}{P}-\frac{\Delta P^*}{P}$$

이 모형에서 국내생산(실질소득)은 총수요에 의해 결정되며 실업의 존재로 임금은 불변이다. 또한 수출재와 수입재 등 2개 재화가 존재하며, 국내채권, 해외채권, 국내통화 및 해외통화 등 4개의 금융자산들이 있는데, 통화는 그것을 발행한 나라 안에서만 각기 보유되지만 국내채권과 외국채권들 간에는 완전대체관계가 있다.

2) Keynsian모형: Mundell-Fleming모형

이 모형은 환율제도가 고정환율제도인가 변동환율제도인가에 따라 통화·재정정책 효과가 어떻게 달라지는가를 분석하는 데 도움을 준다. 나아가 국제 간의 자본이동성이 변함에 따라 정책의 효과가 다르게 됨을 설명해 주

고 있다. 소규모국가의 경우를 전제하여 Keynsian모형 중 대표적인 Mundell-Fleming모형을 정식화하면 다음과 같다.

① 실물부문의 균형조건:

$$Y = E(\overset{\ominus}{i}, \overset{\oplus}{Y}) + G + T(\overset{\oplus}{S}, \overset{\ominus}{Y})$$

Y : (실질)국민소득, E : 민간부문의 실질지출, i : 금리
G : 정부부문의 실질지출, T : 무역수지, S : 환율

② 통화부문의 균형조건:

$$\frac{M}{P} = L(\overset{\ominus}{i}, \overset{\oplus}{Y})$$

M : 통화
$\overline{P}$: 일반물가수준(국내 통화표시 수출품 및 수입품 가격의 가중평균치)
L : 실질통화수요

참고 6-1　　Big Mac 지수와 Starbucks 지수

(1) 영국의 The Economist지는 2004년 1월17일자에 '스타벅스지수와 빅맥지수 비교'라는 분석기사를 싣고 두 지수간 장·단점을 소개했다. 두 지수는 실제환율과 적정환율과의 관계를 알아보기 위해 만들어 낸 구매력 평가환율이다.

(2) 그 때까지 The Economist지가 매년 산출해 발표해 오던 빅맥지수의 기준상품인 빅맥이 세계적으로 판매량이 위축되고 가격할인에 나서면서 더 이상 기준상품으로 적합하지 않았다. 반면 같은 10년 동안 가장 빨리 성장한 다국적 브랜드로 평가받고 있는 스타벅스의 카페라떼(tall 사이즈)를 새로 기준상품으로 선정해 스타벅스지수를 산출했다(일면 카페라떼지수).

(3) 만약 미국에서 2달러인 카페라떼가 한국에서 2,000원에 팔리고 있다면 이론상 균형환율은 $1=₩1,000이어야 한다. 그런데 명목환율이 $1=₩900이라면 카페라떼는 한국에서 비싸게 팔리고 있다는 것이다. 즉 우리나라 돈의 가치가 상대적으로 고평가되어 있다고 할 수 있다.

(4) 그러나 비교역재인 커피제품은 점포임대료와 인건비에 영향을 크게 받는 특성이 있어 그것들이 높은 나라일수록 실제 구매력평가 환율에 의한 가격보다 가격이 높게 형성될 가능성이 있는 등의 문제점이 있다.

③ 국제수지(종합수지)의 균형조건:

$$B = T(\overset{\oplus}{S},\ \overset{\ominus}{Y}) + C(\overset{\oplus}{i}) = 0$$

B : (종합)국제수지, C : 자본수지

위의 모형은 소규모국 경제를 가정하고 있으므로 국제금리와 수입품의 외화표시 가격은 일정불변이며, 자기 나라 통화표시 수출품의 가격 또한 일정불변임에도 불구하고 국내일반물가수준($\overline{P}$)은 환율이 오르면 상승하고 환율이 내리면 하락한다는 점을 보여주고 있다. 이 모형을 소득-금리공간에 나타내면 전형적인 $IS-LM-BP$곡선을 얻을 수 있다.

[그림 6-2]에서 일반균형이 이룩된 점 a에서 중앙은행이 국내금융부문에 대한 여신을 늘림으로써 통화공급량이 증가하였다고 하자. 이 증가는 화폐시장에서 초과공급을 초래하므로 균형회복을 위해서는 금리하락과 소득증대가 필요하다($LM_1 \rightarrow LM_2$). 따라서 금리와 소득의 결합은 점 a으로부터 점 b로 이동한다.

그러나 국민경제는 점 b가 BP곡선 밑에 있어 국제수지 적자에 직면해 있기 때문에 그에 머무를 수 없다. 왜냐하면 금리가 종전 수준보다 낮아졌으므로 자본유출이 발생하여 자본수지가 악화되면서 소득 증대에 따른 수입증가로

그림 6-2 확대통화정책의 효과 I (금리모형)

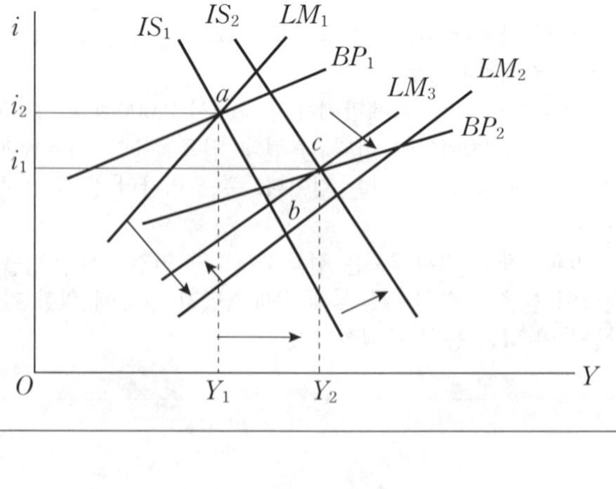

무역수지가 악화되기 때문이다. 결국, 점 *b*에서는 종합수지적자에 따라 환율이 오르게 된다. 이러한 환율상승은 국내통화표시 수입품가격을 인상시키고 그에 따라 국내물가가 올라 실질화폐의 공급을 감소시킴으로써 LM_2곡선을 다시 LM_1곡선의 방향으로 이전시키게 된다. 환율상승에 따른 무역수지 개선은 재화시장에서 초과수요를 가져오므로 균형회복을 위해서는 금리상승 및 소득감소가 필요하다($IS_1 \rightarrow IS_2$).

이에 따라 자기 나라 통화의 평가절하가 이루어지고 그로 인하여 무역수지가 개선되면 기존의 *BP*곡선상의 금리와 국민소득하에서는 오히려 종합수지가 흑자를 이루게 된다. 그리하여 종합수지의 균형회복을 위하여 금리하락 및 소득증대가 필요하다($BP_1 \rightarrow BP_2$). 이와 같은 *LM*, *IS* 및 *BP*곡선의 이동은 이들이 다시 한 점에서 만날 때까지 계속되는데 점 *c*는 바로 그 점이다. 새로운 균형에 도달하게 되는 경우를 나타내고 있다.

이상에서 고찰된 *LM*−*IS*−*BP*분석은 각각의 곡선들이 소득과 금리를 축으로 공간상에서 표시되고 있기 때문에 환율의 결정과정을 명시적으로 나타내지 못한다. 이러한 문제점을 극복하기 위한 방법으로서 이들 3개 균형조건들을 소득과 환율을 축으로 하는 공간상에 나타낼 수 있다.

[그림 6-3]에서 *LM*곡선은 화폐시장의 균형을 위한 국내생산과 환율의 결합을 나타내고 있다. *LM*곡선이 수직인 것은 주어진 국내금리(주어진 국제금리) 아래 화폐시장의 균형을 위한 소득수준은(환율수준과 관계없이) 오직 하나뿐이기 때문이다.

*IS*곡선은 재화시장의 균형을 위해 요구되는 국내 생산과 환율의 결합을 나타내고 있다. *IS*곡선이 우상향인 것은 한계지출성향이 1보다 작은 것으로 가정되고 있기 때문에 국내생산의 증대는 재화의 초과공급을 가져오게 된다. 따라서 재화시장의 균형을 유지하기 위해서는 수출증대(무역수지개선)를 가져올 국내 통화가치의 절하가 요구된다.

*BP*곡선은 종합수지의 균형을 위해 요구되는 환율과 소득 간의 관계를 나타내고 있다. *BP*곡선이 우상향인 것은 소득증대에 따른 수입증대를 환율상승에 의한 수출증대로 상쇄시켜야 하기 때문이다. *BP*곡선의 기울기가 *IS*곡선의

그림 6-3 확대통화정책의 효과 II (환율모형)

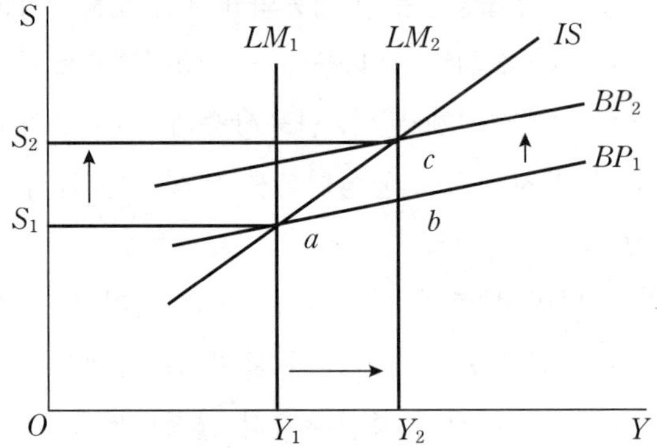

그것보다 완만한 것은 거시적 일반균형의 안정성을 위한 요건 때문이다. 이 요건이 충족될 경우에 한하여 외생적 충격으로 일반균형이 붕괴될 때 경제는 새로운 균형으로 이행할 수 있다.

이제 국민경제가 점 a의 일반균형상태에 있을 때 중앙은행이 금융기관에 대한 여신증대를 통해 외생적으로 통화공급량을 늘렸다고 하자($LM_1 \rightarrow LM_2$). 이것은 화폐시장에서 초과공급을 가져온다. 따라서 화폐시장의 균형회복을 위해서는 금리하락 및 소득증대가 필요하다. 점 b가 그러한 상태이다. 그러나 점 b는 새로운 균형점이 되지 못한다. 왜냐하면 $LM_1 \rightarrow LM_2$ 과정에서 초래되는 금리하락은 자본유출을 통한 자본수지악화를 가져옴으로써 점 b에서는 비록 종전과 같은 무역수지가 유지되더라도 종합수지는 적자이다.

종합수지균형의 회복을 위해서는 자본수지의 악화 정도만큼 무역수지가 종전보다 개선되어야 한다. 이는 환율의 상승과 소득의 감소를 필요로 한다($BP_1 \rightarrow BP_2$). 그런데 점 b는 IS곡선 밑에 있으므로 재화시장에서는 초과공급이 존재하게 되고 이러한 초과공급은 환율상승에 의한 수출증대로 완화될 수 있다. 결국, 새로운 일반균형은 점 c에서 세 곡선들이 만나게 될 때 이룩된다. 새로운 균형점 c와 종전의 균형점 a을 비교할 때 통화량의 외생적 증대가 초래한 결과는 앞에서와 같다.

(2) 자산시장접근 방법에 의한 환율결정: 통화모형[3)]

환율결정에 관한 자산시장접근 방법의 하나인 통화론적 모형들은 다시 3개 모형으로 나누고 있다. 신축가격 통화모형(the flexible-price monetary model: FPMM), 경직가격 통화모형(the sticky-price monetary model: SPMM), 통화대체 모형(the currency substitution monetary model: CSMM)이 그것들이다(CSMM에 대한 논의는 여기에서 제외하기로 한다).

1) 신축가격 통화모형(FPMM)

환율결정에 관한 FPMM은 구매력평가 방정식에 통화론자들의 가격결정이론인 화폐수량설을 추가하고 있다. 이 모형은 소위 단순통화모형(simple monetary model) 또는 통화론자모형(monetarist model)으로 불리는데 가격의 충분한 신축성과 구매력평가의 성립을 가정한다는 면에서 장기모형(long-run model)으로 분류된다.

〈기본모형〉

FPMM은 여러 학자들에 의해 발전되어 왔는데 그 중에서도 J. A. Frenkel(1976) 및 J. F. O. Bilson(1978)의 공헌이 가장 대표적이다. 기본적인 모형으로서 Bilson모형을 소개한다.

화폐론자들이 즐겨 사용하는 표준적 화폐수요함수는 아래와 같다.

$$\frac{L}{P}=Y^{\eta}\cdot e^{-\varepsilon i}$$

$$\frac{L^*}{P^*}=Y^{\eta}\cdot e^{-\varepsilon i}$$

$L \cdot L^*$: 자국과 외국의 명목화폐수요, $P \cdot P^*$: 자국과 외국의 물가
$Y \cdot Y^*$: 자국과 외국의 실질국민소득, $i \cdot i^*$: 자국과 외국의 금리
$\eta \cdot \varepsilon^*$: 파라미터

---

3) 자산시장 및 미시구조적 접근방법에 의한 환율결정이론에 관련해서는 연세대학교 박진근 교수(1997)의 「환율경제학」, pp. 39~186을 인용 · 참조하였다.

이제 자기 나라와 다른 나라의 명목화폐 공급량을 각기 M 및 M^*라 할 때, 화폐시장균형조건에서 두 나라 (균형)물가는 아래와 같다.

$$M=L, \qquad \text{즉 } M=P \cdot Y^{\eta} \cdot e^{-\varepsilon i} \tag{6-1}$$

$$M^*=L^*, \qquad \text{즉 } M^*=P^* \cdot Y^{*\eta} \cdot e^{-\varepsilon i^*} \tag{6-1)'$$

따라서 요구되는 두 나라의 물가수준은 각기 다음과 같다.

$$P=M/Y^{\eta} \cdot e^{\varepsilon i} \tag{6-2}$$

$$P^*=M^*/Y^{*\eta} \cdot e^{\varepsilon i^*} \qquad (6\text{-}2)'$$

$$s=\frac{P}{P^*} \qquad (6\text{-}2)''$$

s : 실질환율

위의 식 (6-1)에 식 (6-2), (6-2)′, (6-2)″을 대입하면 아래와 같은 Frenkel 방정식을 얻는다.

$$S=\frac{M/Y^{\eta} \cdot e^{\varepsilon i}}{M^*/Y^{*\eta} \cdot e^{\varepsilon i^*}}=\frac{M}{M^*} \cdot \left(\frac{Y^*}{Y}\right)^{\eta} \cdot e^{e(i-i^*)} \qquad (6\text{-}3)$$

위의 식에서 금리만을 예외로 하고 나머지 모든 변수들의 로그(logarithm)를 취하면 Bilson방정식을 얻게 된다.

$$S=(m-m^*)-\eta(y-y^*)+c(i-i^*) \qquad (6\text{-}4)$$

S : 명목환율

위의 식으로부터 알 수 있는 것은 (i) $(m-m^*)$의 계수는 1이다. 따라서 화폐의 상대적 공급량(M/M^*)이 1% 커질 때 환율 또한 1% 상승한다. (ii) 자기 나라 국민소득의 다른 나라 국민소득에 대한 상대치(Y/Y^*)가 1% 커질 때 환율은 η% 하락한다. (iii) 자기 나라 금리의 다른 나라 금리에 대한 상대치(i/i^*)가 1% 포인트 커질 때 환율은 ε% 상승한다.

위 모형은 두 나라 화폐 간의 상대가격으로서의 환율이 그들의 화폐공급 및 수요에 의해서 결정됨을 나타내고 있다. 특히 자기 나라 화폐에 대한 수요 혹은 초과수요가 늘어나는 경우 자기 나라 화폐의 평가절상(환율하락)이 일어나고 그 반대의 경우는 평가절하(환율상승)가 나타난다.

〈기본모형의 변형〉

위의 식 (6-3)와 (6-4)는 추가적인 가정이나 일부 기본가정의 완화 또는 변수의 대체에 의해 몇 가지 형태로 표현될 수 있다.

① 자기 나라가 소규모국 경제인 것으로 가정하는 경우: Bilson방정식은 간단한 소규모국모형으로 된다.

$$S = m - \eta y + \varepsilon i \tag{6-5}$$

② 화폐수요함수의 국제적 차이를 가정하는 경우: 함수의 형태는 같고 파라미터들만 다른 이질적 파라미터모형, 곧 Bilson모형이 된다.

$$S = (m - m^*) - \eta y + \eta^* y^* + \varepsilon i - \varepsilon^* i^* \tag{6-6}$$

위의 식에서 파라미터 η^*와 ε^*는 외국의 화폐수요함수 중 소득과 금리의 계수들로서 자기 나라의 계수들인 η 및 ε와는 다른 값을 갖는 것으로 가정된 것이다.

③ 기대인플레이션을 도입하는 경우: 예상되는 환율의 변동률은 예상되는 상대가격의 변동률과 같은 기대인플레이션모형이 된다.

$$S = (m - m^*) - \eta (y - y^*) + \varepsilon (\Delta p_e - \Delta p_e^*) \tag{6-7}$$

여기에서 Frenkel모형을 소개하면 다음과 같다.

화폐수요함수: $L = P \cdot g(P_s)$

$L^* = P^* \cdot g^*(P_s)$

화폐시장균형조건: $M = P \cdot g(P_s)$

$M^* = P^* \cdot g^*(P_s)$

구매력평가: $$S=\frac{P}{P^*}$$

$P_s \cdot P_s$: 자국과 타국의 예상인플레이션율
g : $(1+P_s)$의 로그값, g^* : $(1+P_s)$의 로그값

위의 식들을 정리하면 Frenkel모형을 얻는다.

$$S=\frac{M/g(P_s)}{M^*/g^*(P_s)} \tag{6-8}$$

$$\text{또는 } S=(m-m^*)-\alpha\pi(\pi-\pi^*) \tag{6-8$'$}$$

결국 Frenkel모형식 (6-8)은 Bilson모형식 (6-4)의 특수한 경우로서 환율이 오직 상대적 통화공급과 상대적 인플레이션율에만 의존하는 극단적인 경제상황을 대상으로 한 것이라고 볼 수 있다.

④ 합리적 기대를 가정하는 경우: 환율의 변동이 통화량, 소득 및 금리 등 환율결정요인들의 현재값들보다는 이들의 예상치들에 의해 결정되는 합리적 기대모형을 얻을 수 있다. 식 (6-4)에 금리평가를 대입하면 아래 식과 같다.[4)]

$$S_t=m_t-m_t'-\eta(y_t-y_t')+\varepsilon(S^e_{t+1}-S_t) \tag{6-9}$$

따라서

$$S_t=\frac{1}{1+\varepsilon}[(m_t-m_t')-\eta(y_t-y_t')]+\frac{\varepsilon}{1+\varepsilon}S^e_{t+1} \tag{6-10}$$

우리가 거래자들의 합리적 기대를 가정하게 되면 주관적 기대치는 주어진 시점에서 획득 가능한 모든 정보에 입각하여 시장에서 형성되는 기대치와 일치한다. 이때 획득 가능한 모든 정보에는 환율결정과정과 그의 확률적 구조에 대한 지식도 포함된다. 따라서 합리적 기대 아래에서는 주관적 기대치가 다음과 같이 된다.

---

4) 금리평가 $(S^e_{t+1}-S_t)/S_t=(i-i^*)$에서 환율의 예상변동률$(S^e_{t+1}-S_t)/S_t$의 근사치는 $\Delta S^e_{t+1}/S^e_{t+1}$이다. 그런데 로그값의 변동은 해당 변수의 변동률이므로 $\Delta S^e_{t+1}/S^e_{t+1}=\Delta S^e_{t+1}$이다. 이제 $\Delta S^e_{t+1}=S^e_{t+1}-S_t$로 정의하면 커버되지 않은 금리평가는 $S^e_{t+1}-S_t=i-i^*$로 된다.

$$S^e_{t+1}=E(S_{t+1}/I_t)=E_t(S_{t+1}) \qquad (6\text{-}11)$$

E_t : 합리적 기대 operator, I_t : t기중 정보세트

합리적 기대의 도입으로 식 (6-10)을 아래와 같이 변경할 수 있다.

$$S_t=\frac{1}{1+\varepsilon}Z_t+\frac{\varepsilon}{1+\varepsilon}E_t\,S_{t+1} \qquad (6\text{-}12)$$

Z_t: $(m_t-m_t^*)-R(y_t-y_t^*)$

이에 따라 장래 어느 기간중의 기대환율은 아래와 같다.

$$E_t\,S_{t+j}=\frac{1}{1+\varepsilon}E_t\,Z_{t+j}+\frac{\varepsilon}{1+\varepsilon}E_t\,S_{t+j+1} \qquad (6\text{-}13)$$

이제 장래 n기간에 걸쳐 식 (6-12)를 식 (6-13)에 반복적으로 대입하면 우리는 다음과 같은 합리적 기대환율방정식을 얻게 된다.

$$S_t=\frac{1}{1+\varepsilon}\sum_{j=0}^{n}\left(\frac{\varepsilon}{1+\varepsilon}\right)^j E_t\,Z_{t+j}+\left(\frac{\varepsilon}{1+\varepsilon}\right)^n E_t\,S_{t+n+1} \qquad (6\text{-}14)$$

합리적 기대에 의해 수정된 위의 식과 같은 신축가격 통화모형은 $n=\infty$로 놓을 때 다음과 같게 된다.

$$S_t=\frac{1}{1+\varepsilon}\sum_{j=0}^{\infty}\left(\frac{\varepsilon}{1+\varepsilon}\right)^j E_t\,Z_{t+j} \qquad (6\text{-}15)$$

$$=\frac{1}{1+\varepsilon}\sum_{j=0}^{\infty}\left(\frac{\varepsilon}{1+\varepsilon}\right)^j[(m-m^*)^e{}_{t+j}-\eta(y-y^*)^e{}_{t+j}]$$

이 식에 따르면 (i) 환율은 통화공급량 및 국민소득 등 내생변수들의 현재값뿐만 아니라 이들의 예상되는 장래값들에도 의존하며, (ii) 효율적 외환시장은 통화에 대한 수요와 공급의 장래변동을 현재의 현물환율로 할인함을 알 수 있다. 이때 할인인자인 $\varepsilon/(1+\varepsilon)$은 화폐에 대한 수요의 금리탄력성($\varepsilon$)과 직결되어 있다.

2) 경직가격 통화모형(SPMM)

경직가격 통화모형은 가격의 단기적 경직성으로 인해 통화공급(명목)의 변동이 단기적으로는 실질통화량의 변동을 가져오고, 그에 따라 환율에 영향을 미치게 되는 점에 초점을 맞추고 있다. 이 모형은 원래가 R. A. Mundell(1963)의 완벽한 자본이동성 분석에서 출발하였다.

Mundell모형에서는 가격과 금리를 국제수준에 고정시킴으로써 통화량 증가는 즉각적으로 대폭적인 평가절하를 초래한다. 이때 화폐시장의 균형회복을 위해서는 소득증대에 따른 화폐수요의 증대가 요구되는데 이를 위해서는 재화의 수출이 충분히 늘어나야 한다. 몇몇 학자들이 Mundell의 모형에 기대변수로서 환율의 기대하락을 도입하였다. R. Dornbusch(1976)는 기대가 합리적인 것으로 명기된 모형을 제시하였으며 J. Frankel(1979)에 의해 더욱 확장되었다.

〈Dornbush모형〉

이 모형은 단기에서의 환율변동이 장기에서의 환율변동을 크게 웃돌 수 있음을 보여 줌으로써 소위 과잉반응(overshootion)모형으로 불린다. 여기에서 과잉반응이란 금융자산의 시장가격이 일시적으로 장기균형가격에서 이탈하거나 단기균형가격의 변종이 장기균형가격의 변동보다 크게 나타나는 현상을 말한다. Dornbush의 모형은 환율의 단기적 변동성을 설명하려는 데 초점을 맞춘 모형이라는 점에서 가장 대표적인 환율동태모형으로 분류되고 있다.

모형의 핵심적 특징은 (i) 재화의 가격조정속도는 매우 느리지만 금융시장(화폐, 채권 및 외환시장)에서의 조정속도는 매우 빠르다는 가정, (ii) 그에 따라 구매력평가는 장기에서나 성립된다는 가정이다. 단기에서는 가격이 경직적이기 때문에 통화팽창은 즉각적인 금리하락을 가져오고 이는 자본 유출을 결과하며 환율 상승을 낳는다. 이때 환율상승은 즉각적인 것이며 상승 정도 면에서는 장기적으로 요구되는 상승 정도를 능가한다.

[그림 6-4]에서 $\overline{S}_0$가 통화팽창 이전의 장기균형환율을, $\overline{S}_1$이 통화팽창 이후의 새로운 장기균형환율을 각각 나타낸다고 하자. 통화팽창과 함께 현물환율이 $\overline{S}_0$에서 $\overline{S}_1$으로 즉각 올라가게 된다면 이에 따른 단기균형환율의 상승폭

(ΔS_s)은 장기균형환율의 상승폭(ΔS_t)을 능가하게 되고 그 차이가($\Delta S_s - \Delta S_t$)만큼 과잉반응한 셈이다.

Dornbush모형은 여타의 통화모형들과 같이 안정적인 화폐수요함수를 가정함으로써 모든 경제조정과정이 안정적이며 환율은 시간의 경과와 함께 새로운 장기균형수준으로 접근해 간다. 시간경과와 함께 재화시장에서의 가격조정(상승)이 나타나기 시작하면서부터 환율은 내리기 시작하고 국내금리는 다시 오르게 된다.

편의상 금리평가는 $i = i^* + \Delta s_e$로 나타낸다. 장기균형환율은 앞에서와 같이 구매력평가에 의해 $\overline{S} = P - P^*$로 결정되지만 그 속도는 장기균형수준과 현재의 환율 수준 간의 차이에 비례하는 것으로 가정된다.

Bilson-Frenkel에서와 같이

$$\Delta S_s = \theta(\overline{S} - S) \text{이다.} \qquad (6\text{-}16)$$

θ : 조정속도를 나타내는 계수

위의 식은 현물환율의 예상되는 하락률은 장기균형환율과 현재의 현물환율 간의 차이에 비례한다는 것이다.

통상적인 화폐수요함수를 가정하면 화폐시장의 균형조건은 식 (6-1)과

그림 6-4 통화공급 증대에 대한 환율의 과잉반응

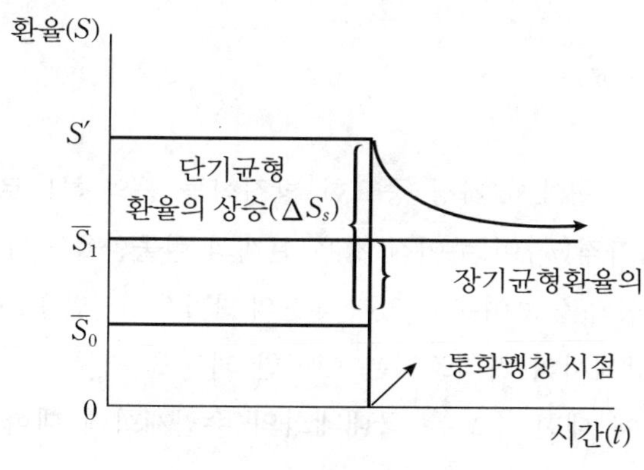

(6-2)와 같은데 이를 로그함수를 택하여 다시 나타내면 다음과 같다.

$$-\varepsilon i + \eta y = m - p \tag{6-17}$$

m : 주어진 명목화폐공급량, y : 주어진 실질소득

앞에서의 금리평가 ($i = i^* + \triangle s_e$)에 식 (6-16)와 (6-17)을 결합하면 다음 식을 얻게 된다.

$$S = \overline{S} - \frac{1}{\varepsilon\theta}(p - m + \eta y - \varepsilon i^*) \tag{6-18}$$

위 식은 화폐시장의 균형이 이루어지고 (순)자산수익률이 국제적으로 일치된 상태에서 현물환율(S), 가격수준(p) 및 장기균형환율($\overline{S}$)들 간의 관계가 어떠한가를 나타내고 있다.

장기균형에서는 실제환율과 예상환율이 일치하므로 환율의 예상변동률 $\triangle s_e = 0$이고 금리는 국제적으로 일치한다. 이를 위의 식들에 적용하면 장기균형가격 $\overline{P}$는 다음과 같다.

$$\overline{P} = m - \eta y + \varepsilon i^* \tag{6-19}$$

식 (6-19)를 식 (6-18)에 대입하면 환율과 가격 간의 보다 단순화된 관계식을 얻게 된다.

$$s = \overline{s}\ \frac{1}{\varepsilon\theta}(p - \overline{p}) \tag{6-20}$$

이 식은 Dornbush모형에서 가장 중요한 방정식들 중의 하나로서 장기균형환율($\overline{s}$)과 장기균형가격($\overline{p}$)이 주어진 경우 현재의 현물환율(s)이 현재의 가격수준의 함수로서 결정됨을 보여주고 있다(환율의 단기적 과잉반응효과).

그렇다면 재화시장에서의 가격조정은 어떠한 과정을 거쳐 이루어지는가? Dornbush는 국내재화에 대한 수요는 국내재화의 수입재화에 대한 상대가격,

금리 및 실질소득의 함수로 보고 다음과 같은 형태를 취한다고 가정한다.

$$d=\mu+\delta(s-p)+r_{\gamma}-\sigma_{i} \qquad (6\text{-}21)$$

d : 국내재화에 대한 수요, μ : 이전 파라미터(상수)
$(s-p)$: 국내재화의 수입재화에 대한 상대가격[5]

국내재화가격의 상승률은 다음 식에서와 같이 국내재화에 대한 초과수요 (D/Y)에 비례하는 것으로 본다.

$$\triangle p=k \cdot \in(\frac{D}{Y})=k[\mu+\delta(s-p)-(r-1)y-\sigma i] \qquad (6\text{-}22)$$

장기균형에서는 $i=i^*$, $P=\overline{P}$, 즉 $\triangle p=0$ 및 $s=\overline{s}$로 되므로 이를 식 (6-22)에 적용하면 다음과 같은 장기균형환율의 결정방정식을 얻게 된다.

$$\overline{s}=\overline{p}+(\frac{1}{\delta})[\sigma i^*+(1-r)y-\mu] \qquad (6\text{-}23)$$

이 식으로부터 우리는 장기균형환율은 금리 등 금융변수에만 의존하는 것이 아니라 물가와 실질소득 등 실질변수에도 의존한다는 것을 알 수 있다.

앞에서의 신축가격모형과 경직가격모형을 비교하면 전자에서는 국내금리의 상대적 인하가 환율을 하락시키는 데 비해 후자에서는 환율을 상승시킨다. 신축가격모형에서는 국내금리가 내려가는 경우 국내통화에 대한 수요를 늘리고 이것은 다시 국내통화의 가치를 절상(환율하락)시키지만 경직가격모형에서는 자본의 유출을 가져오고(주어진 기대인플레이션하에서) 이것은 다시 환율을 오르게 한다.

그러나 이들 모형도 각기 결함을 갖고 있다. Bilson-Frenkel의 신축가격통화모형은 구매력평가가 어느 시점에서나 항상 이루어지는 것으로 가정되고 있다. Dornbush의 경직가격통화모형은 인플레이션기대를 전혀 고려하지 않는

5) 국내재화의 수입재화에 대한 상대가격은 원래 $(\frac{S \cdot P^*}{p})$로서, 로그형태로는 $(s+p^*+p)$이다. 그런데 P^*는 정규화를 통해 그 값을 1로 놓게 되면, 그의 로그값인 $p^*=0$으로 된다. 따라서 식 (6-23)에서는 $P^*=1$로 정규화가 된 경우이다.

다. 특히 예상되는 환율의 변동률이 오직 장기균형환율과 실제현물환율 간의 차이에만 비례하며 예상되는 인플레이션과는 전혀 무관한 것으로 보고 있다.

〈Frankel모형〉

Frankel(1979)은 Dornbush와는 달리 소규모국가가 아닌 2개국의 경우를 대상으로 하였다. 환율의 예상변동률이 장기균형환율과 실제현물환율 간의 차이뿐만 아니라 예상되는 인플레이션율의 국제적 차이에도 의존하는 것으로 보완을 시도하였다. 여러 과정을 거쳐 도출된 Frankel의 현물환율 결정방정식은 다음과 같다.

$$s=(m-m^*)-\eta(y-y^*)+\varepsilon(\triangle P_e-\triangle P_e{}^*) \quad (6\text{-}24)$$
$$-\frac{1}{\theta}[(i-\triangle P_e)(i^*-\triangle P_e{}^*)]$$

$m-m^*$: 자국과 외국의 명목화폐증가율 차
$\triangle P_e-\triangle P_e{}^*$: 자국과 외국의 인플레이션율 차
$y-y^*$: 자국과 외국의 경제성장률 차

또는 $s=(m-m^*)-\eta(y-y^*)+\alpha(i-i^*)+\beta(\triangle P_e-\triangle P_e')$ (6-24)′

Frankel모형의 식 (6-24)′을 Bilson모형의 식 (6-4) 및 Frenkel모형의 식 (6-7)과 비교하면 뒤의 두 모형은 Frankel모형의 특별한 경우들에 해당된다. 따라서 Frankel모형이 보다 일반화된 환율모형인 것을 알 수 있다. 이와 같이 일반화된 경직가격모형은 “실질금리차모형”(real interest differential model)으로 불리고 있다.

(3) 자산시장접근 방법에 의한 환율결정: 포트폴리오모형

환율결정에 관한 포트폴리오 균형모형은 여러 접근 중 가장 폭넓은 접근이다. 여러 학자들에 의해 제시된 구체적 모형들이 공통적으로 갖는 특징은 (i) 채권들 간의 국제적인 불완전대체성을 가정함으로써 자산구성의 다양성이 환율에 미치는 영향을 고려하고 있으며, (ii) 자산시장의 균형과정에서 결정되는

환율이 경상수지와 부(富)에 영향을 주며, (iii) 이들이 다시 환율에 영향을 미치는 과정을 명시적으로 고려하고 있다는 점이다.

〈Branson모형〉

일반균형모형으로서 소규모의 완전고용 국민경제를 대상으로 한 W. Branson(1979)모형은 다음과 같이 4부문으로 구성된다.

① 자산부문: 자산저량(공급), 수요 및 균형조건

부의 정의: $W=M+B+SF$

자기 나라 통화시장의 균형조건: $M=m(i,\ i^*+\triangle S_e)W$

$(mi<0,\ mi^*+\triangle S_e<0)$

자기 나라 채권시장의 균형조건: $B=b(i,\ i^*+\triangle S_e)W$

$(bi>0,\ b_i+\triangle S_e<0)$

다른 나라 채권시장의 균형조건: $SF=f(i,\ i^*+\triangle S_e)W$

$(f_i<0,\ f_i+\triangle S_e>0)$

$m+b+f=1$

국제금리: $i^*=\bar{i}^*$

② 경상계정부문

경상수지: $\triangle F=X(\frac{S}{P})+i^*F\ \ (X_{S/P}>0)$

③ 가격부문

$$P=\boldsymbol{\Phi}``(\frac{M}{P})-(\frac{M}{P})_E"$$

④ 기대부문

정태적 기대: $\triangle S_e=0$

합리적 기대: $\triangle S_e=\triangle S+C$

W : 자산, M : 국내통화량, B : 국내통화표시채권
SF : 국내통화단위로 환산된 외화자산, $m\cdot b\cdot f$: 상수
i : 국내금리, i^* : 국제금리, $\triangle s_e$: 환율절상률
F : 외화채권, X : 무역수지, S/P : 실질환율

M/P : 실질통화잔고량, $(M/P)_E$: 실질통화잔고, ε : 백색잡음오차

최단기에 있어 국내금리(i), 환율(S) 및 환율의 예상변동률(ΔS_e) 등은 자산들에 대한 수요를 현존하는 자산저량(공급)에 일치시키는 수준에서 결정된다. 그런데 처음 3개의 방정식 중 오직 2개만이 독립적인 데 비해 값을 찾아야 할 미지수는 i, S 및 ΔS_e 등 3개이므로 이 방정식 체계만으로는 해답을 얻을 수 없다. 따라서 환율에 관한 기대를 도입하는 관계식을 추가로 도입하면 부(富) · 자기 나라 통화 및 채권 등 자산부문식이 국내금리와 환율을 결정하고, 환율의 예상변동률은 추가되는 환율에 관한 기대방정식에서 얻을 수 있다.

환율변동에 관한 정태적 기대하에서는 환율의 변동이 전혀 예상되지 않고, 합리적 기대하에서는 환율의 예상변동이 환율의 실제변동률(Δs)과 확률변수인 소위 백색잡음오차(white noise error: ε)의 합과 같게 된다. 이상에서 살펴본 모형의 구조와 단기 정태분석의 결과들이 시사하는 환율에 대한 단기 결정함수는 다음과 같다.

$$S = s(F, M, B: i^*) \tag{6-25}$$

이 모형은 자기 나라 사람들이 다른 나라의 화폐(M^*)나 채권(B^*) 등은 전혀 갖지 않으며 다른 나라 사람들도 자기 나라의 화폐(M)와 채권(B) 등을 갖지 않는다는 소규모국 가정에 입각하고 있다. 따라서 이러한 가정이 완화될 경우 위의 식은 다음과 같이 일반화된 Branson방정식이 될 수 있다.

$$S = s(F, F^*, M, M^*, B, B^*) \tag{6-26}$$

Branson모형 외에 포트폴리오 균형론적 환율결정이론으로는 Frankel모형 Ⅱ를 들 수 있다. 이에 대해서는 다음 기회에 소개하기로 한다.

(4) 경험적 환율모형

일부학자들은 환율결정모형이 상세하고 정확하게 기술되기 위해서는 경제 전체의 구조에 입각한 연립방정식체계로 접근하여야 한다고 주장하고 있

다. 이러한 노력의 대부분은 1980년대 전반기에 경험한 미국 달러화의 주요 선진국 통화들에 대한 환율 변동추이를 설명하려는 데 초점을 맞추고 있다. R. P. Flood and R. J. Hodrick(1989)은 소위 합리적 거품(rational bubbles)의 존재로 인하여 환율이 기초적 경제변수들이 제시하는 수준으로부터 지속적으로 이탈해 왔음을 설명하려 하고 있다.

J. Frankel과 K. Froot(1990)는 경제이론에 입각하여 환율을 예측하는 것이 아니라 환율변동 그래프에서 반복된다고 믿어지는 변동유형의 식별에 입각하여 환율을 예측하는 기술적 분석가들 또는 도표 분석가들의 행동에 관심을 집중하고 있다. 이에 더하여 정부의 재정정책이 환율에 미치는 효과와 국제간 자본이동이 관련국들의 환율에 미치는 효과 등에 대한 관심도 높아지고 있다.

1) Frankel-Froot의 도표분석과 기초경제분석 혼합모형

두 학자는 도표분석가들의 행태와 기초경제변수들의 변화를 결합하여 환율의 변동모습을 설명할 수 있다고 보았다. 이 모형은 기초경제변수들에 입각하여 환율결정을 설명하려는 전통적인 구조모형에 기술적 분석인 도표분석을 가미한 환율모형이다. 1981~98년중에 있었던 미국 달러화의 극적인 절상현상이 연구의 직접적 동기가 되었다. 이들은 미국과 무역상대국들 간의 실질금리 차이가 1981~84년 중반까지의 달러화절상의 대부분을 설명할 수 있으나 그 후 마지막 20%는 설명이 안되고 있어 이에 대한 새로운 이론이 요구된다고 강조한다.

이와 같은 요구에 대한 해답으로 그들의 새로운 모형을 제시함에 있어 현실적 근거로 제시하고 있는 것은 The Economist지와 American Express Bank가 투자자들을 상대로 실시한 조사자료들이다. 이들 자료에 나타난 특징은 외환시장에 하나의 동질적 기대만 존재하지 않는다는 점이다. 특히 1주일 및 2주일 등 아주 짧은 단기 예측들은 중기예측(3 · 6 · 12개월 등)과 매우 다른 모습를 보이는 것으로 나타났다.

이러한 조사자료가 시사하는 점은 (i) 외환시장에는 기초경제변수분석가들의 모형(fundamentalists model)과 도표분석가들의 모형(chartists model) 등 두 개의 모형이 있으며, (ii) 조사대상 응답자들은 장래 어느 시점에서의 달러가치에 대한 그들의 기대를 형성함에 있어 이들 두 모형의 가중평균치를 활용한다는 것이다.

기초경제 분석가들의 모형 사례는 Dornbush의 과잉반응모형을, 도표분석가들의 것으로는 확률보행모형과 같은 단순한 ARIMA 예측방정식을 들 수 있다. Frankel과 Froot는 기초경제 분석가들을 장기적으로 생각하는 자들로, 도표분석가들을 단기적으로 생각하는 경향이 있는 자들로 단정하고 있다.

환율결정에 관한 일반모형은 다음과 같이 나타낼 수 있다.

$$s_t = \alpha + c\,\Delta s^m_{t+1} + z_t \qquad (6\text{-}27)$$

s_t : 현물환율 S_t의 로그(logarithm)값, α : 상수
Δs^m_{t+1}: 시장에 의해 기대되는 절하율, z_t : 기타 결정요인
파라미터 c : 화폐에 대한 수요의 여타 수익률 (금리차이, 기대절하율이나 기대인프레이션율 등)에 대한 반탄력성

위 식의 z_t는 다음과 같이 정의될 수 있다.

$$z_t = d_t - f_t - c(i - i^*)$$

d_t : 국내자산 공급(D_t)의 로그값들, f_t : 해외자산공급(F_t)의 로그값

그리고 Δs^m_{t+1}는 다음과 같이 정식화될 수 있다.

$$\Delta s^m_{t+1} = w_t \Delta s^r_{t+1} + (1 - w_t)\,\Delta s^c_{t+1}$$

Δs^r_{t+1}: 기초변수분석가들의 기대절하율, Δs^m_{t+1}: 도표분석가들의 기대절하율
w_t : 포트폴리오 매니저들이 Δs^r_{t+1}에 대해 부여하는 가중치

그렇다면 기초경제 분석가들의 예상절하율 Δs^r_{t+1}은 어떻게 형성되는가? 그들은 현물환율이 장기균형수준에 회귀(접근)한다고 믿는것으로 가정하자.

$$\Delta s^r_{t+1} = v(\bar{s} - s_t) \qquad (6\text{-}28)$$

$\bar{s}$: 장기균형환율의 로그값

한편 단순화를 위하여 도표분석가들은 환율이 확률적 보행을 한다고 믿는

것으로 보기로 한다.

$$\triangle s^{c}_{t+1}=0$$

위에서의 3 정의식을 환율결정에 관한 일반모형(식 (6-27))에 대입하면 다음과 같은 Frankel-Froot의 혼합방정식을 얻는다.

$$s_t=\alpha+cw_tv(\bar{s}-s_t)+z_t \tag{6-29}$$

위 모형의 특징은 포트폴리오 담당자들과 기초경제 분석가들이 부여하는 가중치들이 시간에 걸쳐 변동한다는 점이다. 가중치들은 그 자체로서 지속력을 갖는 환율의 동태적 변동을 발생시키므로 기초경제 분석가들의 기대는 더 이상 합리적이지 못하다. 따라서 환율은 포트폴리오 담당자들의 기대절하율의 동태적 변화에 의해 움직여지는 일종의 거품경로(bubble path) 위에 있게 된다.

국제수지가 환율에 미치는 효과를 강조하기 위하여 식 (6-29)에서의 z_t가 오직 해외자산의 공급만을 대표한다고 가정한다면 환율결정에 관한 일반모형은 다음과 같이 변형된다.

$$s_t=\alpha+c\triangle s^{m}_{t+1}-kf_t \tag{6-30}$$

이에 따라 Frankel-Froot의 혼합방정식 (6-29)는 다음과 같은 환율결정방정식이 된다.

$$s_t=\alpha+cw_tv(\bar{s}-s_t)-kf_t \tag*{(6-30)$'$}$$

기초경제 분석가들의 환율예측에 대해 시장이 부여하는 가중치는 시간의 경과와 함께 감소되며 환율은 거품경로를 따라 움직이기 시작한다. 즉, 파라미터들의 값과 장기균형환율($\bar{s}$)과 해외자산(f_t)의 값이 주어진 상태에서 가중치(w_t)의 시간에 걸친 감소는 곧 현물환율(s_t)의 시간에 걸친 하락을 뜻한다. 이러한 하락은 장기균형환율과 현물환율 간의 격차를 더욱 크게 함으로써 환율은 시간에 걸쳐 장기균형수준으로부터 더욱 더 멀어지게 된다.

그러나 이러한 과정이 무한정 계속될 수는 없다. 왜냐하면 과정이 지속됨으로 시장의 기대(Δs_{t+1}^{m})가 오직 도표분석가들의 견해에 의해서만 결정되는 사태가 발생된다. 일단 그 상황에 이르면 장기균형환율과 심각한 격차를 보이고 있는 현물환율은 그러한 불균형수준에 계속 머무를 수 없기 때문이다. 환율을 오르게 하는 가장 핵심적 요인은 (순)해외자산이라는 기초경제변수(f_t)이다. 즉 f_t의 감소는 곧 환율의 상승을 뜻한다.

이 모형의 기본취지는 H. Allen & M. P. Thaler(1990)에 의해 경험적으로 뒷받침되고 있다. 이들은 도표분석이 시장의 가격변동만을 연구하는 것인데 비해 기초경제분석은 그러한 가격활동배후의 원인들을 조사하는 것으로 정의한다. 그리고 런던외환시장내 주요 외환딜러들을 대상으로 환율예측에 있어 이들 두 분석의 활용에 관한 조사를 하였다. 이 결과는 다음과 같이 요약된다. 첫째, 최단기예측(당일중 · 일주일 예측)의 경우 응답자들의 90%가 도표분석자료를 활용하고 있고, 60%가 도표분석을 기초경제분석과 적어도 같은 정도로 중요시한다.

둘째, 중기예측(1개월, 3개월, 6개월, 1년)의 경우 응답자들의 대부분이 기초경제분석에 대한 의존도를 높인다.

셋째, 장기예측(1년 또는 2년 이상)의 경우 응답자들의 30%가 기초경제분석에만 전적으로 의존하며, 응답자들의 85%가 기초경제분석을 도표분석보다 더욱 중요시하는 데 비해 응답자들의 8%만이 기초경제분석과 도표분석 간의 경쟁성을 인정한다.

2) Dornbush의 재정정책모형

Dornbusch(1987)는 1980년대 미국의 경험을 설명하기 위해 통화정책에 추가하여 재정정책이 환율변동의 중요한 요인임을 지적하였다. 이를 뒷받침하기 위해 Mundell-Fleming의 전통모형 내에서 기대변수(환율의 예상변동률)에 의해 확장된 개방경제 IS-LM모형을 활용하고 있다. 이 모형은 무한대의 국제적 자본이동성, 극히 완만한 속도의 가격조정, 매우 신속한 자산시장(금리)조정 및 자산시장내 합리적 기대 등을 수반한다.

우리가 알고 있는 개방경제 IS-LM모형은 다음과 같다.

$$m-p=hi \qquad \text{(화폐시장의 균형조건: } LM\text{식)}$$
$$i=i^{*}+\triangle s_{e} \qquad \text{(청산되지 않은 금리평가)}$$
$$\triangle p=\eta[\varepsilon(s-p)+g+\delta(i-p)] \qquad \text{(재화시장의 가격조정)}$$

M : 명목화폐존재량, p : 일반물가수준
$i \cdot i^{*}$: 자국 및 타국의 금리, s : 현물환율, g : 정부지출
$h, \eta, \varepsilon, \delta$: 관련 파라미터, 단, i 및 i^{*} 외에는 로그값

이 모형이 여타 비슷한 모형들과 비교하여 갖는 기본적 차이점은 재정정책의 환율에 대한 효과를 명시적으로 고찰할 수 있도록 설계되어 있다는 점이다. 재정팽창은 재화에 대한 초과수요를 창출하여 가격상승을 초래하며 이는 다시 실질화폐잔고를 축소시킴으로써 금리의 즉각적인 상승을 유발한다. 금리상승은 곧 자본유입을 초래하여 환율하락을 낳게 된다. 이러한 현상은 물가상승 아래 이루어지고 있으므로 실질환율의 하락으로 볼 수 있다. 결국 재정팽창은 통화가치의 절상을 가져오게 된다.

재정정책의 조정과정을 이용하여 동태적 환율효과를 살펴보자.

$$\Delta g=-\beta(g-\overline{g}) \tag{6-31}$$

Δg : 재정지출의 변동률, $\overline{g}$: 재정지출의 장기수준
β : 조정속도 파라미터

위의 식에서 재정지출 증가는 시간의 경과와 함께 β의 속도로 소멸되어 가는 것을 알 수 있다. 재정팽창이 이루어질 때 실질환율의 즉각적인 하락을 낳게 되고 이는 무역수지개선을 통해 재화에 대한 초과수요를 유발한다. 이는 곧 가격상승을 가져오며 추가적인 실질환율의 하락을 가져온다. 재정지출이 더 이상 늘어나지 않게 되는 상태에 이르러서도 실질환율의 과대평가는 계속 누적된다. 이러한 현상은 수출부진과 무역수지 악화를 통해 급기야는 불경기와 디플레이션을 낳게 됨으로써 실질환율은 당초의 수준으로 회귀하게 된다.

3. 시장환율의 변동

(1) 환율변동의 이론

금리평가설에 따르면 금융시장에서의 금리변동에 따라 환율은 단기적으로 변동한다.

$$FAR^e = r^* + \frac{s^e - s}{s} \qquad (6\text{-}32)$$

FAR^e : 외화자산 기대수익률, r^* : 외화자산금리
s : 환율, s^e : 예상환율

그리고 국내자산 기대수익률과 외화자산 기대수익률의 차이에 따라서도 환율은 변동한다.

$$r = r^* + \frac{s^e - s}{s}$$

구매력평가설에 따르면 환율은 생산물시장에서의 물가수준, 곧 구매력 변동에 따라 장기적으로 변동한다. 구매력평가는 본절 2항에서 살펴보았듯이 절대적 구매력평가와 상대적 구매력평가로 나눈다. 구매력평가설을 일반화하면 다음과 같이 나타낼 수 있다.

$$P = \alpha P_N + (1-\alpha)P_T$$

$$P^* = \beta P_N + (1-\beta)P_T^*$$

$$\alpha P_N + (1-\alpha)P_T$$

$$\frac{P}{P^*} = \frac{\alpha P_N + (1-\alpha)P_T}{\beta P_N + (1-\beta)P_T^*}$$

P : 자국물가, P^* : 타국물가
P_T : 교역재 가격, P_N : 비교역재 가격
α, β : 비중

분모 $P_T{}^*$로 분자 P_T를 나누면

$$\frac{P}{P^*}=\frac{\propto(P_N{}^*/P_T)+(1-\propto)}{\beta(P_N/P_T{}^*)+(1-\propto)}$$

가 되고, 이를 환율(s)산식에 대입하면

$$s=\frac{P\;\beta(P_N{}^*/P_T{}^*)+(1-\beta)}{P^*\propto(P_N/P_T)+(1-\propto)} \tag{6-33}$$

가 된다.

〈미시구조적 접근법〉

1970년대 초 주요 선진국들이 고정환율제에서 변동환율제로 이행한 이후 환율결정이론은 Dornbusch 및 Frankel의 통화론적 접근방법, Branson 및 Frankel의 포트폴리오 균형접근방법 등 자산시장 접근방법이 각광을 받아왔다. 그러나 R. A. Meese & K. Rogoff(1983)는 실증분석을 통해 전통적인 거시환율모형이 환율의 움직임을 설명하는 데 한계가 있음을 지적하였다. 이후의 많은 연구들도 거시환율모형이 환율의 단기변동을 설명하는 데 미흡하다고 주장하고 있다.[6)]

Frankel & Rose(1995)는 외환거래 규모 및 환율변동성의 확대가 외환시장 참여자들의 환율예측과 관련된 기대심리의 이질성 등에 기인한다고 보고 미시환율모형이 환율변동을 보다 정확히 분석할 수 있다고 주장하였다. O'Hara(1995)는 미시구조를 '명확한 거래원칙하에서 이루어지는 자산교환과정 및 결과'로 정의하고 거래주문흐름, 매수-매도 스프레드 등과 같은 외환시장의 미시변수가 환율결정에 중요한 역할을 한다고 주장하였다.

6) Cheung, Chinn 및 Pascula(2003)는 포트폴리오 균형접근법 등 5가지의 전통적인 거시환율모형을 이용해 1983. 1/4~2000. 4/4 분기중 주요 5개국 통화(파운드화, 엔화, 마르크화, 스위스 프랑화, 캐나다 달러화)의 대미달러환율에 대한 예측력을 측정하였다. 분석결과 전체 기간중에는 거시환율모형의 예측력이 대체로 임의보행 모형보다 다소 우월하였으나 분석대상기간 및 통화에 따라 예측력이 다르게 나타남에 따라 두 모형 중 어느 것이 우월한지는 판정을 내리기 어려웠다.

미시구조 접근방법은 전통적인 거시환율모형이 환율변동에 영향을 미치는 외환시장의 거래과정을 간과하였기 때문에 설명력이 매우 낮다는 비판에서 출발한다. 또한 거시환율모형은 월-분기-연간으로 편제되는 낮은 빈도의 거시경제변수를 설명변수로 사용하므로 환율의 장기추세 또는 월-분기의 움직임은 어느 정도 설명할 수 있으나 시시각각 변하는 높은 빈도의 환율 움직임을 설명하는 데는 한계가 있을 수밖에 없다.

소득, 물가, 국제수지 등 거시경제변수가 환율에 의미 있는 영향을 주는 것은 사실이지만 이들 변수는 새로운 뉴스가 발표되는 특정 시점을 전후하여 한시적으로만 환율에 영향을 미친다. 이러한 점을 감안하여 미시구조 접근방법에서는 외환시장 참여자들의 연속적인 거래행태를 반영하는 매수-매도 스프레드, 거래주문흐름 등과 같은 미시적 정보가 환율을 결정하는 단기요인이라고 보았다.[7)]

거래주문흐름은 미시구조이론(microstructure theory)에서 처음 제시된 개념이다. 일정기간의 주식, 채권, 외환 등 자산에 대한 매수자발(發)거래주문(+)과 매도자발(發)거래주문(–)을 합산하여 얻게 되는 부호화한 거래량으로 정의된다. 환율모형에서 거래주문흐름이 중요한 의미를 갖는 것은 거시경제 여건을 포함한 외환시장의 전반적인 상황에 대해 외환시장 참여자들이 보유하는 사적 정보를 반영하고 있기 때문이다.

기존의 거시환율모형은 외환시장의 모든 정보가 일반고객, 외환딜러 등 외환시장 참여자들에게 발표되는 즉시 공유되고 이들의 동질적 기대의 변화를 통해 환율이 변동된다는 것을 암묵적으로 가정하고 있다. 전통적인 거시환율모형은 거시경제변수를 포함한 외환시장 내의 모든 정보들이 공개정보이기 때문에 외환시장 참여자들 간에는 정보의 비대칭성이 존재하지 않으며 환율변동에 대하여 동질적 기대를 한다는 비현실적인 가정을 하고 있다.

그러나 외환시장 참여자들은 공개정보 이외에도 개인적으로 갖고있는 사

7) 거래량과 거래주문흐름은 다른 개념이다. 예를 들어 한 외환딜러가 10달러를 매수(매도)하면 거래량은 똑같이 10이지만 거래주문흐름은 +10(-10)으로 표시된다. 따라서 거래주문흐름은 거래주문량을 매수-매도로 구분하여 부호화함으로써 (순)매수 또는 (순)매도압력을 수치화한 것으로 볼 수 있다.

적 정보와 이에 근거한 다른 기대를 통하여 미래환율을 예측하고 거래주문을 내고 있다. 따라서 환율은 공개정보 이외에 외환시장 참여자들의 사적 정보에 의해서도 결정될 수 있으며 이러한 정보는 거래주문흐름에 반영되어 환율을 변동케 한다.

외환시장의 미시적 정보를 이용해 환율변동을 분석한 대표적인 연구로서 C. L. Evans와 D. Lyons(2002)을 들 수 있다.[8] 이들은 기존의 포트폴리오 균형모형과 같이 환율이 외화자산에 대한 수요 등 자산구성 변화에 의해 변동한다고 보았다. 다만 기존 모형과는 달리 외환시장 참여자들이 거시경제 여건 및 환율수준을 전망하는 데에 통화량, 금리, 소득 등 공개정보 이외에도 개인적인 사적 정보를 이용한다는 점을 반영하여 다음과 같이 거시환율모형과 미시환율모형을 결합한 혼합환율모형을 제시하였다.[9]

거시환율모형 $\triangle S_t = f(i,\ m,\ z) + \varepsilon_t$ (6-34)

미시환율모형 $\triangle S_t = g(X,\ I,\ Y) + \upsilon_t$ (6-35)

혼합환율모형 $\triangle S_t = f(i,\ m,\ z) + g(X,\ I,\ Y) + \mu_t$ (6-36)

S : 환율, i : 금리, m : 통화량, z : 기타 거시경제변수
X : 거래주문흐름, I : 외환딜러 순포지션, Y : 기타 미시변수
단, 금리를 제외한 모든 변수는 로그변환치

거래주문흐름은 외환시장 참여자들의 사적정보를 반영하는 정보집합체로서 (순)매수압력을 나타낸다. 구체적으로는 매수주문량과 매도주문량의 차이로 정의된다. 위의 두 학자들은 Reuter D2000-1시스템에서 얻은 1996년 5월 1일~8월 31일중 달러/마르크 및 달러/엔 현물환의 직거래 자료를 토대로 거래주문흐름을 산출하여 실증분석을 시도하였다.

분석 결과 거래주문흐름은 마르크화 및 엔화환율의 1일변동중 63% 및

8) Goldberg & Tenorio(1997)는 거시-미시 혼합모형을 이용하여 러시아 루블화의 변동요인을 분석한 바 있다.

9) 거시환율모형과 미시환율모형 간에는 본질적인 차이가 있다. 즉 통화량, 소득, 물가 등 거시경제변수들은 최소주기가 월별이기 때문에 거시-미시환율모형을 결합한 혼합모형을 도출할 때 한계가 있을 수밖에 없다. 이러한 점을 감안하여 일별자료 추출이 가능한 금리만을 거시경제변수로 활용하여 혼합모형을 설정하기도 한다.

40%를 각각 설명하는 것으로 나타났다. 또한 거래주문흐름의 계수를 토대로 추정한 결과 마르크화의 경우 10억 달러의 매수주문이 달러/마르크 환율을 0.54% 정도 상승시키는 것으로 나타났으며 2주 내의 표본예측력도 임의보행모형보다 30~40% 정도 우월한 것으로 드러났다.

거래주문흐름과 환율 간의 장기균형관계에 대한 실증연구로는 Killeen, Lyons & Moore(2000)가 대표적이다. 이들은 국제외환시장의 대표적 전자중개사인 EBS를 통해 1998년중 일별 달러/마르크, 달러/프랑스 프랑, 프랑스 프랑/마르크 환율과 1999년중의 달러/유로 환율에 대한 중개거래자료를 수집하여 거래주문흐름을 산출한 뒤 환율과 누적 거래주문흐름 간에 장기균형관계가 존재함을 규명하였다.

한국은행의 권성택 · 정관명(2003)은 외환시장의 미시적 정보인 거래주문흐름을 중시하는 미시구조 접근방법에 의해 1999년 1월~2003년 2월중 일별 및 월별 자료를 이용하여 원화환율의 변동요인을 실증분석하였다.[10] 그 결과 (i) 일별 원화환율의 경우 외환시장 참여자들의 사적 정보를 반영하는 거래주문흐름이 공개정보인 거시경제변수가 포착하지 못한 변동부분을 잘 설명하며, (ii) 거래 주문흐름의 추정계수가 환율 하락기보다 상승기에 높게 나타나 상승기에 거래주문흐름의 영향력이 확대되는 모양이었고, (iii) 기존의 거시환율모형과 거래주문흐름을 추가한 혼합환율모형에 따르면 거래주문흐름이 원화환율의 단기변동뿐만 아니라 장기추세에도 큰 영향을 미치는 것으로 나타났다.

(2) 시장에서의 환율변동

변동환율제도 아래에서 시장환율은 탄력성접근법에서와 같이 외환시장에서의 외환의 수요와 공급에 따라 변동한다. 그러나 외환수급만으로 환율변동을 설명하기는 곤란하다. 왜냐하면 통화의 교환비율인 환율은 두 나라 통화의 상대적 가치에 영향을 미치는 모든 요인에 의해 변동되기 때문이다.

환율은 장기적으로 한 나라와 다른 나라의 물가변동에 따른 상대적 구매력 차이나 국내외 금리, 생산성, 교역조건 변화 등에 영향을 받는다. 단기적으

10) 한국은행 조사통계월보, 2003년 8월호, pp. 23~49에서 인용하였다.

로는 시장참여자의 환율에 대한 기대나 각종 뉴스, 경쟁국의 환율변동 등에 따라서도 움직인다. 여러 나라에서 볼 수 있듯이 한 가지 경제현상이 시장참여자의 기대에 따라 환율의 하락요인으로 작용하기도 하고 경우에 따라서는 상승요인으로 작용하기도 한다. 환율의 움직임을 정형화하기란 대단히 어려운 것 같다.

1) 기초경제 여건의 변동

중장기적으로 한 나라의 통화가치에 영향을 미치는 요인 중 가장 중요한 것으로는 그 나라와 상대국의 물가수준변동을 들 수 있다. 모든 통화는 재화 및 서비스에 대한 구매력의 척도이므로 결국 환율은 물가수준으로 가늠할 수 있는 상대적 구매력에 의해 변동된다. 물가가 오르면 그 나라 통화의 구매력이 떨어지므로 통화의 상대가격을 나타내는 환율은 중장기적으로 오르게 된다.

만일 나라 간의 재화거래에서 관세나 운송비용 등과 같은 요인이 없다면 일물일가(一物一價)의 법칙에 따라 비록 나라가 다르더라도 재화가격은 같아야 할 것이다. 환율조정이 일어나지 않는다면 A국에서의 재화가격이 오르거나 B국의 재화가격이 내려가게 되어 일물일가의 법칙이 성립할 것이다.

그러나 현실적으로 재화시장에는 비교역재를 포함한 무수한 재화가 있고 각국의 재화들을 완전히 동질적인 상품으로 보기도 어렵다. 나라에 따라 각종 세금이나 거래비용 등이 다르므로 일물일가의 법칙이 항상 성립하기는 현실적으로 어려울 것이다. 장기적으로 볼 때 구매력평가가 성립한다면 각국의 물가수준은 환율을 결정하는 중요한 요인으로 볼 수 있다.

교역조건이 변동하는 경우에도 마찬가지로 환율은 변동한다. 교역조건이란 수출단가를 수입단가로 나눈 순상품교역조건을 말하는데 이것이 개선(악화)되면 자국통화가치는 절상(절하)된다. 수출상품의 품질개선 등으로 수출단가가 수입단가보다 더 오르면 장기적으로 경상수지가 개선되므로 통화의 가치는 상승한다.

다음으로 중장기 환율변동에 영향을 미치는 요인으로 생산성 변동을 들 수 있다. 한 나라의 생산성이 더 빠른 속도로 개선(악화)될 경우 해당국 통화가치는 절상(절하)된다. 현재의 물가수준이 변동하지 않더라도 한 나라의 생산성이 개선되면 재화생산에 필요한 비용을 줄일 수 있어서 더 싼값에 재화를 공급할 수 있을 것이다. 따라서 그 나라의 물가가 내리게 되므로 통화의 가치는 올라간다.

중기적 관점에서 보면 환율변동에 영향을 미치는 중요한 요인으로 그 나라의 국제수지 또는 외환수급 상황을 들 수 있다. 국제수지가 흑자를 보이면 외환의 공급이 늘어나게 되므로 자기 나라 통화의 가치가 오르면서 환율은 내리게 된다. 반대로 국제수지가 적자를 보여 외환에 대한 수요가 공급을 초과하는 상황이 지속되면 환율은 오르게 된다. 국제수지 불균형으로 환율이 변동하면 그 나라 수출상품의 경쟁력이 달라져 국제수지가 다시 균형을 회복하게 되고 이 과정에서 환율은 반대 방향으로 움직이게 된다.

끝으로 환율변동에 영향을 미치는 요인 중의 하나로 통화정책이나 재정정책 등 거시경제정책 변화를 들 수 있다. 통화정책을 긴축적으로 운용하면 통화공급이 줄어들고 국내금리는 오르게 된다. 국내금리 상승은 주식 및 채권투자자금을 중심으로 한 자본유입을 가져와 외환공급을 늘리므로 환율하락을 초래한다. 그러나 국내금리 상승이 반드시 환율하락을 초래한다는 주장에 대해 상당한 반론이 있다. 왜냐하면 국내금리가 올라가면 경기가 위축되어 외국인 주식 및 채권투자자금이 유출(외환수요증가)됨으로써 오히려 환율상승 요인으로 작용할 수도 있기 때문이다.

재정정책의 경우에도 환율에 미치는 영향을 일률적으로 말하기는 어렵다. 재정지출의 증대는 민간부문의 실물 수요를 늘리는 과정을 통하여 경기를 부양하는 효과가 있다. 이는 수입-외환수요를 증대시키므로 환율상승 요인으로 작용하게 된다. 그러나 경기가 살아나 기업들의 수익성이 개선되고 경제성장이 촉진됨으로써 외국인 투자자들의 신뢰가 높아져 자본유입(외환공급증가)이 늘어난다면 환율하락 요인으로 작용할 수도 있을 것이다.

2) 단기적 변동요인

환율변동은 단기적으로 외환시장 참여자들의 기대나 주변국의 환율변동,

각종 뉴스, 은행의 포지션 변동 등에 따라서도 많은 영향을 받는다. 먼저 시장참여자들의 환율에 대한 기대는 국제외환시장 동향, 거시경제 전망, 정부 및 통화당국의 정책방향 등 다양한 요인들에 의해 달라진다. 이러한 기대변화는 자기실현적(self-fulfilling)인 거래에 의해 실제환율의 변동을 초래한다.

예를 들어 대부분의 시장참여자들이 환율이 오를 것으로 예상할 경우 환율이 오르기 전에 미리 외환을 매입하면 이익을 볼 수 있으므로 외환에 대한 수요가 늘어나 환율이 올라간다. 이러한 시장참여자들의 환율오름(또는 내림)기대심리가 같은 방향으로 형성되면 매입 또는 매도주문이 한 방향으로 동시에 집중되면서 환율이 급변동하고 외환시장이 불안정해지는 동반효과(bandwagon effect)가 나타나기도 한다.

다음으로 주변 나라 환율변동은 자기 나라 통화의 가치에 많은 영향을 준다. 수출 경쟁관계에 있는 나라의 통화가치가 절하(환율상승)될 경우 자기 나라의 수출경쟁력이 약화되므로 수출부진으로 이어져 외환공급이 감소할 것이라는 시장기대가 형성되어 통화가치도 절하된다. 최근 들어 한국의 원화는 일본 엔화와 중국 위안화의 가치변동과 밀접한 연관성을 갖고 움직이고 있다.

그리고 각종 뉴스도 시장참여자들의 기대변화를 통해 단기환율변동에 영향을 미친다. 시장 참여자들은 경제관련 뉴스뿐만 아니라 정치, 군사 및 사회관련 뉴스 그리고 국내뉴스는 물론 해외뉴스, 특히 전쟁관련 뉴스에 민감하게 반응한다.

마지막으로 은행의 외국환포지션(외화자산 · 외화부채) 변동에 따라서도 환율은 영향을 받는다. 외환포지션이 매도초과 혹은 매입초과의 한 방향으로 크게 노출될 경우 포지션 조정을 위한 거래가 일어나고 그 결과 환율이 변동한다. 예를 들어 선물환 포지션이 큰 폭의 매도초과(short covering)를 보이면 환율변동에 따른 위험에 노출되지 않도록 하기 위해 외환딜러는 현물환 매입수요를 늘릴 것이다. 이는 외환수요의 증가를 가져와 환율이 올라가는 효과를 가져온다.

실제적으로 오늘의 외환시장에서는 경상 및 자본거래를 통하여 국내외환시장에 (순)유입 또는 (순)유출 되는 외화규모에 따라 환율은 하락 또는 상승한

참고 6-2 외국환포지션

(1) 외국환포지션은 일정시점에 은행 및 기업 등 경제 주체가 보유하고 있는 외화자산과 외화부채의 차액으로 환위험(exchange risk)에 노출된 정도를 나타낸다.

(2) 매매거래의 결과에 따라 (i) 매입초과 포지션(overbought position 또는 long position), (ii) 매도초과 포지션(over-sold position 또는 short position), (iii) 동등의 포지션(square position 또는 flat position)으로 분류한다.

(3) 환거래의 형태에 따라 (i) 선물포지션(forward position), (ii) 현물포지션(spot 또는 actual position), (iii) 종합포지션(overall position), (iv) 현금포지션(cash position)으로 구분하기도 한다.

(4) 포지션의 관리대상에 따라 (i) 딜러의 1일 거래대상인 딜러포지션(dealer position), (ii) 개별은행 전체의 포지션인 은행포지션(bank position)으로 나눈다.

(5) 거의 모든 나라에서 외환당국은 외국환은행의 종합포지션 규모를 일정수준 이하로 제한하는 등 한도관리를 하고 있는 것으로 알려지고 있다.

다. 기본적으로 경상수지 흑자기에는 환율 하락압력이, 적자기에는 상승압력이 나타난다. 자본거래중에서는 외국인의 채권 및 주식투자자금 유출입 규모가 단기적인 환율변동에 큰 영향을 미친다.

〈환율폭등의 이상현상〉

2008년 3월 들어 달러/원 환율이 글로벌 달러 약세에도 불구하고 930원선에서 1,030원선으로 치솟은 후 10여일 지나 970원선으로 내린 일이 있었다. 경제예측기관이나 외환딜러들도 전혀 예상치 못한 현상이 나타난 것이다. 물론 2007년에 있었던 은행들에 대한 외화단기차입 억제로 외화공급에 애로가 있을 것으로 내다본 사람들이 있었으나 환율이 1,000원대를 넘어설 것이라고는 생각치 못했다. 대체 무슨 이유였을까?

먼저 주장되는 것은 외국인의 주식매도 영향이다. 미국의 비우량주택담보대출(SML)의 부실에 따른 세계적 신용경색으로 인한 유동성 축소를 우려하여 달러의 본국 환수(margin call)와 환매에 대응(부실채권 상각)하기 위한 것이란 애기이다. 그러나 이게 어제 오늘의 일은 아니었다. 북핵(北核)사태나 2007년 11월 이후 계속된 주가 약세일 때는 왜 그러한 현상이 일어나지 않았는가?

계절적 요인에 속하는 1/4분기 외국인 주식배당금 송금이 몰려들어 달러 수요가 크게 늘었다는 주장도 있다. 하지만 2008년의 배당금이 이전 배당금보다 몇 배 늘어난 것이 아니라면 이 역시 환율 급등을 설명하기에는 역부족이다. 따라서 환율급등은 펀더멘털적 요인보다는 수급의 쏠림 현상이라는 의견이 지배적이다.

정부의 고(高)환율 우산정책을 꿰뚫어 본 환투기 세력의 공격이 그 발단이라는 지적도 있다. 수출 증대 및 경제성장을 위해 원화의 평가절상을 바라지 않는다는 정부의 속셈을 읽었다고나 할까? 그러나 한국 정부도 이제는 "정부가 결코 시장과 싸워 이길 수 없다"는 것을 알고 있기 때문에 그런 일은 없었을 것이다.

지난 몇 년 동안의 경험으로 보면 1/4분기 말에 접어들면 수출업체들의 달러/원 매도헷지 물량은 거의 없다(이미 다 헷지를 걸어 놓았기 때문에). 물론 추가적인 헷지 물량이 있을 수 있겠지만 환율이 급등하고 있는데 굳이 100% 헷지하고 싶은 기업은 없을 것이다. 이렇게 되면 외환시장에 유동성을 공급하는 투기물량 매도세는 사라지고 매수세만 판을 친다. 하락 추세 속에서는 환율이 올라가기만 하면 매도세가 나오지만 떨어지기만 하면 매수세가 압도한다.

2007년 말경 많은 외환달러들이 달러화의 글로벌 약세에 맞춰 \$1=₩900~950대의 박스권을 예상했으나 크게 빗나가고만 것으로 보인다(이른바 kick in and kick out 현상이 가세). 박스권의 돌파로 인한 추세가 형성된 위에, 매도헷지 물량은 적고 매수헷지 물량은 많으며 투기 매수물량은 늘어나는 상황에서 환율은 올라갈 수밖에 없었다. 투신권의 매도헷지 물량의 매도청산(short covering: SC)도 한몫했을 것이다. SC가 SC를 불렀다고나 할까?

2008년 1/4분기중 있었던 환율급등현상은 결국 외환시장에서 단기적인 환율변동은 외환의 수요공급이 기초경제 여건에 우선하여 영향을 미치지만 외환거래자들의 매도 · 매수 청산 심리에 따르기도 함을 잘 보여주는 일이라고 하겠다.

(3) 시장환율변동의 영향

시장환율의 변동이 국민경제에 미치는 영향은 여러 가지이다. 대강을 살펴보면 첫째, 환율변동은 경상수지에 가장 큰 영향을 미친다. 환율변동으로 인한 수출입가격 및 물량의 변화를 통하여 수출과 수입에 즉각적으로 효과를 나타낸다. 대부분의 나라에서 환율 상승기는 경상수지개선 현상이, 하락기에는 경상수지 악화 현상이 나타난다.

둘째, 환율변동은 수출입물량 및 가격, 교역재와 비교역재 간의 상대가격 체계변화 등을 통하여 소비 및 투자에 직간접적으로 영향을 미친다. 아울러 수출가격(외국통화기준) 및 수입가격(자국통화기준)을 변화시켜 수출입물량의 증감을 통해 산업생산에 영향을 미친다.

한국의 경우 산업생산증가율은 1997년의 금융위기 이전에는 환율변동과 별 관계가 없었으나 이후에는 환율의 움직임과 몇 개월의 시차를 두고 같은 방향으로 움직이는 모습을 보이고 있다. 이는 자유변동환율제도의 시행으로 환율의 가격기능이 높아지고 환율의 변동폭이 커짐에 따라 기업의 생산활동이 환율에 큰 영향을 받고 있음을 말해준다.

셋째, 환율변동은 물가에도 큰 영향을 준다. 환율변동은 수입소비재, 원자재 및 중간재 가격(원화기준) 변동을 통하여 생산자 및 소비자 물가에 영향을 미친다. 수입가격의 변동은 생산자가격에 일차적 영향을 주고 이는 다시 소비자물가에 충격을 준다. 한국의 경우 소비자물가상승률은 1997년의 금융위기 이전에는 환율변동과의 관계가 높지 않았으나 이후에는 환율과 밀접하게 연동되고 있다.

1) 환율변동의 효과: 탄력성 접근이론

이 이론에 따르면 환율변동이 수출입상품의 상대가격변동과 이에 따른 수출입물량의 변화를 통하여 경상수지에 영향을 미치는데, 이때의 효과는 수출입물량에 대한 가격탄력성의 크기에 따라 결정된다는 것이다. 여기서 환율변동에 의한 경상수지의 변동은 외환수급변동을 통하여 다시 환율에 영향을 미치게 되는 이른바 피드백(feedback)관계에 있게 된다.

환율변동이 경상수지에 미치는 영향을 다음 식을 이용하여 설명할 수 있다.

$$C = P_x \cdot M^*(P_x) - P_m \cdot M(P_m) \qquad (6\text{-}37)$$

C : 경상수지, P_x : 외화표시 수출상품가격, P_m : 외화표시 수입상품가격
M^* : 국내수출물량(상대국의 수입물량), M : 국내수입물량(상대국의 수출물량)

위의 식은 환율이 변동할 때 외화표시 수입상품가격이 일정하다고 하면 자기 나라 통화표시 수입상품의 가격변동을 통하여 수입증감효과를 가져온다는 것을 설명해 준다. 또한 외화표시 수출상품가격의 변동을 통하여 수출의 가격경쟁력을 변화시킴으로써 수출 증감효과를 가져와 결국 경상수지에 영향을 미치는 것을 말해준다. 이러한 개선효과는 자기 나라 상품에 대한 해외수입수요의 가격탄력성과 외국상품에 대한 자기 나라 수입수요의 가격탄력성의 크기에 따라 달라진다.

2) Marshall-Lerner조건

환율조정에 따른 국제수지개선 효과를 기대하기 위해서는 적어도 자기 나라의 다른 나라 상품에 대한 수입수요 가격탄력성과 다른 나라의 자기 나라 상품에 대한 수입수요 가격탄력성의 절대치 합계가 1을 상회하여야 한다. 이러한 관계를 Marshall-Lerner조건이라고 한다.

$$\Delta B = k \cdot T_0[|\eta_A + \eta_B^*| - 1] \qquad (6\text{-}38)$$

ΔB : 무역수지 개선폭, k : 평가절하율
T_0 : 평가절하 전 수출액(또는 수입액, 여기서는 수출과 수입이 균형을 이루고 있음을 가정)
η_A : 자기 나라의 외국상품에 대한 수입수요의 가격탄력성
η_B : 다른 나라의 자기 나라 상품에 대한 수입수요의 가격탄력성

이 조건은 (i) 자기 나라의 수입수요 탄력성이 0이고, 다른 나라의 자기 나라 상품에 대한 수입수요 탄력성이 1을 상회하는 경우, (ii) 다른 나라의 수입수요 탄력성이 0이고 자기 나라의 수입수요 탄력성이 1보다 큰 경우, (iii) 자기

나라와 다른 나라의 수입수요 탄력성이 예컨대 각각 0.7과 0.5 등으로 다른 경우에 따라 그 효과는 다르게 나타나는 것으로 분석되고 있다.

3) 제이-커브(J-Curve)효과

이 효과는 환율상승이 수출입가격의 변동을 통하여 무역수지의 개선을 가져올 것이라는 기대와는 달리 환율상승 직후에는 무역수지가 일시적으로 악화되었다가 시간이 지남에 따라 점차 개선되는 현상(J-curve)을 말한다. [그림 6-5]의 t_0시점에서 환율상승이 있는 경우 t_1시점까지 무역수지가 악화되다가 일정기간 후에 점차 개선되고 있다. J-Curve효과가 나타나는 원인은 환율변동에 따른 수출입가격변동과 이에 따른 수출입물량조정 간에 일정 시차가 있기 때문이다.

그림 6-5 제이-커브(J-Curve)효과

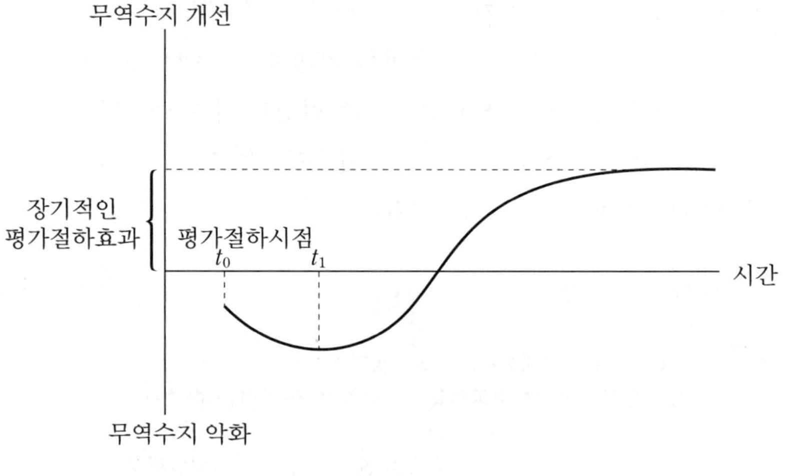

제2절 환율제도와 정책

1. 국제환율제도

IMF의 옛분류에 따르면 국제환율제도는 (i) 미국달러화 등 단일특정 통화에 자기 나라 통화를 연동시키는 단일통화페그제도(peg to one currency)와, (ii) IMF의 특별인출권(special drawing right: SDR) 또는 교역량을 고려한 통화바스켓에 자기 나라 통화를 연동시키는 복수통화페그제도(peg to SDR or currency composite)가 있다.

통화제한 여부에 따라 환율제도를 구분하기도 한다. 제한적 변동환율제도(limited flexibility exchange rates system)는 유럽통화동맹(European monetary union: ERM)과 같이 참가나라간 환율변동은 제한하되 비참가나라 통화에 대해서는 제한을 두지 않는 공동환율제도(limited flexibility with respect to cooperative arrangement)이다. 이와는 달리 특정단일통화에 대해서만 환율변동을 제한하고 여타 통화에 대해서는 자유로운 환율변동을 허용하는 특정통화제한 변동환율제도(limited flexibility with respect to single currency)도 있다.

IMF의 새 분류에 따르면 별도의 법화(法貨) 없이 다른 나라의 화폐를 유일한 법화로 소속된 통화동맹의 공통법화를 사용하고 있는 나라들이 있다. 2007년말 현재 East Caribben common market(ECCM), West African economic and monetary union(WAEMU), Central African economic and monetary community(CAEMC), Euro zone 등 38개 나라가 채택하고 있다. 통화위원회(currency board arrangements: CBA)제도는 자기 나라 통화를 일정한 환율로 다른 나라 통화와 교환하여 주는 제도로서 통화당국이 교환에 대한 의무를 지고 있다. 아르헨티나, 보스니아와 헤르체고비나, 브루네이, 불가리아, 홍콩, 지부티, 에스토니아, 리투아니아 등 8개 나라가 여기에 속한다.

고정환율제도는 단일통화 또는 통화바스켓에 자기 나라 통화를 고정된 환율로 페그시키는 제도이다. 중심환율로부터 상하 1% 범위 내의 변동을 허용하는 환율제도인데 총 45개 나라가 채택하고 있다. 고정된 특정환율을 중심으로 상하 1% 이상이 변동제한폭을 갖는 고정환율제도를 채택하고 있는 나라도 6개나 있다.

사전에 공표된 일정한 율 또는 선별된 몇 개의 수량지표의 변동률에 따라 주기적으로 환율을 조정하는 제도를 Crawling peg system(CPS)라 한다. 코스타리카, 니카라과, 볼리비아, 튀니지, 터키 등 5개 나라가 채택하고 있다. 이 제도에 환율변동제한폭이 부과된 Crawling band system(CBS)을 채택중인 나라는 온두라스, 헝가리, 이스라엘, 스리랑카, 우루과이, 베네수엘라 등 6개 나라이다.

외환당국이 환율수준에 관한 어떠한 발표없이 필요할 때 외환시장에 적극적으로 개입하여 환율에 영향을 미치는 관리변동환율제도(managed floating exchange rate system)를 채택하고 있는 나라는 총 27개이다. 마지막으로 환율은 시장에서 자유롭게 결정되도록 하되, 외환당국의 시장개입목적은 환율수준 조정이 아니라 환율변동 완화를 위해 시장에 개입하는 자유변동환율제도(free floating exchange rate system)는 모두 50개 나라가 채택하고 있다.

1990년대 이후 국제외환시장의 환율움직임 불안, 국제수지불균형 심화 등에 대응하기 위해 목표환율대나 Band-basket-crawl(BBC)제도의 도입 등 국제통화제도의 개혁논의가 활발하다. 후자는 R. Dornbush 교수(1987)가 주장한 이 제도는 단기적으로 경상수지를 일정수준으로 유도하면서 장기적 환율변동성을 보장하기 위하여 주요 교역국을 포함한 바스켓으로 실질균형환율을 구하고 이를 중심으로 상하 적정한 대(band)를 정하여 그 범위 내에서 환율이 변동하도록 한다. 경제 여건의 변동에 따라 실질균형환율이 대 밖으로 크게 움직일 경우에는 이에 연동하여 그 자체를 움직이도록 하자는 것이다.[11)]

---

11) 세계은행의 J. Williamson(1983)은 현행 변동환율제도 아래에서 환율안정을 위한 주요국간 정책협조노력을 강화하고 협력국 기준환율이 상하한 10%를 벗어날 경우 외환당국이 시장개입할 수 있는 CBS를 제안하였다. Dornbush는 이를 발전시킨 BBC제도를 제안하였다. 이 제도를 도입할 경우 아시아국가들은 단기적으로 경상수지를 일정 수준으로 유도하면서 장기적 환율변동성을 완화시킬 수 있다고 주장하였다.

2. 한국의 환율제도

(1) 고정환율제도(1945년 10월~1964년 4월)

외환시장이 형성되던 초기단계의 환율제도는 공정환율(official exchange rate)을 중심으로 한 고정환율제도로서 복수환율제와 단일환율제가 번갈아 시행되었다. 1945년 10월 미국 군정당국은 원조 및 대민간 채무변제에 적용할 공정환율을 1달러당 15원(圓)(현재 원화기준 0.015원)으로 결정하여 공시한 후 1947년 7월에는 50원(동 0.05원)으로 인상하였다. 이 환율은 민간의 대외거래가 인정되지 않음에 따라 일반거래에는 적용되지 않았다.

정부수립 후인 1948년 10월「외국환 및 외국증권 등 통제에 관한 건」을 제정하면서 같은 해 12월 대충자금(對充資金)환율을 1달러당 450원으로 책정하였다. 1949년 6월에는 정부보유 외환에 대해 공정환율을, 기타 외환에 대해서는 일반환율을 적용하는 복수환율제를 채택하였다. 1949년 11월 단일환율제를 모색하기 위한 시도로서 외환경매제의 경매율을 공정환율로 채택하여 1달러당 900원의 환율이 형성되었다.

1950년 4월에는 이원화되어 있던 환율을 은행율로 단일화하고 경매에 의해 환율을 결정하였다. 6 · 25전쟁과 더불어 대충자금환율을 중심으로 한 공정환율로 복귀한 후 1달러당 1950년 11월 2,500원, 1951년 11월 6,000원으로 각각 인상하였다. 1953년 2월 100:1의 비율로 통화개혁을 단행하면서 원을 환으로 변경하였다. 군사정부시절인 1962년 6월에는 다시 10:1로 통화개혁을 단행하여 환을 '원'으로 변경하였으나 단일고정환율제도는 그대로 유지하였다. 이후 단일변동환율제도가 실시된 1964년 5월 이전까지 공정환율을 중심으로 환율의 실세조정을 위한 몇 차례의 평가절하를 단행하였다.

(2) 단일변동환율제도(1964년 5월~1980년 1월)

1964년 5월 당시 130원이던 공정환율을 255원을 하한으로 하는 단일변동환율제로 변경하고 외환증서제도를 도입하였다. 그러나 수입쿼터제 실시 등으로 1965년 3월까지 10개월 동안 환율은 사실상 255원으로 고정되어 있었다.

1965년 3월에는 외환시장 조정을 위한 IMF로부터의 안정기금 확보를 계기로 외환증서 매매시장을 신설하는 등 단일변동환율제도를 본격적으로 실시하였다. 한국은행이 외환증서 시장률의 상하 2% 범위 내에서 매일 환율을 결정하였으며 외환증서의 수급불균형이 발생할 경우 외환시장에 개입하였다. 이와 같은 외환증서제도를 기초로 한 단일변동환율제의 실시에도 불구하고 외환시장 기반이 취약함에 따라 네 차례의 대폭적인 평가절하조치를 제외하고는 사실상 고정환율제 형태가 유지되었다.

1969년 11월 원화환율을 4.4% 평가절하한 데 이어 1971년 6월 물가수준 변동을 감안한 패리티(parity) 환율을 기준으로 삼아 대고객 전신환매도율을 종전의 1달러당 328.9원에서 371.3원으로 인상하였다. 제1차 석유파동 직후인 1974년 12월에는 국제수지적자 조정을 위해 그 때 398원이던 한국은행 집중기준율을 484원으로 올렸으며 제2차 석유파동 후인 1980년 1월에는 다시 580원으로 올렸다.

(3) 복수통화바스켓제도(1980년 2월~1990년 2월)

1980년 2월에 도입된 복수통화바스켓제도는 미국 달러화를 포함한 주요 교역상대국 통화의 가치변동에 원화환율을 연동시키는 제도였다. 이는 당시까지의 조정방식에서 벗어나 점진적으로 환율을 실세화하여 환율의 국제수지 조정기능을 높이고자 하는 정책의도였다. 그러나 환율변동으로 인한 경제의 불안정성을 최소화하기 위하여 미조정(fine-tuning) 원칙을 견지함에 따라 환율의 실세화는 여전히 미흡하였다.

이 제도 아래에서 달러/원 환율은 (i) 주요 교역상대국인 일본, 서독, 영국, 프랑스 통화의 미국 달러화에 대한 환율변동을 가중평균한 독자바스켓, (ii) SDR의 대미달러화 환율인 SDR 바스켓, 그리고 (iii) 정책조정변수인 실세반영장치라는 세 가지 요인에 의해 결정되었다. 한국은행총재는 두 가지의 환율바스켓과 실세반영장치로서 내외금리차, 물가상승률, 국제수지 및 외환수급 전망 등을 종합적으로 고려하여 당일의 집중기준율을 결정, 고시하였다.

이때 달러/원 환율(s)의 집중기준율 산식은 다음과 같다.

$$s = \beta \cdot \text{SDR바스켓} + (1-\beta) \cdot \text{독자바스켓} + \propto$$

β : 바스켓의 가중치
SDR바스켓 : SDR의 대미달러 환율에 대한 달러/원 환율의 변동률
독자바스켓 : 주요국 통화의 대미달러 환율에 대한 달러/원 환율 변동률의 가중평균
$\propto$: 실세반영장치

1980년 이후 실시되어온 복수통화바스켓제도에 의한 원화환율도 시장실세를 제대로 반영하지 못함으로써 1988년 10월에는 미국이 한국을 환율조작국으로 지정하는 등 통상마찰을 발생시키는 요인이 되기도 하였다.

(4) 시장평균환율제도(1990년 3월~1997년 12월)

이 제도는 환율의 시장기능을 높이고자 1990년 3월에 도입되었다. 제도실시와 함께 외환중개회사를 통해 외국환은행간 실제 거래된 환율과 거래량의 가중평균치를 다음 영업일의 기준환율로 정하고 달러/원 환율이 이 기준환율을 중심으로 상하 일정범위 내에서만 변동되도록 하였다. 환율의 변동폭을 제한한 것은 국내금리 수준이 국제금리에 비해 높고 국제수지상황이 불안한 데다 국내금융시장도 충분히 발달되지 못하여 환율이 불안정하게 변동할 가능성이 커질 것에 대비하기 위한 것이었다.

제도실시 초기에는 1일 환율변동제한폭을 기준환율을 중심으로 상하 0.4%로 설정하였으며 그 후 변동제한폭을 계속적으로 늘려나갔다. 1997년 11월 금융위기를 맞으면서 변동제한폭을 상하 10%로 더욱 크게 하였다가 같은 해 12월 완전히 철폐함으로써 자유변동환율제도로 이행하였다.

(5) 자유변동환율제도(1997년 12월~현재)

이 제도 실시 이후 달러/원 환율은 은행간시장에서 외환수급에 따라 자유로이 결정됨으로써 환율의 시장기능이 더욱 높아졌다. 다만 환율이 일시적인

충격으로 단기간에 급등락할 경우 외환당국은 시장참여자의 일원으로 개입하여 환율의 변동속도를 조절(smoothing operation)하고 있다.

한국뿐만 아니라 자유변동환율제도를 채택하고 있는 미국, 일본 등 대부분 선진국의 경우에도 외환시장 안정을 위하여 외환당국이 개입하는 것이 일반적이다. 특히 외환시장 규모가 작은 우리나라는 선진국에 비해 외환당국의 개입 필요성이 오히려 크다고 할 수 있다.

그러나 장기적으로는 외환당국의 개입 없이도 시장기능이 원활히 발휘될 수 있도록 외환시장의 하부구조를 확충해 나가야 한다. 이를 위해서는 외환시장의 거래량을 늘려 시장규모를 크게 하는 것이 필수적이므로 어느 정도의 환율변동폭을 허용함으로써 시장참여자들이 거래 유인을 갖도록 하여야 할 것이다.

3. 환율정책과 외환시장개입

(1) 환율정책

역사적으로 볼 때 우리나라가 고정환율제도와 단일변동환율제도를 실시했던 1980년 이전까지 환율정책의 목표는 명목 환율의 안정에 더 큰 비중을 두었다. 이 목표는 점차 바뀌어왔는데 1980년대의 복수통화바스켓제도 아래에서는 경상수지의 균형에, 시장평균환율제도가 시행되던 1990~97년중에는 물가안정, 고용증대 등 대내균형 달성을 위한 실질환율의 안정이었다.

반면 자유변동환율제도로 이행한 1997년 12월 이후에는 환율의 급격한 변동을 완화하는 데 가장 큰 목표를 두고 있다. 이는 금융위기 이후 한국은행이 물가안정목표제를 도입하여 통화정책을 그에 맞게 운용함으로써 물가목표와 환율목표를 동시에 달성하는 것이 불가능해졌기 때문이다.[12)]

환율정책의 운용은 환율이 외환시장에서 수요와 공급에 따라 결정되는 시장원리를 중시해 나가되 일시적인 수급불균형이나 외부충격 등으로 환율이 급등락할 경우에는 이의 완화를 위해 외환당국이 시장참여자의 일원으로 개입할

12) 이에 대해서는 제5장 제4절 1항을 참고하기 바란다.

필요가 있다. 아울러 환율의 시장기능을 더욱 원활히 하기 위해 외환시장의 양적 · 질적 발전을 도모해 나가는 것도 환율정책의 주요 목표가 된다.

환율정책 목표를 달성하기 위한 대표적인 정책수단으로 외환당국의 시장개입(intervention)을 들 수 있다. 이는 통화당국인 중앙은행이 환율이나 외환보유액에 영향을 주기 위하여 외환시장에서 자기 나라 통화를 대가로 외화자산을 매입 또는 매각하는 것을 말한다.[13] 넓은 뜻에서 외환시장개입은 외환당국의 외화자산 변동을 수반하는 모든 외환거래를 뜻한다. 일반적으로는 외환시장의 수급조절과 환율안정을 위해 외환당국이 은행간 외환시장에서 행하는 적극적 외환거래만을 일컫는다.

(2) 외환시장의 개입

변동환율제도하에서 환율은 외환수급 및 국제통화시세 등에 따라 시장메커니즘에 의해 결정되도록 한다. 다만 시장참여자들의 과도한 기대심리 및 이에 따른 일시적 수급불균형으로 인한 환율급등락의 경우 중앙은행은 적절한 수급대책을 강구한다. 외환시장의 면밀한 모니터링과 함께 필요시 환율의 급등락을 완화하기 위한 이른바 평온조작(smoothing operation)을 실시하고 있다.

외환당국이 시장에 개입하는 이유로는 환율변동의 완화, 목표환율 수준의 유지, 외환보유액의 조정 그리고 다른 나라의 시장개입에 대한 동조개입(coordinated intervention) 등을 들 수 있다. 시장개입을 위한 재원으로는 중앙은행 발권력이나 정부발행채권 자금이 있으며 외화재원에는 중앙은행이 보유 · 운용하고 있는 외환보유액이 있다.

그러면 외환시장개입에는 어떠한 형태들이 있는지 살펴보자. 외환당국은 필요하다고 판단할 경우 시장에 참여하여 민간으로부터 외환을 매입(매입개입=국내통화공급)하거나 매도(매도개입=국내통화환수)한다. 외환시장 개입으로 발생

---

13) 이와 함께 정책신뢰를 바탕으로 외환당국이 시장에 대해 구두로 환율 움직임에 대한 입장이나 견해 등을 밝힘으로써 시장 참여자의 환율에 대한 기대를 변화시켜 환율에 영향을 주기도 하는데, 이를 구두개입(oral intervention)이라 한다. 저자가 참석했던 1996년 10월 국제결제은행(BIS) 특별회의에서 여러 선진국의 중앙은행총재들은 구두개입도 자주하면 그 효과가 크게 줄어든다는 데에 의견일치를 보였다.

한 국내통화량의 변동을 통화당국이 공개시장조작 등을 통해 중화하는 경우(불태화개입)와 이를 중화하지 않는 경우(태화개입)로 구분할 수도 있다.[14)]

외환당국이 외환시장에 직접 참여하여 자기 명의로 외환거래를 하는 직접개입과 대행은행을 통해 시장개입을 하는 간접개입도 있다. 대부분의 외환시장개입은 현물환시장에서 이루어지나(현물환개입) 필요하다고 판단될 경우 선물환시장에도 개입(선물환개입)한다.

한국에서는 외환수급의 불균형 또는 과도한 투기심리 등으로 환율이 급변동할 가능성이 크다고 판단되는 경우 한국은행은 외환시장개입을 기획재정부와 협의하여 실행하고 있다. 그 근거는 「외국환거래규정 2-16조」(한국은행의 외환시장개입 및 보유외환의 운용) "한국은행총재는 외환시장의 안정을 위하여 필요하다고 인정될 때에는 한국은행 및 외국환평형기금의 자금으로 외환시장에 개입할 수 있으며 외환시장개입, 외화자금의 조달 및 운용에 관하여 기획재정부장관은 필요한 지시를 할 수 있다"이다.

외환당국의 매입개입은 시장에서 외환수요를 늘려 환율을 오르게 한다. 반면 매도개입은 외환공급 증가로 환율이 내릴 수 있도록 유도한다. 불태화개입의 경우 통화량 변동에 따른 효과가 나타나지 않으나 태화개입의 경우 금리 및 기대인플레이션의 변동을 통해 간접적으로 환율에 영향을 미친다.

외환당국의 시장개입은 시장 참여자들에게 환율정책에 대한 앞으로의 신호를 보냄으로써 그들의 환율기대 심리 변동을 통해 현재 환율에 영향을 미친다. 외환당국의 시장개입은 단기에 있어 그 효과를 기대할 수 있으나 다음과 같은 한계도 있다. 첫째, 환율정책의 목표가 다른 경제정책의 목표와 상충되는 경우 외환시장개입의 효과는 상쇄되거나 희석된다. 예를 들어 환율상승을 통한 경상수지 개선도모는 물가안정을 해친다.

둘째, 자기 나라 통화가 국제화되어 있는 경우 외환시장 개입은 상대 나라 외환당국의 반응에 따라 개입효과가 감소 내지 상쇄될 수 있다.

---

14) 한국에서는 국내 원화 및 외화자금사정 등을 감안하여 외환시장 개입에 따른 태화 여부를 결정하는데, 대체로 의도되지 않은 통화량 변동을 중화하기 위한 불태화 개입이 빈번하다.

(3) 외환보유액의 운용

외환보유액이란 중앙은행이나 정부가 국제수지 불균형을 보전하거나 외환시장 안정을 위해 언제든지 사용가능한 대외지급준비자산이다. 중앙은행이 외환을 보유하는 목적은 유사시 외환수요에 대비하기 위해서이다. 외환보유액을 충분히 보유하면 만일의 외환부족 사태를 사전에 방지하는 완충장치역할을 함으로써 외환위기의 발생 가능성을 크게 낮출 수 있다.

적정수준의 외환보유액은 대외신인도를 높여 민간기업 및 금융기관의 해외 자본조달 비용을 낮추고 외국인투자를 촉진시킨다. 그러나 외화보유액의 적정수준은 각 나라의 환율제도, 자본자유화 정도, 외채규모 등 경제 여건에 따라 달라질 수 있다. 그러므로 모든 나라에 일률적으로 적용할 수 있는 보편적인 기준(rule of thumb)은 없다. IMF도 외환보유액의 적정수준을 결정하는 데 있어 각 나라의 특수사정을 고려해야 한다고 강조하고 있을 뿐이다.

한국의 외환보유액은 금융위기 당시인 1997년 말 약 204억 달러까지 줄어들었으나 그 후 꾸준히 늘어나 2007년 말 현재 2,622억 달러에 달하고 있다. 이처럼 외환보유액이 급격히 늘어난 것은 지난 10년 동안 경상수지 흑자와 외국인 직·간접투자자금 유입 지속으로 외환사정이 크게 호전된 데다 보유외환의 운용수익도 꾸준히 늘어난 데 주로 기인한다.

현재 한국의 외환보유액 수준은 경상적인 외환지급규모나 위기발생시 유출가능한 외화규모 등을 고려할 때 적정한 수준으로 평가되고 있다. 그러나 충분한 외환보유액은 대외신인도 제고에 도움이 된다는 점과 남북분단이라는 우리나라의 지정학적(地政學的) 특수성 등을 고려할 때 가급적 여유있게 외환을 보유하는 것이 바람직하다고 본다.

〈외국환평형기금〉

자기 나라 통화가치의 안정과 외환시장의 질서유지 등을 목적으로 설치·운용되는 기금 또는 특별회계계정을 환(換)안정기금이라고 한다. 외국의 대표적인 환안정기금으로는 미국의 환안정기금(exchange stabilization fund), 영국의 환평형계정(exchange equalisation account), 일본의 외국환자금 특별회계(foreign exchange fund special account), 캐나다의 환기금계정(exchange fund account) 등이 있다.

한국은 1967년부터 외국환평형기금을 설치 · 운용하고 있다. 한국은행이 환율안정을 위해 발권력을 이용하여 외환시장에 개입하면 통화량의 증감을 가져와 물가에 영향을 미치게 된다. 반면에 정부가 외국환평형기금 채권 등을 발행하여 조달한 원화자금으로 외환시장에 개입하면 통화량 변동이 자체 중화되어 외환시장에 불태화개입의 효과가 있다.

외국환평형기금 설치 당시의 재원은 한일청산계정잔액 승계분과 당시 재무부의 외환은행 동경지점 엔화별단예금 승계분이었다. 그 후 1986년까지 새로운 재원조성이 없었으나 1980년대 후반 들어 경상수지 흑자에 따른 해외부문 통화증발이 커짐에 따라 이를 흡수하기 위해 외국환평형기금 채권을 발행하면서부터 기금규모가 커졌다. 특히 금융위기 이후 외자유입이 크게 늘어나 외국환평형기금 채권 발행이 급격히 늘어나면서 1998년 말 10.7조원이었던 기금규모는 2007년 말 현재 약 25조원으로 크게 늘어났다.

외국환평형기금의 재원조달은 정부출연, 외국환평형기금 채권 발행, 기금운용 수익, 외국환은행 또는 외국 금융기관으로부터의 예수 또는 차입 등으로 이루어진다. 정부출연은 기금의 적자를 보전하기 위해 1987~95년중 총 1.1조원이 이루어졌으나 그 후 현재까지 추가적인 출연실적은 없다.

외국환평형기금 채권은 원화 및 외화표시로 발행되고 있다. 원화표시 채권의 경우 1987년부터 발행되기 시작하였는데 초기에는 1년만기로 발행하다가 지금은 대부분 3년 또는 5년만기로 발행하고 있다. 2000년 6월 이후에는 국채통합발행제도가 도입되어 통합 발행되고 있다. 외화표시 채권은 금융위기 직후에 외환보유액 확충 등의 목적으로 1997년 12월~1998년 4월중 국내에서 1년만기로 처음 발행되었다. 1998년 4월에는 해외에서 미국 달러화표시 채권을 5년만기짜리 10억 달러와 10년만기짜리 30억 달러 등 모두 40억 달러를 발행하였다. 이때 발행한 5년만기 외화표시 채권은 2003년 4월에 만기가 도래하여 상환하였으나 같은 해 6월에 10년만기 10억 달러를 다시 발행하였다.

외국환평형기금의 자금운용은 외국환 매매, 한국은행 · 외국정부 · 외국중앙은행 또는 국내외 금융기관에 대한 예치 · 예탁 또는 대여 등으로 이루어진다. 지금은 조달된 원화자금으로 외화를 매입하여 대부분을 한국은행에 외화로 정기예치하고 있다. 이것은 우리나라의 외환보유액에 포함되는데, 2007년 말 현재 240억 달러로 외환보유액의 약 9.6%를 차지하고 있다.

제3절 외환거래와 시장

1. 전통적 외환거래

외환시장에서의 거래형태는 외환매매상품에 따라 전통적 외환거래와 파생적 외환거래로 나눌 수 있다. 전자에는 현물환(spot)거래, 선물환(forward)거래 및 외환스왑(foreign exchange swap)이 있다. 후자에는 통화선물(currency future), 통화옵션(currency option), 통화스왑(currency swap) 등이 포함된다.

(1) 현물환거래

현물환거래는 계약체결 후 2영업일 이내(value spot)에 외환 현물이 수도(受渡) · 결제되는 거래이다. 한국의 경우 은행간시장(장내)에서의 현물환 결제방식은 다음과 같이 변경되어 왔다.

* 1994년 10월 31일 이전: 당일결제(value today) 방식으로만 거래
* 1994년 11월 1일: 익일결제(value tomorrow) 방식 추가
* 1996년 2월 1일: 익익일결제(value spot) 방식 추가
* 2002년 8월 1일: 익익일결제(value spot) 방식으로 단일화

(2) 선물환거래

선물환거래는 매매계약일 후 약정한 시기에 미리 정한 환율에 의하여 대외지급수단을 매매하고 대금을 결제한다. 선물환율은 절대수준으로 표시될 수

도 있으나 일반적으로 현물환율과의 차이인 스왑레이트(swap rate) 또는 스왑포인트(swap point)로 표시한다. 선물환의 종류로는 outright forward와 swap forward 가 있다. 후자는 다시 spot-forward swap과 forward-forward swap이 있다.

자본이동이 자유로운 경제에서 선물환율은 현물환율을 기준으로 두 통화간의 금리차에 의해 결정된다(금리평가이론). 선물환율의 스왑레이트가 통화간 금리차와 괴리될 경우 금리재정 거래(interest rate arbitrage)를 통해 환위험 없이 수익을 얻을 수 있다. 이러한 재정거래의 결과 스왑레이트는 통화간 금리차를 반영하여 결정된다.

그러면 시장참여자들은 왜 선물환거래를 할까? 첫째, 경상거래에 따른 환위험 헷지를 하기 위해서이다.[15] 경상거래에서 결제통화가 외화인 경우 앞으로의 결제시점에서의 원화금액이 확정되지 않아 해당 기업은 환위험에 노출된다. 이때 수출기업은 선물환을 매도하고 수입기업은 선물환을 매입함으로써 현 시점에서 미래자금흐름의 원화금액 확정이 가능하다.

둘째, 금융기관의 자금조달-운용과정에서의 환위험 헷지를 하기 위해서이다. 금융기관들은 이윤추구를 위해 통화에 관계없이 되도록 낮은 비용으로 외화를 차입하여 높은 수익을 얻으려 한다. 이때 외화자금흐름과 관련한 환위험을 헷지하기 위해 선물환을 이용한다.

〈사례 1〉 달러/원 현물환율이 1,000원, 6개월 선물환율이 1,010원이고 원화금리가 7%, 미국달러화 금리가 5%라고 가정할 때 A은행이 원화 100억원을 조달하여 6개월간 운용하고자 할 경우

(i) 7%의 금리로 원화를 100억원 차입하거나, (ii) 미국달러화로 100억원 상당 외화(1,000만 달러)를 국제금융시장에서 5%로 차입하고 이를 현물환율로 매도한 후 환위험을 제거하기 위해 6개월 선물환으로 원리금 해당금액(1,025만 달러=1,000만 달러×1.025)을 매입할 수 있다.

이때 원화 표시 지급원리금의 6개월 후 미래가치는

15) 경상거래에 따르는 환위험을 헷지하기 위하여 선물환을 이용하는 대신 현물환과 단기금융시장을 이용할 수도 있다. 이 경우 선물환시장과 단기금융시장은 서로 대체관계이다.

① 100억원 × (1 + (0.05/2)) = 102.5억원

② US$ 1,025만 × 1,025 = 105.1억원

②－① = 2.6억원

A은행은 미국달러화로 자금을 조달함으로써 차입비용을 2.6억원 절감할 수 있다.

이처럼 금융기관들의 자금조달 · 운용과 관련된 선물환거래는 반드시 반대방향의 현물환거래를 동반하게 되므로 실제 은행간거래에 있어서는 두 개의 거래를 따로 수행하기보다는 외환스왑거래를 선호한다.

셋째, 미래 환율예상에 의한 환차익 추구를 위해서이다. 외환시장 참여자들은 주관적인 환율예상에 근거하여 선물환을 수요하거나 공급한다.

(3) 차액결제 선물환거래(non-deliverable forward: NDF)

NDF계약은 만기에 계약원금의 상호 교환없이 계약한 선물환율과 지정환율(fixing rate) 간의 차이만을 지정통화(대부분 미국달러화)로 정산하는 선물환계약이다. 이때 지정환율은 당사자 간의 약정에 따라 결정되는데, 대개의 경우 만기일 이전 특정시점의 현물환율이 이용된다. NDF거래는 일반 선물환거래에 비해 결제금액이 적게 소요되므로 투기거래에 유리하며 이익금 환전에 따른 불편이 전혀 없다.

NDF거래는 만기에 차액만을 결제하므로 두 통화를 총액결제하는 일반 선물환계약에 비해 결제위험이 상대적으로 낮다. 또한 이 거래는 미국 달러화로 차액결제를 하기 때문에 거래통화의 국제화가 미흡한 경우에도 역외 거래형성이 가능하다. 원화의 국제화가 미흡한 상황에서도 싱가포르, 홍콩 등 역외시장에서 달러/원 NDF거래가 활발히 형성되고 있음이 이를 입증한다.

국내 외국환은행과 비거주자간 NDF거래는 그 나라의 환율에 영향을 미친다. 예를 들어 비거주자가 달러/원 NDF를 매입한 경우 국내 외국환은행은 NDF를 매도하는 것이므로 매도초과포지션(over-sold position) 상태가 되어 환위험에 노출된다. 이를 헷지하기 위해 국내 외국환은행은 외환시장에서 현물환을 매입함으로써 종합포지션을 0(square)상태로 만들며 이 과정에서 현물환에 대한 매입수요가 증가하므로 달러/원 환율은 상승압력을 받는다.

반면 NDF거래 만기시에 차액을 정산하면 NDF거래금액만큼의 국내 외국환은행 선물환포지션이 소멸되므로 이에 따른 현물환포지션을 해소하기 위해 현물환을 매도(fixing으로 통칭)하게 된다. 따라서 NDF거래 계약시와는 반대로 외환시장에 공급요인이 발생하여 달러/원 환율의 하락압력으로 작용한다.

(4) 외환스왑거래

외환스왑거래는 현물환매입/선물환매도(또는 현물환매도/선물환매입)가 동시에 일어나는 거래로 대개 두 통화 간의 자금조정을 위해 이루어진다. 특정 은행이 자기 나라 통화자금은 풍부하나 외화자금이 부족한 경우 외환스왑거래를 통해 현물환을 매입하고 동시에 선물환을 매도함으로써 환위험이나 외환포지션의 변동 없이 자금과부족을 해결하는 방법으로 널리 이용되고 있다.

이와 같은 거래의 목적은 일시적 특정 통화자금의 과부족을 처리하거나 환위험 없이 단기간에 높은 수익을 실현코자 함이다. 이때 금융기관의 종합포지션에는 변동이 없으나 현물환포지션은 증가한다. 이 경우 고객에게 제시하는 선물환율은 현물환율에 해당하며 내외금리차에 상응하는 금액과 수수료를 더하여 결정한다.

이 거래는 대개 (i) 현물환매입(매도)과 선물환매도(매입)(spot-forward swap), (ii) 선물환매입과 선물환매도(forward-forward swap), (iii) 현물환과 현물환 간의 스왑(backward swap)으로 구분한다.

외환스왑거래는 외환매매의 형식을 취하고 있으나 실제에 있어서는 단기금융시장과 대체관계에 있다. 단기금융시장과 다른 점은 거래가 외환매매 방식으로 이루어짐에 따라 단기금융거래에 소요되는 대출관련 부대경비를 절감 할 수 있다는 점이다. 보유통화를 담보로 함에 따라 단기금융거래에 비해 채무불이행위험이 크게 감소한다. 한편 신용만으로도 거래가 성립되는 단기금융거래와는 달리 반드시 상대통화 여유자금이 있어야 거래가 성립된다.

〈사례 2〉 B은행이 현재 100만 달러가 필요한데 1주일 후에나 100만 달러가 입금될 예정일 경우 두 가지 해결방법이 있다. (i) 외화자금시장에서 100만 달러를 차입한 후 1주일 뒤에 상환하거나(외화차입), (ii) 현물환 100만 달러를 매입하는 동시에 선물환(1주일) 100만 달러를 매도(외환스왑거래)하여 환위험 없이 원화를 매개로 현재 필요한 외화자금을 조달할 수 있다.

두 방식은 스왑금리에 따라 선택이 달라지는 대체관계에 있다. 외화차입 금리가 5%, 원화운용금리가 7%인 경우 스왑금리가 2% 이하이면 외환스왑거래가 유리하고 2% 이상이면 외화차입이 유리하다.

〈사례 3〉 C은행이 미국달러화를 차입하여 태국 바트화를 매입할 경우 바트화 약세에 의한 환차손 회피방법으로 현물환으로 바트화를 매입(달러화 매도)하고 선물환으로 바트화를 매도(달러화 매입)한다. 이 경우 같은 규모로 금액을 서로 다른 상대방과 별도로 반대 방향의 거래를 함으로써(engineering swap: ES) 외환스왑거래와 동일한 효과를 기대할 수 있으나 다음의 이유에서 외환스왑거래(pure swap: PS)가 유리하다.

첫째, PS는 환율변동이 극심하거나 선물환시장 또는 현물환시장에서의 유동성이 부족한 경우 원하는 스왑포인트(SP)로 거래가 가능한 반면, ES거래의 경우 거래상대방이 서로 달라 반대거래 간의 시차로 인해 원하는 SP로 거래하지 못하고 손해를 볼 가능성이 크다.

둘째, PS는 거래비용을 한 번 부담하는 데 비해 ES거래는 이중으로 지급해야 하는 불편이 따른다.

2. 파생적 외환거래

파생적 외환거래는 주로 환위험을 회피하기 위한 수단이다. 먼저 통화선물거래는 약정일에 미리 정한 가격으로 미국달러화를 사거나 파는 것으로 일반적인 선물환거래와는 달리 선물거래소를 통하여 이루어진다. 거래단위나 결제일 등 계약조건이 표준화되어 있고 거래의 익명성이 보장되는 특징이 있다. 이 거래는 주로 소액거래인 데다 외국환은행과의 거래시 요구되는 거래이행담보 등의 부담이 없어 개인 및 중소기업 등이 환위험을 헷지하는 수단으로 이용

[표 6-3] 달러/원 통화옵션계약: 한국

항 목	내 용
대상기초물	미국 달러화(U$)
행사유형	유럽식(European Style)
거래단위	$ 10,000
결제월	당월물 포함 연속 3개월 + 3, 6, 9, 12월중 최근월물 1개(총 4개 월물)
호가단위	• 프리미엄 25원 이상: 0.2원(₩2,000) • 프리미엄 25원 미만: 0.1원(₩1,000)
신규 시리즈 상장방법	전일 종가(ATM)를 중심으로 7개 이상 상장(내가격 및 외가격 각각 3개 이상)(권리행사가격 설정간격: 10원)
최종 거래일	결제월 3번째 수요일 직전 2영업일
프리미엄 수수	거래일 익영업일
결제방법	실물 인수도

할 수 있다.

통화옵션거래는 미래의 특정시점에 미국달러화를 미리 약정한 가격(행사가격)으로 사거나 팔 수 있는 권리를 매매하는 것으로 기업의 주요 환위험 헷지수단으로 사용된다. 이 거래는 선물환이나 통화선물에 비해 거래비용이 적게 들고 여러 옵션상품 및 기초자산과 합성하여 고객의 다양한 헷지수요에 맞는 새로운 파생상품의 개발이 가능한 장점을 가지고 있다.

통화스왑거래는 거래당사자간 보유외화자산이나 부채를 서로 필요로 하는 통화로 매매하고 만기에 계약 당시 환율로 원금을 다시 반대 방향으로 매매하는 거래이다. 계약기간 동안 수입이자 또는 지급이자에 대해서도 계약조건에 따라 교환함으로써 이자발생에 따른 환위험을 회피할 수 있다. 일반적으로 통화스왑은 채권발행과 연계되어 자금차입자가 각기 자신에게 유리한 국제금융시장에서 기채한 후 통화스왑을 통해 필요한 통화로 교환함으로써 환율 및 금리위험 없이 차입비용을 아끼기 위하여 사용한다.

〈사례 4〉 일본계 J기업은 미국투자를 위해 달러화가 필요하고 미국계 A기업은 일본진출을 위해 엔화가 필요한데 어떻게 하면 좋을까?
국제금융시장에서 양자의 채권발행 조건은 아래와 같다.

	JP¥	US$
일본 J기업(1)	5.0%	Libor+1.0%
미국 G기업(2)	4.5%	Libor
차이(1-2)	0.5%	1.0%

이때 J기업은 엔화를, A기업은 달러화를 차입한 후 다음과 같이 통화스왑거래를 실시하는데 (i) 최초계약시 당시 환율로 원금을 교환하며, (ii) 계약기간중 이자는 다음의 조건으로 교환한다.

⇒ J기업은 미국 달러화로 Libor 이자를 A기업에게 지급하는 대신 A기업으로부터 엔화로 4.25%에 해당하는 이자수취

○ 이 경우 J기업은 엔화자금 차입에 대해 5%의 이자를 지급해야 하므로 실제 지급이자는 (Libor + 0.75%)가 되어 당초 달러화로 차입한 경우에 비해 0.25%의 이자비용 절감가능. 마찬가지로 A기업도 0.25%의 비용 절감

○ 한편 J기업은 엔화이자를 0.75%(=엔화차입이자 5%−스왑수취이자 4.25%) 지급함에 따라 발생하는 환위험을 헷지하기 위하여 별도로 이종통화간 금리스왑거래를 할 수도 있음

(iii) 계약만기시에 원금을 다시 최초계약시의 환율로 교환한다.

⇒ 결국 통화스왑을 통해 J, A기업 모두 차입비용을 절감하였을 뿐 아니라 필요로 하는 통화를 운용하면서 원금 및 이자지급에 따른 환위험을 회피할 수 있음

3. 외환거래 메커니즘

하루에도 수없이 일어나고 있는 은행간 외환거래가 어떻게 이루어지고 있는가를 한국의 경우에서 알아보자. 은행들은 외국환중개회사에 전용전화 또는 전자중개시스템을 이용하여 외환매매를 주문한다. 주문내용은 기관명, 거래상품, 매입/매도 환율 및 금액 등이다. 외환중개회사는 접수한 주문 중 최고매입환율(best bid rate)과 최저매도환율(best offer rate)을 각 참여은행의 컴퓨터 화면에 제시한다.

주문이 체결되면 중개회사로부터 거래체결 연락을 받고 거래상대 은행과

거래성립 확인한 후 결제한다. 외환거래에 따른 원화결제는 주로 한국은행 지급준비계정을 이용 BOK-Wire를 통하여 인수도된다.

외국환중개회사에서는 기업 및 개인들이 환율을 실시간으로 알 수 있도록 여러 통신사(AP-Telerate, Rueters, Infomax, Bloomberg, 증권전산 등)에 관련정보를 제공하고 있다.

제 4 절 한국의 외환시장

1. 시장의 구성

외환시장은 거래 당사자에 따라 은행간시장과 대고객시장으로 구분할 수 있다. 전자는 좁은 의미에서의 외환시장을 말하는 것으로 도매시장의 성격을 갖는다. 이 시장에서의 거래는 중개회사를 경유하는 간접거래와 은행간 직접거래로 나누어 볼 수 있다. 한국의 은행간시장은 선진국 외환시장과는 달리 중개회사를 경유하는 거래가 직접거래보다 많은 것이 특징이다.

대고객시장은 일종의 소매시장의 성격을 갖는 시장으로 은행과 개인 및 기업 등 고객 간에 외환거래가 이루어지는 시장을 말한다. 대고객거래 결과 은행들은 외환포지션에 변동이 생기는데 은행간시장을 통해 이를 조정하는 과정에서 대고객시장과 은행간시장의 연계가 이루어진다.

예를 들어 기업이 수출대금으로 1,000만 달러를 해외로부터 벌었다고 하자. 이 기업은 수출대금을 국내에서 사용하기 위해 대고객시장에서 은행에 외화를 팔고 원화를 받는다. 이 경우 은행은 외화자산이 1,000만 달러 늘어나게 되므로 외환포지션이 양(+)의 방향으로 증가하여 매입초과포지션(over-bought position) 상태가 된다.

만일 원화가치가 상승(환율 하락)하면 환차손을 입게 되므로 은행은 외환포지션이 일정한도 이상으로 늘어나지 않도록 외환포지션을 조정한다. 이를 위해 보유하고 있는 외화자산을 주로 은행간시장에서 매도함으로써 외환포지션

변동을 최소화한다. 이러한 과정을 통해 대고객시장과 은행간시장이 서로 밀접하게 연계되어 있다.

외환시장에는 기업과 개인 및 정부로 구성된 고객과 외국환은행, 외환중개인(foreign exchange broker: FEB), 외환당국 등이 참여하고 있다.

① 고객: 수출입거래 또는 금융거래를 하는 기업이나 해외여행을 하는 개인 등 재화 및 서비스거래를 위해 외환시장에 참여하는 자를 말한다. 수출기업이나 여행객 등은 무역거래나 해외송금, 여행 등 경제활동의 필요에 의해 외환의 수요자와 공급자 역할을 하므로 외환의 실수요자라고 할 수 있다. 정부도 외환정책을 담당하는 외환당국을 제외하고는 대외거래를 위하여 고객의 입장에서 거래를 한다.

② 외국환은행: 외환시장에서 중추적인 역할을 한다. 이들은 고객과 외환거래 상대방으로서의 역할을 할 뿐만 아니라 대고객 거래결과 발생하는 은행자신의 외환포지션(외화자산−외화부채) 변동을 은행간시장을 통하여 조정하는 과정에서 적극적으로 외환거래를 하게 된다. 이들 은행 중에서 규모가 큰 대형은행들은 외환시장에서 시장조성자로서의 역할을 한다. 이들이 제시하는 파는 가격과 사는 가격의 차이인 스프레드는 은행들의 수입원이 되는 동시에 외환시장내 가격 결정을 선도해 나가는 기능을 수행한다.

외국환은행으로는 2007년 말 현재 국내은행 18개(시중은행 8개, 특수은행 3개, 개발기관 2개, 지방은행 5개), 외국은행 국내지점 41개 및 5개의 종합금융회사가 있다. 보험회사와 증권회사도 2002년 7월 이후 외환시장 참여가 허용되었으나 지금까지 중개회사에 거래기관으로 등록한 회사는 없다.

③ 외환중개인(FEB): 중개수수료를 받고 외국환 은행간 거래를 중개해 주는 자를 말한다. FEB는 은행들이 제시하는 매입환율과 매도환율을 다른 은행에 실시간으로 제공하는 중개업무만을 하고 중개인 스스로는 외환거래를 하지 않기 때문에 은행처럼 환위험에 직면하지는 않는다. 또한 외환중개회사는 중개에 따른 수수료 수입만을 받는다는 점에서 은행과 다르다. 외국환중개회사로는 2007년 말 현재 서울외국환중개㈜와 한국자금중개㈜의 두 회사가 현물환매매,

스왑, 외화콜 등을 취급하고 있고 외국계 중개회사들은 IRS, CRS, NDF거래를 취급하고 있다.

④ 외환당국: 한국은행은 정부와 함께 외환당국으로서 외환시장의 안정을 위해 노력한다. 경우에 따라서는 외환시장 참여자의 일원으로 외환시장에서 외환을 매매하기도 한다. 가령 외환시장에서 환율이 지나치게 빠른 속도로 하락(상승)할 경우에는 환율안정을 위하여 외환을 매입(매도)한다.

한편 중개회사를 통한 은행간시장의 거래 방법 및 절차를 보면, 거래시간은 매일 오전 9시부터 오후 4시까지이다. 거래되는 통화는 미국 달러화이고 거래금액은 최소 100만 달러, 거래단위는 50만 달러의 배수이며 거래주문가격의 단위금액은 10전 단위, 결제일은 익익물결제(value spot)로 되어 있다. 이러한 거래관행은 외환시장 참여기관의 자율운영기구인 서울외환시장운영협의회의 「외환시장 거래관행 개선조치」(2002년 8월)에 의해 종전 최소거래 금액 50만 달러, 거래단위 10만 달러의 배수에서 상향조정된 것이다.

위 협의회는 서울외환시장의 효율성과 투명성을 높이고 시장의 거래질서를 확립하는 한편 외환거래와 관련한 사고예방과 분쟁의 원만한 해결을 도모하기 위해 2001년 12월 「서울외환시장 행동규범」(The Seoul Code of Conduct)을 제정하였다.[16] 이 행동규범은 일반적인 규범, 윤리에 관한 규범, 거래원칙에 관한 규범 및 거래절차에 관한 시장관행 등의 내용으로 구성되어 있다.

중개회사의 거래주문 접수방식은 2002년 10월부터 기본 방식인 전화주문과 함께 전자중개시스템(electronic brokering system: EBS)을 통해서도 거래가 체결되고 있다. 후자는 외국환은행의 딜러가 전용단말기를 이용하여 직접 매매주문을 입력하면 외환중개회사의 전산망을 통해 거래가 자동적으로 체결되는 방식이다. 이 방식은 전화주문 폭주시의 주문지연 현상을 해소하고 딜러가 직접 주문을 입력함에 따라 전화통화 과정에서 발생할 수 있는 착오를 방지할 수 있는 장점이 있다.

---

16) 뉴욕, 런던, 싱가포르, 동경 등 주요 국제외환시장의 경우에도 각 시장의 거래원칙 및 관행 등에 관한 규범을 제정하여 자율규제의 원칙을 삼고 있다.

〈은행간 장내거래의 주요 내용〉

구 분	달러/원 거래
거래종류	현물환, 선물환, 외환스왑거래
거래단위	100만 달러 이상, 50만 달러 단위
호가방법	1달러에 대한 원화가격을 10전 단위로 호가
거래체결	전화 및 전자주문방식에 의한 매매주문을 전산으로 자동체결
거래시간	9:00 ~ 16:00

전자중개에 의한 거래는 2007년 말 현재 전체 현물환 거래의 약 60%를 웃돌고 있다. 전화주문 방식에 있어 대형 외국환은행에 비해 상대적으로 주문에 불편을 겪었던 소형 외국은행지점들이 전자주문방식을 선호하는 것으로 알려지고 있다.

중개회사를 통하지 않는 장외거래는 주로 Reuter단말기의 딜링 머신 등을 통해 딜러간 가격 및 거래조건이 결정된다. 한국은 이러한 점두거래 형태의 거래비중이 상대적으로 작은 편이다. 이는 국내의 현물환 거래비중이 높고 선진국 외환시장과는 달리 대형은행들이 시장조성자로서의 기능을 활발하게 수행하지 못하고 있는 데 기인한다.

2. 현물환시장

현물환시장은 앞에서 설명한 바와 같이 은행간시장 및 대고객시장으로 구분한다. 이 중 은행간시장에서 외국환중개회사를 경유한 거래가 현물환거래의 가장 일반적인 형태이다. 거래 메커니즘을 보면 제 3 절 3에서와 같이 외국환은행이 중개회사에 전화 또는 전자중개시스템을 이용하여 거래를 주문하면 외국환중개회사는 접수한 주문 중 최고매입환율과 최저매도환율을 각 참여 금융기관의 컴퓨터 스크린에 제시한다.

실제 외환시장에서의 매매주문은 딜러간 혹은 딜러와 브로커 간에 간단명료한 용어를 사용하여 이루어진다. 가령 직전 환율이 1,000원으로 체결되어 있는 상황에서 한 딜러가 브로커에게 “bid 30 100”이라고 주문을 내면 이는 달

그림 6-6 현물환매매거래의 경로

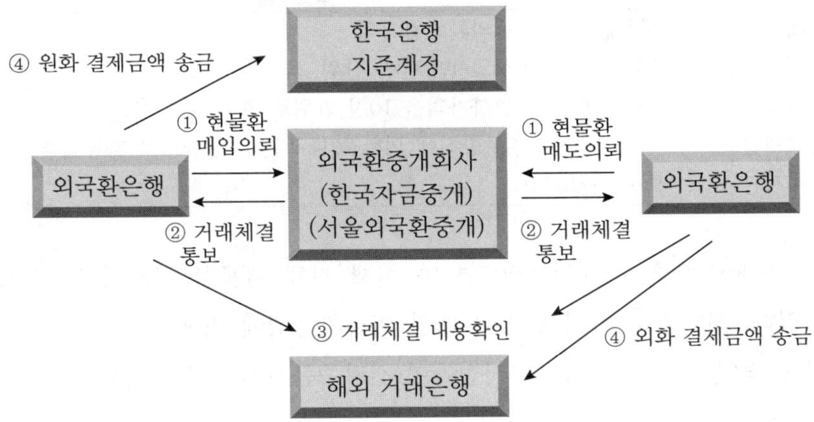

러당 1,000.30원에 100만 달러를 사겠다는 것을 뜻한다. 다른 딜러가 "offer 50 200"이라고 하면 달러당 1,000.50원에 200만 달러를 팔겠다는 것을 뜻한다.

이러한 거래주문 후 주문내용대로 거래가 이루어지면 외국환중개회사로부터 거래체결을 통보받고 거래상대방에게 거래성립 확인 및 결제를 함으로써 거래가 끝난다. 이때 결제가 이루어지는 계정은 원화의 경우 한국은행지준계정(BOK-Wire)이고 외화는 해외의 거래(계정)은행(correspondent bank, 주로 뉴욕 소재) 계정이다.

현물환거래의 결제방식은 우리나라의 경우 2002년 7월부터 국제거래 관행에 맞추어 익익영업일(value spot) 결제로 통일됨에 따라 중개회사를 통한 거래도 그와 같은 방식으로만 현물환거래가 이루어지고 있다. 반면 중개회사를 통하지 않는 은행간 직접거래 또는 은행과 대고객간 거래에서는 거래 당사자간의 계약에 따라 당일결제 또는 익영업일결제 방식으로 거래되기도 한다.

외환거래의 결제는 거래당사자 서로간에 신용위험을 회피하기 위하여 같은 날짜에 상호결제가 이루어지는 것을 원칙으로 하고 있다. 그런데 결제되는 은행의 소재국이 다른 각국의 영업일 또는 휴일이 다르기 때문에 결제일의 조

[표 6-4] 한국의 은행간 외환거래[1] (일평균 기준) (단위: 억 달러)

	2006	2007				
		연중	1/4	2/4	3/4	4/4
현물환	63.4	82.5	72.5	70.9	95.9	91.2
선물환	4.0	7.5	4.8	6.3	8.5	10.4
외환스왑	27.1	67.0	36.7	58.3	78.4	94.9
파생금융상품[2]	17.1	40.1	23.0	37.5	47.7	52.5
합계	116.6	197.1	137.0	173.0	230.5	249.0

주: 1) 외환중개회사를 통한 은행간 달러/원화 거래 기준.
2) 통화스왑 및 옵션 등.

정이 필요할 때가 있다. 예를 들면 달러/원 현물환거래 계약시 일반적으로 외화는 미국 소재 은행에서, 원화는 한국 소재 은행에서 결제되므로 두 나라의 휴일을 제외한 영업일을 기준으로 결제일을 정한다.

3. 선물환시장

선물환시장도 현물환시장과 마찬가지로 은행간시장 및 대고객시장으로 나누어 볼 수 있다. 한국의 경우 은행간시장에서는 일반 선물환거래가 거의 일어나지 않으며 대신 외국은행 지점과 국내은행간 자금조달 등을 위한 외환스왑거래가 대부분을 차지하고 있다. 반면 대고객시장에서는 수출입기업과 국내외국환은행간 일반선물환거래 및 외환스왑거래 그리고 비거주자와 국내 외국환은행간의 NDF거래가 활발하게 일어나고 있다.

일반 선물환의 거래과정을 보면 예를 들어 2007년 10월 1일(월) A은행이 B은행으로부터 100만 달러를 선물환율 1,000원에 1개월 후 매입하기로 하였다고 하자. 이 경우 결제일인 2007년 11월 1일(목)에 A은행은 B은행에 원화 10억원(1,000원×100만 달러)을 지급하고 B은행은 A은행에 외화 100만 달러를 지급함으로써 거래가 끝난다.

이러한 선물환의 거래동기는 환위험관리 목적, 투기적 목적 또는 금리차익 획득 목적 등으로 나눌 수 있다.

① 환위험관리를 위한 선물환거래는 주로 수출입기업들이 경상거래에 따른 환위험을 헷지하기 위하여 이용한다.

② 투기적 목적의 이용은 장래 환율에 대한 예측을 바탕으로 환율이 상승할 것으로 예상될 경우 선물환 매입계약을 체결한 후 만기시점에서 예상대로 환율이 오르면 현물환시장에서 더 높은 가격으로 매도함으로써 거래차익을 얻는다.

③ 금리차익획득 목적의 선물환거래는 금리평가이론에 따라 선물환율의 스왑금리가 두 통화간 금리차와 괴리될 경우 환위험 없이 이익을 얻을 수 있기 때문에 이용된다. 이러한 차익거래가 지속적으로 일어나면 선물환율의 스왑금리는 종국적으로 두 통화간 금리차 수준으로 수렴하게 될 것이다.[17]

은행간시장에서의 선물환거래 구조는 기본적으로 현물환거래 구조와 같다. 다만 만기가 3영업일 이상이고 거래주문시 제시가격은 절대 환율수준이 아니라 선물환율과 현물환율의 차이인 스왑포인트(SP)로 호가하며 거래가 체결되면 직전 체결된 현물환율을 기준으로 선물환율을 산출한다. 예를 들어 1개월 선물환 매입자는 bid 3.0원으로, 선물환매도자는 offer 3.1원으로 가격을 제시한 상황에서 3.0원에 선물환거래가 체결되었다면 선물환율은 직전에 체결된 현물환율(1,000원으로 가정)에 3.0원을 가산한 1,003원으로 결정된다.

선물환거래 결제일의 종류는 (i) 2영업일을 초과한 1주일, 1개월, 1년 등 표준적인 날을 결제일로 하는 표준결제일(fixed date) 방식과, (ii) 거래당사자간 계약에 따라 주 · 월 · 년 단위가 아닌 특정일을 결제일로 정하는 비표준결제일(odd date) 방식이 있다. 한국의 은행간시장에서 거래되고 있는 선물환거래의 종류는 1주일물, 2주일물, 1개월물, 2개월물, 3개월물, 6개월물, 9개월물, 1년물

17) 선물환율은 절대수준으로 표시될 수도 있으나 일반적으로 현물환율과의 차이인 swap rate (SR) 또는 swap point(SP)로 표시된다. 전자는 (선물환율−현물환율)/현물환율을 말하며 후자는 선물환율−현물환율을 말한다. 금리평가이론에 따르면 선물환율은 현물환율을 기준으로 두 통화간 금리차를 반영하므로 $f/s=(1+i)/(1+i^*)$로 표시될 수 있다. 이를 SR로 나타내면 $(f-s)/s=(i-i^*)/(1+i^*)$가 된다. 단순식으로 표시하면 $(f-s)/s \fallingdotseq i-i^*$이 되어 SR는 두 통화간 금리차와 일치하게 된다(이때 i: 국내금리, i^*: 국제금리, f:선물환율, s: 현물환율이다).

등이 있다.

4. 차액결제 선물환시장

대표적인 NDF중개기관인 Prebon Yamane사는 1996년 9월 이래 로이터 통신을 통해 달러/원 NDF환율을 일반에 제공하고 있다. 현재 홍콩과 싱가포르의 달러/원 NDF시장에서는 Prebon Yamane사를 비롯한 몇 개의 브로커회사가 거래를 중개하고 있다. 은행간시장에는 Citi, JP Morgan, Chase, Standard Chartered Bank, Deutsche Bank, HSBC, BOA 등 세계적인 은행과 Goldman Sachs, Morgan Stanley, Merrill Lynch 등 투자회사들이 주로 참여하고 있다. 주요 고객으로는 Garban, Tradition, Astley Pearce, Hedge fund 등 투기자금이 주종을 이루는 가운데 국내증권투자와 관련된 헷지자금도 일부 참여하고 있는 것으로 알려지고 있다.

2000년부터 서울외국환중개㈜ 및 한국자금중개㈜ 등 국내 외국환중개회사도 NDF거래를 중개하기 시작하였는데 홍콩, 싱가포르 등 역외시장에 비하면 거래규모는 아직도 낮은 수준이다. 현재 NDF거래는 국내 외국환은행과 비거주자 간에 주로 이루어지고 있다. 환차익을 얻기 위한 투기적 목적의 거래가 많이 일어나는 것으로 알려지고 있다. 국내주식 등 원화자산에 투자하고 있는 외국인투자자들도 NDF거래를 통해 국내 투자자금에 대한 환위험을 헷지하고 있다.

NDF시장에서의 거래조건을 보자. 먼저 만기는 3영업일 이상 가능하지만 주로 정형화된 기간물(1개월물~3년물)의 형태로 이루어지고 있으며 이 중 1개월물이 가장 많이 거래되고 있다. 건별 거래금액은 제한없으나 관행상 100만 달러 단위로 거래된다. 중개거래의 경우 주로 300~500만 달러, 직접거래는 500~1,000만 달러 규모로 거래되고 있다.

NDF거래의 차액정산시 기준이 되는 지정환율은 당사자간 협약에 의해 결정되는데 달러/원 NDF거래의 경우 통상 직전 영업일의 기준환율(market average rate: MAR)을 지정환율로 정하고 있다.[18] 차액정산시 교환되는 통화는

18) 전영업일의 기준환율은 전전영업일의 시장평균환율에 의해 결정되므로 NDF거래의 차액은

미국 달러화이다. NDF의 거래방식은 중개회사를 통한 중개거래와 당사자 간의 직접거래로 구분할 수 있다.[19] 전자의 거래 비중이 높은 것으로 추정되나 최근 들어 전자거래시스템의 발달, 대규모거래의 용이성 등으로 후자의 비중도 점차 커지고 있다.

달러/원 NDF거래는 싱가포르, 홍콩, 동경 등 아시아지역에서 대부분의 거래가 이루어지고 있으며 최근에는 런던, 뉴욕, 프랑크푸르트 등에서도 거래가

참고 6-3 차액결제선물환(NDF)의 거래 메커니즘

국내 외국환은행이 1,000원/달러의 계약가격으로 1개월 후에 비거주자에게 100만 달러를 매도하는 NDF계약을 체결한 후

(1) 1개월 뒤 환율이 올라 지정환율이 1,100원이 되었다면 국내 외국환은행은 계약환율과 지정환율의 차이에 해당하는 90,909달러를 비거주자에게 지급한다.

(1,000−1,100) × 1,000,000 ÷ 1,100 = −90.909

(2) 반대로 1개월 뒤 환율이 떨어져 지정환율이 950원이 되었다면 국내 외국환은행은 계약환율과 지정환율의 차이에 해당하는 52,632달러를 비거주자로부터 수취한다.

(1,000-950) × 1,000,000 ÷ 950 = 52,632

<제 2 영업일 + 1개월>

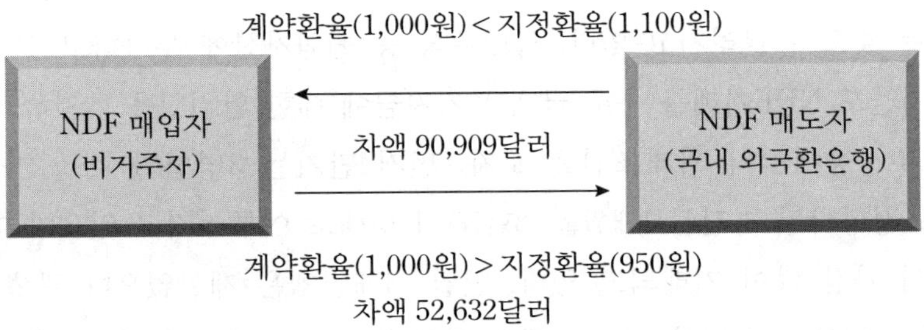

만기일 2영업일 전에 정해진다. 현물환거래의 자금결제가 2영업일 후에 이루어지는 것과 같이 NDF거래 당사자들은 실제 자금결제가 만기일에 이루어지더라도 장부상에는 만기일 2영업일 전에 차액을 정산한 것으로 처리한다.

19) 중개거래는 Cantor Fitzgerald, ICAP, Tradition, Prebon Yamane 등 역외 중개회사를 통해 주로 거래되고 있으며 직접거래는 시장조성자의 역할을 수행하고 있는 외은지점을 통해 주로 거래된다.

늘어나고 있다. 특히 뉴욕시장의 경우 미국 증시동향과 달러/엔 환율변동 등 추가적인 시장정보가 반영됨에 따라 전일 뉴욕시장의 달러/원 NDF거래 종가는 다음날 국내 외환시장의 달러/원 현물환율 시가를 결정하는 데 큰 영향을 미치고 있다.

5. 외환스왑시장

외환스왑시장도 다른 외환시장과 같이 은행간시장 및 대고객시장으로 구분된다. 은행간시장에서의 외환스왑거래 구조는 참여자, 거래단위, 거래시간 등 기본조건에 있어 현물환 및 선물환거래와 같다. 가격표시는 선물환과 마찬가지로 스왑포인트로 호가하고 있으며 거래가 체결되면 직전 체결된 현물환율을 기준으로 선물환율을 산출한다.

가령 직전 환율이 1,000원으로 체결되어 있는 상황에서 한 딜러가 브로커에게 "FX one month 275/280"이라고 주문을 냈다면 이는 1,000원에 2.75원을 가산한 1,002.75원에 외환스왑을 매입(sell & buy)하고, 1,000원에 2.80원을 가산한 1,002.80원에 외환스왑을 매도(buy & sell)하겠다는 것을 뜻한다.

외환스왑은 현물환/현물환, 현물환/선물환 및 선물환/선물환의 거래가 가능하므로 결제일자는 현물환의 경우 현물환 결제일자, 선물환은 선물환 결제일자의 결제방법을 따른다. 한국의 은행간시장에서 거래되는 외환스왑 기일물의 종류는 overnight(O/N), tomorrow next(T/N), spot next(S/N), 주 · 월 · 년 등의 표준결제일 방식과 비표준결제일(odd date)방식이 있다. 이 중 O/N 등 단기물

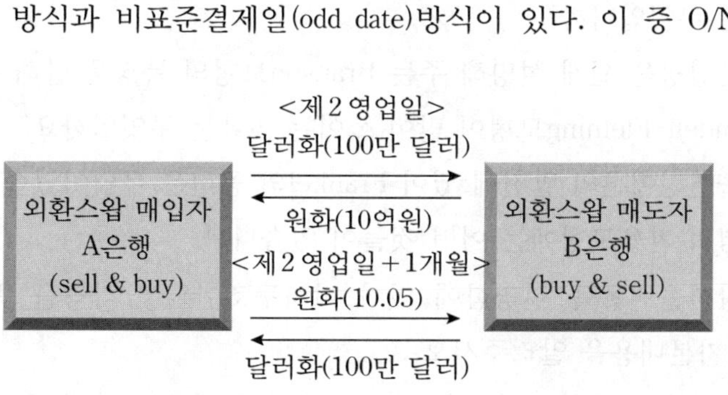

외환스왑이 가장 활발하게 거래되고 있다.

대고객시장에서의 외환스왑거래는 당사자간 계약에 의해 자유롭게 정할 수 있다. 대개의 경우 고객과 은행간에 기업의 신용도 등을 고려하여 스왑거래 한도를 사전에 설정해 놓고 거래한다.

국내 외국환은행의 외환스왑 거래량은 금융위기 이후 꾸준히 늘어나고 있다. 이는 국내 외국환은행과 비거주자간 NDF거래 증가에 따른 외환포지션 조정이나 일시적인 자금과부족을 조절하기 위한 자금조달 그리고 환위험 헷지 등의 목적으로 은행간 외환스왑거래가 활발하게 이루어지고 있는데 주로 기인한다. 이 밖에 일부기업들의 환위험 헷지수요의 증가도 한 요인이 되고 있다.

■ 정리문제

1. 기조적 균형환율과 행태적 균형환율은 어떤 점에서 차이가 있습니까?
2. 절대적 · 상대적 구매력평가환율을 각각 계산해 보시오.
3. Keynesian에 의한 확대금융정책의 효과를 환율모형으로 설명해 주시오.
4. 환율결정에 있어 신축가격통화모형과 경직가격통화모형의 근본적 차이는 무엇입니까?
5. 환율결정을 쉽게 설명해 주는 Branson모형의 특징을 말해 주시오.
6. Mundell-Fleming모형이 많이 쓰이는 이유는 무엇일까요?
7. 환율결정이론의 발전에 있어 Frankel의 공헌은 무엇이었습니까?
8. 경험적 환율모형에는 어떤 것들이 있습니까?
9. 시장환율변동을 설명함에 있어 미시구조이론이 각광을 받고 있습니다. 기본내용을 알려주시오.
10. Marshall-Lerner조건과 J-Curve효과를 동시에 설명해 주시오.

11. 여러 환율결정이론 중 한국의 경우 어떠한 이론이 가장 적합할까요?
12. 정부와 중앙은행의 외환시장개입에 대해 찬성하십니까? 찬성하신다면 어느 정도의 개입이 적정합니까?
13. 차액결제선물환(NDF)거래가 현물환율의 선행지표가 된다는 말은 옳습니까?
14. 한국의 현물환매매경로를 그림으로 보여주시오.

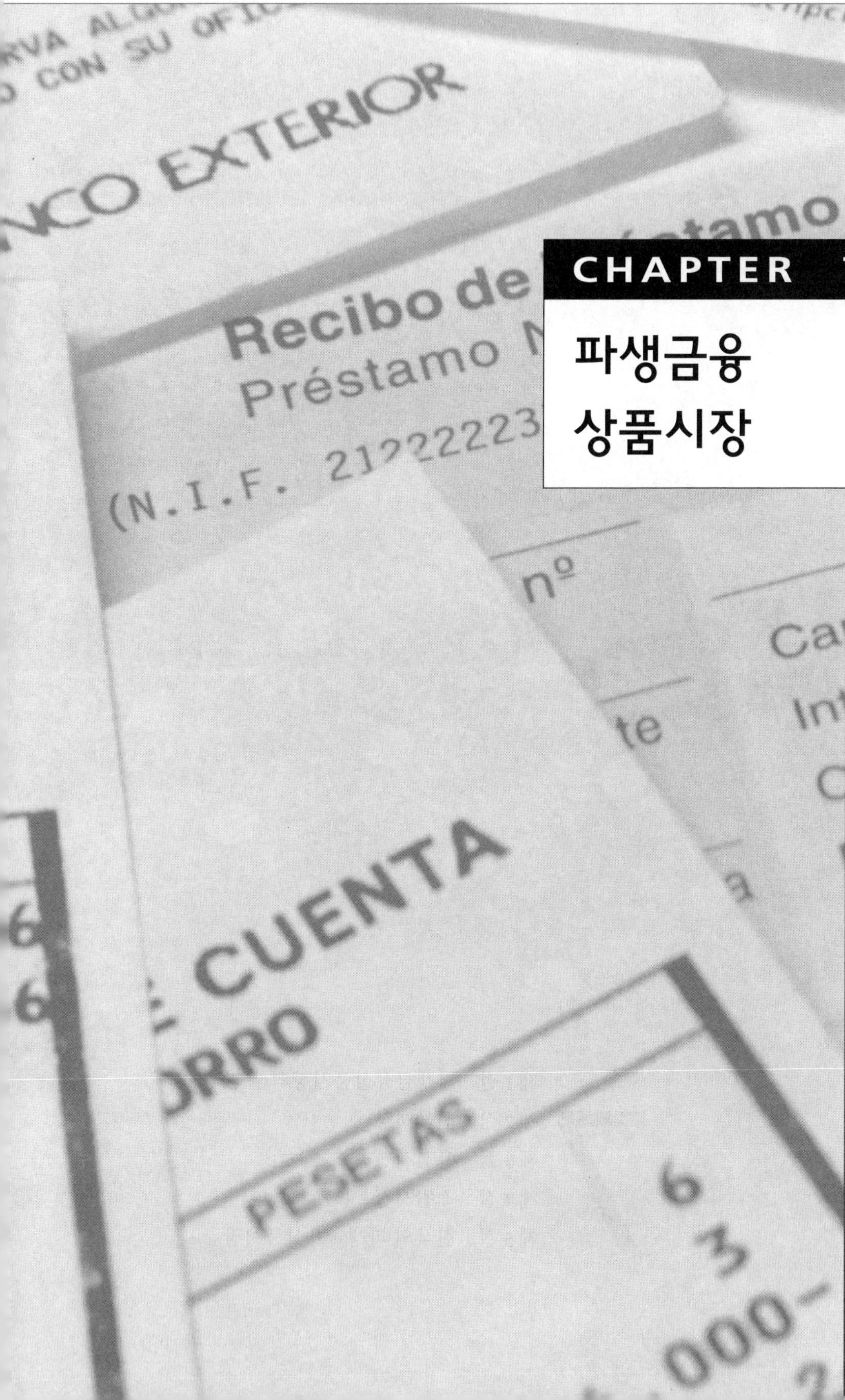

CHAPTER 7

파생금융 상품시장

7

제 1 절 파생금융상품시장의 발전

1. 시장의 연혁

파생금융상품은 미국의 대공황 직전 뉴욕증권시장에 등장하였던 옵션의 일종인 신주인수권 거래를 그 시초로 볼 수 있다. 시장에서의 거래가 본격화된 것은 제2차 세계대전 이후였는데 국제자본이동이 늘어나면서 런던을 중심으로 은행간 선물환거래가 활발해지는 모습을 보였다.

1970년대 초 Bretton Woods체제 붕괴를 계기로 국제통화제도가 변동환율제로 이행되고 금융자유화 등이 진전되면서 환율 · 금리위험의 회피수단으로 투기자들은 파생금융상품을 적극 활용하기 시작했다. 금융공학의 발전은 파생금융상품시장에서 거래되는 상품을 계속적으로 다양화시키고 있다.

파생금융상품시장이 빠르게 발전하게 된 것은 수요 측면에서는 국제자본이동 증대로 금융거래가 크게 늘어나는 가운데 금융상품의 가격 변동폭이 커짐에 따라 그 위험을 헷지할 필요가 있었기 때문이다. 뿐만 아니라 공급 측면에서도 정보통신기술의 급속한 발전 등에 힘입어 기초자산에 수반되는 위험의 평가 · 분리 · 이전이 쉬워짐으로써 다양한 상품을 개발할 수 있게 되었기 때문이다.

제 3 장 제 2 절에서 살펴본바, 파생금융상품은 통화 · 금리 · 주식관련 등으로 나누어 볼 수 있으므로 그에 따라 각 시장의 연혁을 살펴본다.

① 통화관련 파생상품시장: 통화선물(currency futures)이 도입되기 전에

는 선도환이 주로 이용되었으나 선도환시장은 은행 간의 '장외시장'이기 때문에 기업이 이용하는 데 불편하였다. 이를 개선하기 위해 통화선물이 도입되었다. 1972년 시카고상업거래소(Chicago Mercantile Exchange: CME)의 국제통화시장(International Monetary Market: IMM)에서 영국 파운드, 캐나다 달러, 독일 마르크, 일본 엔, 스위스 프랑을 대상으로 통화선물을 개시한 이래 프랑스 프랑(1974), ECU(1986), 호주달러(1987)를 대상으로 한 통화선물도 거래되었다.

1981년에는 세계은행과 IBM사가 처음으로 통화스왑(currency swaps)을 체결하였다. 1984년에는 CME가 독일 마르크를 대상으로 한 통화선물옵션을 최초로 도입한 데 이어, 영국 파운드와 스위스 프랑(1985), 일본 엔(1986), 캐나다 달러(1986)를 대상으로 한 통화선물옵션도 거래되었다. 그리고 영국, 일본에서도 통화선물과 통화옵션을, 한국도 1999년에 한국선물거래소(KOFEX)가 미국 달러선물과 옵션을 각각 도입하였다.

1990년대에 들어서는 이들을 다시 결합시킨 복잡한 형태의 파생상품이 개발되었다. 평균환율옵션(average-rate option), 룩백옵션(lookback option)과 같은 경유종속옵션(path-dependent option)이 개발되었다. 무지개옵션(rainbow option), 바스켓옵션(basket option), 고성옵션(shout option), 신축옵션(flexible option)과 같은 옵션들도 등장하였다. 혼성증권(hybrid securities)은 채권시장, 주식시장, 외환시장, 상품시장, 파생상품시장등과 같은 요소시장에서 거래되는 두 가지 이상의 요소증권을 구조적으로 결합한 상품이다.

② 금리관련 파생상품시장: 1973년 1차 석유파동 이후 금리가 오르고 그 변동성도 커짐에 따라 은행에서는 장기고정금리부대출을 기피하는 대신, 변동금리부대출(floating-rate loan)을 선호하게 되었다. 변동금리부대출은 은행에서 금리위험을 관리하는 데 사용되었으나, 이는 은행이 금리위험을 차입자(고객)에게 전가시켜 그의 채무불이행위험을 가중시키는 부작용을 초래하였으므로 금리위험을 궁극적으로 헷지할 수 있는 파생상품이 필요하게 된 것이다. 채권시장에서도 고정금리채권 대신, 변동금리채권(FRN)이 도입되었다.

채권에 있어서는 장외선도시장이 잘 발달되지 않았기 때문에 장내파생상품으로 금리선물(interest rate futures)이 첫번째로 개발되었다. 1975년에

GNMA(Government National Mortgage Association)선물이 도입된 이후 T-bill선물(1976)이 CME에, T-bond선물(1977)이 시카고선물거래소(Chicago Board of Trade: CBOT)에, 유로달러선물(1981)이 CME에, T-note선물(1982)이 CBOT에 연이어 출시되었다. 1982년에는 금리스왑(interest rate swaps), 1983년에는 선도금리계약(FRA)도 도입되었다.

채권시장에도 금리옵션(interest rate options)이 도입되었는데, CBOE(Chicago Board of Option Exchange)의 T-note옵션(1982)이 시초였다. 금리선물옵션은 T-bond선물옵션(1982, CBOT)에 이어, 유로달러선물옵션(1985, CME), T-note선물옵션(1985, CBOT), T-bill선물옵션(1986, CME) 등이 차례로 선 보였다. 이외에도 영국, 일본, 프랑스, 독일 등 각국에서도 금리선물, 금리옵션, 금리스왑이 등장하였다. 한국도 한국선물거래소가 1999년 4월에 CD금리선물을 도입한 데 이어 9월에는 국채선물도 출시되었다.

③ 주식관련 파생상품시장: 1980년대부터는 주가변동성이 커짐에 따라 포트폴리오 투자로도 제거되지 않는 체계적 위험을 관리할 수 있는 파생상품이 필요하게 되었다. 미국 캔사스시티상품거래소(KCBT)에서 1982년에 VLI(value line index)를 대상으로 한 주가지수선물(stock index futures: SIF)을 최초로 도입한 후 그 해 CME가 S&P500지수선물을 도입하였다. 1982년에 뉴욕선물거래소가 NYSE종합지수선물을, 1984년에는 CBOT가 주요시장지수(major market index: MMI)선물을 각각 도입하였다.

영국에서는 런던국제금융선물거래소(London International Financial Futures and Options Exchange: LIFFE)가 1982년에 FTSE100지수선물을, 일본은 도쿄증권거래소(TSE)와 오사카증권거래소(OSE)가 1988년에 각각TOPLX선물과 NIKKEI225지수선물을 도입했다. 프랑스는 프랑스국제선물거래소(March TermeInternational de France)가 1988년에 CAC40지수선물을 도입하였다. 한국에서도 한국증권거래소가 1996년에 KOSPI200지수선물을, 선물거래소가 2001년에 KOSDAQ50지수선물을 각각 도입하였다.

그림 7-1 파생금융상품시장의 구조

	장내거래	장외거래
선물시장	-통화선물 -금리선물 -주가지수선물	선물환시장
옵션시장	-통화옵션 -통화선물옵션 -금리선물옵션 -주가지수선물옵션	-통화옵션 -금리옵션 -주식옵션 -스왑옵션
스왑시장	-금리스왑 -통화스왑	-통화스왑 -금리스왑 -주식스왑 -총수익스왑 -신용파산스왑
기타 시장		-파생결합증권 -신용연계증권 -합성담보부 증권

2. 시장의 구조와 현황

파생금융상품의 시장규모가 커지고 현물 및 선물시장간 차익거래가 활발해지면서 여러 다른 시장을 동시에 이용하는 거래기법도 등장하고 있다. 이때 자기 나라 시장에서 외환관리, 조세규제 등 제도적 장애를 극복할 수 있는 수단의 하나로 파생금융상품 거래가 활용된다. 선물가격은 많은 시장참여자들의 판단이 종합적으로 반영된 결과이므로 미래시장 가격에 관한 유용한 정보도 제공한다.

최근에는 파생금융상품 거래규모가 대형화되고 금융시장간 연계성이 더욱 긴밀해져서 개별 금융기관이 위험관리에 실패하는 경우 그 영향이 전체 금융시스템으로 파급될 가능성도 커지고 있다. 각 나라들은 파생금융상품 거래의 장점을 최대한 살리는 가운데 이러한 잠재적 위험을 최소화하기 위해 금융하부구조 및 감독체계 정비에 노력하고 있다.

[표 7-1] 전세계 파생금융상품의 거래(연말명목원금[1]기준) (단위: 10억 달러)

	1990	2000	2005	2006	2007. 6월 말
장내거래[2]	–	14,264	57,816	–	–
금리	–	12,642	52,297	–	–
외환	–	96	174	–	–
주가지수	–	1,526	5,345	–	–
장외거래[3]	–	94,537	278,327	378,525	466,260
외환	–	15,666	31,364	40,239	48,620
(통화스왑)	(578)	(3,194)	(8,504)	(10,769)	12,291
금리	–	64,668	211,970	291,115	346,937
(금리스왑)	(2,312)	(48,768)	(169,106)	(229,241)	271,853
(금리옵션)	(561)	(9,476)	(28,596)	(43,206)	52,275
주식관련	–	1,891	5,793	7,488	9,202
기타[4]	–	12,313	29,199	39,682	61,501
합 계	–	108,802	336,143	–	–

주: 1) 명목원금은 각 파생상품 계약의 명목가치에 계약수를 곱하여 산출(주가지수 관련상품의 명목가치는 해당지수에 지수당 가격을 곱하여 산출)
2) FOW TRADEdate, Futures Industry Association, 기타 선물옵션거래소 등의 통계
3) BIS에서 G10 60대 은행을 통해 입수한 자료를 바탕으로 작성(1997년 이전은 ISDA 통계)
4) BIS에서 3년마다 전세계 50개국에 걸쳐 실시하는 'Central Bank Survey of Foreign Exchange and Derivatives Market Activity'에 근거한 추정치 포함

자료: BIS, Derivatives Statistics(http://www.bis.org)
ISDA, MarketStatiStics(http::/www.isda.org)

전세계 파생금융상품 장내거래 규모는 명목원금 기준으로 1988년중 1.3조 달러에 불과하였으나 2005년말에는 57.8조 달러로 44.5배 이상 늘어난 것으로 추정되고 있다. 금리관련거래가 90% 이상을 차지하리만큼 압도적이다. 장외거래의 경우 장내거래에 비해 상대적으로 빠른 증가세를 보이고 있다. 2000년중 94.5조 달러였던 장외거래규모는 2007년에 446.2조 달러에 이르러 5년 동안 거의 5배나 늘어났다. 역시 금리스왑거래가 전체의 60% 가까이를 차지하고 있다.

이와 같이 장외거래가 장내거래에 비해 더 빠른 속도로 늘어난 것은 장외에서 거래되는 상품은 수요자 구미에 맞추어 거래조건을 거래당사자 간에 정할 수 있어서 점점 더 복잡해지는 금융거래의 위험에 효과적으로 대응할 수 있기 때문이다.

제2절 선물시장

1. 선물시장의 기능

선물이 거래되는 시장을 선물시장(futures market: FM)이라 한다. 선물시장은 현물포지션 보유에 따르는 위험을 헷지할 수 있는 기회를 제공하여 현물시장의 매매거래를 촉진시킨다. 아울러 현물시장에서의 과잉수요와 공급을 보다 많이 흡수할 수 있어서 결과적으로 현물시장의 유동성을 증가시킨다. 선물시장은 현물시장과의 재정거래 기회를 제공하여 현물시장에서의 가격변동성을 그만큼 작게 하기도 한다.

FM 참여자들은 시장여건 변화에 따른 위험의 최소화 혹은 이익의 극대화를 추구하기 위하여 시장의 수급상황, 정부의 정책 방향 등 보다 많은 정보를 폭넓게 수집 · 분석하여 그 결과를 선물가격에 반영한다. 시장정보의 수집에서 열세에 있는 기업, 가계 등의 경제주체도 선물가격을 통하여 어느 정도 미래의 가격을 예측할 수 있기 때문에 소비 및 투자활동을 합리적으로 조정할 수 있다.

이 시장을 이용하면 주가 및 금리의 변동위험을 효과적으로 관리할 수 있다. 주식과 채권 등 증권에 대한 수요가 늘어나 저축을 증대시키며 기업의 자금조달이 쉬워진다. 자금조달 비용이 절감되므로 투자가 촉진되고 투자의 승수효과를 통해 궁극적으로는 생산을 증진시키게 된다.

FM이 체계적으로 현물시장에 영향을 미칠때 이를 소위 "the tail wagging the dog effect"라 한다. 꼬리(tail)는 선물을, 강아지(dog)는 현물을 가리키는 것으로 강아지가 꼬리를 움직이는 것이냐 꼬리가 강아지를 움직이는 것이냐가 주안점이다. 이러한 상황이 현실적으로 존재하는가에 대하여는 아직 논란이 있지만 많은 연구결과에서 선물시장이 현물시장을 교란할 수도 있다는 것을 알 수 있다.

결국 이 시장은 경제적 효율을 증진시켜 이론적인 완전경쟁시장에 가깝도록 하는 촉매역할을 하는 한편 많은 투자기회를 제공함으로써 금융상품의 풍요시대를 가져왔다. 또한 전통적 포트폴리오이론 등에서는 분산이 불가능하다고 여겨졌던 체계적 위험을 FM에서는 헷지 또는 기타 기법을 통하여 부분적으로 제거할 수 있게 되었다.

이 시장은 위험의 전가 및 축소의 기능도 수행한다. 일상적인 사업의 위험에서 도난이나 화재의 위험을 분리시키는 것과 마찬가지로 FM은 가격변동의 위험을 분리시킬 수 있도록 한다. 가격변동위험은 언제나 존재하는 것이고 누군가가 부담하여야 할 비용인데 이 시장은 이러한 위험만을 분리함으로써 위험을 원하지 않는 사람(hedgers)으로부터 위험도 괜찮다는 사람(speculators)에게로 이전할 수 있다.

또 다른 기능으로 가격예측기능을 들 수 있다. FM은 미래 현물가격에 대한 현재의 예측치를 제공하여 준다. 선물거래가 미래의 특정한 날자에 현물을 인도 · 인수한다는 매도자와 매수자 간의 계약이기 때문에 계약가격은 미래 인도시점의 현물가격이 어떻게 될 것인가 하는 시장예측을 반영한다.

FM은 여러 가지 형태의 헷지상품을 공급하여 포트폴리오보험과 같은 위험재구성 서비스를 제공하는 기능도 있다. 이러한 기능은 현물시장에서 새로운 금융상품의 개발을 촉진시킨다. 미국의 경우 1980년대 들어 은행권에서는 MMC(money-market certificate), MMMF(money-market mutual fund), MMDA(money-market deposit account), NOW(negotiable-order of withdrawals), Super NOW 등의 수신상품을 개발하였다. 비은행금융권에서는 최저투자수익률과 시장성이 보장되는 수익증권, 보험상품, 연금상품 등의 새로운 금융상품들을 시장에 내어놓았다.

선물거래는 시장에 참여하는 동기에 따라 크게 3가지로 나눈다. (i) 헷지거래는 지금 보유하고 있거나 장래 보유하게 될 포지션의 가격변동위험을 회피하려는 소극적 거래이고, (ii) 투기거래는 과감한 위험 부담으로 기대수익을 실현하려는 적극적 거래이며, (iii) 재정거래는 일시적인 가격불균형 현상 아래에서 이익을 얻기 위한 거래이다.

2. 주가지수선물시장의 특징

주가지수선물시장(stock index futures market)은 주식시장에 상장 등록된 일부 또는 전체 종목의 가격수준을 나타내는 주가지수를 대상으로 선물거래가 이루어지는 시장을 말한다. 실물이 존재하지 않는 주가지수(이하 기초자산)를 거래대상으로 하며, 고위험 · 고수익시장의 성격을 지니고 있어 결제수단과 결제방식이 일반적인 주식시장과 다르다. 이 시장은 캔사스의 KCBT 개설 이래 크게 발전하고 있다.

먼저 결제수단에 있어서는 실물의 양수도가 불가능하므로 거래시 약정한 주가지수(약정가격)와 만기일의 실제 주가지수 간의 차이를 현금으로 결제한다. 이때 매매당사자 중 어느 한쪽이 이익을 보게 되면 다른 쪽은 같은 금액만큼 손실을 입게 되며 그 규모는 기초자산가격에 비례한다.

주가지수선물거래는 약정금액의 일부분(15%)만을 증거금으로 납부함으로써 계약이 성립되고 있어 매매당사자 중 어느 한쪽의 손실이 누적될 경우 결제하지 못할 가능성이 커지게 된다. 이러한 문제점을 해결하기 위해 장래의 결제일에 앞서 매일매일의 기초자산가격 변동에 따른 평가손익이 투자자의 증거금에 가감된다. 그 과정에서 증거금이 일정수준 이하로 줄어들면 추가적으로 입금할 것을 요구(margin call)하는 1일정산제도(marking to market)가 적용된다.

주가지수선물시장에서는 가격결정이 합리적으로 이루어질 수 있도록 이론가격(P)이 작성, 발표된다. 이 가격은 주가지수선물 대신 현물시장에서 실제로 주식을 매수하는 경우를 가정하여 현물가격에 주가지수선물 결제일까지의 자금조달비용과 배당수익을 가감하여 산정된다. 이와 같은 이론가격에 근거하여 투자자들은 선물가격의 고평가 또는 저평가 여부를 판단한다. 이론가격은 다음과 같이 계산한다.

$$P = S \times [1 + (r - d) \times T/365] \qquad (7\text{-}1)$$

S: 기초자산의 현재가격, r: 차입금리(연율)
d: 기초자산의 배당수익률(연율), T: 만기일까지의 잔존일수

[표 7-2] 주요국의 주가지수선물 및 옵션시장

국 가	거래소	대상지수	개설시기
미 국	시카고상업거래소(CME)	(a) S&P500 (b) S&P100	1982년 4월 1983년 3월
영 국	런던국제금융선물거래소 (LIFFE)	(a) FTSE100 (b) FTSE100	1984년 5월 1984년 5월
일 본	오사카증권거래소(OSE)	(a) Nikkei225 (b) Nikkei225	1988년 9월 1989년 6월
프랑스	Euronexl Paris	(a) CAC40 (b) CAC40	1988년 11월 1988년 11월
독 일	Eurex	(a) DAX (b) DAX	1990년 11월 1991년 8월

주: (a) 주가지수선물시장
(b) 옵션시장

제3절 옵션시장

1973년의 4월 시카고증권거래소(Chicago board of exchange: CBOE)에서 회원수 300명으로 종래의 전통적인 장외옵션거래를 개혁한 상장옵션시장을 개설하여 16종목의 주식에 대한 옵션거래가 처음으로 시작되었다. CBOE의 옵션거래가 점차 활기를 띠게 되자 미국증권거래소(AMEX), 필라델피아증권거래소(PHLX)가 1975년에, 태평양증권거래소(PSE)가 1976년에, 뉴욕증권거래소(NYSE)가 1983년에 각각 주식옵션거래를 시작하였다.

주식옵션 도입 후 1982년 10월에 PHLX에서 통화옵션을 같은 해 10월에 CBOE와 AMEX에서 금리옵션시장을 개설하였다. 1983년 3월에는 CBOE에서 지수옵션을 도입하여 옵션거래의 기초자산 확대가 촉진되었다. 옵션시장의 폭발적인 인기는 옵션으로 구사할 수 있는 전략이 매우 다양하다는 이점 때문이다. 옵션은 투자자로 하여금 몇 백 달러에 불과한 소액의 투자로 수천 달러 이상의 기초상품을 좌지우지할 수 있도록 하는 레버리지 효과가 크기 때문에 소액투자자들에게 인기가 있다.

1. 옵션가격의 결정요인

(1) 만기(잔존가치)

옵션의 외재가치(extrinsic value)는 흔히 시간가치(time value)라고도 하는데, 이는 옵션의 만기가 외재가치에 가장 큰 영향을 미치는 요인 중의 하나이기 때문이다. 옵션의 만기가 가까워 올수록 외재가치는 작아진다. 이러한 현상은 옵션의 보험가치가 만기가 가까워 옴에 따라 작아진다는 사실에 기인한다고 할 수 있다.

옵션만기가 연장되면 상당히 불리한 변동이 발생할 확률이 높아지는 것은 사실이나 상품가격이 어느방향으로 변동할지 예측하는 것은 쉬운 일이 아니다. 옵션 만기가 연장될수록 가격이 유리하게 변동될 가능성 역시 커진다. 이는 만기가 길면 길수록 옵션이 보유한 레버리지 효과가 많아진다는 것을 의미한다.

참고 7-1 옵션거래의 역사

(1) 1630년대 네덜란드에서 튤립 재배자와 수요자 간에 옵션거래가 시작되었다. 튤립거래 딜러들은 튤립에 대한 콜옵션을 매입하여 미래의 시장가격에 관계없이 안정된 가격으로 매입할 수 있게 되었다. 재배자들은 풋옵션을 매입함으로써 공급가격의 최저선을 정할 수 있었다. 그러나 이 옵션거래제도는 그 당시 계약불이행에 대한 조치, 즉 신용위험에 대한 대응책미비로 실패하게 된다.

(2) 주식에 대한 옵션거래는 1690년 런던에서 최초로 시작된 후 미국에 도입되어 19세기 말부터 뉴욕 Wall Street에서 점두거래형태로 이루어졌다. 주식옵션에 대한 거래가 활발해지자 1920년대에는 옵션거래가 주가조작에 이용되는 사례가 빈발했고 이 때문에 1934년 미국 의회는 옵션거래를 금지할 것을 논의하였다. 그러나 옵션의 보험기능 및 주식시장의 안정화 기능에 대한 주장이 대두되어 주가조작행위만을 금지하는 형태로 내용변경이 이루어졌다.

(3) 1960~70년대 증권시장의 장기침체기를 거치면서 새로운 금융상품에 대한 요구가 거듭됨에 따라 1973년 4월 시카고옵션거래소가 문을 열게 되었다. 지금 이 순간에도 통화옵션 및 지수옵션의 대상과 범위가 확장되어 가고 있다.

따라서 미국형 콜 및 풋옵션은 잔존기간이 길어질수록 더 큰 가치를 갖게 된다. 그러나 유럽형 콜 및 풋옵션은 잔존기간이 길어짐에 따라 반드시 더 큰 가치를 갖게 되는 것은 아니다. 왜냐하면 장기옵션의 보유자가 모든 행사기회를 보유하고 있는 것은 아니기 때문이다.

(2) 무위험금리

옵션도 역시 새로운 금융상품의 하나이므로 자본투자가 있게 되면 어느 정도의 수익을 기대하는 것은 당연하다. 투자자에게는 다른 투자대안들이 있기 때문에 옵션투자에서 기대되는 수익은 위험수준이 비슷한 투자대상에서 기대되는 수익과 일치하여야 한다.

어느 주식가격이 현재 10,000원이고 1년 이내에 10% 상승 혹은 하락할 것으로 예상된다고 가정하자. 1년 후 100주의 가격은 110만원 혹은 90만원이 될 것이다. 무위험금리가 12%이고 이 주식에 대한 콜옵션의 행사가격이 주당 10,000원, 만기가 1년이라고 가정하고 다음의 두 포트폴리오를 생각해 보자.

포트폴리오 A: 주식 100주(시장가격 100만원)

포트폴리오 B: 액면가 100만원, 만기 1년인 순수 할인채권(금리 12%에 현재 가격 89.3.만원)과 주당 행사가격 10,000원인 콜옵션(주식옵션은 100주 단위)

결국 주가가 내려가면 포트폴리오 B의 가치가 포트폴리오 A보다 10만원만큼 더 크며, 주가가 올라가면 포트폴리오 A와 B의 가치는 같다. 따라서 투자자가 포트폴리오 B에 투자하면 포트폴리오 A와 같거나 때에 따라서는 그보다 더 높은 수익을 올릴 수 있다.

이렇게 되면 분명히 누구나 포트폴리오 B를 선호할 것이다. 그러므로 포트폴리오 B의 가치는 포트폴리오 A의 가치보다 크거나 같아야 한다. 이것은 옵션가격에 대하여 매우 중요한 점을 시사한다. 포트폴리오 B는 적어도 포트폴리오 A만큼의 수익을 주는 것이 확실하므로 그 가치도 최소한 그만큼은 되어야 한다.

(3) 시장가격의 변동성(price volatility)

시장가격의 변동성이란 미래의 가격변동이 얼마나 불확실한가를 나타내는 척도이다. 주식의 경우 변동성이 커짐에 따라 그 주식의 투자실적은 아주 좋거나 아주 나쁠 가능성이 커진다. 주식소유자에게는 이 두 가지 결과는 서로 상쇄되는 경향이 있다.

그러나 콜이나 풋옵션의 소유자에게는 그렇지 않다. 콜옵션의 소유자는 주가가 오를 때에는 이익을 얻지만 주가가 내릴 때에는 손실위험이 제한된다. 왜냐하면 그가 잃는 것은 기껏해야 옵션의 프리미엄이기 때문이다. 마찬가지로 풋옵션의 소유자는 주가가 내릴 때에는 이익을 얻지만 주가가 오를 때에는 손실위험이 제한된다. 그러므로 콜과 풋옵션의 가치는 변동성이 커짐에 따라 높아진다.

2. 주가지수옵션 거래제도

주가지수옵션시장(stock index option market)은 주가지수선물시장과 마찬가지로 현물시장에서 거래되는 일부 또는 전체 종목의 가격수준을 나타내는 주가지수를 대상으로 하여 미래의 일정시점에 약정가격으로 매입 · 매도할 수 있는 권리가 거래되는 시장을 말한다. 이 시장은 주가변동 헷지 등 다양한 투자동기를 충족시키기 위해 1983년 미국의 CBOE에 S&P100지수를 대상으로 최초로 개설되었다.

주가지수옵션은 주가지수선물과 달리 기초자산의 가격변동에 따른 투자자의 손익구조가 비대칭적이다. 옵션매입자의 경우 손실이 프리미엄으로 한정되지만 이익은 기초자산가격에 비례한다. 반대로 옵션매도자의 경우 이익이 프리미엄에 국한되는 반면 손실에는 제한이 없다. 또한 프리미엄만으로 거래가 체결됨에 따라 주가지수선물보다 레버리지효과가 큰 데도 불구하고 옵션매입자의 평가손실이 발생하지 않아 1일정산방식이 적용되지 않는다.

주가지수옵션은 기초자산가격의 변동에 따른 손익구조의 비대칭성과 풋, 콜옵션간 손익의 상반성 등으로 인하여 다양한 투자전략의 구사가 가능하다. 특히 결제월 및 행사가격이 같은 콜옵션과 풋옵션을 반대방향으로 동시에 매매하면 선물거래와 같은 효과를 갖는다.

주가지수옵션거래도 다른 옵션과 마찬가지로 가격제한폭을 두지 않는다. 그 이유는 옵션은 대상자산 자체를 거래하지 않으므로 가격변동이 대상자산의 가격변동과 선형적으로 일치하지 않아 각 종목별 가격변동의 방향 및 폭이 서로 달라서 가격제한폭을 두기 어렵기 때문이다. 인위적으로 가격제한폭을 두는 경우 이에 따른 부작용이 발생할 수도 있다.

3. 블랙-숄즈모형(Black-Scholes Model: BSM)

(1) BSM의 주요 내용

F. Black과 M. Scholes는 1973년에 공동으로 개발한 옵션평가모델인 BSM을 "Journal of Political Economy"와 "Journal of Finance"에 게재 발표하였다.[1] 이것은 주식을 기초로 하는 파생금융상품가격을 미분방정식을 이용하여 유도해낸 공식인데, 체계적인 가격결정이 가능하여 많이 쓰이고 있다.

이 모형은 (i) 옵션과 그 옵션의 기초자산(주식, 채권 등)과 조합을 만들어 위험이 0이 되는 무위험포트폴리오를 구성할 수 있으며, (ii) 차익거래기회를 배제한다면 이 포트폴리오의 수익률은 무위험자산의 금리와 같아진다는 논리로부터 출발하였다. 이 모형은 유럽형 콜옵션의 가격이 기초자산인 주식의 가격, 옵션의 행사가격, 무위험수익률, 주식가격의 변동성 그리고 만기까지의 일수 등의 완결형태(closed-form)의 함수로 표현됨을 보였다.

Black-Scholes는 옵션가격결정 모형을 유도하기 위해 다음과 같이 가정한

1) 논문제목은 "The pricing of options and corporate liablities"이다. 메사추세츠 공과대학(MIT)의 Scholes는 당시 회사원인 R. Merton(F. Samuelson의 제자)과 만나 옵션이론에 관해 여러 토의를 거듭한 결과, Black-Scholes가 모형을 개발하고 Merton이 일본의 학자 Ito가 고안한 "이토의 정리"를 이용해 Black-Scoles모형을 증명하였다(그 후 1997년에 Scholes는 Merton과 함께 공동으로 노벨 경제학상을 수상했다).

다. (i) 기초자산의 가격은 연속적으로 변한다. (ii) 무위험자산의 금리는 알려져 있으며 옵션의 만기까지 변함없다. (iii) 옵션의 만기까지 주식에 대한 배당은 없다. (iv) 대상옵션은 만기일에만 옵션행사가 가능한 유럽형 콜옵션이다. (v) 기초자산(주식)의 가격 변동폭인 순간분산은 항상 고정되어 있다. (vi) 기초자산의 공매에 대한 제약은 없다. (vii) 언제든지 원하는 금액만큼 무위험자산의 금리로 빌리거나 빌려줄 수 있다. (viii) 주식이나 옵션을 매매할 때 세금, 거래비용, 증거금 등은 없다.

BSM의 기초가 되는 것은 주식과 옵션의 결합으로 구성되는 무위험포트폴리오이다. 이것은 주식가격의 변화에 영향을 받지 않고 항상 일정한 수익을 가져오는 포트폴리오이다. 두 사람은 주식을 하나 매입하고 동시에 적당한 몇 개의 콜옵션을 매도하는 포트폴리오를 구성한다면 무위험포트폴리오를 구성할 수 있음을 보였다.

짧은 시간 동안의 주가변동을 ΔS로 표시하면, 옵션가격의 변화 $\frac{\partial C}{\partial S}\cdot$ 는 ΔS가 된다. 이러한 옵션을 $\frac{1}{\frac{\partial S}{\partial S}}$개수만큼 매도하였으므로 총옵션가격은 $\frac{1}{\frac{\partial S}{\partial S}}\cdot\frac{\partial C}{\partial S}\cdot\Delta S$가 되며 이것을 계산해 보면 ΔS와 같아진다. 무위험포트폴리오에서 주식매입에 따른 가격변화는 매도한 옵션가격변동과 서로 상쇄되기 때문이다.

(2) BSM의 특징

옵션가격을 결정하는 요인은 기초주식의 현재가격, 행사가격, 수익률분산, 만기 및 무위험금리 등 다섯 가지임을 알 수 있다. 이들 요인 중 주식수익률의 분산을 제외한 나머지 4개 변수는 쉽고 확실하게 얻을 수 있는 것들이다. 주식수익률의 분산은 이론적으로 사전적 자료를 이용하여야 하지만 이를 측정하는 것은 어려운 일이기 때문에 실제로는 사후적 자료를 이용한다. 이 자료는 과거 주가자료에서도 구할 수 있지만 옵션의 실제 시장가격으로부터 역(逆)으로 추정할 수도 있다.

BSM에 있어서 콜옵션의 가격(C)은 주식가격(S)과 행사가격(X)에 대하여 1차 동차형태의 함수로 되어 있으므로 S와 X가 같은 비율로 변동하면 C도 같은 비율만큼 변동하게 된다. BSM은 기초주식의 매입에 대한 콜옵션의 발행으로 구성한 헷지 포트폴리오로부터 얻은 것이다. 기초주식 1개 매입에 대한 콜옵션의 발행개수를 헷지비율(w_c)이라고 하는데, 이를 감안하면 무위험 헷지 포트폴리오의 가치(V_h)는 다음과 같다.

$$V_h = S + w_c C$$

이 포트폴리오는 주가변동으로부터 헷지된 것이어서 주가변동에 대한 포트폴리오의 가치변화는 0이므로 다음 식에서 w_c를 구할 수 있다.

$$\frac{\partial V_h}{\partial S} = 1 + w_c \frac{\partial C}{\partial S} = 0$$

$$w_c = -\frac{1}{\frac{\partial C}{\partial S}}$$

그런데 BSM에서 $\frac{\partial C}{\partial S}$는 $N(d_1)$의 역수이고, $N(d_2)$는 옵션의 행사가능성을 나타내는 확률값을 나타내는 것이므로 BSM의 의미를 다음과 같이 표시할 수 있다.

콜옵션가격 = (현재주가 × 헷지비율) − (행사가격의 현가 × 행사확률)

(3) BSM을 이용한 콜옵션가격 산출

A기업의 현재주가는 30,000원이고 이 주식의 수익률분산은 0.5이다. 이 주식에 대한 행사가격이 28,000원이고 만기까지의 기간이 180일 남은 콜옵션의 가격은 얼마인가? 단, 연속복리 무위험금리는 연 10%이다.

① 정규분포표를 이용하여 만기 180일을 연단위로 환산한다.

$$t = \frac{180}{360} = 0.6\,(\text{년})$$

그리고 d_1, d_2를 다음과 같이 산출한다.

$$d_1 = \frac{\ln(\frac{S}{X}) + (r + \frac{\sigma^2}{2}) \cdot t}{\sigma\sqrt{t}} = \frac{\ln(\frac{30,000}{28,000}) + (0.1 + \frac{0.6}{2}) \times 0.6}{\sqrt{0.6} \times \sqrt{0.6}}$$
$$= 0.49$$

$$d_2 = d_1 - \sigma\sqrt{t}$$
$$= 0.49 - \sqrt{0.6} \times \sqrt{0.6} = -0.01$$

② 표준정규분포표를 이용하여 $N(d_1)$, $N(d_2)$를 구하면

$$N(d_1) = N(0.49) = 0.\ 6879$$
$$N(d_2) = M(-0.01) = 0.4960$$

위에서 구한 값들을 BSM에 대입하여 콜옵션가격을 구한다.

$$C = S \cdot N(d_1) - X \cdot e^{-n} \cdot N(d_2)$$
$$= 30,000 \times 0.6870 - 28,000 \times e^{\sqrt{0.5}} \times 0.4060$$
$$= 7,426(\text{원})$$

③ 옵션가격표를 이용하여 다음과 같이 $\sigma\sqrt{t}$와 $\frac{S}{X \cdot e^{-n}}$를 구한다.

$$\sigma\sqrt{t} = \sqrt{0.5} \times \sqrt{0.5} = 0.5$$

$$\frac{S}{X \cdot e^{-n}} = \frac{30,000}{28,000 \times e^{-\sqrt{0.5}}} = 1.126$$

그리고 옵션가격표에서 행(行)의 값 0.5와 열(列)의 값 1.12와 1.14가 주어져 있다. 0.5와 1.12의 교차값은 24.5%이고 0.5와 1.14의 교차값은 25.3%이다. 따라서 보간법을 이용하여 1.126의 값을 구해보면

$$24.5\% + (25.3\% - 24.5\%).0.006/0.020 = 24.74\%$$

따라서 다음과 같이 콜옵션가격을 구할 수 있다.

$$C = \text{현재주가}(S) \times 24.74\%$$
$$= 30{,}000 \times 24.74\%$$
$$= 7{,}422(\text{원})$$

(4) BSM의 수정: Garman-Kohlhagen모형

조기행사가 이루어지지 않는 유럽형 통화옵션의 가격을 결정하는 모형으로 BSM을 통화옵션에 적합하도록 수정한 것이다. 여기에서는 통화옵션의 기초자산이 되는 다른 나라 통화를 배당이 알려진 주식으로 간주하여 마치 주식보유자가 배당수익률을 받는 것처럼 다른 나라 통화 보유자가 그 통화의 금리를 받는다고 본다. M. B. Garman과 S. W. Kohlhagen(1994)이 개발한 통화옵션 가격결정모형은 다음과 같다.

$$c = S_e^{-r_t T} N(d_1) - X_e^{-r_i T} N(d_2)$$

$$p = X_e^{-r_i T} N(-d_2) - S_e^{-r_t T} N(-d_1)$$

$$d_1 = \frac{\left[\text{In}(S/X) + (r_d - r_f + \sigma^2/2)T\right]}{\sigma\sqrt{T}}$$

$$d_2 = d_1 - \sigma\sqrt{T}$$

c : 콜옵션의 이론가격, p :풋옵션의 이론가격
S_e : 현물환율, X_e : 옵션의 행사가격
r_d : 자기 나라 금리, r_f : 다른 나라 금리
T : 옵션의 잔존만기, N : 누적정규확률분포함수
σ : 현물환율의 표준편차

제 4 절 스왑시장

스왑시장은 1980년대 중반 이후 비약적으로 성장하였다. 지금까지의 금융시장 역사를 통해 이만큼 빠르게 커진 시장은 없었다고 지적되고 있다. 성장의 주된 요인을 찾아보면 (i) 금융 및 세법상의 각종 규제를 회피하기 위해 금융

기관이나 기업들이 스왑을 통해 재정거래에 적극 참여하고 있으며, (ii) 금리 · 환율 · 상품가격 · 주가의 변동성이 커져서 스왑을 통한 위험관리가 매우 중요해졌고, (iii) 금융시장의 국제화로 자금조달 및 투자활동이 세계화되고 있으며, (iv) 국제결제은행(BIS)의 자기자본 규제와 같은 스왑시장 자체의 규제를 회피하기 위해 금융기관이 스왑딜러로서 스왑시장에 참여하는 유인이 많아졌고, (v) 스왑시장은 내면적으로 금융기관의 시장참여를 자극하는 경쟁적 시장구조를 가지고 있는 것 등이다.

1. 금리 및 통화 스왑시장

금리스왑시장의 가장 중요한 기능은 금리변동위험을 헷지할 수 있는 수단을 제공해 주는 것이다. 고정금리부 자산과 부채의 듀레이션 불일치로 인하여 발생하는 금리변동위험을 헷지하기 위해 금리스왑거래가 이용된다. 예를 들어 고정금리성 자산이 부채보다 많은(적은) 경우 금리스왑거래에서는 채권매도(매입)와 같은 효과를 갖는 고정금리지급부(수취부) 거래를 하면 금리변동위험이 줄어든다.

채권의 현·선물과 금리스왑시장 간의 가격차이를 이용한 거래를 통해 이익을 얻을 수 있다. 저평가된 채권의 현물 또는 선물을 매입함과 동시에 고정금리부 금리스왑을 거래하거나 고평가된 채권의 현물 또는 선물을 매도함과 동시에 고정금리부 금리스왑을 거래함으로써 거래차익을 얻는다.

금리전망을 바탕으로 금리스왑을 할 경우 투기적 이익을 실현할 수 있다. (i) 금리상승이 예상되는 경우 변동금리를 받고 고정금리를 지급하며, 반대로 (ii) 금리하락이 예상되는 경우 고정금리를 받고 변동금리를 지급하면 보다 많은 이익을 얻을 수 있다. 다만 금리전망이 틀릴 경우에는 큰 손실을 감수하여야 한다.

금리스왑시장에서 금리스왑 스프레드라는 용어도 자주 사용되는데, 이는 스왑금리와 무위험채권 수익률 간의 차이를 뜻한다.[2] 이러한 스왑금리 및 스프

2) 2007년 말 현재 한국에서 금리스왑 스프레드는 현재 3년만기 스왑금리와 3년만기 국고채

레드는 금리전망, 현·선물시장과의 연계거래를 통한 차익획득 등 다양한 요인에 의해 변동된다.

금리전망에 의한 경우를 보면 스왑은행이 시장금리가 내릴 것으로 예상하여 변동금리를 지급하는 대신 고정금리를 받고자 하는 스왑수요가 늘어날 때 스왑은행이 받고자 하는 고정금리(offer rate)는 내려간다. 이에 따라 스왑금리도 떨어지면서 국고채수익률과의 스왑스프레드가 줄어들거나 국고채수익률보다 더 떨어져서 음(−)의 스프레드가 나타나기도 한다.

반대로 스왑은행이 시장금리가 오를 것으로 예상하여 변동금리를 받고 고정금리를 지급하는 스왑수요가 늘어날 때 스왑은행이 지급하고자 하는 금리(bid rate)는 오르게 된다. 이에 따라 스왑금리도 올라가고 스왑스프레드도 커진다.

일반적인 통화스왑시장에서의 거래 메커니즘은 다음과 같다. 예를 들어 A는 달러화 자금을, B는 원화 자금을 각각 유리한 조건으로 차입할 수 있는데, A는 원화 자금이, B는 달러화 자금이 필요하다고 가정하자. 이 경우 A는 달러화 자금을, B는 원화 자금을 각각 빌리고 이 자금을 서로 교환한다. 빌린 자금에 대한 이자는 최초차입자가 지급하는 것이 아니라 자금이용자가 대신 지급하고 만기가 되면 최초차입자가 빌린 원금을 상환할 수 있도록 달러화 자금과 원화 자금을 재교환함으로써 통화스왑이 끝난다.

스왑시장은 고정금리채권과 변동금리채권과 같은 서로 다른 금융상품을 통합시키고 국제금융시장과 연결시킴으로써 시장 간의 교량역할을 한다. 스왑을 통한 시장간 연결은 채권시장이나 외환시장은 물론 주식시장, 상품 및 서비스시장 등으로 계속 확장되고 있다.

2. 스왑시장과 은행

스왑의 초기에는 이를 개발한 은행 자신이 각 스왑거래자를 연결시키는 중개 역할을 하고, 그 대가로 수수료를 받았다. 은행은 잠재적인 스왑거래자를 찾아내고 이들이 스왑을 체결하는 것을 도우면서 중개하였다. 하지만 스왑의

수익률 간의 차이가 주로 이용되고 있다.

중개는 각 거래자의 요구조건을 완전히 충족시켜야 하기 때문에 어려움이 있었다.

스왑시장의 규모가 커짐에 따라 은행에서는 특정한 스왑거래자의 요구조건을 충족시킬 수 있는 거래상대방이 나타날 때까지 은행 자신이 스왑거래의 한쪽 당사자의 역할을 담당하였다. 또한 두 스왑 당사자간의 요구조건이 일치하지 않을 경우에도 은행자신이 중간에 개입하여 스왑거래를 성사시키고 조건불일치로 인한 위험은 다른 스왑거래나 파생상품을 이용하여 헷지하였다.

은행이 스왑딜러 역할을 함에 따라 오늘날의 스왑시장은 딜러시장으로 바뀌었고, 유동성도 크게 늘어났다. 은행이 단순한 브로커가 아니라 적극적인 딜러로서 활동함에 따라 스왑거래에서 발생하는 환위험과 신용위험을 대신 떠안게 되었다. 이에 따라 스왑거래에서는 스왑창고(swap warehouse)라는 개념이 생겼다. 이는 적절한 거래상대방이 나타날 때까지 은행 자신이 스왑거래의 한쪽 당사자로서 스왑을 보유한다는 뜻이다. 은행은 스왑거래의 두 당사자로부터 수수료를 받는 대신 호가스프레드(bid-ask spread)의 형태로 수익을 얻는다.

이러한 거래방식은 기존의 브로커 기능을 딜러 기능으로 확장시키는 결과를 가져왔다. 은행이 스왑딜러가 되면 스왑장부(swap book)를 관리하기가 훨씬 쉽지만 은행자신이 딜러로서 스왑거래에 참여해야 하므로 신용위험과 시장위험에 노출된다. 이를 극복하기 위해 최근에는 주요 딜러들이 창고접근법에서 포트폴리오 접근법으로 거래전략을 바꾸고 있다.

후자에서는 모든 스왑거래를 파생금융상품 포트폴리오에 포함시켜 포트폴리오 전체의 잔여위험을 집중 관리하는 방법을 사용한다. 딜러가 이 접근법을 사용하면 창고접근법을 사용할 때보다 거래를 더욱 폭넓게 수용할 수 있는 장점이 있다.

제 5 절 한국의 파생금융상품시장

1. 시장의 발전과 현황

1974년 12월 한국정부는 해외원자재의 안정적 확보방안의 하나로 「주요물자 해외선물거래관리규정」을 대통령령으로 공포하였다. 이것이 국내에서 해외선물시장(상품거래소)을 이용하는 선물거래 전반에 관한 법적 근거가 되었고, 1975년 2월 최초로 선물거래가 이루어졌다. 1987년 11월 제9차 「증권거래법」 개정에서 한국증권거래소의 업무에 선물시장 개설업무를 포함시킴으로써 거래소의 선물시장 개설을 위한 법적 근거도 마련되었다.

1993년 5월에 공표된 「신경제5개년 계획」의 금융개혁부문에 한국증권거래소가 주가지수선물시장을 개설하도록 한 후 1996년 5월에 주가지수선물시장이 열렸고, 1997년 7월에는 주가지수옵션시장도 개설되었다. 1995년 11월에는 단일 「선물거래법」이 국회를 통과하여 1996년 7월부터 시행되었다. 이어 1996년 말 선물거래협의회와 한국금융선물협회가 통합하여 한국선물협회가 창립되고, 선물거래소 설립 준비단이 구성되어 1999년 4월 부산에 한국선물거래소(KOFEX)가 창설되기에 이르렀다.

금리선물시장은 1999년 2월 한국선물거래소가 설립되고 같은 해 4월에 CD금리선물이 최초로 상장되면서 비롯되었다. 그 후 국고채권의 발행물량이 늘어나고 유통시장에서의 거래가 점차 활발해지면서 같은 해 9월에는 3년국채선물이 추가로 상장되었다. 그러나 CD금리선물의 경우 유통시장에서의 거래가 부진하면서 2001년부터는 거래가 사실상 중단된 상태이다.

한국선물거래소는 2002년 12월에 CD금리선물을 보완하는 단기금리선물로 364일물 통화안정증권 금리선물을 상장하였다. 2003년 8월에는 만기 5년 이상인 국고채권의 장기물 발행물량이 점차 늘어나면서 5년물국채선물도 상장되었다. 다만 통화안정증권 금리선물과 5년국채선물은 상장기간이 짧아 아직

[표 7-3] 한국의 장내 파생금융상품거래

종 목	도입시기	일평균거래(2007년 12월중)	
		계약수	계약금액((10억원)[1])
코스피200선물	1996년 5월	176,114	21,395.1
코스피200선물스프레드	2001년 7월	10,164	1,246.4
코스피200옵션	1997년 7월	9,280,100	831.1
주식옵션	2002년 1월	0	0
스타지수선물	2005년 11월	135	2.3
스타지수선물스프레드	2005년 11월	4	0.1
3년국채선물	1999년 9월	41,919	4,415.8
3년국체선물옵션	2002년 5월	0	0
5년국채선물	2003년 8월	0	0
CD금리선물	1999년 4월	0	0
통안증권금리선물	2002년 12월	14	2.7
미국달러선물	1999년 4월	41,908	1,932.1
미국달러옵션	1999년 4월	0	0
엔선물	2006년 5월	1,274	52.8
유로선물	2006년 5월	1,293	87.4
금선물	1999년 4월	0	0

주: 1) 선물은 명목원금(계약수×거래가격×거래승수를 곱한 금액)이고, 옵션은 거래계약에 수반하여 지불된 대금(프리미엄)으로 선물과 옵션의 계약금액을 단순 비교할 수 없음.
자료: 한국증권선물거래소, 증권선물.

은 거래가 활성화되지 못하고 있다.

최근 들어 한국의 파생금융상품시장은 크게 발전하고 있으나 1990년대 중반 이전에는 선물환시장 이외에는 별다른 시장이 없었다. 이는 국내금융시장에 대한 정부의 광범위한 규제로 금융자산가격이 경직성을 보여왔기 때문에 가격변동위험헷지를 위한 파생금융상품의 필요성이 크지 않았던 데 주로 기인한다. 그러나 대외거래와 관련해서는 일찍부터 환율변동위험을 헷지할 필요성이 있었다. 1968년 외국환은행에 대해 선물환거래가 일부 허용된 이래 그 범위가 넓어졌고 금리스왑이나 선물, 옵션 등의 거래도 점차적으로 허용되었다.

특히 1999년 4월 「외국환거래법」의 실수요원칙 폐지를 계기로 외환파생상품 거래가 자유화됨으로써 외국환은행 및 종합금융회사는 일부 허가대상을 제외한 거의 모든 외환파생상품을 자유롭게 거래할 수 있게 되었다. 다만 일반기업의 경우에는 일부거래를 제외하고는 외국환은행 및 종합금융회사를 거래상대방으로 하여 외환파생상품거래를 하도록 하고 있다.

주가지수 및 금리관련거래도 1990년대 중반 이후 빠른 속도로 늘어나고 있다. 이는 금융자율화 및 개방화의 진전으로 금융시장 가격변수의 변동성이 커짐에 따라 파생금융상품에 대한 수요가 점차 늘어나고 이에 대응한 관련법

[표 7-4] 한국의 파생금융상품 거래[1] (단위: 10억원)

구 분	2005년	2006년	2007년					
				은행	증권	보험	신탁	기타
주식관련(1~7)	32,150,152	37,768,737	54,375,384	101,954	50,458,518	58,491	641,283	3,113,138
(1) 주식선도	0	0	1,922	0	1,895	0	28	0
(2) 주식선물	1,909,701	2,521,778	3,816,521	66,050	3,437,034	30,547	239,173	43,717
(3) 주식스왑	2,450	6,334	16,967	2,502	13,050	0	1,352	64
(4) 주식옵션(장내)	30,196,467	34,600,375	49,870,798	23,967	46,358,801	27,520	391,152	3,069,356
(5) 주식옵션(장외)	41,533	104,672	76,819	9,390	62,107	1,423	3,899	0
(6) 주식ELW(장내)		481,528	509,210	45	509,165	0	0	0
(7) 주식ELW(장외)		54,050	83,147	0	77,466	0	5,681	0
금리(8~12)	2,607,835	3,037,340	4,840,610	3,391,465	712,963	39,394	177,132	519,717
(8) 금리선도	48,076	60,285	111,864	91,910	18,447	5	1,502	0
(9) 금리선물	2,058,630	1,963,661	2,933,465	1,593,997	610,006	39,139	172,552	517,772
(10) 금리스왑	470,661	934,178	1,666,957	1,579,151	82,690	95	3,075	1,945
(11) 금리옵션(장내)	0	447	150	0	150	0	0	0
(12) 금리옵션(장외)	30,468	88,770	128,174	126,407	1,670	95	2	0
통화(13~17)	3,667,617	4,016,805	7,069,163	6,472,938	155,478	14,581	303,845	122,321
(13) 통화선도	3,153,274	3,315,037	5,820,252	5,516,221	131,569	5,860	137,144	29,457
(14) 통화선물	252,284	268,063	546,701	273,741	15,674	3,508	162,416	91,362
(15) 통화스왑	138569,	247,731	376,944	358,114	7,830	5,213	4,286	1,501
(16) 통화옵션(장내)	0	0	0	0	0	0	0	0
(17) 통화옵션(장외)	123,490	185,974	325,266	324,862	404	0	0	0
신용관련(18+19)		2,294	2,943	2,853	90	0	0	0
(18) 신용부도스왑		1,333	1,084	994	90	0	0	0
(19) 총수익스왑		961	1,859	1,859	0	0	0	0
합 계	38,425,604	44,825,177	66,288,105	9,969,210	51,328,048	113,406	1,122,260	3,755,174

주: 1) 집계대상은 은행, 증권, 보험, 종금, 카드, 선물 및 간접투자운용기구 포함.
자료: 금융감독원.

규 및 제도의 정비가 이루어지는 등 주변 여건이 크게 개선되었기 때문이다.

장내 및 장외시장별 연혁을 보면, 먼저 한국증권거래소에서 1996년 5월과 1997년 7월에 KOSPI200을 대상으로 선물과 옵션시장을 개설함에 따라 장내시장을 갖게 되었다. 1999년 4월 한국선물거래소가 개설되면서 CD금리선물, 달러선물, 달러옵션, 금리선물이 도입된 데 이어 같은 해 9월에는 3년국채선물

[표 7-5] 한국의 파생금융상품 잔액[1]　　(단위: 10억원)

구 분	2005년 말	2006년 말	2007년 말					
				은행	증권	보험	신탁	기타
주식관련(1~7)	48,265	89,717	108,666	10,755	87,494	2,978	7,449	0
(1) 주식선도	0	0	490	0	490	0	0	0
(2) 주식선물	4,846	2,447	4,484	171	589	1,345	2,379	0
(3) 주식스왑	1,570	1,896	7,879	1,848	5,820	0	211	0
(4) 주식옵션(장내)	15,837	18,765	15,173	60	12,075	70	2,967	0
(5) 주식옵션(장외)	26,012	25,813	38,024	8,677	26,695	1,562	1,090	0
(6) ELW(장내)		20,732	27,959	0	27,959	0	0	0
(7) ELW(장외)		20,074	14,657	0	13,856	0	801	0
금리관련(8~12)	813,075	1,397,515	2,561,138	2,434,298	118,409	2,292	4,025	2,115
(8) 금리선도	18,348	16,245	25,131	25,118	8	5	0	0
(9) 금리선물	16,691	23,680	28,688	20,946	4,761	565	2,416	0
(10) 금리스왑	726,023	1,245,132	2,331,781	2,218,124	108,805	1,129	1,608	2,115
(11) 금리옵션(장내)	0	0	256	0	256	0	0	0
(12) 금리옵션(장외)	52,013	112,459	175,282	170,110	4,579	593	1	0
통화관련(13~17)	863,127	1,138,360	2,102,401	1,972,793	48,853	24,378	54,950	1,427
(13) 통화선도	543,763	660,920	1,263,931	1,195,740	28,529	4,773	34,668	222
(14) 통화선물	10,161	13,254	41,573	21,217	710	238	19,346	61
(15) 통화스왑	263,951	390,252	630,858	590,162	19,267	19,367	919	1,144
(16) 통화옵션(장내)	0	0	0	0	0	0	0	0
(17) 통화옵션(장외)	45,252	73,935	166,039	165,674	347	0	18	0
신용관련(18+19)		2,708	3,894	3,814	80	0	0	0
(18) 신용부도스왑		1,447	2,251	2,171	80	0	0	0
(19) 총수익스왑		1,262	1,644	1,644	0	0	0	0
합 계	1,724,468	2,628,301	4,776,100	4,421,660	254,826	29,648	66,623	3,542

주: 1) 집계대상은 은행, 증권, 보험, 종금, 카드, 선물 및 간접투자운용기구 포함.

이, 2001년 1월에는 코스닥50선물이 도입되었다.

장외 파생금융상품시장의 경우 통화관련 파생상품과 금리관련 파생상품시장이 활성화되어 있으며 주식관련 파생상품시장은 활성화되지 못하고 있다.

① 통화관련 파생상품시장의 주요 참여자는 외국환은행이며 선물환거래가 대부분을 차지하고 있다. 이는 1999년 4월부터 허용되어 지속적으로 증가해 온 차액결제선물환(NDF)거래와 이에 수반되는 외환스왑거래 수요의 확대에 주로 기인한다.

② 금리관련 파생상품시장에서는 금리스왑, 금리옵션, 선도금리계약 등이 거래되고 있다. 이 중 금리스왑은 국내 대형은행과 외국은행 국내지점을 중심으로 2000년경부터 본격적으로 거래되기 시작했다. 자산운용회사, 보험회사 등이 포트폴리오 듀레이션(duration) 조정을 위해, 은행이 금리변동 위험헷지 등을 위해 적극 참여함에 따라 시장규모가 크게 증가하는 추세이다.

③ 금리옵션 및 선도금리계약의 경우에는 시장이 형성되고는 있으나 기간물 단기금융시장(term money market)의 취약, 위험헷지 수단의 미비 등으로 거래가 크게 활성화되지 않고 있다.

한편 파생금융상품의 거래규모는 지난 2000년 이후 가속적으로 늘어나 2007년에는 6경 6,288조원에 이르러 GDP의 약 73.5배, 총 유동성(L)의 약 32배에 달하였다. 이 중 주식 관련거래가 5경 4,375조원(82.0%)으로 으뜸을 차지했고 통화관련 거래 7,069조원(10.7%) 금리 관련거래 4,841조원(7.3%)순이었다.

이를 장내 및 장외거래로 나누어 보면 주식옵션이 대부분인 전자는 5경 7,677조원(87.0%)이었고, 통화선도가 많은 장외거래는 8,611조원(13.0%)이었다. 거래기관별로 보면 증권회사 취급거래가 5경 1,328조원(77.4%)으로 가장 많았고, 그 다음이 은행 9,969조원(15.0%), 신탁 113조원(1.7%) 등이었다.

파생금융상품의 잔액은 2007년 말 현재 4,776조원으로 최근 3년 동안 연평균 70% 가까이 늘어나고 있다. 거래규모와는 달리 금리관련 및 통화관련 잔액이 2,561조원(53.6%) 및 2,102조원(44.0%)으로 많고 그 다음이 주식관련 109조원(2.3%), 신용관련 4조원(0.85%) 순이다. 금융기관별로는 은행보유잔액이 4,422조원(92.6%)으로 절대다수를 차지하고 있고 증권회사(255조원), 신탁(67조원), 보험회사(30조원) 등의 순이다.

2. 주가지수선물시장

주가지수 선물매매는 주식시장과 동시에 거래를 개시하여 주식시장 종료 15분 후에 거래를 마친다. 그 이유는 확정된 현물포지션에 대해 자신의 투자 목표 내지 전략에 맞게 선물포지션을 조정할 수 있는 기회를 주기 위해서이다. 거래최종일에는 주식시장이 끝나면 최종결제가격이 확정되므로 더 이상 선물을 거래할 이유가 없다.

거래의 체결은 주식시장과 마찬가지로 개별 경쟁매매방식으로 가격, 시간, 수량의 우선 원칙에 따라 이루어진다. 선물거래의 가격제한폭은 기준가격대비 상하 10%이다. 기준가격은 전일의 종가(기세 포함)이다. 전일 종가가 없는 경우에는 최근일의 종가로 한다.

한국증권선물거래소(Korea exchange: KRX)는 시장의 가격안정화를 도모하기 위하여 선물의 일시적 거래중단(circuit breakers)을 시행하고 있다. 전일의 약정수량이 가장 많은 선물종목의 가격이 상한가 또는 하한가로 1분 이상 지속되는 경우에는 모든 선물종목의 거래가 5분간 중단된다.

KRX에 상장되어 거래되는 달러선물 1계약의 사정증거금은 500만원, CD 금리선물은 100만원, 금(金)선물은 100만원이다. 달러선물 6계약을 거래하고 싶은 투자자는 주문을 내기 전에 3,000만원 이상의 현금이나 이에 상응하는 유가증권이 선물계좌에 있어야 한다. 거래계약단위는 달러/원 선물은 50,000달러, CD선물은 액면가 5억원, 금선물은 순도 99.99% 이상의 금괴 1kg, 달러/원 옵션은 10,000달러로 규정하고 있다. 결제방법은 CD선물은 현금결제이고 나머지 상품은 실물의 인도 · 인수로 이루어진다.

(1) KOSPI200선물시장

KRX에서 거래하는 주가지수선물은 KOSPI200을 그 대상지수로 한다. 거래대상이 유형의 실물이 아니라 기술적으로 수도(受渡)가 불가능한 무형의 지수이므로 반대매매를 통하여 만기일 전에 포지션을 청산하든지, 아니면 만기일에 그 차액을 현금으로 결제한다. 거래방식은 전산거래방식을 채택하고 있다. 통신 및 IT 기술의 발전에 따라 상업통신망 및 인터넷 등을 통한 재택거래(home trading)도 가능하다.

KOSPI200선물시장은 3월, 6월, 9월 및 12월의 두번째 목요일(휴장일인 때에는 순차적으로 앞당김)을 최종거래일로 하는 4개의 결제월물을 대상으로 한다. 4개의 결제월물중 최종거래일이 된 종목의 경우에는 현물시장이 마감될 때 최종결제가격이 확정된다.

주식시장의 휴장일을 제외하고 호가접수시간 기준으로 매일 08:00~15:15에 개장되며 현물시장과 달리 시간외거래는 성립되지 않는다. 개장시간은 거래체결방식에 따라 단일가격방식이 적용되는 08:00~09:00 및 15:05~15:15과 복수가격방식이 적용되는 09:00~15:05으로 나누어진다.

KOSPI200선물의 거래단위는 '계약'으로 표시되며 1계약의 거래금액은 선물가격(약정지수)에 50만원(거래승수)을 곱하여 구해진다. 선물계약의 호가단위(tick)는 0.05포인트(25,000원)이며 호가방식은 지정가, 시장가, 조건부지정가 및 최유리지정가 호가가 적용된다.

KOSPI200선물시장에서는 결제월물과 함께 결제월물간 가격차이를 거래대상으로 하는 선물스프레드가 상장되어 있다. 선물스프레드의 종목은 최근월물과 나머지 원(遠)월물 간의 3개로 구성되며 원월물을 기준으로 매도 · 매수로 구분된다. '스프레드 매도'는 원월물 매도 및 최근월물 매수를, 그리고 '스프레드매수'는 원월물 매수 및 최근월물 매도를 말한다.

선물스프레드의 가격은 원월종목의 가격에서 최근 월종목의 가격을 뺀가격으로 하며 0, 양수(陽數) 또는 음수(陰數)로 표시한다. 호가단위는 결제월물과 동일한 0.05포인트이고 거래금액은 1포인트당 50만원으로 하여 환산된다. 선물스프레드거래가 체결되면 체결수량과 같은 수량이 해당 스프레드거래에 포함된 최근 월물과 원월물이 동시에 체결된 것으로 처리된다. 원월물의 체결가격은 최근월물의 선물가격에 스프레드거래의 약정가격을 더한 가격으로 한다.

결제는 계약불이행 위험을 해소하기 위해 1일정산방식으로 이루어진다. 1

일정산을 할 때 투자자별손익은 어제의 포지션(미결제약정)이 오늘 마감시까지 유지된 부분에 대해서는 KOSPI200지수의 어제 종가와 오늘 종가차이에 50만원을 곱하여 산출(갱신차금)된다. 오늘 발생하는 새로운 매매에 대해서는 약정가격과 오늘 종가 차이에 50만원을 곱하여 구해진다(당일차금).

KOSPI200선물시장은 결제를 이행하기 위한 담보장치로서 증거금제도를 운영하고 있다. 결제의무를 부담하는 주체에 따라 일반투자자가 증권회사에 대한 결제이행보증금으로 증권회사에 납부하는 위탁증거금과 증권회사가 거래소에 대한 결제이행보증금으로 거래소에 납부하는 매매증거금으로 구분된다.

위탁증거금은 거래단계에 따라 기본예탁금, 주문(또는 개시)증거금, 유지증거금으로 나눈다. (i) 기본예탁금은 처음 주문할 때 또는 미결제약정을 보유할 때 요구되는 최소한도의 예탁금이다. (ii) 주문증거금은 신규위탁증거금, 선물가격변동증거금 및 체결선물스프레드증거금으로 구성된다.[3] (iii) 유지증거금은 매매거래 종료 후의 미결제약정에 대하여 발생할 수 있는 최대순위험을 의미하며 선물가격변동증거금과 체결선물스프레드증거금으로 나누어진다. 산출방식은 주문증거금의 경우와 비슷하나 장이 끝난 후에 미결제약정을 대상으로 그날 종가를 적용하여 산출한다.

KOSPI200선물시장에서도 현물시장과 마찬가지로 투자자보호를 위한 가격제한폭제도와 매매거래중단제도가 운용되고 있다. 개별 종목의 일중 가격변동폭은 전일 종가대비 10% 이내로 제한되며 시장 전체로는 전날 최대거래량을 기록한 종목의 가격이 전일 종가대비 5% 이상 변동하고 이론가격과의 괴리율이 3% 이상인 상태가 1분이상 지속되면 모든 선물거래가 5분간 중단되는 매매중단조치(side car)가 발동된다. 거래를 재개할 때 최초 10분 간은 단일가 방식을 적용한다.

현물시장에서 위와 같은 조치가 발동되면 선물시장거래도 동시에 중단되

3) (i) 신규위탁증거금은 미결제약정을 증가시키는 주문시 요구되고, (ii) 선물가격변동증거금은 선물종목에 관계없이 총매도 및 총매수수량의 차이로 구해지는 미결제약정을 대상으로 KOSPI200의 어제 종가기준으로 15% 범위 내에서 변동할 경우 최대손실 가능액으로 산출하며, (iii) 체결선물스프레드증거금은 선물가격변동증거금이 선물종목별 차이를 반영하지 않는 문제점을 해결하기 위한 것이다.

참고 7-2　　KOSPI200선물의 이론가격 산정공식

(1) $P = S \times [1 + r \times (T/365)] - D$

P: 이론가격,　S: KOSPI200
r: 증권업협회가 산출하는 CD(91일물) 유통수익률
T: 이론가격산정일로부터 최종거래일까지의 일수
D: 선물배당액지수

(2) $D = (C/V) \times [1 + r \times (t/365)] \times 100$

C: KOSPI200 구성종목 중 이론가격산출대상기간중 배당락되는 종목의 직전사업연도 현금배당액
V: 전일 KOSPI200의 기준시가총액
t: 배당락일로부터 최종거래일까지의 일수

며 이를 선물시장의 가격급변동에 의한 조치와 구별하여 「현물시장의 매매중단에 의한 조치」라고 부른다. 하루중 현물시장 매매중단에 의한 조치 발동 이후에는 선물시장의 가격급변동에 의한 조치는 발동되지 않는다.

이 밖에도 선물시장의 가격급변동이 현물시장에서의 매매에 의해 증폭되지 않도록 프로그램매매 체결지연제도가 운영되고 있다. 선물시장에서 전날 최대거래량을 기록한 종목의 가격이 전일종가 대비 5% 이상 변동하여 1분 이상 지속되면 현물시장에서 프로그램매매 호가의 효력이 5분간 정지된다. 이는 프로그램매매가 현물시장과 선물시장 간의 가격격차를 겨냥한 차익거래의 일환으로 이루어지고 있는 데 기인한다.

(2) KOSDAQ50선물시장

이 시장은 결제월물 수 및 최종거래월일, 개장시간 등은 KOSPI200선물시장과 같다. 그러나 개인투자자 위주의 KOSDAQ시장 특징 등으로 인해 거래승수, 호가방식, 계약이행 담보장치 및 투자자 보호장치 등이 부분적으로 다르다. 우선 최소 거래단위인 '계약'의 금액환산시 포인트당 20만원이 적용된다. 호가방식이 지정가호가와 시장가호가로 이원화되는 외에 국채선물 등 다른 품목 또는 결제월이 다른 종목의 동시체결을 조건으로 하는 복합주문이 가능하다.

주문전달 즉시 체결가능수량은 체결하고 미체결잔량은 당일 장중(場中) 동

[표 7-6] KOSPI200 및 KOSDAQ50 선물시장의 비교

	KOSPI200		KOSDAQ50선물
	선 물	선물스프레드	
결제월	3월, 6월, 9월, 12월 (최장거래기간 1년)	최근월물과 원월물(3개)간 3개 결제월 종목	KOSPI200선물과 동일
최종거래일	각 결제월의 두 번째 목요일(휴장일인 경우에는 직전 영업일)		
매매거래시간	09:00~15:15 (최종거래일에는 09:00~14:50)	09:00~15:05 (최종거래일에는 09:00~14:50)	KOSPI200선물과 동일
거래단위	계약 (선물가격×50만원)	계약 (스프레드가격×50만원)	계약 (선물가격×20만원)
호가단위	0.05포인트(25,000원)		0.05포인트(10,000원)
가격표시방법	양수	양수, 0, 음수	양수
호가의 종류	지정가, 시장가, 조건부지정가, 최유리지정가(지정가호가 외에는 최근월물만 도입)	지정가	지정가, 시장가
가격제한폭	전일 종가의 상하 10%	없음 (호가한도가격을 벗어나는 경우 호가는 접수거부)	KOSPI200선물과 동일
매매거래중단제도(circuit breakers)	-전날 거래량이 가장 많은 종목의 가격이 전일 종가대비 5%(코스닥50선물의 경우 7%) 이상 변동하고 괴리율이 3% 이상 확대되어 1분 이상 지속 →모든 선물거래를 5분간 중단(1일 1회) -주가지수(KOSPI 또는 코스닥지수)가 10% 이상 하락한 상태가 1분간 지속되어 주식시장의 매매거래가 20분간 중단되는 경우		
프로그램매매 체결지연제도 (side car)	-전날 거래량이 가장 많은 선물 종목의 가격이 전일 종가 대비 5%(코스닥50선물의 경우 6%) 이상 변동하여 1분 이상 지속되는 경우 →거래소 현물시장에서의 프로그램매매 호가의 효력을 5분간 정지(1일 1회)		
위탁증거금	기본예탁금: 1,500만원 개시증거금률: 15% 유지증거금률: 10%		기본예탁금: 없음 개시증거금률: 15% 유지증거금률: 10%

안 주문장에 체결 대기시키되 (i) 장 종료 후의 미체결주문은 모두 취소되는 당일조건(fill and store: FAS), (ii) 주문 즉시 전량이 체결되지 않으면 주문이 자동취소되는 전량조건(fill or kill: FOK), (iii) 주문 즉시 체결 가능한 수량만 거래가 성립되고 나머지는 자동취소되는 충족조건(fill and kill: FAK) 등으로의 주문이 가능하다.

계약이행 담보장치에 있어서는 KOSPI200선물시장에서와 같은 기본예탁금이 적용되지는 않으나 주문시 KOSDAQ50선물의 가격대별로 세분화된 계약당 주문증거금을 납입하여야 한다. 가격변동증거금은 종목별 미결제약정에 개시증거금률(15%)을, 그리고 유지증거금은 증거금률(10%)을 적용하여 산출된다.

투자자보호장치의 경우 KOSPI200선물시장에서와 마찬가지로 가격제한폭이 전일 종가의 10%이고 선물시장의 가격 급변동에 의한 매매거래중단, 현물시장 매매거래중단에 의한 매매거래중단 및 지연조치가 적용되고 있으나 발동요건에 있어 차이가 있다. 즉 KOSDAQ50선물시장의 가격 급변동에 의한 조치는 전날 최대거래량을 기록한 종목의 가격이 전일종가대비 7% 이상(KOSPI200선물의 경우 5% 이상) 변동하고 이론가격과의 괴리율이 3% 이상인 상태가 1분 이상 지속되면 발동된다. 매매거래지연조치는 전일종가대비 6% 이상 변동하여 1분 이상 지속되면 발동된다.

(3) STAR지수선물시장

이 시장은 거래가 부진한 KOSDAQ50선물시장을 대체함으로써 KOSDAQ시장에 효율적인 위험관리수단을 제공하고 시장의 질적 수준을 높이기 위해 2005년 11월 개설되었다. 기본예탁금(1,500만원)은 KOSPI200선물 · 옵션 및 주식옵션과 통합하여 적용된다. 가격제한폭은 전일종가의 10%이고 결제월물, 최종거래일, 개장시간 등은 KOSPI200선물시장과 같다.

[표 7-7] KOSPI200선물과 STAR지수선물의 비교

	KOSPI200선물	STAR지수선물
거래단위	KOSPI200지수×50만원	KOSDAQ스타지수×1만원
결제월	3월, 6월, 9월 12월	
최소가격 변동폭	0.05포인트	0.50포인트
최소가격 변동금액	25,000(50만원×0.05)	5,000원(1만원×0.50)
거래시간	09:00~15:15(최종거래일 09:00~14:50)	
최종거래일	각 결제월의 두 번째 목요일(휴장일인 경우에는 직전 영업일)	
결제방법	현금결제	
가격제한폭	기준가격 대비±10%	
위탁증거금	기본예탁금: 1,500만원 주문증거금률: 15% 유지증거금률: 10%	
매매거래 중단제도 (circuit breakers)	-전날 거래량이 가장 많은 종목의 가격이 전일 종가대비 5%(스타지수선물의 경우 6%) 이상 변동하고 괴리율이 3% 이상 확대되어 1분 이상 지속 ⇒모든 선물거래를 5분간 중단(1일 1회) -주가지수(KOSPI지수 또는 KOSDAQ지수)가 10% 이상 하락한 상태가 1분간 지속되어 주식시장의 매매거래가 20분간 중단되는 경우 ⇒모든 선물거래를 20분간 중단(1일 1회)	
프로그램매매 체결지연제도 (side car)	-전날 거래량이 가장 많은 선물 종목의 가격이 전일 종가대비 5%(스타지수선물의 경우 6%) 이상 변동하여 1분 이상 지속되는 경우 ⇒주식시장에서의 프로그램매매 호가의 효력을 5분간 정지(1일 1회)	

3. 금리선물시장

금리선물거래 도입 초기에는 선물거래가 갖는 잠재적 위험 때문에 관련 법률 및 감독규정 등에 의하여 금융기관의 금리선물거래를 제한하거나 금지하는 경우가 많았다. 이에 따라 금리선물거래에 참여하는 기관투자가는 선물회사와 일부 은행으로 국한되어 거래가 전반적으로 부진한 가운데 개인투자자의

투기적 거래가 전체 거래의 상당부분을 차지하는 현상도 나타났다.

정부는 기관투자자들의 참여 확대를 통한 시장활성화를 위해 2000년 상반기중 개별 금융기관의 금리선물거래를 제한하는 규제들을 폐지하였다. 그 결과 2000년 하반기부터는 기관투자자들의 참여가 많아지면서 거래량도 크게 늘어났다. 금리선물거래가 차지하는 비중(계약수 기준)은 2000년중 절반을 넘어선 51.8%를 나타낸 이후 꾸준히 커지고 있는 추세이다.

한편 2001년 1월부터는 국채현물시장과 국채선물시장의 개장시각을 오전 9시로 일치시켰다.[4] 그 이유는 거래 및 개장시각의 불일치는 국채현·선물시장간의 연계거래를 불편하게 하는 등 국채선물거래를 위축시키는 요인으로 작용하였기 때문이다.

2002년에 들어 금리선물의 가격변동성이 축소된 데다 주문입력 오류의 가능성을 줄이고자 국채선물의 주문가격 제한범위를 전일 선물가격종가 기준으로 종전의 ±6.00에서 ±4.00 범위 이내로 축소하였다. 2003년 3월부터는 국채의 통합발행(fungible issue)과 함께 국고채권의 이자지급주기가 3개월에서 6개월로 늘어남에 따라 국채선물의 거래대상채권을 3개월 이자지급 국고채권에서 6개월 이자지급 국고채권으로 변경하였다. 최종결제기준채권도 복수의 채권에서 하나 이상의 채권으로 변경하였다.

(1) 거래소제도

시카고의 BOT 등 역사가 긴 일부 선물거래소에서는 특정장소에 거래원들이 모여 육성 또는 수신호로 거래를 체결하는 공개호가방식(open-outcry auction system)을 취하고 있다. 그러나 다른 나라에서는 정보기술의 발달과 함께 1990년대 중반 이후부터 전자거래방식을 채택하는 거래소가 늘어나는 추세이다.

한국에서 금리선물은 KRX에서 거래되고 있다. 거래소는 주문접수, 거래체결 및 통보과정이 전산시스템에 의하여 자동적으로 수행되는 전자거래방식

4) 국채현물시장의 경우 거의 모든 거래가 장외시장에서 이루어짐에 따라 거래개시시각이 따로 정해져 있지 않다. 관행적으로 9시부터 채권거래가 이루어지고 있는 반면 국채선물시장의 개장시각은 2000년 말까지 9시 30분으로 운영되어 왔다.

을 택하고 있다. 결제업무와 관련하여 선진국과는 달리 별도의 독립된 청산기구를 두지 않고 거래소가 청산 및 결제기능을 담당하는 부서를 두어 운영하고 있다. 거래소는 회원사의 파산 등으로 계약이행이 불가능할 경우에 대비하여 다른 회원들이 연대책임을 지는 방편의 하나로 손해배상공동기금을 적립토록 하고 있다.

KRX에 상장된 금리선물거래의 체결가격은 가격 및 시간우선의 원칙에 따라 결정된다. 거래소는 금리선물거래에 있어서 주문가격제한을 두고 있으나 매매거래중단제도를 운영하지 않고 있다. 이는 주가지수선물의 거래대상인 주식은 거래소에서 매매거래중단제도를 운용하는 반면 금리선물은 거래대상인 채권, CD 등이 주로 장외시장에서 거래되기 때문이다.

(2) 장단기금리선물시장

KRX에 상장되어 있는 금리선물은 기초자산의 만기에 따라 3년국채선물, 5년국채선물 등 장기금리선물과 통화안정증권금리선물, CD금리선물 등 단기금리선물로 구분한다. 국채선물의 거래대상채권은 최종결제일 현재 잔존 만기 3년, 액면금액 1억원, 표면금리 8%로 반기별로 이자를 지급하는 가상의 국고채권이다. 선물증권가격의 표시방법은 액면금액 1억원을 100으로 환산하여 소숫점 둘째자리까지 표시한다. 만일 가상 국고채권의 가격이 1억 450만원이라면104.50으로 표시한다. 최소가격 변동폭인 1tick의 크기는 0.01이다. 국채선물가격 1tick의 가치는 가상채권 가격의 10,000원(=0.01×1억원/100)에 해당된다.

최종결제방법은 대다수의 선물거래소에서 채택하고 있는 현물인도결제(delivery settlement)방식이 아닌 현금결제(cash settlement)방식을 택하고 있다. 만기일에 정해진 거래대상채권의 가격으로 현물채권을 직접 인도하는 대신에 거래소가 정한 최종결제가격과 만기까지 보유한 선물가격과의 차액만을 정산하는 것이다.

국채선물의 결제월 주기는 3개월 단위로 3, 6, 9, 12월이며 이 중 2개 최근월물만 상장되어 거래되고 있다. 최종결제일은 해당결제월의 세 번째 수요일로 휴장일인 경우 순연된다. 거래시간은 월요일부터 금요일까지는 오전 9시부

그림 7-2 금리선물거래의 경로

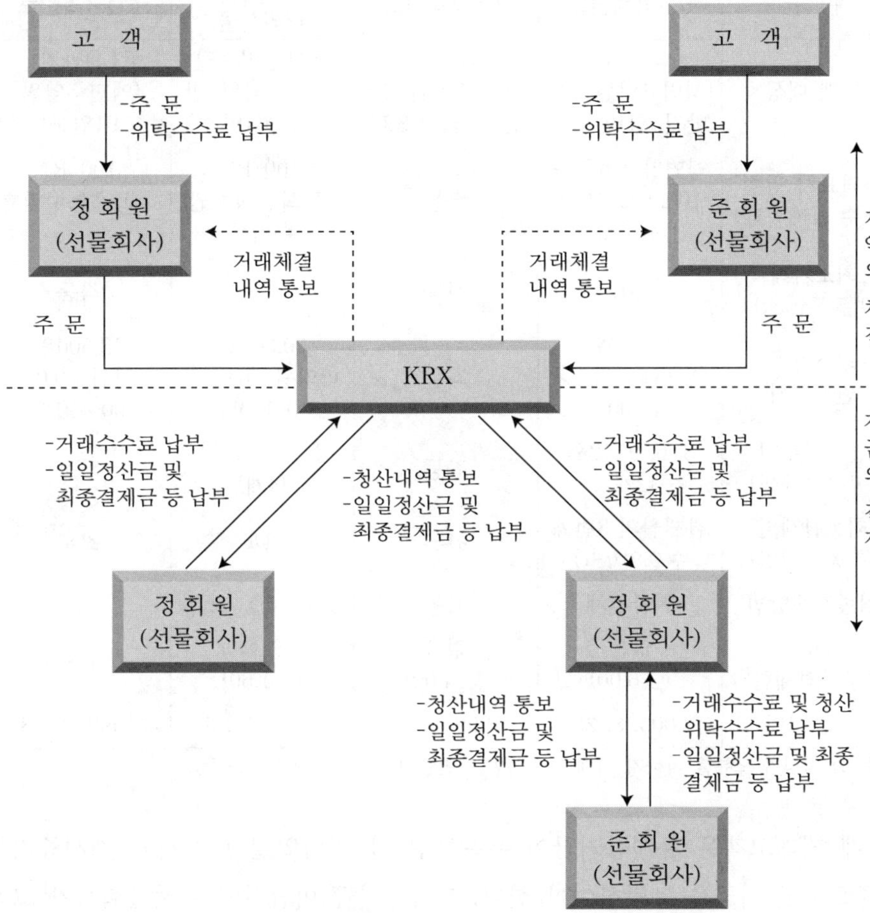

터 오후 3시까지이며, 결제일 직전영업일인 최종거래일에는 오전 9시부터 11시 30분까지만 거래한다.

투자자가 선물거래를 하기 위해서는 거래단계별로 정해진 증거금을 선물회사에 개설된 자기 계좌에 예치하여야 한다. 이러한 증거금에는 주문증거금, 개시증거금, 유지증거금, 추가증거금이 있다. 증거금요청은 선물회사가 거래고객에게 추가증거금을 납입하도록 통보하는 행위이다. 추가증거금의 요구가 있

[표 7-8] 선물시장별 매매제도 비교

구 분	5년국채선물	3년국채선물	통화안정증권 금리선물	CD금리선물
거래 대상	국고채 (액면 1억원, 5년 만기, 금리 8%)	국고채 (액면 1억원, 3년 만기, 금리 8%)	통화안정증권 (액면 2억원, 만기 364일)	CD만기 (액면 5억원, 91일물)
가격표시 방법 (소수 둘째자리)	액면가 1억원을 '100.00'으로 환산하여 표시	좌동	100-R* *통화안정증권 수익률	100-R* *CD유통수익률
최소가격 변동폭(tick)	0.01	좌동	좌동	좌동
최소가격 변동가치	10,000원 (1억원×0.01×1/100)	좌동	20,000원 (2억원×0.01×1/100)	12,500원 (5억원×0.01×1/100×91/364)
결제월주기 (상장결제월)	3, 6, 9, 12월 (2개)	좌동	3, 6, 9, 12월 (4개)	좌동
최종결제일 (최종거래일)	결제월의 3번째 수요일(*t*-1)	좌동	좌동	좌동
최종결제방법	현금결제	좌동	좌동	좌동
가격제한폭 (주문가격제한[1])	없음 (±6.00)	없음 (±4.00)	없음 (±1.50)	좌동
도입 시기	2003. 8. 22	1999. 9. 29	2002. 12. 6	1999. 4. 23

주: 1) 지정가 오류를 피하기 위해 기술적인 측면에서 주문가격제한폭을 둠.

을 때 거래고객은 유지증거금이 부족해진 날 익영업일 12시까지 개시증거금 수준으로 증거금을 예탁하여야 한다. 추가증거금 미납시에는 선물회사가 고객의 미결제약정을 처분한다.

금리선물거래는 매일 시가로 산정된 선물가격, 즉 1일정산가격을 기준으로 정산한다. 선물가격 상승시 선물매수자는 전일 선물포지션의 선물가격과 금일 1일정산가격과의 차이만큼 금액을 받고 선물매도자는 그 차이만큼 금액을 지급한다.

4. 주가지수옵션시장

1997년 7월 당시의 한국증권거래소에 KOSPI200옵션시장이 열린 데 이어 2001년 11월 KOSDAQ50옵션시장이 열렸다. 2002년 1월에는 기초자산을 주가지수가 아닌 개별주식의 주가로 하는 주식옵션거래가 시작되었다. 그 후 한국증권거래소 및 한국선물거래소 통합에 앞서 2004년 1월부터는 KOSPI200옵션 및 주식옵션시장이 한국선물거래소로 이관되어 거래되었다.

주가지수선물과 주가지수옵션이 같은 대상물을 거래하고 상호 보완관계에 있으므로 KRX는 주가지수옵션의 거래제도를 주가지수선물의 경우와 같거나 비슷하게 하여 선물 · 옵션간 연계거래의 편리성을 높였다. 거래시간, 거래개시일, 최종거래일, 차금결제제도, 일시 거래중단제도 등 두 시장 모두 같으며선물 · 옵션계좌를 개설하면 두 상품을 모두 거래할 수 있다.

또한 KRX는 선물 · 옵션을 통털어 국제적인 표준증거금제도인 포트폴리오 위험기준 증거금제도(portflolio risk-based margin system)를 도입하여 투자자의 자금부담 경감, 증권시장의 질적 향상 및 시장유동성 증대에 노력하고 있

[표 7-9] 주가옵션시장의 계약조건: 한국

대상지수	KOSPI 200
결제(만기)월	근월 3월과 3, 6, 9, 12월 중 3개(6종목)
거래시간	(09:00~15:15) 현물보다 15분 늦게 종료. 단 최종결제일은 10분 일찍 종료
거래단위	KOSPI 200×10만원
호가단위	3포인트 이상이면 0.05포인트(5천원), 미만이면 0.01포인트
가격제한폭	없음(비정상호가는 접수거부)
기본예탁금	신규거래시 위탁자는 3,000만원 이상을 예탁
위탁증거금	포트폴리오 위험을 기준으로 산출. 위탁증거금률: 15%(현금위탁증거금률: 5%), 유지위탁증거금률: 10%
위탁수수료	0.09%(위탁수수료율 상한) 범위 내에서 회원 자율결정
거래개시일	최종거래일 익일(휴장일인 경우 순연)
최종거래일	결제월의 두 번째 목요일(휴장인 경우 순차적으로 앞당김)

다. 즉 선물과 옵션을 통합하여 포트폴리오의 위험을 기준으로 위탁증거금과 매매증거금을 산출한다. KOSPI200 주가지수옵션도 거래대상이 실체가 없는 추상물인 주가지수이므로 사전에 정한 가격과 결제시점의 주가지수와의 차이를 기준으로 현금결제하고 있다.

(1) KOSPI200옵션시장

이 시장은 개설 이후 KOSPI200선물시장과 연계하여 시장기능을 높이고 투자자보호를 강화하는 방향으로 제도개선이 이루어져 왔다. 기본예탁금 조성과 호가유형 다양화가 이루어졌으며 옵션 결제월별 권리행사가격의 수도 늘어났다. 아울러 투자자보호를 위해 자동권리행사기준을 종전 0.02포인트에서 0.01포인트로 낮추어 권리 미행사에 따른 이익상실 가능성을 최소화하였다. 이 시장에서도 옵션투자와 주식투자의 기대수익이 같다는 전제 아래 이론가격이 작성, 발표되고 있다. 그러나 주가지수선물시장과 달리 이론가격 산정방식이 일원화되어 있지는 않다.

KOSPI200옵션시장의 거래종목은 권리내용(콜옵션 또는 풋옵션), 결제월 및 권리행사가격에 따라 서로 다르다. 결제월물은 연속 3개월물 3개와 원월물 1개로 구성되는데, 이를 달리 표현하면 3월, 6월, 9월, 12월중 현재 시점과 가까운 2개월물과 이를 제외한 최근 2개월물로 구성된다. 각 결제월물의 최종거래일은 두 번째 목요일이고 최종거래일의 다음날 새로운 결제월물이 상장된다.

KOSPI200옵션의 거래단위는 '계약'이며 1계약의 거래금액은 포인트로 표시되는 옵션가격, 즉 프리미엄에 10만원(거래승수)을 곱하여 구한다. 옵션거래의 최소가격변동폭인 호가단위(tick)는 옵션가격이 3.00포인트 이상인 경우는 0.05포인트 그리고 3.00 포인트 미만인 경우는 0.01포인트로 이원화되어 있다. 결제에 있어서는 거래체결 다음날 KRX를 통해 프리미엄을 주고 받는다. 만기에는 권리행사가 이루어져 그 다음날에 전일 KOSPI200 종가(최종결제가격)와 행사가격의 차이에 해당되는 금액이 매도자계정에서 매수자계정으로 이체된다.

KOSPI200옵션시장에서는 결제이행을 위한 담보장치로서 KOSPI200선물시장과 같이 거래단계별로 기본예탁금, 주문증거금, 유지증거금제도를 운영하

참고 7-3 KOSPI200옵션의 이론가격 산정공식

(1) (풋·콜)옵션이론가격$=2.718281^{-\text{금리}\times\text{산출잔존일수}/365}\times\sum_{k=0}^{40}\frac{40!}{(40-k)!\times k!}$

$\times$주가지수상승확률$^{k}\times$주가지수하락확률$^{40-k}\times$권리행사시(풋·콜)옵션가격

- 주가지수상승확률$=\frac{2.718281^{\text{금리}\times\text{산출잔존일수}/365\times 1/40}-\text{주가지수하락률}}{\text{주가지수상승률}-\text{주가지수하락률}}$

- 주가지수하락률$=1-$주가지수상승확률

(2) 권리행사시풋옵션가격$=$권리행사가격$-$(최종주가지수$-$옵션배당액지수의 합계)$\times$주가지수상승률$^{k}\times$주가지수하락률$^{40-k}$

(3) 권리행사시콜옵션가격$=$(최종주가지수$-$옵션배당액지수의 합계)$\times$주가지수상승률$^{k}\times$주가지수하락률$^{40-k}-$권리행사가격

- 옵션배당액지수$=\frac{\text{현금배당금총액}}{\text{기준시가총액}}\times 100\times 2.718281^{-\text{금리}\times\text{배당잔존기간의 일수}/365}$

- 주가지수상승률$=2.718281^{\text{변동성}\times\sqrt{\text{산출잔존기간의 일수}/365\times 1/40}}$

- 주가지수하락률$=2.718281^{-\text{변동성}\times\sqrt{\text{산출잔존기간의 일수}/365\times 1/40}}$

고 있다. 기본예탁금은 주가지수선물거래와 통합하여 1,500만원으로 설정되어 있다. 주문을 낼때 요구되는 주문증거금은 신규위탁증거금, 옵션가격증거금, 옵션가격변동증거금 및 당일옵션순매수금액으로 구성된다.[5)]

유지증거금은 다음날 거래주문이 없을 경우에도 위탁증거금이 결제담보기능을 다할 수 있도록 장이 끝난 후 미결제약정을 대상으로 그 날의 종가를 적

5) (i) 신규위탁증거금은 옵션매수의 경우 프리미엄으로 그리고 옵션매도의 경우 KOSPI200 전일 종가의 15% 변동시 최대이론가격에서 옵션 전일 종가를 차감한 수치에 10만원을 곱한 금액으로 구한다. (ii) 옵션가격증거금은 종목별 순매도수량에 전일의 옵션종가 및 10만원을 곱하여 산출한다. (iii) 옵션가격변동증거금은 계약당 10,000원을 하한으로 하여 KOSPI200이 전일 종가 대비 15% 범위내 변동할 경우의 최대손실액으로 산출한다. (iv) 당일옵션순매수금액은 그날중 매매거래가 성립된 옵션거래의 각 종목에 대한 매수의 약정금액 합계액에서 매도의 약정금액 합계액을 차감하여 구한다.

용하여 구해지며 옵션가격증거금 및 옵션가격변동증거금으로 구성된다. 다음날의 예탁금추산액이 유지증거금을 밑도는 것으로 나타나면 주가지수선물과 같은 방식으로 자금을 추가로 납입하여야 한다.

KOSPI200옵션시장에서는 투자자를 보호하기 위해 주문가격을 전일 종가의 15% 변동시의 이론가격 이내로 제한하며 선물시장에서 매매거래중단조치가 발동되면 동시에 거래가 중단된다. 옵션매수자는 최종거래일 옵션거래가 끝난 다음 90분 이내에 권리행사 신고를 하여야 하나 권리행사로 인하여 0.01포인트(1,000원) 이상의 행사이익이 발생하는 경우에는 신고가 없더라도 자동적으로 권리행사가 이루어진다.

(2) KOSDAQ50옵션시장

이 시장은 KOSPI200옵션시장과 권리행사유형, 거래단위, 매매거래시간, 결제월물의 수 및 최종거래월일 등은 같으나 권리행사가격의 간격과 수, 최소가격변동폭(호가단위) 등이 부분적으로 다르다. 호가방식 및 투자자보호장치는 KOSDAQ50선물시장과 같은 방식을 채택하고 있다.

최초 상장시 권리행사가격은 결제월물과 관계없이 전일 KOSDAQ50 종가에 가장 가까운 2.5포인트의 정수배수치인 등가격과 이를 기준으로 2.5포인트 간격으로 상하 5개씩 총 11개로 정한다. 이후에는 전일 현물종가를 기준으로 내가격 5개, 외가격 5개 이상이 유지되도록 신규종목을 추가 상장한다. 최소 가격변동폭인 호가단위는 KOSPI200옵션과 마찬가지로 가격(프리미엄)대별로 이원화되어 있다. 옵션가격이 5.00포인트 이상인 경우는 0.05포인트 그리고 5.00포인트 미만인 경우는 0.01포인트로 구분한다.

옵션의 주문증거금은 옵션매수의 경우 프리미엄으로, 옵션매도의 경우 KOSDAQ50 전일종가의 15% 변동시 최대이론가격에서 옵션 전일 종가를 차감한 수치에 10만원을 곱한 금액으로 구해진다. 옵션가격변동증거금 중 개시증거금률은 전일 KOSDAQ50 종가의 15% 변동시, 유지증거금률은 당일 KOSDAQ50 종가의 10% 변동시 최대손실액으로 산출되는 등 KOSPI200옵션시장과 거의 같다.

KOSDAQ50옵션시장에서도 투자자보호를 위해 주문가격을 전일 KOSDAQ50 종가대비 20% 변동시의 이론가격 이내로 제한한다. KOSDAQ50 선물시장의 거래가 중단되거나 재개되는 때에는 지체없이 그와 같게 거래를 중단하거나 재개한다. 또한 내가격 옵션의 경우 최종거래일에 권리행사의 거부 신고를 하지 않는 한 자동적으로 권리행사가 실행된다.

(3) 주식옵션시장

주식옵션시장은 KRX에 상장되어 있는 보통주식 중에서 시가총액이 큰 삼성전자, 국민은행, SK텔레콤, 포스코, KT, 한국전력공사 및 현대자동차 등 7개 회사가 발행한 주식을 기초자산으로 하는 옵션시장이다. 주식옵션은 KOSPI 200옵션과 옵션의 종류, 권리행사유형, 결제월물, 최종거래일, 호가의 종류 등은 같으나 기초자산이 보통주식임에 따라 행사가격 설정, 거래단위, 호가단위, 매매시간 및 결제방식 등 몇 가지 차이점이 있다.

결제월물별 행사가격은 전일 기초주권 종가에 가장 가까운 등가격 1개와 내가격 4개, 외가격 4개 등 총 9개의 권리행사가격을 설정한다. 모든 결제월에 대하여 9개의 권리행사가격을 설정하는 점에서 원월물에는 5개를 설정하는 KOSPI200옵션거래와 다르다. 주식옵션거래의 경우 기초주권의 가격수준이 각각 달라 KOSPI200옵션거래처럼 권리행사가격의 간격을 2.5포인트 또는 5포인트와 같이 일률적으로 설정할 수 없으므로 기초주권 권리행사가격의 수준에 따라 간격을 차등하여 설정하고 있다.

주식옵션의 거래단위는 옵션 1계약을 권리행사할 때 옵션계약자간 주고받는 주식수량으로서 10주로 하고 있다. 이는 기초주권이 상장되어 있는 KRX의 주식매매수량 단위와 일치시킴으로써 주식옵션 권리행사에 따른 실물확보가 쉽도록 하기 위한 것이다. 옵션거래의 최소 가격변동폭인 호가단위는 옵션가격(프리미엄)에 따라 5단계로 차등화되어 있다. 매매거래시간은 KOSPI200선물 · 옵션거래의 경우 최종 거래일이 된 종목의 매매시간이 9시부터 14시 50분까지인 데 반해 주식옵션거래는 최종거래일에도 다른 날과 같게 9시부터 15시 15분까지 매매체결된다.

결제에 있어서는 주가지수옵션의 경우 현금결제방식을 채택하고 있으나 주식옵션은 인도대상물의 선정이 쉬우므로 실물인수도결제방식을 채택하고 있다. 권리행사대금 및 주권에 대해서는 최종거래일(권리행사일)로부터 기산하여 4일째의 날에 주고받게 된다.

[표 7-10] KOSPI200, KOSDAQ50 및 주식옵션시장의 비교

	KOSPI200옵션	KOSDAQ옵션	주식옵션
권리행사유형		유 럽 형	
결제월	연속 3개월물 3개와 3월, 6월, 9월, 12월물 중 근월물 1개		
최종거래일	각 결제월의 두 번째 목요일(휴장일인 경우 순차적으로 앞당김)		
결제일	최종거래일의 다음 거래일(T+1)		최종거래일로부터 4일째(T+3일)
결제방법	현금결제		실물인수도
권리행사의제	내가격옵션 중 0.01포인트 이상	모든 내가격 옵션	내가격옵션 중 5,000원 이상
매매거래시간	09:00~15:15(최종거래일에는 09:00~14:50)		09:00~15:15 (최종거래일에도 동일)
거래단위	계약(프리미엄×10만원)		계약(10주)
행사가격 간격 및 설정수	2.5포인트 단위로 9개* (등가격 1개, 내가격 4개, 외가격 4개)	2.5포인트 단위로 11개 (등가격 1개, 내가격 5개, 외가격 5개)	권리행사가격에 따라 행사간격이 차등되며 9개(등가격 1개, 내가격 4개, 외가격 4개)
호가단위	−3.00P 이상: 0.05포인트 −3.00P 미만: 0.01포인트	−5.00P 이상: 0.05포인트 −5.00P 미만: 0.01포인트	옵션가격수준에 따라 다름
호가유형	지정가, 시장가, 조건부지정가 및 최유리지정가	지정가, 시정가	KOSPI200옵션과 동일
호가한도가격	KOSPI200이 전일종가 대비 15% 변동시 이론가격 이내	코스닥 50이 전일종가 대비 20% 변동시 이론가격 이내	기초주식가격이 전일종가 대비 15% 변동시 이론가격 이내
위탁증거금	기본예탁금: 1,500만원 개시증거금률: 15% 유지증거금률: 10%	기본예탁금: 없음 개시증거금률: 15% 유지증거금률: 10%	KOSPI200옵션과 동일
매매거래 중단	선물시장 거래 중단시		−선물시장 거래중단시 −대상주식 매매중단시

주식옵션시장의 결제이행담보장치 및 투자자보호 장치는 KOSPI200옵션과 같으며 최종결제가격과 권리행사가격 간의 차이가 5,000원 이상인 경우 권리행사의 신고가 없더라도 신고로 간주하여 자동적으로 권리가 행사된다.

〈옵션시장에서의 명암(明暗)〉

우리나라에 KOSPI200선물 · 옵션 상품이 도입된 이래 이들 거래는 그간 놀라운 속도로 늘어나고 있다. 이러한 성공에 힙입어 선물 · 옵션 시스템의 해외 적용이나 선진 파생금융시장과의 연계 가능성도 높아지고 있다. 하지만 이 같은 긍정적 측면에 가려져 선물 · 옵션시장의 부작용은 크게 드러나지 않고 있다. 금융감독원의 조사에 따르면 그동안 파생금융상품 거래로 외국인투자자 및 기관투자가들은 큰 이익을 본 반면 개인투자자들은 매년 수천억원에 달하는 손실을 기록한 것으로 알려지고 있다.

한국의 파생금융상품 시장은 개인투자자의 비중이 매우 높다. 그 이유는 첫째, 파생금융상품에 투자하는 사람들에게 투자행위에 따르는 위험이 잘 인지되지 않고 있기 때문이다. 진입을 제한하는 방식에 있어 선진국의 경우 'know-your-customer' 원칙을 준용하고 있으나 한국은 '기본예탁금'제도를 택하고 있다. 초기에 3,000만원으로 책정됐던 기본예탁금은 '거래활성화'를 취지로 500만원으로 내린 후 시장의 위험성을 이해하지 못한 투자자들이 시장에 무분별하게 참여하게 됐다.

둘째, 한국 특유의 만기일 결제가격 결정방식 때문이다. 선물 · 옵션시장의 결제가격은 만기가 돌아온 선물 · 옵션의 거래가 오후 2시 50분에 끝난 뒤 10분간의 동시호가를 통해 결정된다. 따라서 이미 거래를 마친 선물 · 옵션 투자자들의 손익은 동시호가 동안의 매매에 의해 좌우된다. 선물 · 옵션시장 만기일의 변동성은 이 마지막 10분간에 집중돼 있으며, 이로 인해 만기일의 거래는 결제가격에 전혀 영향을 미칠 수 없는 개인투자자들에게는 도박이나 다름없다.

이제라도 거래위험에 대한 적절한 고지(告知), 투자자의 이해가 감안된 계좌개설 및 결제지수 결정방식의 개선등을 고려해야 한다. 예를 들어 많은 주식시장들이 만기일의 변동성을 축소하기 위해 결제가격 결정방식을 일중(日中)평균가격 등으로 교체하는 등 다양한 개선방안을 도입해 왔다는 점을 참고할 필요가 있다.

5. 금리스왑시장

이 시장은 크게 대고객시장과 은행간시장으로 구분된다. 전자는 투자신탁운용회사, 보험회사, 연기금, 신용도 높은 기업 등 주요 고객들이 스왑시장조성은행(warehouse, swap bank: SB)[6]들과 사전계약을 통해 스왑거래한도를 설정한 후 고객이 금리변동위험을 헷지하고자 SB 앞으로 금리스왑거래계약을 요청하면 이를 수용하면서 거래가 성사되는 시장이다.

SB는 대고객거래에서 발생한 금리스왑 포지션 변동, 자기보유 자산의 헷지 그리고 투기 목적을 위해 포지션조정의 필요성을 느낄 때 새로운 고객과의 반대방향 거래(offset transaction)를 하거나 은행간시장을 통해 포지션 조정을 하게 된다. 이러한 은행간거래에서는 직접거래보다는 서로간의 탐색비용을 줄이기 위해 중개거래를 주로 하고 있다. 중개기관으로는 서울외국환중개㈜ 및 한국자금중개㈜ 등 2개의 국내 중개회사와 Prebon Yamane, Tullet, ICAP, Cantor 등 외국계 중개회사가 주로 이용된다.

금리스왑시장에 참여하고 있는 금융회사들을 보면 (i) 투자신탁운용회사들의 경우 보유 신탁재산의 평균만기가 부채의 평균조달기간을 웃돌고 있어서 금리스왑을 선호한다. 고정금리부 스왑을 통해 보유자산의 듀레이션을 줄임으로써 자금조달(단기) 및 자산운용(장기) 간의 만기 불일치 문제를 완화하면서 펀드수익률을 안정적으로 확보하기 위해서이다. (ii) 보험회사들의 경우 만기불일치에 따른 금리변동위험을 줄이기 위해 고정금리수취부 금리스왑 거래를 주로 하고 있다. 때로는 투기목적의 스왑거래를 하기도 한다.

(iii) 신용카드회사, 공기업 및 우량기업 등은 변동금리채권 및 변형채권 등을 발행한 후 금리스왑을 통해 이를 고정금리채권으로 전환하고 있다. 이 과

6) 한국산업은행, 국민은행, 한국Citi은행 등 신용도가 높은 국내은행이나 Barclays, UBS, JP Morgan Chase 등 외국은행 국내지점을 포함한다.

정에서 외국은행 국내지점 등 SB들이 채권발행과 스왑거래를 동시에 주선하는 역할을 대부분 맡고 있다. (iv) 국내은행들은 대고객거래에서 발생하는 스왑포지션의 변동을 상쇄시키기 위해 또는 보유자산 및 부채의 듀레이션 불일치 등에 따른 금리변동위험을 헷지하기 위해 은행간 스왑거래를 주로 하고 있다. 외국은행 국내지점은 이외에도 금리전망을 바탕으로 한 투기목적의 거래도 비교적 활발히 하고 있다.

금리스왑의 거래만기는 1, 2, 3, 4, 5, 7, 10년물이 있으나 1~5년물이 주로 거래되고 있다. 일반적으로 최소거래 단위금액은 100억원이며 100억원 단위로 추가된다. 고정금리와 변동금리는 3개월마다 교환되며 이 변동금리는 증권업협회가 발표하는 최종호가수익률 기준CD(91일물)금리를 이용한다. 이 시장에서는 변동금리와 교환되는 고정금리를 스왑금리라고 한다. 한국에서는 자금중개회사가 발표하는 offer금리와 bid금리를 평균하여 사용하고 있다.[7)]

금리스왑은 장외시장을 통해 거래되므로 정확한 전체 거래규모를 파악하기 어려우나 국내 금융기관의 자기계정을 통한 거래규모는 2007년중 월평균 138.9조원 수준으로 파악되고 있다. 참가기관별로 보면 국내은행에 비해 외국은행 국내지점이 상대적으로 거래가 활발하며 국내은행 중에서는 산업은행, 국민은행 및 기업은행의 거래규모가 비교적 큰 편이다.

6. 통화스왑시장

통화스왑시장도 금리스왑시장과 마찬가지로 대고객시장과 은행간시장으로 구분된다. 신용카드회사, 보험회사 등 고객들과 SB가 사전계약을 통해 스왑거래한도를 설정한 후 고객의 스왑요구를 SB가 받아들이면서 거래가 성사된다. 국내은행들은 주로 생명보험회사, 신용카드회사, 공기업 등 대고객거래에서 발생한 스왑 포지션 조정한 목적으로 통화스왑 거래를 하고 있다.

---

7) Offer금리는 SB은행(market maker)이 고객(market user)에게 변동금리를 주는 대신 받고자 하는 고정금리를 의미한다. Bid금리는 SB가 변동금리를 받는 대신 지급하고자 하는 고정금리를 말한다.

생명보험회사들은 장기채권에 대한 투자수요가 크지만 국내채권시장에서 투자대상채권을 찾기 어려워 만기 5~15년의 장기외화채권에 투자하고 있다. 최근 들어 생명보험사들은 다른 국내기관이 해외에서 발행한 변동금리부 달러화표시채권 등을 매입하고 이에 따른 외화변동금리 수취분을 통화스왑을 통해 원화고정금리로 변경하는 거래를 주로 하고 있다.

신용카드회사는 해외달러화표시 변동금리부 ABS 발행을 통해 확보한 외화자금을 원화자금으로 전환하기 위해 통화스왑거래를 활용하고 있다. 이 회사들은 ABS 발행으로 생긴 달러화 자금을 SB에 지급하고 SB는 대신 신용카드회사에 이에 상응하는 원화를 지급함으로써 필요한 원화자금을 조달한다. 스왑기간중 신용카드회사는 원화고정금리를 SB에 지급하고 SB는 신용카드회사를 대신하여 달러화변동금리를 해외투자자에 지급한다. 그리고 ABS의 만기가 되면 신용카드회사와 SB는 원화자금과 달러화자금을 서로 교환하는데, 신용카드회사는 이 달러화자금을 ABS의 상환자금으로 지급하면서 통화스왑거래가 끝난다.

연기금 등 주로 장기채권 투자기관들이 외화 장기채권에 투자하는 경우 이들 투자기관과 SB는 외화표시 변동금리를 SB가 받고 원화표시 고정금리를 채권투자기관에게 지급하는 통화스왑 계약을 체결한다. 그 결과 SB는 원화고정금리 지급포지션의 헷지를 위해 고정금리수취부 통화스왑거래를 하게 된다. 이때 (i) 통화스왑시장의 유동성이 풍부하지 못할 경우 스왑금리가 크게 떨어지게 된다. (ii) 헷지가 어려울 경우 국채 현·선물 매입 수요가 늘어나면서 국채 현·선물시장에도 영향을 주게 된다.

시장에서의 거래만기는 1, 2, 3, 4, 5, 7, 10년물이 있으나 2~5년물이 주로 거래된다. 최소거래단위는 1,000만 달러인데 1,000만 달러 단위로 추가할 수 있다. 시장에서는 주로 고정금리부 원화와 변동금리부 외화를 교환하는데 변동금리로는 만기 6개월물 Libor금리를 이용한다. offer금리는 SB가 고객으로부터 달러화를 받고 원화를 줄 때 받고자 하는 원화고정금리를 말한다. Bid금리는 스왑은행이 원화를 받고 달러화를 줄 때에 지급하고자 하는 원화고정금리이다.

통화스왑도 금리스왑과 마찬가지로 장외시장에서 거래되므로 정확한 전체

거래규모를 파악하기 어려우나 국내 금융기관의 자기계정을 통한 거래규모는 2007년중 월평균 31.4조원 수준으로 추정되고 있다. 기관별로 보면 금리스왑시장과 비슷하게 국내은행에 비해 외국은행 국내지점이 상대적으로 활발한 거래를 하고 있다. 국내은행 중에서는 한국산업은행, 국민은행 및 기업은행의 거래규모가 비교적 큰 편이다.

끝으로 통화스왑과 외환스왑은 양 당사자가 서로 다른 통화를 교환하고 일정기간 후 원금을 재교환하는 거래라는 점에서 비슷하나 스왑기간과 이자지급방법에서 차이가 있다. 외환스왑은 1년 이하의 단기자금조달 및 환위험 헷지수단으로 이용되는 반면 통화스왑은 1년 이상의 중장기 환위험 및 금리위험 헷지 수단으로 이용된다.

7. 선물환 · 통화선물 · 통화옵션시장

(1) 선물환시장

선물환거래는 일방적인 선물환 매입 또는 매도거래인 단순선물환(outright forward: OF)거래와 외환스왑(swap forward: SF)거래로 구분된다. OF는 다시 실물의 인수도가 일어나는 일반선물환거래(GF)와 만기시점에 실물의 인수도 없이 차액만을 정산하는 차액결제선물환(NDF)거래로 나누어진다. 계약기간 동안(매 6개월 또는 매 3개월)마다 이자를 교환한다.

SF는 거래 쌍방이 현재의 환율에 따라 서로 다른 통화를 교환하고 일정기간 후 계약(선물)환율에 따라 원금을 재교환하기로 하는 거래이다. 이것은 같은 거래상대방과 현물환과 선물환(spot-forward swap) 또는 만기가 다른 선물환과 선물환(forward-forward swap) 등을 서로 반대방향으로 동시에 매매하는 거래이다. 스왑기간중 해당 통화에 대해 이자를 교환하지 않고 만기시점에 환율(계약시점의 선물환율)로 원금을 재교환한다.

(2) 통화선물시장

통화선물은 1999년 4월 1일 당시의 한국선물거래소에 미국달러선물이 상

[표 7-11] 외국환은행의 선물환, 통화옵션 및 통화선물거래 (일평균, 억 달러)

	2002	2003	2004	2005	2006	2007
1. 선물환	12.5	20.7	29.6	36.0	50.8	64.2
2. 현물환	50.7	56.1	86.1	96.8	127.5	172.7
3. 통화옵션[1]	1.0	3.0	4.3	5.3	8.5	11.5
4. 미국달러선물[2]	2.9	3.0	5.2	5.4	6.3	10.6[1]

주: 1) 계약수×$50,000(한국증권선물거래소 기준)
2) 장외거래 기준.

장되면서 처음 거래되기 시작하였다. 이후 수출입 및 외국인 투자 증대에 따른 엔화와 유로화의 거래증가, 급격한 환율변동 등으로 이들 외화에 대한 적극적인 환위험 헷지 필요성이 대두되면서 2006년 5월 엔선물, 유로선물이 추가로 상장되었다.

KRX에서의 미국달러선물 거래규모는 2002년 이후 꾸준히 늘어나 2007년중에는 일평균 10.9억 달러(계약수×50,000달러)에 달하였다. 그러나 선물환 거래규모에 비해 매우 낮은 수준이다. 이처럼 거래가 부진한 것은 비거주자들이 선물거래보다 거래조건이 상대적으로 자유로운 NDF거래를 선호하고, 국내기업들도 환위험 헷지를 위해 선물환, 외환스왑 등 장외거래를 이용하고 있기 때문이다. 한편 최근 상장된 엔선물 거래규모는 2007년중 일평균 51.7억 엔(계약수×500만 엔), 유로선물은 350만 유로(계약수×50,000유로) 수준이다.

(3) 통화옵션시장

통화옵션으로는 1999년 4월 미국달러옵션이 한국선물거래소에 처음 상장되었으나 거래가 거의 이루어지지 않고 있다. 장내시장에서 거래가 부진한 것은 활발한 시장조성자가 없어 유동성이 부족한 데다 만기, 행사가격 등 거래조건이 정형화됨에 따라 고객의 다양한 수요를 충족시키기 어렵기 때문이다.

반면 장외 통화옵션시장은 빠르게 성장하고 있다. 장외시장에서의 통화옵션 거래규모는 2001년중 일평균 0.8억 달러 수준이었으나 2007년중에는 약

11.5억 달러로 늘어났다. 이는 옵션의 손익구조상 다양한 상품을 개발할 수 있어 수출기업들이 환위험 헷지를 위해 장외시장에서 통화옵션거래를 늘린 데 주로 기인한다.

8. 신용파생금융상품시장

신용파생금융상품거래는 신용위험을 회피하기 위해 신용위험을 넘기고 프리미엄을 지급하려는 보장매입자(protection buyer)와 신용위험을 떠안으면서 그 대가로 프리미엄을 수취하려는 보장매도자(protection seller)가 두 당사자이다. 이 거래에서는 신용위험이 실제 발생하였는지를 나타내는 신용사건(credit event)의 종류 및 내용을 정하고 발생시점을 정의하는 것이 가장 중요한 일이다.

신용사건의 종류 및 정의는 국제스왑 · 파생금융상품협회(International Swaps and Derivatives Association: ISDA)에서 마련한 5개 사항의 표준안을 참고하여 거래당사자가 매매계약시 약정한다.

신용파생금융상품은 기초자산의 이전 없이 신용위험만을 분리하여 거래가 이루어진다. 그러므로 기초자산을 보유한 금융기관으로서는 고객과의 관계를 유지하고, 신용위험을 여러 명의 투자자에게 분산시키며, 신용위험에 대한 가격산정의 신뢰성을 높여 금융시장 전체의 안정성과 효율성을 증진하는 역할을 담당하는 셈이다.

최근 선진국 금융기관들이 신용위험 관리와 새로운 수수료 수입원으로 신용파생상품을 적극 활용함에 따라 세계 신용파생상품시장이 급속히 성장하고 있다. 그러나 국내의 경우 은행, 보험회사를 중심으로 외국 금융기관들과 외화표시 신용파생상품을 거래하여 왔으나 그 규모는 매우 작은 수준이다. 원화표시 신용파생상품의 경우에도 시범적인 거래가 이루어지는 초기단계에 머무르고 있다.

신용파생금융상품의 거래현황을 보면 비거주자인 외국계 투자은행과의 달러기준 거래가 주류를 이루고 있다. 국내 신용파생상품은 외국 금융회사가 주로 설계 · 발행하고 국내 금융회사가 단순 투자하는 형태가 대부분이어서 보장

[표 7-12] 금융권별 신용파생상품거래(기말 잔액 기준) (단위: 조원)

	2002	2003	2004	2005	2006	2007
1. 은행(외은지점 포함)	0.9	0.8	0.8	0.4	1.4	1.6
신용파산스왑(CDS)	0.5	0.2	0.3	0.1	0.6	0.8
신용연계증권(CLN)	0.4	0.6	0.5	0.2	0.2	0.1
합성담보부증권(CDO)	–	–	–	0.1	0.6	0.7
2. 보험	1.4	1.9	1.9	0.1	2.9	3.3
신용연계증권(CLN)	1.4	1.9	1.9	2.0	2.5	2.7
합성담보부증권(SCDO)	–	–	–	–	0.4	0.6
3. 증권(CDS)	–	–	–	0.1	0.1	0
합 계	2.3	2.7	2.7	2.5	4.3	4.7

자료: 금융감독원.

매도자로서 한쪽방향으로 편중되어 있다. 국내 금융기관 중에서는 보험회사가 가장 큰 거래자인데, 이는 투자자산을 장기화하여 운용할 필요성이 커지면서 은행 등 다른 금융기관보다 적극적으로 투자하기 때문이다.

「외국환거래법」에 따라 한국은행 허가 등을 받은 거주자와 비거주자간 신용파생상품거래는 2001년중 25건/7억 달러에 불과하였으나 2007년에는 186건/70억 달러 수준으로 증가하였다. 특히 2004년 이후 신용파생상품거래가 크게 늘어나고 있는데 그 이유는 다음과 같다. 첫째, 저금리 기조의 지속으로 보험회사 등을 중심으로 신용파생상품에 대한 거래수요가 늘어난 가운데 다른 금융기관들도 수익률 제고를 위해 신용연계증권(CLN)과 더불어 합성담보부증권(SCDO) 투자에 주력한 데 기인한다.

둘째, 외국 금융기관의 입장에서도 CLN 또는 SCDO를 발행하면 국내 금융기관으로부터 증권대금을 먼저 수취하므로 보장매도자가 지급불능 사태를 겪을 위험이 없는 데다 신용위험 축소 등을 위해 판매전략을 적극 추진하였기 때문이다.

이와 같이 한국 금융기관의 신용파생금융상품거래가 늘어나고 있으나 아직도 거래규모가 작을 뿐만 아니라 보장매도 거래에 편중되어 있어 신용위험의 이전수단으로 활용되지 않는 등 금융 선진국에 비해서는 상당히 뒤처진 수준이다. 특히 신바젤협약 도입에 따른 BIS 자기자본비율 강화 등에 효과적으로 대응하고 신용위험 관리수단의 선진화 등을 위해서도 신용파생금융상품시장의 활성화가 필요하다고 본다.

9. 파생결합증권시장

파생결합증권은 2005년 3월 「증권거래법 시행령」 개정시 유가증권으로 지정되면서 제도적 기반이 갖추어졌다. 현행 「증권거래법 시행령」에서는 주식(또는 주가지수)에 연계된 주식워런트증권(ELW)과 주가연계증권(ELS)을 파생결합증권과는 별도로 정의하고 있다. 그러나 2009년부터 시행될 「자본시장 및 금융투자에 관한 법률」에서는 파생결합증권에 ELW, ELS를 포함하고 있다.

파생결합증권은 2007년 55.6조원 발행되어 그동안의 발행규모에 비해 크게 증가하였다. 이는 보험회사 등을 중심으로 초과수익을 추구할 수 있는 상품에 대한 수요가 늘어난 가운데 은행들이 대출증대에 따른 소요자금을 원활히 조달하기 위해 발행을 크게 늘린 데 기인한다.

(1) 주식워런트증권(ELW)시장

ELW는 KRX의 유가증권시장에 상장되어 일반주식처럼 거래되며 종목별로 유동성공급자(liquidity provider: LP)가 선정되어 있어 개별주식옵션에 비해 유동성이 높다. ELW는 주식대차거래가 쉽지 않은 개인도 개별주식에 대해 매도포지션을 설정할 수 있는 데다 소액으로 여러 종목에 분산투자할 수 있고 거래세가 부과되지 않는다는 이점이 있어 주로 개인투자자들이 거래하고 있다.

한국에서 ELW는 투자자들의 다양한 수요를 충족시키고 증권회사들의 업무영역을 넓히며 신규수익원을 창출하도록 하기 위해 2005년 12월에 유가증권시장에 처음 상장시켰다. 2007년 말 현재 상장종목수가 1,646개에 달하며, 일평균 거래대금이 1,500억원을 웃돌아, 도입 6개월 만에 중국, 독일, 홍콩, 이탈리아에 이어 세계 5위의 시장으로 급성장하였다. 이는 도입 초기에 발행조건과

[표 7-13] 주식워런트증권과 주가지수옵션의 비교

구 분	주식워런트증권	주가지수옵션
근거법령	「증권거래법」	「선물거래법」
법적 형태	유가증권	파생상품
유통시장	유가증권시장	선물옵션시장
신용위험	발행자의 신용위험에 노출	거래소가 지급결제 보증
계약기간	3개월~3년	6개월 이하
유동성보완장치	유동성공급자(LP) 선정 의무화	없음

매매제도를 표준화하여 발행대상을 KOSPI100 구성종목과 KOSPI200지수로만 한정하고 결제방식도 현금결제만 허용한 데 주로 기인한다.

(2) 주가연계증권(ELS)시장

주가연계증권은 1980년대 후반 미국, 홍콩 등에서 판매되기 시작하였으며, 한국에서는 2003년 2월 「증권거래법 시행령」이 개정되면서 판매가 허용되었다. 이 시장은 2004년부터 파생상품펀드들이 주가연계증권을 대규모로 매수·편입함에 따라 활발해지고 있다.

특히 2005년 이후에는 주가상승으로 목표수익률을 조기에 달성하고 상환되는 사례가 증가하면서 투자자들의 관심이 높아져 크게 활성화되고 있다. 2007년 말 현재 주가연계증권 발행잔액은 20.9조원에 달하며 2007년중 신규로 발행된 주가연계증권은 25.8조원에 이른다.

[표 7-14] 주가연계상품의 비교

	주가연계증권 (equity linked security)	주가연계펀드 (equity linked fund)	주가연계예금 (equity linked deposit)
발행기관	증권회사	자산운용회사	은행 등 예금취급기관
근거법령	「증권거래법」	「간접투자자산운용업법」	「은행법」
법적 형태	유가증권	수익증권	정기예금
만기 수익률	주가변동과 연계하여 사전에 제시한 수익률	운용실적에 따른 배당	주가변동과 연계하여 사전에 제시한 수익률
예금보호	없음	없음	보호

■■ 정리문제

1. 파생금융상품시장이 빠르게 성장하고 있는 이유는 무엇이라고 생각하십니까?
2. 'The tail wagging the dog effect'란 무엇에 빗대어 나온 얘기입니까?
3. 주가지수선물시장의 특징 중 중요한 것 5가지만 말해 주시오.
4. 옵션가격의 결정요인에는 어떠한 것들이 있습니까?
5. Black-Scholes모형에 대해 자세히 설명해 주시오.
6. 스왑시장에서 은행의 역할은 무엇입니까?
7. 한국의 장내파생금융상품 중 가장 거래가 많은 것은 무엇이며 그 이유는?
8. 장외파생금융상품거래 중 금리스왑거래가 많은 이유는 무엇입니까?
9. KOSPI200옵션의 이론가격산정공식을 설명해 주시오.
10. 옵션결제를 위한 증거금에는 어떠한 것들이 있습니까?
11. 금리스왑거래의 경로에 대해 말해 주시오.
12. 신용파생상품거래의 특징은 무엇입니까?
13. 2004년 이후 신용파생상품거래가 크게 늘어난 이유는?
14. 주식워런트증권(ELW) 및 주가연계증권(ELS)시장의 발전전망은 어떻습니까?
15. 위험관리 측면에서 파생금융상품거래에 대해 어떠한 규제가 필요할까요?

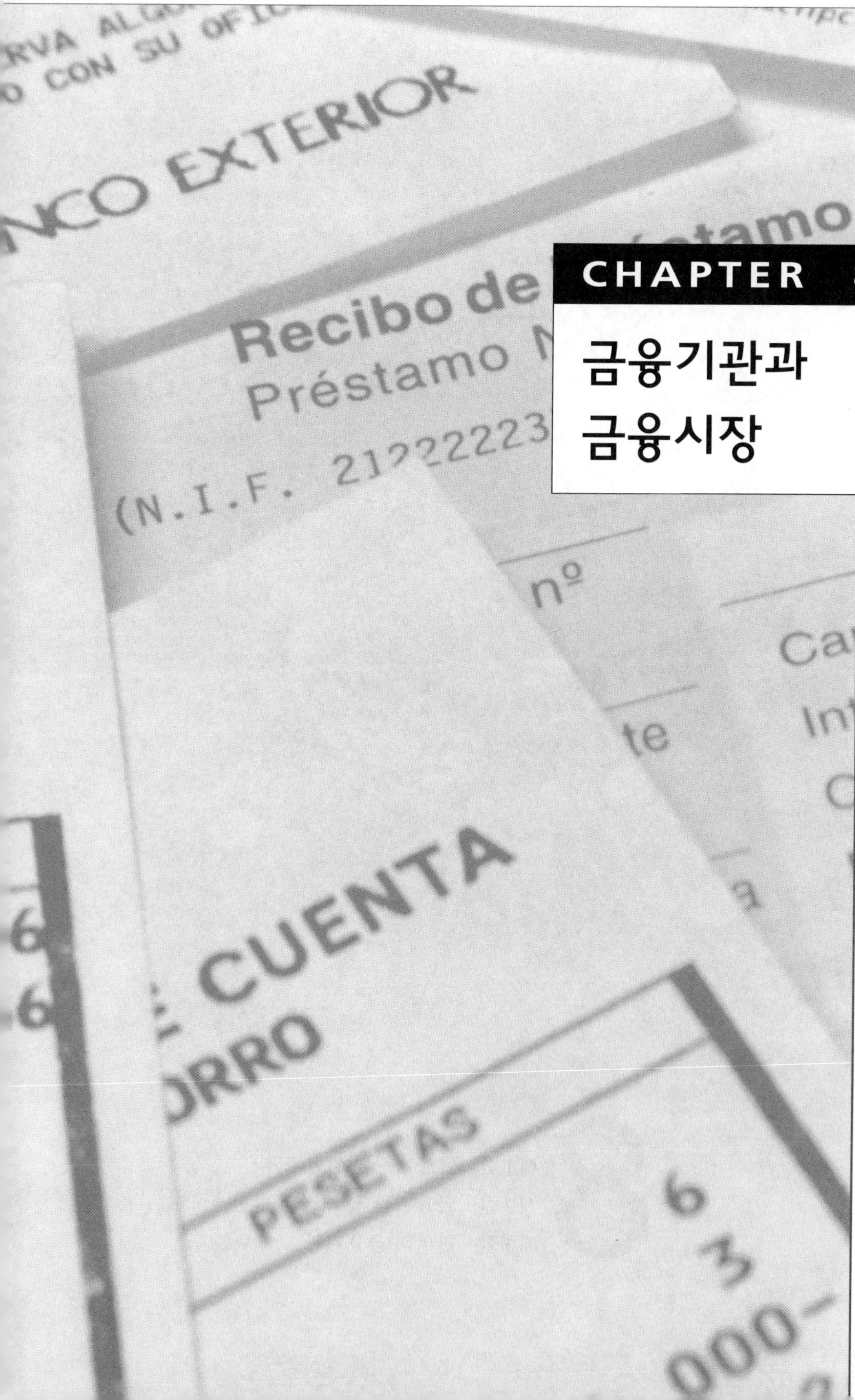

CHAPTER 8

금융기관과 금융시장

8

제1절 금융기관의 역할과 경영

1. 금융기관이란 무엇인가?

금융기관은 자금수요자(DSU)와 공급자(SSU)간에 거래를 성립시켜 주는 것을 목적으로 하는 사업체이다. 이들은 예금증서 등 간접증권을 발행하여 SSU로부터 조달한 자금으로 DSU가 발행한 주식, 채권 등 본원적 증권을 인수하여 공급하는 시장조성자이다. 먼저 금융기관의 역할이 무엇인지를 찾아보자.

첫째 역할은 다수의 소액저축자로부터 자금을 집적하여 이를 투자자에게 투자자본으로 연결시켜 주는 자금중개이다. 이 역할이 가능한 것은 자산변환(asset transmutation)기능에 기인한다. 이것은 자금의 규모, 이용기간, 금리 등에 있어 자금의 수요자와 공급자들이 각각 희망하는 조건들이 달라 당사자 간의 거래가 성립되기 어려운 것을 금융기관이 개입하여 거래가 이루어지도록 하는 기능이다. 자산변환기능은 다시 다음 세 가지 기능으로 나누어진다.

① 금액변환기능: 대여자의 대여희망금액과 차입자의 차입희망금액이 서로 다르더라도 금융기관이 개입하여 양자의 희망을 모두 충족시켜 주는 기능이다.

② 만기변환기능: 단기로 자금을 조달하여 장기로 운용하거나 장기로 조달하여 단기로 운용하는 등 자금공급자와 수요자가 희망하는 만기를 변환시켜 주는 기능이다.

③ 위험변환기능: 금융기관이 기술과 정보를 이용하여 자금제공자가 부담

하게 될 위험을 분산하거나 위험구조를 변경시켜 주는 기능이다. 위험은 유동성위험, 대손(貸損)위험, 포트폴리오위험 등을 들 수 있다.[1)]

금융기관의 둘째 역할은 금융거래비용 절감이다. 여기에는 거래수수료, 정보획득비용, 감시비용 등 가격을 제외한 자금거래에 수반되는 모든 비용이 포함된다. 거래수수료는 말 그대로 금융거래에 수반되어 나타나는 비용이다. 정보획득비용이란 정보가 불완전한 상태에서 자금제공자가 자금의 수요자를 찾는 데 드는 탐색비용과 자금수요자의 신용상태를 스스로 분석하고 자기책임하에 자금을 제공 · 관리함에 따르는 비용이다. 감시비용은 자금차입자에 대한 자금제공자들의 감시에 수반되는 비용이다.

금융기관의 셋째 역할은 거래를 구체적으로 실행시킬 수 있는 화폐, 수표, 어음, 카드, 계좌이체, 전자화폐 등 지급결제수단 제공이다. 지급결제수단은 크게 현금방식과 비현금방식으로 구분할 수 있다. 전자는 법화(法貨) 또는 이와 동일한 가치와 통용력을 지니는 수표, 어음, 신용카드 등 실물의 이전으로 결제의 종료성이 확보되는 방식이다. 후자는 금융기관의 계좌에 화폐가치를 저장하고 이 계좌에 대한 인출권을 이전하거나 화폐적 가치를 내장하고 있는 전자적 매체에서 직접적으로 가치를 이전하는 방식이다.

전자방식의 지급 결제수단은 크게 액세스(access)형과 전자화폐형으로 나눌 수 있다. (i) 액세스형은 다시 전자자금이체(electronic funds transfer: EFT), 신용카드 및 전자수표(electionic check)로 구분된다.[2)] (ii) 전자화폐형은 금융기관에 개설된 계좌를 통하지 않고 전기적 신호(photon) 형태로 저장된 가치의 이

1) 여기에서 유동성위험이란 자금을 필요한 시기에 즉시 가치상의 큰 손실 없이 현금으로 전환시킬 수 없는 위험을 말한다. 대손위험이란 자금공급자가 제공한 자금과 그 대가의 전부 또는 일부를 약속대로 받을 수 없는 위험이다. 포트폴리오위험이란 충분한 분산투자를 하지 않음에 따른 위험이다.

2) (i) EFT형은 전자적 지시로 지급인의 계좌에 있는 돈을 수취인의 계좌로 이전시키는 것으로 CD, ATM, POS, 홈/펌뱅킹, 인터넷뱅킹, 이 밖에 휴대전화나 PDA(personal digital assistant) 등 이동통신기기를 이용한 mobile banking 등이 있다. (ii) 신용카드형은 인터넷을 통해 신용카드정보를 판매자에게 전달하여 결제하는 방식이다. (iii) 전자수표형은 수표에 관한 정보를 네트워크를 통해 송신하여 결제하는 방식으로 최근 들어 이미지 포착기술의 발전, 디지털자료 저장비용의 획기적 감소, 인터넷 이용의 증가 등에 따라 대형은행들을 중심으로 관심이 고조되고 있다.

전을 통해 결제를 수행하는 방식으로 IC카드형과 네트워크형이 있다.

금융기관은 크게 금융중개기관(financial intermediaries)과 시장중개기관(market intermediaries)으로 나눈다. 전자는 자기계산으로 신용대위를 하는 중개기관을 말한다. 후자는 브로커나 딜러와 같이 자금의 조달수단인 증권의 형태를 바꾸지 않고 단순히 거래를 알선하거나 매매중개역할만을 하는 기관으로 중간기관(middleman)이라고도 한다.

2. 금융기관의 영업[3)]

(1) 자금의 공급과 수요

금융기관은 SSU가 공급하는 자금을 조달하여 DSU에 대한 대출금 등으로 운용한다. 이때 자금의 공급량과 수요량은 모두 금리의 함수로 볼 수 있다. 먼저 금융기관 자금의 공급곡선과 수요곡선을 도출한 후 그 기관의 자산규모와 금리가 어떻게 결정되는가를 살펴보기로 하자.

어떤 금융기관이 SSU로부터의 자금조달을 늘리기 위해서는 간접증권에 대해 보다 높은 금리를 지급하여야 하고, 이는 자금의 공급곡선이 우상향한다는 것을 뜻한다. 즉, 자금의 공급함수(S)는 금리(r)의 양(+)의 함수로 나타낼 수 있다.

$$S=f(r,\ .....),\ \frac{\partial S}{\partial r}>0 \qquad (8\text{-}1)$$

금융기관은 시장에서의 자금수요에 따라 대출량을 결정한다. 어떤 금융기관이 대출수요를 늘리기 위해서는 금리를 내려야 하며, 이는 자금에 대한 수요곡선이 금리에 대하여 우하향한다는 것을 뜻한다. 즉 자금의 수요함수(D)는 금리의 음(−)의 함수로 나타낼 수 있다.

$$D=f(r,\ .....),\ \frac{\partial D}{\partial r}<0 \qquad (8\text{-}2)$$

3) 이에 대해서는 김종선 · 김종오(2007)의 「금융시장론」, pp. 261~269를 인용 · 참조하였다.

그림 8-1 자금의 공급곡선과 수요곡선: 금융기관

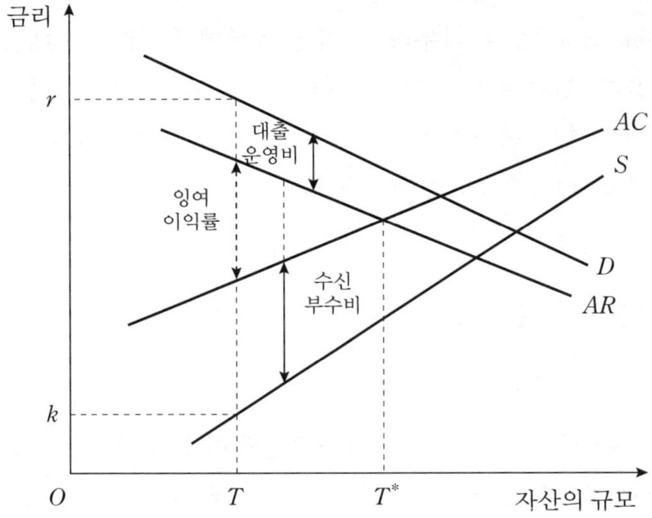

[그림 8-1]에서 공급곡선(S)은 어떤 금융기관이 각 수준의 자금을 확보하기 위하여 SSU에게 지급하여야 할 금리와 자산 규모와의 관계를 나타낸다. 그러나 금융기관은 금리 외에도 간접증권의 발행과 관련된 각종의 서비스를 제공하는 데 소요되는 추가적인 영업비용을 부담하여야 하며, 자본을 제공한 주주들에게도 적정한 자본비용을 지급하여야 한다. 이때 총자금량에 대한 영업비용과 자본비용의 비율이 영업규모의 증대에 따라 점차 감소하는 것으로 가정하고, 이를 자금의 공급곡선에 추가하면 평균비용곡선(AC)을 얻는다.

한편 수요곡선(D)은 차입자에게 부과할 수 있는 금리와 자산규모와의 관계를 나타낸다. 그러나 금융기관은 이러한 금리수입 중에서 대출업무와 관련된 대출운영비를 부담하여야 한다. 총자금량에 대한 영업비용의 비율이 영업규모의 증대에 따라 감소하는 것으로 가정하고 자금의 수요곡선으로부터 이를 차감하면 평균수입곡선(AR)을 얻는다.

(2) 이윤극대화와 자산극대화

금융기관은 자산규모의 선택을 위해 이윤극대화 혹은 자산극대화의 방법을 선택한다. 어떤 방법이든 금리나 수수료 수준을 적절히 조정함으로써 선택 가능하다는 데에 특징이 있다. [그림 8-2]는 *AC*곡선과 *AR*곡선에 각각 상응하는 한계비용곡선(*MC*)과 한계수입곡선(*MR*)을 추가하여 금융기관의 이윤극대화와 자산극대화 원리를 설명해 준다.[4)]

어떤 금융기관이 이윤극대화를 목표로 한다면 그 기관은 *MR*과 *MC*가 일치하는 수준에서 자산 규모를 선택해야 한다. 그림의 (a)에서 이윤을 극대화하는 자산규모는 *OT*이다. 이 수준에서 금융기관은 대출금리(*r*)로부터 자금공급자에게 지급되는 금리비용(*Ok*), 대출 및 예금과 관련된 영업비용(*kh*), 그리고 정상이윤을 차감하고도 gh의 초과이윤을 얻는다.

그림 8-2 이윤극대화와 자산극대화: 금융기관

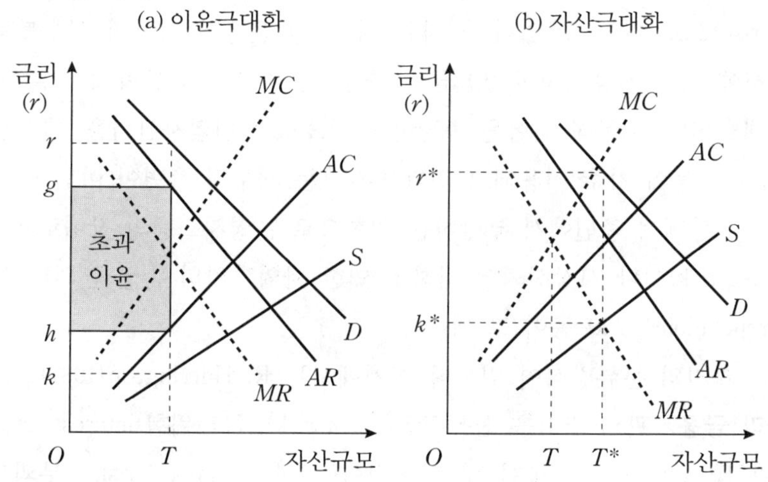

4) 총비용(*TC*), 평균비용(*AC*), 한계비용(*MC*)의 관계는 $AC=TC/T$, $MC=\Delta TC/\Delta T$이다. 총수입(*TR*), 평균수입(*AR*), 한계수입(*MR*)의 관계는 $AR=TR/T$, $MR=\Delta TR/\Delta T$이다(단, *T*는 자산의 규모).

개발기관과 같은 일부 금융기관은 이윤극대화보다는 공익성이나 경영안정성 추구차원에서 자산극대화를 추구할 수도 있다. 그림의 (b)에서와 같이 금융기관은 AR과 AC가 일치하는 수준에서 자산규모를 극대화할 수 있다. 이윤극대화를 추구하다가 자산극대화를 추구함에 따라 자산규모는 OT에서 OT^*로 커졌고, 적자는 $(r-k)$에서 (r^*-k^*)로 줄었으며, 초과이윤은 더 이상 존재하지 않게 되었다.

자산극대화는 경쟁을 유발할지도 모르는 초과이윤이나 잉여를 제거하며, 경영자로 하여금 MC가 MR을 초과하는 대출을 행하도록 허용한다. 따라서 모형은 개발기관이나 신용조합과 같이 이윤과는 큰 관계없이 자금공급자들에게 최대한의 수익을 제공하면서 그 차입자들에게 낮은 금리로 대출하려는 이상적인 금융기관의 단기균형을 나타낸다.[5)]

3. 금융기관의 위험

금융기관의 위험은 크게 재무적 위험(financial risk)과 비재무적 위험(non-financial risk)으로 나눌 수 있다. 전자는 다시 (i) 운용된 자산의 회수불능이나 질적 저하에 따른 신용위험과 (ii) 금리, 환율 등 시장가격 등락에 따른 시장위험으로 대별된다. 재무적 위험을 측정하는 지표로는 위험자산비율, 대출금연체율, 대지급률 등이 자주 이용되고 있다.[6)] 후자는 재무적 측면이 아닌 금융거래의 기술적 · 관리적 측면에서 부담하는 위험으로 운영시스템의 장애로 인한 위험(systemic risk)이나 시장신뢰의 저하로 인한 사업가치의 손실을 의미하는 평판위험(reputational risk) 등이 그 예이다.

여러 가지의 분류방식이 있으나 여기에서는 R. Harrington(1987) 등의 분류에 따라 금융기관의 위험을 신용위험(credit risk), 금리위험(interest rate risk), 유동성위험(liquidity risk), 통화 및 환율위험(currency and FX risk), 부외자산위

5) P. F. Smith(1978), Money and Financial Intermediation, Prentice-Hall, pp. 177~199 참조.

6) 대출금연체율의 계산방식은 (불건전 대출금+불건전 지급보증)을 (총대출금+지급보증)으로 나눈다.

험(off-balance risk), 시장위험(market risk), 경영위험(management risk)으로 구분하기로 한다.

(1) 신용위험

이 위험은 거래상대방이 계약의무의 이행을 거부하거나 이행할 수 없을 경우에 발생하는 위험이다. 금융기관의 입장에서는 보유하고 있는 대출자산이나 유가증권 등으로부터 예상되는 현금흐름이 계약대로 이루어지지 않을 가능성이다. 신용위험의 크기는 상대방의 채무불이행시 계약의 현금흐름을 대체하는 데 필요한 비용으로 측정되므로 신용위험은 채무불이행 위험(default risk)이라고 할 수 있다. 보다 일반적으로 채무불이행 위험뿐 아니라 채무자(보유자산)의 신용도가 하락할 때 자산이나 계약의 시장가치가 하락하여 발생할 수 있는 손실위험으로도 정의될 수 있다.

이러한 신용위험은 국가위험(country risk)과 밀접하게 연관되어 있다. 어느 나라의 신용등급이 떨어져서 해당 나라의 자산을 포트폴리오 내에 보유하고 있는 금융기관이 손실을 입게 될 가능성이나 또 다른 나라가 외환거래를 강제로 통제함으로써 거래상대방이 계약을 이행할 수 없는 경우에 발생하는 손실가능성으로 설명될 수 있다. 국가위험을 관리하기 위하여 나라별 여신한도를 정하여 운영함으로써 여신이 특정나라에 집중되는 것을 방지하려고 노력하고 있다.[7]

(2) 금리위험

이 위험은 예상치 못한 금리의 급격한 변동으로 금융기관의 자산과 부채의 가치가 변동하게 되는 위험을 말한다. 자산 · 부채의 성격, 유형, 만기, 현금흐름의 시기와 크기, 예상보유기간 등에 의해 차이가 난다.

금리위험은 다시 (i) 시장금리의 변동으로 인하여 생기는 시장가치위험

7) 국가위험이란 어느 나라에 대한 투자 또는 차관 등 재무자산에 대해 그 나라의 정치적 · 사회적 · 경제적 여건악화로 발생하는 채권 또는 투자회수상의 위험을 총칭하는 개념으로 일종의 채무불이행위험을 말한다. 재산몰수, 재산수용, 기업경영규제, 계약파기 등을 수반하는 정치적 위험(political risk)과는 그 개념이 다르다.

(market value risk), (ii) 단기예금으로 조달한 자금을 장기로 대출할 때 금리의 변동으로 자금조달비용이 오르게 되는 자금재조달위험(refinancing risk), (iii) 장기예금으로 단기투자를 했을 때 그 투자수익률이 떨어짐으로써 손실을 볼 수 있는 재투자위험(reinvestment risk) 등으로 나눈다.

(3) 유동성위험

이 위험은 예금자와 채권보유자들이 금융기관에 즉각적인 인출요구나 현금화를 요구할 때 그에 응할 만한 유동성을 확보하지 못하여 겪게 되는 위험을 말한다. 대개의 경우 금융기관은 일정한 현금흐름(예: 지불준비금)을 유지함으로써 이러한 위험에 대처할 수 있다. 그러나 해당 금융기관에 대한 시장의 신뢰상실 등으로 예상한 것 이상의 현금이 필요하고 금융시스템의 붕괴로 인해 동시다발적인 '예금인출사태'가 발생할 경우 많은 금융기관들은 동시에 비정상적인 현금수요에 직면하여 추가적인 자금조달이 어려워지고 유동성위기로 인한 부도위험에 노출되는 경우가 있다.

유동성위험은 다시 (i) 예금의 인출증가나 조달된 자금의 기간연장이 불가능해지는 등의 사유로 필요자금을 조달자금으로 충족하지 못하는 자금조달위험(funding risk), (ii) 조달되리라 기대했던 자금이 적시에 유입되지 않을 때의 시간위험(time risk). (iii) 우발(偶發)채무가 발생하였거나 신규여신 수요가 급작스럽게 발생하였을 때 새로운 자금조달을 해야 할 필요성과 관련해서 발생하는 콜위험(call risk) 등으로 나눈다.

(4) 통화 및 환율위험

이 위험은 금융기관이 거래노출의 상태에서 통화가치 및 환율변동에 따른 손실이 발생할 수 있는 위험을 말한다. 이들 위험은 다른 여러 위험과 밀접한 관련을 맺고 있다. 예컨대 선물환거래에서 통화(매수와 매도)포지션이 일치하지 않는 경우에는 거래가 끝날 때까지 신용위험과 국가위험에 노출된다. 그리고 각 은행들은 모두 정해진 시각에 외환결제를 해야 하기 때문에 유동성위험과도 관련이 있다. 환율변동은 금리변동과도 연관되어 있으므로 금리위험과도 직접적 관계가 있다.

(5) 부외자산위험

부외자산이란 대차대조표에 기재되지 않는 자산을 말한다. 이것이 증가하는 이유는 (i) 수수료수입(fee business)을 올릴 수 있고, (ii) 대차대조표의 자본금 규모에 따라 이루어지는 은행에 대한 자산규제를 회피할 수 있는 수단이기 때문이다. 실제적으로 자산은 늘어나지만 대차대조표에 오르지 않는다는 이유로 많은 금융기관들이 부외자산을 선호하고 있고 따라서 위험도 커지고 있다.

(6) 시장위험

이 위험은 금융기관이 참여하고 있는 금융시장에서 일어나는 각종 위험을 말한다. 이것은 금융자산과 부채의 가치가 변동함으로써 발생하며 미결제 포지션의 가격변동으로 측정된다. 이러한 시장위험에는 앞에서의 금리 및 환율위험 외에 주가위험, 자산손실위험 등이 포함된다.

시장위험은 크게 일반시장위험과 개별시장위험으로 나누기도 한다. 전자는 금리 · 환율 · 주가 등 시장가격의 변동에 따라 생기는 위험이다. 후자는 채권 및 주식발행자의 신용도 변화에 따른 가격변동으로 손실이 발생할 수 있는 위험이다.

(7) 운영위험

이 위험은 내부절차, 임직원 및 시스템 등으로 인하여 직·간접적인 손실이 발생하는 비재무적위험이다. 바젤위원회의 「새로운 제안」(2001)에 따르면 여기에는 법률적 위험(legal risk)도 포함된다. 이 밖에도 경영자가 전략적 의사결정을 잘못할 전략위험(strategic risk), 경영자의 권한증대에 따른 도덕적 해이 등 경영위험이 있다. 그리고 거래자들이 고의로 허위정보를 퍼뜨리는 사기행위로 인한 위험과 정보시스템의 보안문제로 인해 발생할 수 있는 기술적 위험도 있다. 정보기술의 급속한 발전은 금융기관들로 하여금 새로운 위험에 직면하게 하고 있다.

4. 금융기관의 경영

(1) 경영원칙

위에서와 같이 여러 형태의 금융기관위험은 실제로 서로 연관성이 있기 때문에 하나씩 개별적으로 떼어서는 생각할 수 없다. 금융기관들은 이들 위험을 완전히 제거할 수는 없고 다만 건전경영을 통하여 적절히 관리할 수 있을 뿐이다. 그러므로 여러 종류의 위험을 가능한 범위 내에서 관리하면서 어떻게 수익을 극대화할 것이냐가 금융기관경영의 관건이 된다.

몇 가지 경영원칙을 제시해 보면 다음과 같다. 먼저 금융기관 경영의 기초가 되는 공신력을 확보하기 위해서는 단기적으로 적정유동성(현금 또는 현금 갈음 자산)을 확보해야 한다. 금융기관의 예금 또는 부채는 즉시 인출이 가능한 금융상품이기 때문에 더욱 그러하다.

경영결과가 항상 재무제표를 통해 대외적으로 공개되므로 안전성과 건전성 유지도 공신력 확보에 필수적이다. 안정성은 근본적인 지급능력과 청산능력(solvency)을 말한다. 안정성평가를 위한 재무지표로서는 BIS의 위험가중자기자본비율이 가장 많이 이용된다. 보조적으로 예금에 대한 자기자본비율, 예금에 대한 내부유보비율, 대손 및 퇴직급여충당금비율, 적립금비율(=적립금/납입자본금), 외부부채비율 등을 이용한다.

건정성은 금융기관 경영에 있어 따르기 마련인 위험을 적정수준에서 부담하는 것을 말한다. 위험은 비록 그것이 사전에 감안된 것이라 하더라도 금융기관 경영에 부담을 준다. 따라서 금융기관이 위험을 부담하기는 하되 그것이 건전한 금융기관 경영의 정도를 벗어나서는 안 된다는 것이 건전성의 원칙이다. 특히 금융기관의 자산운용에는 채무불이행위험과 시장가격 등락에 따른 시장위험이 있게 마련이다. 이러한 위험이 현재화하여 금융자산이 부실화되면 금융기관의 경영환경이 악화되어 건전성이 낮아진다.

마지막으로 공공성(公共性)인데 이는 금융기관경영과 관련된 이해집단(예: 예금주와 차입자)이 다양하고 관련된 사람의 수도 많아서 금융기관 도산은 국내외적으로 미치는 영향이 크다는 것을 말한다. 공공성의 원칙이란 금융기관경영의 방침과 결과가 공익에 부합해야 한다는 것이다. 구체적으로는 (i) 금융기관의 이해집단 가운데 가장 많은 숫자이며 비중이 높은 예금주 및 투자자들을 보호해야 하고, (ii) 신용질서의 유지에 기여해야 하며, (iii) 자금의 조달과정을 공정히 하고, (iv) 조달된 자금의 배분에 있어 여러 사람에게 혜택이 돌아갈 수 있게 함을 뜻한다.

위에서 논의한 원칙들을 다함께 조화시킨다는 것은 매우 어려운 일이다. 특히 금융기관의 사적 이익을 극대화시키기 위한 노력을 금융기관의 공공성과 조화를 이루게 하고 금융기관의 건전성과 안전성을 유지하면서 상호경쟁을 촉진하는 일은 더욱 그렇다. 그러나 이와 같은 요인들이 최적으로 조화되어 금융구조에 내생화되어야만 금융자산의 축적과 금융의 심화가 이루어져 금융산업의 발전과 나아가서는 실물경제의 상승적 발전을 가져올 수 있을 것이다.

(2) 경영이론

금융기관의 경영이론으로는 전통적 경영이론, 자산부채종합관리(asset and liability management: ALM), 위험가치모형(value at risk: VAR), 위험조정자본수익률모형(risk adjusted return on capital: RAROC) 등이 있다. 이를 차례로 살펴보기로 한다.

〈전통적 경영이론〉

전통적 경영이론으로는 다음 세 가지를 꼽는다.

① 상업대출이론(commercial loan theory): 금융기관은 단기적이고 자기청산적인 상업어음에만 자금을 대출해야 한다. 단기적 대출이란 대출만기가 1년 이내인 것이며, 자기청산적이란 대출이 스스로의 상환수단을 갖고 있어야 한다는 것이다. 대출의 성격 자체가 대출상환을 위해 필요한 자금을 만들어내야 함을 말한다.

② 전가이론(shiftability theory): 상업대출이론에서 금융기관이 보유할 수 있는 자산의 범위를 넓혀 은행경영에 좀더 일반적인 견해를 취한다. 금융기관

의 유동성은 보유자산을 어떤 예측 가능한 가격으로 다른 사람에게 전가시킬 수 있는 능력에 달려 있다고 주장한다. 이 이론이 금융기관경영에 미친 가장 중요한 영향은 유동성확보의 초점을 대출로부터 투자(단기금융상품)로 바꾸었다는 것이다.

③ 기대소득이론(anticipated income theory): 상업대출이론과 상반되는 이론으로서 금융기관 대출을 자기청산적 대출로 제한하는 것은 무의미하다고 본다. 실물재화의 가치가 미래에도 계속되리라는 보장은 없으며, 오히려 금융기관대출금 상환은 차입금의 미래소득으로부터 나온다는 것이 이 이론의 주장이다. 이에 따르면 상업대출이론보다 훨씬 더 광범위한 대출업무를 할 수 있어 기업에 대한 장기대출이나 부동산대출 업무도 가능하다.

위에서와 같은 세 가지 전통적 이론은 모두 금융기관 대차대조표의 자산측면만을 다룬 것이어서 금융기관을 수동적 부채수용자(passive acceptor of liabilities)로 본 셈이었다. 그러나 금융환경이 급속히 변화함에 따라 이러한 전통적 견해는 새로운 이론들로 바뀌고 있다.

〈자산부채종합관리(ALM)〉

1970년대 초부터 금융기관들은 금리 및 환율변동위험에 보다 능동적으로 대처하기 위해 자산과 부채를 종합적으로 연계시켜 관리하는 자산 · 부채종합관리 방식을 도입하기 시작했다. R. F. Land(1978)는 금융기관이 여러 가지 요소들을 고려하여 전반적인 목표나 정책, 전략 등을 개발하고 평가하는 일련의 과정을 ALM으로 정의하였다. 여기서 고려되는 요소란 금융기관이 당면한 금융환경, 경제전망, 시장위험 등을 총괄하는 개념이다. B. F. Binder(1980)는 ALM은 금융기관을 금리변동위험과 경기후퇴로부터 보호하면서 수익성, 성장성, 유동성, 안전성 및 시장지위 확보를 포괄하는 경영의 종합적인 목표를 달성하는 기능으로 정의하고 있다.

종합해 보면 ALM은 장기적 목표를 달성하기 위한 전략적 계획의 하나로 금융기관의 단기 내지 중기재무계획 및 통제시스템이라고 할 수 있다. 관리대상은 금융기관의 자산, 부채 및 자본을 총괄하는 대차대조표 전체이다. ALM의 대표적 기법으로는 다음 몇 가지를 들 수 있다.

① 갭(gap)분석법: 금리의 변동국면에 따라 자산과 부채의 만기를 신축적으로 변동시킴으로써 금리변동에 따른 유동성 및 수익성위험을 최소한으로 줄이고, 나아가 금리변동을 수익성 면에서 유리하게 이용하고자 하는 기법이다. 여기에서 갭은 금리민감 자산과 금리민감 부채의 차이를 일컫는다.

일반적으로 금리가 올라갈 경우 갭의 확대는 수익의 증가를 가져온다. 왜냐하면 금리가 올라갈 때는 고정금리부채로 조달된 갭의 자금비용은 변하지 않는 데 반하여 금리가 올라간 변동금리자산으로 운용된 갭의 수익은 늘어나기 때문이다. 이와 반대로 금리가 내려갈 경우 갭의 확대는 수익의 마진을 축소하거나 때로는 역갭(reverse gap)을 가져올 수도 있다. 따라서 갭관리의 원칙은 경기변동 또는 금리 변동국면에 따라 갭의 크기를 탄력적으로 조절함으로써 수익성과 유동성을 안정적으로 높일 수 있도록 하는 것이다.

② 자산 · 부채 만기대응법(maturity layering): 시장금리 변동에 따라 금리 또는 수익률이 변하는 자산과 부채를 만기별로 분류하여 각 만기별로 자산과 부채의 잔액이 균형을 이루도록 하는 방법이다. 균형이 이루어지지 않는 부분은 단기금융시장에서 조달한 유동성관리자금을 통하여 균형을 이룬다. 이는 만기별로 자산과 부채의 잔액을 일치시킴으로써 금리변동에 따른 어느 한쪽의 손실(이익)을 다른 쪽의 이익(손실)으로 보전하여 결국 금리변동에 따른 손익이 없게 하기 위해서이다.

③ 듀레이션(duration)기법: 고정금리를 지급하는 자산과 부채의 듀레이션을 이용하여 양자를 적절히 연계시킴으로써 금리변동위험으로부터 면역시키는 기법이다. 듀레이션은 자산과 부채의 만기는 물론 각각으로부터 발생하는 현금흐름의 크기뿐만 아니라 발생시점까지도 고려한다. 듀레이션은 만기보다도 각 자산 및 부채항목의 금리변동에 대한 민감도를 정확하게 측정할 수 있는 척도라고 할 수 있다.

④ (순)차액분석법: 수익성자산으로부터 발생하는 수익과 이자성부채(interest bearing liability)로부터 발생하는 비용의 (순)차액을 분석하는 기법을 말한다. 스프레드(spread), (순)이자차액(net interest margin: NIM) 등으로도 불린다.

(순)차액분석의 목적은 개별자산 또는 부채항목별로 그 수익성을 체계적으로 분석함으로써 금융기관의 수익성과 유동성관리를 정밀하게 하기 위함이다.

〈위험가치(VAR)모형〉

ALM은 주로 금리, 환율 및 유동성 위험분석에 초점을 둠으로써 다른 시장위험을 측정 · 관리하기가 어렵다. 그 결과 전체적으로 통합된 위험관리 시스템을 구축하는 데 한계가 있다. 더욱이 금융기관들의 자본시장 참여가 활발해짐에 따라 각종 시장 위험이 동시다발적으로 생겨나고 있으며 특히 파생금융상품 등의 새로운 출현으로 여러 가지 형태의 위험이 등장하고 있다. 이러한 위험을 일관된 방식으로 측정하고 체계적으로 관리할 수 있는 새로운 위험관리모형으로 VAR모형이 개발되었다.[8)]

VAR는 개별자산 또는 포트폴리오의 포지션에 대하여 일정기간 동안에 정상적인 시장 여건하에서 일정확률로 발생할 수 있는 최대손실금액을 의미한다. 이것은 여러 가지 형태의 위험을 하나의 금액으로 나타내기 때문에 위험을 간단명료하게 알 수 있게 한다. 종래의 위험은 모든 종류의 자산에 일괄적으로 적용할 수 없었으나 VAR는 개별자산들간 위험의 비교를 가능하게 할 뿐만 아니라 모든 자산들의 위험을 합산할 수 있기 때문에 조직 전체의 위험평가는 물론 타기업과의 비교도 쉽다.

가장 일반적으로 이용되고 있는 VAR의 계산식은 다음과 같다.

$$VAR = MV \times \delta \times UA \times \sqrt{T} \qquad (8\text{-}3)$$

MV : 개별자산 및 포트폴리오 포지션의 시장가치
δ : 시장가격의 단위변화에 대한 민감도
UA : 시장가격의 불리한 움직임의 크기
"신뢰 구간에 해당하는 값, $n \times$(표준편차) σ"
T : 보유기간(포지션 청산에 소요되는 시간)

VAR모형에 의하면 금융자산의 구성이 일정한 경우 보유기간이 길수록

8) 제4장 제1절에서 설명한바 J. P. Morgan의 전회장 D. Weatherstone이 창안한 VAR 보고서가 효시이다.

VAR가 커진다. 이는 보유기간이 길수록 큰 폭의 가격변동이 일어날 확률이 크고 포지션 가치감소의 위험도 커지기 때문이다. 신뢰구간은 실제거래에서 발생하는 손실액이 VAR를 초과하지 않을 확률을 의미하며 일반적으로 95%~99% 정도로 설정된다.

VAR모형이 금융기관들의 일반적인 위험관리기법으로 보급된 것은 신BIS 자기자본규제의 제정이 계기가 되었다. 새로운 BIS규제는 적정자본액을 산출하기 위한 위험을 측정하는 데 있어서 최대손실예상액(VAR)을 이용한 내부모형을 인정함으로써 VAR의 활용도를 크게 높이고 있다.[9]

VAR는 현재의 포지션을 청산하거나 재평가하는 시점에서 투자자가 임의로 정하는 확률로 경험할 수 있는 손실액으로 정한다. 반면 DEAR(daily earning at risk)는 주어진 포지션을 평가하는 시점에서 발생가능한 손실액으로 정의되는데, 통상 하룻동안 투자자가 임의로 정하는 확률로 경험할 수 있는 가치의 하한치이다. 따라서 만약 하루만에 포지션이 청산된다면 VAR와 DEAR는 같다.

〈위험조정자본수익률(RAROC)모형〉

1980년대 들어 여러 종류의 위험이 생겨나고 금융감독 당국의 자기자본에 대한 규제와 감독이 강화됨에 따라 수익성 평가지표로서 RAROC의 중요성이 커졌다. 이 모형은 Bankers Trust은행이 1970년대 말에 개발한 후 미국과 영국의 거의 모든 대형 은행들이 사용하고 있다. RAROC은 서로 다른 위험-수익 구조를 갖는 상품의 수익성을 측정하거나 또는 이에 대한 투자를 고려할 때 이용되는 지표이다.

이 모형은 단순한 자산수익률이나 자기자본수익률로 수익성을 측정하거나 평가하지 않는다. 투자대상의 위험을 고려한 위험조정자본을 기준으로 산출된 수익률을 금융기관이 목표로 정한 수익률과 비교하는 모형이다. 이를 식으로 나타내면 다음과 같다.

---

9) J. P. Morgan사가 VAR계산에 직접 사용할 수 있는 기초자료인 위험연관표(risk metrics: RM)와 이를 이용한 계산 방법을 인터넷상에 무료로 공개한 것도 VAR이용도를 높이는 데 기여했다. RM은 국제적으로 널리 이용되는 위험요인 400개를 선택하여 이들에 대한 변동성 및 상관계수를 추정한 자료이다.

$$RAROC = \frac{R_e}{R_i} = \frac{R_e}{R_iAC} \tag{8-4}$$

R_i: 위험, R_e: 수익, R_iAC: 위험조정자본

위 식에 의하면 *RAROC*은 수익과 위험을 함께 고려하는 수익성 성과지표임을 알 수 있다. 문제는 분모인 위험을 어떻게 위험조정자본으로 환산하느냐 하는 것이다. 위험을 투자규모의 잠재적 손실액으로 파악하고 이를 적용하면 위험조정자본을 비교적 쉽게 산정할 수 있다. 특정 신뢰구간 내에서 발생할 수 있는 잠재적 손실의 규모를 해당 상품의 위험으로 추정하고 이 위험만큼의 자본을 할당하여 위험조정자본을 추정한다. 식 (8-4)를 변형하면 다음 식과 같다.

$$RAROC = \frac{R_e}{I \times R_P} = \frac{R_e}{VAR} \tag{8-5}$$

I : 투자규모, R_P : 잠재적(손실) 위험

예를 들어 대출담당자는 대출상품의 수익성을 대출로부터 발생하는 수입이자, 수수료 등의 현금흐름을 단순히 자산이나 자기자본에 대비하여 추정하는 것이 아니라 대출상품으로부터 예상되는 수익을 대출위험과 비교해야 한다고 하자. *RAROC*은 다음과 같이 나타낼 수 있다.

$$RAROC = \frac{R'_e}{R_L} \tag{8-6}$$

R_L: 대출위험, R'_e: 1년간 대출수익

따라서 금융기관이 정한 기준보다 *RAROC*이 훨씬 높은 경우에만 대출이 이루어진다.

RAROC을 추정하는 데 가장 큰 어려움은 식 (8-6)의 분모인 대출위험을 어떻게 측정하는가에 있다. 듀레이션모형에서 살펴보았듯이 대출과 같은 자산의 시장가치변동($\Delta A/A$)은 수정듀레이션 및 금리변동의 크기($\Delta r/1+r$)와 다음과 같은 관계를 가진다.[10)]

10) 수정듀레이션은 듀레이션을 (1+수익률)로 나누어 구한다.

$$\frac{\Delta A}{A} = -D_A \frac{\Delta r}{1+r} \tag{8-7}$$

D_A : A자산의 듀레이션

식 (8-7)의 금리변동을 신용도의 변동으로 대체하면 듀레이션 식을 다음과 같이 바꾸어 쓸 수 있다.

$$\Delta A = -D_A \times A \times \frac{\Delta r}{1+r} \tag{8-8}$$

(대출 위험) (대출의 듀레이션) (대출액) (대출의 신용프리미엄 또는 위험의 예상변화율)

위 식 가운데 대출듀레이션과 대출액 등은 쉽게 추정할 수 있으나 신용위험 프리미엄변동의 최대치를 추정한다는 것은 어려운 문제이다. 대출위험 프리미엄에 관한 자료가 공개되는 경우는 드물기 때문에 위험 프리미엄을 추정하기 위해서는 회사채에 관한 공개된 자료를 이용할 수밖에 없다.

$$\Delta r = Max\left[\Delta\left(r_C - r_G\right) > 0\right] \tag{8-9}$$

위 식에서 $\Delta(r_C - r_G)$는 신용등급이 똑같은 회사채(r_C)와 듀레이션이 일치하는 정부채권(r_G) 사이의 수익률 스프레드가 지난해 변동한 크기를 나타낸다. Δr을 구할 때 수익률 스프레드의 평균변동률이 아니라 최대변동률을 사용하는 이유는 최악의 상황을 고려할 필요가 있기 때문이다.

제2절 금융기관 및 시장의 발전

1. 금융기관의 새로운 변화

(1) 금융의 증권화(securitization)

금융의 증권화란 금융기관이 가지고 있는 비유동적인 금융자산을 결합 또는 담보로 하여 새로운 증권을 발행 · 유통시키는 것을 말한다.[11] 이러한 증권화 현상은 범세계적으로 자금조달 및 운용수단이 과거의 예금이나 대출 등에서 채권 및 주식 등 증권의 비중이 커지고 있는 현실에서 쉽게 찾아볼 수 있다. 이와 같이 증권화가 진전되고 있는 배경은 여러 가지 면에 걸쳐 있다.

첫째, 증권은 대출채권 등에 비해 양도성과 환금성이 좋고 표준화되어 있어서 경제 전체의 유동성증대에 기여한다.

둘째, 신용위험의 전가가 가능하고 자산의 내용이나 기간의 재구성을 통한 위험관리 기능의 향상이 가능하다.

셋째, 대규모 차입자들이 금융중개를 통한 간접적 자금조달 수단보다는 거래비용이나 금융의 신축성면에서 유리한 직접증권을 통한 자금조달을 선호한다.

넷째, 금리 및 환율 변동위험 등 각종 가격위험을 효율적으로 관리하기 위해서는 대출거래의 분해를 통해 각종 선물, 옵션 등의 증권으로 위험을 분리하여 헷징할 필요가 있다.

다섯째, 은행의 경우 대출채권의 증권화와 이의 매각을 통한 자금조달로 준조세(regulatory tax)를 회피할 수 있다.[12]

여섯째, 컴퓨터, 통신 · 정보기술 등 정보공학의 발달에 따른 금융혁신 등에 힘입은 바 크다. IT를 기초로 한 거래시스템의 도입으로 증권거래비용이 획기적으로 절감되고 IT를 바탕으로 하는 금융공학을 이용하여 금융상품의 개발과 기초자산 위험의 평가, 분리, 이전 등 포트폴리오 관리의 혁신 등이 가능해졌다.

앞으로 금융의 증권화는 새로운 금융상품의 개발과 함께 가격변동성을 더욱 크게 할 것이다. 이에 효과적으로 대응하기 위해서는 전문적인 투자기법과 전문적인 투자능력을 갖춘 기관투자가가 있어야 한다. 아울러 대기업의 직접금융시장 이용증가로 이들의 탈은행화를 재촉하고 금융중개가 종래의 금융기관중심에서 금융상품중심으로 이행됨에 따라 금융제도의 불안정성이 커질 것이다.

---

11) E. D. Hull, “The Complete Story on Securitization of Bank Assets,” The Journal of Commercial Bank Lending, Nov. 1989, p. 20 참조.

12) 은행이 예금으로 자금을 조달할 경우 지급준비금부담, 위험자산에 연계된 자기자본규제 등에 따른 간접적인 자금조달비용을 말한다.

(2) 금융의 정보화(information technology: IT)

금융의 정보화란 IT의 발전이 가져온 금융산업의 업무 행태와 조직구조의 변화를 말한다. 이에 따라 금융산업은 단순히 자금의 중개업 차원을 넘어 정보지식집약형 장치산업으로 변모하고 있다. 정보공학은 관리업무의 집중과 자동화의 획기적인 진전을 통해 방대한 업무를 신속 정확하게 처리해 준다. 뿐만 아니라 정보유통 네트워크에 기초한 경영관리 조직의 하부구조를 구축하여 고객의 다양한 욕구에 부응하는 질 높은 서비스를 제공할 수 있게 하고 있다.

그 중에서도 전자은행제도가 금융기관 영업에 큰 영향을 미치고 있다. 자동텔러기(automated teller machine: ATM), 폰뱅킹, PC뱅킹, 인터넷뱅킹 등은 지점의 설치, 영업시간 이외의 영업 등 공간적 · 시간적 제약을 극복하는 획기적인 금융경로로 등장하였다. 특히 인터넷뱅킹은 사이버거래를 급속하게 확산시키고 있다.[13] 이 거래는 인터넷 등 가상공간에서 일어나는 여러 가지 경제행위를 말하는 것으로 이른바 디지털경제의 핵심적 개념이 되고 있다. 디지털경제란 개방형 네트워크와 가상공간의 활동을 통해 생산, 소비, 유통 등 여러 경제활동이 이루어지는 경제시스템을 말한다.

금융산업부문에는 점포 없이 인터넷상에서만 영업하는 사이버금융회사가 등장하고 사이버거래, 대체거래시스템(alternative trading system: ATS) 등 거래소의 가상화 등 사이버공간에서의 금융거래방식이 크게 변화될 것이다.[14] 아울러 전자상거래 확대로 전자화폐, EDI(electronic data interchange) 등을 통한 전

13) 인터넷뱅킹은 아직까지는 비용 및 투자효율성이 낮은 편이다. 그러나 시간이 지남에 따라 인터넷을 이용하는 고객이 늘어나 평균거래비용이 낮아지면서 비용절감효과가 나타나고 학습효과를 통해 습득한 기술경험 및 기술특화효과가 현실화되면 인터넷뱅킹의 투자효율성이 크게 높아질 것이다.

14) 디지털경제는 다음과 같은 변화를 가져올 것으로 예상된다. (i) 경제의 모든 부문이 통합되고 경제단위의 크기에 관계없이 상호 연결된 네트워크 구조로 전환, (ii) 새로운 기술 등의 전파와 확산이 광속(光速)으로 이루어져 실시간 경제의 구현, (iii) 경제활동이 광범위하고 순간적으로 발생함에 따라 경제변수가 복잡다기화되어 산업시대보다 불확실성 증대, (iv) 재화의 생산 및 유통비용의 측면에서 한계비용이 거의 0에 가까워짐에 따라 수확체증이 가능하게 되어 제품의 생산과 유통 신속 · 저렴화, (v) 재화, 노동 및 자본 등 물리적 · 유형적 생산요소에서 지식, 정보와 같은 정신적 · 무형적 요소로 핵심생산요소의 변화 등.

자결제가 일반화되고 금융업과 통신업의 연계가 더욱 높아지며 회사간 사이버 공간 선점을 위한 경쟁이 치열해질 것이다.

(3) 금융기관의 대형화와 전문화(specialization)

금융산업에는 규모와 범위의 경제를 추구하는 통합화된 대형복합 금융기관과 전문화를 추구하는 소형전문화 기관으로의 양극화 현상이 두드러지게 나타나고 있다. 먼저 정보기술의 발전, 금융 및 실물시장의 세계화 그리고 금융규제의 완화 등은 금융기관의 대형화를 유도하고 있다. 특히 첨단전자통신설비와 컴퓨터 등 하드웨어는 물론 이를 운영하기 위한 소프트웨어개발과 조직 및 고급인력개발에 대한 투자가 필요하다. 이를 위해 증자는 물론 필요한 경우 인수·합병(M&A)이나 재조직(reorganization)을 통한 대형화가 진행될 것이다.

모든 금융기관들이 전부 대형화에 의한 규모의 경쟁만을 할 수는 없다. 앞으로 금융산업은 정보집약적인 고도기술 산업으로 변모될 것이므로 전문적인 인력과 기술을 필요로 하는 좁은 영역도 생겨날 것이다. 이때 필요한 전략은 비교우위가 있는 특정부문에 주력하는 이른바 틈새전략(niche strategy)이다. 이 전략을 구사하는 금융기관들은 고객의 다양한 요구에 부응하기 어렵다는 문제점은 있으나 이것은 상호보완기능이 큰 다른 금융기관과의 업무제휴를 통해 해결할 수 있다.[15)]

특히 은행은 개별 은행들의 특성에 따라 넓고 깊은 네트워크를 갖추어 모든 고객을 대상으로 종합적인 서비스를 제공하면서 규모의 경제를 추구하는 종합은행(universal bank)이나 전문화의 경제를 추구하는 전문은행(specialized bank)으로 양극화될 가능성이 크다. 전문은행은 다시 (i) 비교우위에 따라 특정고객이나 특정지역에서 존립기반을 찾는 밀착형 은행, (ii) 특정상품 등에 특화하여 대형은행들이 제공하기 어려운 틈새를 파고들어 고부가가치 상품개발에

---

15) 업무제휴에는 연합(alliance)과 협조제휴(cooperation agreements)가 있다. 전자는 주식의 상호교환, 상호출자에 의한 업무제휴인데, 경영권의 독립성을 유지하면서 안정적이고 장기적인 동반관계를 유지함으로써 장래의 합병을 쉽게 한다. 후자는 각서에 의한 업무제휴로 상품개발, 연대대출, 지점 이용, 전산망 이용, 직원의 상호교류, 교육, 연수 등의 업무에 관한 제휴 등이 포함된다.

주력하는 전문점 은행(financial boutique)으로 특화될 것이다.

(4) 금융산업의 국제화(internationalization)

금융산업의 국제화는 금융의 초국가화(transnationalization of banking: TB), 금융의 다국적화(multinationalization of banking: MB) 및 금융의 범세계화(globalization of banking: GB)의 3단계로 나누어 볼 수 있다. (i) TB는 국제간 거래에 수반되는 금융서비스를 제공함에 있어 본국에 거점을 두고 외국인 또는 외국금융기관과의 중개업무 위주의 금융거래를 하는 단계이며, (ii) MB는 금융기관이 외국에 진출하여 거점을 확보한 후 주재국의 금융기관과 경쟁하면서 영업활동을 전개하는 단계이고, (iii) GB는 가장 진전된 단계로 정보통신망을 통해 금융서비스의 국경간 이동이 이루어지는 단계이다.

이와 같은 금융산업의 국제화 진전은 다음 몇 가지 현상을 가져오고 있다.

① 국제금융시장의 효율성 증대: 옵션 및 선물거래 등 각종 위험을 관리할 수 있는 시장을 제공하고 금융거래에 있어 계약과 결제의 분리를 가능하게 함으로써 유동성의 이동을 수반하지 않고서도 금융시장간 이동이 가능하다.

② 거래상품의 동조화(synchronization) 및 현지화(localization) 심화: 각 나라경제의 상호의존성 증대로 그들 시장에서 거래되는 비슷한 상품의 가격이 비슷한 방향으로 움직인다. 이에 따라 국제자본이동이 자유로워짐으로써 국경을 넘는 증권매매(cross-border trading)가 촉진된다.

③ 금융제도의 국제적인 정합현상(congruence) 가속: 금융의 범세계화로 국제 간의 자금이동이 많아지고 다국적 금융그룹들의 영향력이 커짐에 따라 국제적으로 일반화된 규범이나 관행과 괴리되는 제도의 유지가 어려워진다. 최근 자유무역 실현을 위한 국가간 쌍무협상이나 다자간협상 등 국제간 협력 움직임은 모든 나라의 금융시장개방을 촉진하고 있다.

(5) 비은행금융기관의 신장

금융산업의 변화 중 또 다른 특징은 금융자유화와 IT의 발전으로 비은행금융기관의 은행유사업무 취급이 늘어나고 직접금융시장을 통한 기업들의 자금조달이 활발해지면서 전통적 은행업이 상대적으로 위축되고 있다는 것이다. 이들 기관들이 은행들보다 훨씬 싼 비용의 자금중개수단을 지속적으로 개발함에 따라 민간의 여유자금이 투자신탁, 보험, 증권 등 신종 고수익금융상품으로 이동하고 있다. 신용도가 높은 대기업들은 은행 차입 대신 회사채나 기업어음을 직접 발행하여 자금을 조달하는 기회도 늘어나고 있다.

은행업무 영역에 대한 비은행금융기관의 진출증가로 여수신업무가 위축된 상업은행들은 MMDA 등 고수익금융상품을 개발하여 예금유출을 방지하고 있다. 여신면에서는 건설, 에너지개발, 기업매수 등 고위험/고수익시장에 대한 진출을 늘리는 한편 민간 대기업들의 직접금융을 통한 자금조달 증대추세에 대응하여 이들을 대상으로 하던 도매금융(wholesale banking) 위주에서 벗어나 개인과 중소기업을 주고객으로 하는 소매금융(retail banking) 분야를 강화하고 있다.

2. 금융시장의 새로운 변화

(1) 금융규제의 완화

1990년대를 넘어서면서 금융기관들의 금융규제 회피와 국제거래 확대로 여러 나라에서 금융감독 당국의 규제와 감독의 효율성이 약화되기 시작했다. 특히 국내금융시장과 경쟁하는 유로금융시장의 발전은 규제가 많은 전자의 경쟁력을 저하시킴에 따라 감독당국에 대한 규제완화 압력이 가중되기에 이르렀다.

이에 따라 금융감독당국들은 국내금융시장의 경쟁력 제고를 위해 규제완화 방향으로 정책기조를 변환하고 있다. 이 결과로 나타나고 있는 것들은 금융상품 가격인 금리와 수수료의 자유화, 금융기관 간의 업무영역과 외국금융기관의 국내시장진출 확대, 국제간자본거래의 자유화확산, 신종금융상품에 대한 규제완화 등이다.

이와 같은 금융규제완화 바람은 금융시장에서 지금까지 볼 수 없었던 재미있는 현상을 일으키고 있다. 첫째, 각종 금리와 수수료의 자유화는 가격경쟁을 유발하여 금융기관의 수익성을 약화시킨다. 특히 예대마진을 주요 수익기반으로 하는 은행들은 자기들끼리 또는 비은행금융기관과 치열한 가격경쟁을 벌여야 하고 같은 은행 내에서도 저수익상품의 고수익상품으로의 대체현상(intra-mediation)이 가속화되어 수익성이 계속 낮아지고 있다. 그리고 대부분의 금융상품들이 시장의 실세금리에 연동됨으로써 금융자산의 금리변동성이 커져서 보다 큰 금리위험에 노출되고 있다.

둘째, 업무영역에 대한 규제완화와 정보공학의 발달은 지금까지 금융시장을 분할하였던 법률적 · 기술적 제약을 완화함으로써 금융시장을 확대 · 심화시킬 뿐 아니라 금융상품들의 새로운 유통시장 개척을 촉진하고 있다. 이에 따라 모든 금융기관들이 새로운 업무에 직접 진출하거나 다른 금융기관과의 제휴 등을 통해 업무영역을 확대시킴으로써 이른바 종합금융체제(universal-banking)가 가속화될 것으로 전망된다.

셋째, 정부가 금융기관 경영에 대한 간섭을 줄이고 금융기관 스스로에게 경영상의 자율성을 보장함으로써 금융기관의 책임경영체제 확립과 위험관리가 중요한 과제로 등장하고 있다. 종래 정부규제 위주 시기에는 오직 신용위험만이 관심의 대상이었으나 앞으로는 (i) 금리 및 환율변동위험과 투자자산에 대한 자산손실위험 등 시장위험, (ii) 컴퓨터시스템의 기술적 장애나 내부통제제도의 미흡과 이를 악용한 사고나 범죄 등으로 금융기업이 직·간접적으로 입는 손실과 관련된 운영위험(operational risk) 등이 중요시될 것이다.

(2) 금융수요의 다양화와 신상품개발

미국, 중국 등 경제대국과 금융선진국들의 지속적인 경제발전으로 개인의 소득수준 향상과 동시에 금융자산의 축적도 크게 향상되었다. 개인들은 포트폴리오 운용에 있어 '수익성' 높은 금융자산으로의 쏠림현상을 보이고 있다. 이에 대응하여 은행들은 개인에 유리한 새로운 금융상품을 개발하여 예금에서 증권으로의 이동에 대응하려고 안간힘을 쓰고 있으나 만족스럽지는 못한것 같다.

기업금융의 형태도 다양화되고 있다. 기업의 자금조달방식이 종래의 상대거래에 의한 차입방식에서 채권발행에 의한 시장조달 방식으로 전환되고 있다. 특히 보통채와 더불어 전환사채(CB)나 신주인수권부 사채(BW)의 발행 등을 통해 국내외자본시장에서 자금을 조달하는 직접금융이 급격히 늘어나는 추세이다. 또한 은행이나 리스회사가 신탁기능을 이용하여 대출채권을 증권화함으로써 시장에서 불특정다수의 투자자로부터 자금을 조달하는 채권의 유동화를 목적으로 한 복합상품이 등장하고 있다. 게다가 은행과 증권회사 쌍방이 취급할 수 있는 CP 및 대형 사모채(私募債) 등도 늘어나고 있어 은행, 신탁, 증권의 업무분야가 겹치는 상황도 생기고 있다.

제 6 장 제 2 절에서 살펴본바, 1970년대에 Bretton Woods체제가 붕괴된 후 각 나라가 보다 자유로운 금융 및 외환정책을 전개함에 따라 금융시장에서 금리 및 환율이 매우 불안정하게 움직이고 있다. 여기에 전세계적인 인플레이션이 만연되자 투자자들은 고정금리보다는 시장금리를 반영하는 금융수단을 요구하며 장기금융상품보다는 단기금융상품을 선호하게 되었다.

한편 자금차입자들은 안정적이고 장기적인 자금확보를 위해서는 시장상황에 따라 추가적인 금리비용 지급이 필요하다는 것을 인식하고 있다. 이러한 투자자와 차입자의 이해관계를 반영하여 등장된 금융혁신 상품이 여러 가지의 변동금리채(FRN)이다.

(3) 직접금융시장의 가속적 발전

최근 금융시장의 구조변화 중 두드러진 특징의 하나는 자금조달 및 운용의 주경로가 은행의 예금 · 대출로부터 장단기증권의 발행 · 매매 형태로 바뀌어지는 것이다. 이러한 과정에서 자본시장이 크게 활성화될 뿐만 아니라 은행들은 자본시장의 중개자로서의 기능에 더하여 기관투자가 및 차입자로서의 기능도 수행한다. 그 중에서도 양도성대출(transferable loan facility)과 같은 은행대출의 증권화 또는 대출과 증권업무의 혼합화(hybrid) 현상이 뚜렷해지고 있다.

최근 들어 거의 모든 은행들이 예금 · 대출의 전통적 상업은행 업무에서 채권투자나 증권관련업무 그리고 장부외거래(off-balance sheet transaction) 등을 중시하는 투자은행으로 변모해 가고 있다. 이들은 금리 · 환율 · 유동성 위험 등을 효율적으로 분산시킬 수 있는 방법과 대출채권의 유동화를 통한 신용위험 전가에도 꾸준히 노력하고 있다.

자금차입자의 입장에서도 은행차입에만 의존하는 것보다 자본시장에서 여러 가지 증권발행을 통해 소요자금을 조달함으로써 보다 싸고 신축성있는 자금조달과 융통성 있는 부채관리가 가능하게 되었다. 금리, 인플레이션율 및 환율의 변동성이 큰 여건 아래 자금 차입자 및 대여자는 그러한 위험을 최소화하고자 한다. 이 결과로 탄생한 것이 각종 이중통화채(dual currency bond) 및 기타 옵션부 혼성증권(hybrid securities) 등이다.

이러한 채권은 대개 장기상품이어서 중기 및 단기자금을 직접금융의 증권형태로 조달하면서 신축성 있는 발행조건을 갖춤과 동시에 은행의 수수료수입 증대도 가져올 수 있는 유로어음이 도입되었다. NIF, 유로채 및 유로 MTN 등이 대표적인 예이다.

(4) 파생금융상품 및 부외거래의 급증

정책당국이 은행의 자기자본에 대한 규제를 강화하면서 새로운 금융기법인 파생금융상품 등의 장부외거래가 급신장하고 있다. 은행들은 대차대조표에 거래대상금액이 계상되지 않고 자산·부채 비율에 영향을 주지 않는 장부외거래를 보다 높은 수익을 실현할 수 있는 금융수단으로서 적극 활용한다. 이와 같은 장부외거래 급신장은 정책당국의 은행자본충실도에 대한 규제강화, 금융기관간의 경쟁심화, 금리·환율 위험 회피를 위한 새로운 금융상품 및 기법의 출현 그리고 상업은행들의 영업전략 전환 등에 기인한 것으로 판단된다.

후속장치(back-up facility)는 일반적으로 은행차입 또는 증권 발행에 대한 보증으로 차입자의 신인도를 높여 자금을 안정적으로 확보하게 함으로써 금융거래가 원활하게 이루어지도록 지원하는 금융조직을 말한다. 은행보증으로서 보증신용장(stand-by L/C)과 회전신용형태인 대출약정이 있다. 증권인수보증은 위험회피자에게는 위험회피 기회를 제공하는 한편 투기자에게는 위험을 인수하는 대신 높은 수익을 볼 수 있는 기회를 제공한다. 각 경제주체들에게 서로 다른 위험선호경향에 알맞은 자산운용을 가능하게 하는 셈이다.

시장참여자들은 제7장에서 살펴보았듯이 파생금융상품거래를 이용하여 필요시마다 보유자산의 구성, 금리, 만기 등을 조정할 수 있으므로 현금흐름의 탄력성을 높일 수 있다. 약간의 계약금만으로도 전체 계약자산을 보유하는 레버리지효과를 누릴 수 있을 뿐만 아니라 현물인도를 수반하지 않으므로 그에 따른 부대비용도 절감할 수 있다.

3. 한국의 금융환경 및 구조변화

(1) 금융환경의 변화

1) 1970년대: 금융구조의 다원화

1970년대 이전까지 한국의 금융체제는 경제개발에 필요한 자금의 원활한 지원과 민간자본의 동원체제 확립 등을 위해 은행중심제도를 근간으로 하였다. 그러나 1972년 8월「경제의 안정과 성장에 관한 긴급명령」의 실시와 함께「상호신용금고법」,「단기금융업법」,「신용협동조합법」등 이른바 사금융양성화 3법 통과를 계기로 사금융의 제도금융화가 추진되었다. 뒤이어「종합금융회사에 관한 법률」(1975년 12월) 제정 등 금융구조의 다원화를 위한 정책도 추진된 결과 투자금융회사, 신용협동조합, 종합금융회사 등 다양한 형태의 비은행금융기관이 신설 · 정비되었다.

이와 함께 직접금융시장을 통한 자금조달을 뒷받침하기 위해 증권시장의 정비도 이루어졌다. 기업공개 및 주식의 소유 분산을 촉진하기 위해 1972년 말「기업공개촉진법」을 제정한 데 이어 1974년 9월에 증권투자신탁 전문회사인 한국투자신탁을 설립하였다. 그해 12월에는 담보력이 부족한 기업의 채무를 보증 및 자금조달을 원활히 하기 위해「신용보증기금법」을 제정하였다.

2) 1980년대: 금융자율화

1980년대 들어서는 그동안의 개발금융체제하에서의 정부주도 경제운용방식과 그에 따른 금융규제가 오히려 경제 전반의 효율성을 떨어뜨리는 등 여러 문제점들이 드러남에 따라 금융산업 발전을 위한 금융자율화정책이 꾸준히 추진되었다. 우선 은행의 자율성 제고를 위해 1981~83년중에는 정부소유 시중은행주식이 민간에게 매각되는 등 시중은행의 민영화가 이루어졌다.

그리고 금융기관간 경쟁촉진을 통한 금융시장의 효율성 제고와 지방금융의 활성화를 위해 금융기관의 신규진입 규제도 크게 완화되었다. 은행권의 경우 신한은행(1982년 7월), 한미은행(1983 3월), 동화은행(1989년 9월) 등의 시중은행이 각각 설립되었다. 1989년 11월에는 중소기업전문은행으로서 부산 및 대구에 본점을 두고 전국을 영업구역으로 하는 동남은행과 대동은행이 신설되었다. 1989년 12월에는 특수은행이었던 외환은행이 시중은행으로 전환되었다.

비은행금융기관의 경우에도 1982년 하반기에 12개의 투자금융회사와 58개의 상호신용금고 및 1개의 투자신탁회사가 신설되었다. 1989년 이후에는 13개의 리스사, 24개의 생명보험회사, 5개의 지방투자신탁회사가 각각 설립되었다.

금융기관의 취급업무도 많이 달라졌다. 은행의 경우 신용카드, 상업어음일반매출 및 환매조건부채권매도(RP), 양도성예금증서(CD)업무 등이 도입되었으며 상호부금 및 신탁업무의 취급도 단계적으로 확대 허용되었다. 투자금융회사 및 증권회사의 경우 팩토링, 신종기업어음(CP), 어음관리계좌(CMA), 통화채권펀드(BMF) 등 신종금융상품이 차례로 개발되었다. 그간 엄격히 제한되어 오던 금융기관간 업무영역이 확대됨으로써 종전의 분업주의에서 점차 겸업주의로 전환되어 가는 모습을 보였다.

3) 1990년대 초·중반: 금융자유화 및 개방화

1990년대 들어서는 금융규제 완화조치의 일환으로 금리자유화가 지속적으로 추진되어 온 가운데 금융부문의 자유화 및 개방화를 위한 3단계 계획이 확정 · 발표되었다. 먼저 1991년 3월「금융기관의 합병 및 전환에 관한 법률」이 제정되어 투자금융회사가 합병 또는 단독으로 시중은행(하나은행, 보람은행)과 증권회사로 전환되었다. 1992년 1월부터는 외국인이 일정한도 범위 내에서 국내 상장주식에 직접 투자할 수 있도록 허용함으로써 주식시장이 본격적인 개방의 시대를 맞이하게 되었다. 그해 11월에는 근로자에 대한 금융지원을 주로 하는 평화은행이 설립되었다.

1993년 8월에는 금융개혁을 위한 핵심과제의 하나인 금융실명제가「금융실명거래 및 비밀보장에 관한 긴급재정경제명령」에 의거 전격 실시되었다. 모든 금융기관과의 거래시 실명 사용이 의무화되었으며 금융거래정보의 비밀보

[표 8-1] 한국의 단계별 금리자유화 추진내용

	여신금리	수신금리	채권금리
제1단계 (1991. 11)	단기여신금리	3년 이상 장기수신 금리, 단기 · 거액 시장성 수신상품 금리	2년 이상 회사채 금리
제2단계 (1993. 11)	재정지원 및 한국은행 재할인대상 대출을 제외한 모든 여신금리	2년 이상 수신상품 금리	2년 미만 회사채, 금융채 및 국공채 금리
제3단계 (1994. 7~95. 11)	한국은행 총액한도대출 관련 자금의 여신금리	요구불 예금 및 3개월 미만 저축성예금을 제외한 수신상품 금리	–
제4단계 일부 (1997. 7)	–	7일 이상 3개월 미만 저축성예금 금리	–
제4단계 일부 (2004. 2)	–	요구불예금 및 7일 미만 저축성예금 금리	–
현행 규제대상 금리	재정지원 대상 자금의 여신금리	당좌예금 금리(무이자)	–

장도 강화되었다. 한편 금리자유화도 단계별로 꾸준히 추진되어 당좌예금 및 재정지원 대상 자금의 여신금리를 제외한 은행의 모든 여수신금리가 자유화 되었다([표 8-1] 참조).

4) 1990년대 후반 이후: 금융개혁 및 국제화

적절한 금융하부구조를 갖추지 못한 채 위에서와 같은 금융자유화 및 개방화가 추진된 데다 금융기관의 경영부실, 대기업들의 연이은 부도, 큰 폭의 경상수지 적자 지속 등 악재가 겹쳐 1997년 하반기에 은행 및 외환위기가 함께 찾아왔다(이에 대해서는 제11장 제4절에서 자세히 설명할 것이다). 이에 따라 정부는 금융기관의 경영건전성 회복과 금융산업의 국제화를 위한 일련의 조치들을 실시하였다. 우선 금융기관의 생존 가능성을 판단하여 퇴출 또는 인수 · 합병 등의 방법으로 부실금융기관을 정리하였다. 그 결과 1997년 말 2,103개였던 금융기관이 2008년 2월 말 현재 1,298개로 크게 줄어들었으며, 이 과정에서 정부는 약 169조원의 공적자금을 투입하였다.

이와 함께 금융기관 경쟁력 강화와 다양한 금융서비스 제공을 위해 정부

[표 8-2] 금융구조조정 현황: 한국 (단위: 개)

구 분	1997년 말	구조조정현황				2008년 2월 말
		인가취소	합병	해산 등	합계	
은행	33	5	11	–	16	18
비은행	2,070	168	188	555	911	1,280
종금사	30	22	7	–	29	2
증권사	36	5	7	3	15	40
보험사	50	10	6	6	22	50
자산운용사	32	7	7	–	14	51
상호저축은행	231	111	28	1	139	108
신용협동조합	1,666	2	131	544	677	1,005
리스사	25	11	2	1	14	24
합계	2,103	173	199	555	927	1,298

자료: 공적자금관리위원회.

는 1998년 「금융지주회사법」을 제정하는 한편, 금융기관 업무영역에 대한 규제를 크게 완화하였다. 1998년 9월 은행의 수익증권 판매가 허용되었으며 2003년 8월 및 2005년 4월에는 제1~2단계 방카슈랑스 조치가 시행되었다.

2004년 1월에는 「증권투자신탁업법」, 「증권투자회사법」 및 「증권거래법」 중 투자자문업 관련 규정을 통합한 「간접투자자산운용업법」을 시행하여 간접투자대상 자산을 기존 증권에서 파생금융상품, 부동산 및 실물자산 등으로 넓히는 등 간접투자기구의 자산운용을 확대하여 간접투자증권의 판매를 활성화하였다.

금융개방과 관련해서는 외국인 투자자금의 유입을 촉진하기 위해 1997년 말 채권시장을 개방한 데 이어 1998년에 외국인 주식투자 한도 폐지, 모든 유가증권으로의 외국인 투자대상 확대 등 주식시장과 단기금융시장을 전면 개방하였다. 나아가 외국인에 의한 국내기업의 적대적 인수·합병 허용, 외국인 투자업종의 개방폭 확대, 국내 부동산 취득의 자유화 등 외국인 투자환경을 크게 개선하였다.

자본시장에서는 1994년 4월 선물거래소가 설립된 후 2000년 3월에는 유가증권시장과 KOSDAQ시장에서 거래되지 않는 주식을 대상으로 하는 장외주식호가 중개시장(제3시장)이 개설되었다. 2005년 1월에는 증권거래소 · KOSDAQ시장 · 선물거래소 등을 통합하여 한국증권선물거래소가 새로이 출범하였다.

한편 직접금융을 통한 자금조달을 활성화하기 위해 자산유동화제도(1998년 9월), 회사형 투자수익증권제도(1998년 12월) 및 모기지론제도(1999년 4월)가 도입되었다. 2007년 8월에는 기존의 증권거래법, 선물거래법, 자산운용업법, 신탁업법, 종합금융회사에 관한 법률, 증권선물거래소법 등 자본시장을 규율한 법률을 통합한 「자본시장과 금융투자업에 관한 법률」(2009년 2월 시행 예정)을 제정하여 자본시장의 자금중개기능 효율화를 위한 제도적 장치를 마련하였다.

(2) 금융구조의 변화

한국의 금융구조는 1960년대 초 이래 경제개발계획을 추진하는 과정에서 금리를 규제해온 위에 정책금융제도 등을 통해 정부가 자금배분에 깊이 간여하여 왔다. 더욱이 기업의 과다차입과 간접금융 우위체제가 지속됨으로써 금융면에서 전형적인 공급선도형과 대출초과형 구조를 유지해 온 셈이었다. 업무형태에 있어서도 은행이 장·단기금융을 겸업하기는 하였으나 업무분야별로는 전문금융기관이 따로 존재하는 분업형 구조를 유지하여 왔다.

이러한 금융구조는 경제개발 초기단계에서는 전략산업의 육성 등을 통하여 경제발전에 상당히 기여하였다. 그러나 경제규모가 커지고 구조도 복잡해짐에 따라 규제로 인한 이점은 소멸되는 반면, 저축자금의 제도금융권 이탈, 은행대출의 대기업 편중, 기업의 경기대응력 약화 등과 같은 부작용을 가져왔다.

또한 장기간에 걸쳐 금융규제가 지속되어옴에 따라 자금의 효율적 조달 및 배분이라는 금융 본연의 기능이 위축 · 왜곡되는 현상도 발생하였다. 이에 금융당국은 1980년대 들어 비은행금융기관과 자본시장을 육성하는 동시에 시중은행을 민영화하고 금융기관의 업무구분을 완화하는 등 다각적인 금융구조 개선 대책을 추진하였다.

[표 8-3] 주요국의 금융연관비율[1] (단위: 배)

구분	1975	1980	1985[2]	1990[3]	1995	2000	2007.6[4]
한국	2.67	2.98	3.81	4.13	4.66	6.24	8.69
미국	4.55	4.91	5.57	6.22	7.29	8.97	9.90
영국	…	…	8.53	8.95	10.87	14.25	18.02
일본	…	6.60	8.37	10.66	10.28	11.44	12.18
호주	…	…	…	5.14	5.87	7.07	9.31
독일	…	…	…	4.62	5.54	8.25	8.75

주: 1) 금융자산/명목GNI.
2) 영국 1987년 말 기준.
3) 독일 1991년 말 기준.
4) 독일 2006년 말 기준.

그 후 세계적인 금융의 개방화 · 국제화 추세에 부응하기 위한 금융 · 외환거래의 자유화와 자본시장 개방이 적극적으로 추진되었다. 이러한 노력에 힘입어 한국의 금융구조는 금융시장의 다변화와 금융저축 수단의 다양화가 이루어지면서 금융자산의 축적이 크게 증대되는 등 많은 발전을 이룩하였다.

1) 금융자산 축적

한국의 금융자산규모는 1975년 말 27조원 수준에 불과하였으나 2007년 6월 말 현재 7,573조원으로 늘어나 지난 32년 동안 약 275배나 커졌다. 이에 따라 금융자산 축적 정도를 나타내는 금융연관비율(금융자산/명목GNI)도 1975년의 2.67배에서 2007년 6월 말 현재 8.69배로 높아졌다. 그러나 미국(9.90), 일본(12.18), 영국(18.02) 등 주요 선진국에 비해서는 여전히 낮은 수준이다.

금융자산 축적 규모를 경제주체별로 보면 1975년 말 9조 1천억원(구성비 33.0%)에 불과하던 금융부문의 자산 규모는 지속적인 증가 추세를 나타내어 2007년 6월 말 현재 3,447조 1천억원(동 45.5%)에 이르고 있다. 기업 · 개인 등 국내 비금융부문의 금융자산 규모는 1975년 말 13조 8천억원에서 2007년 6월 말에는 3,432조 6천억원으로 크게 늘어났으나 금융부문의 신장세에는 미치지 못하였다.

[표 8-4] 금융상품 종류별 금융자산 잔액: 한국 (단위: 조원)

	1975	1980	1990	1998	2000	2007.6
예금	4.4 (15.9)	17.3 (15.2)	162.1 (21.0)	614.3 (20.4)	751.5 (20.9)	1,312.8 (17.3)
보험 및 연금	0.2 (0.8)	1.7 (1.5)	34.6 (4.5)	116.8 (3.9)	144.1 (4.0)	367.7 (4.9)
유가증권	4.1 (15.0)	16.9 (14.9)	185.5 (24.1)	850.1 (28.2)	998.6 (27.8)	2,735.0 (36.1)
채권	0.5 (2.0)	6.7 (5.9)	104.7 (13.6)	645.6 (21.4)	699.9 (19.5)	1,322.8 (17.5)
주식	1.7 (6.1)	6.4 (5.6)	63.4 (8.2)	168.6 (5.6)	253.9 (7.1)	1,322.8 (17.5)
대출금	6.1 (22.4)	28.1 (24.7)	194.1 (25.2)	590.9 (19.6)	685.6 (19.1)	1,295.8 (17.7)
대외채권	5.5 (19.9)	25.6 (22.5)	52.5 (6.8)	376.4 (12.5)	465.1 (12.9)	750.2 (9.9)
기타	7.1 (26.0)	24.0 (21.1)	141.6 (18.4)	469.1 (15.5)	547.5 (15.2)	1,066.7 (14.1)
합계	27.5	113.7	770.4	3,017.6	3,592.5	7,573.4

주: ( ) 내는 금융자산 합계에서 차지하는 비중(%).

금융자산 잔액에서 차지하는 상품별 구성비를 보면 유가증권이 전체 금융자산의 36.1%로 가장 높으며, 보험 및 연금이 가장 낮은 수준이다. 유가증권은 금융증권화의 진전으로 꾸준한 증가세를 나타내고 있다. 예금은 1990년대 중반까지는 안전자산 선호의 영향으로 꾸준히 상승하였으나 이후 투자수익증권 등 간접투자자산의 판매 확대와 증시 활황 등을 배경으로 구성비가 낮아지고 있다. 평균 20%를 웃돌던 대출금의 경우에도 1997년의 금융위기 이후 기업의 구조조정에 따른 대출 수요 감소 및 직접금융시장에 대한 의존도 심화 등으로 구성비가 17%선으로 낮아졌다.

2) 금융자산 운용규모

금융자산 운용규모(금융거래 증가액)는 경제성장과 더불어 1976~2006년중

[표 8-5] 경제주체별 금융거래: 한국 (단위: 조원)

구분		1970 년대[2]	1980 년대	1990년대			2000 년대[3]	2007년 상반기
					위기 이전	위기 이후		
금융부문		4.9	26.4	131.2	119.2	179.3	188.6	245.2
국내비금융부문		5.6	25.7	106.8	107.0	106.0	179.5	147.5
	기업	2.6	9.4	30.8	35.7	11.4	51.0	40.4
	개인	2.5	13.5	59.2	59.0	60.1	81.6	63.5
	정부	0.6	2.8	16.7	12.3	34.5	46.9	43.5
국외부문		1.5	0.8	13.3	16.1	1.9	26.1	46.9
합계		12.0	52.9	251.2	242.3	287.2	394.2	439.6

주: 1) 해당 기간별 연평균 금융거래액, 2007년은 상반기중 금융거래액.
2) 1975년~1979년 기준.
3) 2000년~2006년 기준.

연평균 18.4%의 높은 증가율을 기록하였다. 기간별로 보면 2000년 이후 연평균 19.8% 늘어나 금융위기 이전보다 약간 낮은 수준이었다. 그러나 2006년중 금융거래액은 중소기업 및 주택담보대출을 중심으로 크게 늘어나 사상 최고 수준인 699조 3천억원을 기록하였다.

경제주체별로 보면 금융부문이 전체 금융자산 증가 규모에서 차지하는 비중이 5할 내외 수준으로 가장 크다. 특히 금융위기 직후인 1998년에는 기업구조조정에 따른 채권 인수와 기업 등 비금융부문의 부채축소에 따른 자산 처분 등의 영향으로 그 비중이 약 75%까지 상승하였다. 비금융부문의 경우 금융위기 이후 정부의 역할 증대로 정부부문은 1할을 웃도는 등 그 비중이 커지고 있는 반면, 개인부문은 큰 비중을 차지하고는 있으나 대체로 작아지는 모습을 보이고 있다. 기업부문은 최근 들어 금융위기 이전의 비중을 회복하는 모습이다.

제3절 한국의 금융기관

금융제도는 직접금융과 간접금융의 상대적 중요성을 기준으로 시장중심

금융제도(market-based financial system)와 은행중심금융제도(bankbased financail system)로 나눈다. 전자가 발달된 나라로 미국과 영국을, 후자가 발달된 나라로 독일과 일본을 꼽는다. 한국은 후자에 가까우나 최근 들어 전자를 위한 조치들이 추가되고 있는 추세이다.

한국의 경우 금융기관은 통화당국인 중앙은행 외에 일반 및 특수은행, 비은행예금취급기관, 증권 관련기관, 보험회사, 기타 금융기관 그리고 하부구조로서의 금융보조기관 등 6개 그룹으로 구분하고 있다.[16)]

1. 중앙은행

중앙은행의 목적은 (i) 영국처럼 물가안정만으로 한정하는 나라, (ii) 일본처럼 물가안정과 지급결제 및 신용질서 유지로 하는 나라, (iii) 독일처럼 포괄적인 의미에서 통화가치의 안정으로 정한 나라, 그리고 (iv) 미국처럼 물가안정, 성장, 고용 등 거시경제의 안정으로 정한 나라 등 여러 가지이다. 한국은 1997년 12월 「한국은행법」의 개정으로 그 목적을 통화신용정책의 수립 · 집행을 통한 물가안정을 도모하는 것으로 규정하고 있다.

한국은행은 1950년 6월 설립 당시에는 미국연방준비제도이사회(FRB)를 모범으로 하여 독립성이 매우 강한 중앙은행으로 출발하였다.[17)] 그러나 5 · 16 이후 정부 주도의 경제개발을 금융면에서 뒷받침한다는 미명 아래 근거법을 개정하면서 중앙은행의 권한과 독립성이 크게 약화되었다.

1997년 12월 및 2003년 8월 「한국은행법」의 개정으로 통화신용정책의 수립 · 집행기능이 정부에서 한국은행으로 이관되는 등 중앙은행의 자주성은 강

16) 이러한 구분은 업종별 분류에 따른 것이라기보다 금융기관의 제도적 실체에 중점을 둔 것이다. 즉 은행업, 증권업, 보험업 등 금융업무를 구분하고 각 업무별로 해당 업무를 영위하는 기관을 분류한 것이 아니라 각 금융기관의 근거법률을 중심으로 주된 업무의 성격이 비슷한 금융기관을 그룹별로 구분한 것이다.

17) 한국에서 처음으로 중앙은행의 기능을 수행한 은행은 조선시대인 1909년에 창립된 한국은행이었다. 이 은행은 1911년 조선은행으로 개칭되어 해방되기까지 존속하였고, 해방 후에도 1950년 초까지 중앙은행의 역할을 담당하였다. 조선은행은 발권은행이기는 하였으나 여타 은행과 똑같이 대민간 예금 · 대출업무를 취급하였으므로 순수한 의미의 중앙은행은 아니었다.

[표 8-6] 한국의 금융기관(2007년 말 현재)

구 분			기관수[1)]	비 고
통화당국		한국은행	1	
은행	일반은행	시중은행	8	
		지방은행	6	
		외국은행 국내지점	36	지점 기준 50
	특수은행	한국산업은행	1	
		한국수출입은행	1	
		중소기업은행	1	
		농업협동조합중앙회	1	
		수산업협동조합중앙회	1	
비은행 예금취급 기관	종합금융회사		2	
	상호저축은행		108	
	신용협동기구	신용협동조합	1,007	
		새마을금고	1,417	
		상호금융	1,420	
	우체국예금		1	
증권 관련기관	증권회사		54	외국사 지점 14 포함
	자산운용회사		51	
	선물회사		14	외국사 지점 1 포함
	증권금융회사		1	
	투자자문회사		1	
	증권투자회사		89	겸업포함 149
보험회사	생명보험회사		22	외국사 지점 1 포함
	손해보험회사	손해보험회사	20	외국사 지점 6 포함
		재보험회사	7	외국사 지점 6 포함
		보증보험회사	1	
	우체국보험		1	
	공제기관[2)]		4	
	한국수출보험공사		1	
기타 금융기관	여신전문금융회사	리스회사		
		신용카드회사		
		할부금융회사	54	
	벤처캐피탈회사	신기술사업금융회사		
		중소기업창업투자회사		
	신탁회사[3)]	기업구조조정전문회사	120	
			24	외국은행 지점 7 포함
금융 보조기관	한국자산관리공사		1	
	한국주택금융공사		1	
	신원보증기관	신용보증기금	2	
		기술신용보증기금		
	자금중개회사		4	
	신용평가회사		4	
	금융결제원		1	
	금융감독원		1	
	예금보험공사		1	

주: 1) 인가 및 전업기준.

2) 농업협동조합공제, 수산업협동조합공제, 신용협동조합공제, 새마을금고공제.

3) 은행신탁 기준.

화된 것처럼 보이고 있다. 그렇지만 1997년 개정 때 일반은행감독권을 신설되는 금융감독원으로 넘김으로써 효율적인 통화신용정책시행에는 부정적 영향을 주고 있다고 평가되고 있다.

한국은행이 중앙은행으로서 담당하고 있는 기능을 간추려 보면 (i) 화폐발

참고 8-1　　주요 국의 중앙은행 설립 역사

(1) 역사적으로 가장 오래된 중앙은행은 1656년에 민간은행으로 설립되어 1668년부터 국회의 승인 아래 정부의 은행으로서의 역할을 해 온 스웨덴의 리스크은행(Risk bank)이다. 그러나 중앙은행의 기본적인 업무라고 생각되는 것을 발전시킨 것은 영란은행(Bank of England: BOE)으로 알려져 있다. BOE는 정부에 대한 대출 목적으로 1694년에 민간출자에 의한 최초의 주식은행으로서 설립되었다.

(2) 1826년에 런던에서 65마일 가량 떨어진 곳에 개인은행들이 주식회사 형태로 설립되기 시작하였을 때 BOE는 현금준비의 보관자 그리고 영국정부의 금준비 보관자로 역할하였다. 1833년 잉글랜드은행권만이 유일한 법화로서 선언됨으로써 BOE는 특권적인 지위를 갖게 되었다. 1844년의 Peel's 조례에 의해 BOE가 은행권 발행을 독점하게 됨으로써 정부의 은행으로 발전하게 되었다.

(3) 프랑스에서는 1800년에 설립된 프랑스은행(Banque de France)이 설립될 때부터 정부의 은행역할을 담당했으며 은행권발행의 독점권을 누리면서 점차로 중앙은행으로서의 기반을 닦게 되었다.

(4) 1871년에야 비로소 통일된 독일에는 1875년에 종래의 프러시아은행(Prussian Bank)을 모체로 하여 라이히스방크(Reichsbank)가 설립되었는데, 이때 독일에는 33개의 발권은행이 있었다.

(5) 미국에서는 1791년 제1합중국은행(the First Bank of United States), 1816년 제2합중국은행(the Second Bank of United States)이 설립되었으나 뿌리깊은 지방분권적 사상 탓으로 1836년에 제2합중국은행이 폐지된 이후로는 중앙은행의 색채를 띤 은행은 오랫동안 설립되지 못하였다. 1913년에 이르러서야 비로소 연방준비법(Federal Reserve Act)이 제정되어 1914년 12개의 지역에 각각 위치한 12개의 연방준비은행(Federal Reserve Bank)이 설립되었고, 이들을 조정하는 연방준비국(Federal Reserve Board: FRB)이 워싱턴에 설치되는 형식으로 중앙은행제도가 도입되었다. 연방준비은행들은 자기 지역에서 중앙은행의 역할을 수행하고 FRB가 그들을 조정하고 있었는데 1935년 개정된 은행법에 의해서 연방준비제도이사회(Board of Governors of the Federal Reserve System)로 개칭되었다.

(6) 일본은 1882년에 중앙은행으로서 일본은행을 설립했고, 중국은 1928년에야 비로소 중앙은행(인민은행)을 설립하였다.

행, (ii) 재할인 · 지급준비 · 공개시장정책 등을 활용한 통화신용정책의 수립 및 집행, (iii) 지급결제제도의 총괄 · 감시와 금융기관간 자금거래를 완결해 주는 한국은행금융결제망(BOK-Wire) 운영, (iv) 금융기관의 경영실태 분석 및 검사 외에 금융감독원에 대한 공동검사 요구권, (v) 정부로부터 위임받은 외환관리업무와 대외준비자산의 보유 · 운용 그리고 환율정책에 대한 정부와의 협의, (iv) 금융기관 예금의 수입과 이를 이용한 어음교환결제와 금융기관간 각종 대차거래 결제, (vii) 국고금을 관리하고 정부에 대출하는 등 정부의 은행역할 등이다.

2. 일반은행과 특수은행

은행이라는 명칭은 중앙은행, 상업은행, 투자은행 등 여러 가지 형태의 금융기관에 공통적으로 쓰이고 있다. 전통적인 의미에서 은행이란 예금을 받아 대출이나 어음할인 등 단기적 상업자금을 공급하는 좁은 의미의 상업은행이다. 우리나라의 은행은 설립근거법에 따라 일반은행(commercial bank)과 특수은행(specialized bank)으로 구분한다. 전자는 「은행법」에 의해 설립되어 이 법의 규제를 받고, 후자는 각기의 설립근거법에 의해 규제되고 있다.

일반은행은 다시 영업구역의 제한 여부에 따라 전국을 영업구역으로 하는 시중은행과 특정지역으로 제한된 지방은행 그리고 외국은행 국내지점으로 나눈다. 종래 외국은행의 국내진출형태는 지점 및 합작형태만이 허용되고 그 설치도 국내금융시장 사정에 따라 인가 여부를 결정하였으나 금융국제화의 진전에 따라 현지법인 등 국내 진출형태가 다양화되고 있다.[18)]

특수은행은 일반은행이 수익성이나 전문성 또는 재원조달상의 제약 등으로 필요한 자금을 충분하게 공급하지 못하는 특정분야에 대한 금융지원을 위해 설립되었다. 현재 한국산업은행, 중소기업은행, 농·수산업협동조합의 신용사업부문 등이 있다. 수출입은행은 「수출입은행법」에 의해 설립된 특수은행이

18) 특히 세계무역기구(World Trade Organization: WTO)와의 협약체결시 한국측 양허조건 중의 하나로 외국은행과 투자신탁회사의 국내지점 및 사무소 설치에 대한 경제적 필요성심사(economic need test: ENT)가 폐지됨으로써 요건이 충족되는 외국은행의 국내진출은 자동적으로 허용되고 있다.

지만 예금수취기능이 미미하고 장기연불수출금융 등 주로 상업금융으로 지원하기 어려운 정책금융을 취급하고 있어서 비은행예금취급기관으로 분류하고 있다.

그동안 금융여건 변동으로 특수은행들의 자금조성이 일반은행과 같이 대부분 민간으로부터의 예금에 의존하고 취급업무도 일반은행 업무와 별다른 차이가 없는 등 두 은행간 구분이 사실상 없어지고 있다. 그렇다면 지금이라도

참고 8-2 한국의 은행주식 소유규제

(1) 시중은행의 민영화 과정에서 은행이 대기업의 사금고화되는 것을 방지하기 위해 1982년 12월「은행법」개정을 통해 시중은행에 대해서만 동일인 은행주식 소유한도를 8%로 제한하였다.

(2) 이후 1992년 5월 친인척 위주로 되어 있던 동일인의 포괄범위를 넓혀 주주 1인이「독점규제 및 공정거래에 관한 법률」에 의해 지정된 대규모기업집단을 지배하는 자의 경우 그가 지배하는 소속 기업체를 동일인의 범주에 추가하였다. 그리고 소유규제가 없었던 지방은행 주식의 동일인 소유한도를 15%로 결정하였다.

(3) 1994년 12월 산업자본의 은행지배를 방지하고 은행의 책임경영체제를 확립하기 위해 금융전업기업가에 대해서는 은행주식을 12%까지 소유할 수 있도록 허용하였다. 그러나 금융전업기업가 이외의 동일인 주식소유한도는 8%에서 4%로 축소하였다.

(4) 1997년 1월에는 금융전업기업가에 대한 은행주식 소유제한을 완화하여 은행감독원장이 승인하는 한도까지 소유할 수 있도록 하는 등 금융전업기업가 육성을 위한 제도적 개선을 도모하였다. 그러나 금융전업기업가제도가 지나친 자격요건 규제로 실효를 거두지 못함에 따라 1998년 1월 이 제도를 폐지하였다. 이와 달리 1998년 1월에는 외자 유치를 통한 은행의 자본확충을 지원하기 위해 외국금융회사에 대해서는 4% 초과 은행주식 보유를 허용(내국인은 외국인 대주주가 있는 경우에 한하여 4% 초과 보유 허용)하였다.

(5) 2002년 4월부터는 은행주식의 소유한도를 금융주력자와 비금융주력자로 구분하여 차별하는 현행 방식을 도입 · 운용하고 있다.「은행법」 개정을 통하여 건전한 금융자본의 출현을 유도하고 은행의 자율책임경영을 촉진하기 위하여 동일인 주식보유 한도를 시중은행 10%(지방은행 15%) 등 현재와 같이 확대하였다.

(6) 동일인 주식보유한도의 예외가 인정되는 경우는 법률의 규정에 의한 경우와 금융위원회로부터 한도초과보유 승인을 받은 경우이다. 전자의 경우 정부 · 예금보험공사 및「금융지주회사법」에 의거 설립된 은행지주회사(은행을 자회사로 두고 있는 금융지주회사)로서, 이들은 은행주식을 100%까지 보유할 수도 있다.

법률개정 등을 통하여 '특수은행 ⇒ 일반은행'화를 조속히 진행하여야 할 것이다. 모든 절차가 거의 완결된 것으로 알려진 중소기업은행의 민영화가 지연되고 있는 것 등은 정부의 금융정책추진에 걸림돌이 많다는 것을 보여 준다. 2008년에 들어선 새로운 정부가 한국산업은행의 근본적 개편안을 마련하여 구체적으로 진행할 예정으로 있어 기대된다.

3. 비은행예금취급기관

(1) 상호저축은행(mutural savings bank: MSB)

MSB는 1972년 8월에 사금융을 제도금융으로 흡수, 발전시키고자 공포된 「상호신용금고법」에 의하여 설립된 서민금융기관이다. 그동안의 금융환경 변화에 따른 상호금융 성격의 퇴색과 일반은행화 추세를 반영한 1994년과 1997년 두 차례의 「상호신용금고법」 개정으로 업무범위가 종합적인 예금 · 저축업무 그리고 일반대출업무로 넓어졌다.

이와 동시에 부대업무로 공과금대리수납, 보관업무, 내국환, 표지어음 매출 업무 등이 허용되었다. 1998년 1월 법 개정으로 외국환업무 취급도 허용되었다. 2001년 3월 「상호저축은행법」으로 개칭되면서 그 명칭도 상호신용금고에서 상호저축은행으로 바뀌었다. 2007년 말 현재 전국에 108개의 상호저축은행들이 영업하고 있다.

(2) 신용협동조합(credit union)

이 조합은 조합원으로부터 출자금, 예탁금, 적금 등의 형태로 자금을 받아 주로 조합원에게 대출하는 등 조합원들의 공동이익을 추구하고 있다. 지역조합, 직장조합 및 단체조합으로 구분한다. 「신용협동조합법」상 조합원은 그 출자액을 한도로 유한책임을 지고 출자금에 대해서는 확정이자가 아닌 배당금을 지급받는다. 출자금은 농·수협의 상호금융 출자금과는 달리 조합원의 탈퇴시 지체없이 환급하게 되어 있다. 이 출자금은 1997년 「예금자보호법」 개정시 예금보호의 대상으로 규정됨으로써 사실상 예수금과 같은 성격으로 운영되고 있다.

1997년 12월「신용협동조합법」의 개정으로 GIRO, 자금이체, CD/ATM, ARS를 이용한 자금거래, 국·공과금 수납, 어음할인 등으로 그 업무영역이 넓어졌다. 1999년 2월부터는 비조합원이 이용할 수 있는 조합사업의 범위에 예탁금 및 적금을 추가하고 2004년부터 일반인에 대한 대출을 일정한도(개인 3억원, 법인 80억원, 동일차주 100억원) 내에서 취급할 수 있게 됨으로써 조합의 업무범위가 더욱 넓어졌다.

(3) 새마을금고(new community finance association)

이 금고는 도시의 동(洞), 농촌의 리(里) 단위 및 직장단위로 조직된 신용조합이다. 주로 회원으로부터 예탁금, 적금 등으로 조달된 자금을 회원에 대한 대출로 운용하는 신용사업을 수행하고 있다. 이 밖에 국가, 공공단체 및 금융기관의 업무대리, 보호예수, 회원을 위한 공제 사업과 교육사업, 문화복지후생 및 지역개발사업 등도 시행한다. 의무사항으로 예·적금잔액의 10% 이상을 상환준비금으로 보유하고 상환준비금의 50% 이상을 새마을금고연합회에 예치하여야 한다.

모든 금고가 참여하는 새마을금고연합회는 금고에 대한 지도 감독, 검사, 금고로부터의 예탁금 수입과 대출, 내국환, 보호예수, 공제사업 등을 수행한다. 연합회 내에 예·적금에 대한 보호장치로서 안전기금을 설치운영하고 있다. 이 안전기금은 금고의 출연금(예·적금 합계액의 0.15%)으로 조성된다.

(4) 농·수·산림협동조합

이 조합들은 각각 농어민 등에 대한 상호부조를 목적으로 설립되었다. 농업, 수산업 및 산림업에 대한 조합원 지도, 공동이익 도모사업과 조합원 상호간의 금융을 취급한다. 조합들도 신용협동기구로서 회원으로부터 예탁금, 적금 등으로 조달된 자금이나 정부에서 지원하는 정책자금을 회원에 대한 대출로 운용하는 신용사업을 영위하고 있다.

조합은 각각의 설립근거 법률에 의해 해당 정부부처의 지도감독을 받고 있으며, 신용사업에 대하여는「신용협동조합법」을 준용, 금융위원회로부터 감독을 받는다. 이 밖에도 농촌지역에서는 엽연초조합 등에서 신용사업을 하고 있고, 농업진흥공사와 농수산물유통공사 등이 유사금융업무를 취급하고 있다.

(5) 종합금융회사

이 회사는 국제수지 문제가 현안이었던 1975년 주로 외자도입을 촉진하기 위해 「종합금융회사에 관한 법률」에 의거 설립되었다. 설립 초기 여러 상품의 취급이 허용되었으나 실제로는 단기금융업무, 외자업무 및 리스업무 등을 주로 취급하고 있다. 이 밖에 제한적으로 유가증권업무, 회사채발행업무, 중장기대출업무, 증권투자신탁업무(공사채형수익증권), 팩토링업무 등을 취급한다.

1990년대 초까지 6개 종합금융회사가 있었으나 1994년 7월 이후 지방소재 9개 투자금융회사가 종합금융회사로 전환하였다. 1995년에는 근거법률의 개정으로 투자금융회사와 종합금융회사의 업무가 통합됨에 따라 1996년 7월까지 15개 투자금융회사들이 종합금융회사로 전환하였다. 이에 따라 1997년 말에는 종합금융회사의 수(數)가 무려 30개에 이르렀다. 그러나 이 중 8개는 1997년 「금융기관의 합병 및 전환에 관한 법률」에 의거 은행이나 증권회사로 전환되었다. 이어 1997년 금융위기 이후 부실이 심한 20개의 종합금융회사들이 인가취소나 합병 등으로 정리되어 2007년 말 현재 3개사만이 영업중에 있다.

(6) 한국수출입은행

이 은행은 중장기외상수출 및 해외투자와 해외자원개발을 지원하기 위하여 1969년 7월에 제정된 「한국수출입은행법」에 의거 1971년에 설립되었다. 자본금은 정부, 한국은행 및 한국산업은행이 공동출자하였으며 자금조달을 위하여 출자기관으로부터의 차입과 수출입 금융채권의 발행도 가능하다.

수출입은행의 주요 업무는 국내업자에 대한 중장기수출자금(6개월 이상), 해외기술제공자금, 주요 원자재수입 자금, 주요 자원개발수입지원 자금, 수출환어음재할인과 상품수입업자에 대한 자금공여 등이다. 한편 1987년 6월부터는 개발도상국에 대한 공적개발원조자금의 지원을 위해 설치된 「대외경제협력기금」의 관리업무를 대행하고 있다. 그리고 2003년 8월 남북경협합의서 발표에 따라 남북 간의 청산 · 결제은행으로 지정되었다. 그러나 한국수출입은행이 취급하였던 수출보험대행업무는 1992년 7월 설립된 한국수출보험공사에 넘겼다.

(7) 은행신탁

은행은 「신탁업법」과 「간접투자자산운용업법」에 의거 신탁업무를 영위한다. 후자에 의해 취급할 수 있는 신탁은 유가증권투자신탁이며 전자에 의해 취급할 수 있는 신탁은 여러 가지이다. 금전신탁, 동산, 유가증권, 토지와 그 정착물, 금전채권, 지상권, 전세권, 토지의 임차권 등의 재산신탁, 특허권, 저작권, 실용신안권, 상표권, 의장권 등 무체자산권 및 기타의 신탁이다.

1997년 금융위기가 시작되기 전 은행신탁은 신탁본연의 재산관리 기능보다는 주로 예금성격이 가미된 금전신탁 위주로 운용되었다. 대부분의 신탁상품은 원금보장형이어서 손실이 발생할 경우 은행의 고유계정에서 이를 떠안는 등 이해상충이 많았다. 특히 당시 신탁상품의 대부분을 차지했던 불특정금전신탁은 성격면에서 예금과 거의 차이가 없는데도 예금과 다르게 분류되어 통화관리상의 어려움을 가중시킨 면이 있었다.

이와 같은 폐해는 금융위기를 넘기면서 단절되었다. 이것은 은행계정과 신탁계정간의 차단벽(fire wall) 설치, 신탁상품의 분별계리 및 실적배당원칙의 확립 등의 조치에 힘입은 것이다. 앞으로 금전신탁업무를 점진적으로 축소 · 폐지하여 프라이빗뱅킹(private banking)으로 대체하고 신탁계정을 은행계정에서 분리해 나가는 등 근본적 치유책이 있어야 할 것이다. 은행들이 자회사 형태의 자산운용회사를 설립하여 이 회사로 하여금 금전신탁, 투자신탁, 부동산신탁 등 제반 신탁업무를 취급하는 것은 좋은 방안의 하나이다.

(8) 우 체 국

우체국저축(postal savings)은 경제개발 초기에 국가정책사업에 소요되는 자금을 조달하고 농어촌 등 금융취약지역 주민들의 편의를 위해 도입되었다. 몇 가지 이유로 1970년대 후반에 폐지되었다가 1983년에 다시 부활되었다. 우체국은 이 밖에도 보험(postal life insurance), 개인연금, 우편대체(postal giro), 환매채권 및 우편환업무 등을 취급하고 있다. 최근에는 온라인 전산망을 금융전산망에 연결하여 지역주민의 금융편의를 제공하는 등 업무를 더욱 넓혀가고 있다.

4. 증권관련 기관

(1) 증권회사

이 회사는 직접금융시장에서 기업이 발행한 증권을 매개로 하여 투자자의 자금을 기업에게 이전시켜 주는 기능을 행한다. 기업과 투자자를 직접 연결시킨다는 점에서 저축자의 예금을 받아 기업에 대출하는 은행과는 그 성격이 다르다. 2007년 말 현재 55개 증권회사가 영업중이며 이들의 자산규모는 총 61조원에 달한다.

우리나라에서 최초로 설립된 증권회사는 1949년 11월 영업을 개시한 대한증권이었다. 1962년 1월「증권거래법」제정으로 증권시장의 제도적 기반이 갖추어지면서 증권회사의 설립이 급증하여 같은 해 8월에는 회사 수가 60개까지 늘어나기도 하였다. 1968년 12월에는 법이 개정되어 증권회사의 설립이 등록제에서 허가제로 바뀌었다.

이후 1980년대까지는 증권회사가 신설되지 않다가 1990년대에 들어 증권업의 대외개방과 함께 국내 증권회사의 신규 설립도 허용되었다. 1991년중 한국산업증권과 투자금융회사에서 업종을 전환한 5개 회사가 설립되었으며 1992~96년중에는 3개 합작회사가 신설되었다. 1991년 이후 외국증권회사 지점도 설치되기 시작하였는데, 2007년 말 현재 15개 지점이 영업중이다.

우리나라 증권회사는 여러 종류의 업무를 취급하고 있다. (i) 고유업무로는 자기매매업무(dealing), 위탁매매업무(brokering) 및 인수업무(underwriting)가 있고, (ii) 부수업무로서 고객에 대한 신용공여, 증권저축, 환매조건부채권매매, 수익증권판매, 증권대차거래 중개, M&A자문, 포장계정(wrap account) 등 일부 증권 및 투자관련업무가 있다. 그리고 금고대여업무 등 일부 은행관련업무나 CD 및 거액 CP의 매매 · 중개 등 일부 통화시장 관련업무도 취급한다.

[표 8-7] 증권회사의 업무 내용: 한국

<table>
<tr><td rowspan="3">고유업무[1]</td><td>자기매매업무
(dealing)</td><td>•유가증권의 매매</td></tr>
<tr><td>위탁매매업무
(brokerage)</td><td>•유가증권의 위탁매매
•유가증권 매매의 중개 또는 대리
•유가증권시장 · 코스닥시장 또는 이와 비슷한 시장으로서 외국에 있는 시장에서의 매매거래에 관한 위탁의 중개 · 주선 또는 대리</td></tr>
<tr><td>인수주선업무
(underwriting)</td><td>•유가증권의 인수
•유가증권의 매출
•유가증권의 모집 또는 매출의 주선</td></tr>
<tr><td colspan="2">부수업무[2]</td><td>•증권업 관련 업무: 유가증권 · 지분의 평가, 기업매수 · 합병의 중개 · 주선 · 대리, CD의 매매 및 매매의 중개, 사채모집의 수탁, 유가증권 거래와 관련한 대리, 기업에 대한 경영 · 구조조정 · 금융상담, 유가증권의 대차거래와 중개 · 주선 · 대리, 유가증권 보호예수 등
•증권회사의 인력 · 자산 · 설비를 활용하는 업무: 부동산 · 금고대여, 복권 · 입장권의 판매 대행, 증권에 관한 연수, 간행물 · 도서의 출판, 증권업과 관련된 전산시스템 · 소프트웨어 대여 · 판매, 「자산유동화에 관한 법률」에 의한 자산관리와 유동화전문회사업무의 수탁, 간행물 · 도서 또는 전자문서의 방법으로 행하는 광고 대행 등</td></tr>
<tr><td rowspan="2">겸영가능업무[3]</td><td>별도 인가 불필요</td><td>•증권저축
•신용공여
•선물거래법에 의한 선물업</td></tr>
<tr><td>금융감독위원회
인가 필요</td><td>•유가증권시장 · 코스닥시장 및 선물시장 밖에서 장외파생금융상품의 거래 및 거래 중개 · 주선 · 대리
•간접투자자산운용업법에 의한 투자자문업
•간접투자자산운용업법에 의한 투자일임업
•신탁업법에 의한 신탁업</td></tr>
</table>

주: 1) 「증권거래법」에 명시된 증권회사의 업무.
2) 고유업무에 부수하는 업무로서 대통령령에서 정한 업무.
3) 「증권거래법」에 명시된 겸영업무(증권저축 및 신용공여업무)와 금융감독위원회로부터 건별로 인가를 받아 영위할 수 있는 업무.

(2) 선물회사

이 회사는 일반고객의 선물거래 주문을 위탁받아 이를 대리 집행하는 역할을 수행함과 동시에 선물거래소의 회원으로서 자기거래를 하면서 시장유동성을 증대시키는 역할도 한다. 「선물거래법」에서 정하는 선물거래란 좁은 뜻의 선물계약에 더하여 상장옵션계약(exchange traded option contracts) 등 파생금융상품과 이와 비슷한 해외선물거래까지를 포함한다.

1995년 12월 제정된 「선물거래법」에 근거하여 1998년 12월 11개 회사에 대하여 선물거래업이 허가되었다. 이들 11개 회사가 부산에 한국선물거래소(KOFEX)를 설립하여 1999년 4월 CD선물, 미국달러선물, 금(金)선물 및 미국달러옵션의 4개 상품에 대한 거래를 시작하면서 우리나라에도 본격적인 선물거래 시대가 열린 셈이다. 이어 1999년 9월에는 국채를 기초자산으로 하는 국채선물이 추가로 상장 · 거래되었다.

정부는 2004년 1월 한국증권거래소, 코스닥 및 선물거래소를 주식회사 형태의 단일거래소로 통합하고 그 내부에 시장감시위원회를 두는 것을 주요 내용으로 하는 「증권선물거래소법」을 제정하였다. 이에 따라 통합형태의 한국증권선물거래소(KRX)가 2005년에 설립되어 현재 운영되고 있다.

(3) 증권금융(securities finance)회사

이 회사는 증권의 발행과 유통을 촉진하기 위해 증권회사나 일반투자자를 대상으로 증권의 인수나 매매에 필요한 자금이나 증권을 빌려 주는 기능을 담당하는 금융회사이다. 증권금융은 대부분의 국가에서는 일반금융기관이 취급하고 있으나 한국과 일본은 증권금융 전담기관을 따로 설립하여 운용하고 있다.

증권금융은 크게 인수금융, 유통금융 및 담보금융의 세 가지 형식으로 나눌 수 있다. (i) 인수금융은 증권인수자금의 대여를, (ii) 유통금융은 증권의 매매거래에 필요한 자금 및 증권의 대여를, 그리고 (iii) 담보금융은 투자자가 소유하고 있는 증권을 담보로 자금을 대여하는 것을 말한다.

증권금융을 전담하는 한국증권금융㈜는 이 밖에 증권회사를 상대로 자금의 예탁 및 대출업무, 일반예금자를 대상으로 하는 주식청약예금수납업무, 조건부채권매매거래업무, 한국증권결제예탁원의 유가증권대차거래 중개업무수행을 위한 거래의 이행보증업무 등을 취급하고 있다.

(4) 한국증권결제예탁원

이 예탁원은 1993년「증권거래법」의 개정으로 종래 한국증권대체결제㈜가 개편되어 설립된 특수법인이다. 주로 증권의 부동화(immobilization), 곧 증권실물의 이동없이 계좌 간의 이체로 대체결제하는 업무를 담당한다. 현재 증권회사, 기관투자가 등 430여 회원이 이 예탁결제에 참여하고 있다.

이 밖에 코스닥시장의 매매거래에 대한 청산업무, 유가증권의 보호예수, 주식명의개서 및 주식배당금지급대행, 유가증권발행대행, 유가증권대차거래에 관한 중개, 국제간 대체결제 등의 업무도 취급하고 있다.

(5) 증권투자회사

2003년 9월 이전까지 간접투자사업은 (i)「증권투자신탁업법」에 의한 투자신탁운용회사, (ii)「증권투자회사법」에 의한 증권투자회사(mutual fund), (iii)「신탁업법」에 의한 은행신탁, (iv)「보험업법」에 의한 변액보험 등으로 다원화되어 있었다. 이와 같은 복잡한 법률적용을 단순화하고 투자자보호를 위해 2003년 9월 (i), (ii)와「증권거래법」상의 투자자문 및 일임업을「간접투자자산운용업법」으로 통합하였다.

이 법에서는 주된 투자대상에 따라 증권간접투자기구(securities fund: SF), 부동산간접투자기구(real estate fund), 파생금융상품간접투자기구(futures & option fund), 실물간접투자기구(property fund), 단기금융간접투자기구(MMF), 재간접투자기구(FoFs) 및 특별자산간접투자기구로 분류하고 있다. SF는 투자자로부터 자금 등을 모아서 이를 주식, 채권 등에 운용하고 그 결과를 투자자에게 귀속시키는 투자기구이다.[19] 이는 자산운용회사(asset operating company: AOC), 투자회사(investment company: IC), 투자전문회사(investment specialized company: ISC) 및 투자목적회사(investment purpose company: IPC) 등으로 구분

19) 요즈음 한국에서는 입법부 · 사법부 · 행정부 외에 언론 · 시민단체 · 펀드를 제4, 5, 6부로 부르고 있을 만큼 시장에서의 펀드 위치가 커지고 있다. 2007년 말 현재 한국의 펀드 수는 약 12,000개, 자금규모는 320조원에 이르는 것으로 추정되고 있다.

한다.

1) 자산운용회사(AOC)

이 회사는 위탁자가 투자자들로부터 모은 자금 등으로 펀드를 구성하고 이를 수탁자로 하여금 위탁자의 지시에 따라 운용하게 한 후 이 펀드에 대한 수익권을 분할하여 투자자들에게 취득시키는 기구인데, 신탁형 펀드라고도 한다. AOC는 운용지시업무, 투자신탁, 설정업무 등 본질적 업무는 자신이 직접 수행하지만 기준가격 계산업무, 단순매매주문업무 등의 부수업무는 외부에 위탁할 수 있도록 하여 자산운용회사의 투명성과 전문성을 높이고 있다. 외부에 업무를 위탁할 때에는 수탁자를 감독할 법적 책임이 있다.

지배구조는 영국형의 수탁기관형과 미국형의 이사회형이 있다. 전자는 수탁기관이 자산의 보관기능을 수행하고 자산을 운용하는 자산운용회사를 감시하는 구조이다. 후자는 자산운용회사 내에 이사회를 설치하고 이사회가 자산운용회사를 감시하는 구조이다. 한국의 신탁형 펀드는 전자의 지배구조를 택하고 있다.

2) 투자회사(IC)

이 회사는 증권투자 등을 목적으로 주식을 발행하고 그 운용수익을 주주에게 배분하는 것을 목적으로 하는 주식회사로서 회사형 펀드 또는 상호펀드(mutual fund)라고도 한다. IC는 「상법」상 주식회사이지만 직원을 고용하거나 본점 외에 영업소를 설치할 수 없는 명목회사(paper company)로 자산의 운용, 보관, 판매 및 일반사무를 별도의 회사에 위탁한다.

3) 투자전문회사(ISC)

이 회사는 기업의 경영권참여 등을 통하여 투자기업의 가치를 높여 그 수익을 투자자에게 배분하는 것을 목적으로 하는 사모펀드(private equity fund)의 한 유형이다. 2004년 9월 「간접투자자산운용업법」의 개정으로 도입되었다. ISC는 투자자들에게 M&A 등 다양한 투자기회를 제공하고 금융과 기업의 구조조정과정에서 연기금, 기관투자가, 일반법인 등의 자본결합을 통한 대규모

투자자본의 출현을 유도할 필요성에서 설립되었다.

회사는 「상법」상 합자회사 형태로 설립되고 투자자인 사원을 사모(私模)방법으로만 모집한다. 사원의 수는 30인 이하로 하되 적격투자자(기관투자자 등)이어야 한다. 본점 외의 영업소를 설치할 수 없으며 IC와 같이 직원을 둘 수 없는 명목회사이다.

4) 투자목적회사(IPC)

이 회사는 ISC가 단독 또는 공동으로 설립하는 특수목적회사(special purpose company: SPC)이다. ISC가 주식 또는 출자지분 전부를 갖는 IPC에 대해서는 기업인수, 금융기관출자 및 금융기관투자 등에 대해 ISC에 준하는 지위를 부여하고 있다.

IPC는 다수의 ISC가 자금을 모아 투자할 수 있도록 하는 자금의 집적(pooling)수단이지만 이 회사를 활용한 간접차입을 통해 ISC의 직접차입에 따른 무한책임사원의 부담을 회피하는 수단 등으로 활용된다. 미국의 경우 사모투자전문회사 단계에서의 직접차입보다는 IPC를 통한 간접차입이 일반적이다.

5) 투자자문회사(investment advisory company: IAC)

이 회사는 투자자에게 증권투자에 관한 전문적인 투자정보나 투자판단을 제공하거나 투자자산의 관리·운용 등의 서비스를 제공하고 보수를 받는 회사이다. IAC는 투자자에게 제공하는 서비스 내용에 따라 (i) 투자자문만을 하는 투자자문업 회사와 (ii) 투자자로부터 투자관리 및 운용에 관한 일임을 받는 투자일임회사로 구분된다. 종래 투자자문 및 일임업은 「증권거래법」의 적용을 받아 왔으나 2003년 9월 「간접투자자산운용업법」이 제정됨에 따라 이 법의 적용을 받게 되었다.

6) 한국증권선물거래소(Korea exchange: KRX)

이 거래소는 유가증권 및 선물거래시장을 운영할 수 있는 법적 지위를 가진 자율규제기관으로 그 때까지의 한국증권거래소, 코스닥거래소 및 선물거래소가 통합되어 2004년 9월 설립되었다. 이 거래소는 상장(등록)유가증권과 선물거래에 관련된 규칙 제정, 회원사에 대한 감리 · 제재(制裁), 주가감시 · 매매심리, 상장(등록)심사 · 관리, 상장(등록)법인의 공시의무 등을 관장하고 있다.

5. 보험회사

보험회사는 크게 생명보험회사와 손해보험회사로 구분한다. 보험사고 발생시 일반적으로 생명보험은 미리 정한 금액을 지급하는 정액보상 형태인 데 반해 손해보험은 실제 발생된 비용을 지급하는 실손보상 형태로 운영된다.

한국의 경우 생명보험업무와 손해보험업무의 겸영은 원칙적으로 금지되고 있으나 자회사 또는 출자관계를 통한 상호진출은 허용되고 있다. 두 보험의 겸영금지이유는 위험 및 업무의 성격이 다르고 두 업무를 한 회사에서 겸영할 경우 감독상의 어려움이 있으며, 생·손보계약자 간에 이해상충을 초래할 우려가 있기 때문이다.

최근 들어 일부 보험분야에 대해서는 상호겸영을 허용해 주고 있는 추세이다. 그 이유는 두 보험에 있어 위험동질화 현상이 퍼지고 있는 데다 보험인수 기법의 발달, 재보험에 의한 위험분산, 두 업무 간의 위험차단장치 마련, 겸영에 따른 범위의 경제 등 때문이다. 의료보장보험인 질병 · 상해보험(일명 제3보험)이 대표적인 예이다.

(1) 생명보험회사

생명보험은 상품의 설계나 추가보장계약(특약)에 따라 다양한 특징을 갖고 있다. 이 보험은 보험사고발생시 또는 손해의 발생 여부에 관계없이 일정기간 경과 후 계약자에게 약정된 보험금(claims paid)을 지급한다. 생명보험회사의 주된 자금원천은 수입보험료(premiums written)로 조성된 책임준비금이며 이 밖에 주주들이 납입한 자본금과 잉여금 등이 있다.[20]

20) 책임준비금은 보험회사가 계약만기시의 보험금 지급이나 계약해약시의 해약환급금(refunds of surrenders) 지급 등에 대비하기 위하여 보험료의 일정부분을 적립하는 것을 말한다. 책임준비금은 보험료적립금, 미경과보험료적립금, 지급준비금, 계약자배당준비금, 계약자이익배당준비금, 배당보험손실보전준비금, 재보험료 적립금으로 구분하여 적립한다.

생명보험회사의 주요 투자자산은 채권, 주식 등 유가증권과 대출금, 현금, 예금, 부동산 등이다. 생명보험회사의 부채는 장기성이 많으므로 기간일치를 위해 자산도 장기성 자산이 많다. 대출의 경우 종래에는 보험가입자의 해약환급금 범위 내에서 자동대출되는 보험계약담보대출과 일반대출 모두 보험가입자에게만 가능했으나 1997년 1월부터는 보험에 가입하지 않는 자에게도 일반대출이 가능하다.

생명보험회사는 아니지만 생명보험과 비슷한 기능을 하는 것으로 우체국보험과 공제조합(fraternal sokieties)이 있다. 전자는 민영보험회사의 책임준비금에 해당하는 우체국보험기금을 설치하고 그 기금을 은행예금, 국공채, 보험계약자나 공공기관에 대한 대출 등으로 운용한다. 후자는 조합원들의 공동이익을 증진하기 위해 설립되었는데 건강보험 등을 운영한다. 각 협동조합과 각종 교원공제회 등에서도 이와 같은 보험사업과 사회사업, 경제사업 및 교육사업 등을 하고 있다.

(2) 손해보험회사

손해보험회사들은 제3장 제1절 3항에서 제시된 화재, 해상, 자동차, 특종보험 등 일반 손해보험종목을 종합적으로 취급하고 있다. 손해보험회사 중 대한재보험㈜(Korean Re로 개칭)는 재보험, 서울보증보험㈜는 보증보험, 한국수출보험공사는 수출보험만을 전문적으로 취급하는 전업회사들이다.

손해보험회사의 부채는 보험계약준비금이 대부분을 차지하고 있다. 이 준비금은 책임준비금과 비상위험준비금(contingency reserve 또는 catastrophe reserve)으로 구성된다. 후자는 비상위험 또는 거래위험에 대비하기 위해 적립하는 준비금으로 비교적 간단하나 전자는 다시 3종류로 구분한다. (i) 보험금 등 지급사유가 발생하였으나 소송에의 계류, 보험사고의 미보고 등으로 지급금액이 확정되지 않은 지급준비금, (ii) 납입보험의 기간계산에 따라 회계연도 말 기준으로 보험기간이 경과되지 않은 미경과보험료적립금, (iii) 보험계약자에게 배당하기 위하여 적립된 계약자배당준비금 등이다.

손해보험회사의 주된 자산운용대상도 주식, 채권 등 유가증권과 대출금,

현금, 예금, 부동산 등이다. 특히 생명보험회사에 비해 현금 · 예금의 구성비율이 상대적으로 높다. 이는 생명보험상품과는 달리 손해보험상품은 만기가 통상 1년 이내로 짧기 때문에 유동성 확보 차원에서 현·예금의 보유비중을 높이고 있기 때문이다.

(3) 공제사업기관

공제란 원래 공통적 유대를 가진 특정 회원을 상대로 간이 보험서비스를 제공하는 상호부조제로 출발하였으나 점차 일반인을 대상으로 하는 공제로까지 확대되었다. 현재 유사보험(quasi-insurance)을 취급하는 공제사업기관으로는 특별법에 의해 설립된 농협 등 23개 기관, 「민법」에 의해 설립된 한국지방재정공제회 등 8개 기관이 있다. 우체국보험, 농협공제 등 5개가 일반인을 가입대상으로 공제서비스를 제공하고 있고 택시공제 등 나머지는 특정 회원을 대상으로 공제서비스를 제공한다.

6. 기타 금융기관

(1) 여신전문금융기관(credit-specialized financial institutions: CSFI)

CSFI는 채권발행이나 차입금 등으로 자금을 조달하여 여신만을 취급하는 금융기관으로 리스, 카드, 할부금융, 벤처캐피털, 팩토링회사 등이 있다. 이들 기관들은 은행들과는 달리 불특정다수로부터의 수신기능이 없어 파산을 하더라도 금융제도의 안정성에 미치는 부정적 영향이 크지 않아 건전성 규제의 필요성이 상대적으로 낮다.

취급금융기관은 (i) 여신업무만을 전업으로 하는 여신전문금융회사, (ii) 리스업무를 겸영하는 종합금융회사, (iii) 신용카드업을 겸영하는 종합금융회사, (iv) 타업무도 겸영하는 겸영여신업자로 구분하여 등록토록 하고 있다. 1998년 5월부터 외국인의 여신전문금융기관에 대한 지분제한이 철폐되어 이 부문의 완전한 대외개방이 이루어졌다.

1) 리스회사

리스업무는 리스전업회사, 종합금융회사 및 벤처캐피털회사 등에 의해 취급되고 있다. 리스전업회사는 1973년 제정된 「시설대여법」(1997년 「여신전문금융업법」 제정으로 폐기)에 의거 대부분이 은행의 자회사들로 설립되었다. 이 중 일부 회사들은 원활한 자금조달과 선진기술 습득을 위해 국내외 금융기관 또는 외국 리스전문회사와의 합작형태로 운영되고 있다.[21]

한편 수요자들의 일시적이고 간헐적 수요에 부응하여 특정물건을 임대(rental)하는 회사들이 일부 기존리스회사들의 자회사형태로 운영되고 있다. 기존리스회사가 불특정시설을 대상으로 한 장기시설금융으로 임대기간이 3~10년의 장기이며 시설의 유지보수책임이 주로 임차인에 있는 데 비해 렌탈회사는 특정물건을 주로 일 내지 월 단위의 단기로 임대하고 그 유지보수책임이 임대인에게 있는 순수한 「상법」상의 물건임대회사이다.

2) 신용카드회사

한국에서는 1969년 신세계백화점이 물건을 외상으로 판매하기 위해 발급한 것이 신용카드의 처음이었다. 이것은 판매자와 구매자 간의 당사자카드(two party credit card)인 셈이다. 보다 발전된 형태인 카드발행회사, 카드회원 및 가맹점간의 3 당사자카드(three party credit card)는 1980년대 초 은행권에서의 카드 발급부터이다.

국내의 신용카드업은 전업사, 은행(은행자회사 포함) 및 유통업체 등의 겸영여신업자에 의해 영위되고 있다. 전업사와 은행은 (i) 카드의 발행 및 관리, (ii) 이용대금의 결제, (iii) 가맹점의 모집 및 관리 등 신용카드의 고유업무를 취급한다. 유통업체는 자금의 융통업무를 취급하고 있다.

카드회사는 운영형태에 따라 별도법인 형태인 전업사와 겸업 형태의 2가지 유형이 있다. 전자의 형태는 카드사가 모회사와 별도법인으로 영업을 수행한다. 은행권의 경우 모기업인 은행은 운영자금지원과 은행창구를 통한 자금결

---

21) 전업리스사들의 자금조달은 과거에는 리스채발행과 은행차입 등으로 한정되었으나 1995년부터 리스전업사들도 외국환지정기관으로 되어 해외로부터의 직접차입이 허용되는 등 자금조달수단이 다양화되었다.

제업무를 대행하고 카드사가 카드의 발급, 회원모집, 신용공여, 회수업무 등 일체의 업무를 취급한다. 전업사는 모기업과 출자관계만 갖는다. 겸영의 형태는 모회사가 카드업무를 사업부문의 하나로 직접 수행한다. 유통업계와 은행이 이에 속한다.

3) 할부금융회사

할부금융에 대해서는 두 가지 법률이 적용되고 있다. 첫째, 「할부거래에 관한 법률」은 할부거래의 적용범위, 할부거래내용의 매입자에 대한 고지, 분쟁방지 및 계약의 공정성 확보를 위한 서면주의, 할부구입자의 철회권과 항변권, 각종 요율, 기한이익상실 등 각종 소비자보호 사항을 규정하고 있다.

둘째, 「여신전문금융업법」에는 할부금융기관의 업무내용, 최저자본금, 채권발행한도, 할부금융업자의 자격과 등록요건, 각종 요율 등이 따로 규정되어 있다.

할부금융회사는 내구재, 주택 및 기계류 등의 구입자에게 할부상환조건으로 금융을 지원하는 할부금융과 팩토링 업무, 그리고 두 업무와 관련된 신용조사업무 등을 영위한다. 설립주체에 따라 (i) 제조업체와 금융기관들이 설립한 일반할부금융회사, (ii) 건설업자들이 설립한 주택할부금융회사, (iii) 기계공업진흥회가 주도하여 설립한 기계전문할부금융회사 등이 있다. 최근에는 외국자본이 설립한 할부금융회사도 늘어나고 있다.

4) 모험자본(venture capital: VC)회사

이 회사는 특별하고 유망한 기술을 가지고 있으나 자금이나 경영능력이 부족한 벤처기업이나 중소기업에 투자하여 성공할 경우 높은 수익을 기대하는 회사를 말한다. VC회사의 투자는 주식인수가 일반적이지만 위험분산을 위해 신주인수권부사채, 전환사채, 전환우선주 등의 형태를 취하기도 한다. 경영지원은 융자, 경영컨설팅 및 기술지원 등 다양한 형태를 취한다.

VC가 조성하는 투자조합의 경우 일반조합원(출자금 총액의 70% 이상), 업무집행조합원(동 10% 이상) 및 특별조합원(동 20% 이내)으로 구성된다. 일반조합원은 개인, 법인, 기관투자가 등이고 업무집행조합원은 VC회사이며, 특별조합원은 창업지원기금에 지분참여하는 정부이다. 일반조합원은 수익의 배분과 손실의 분담 등에서 가장 우대를 받는다. 투자손실이 발생할 경우 정부의 창업지원기금 출자분, 업무집행조합원의 출자분 순으로 우선 충당하도록 되어 있다.

VC회사에는 「여신전문금융업법」에 의거 설립된 신기술사업금융회사 그리고 「중소기업창업지원법」에 의해 설립된 중소기업창업투자회사가 있다. 전자는 신기술사업자에 대한 출자 및 투융자, 지급보증 등을 통해 벤처기업을 지원한다. 후자는 과거에는 벤처기업에 대한 출자만을 허용하고 융자는 금지하였으나 1997년 하반기부터 융자 및 팩토링업무 등의 취급도 허용되고 있다.

(2) 부실정리금융기관

1) 자산관리회사(asset management company: AMC)

AMC란 부실자산을 일정한 대가를 지급하고 채권은행 등으로부터 양도받아 독립적으로 관리하는 회사이다. 부실자산을 즉시 처분하거나 또는 장기적으로 기업회생을 도모하기 위해 관리하기도 한다.

업무형태에 따라 (i) 공적자금을 바탕으로 금융기관이 보유하고 있는 부실채권을 집중하여 유동화 등을 통해 정리하는 집중형, (ii) 개별금융기관들이 자산관리회사를 설립하여 자산의 직접 부실채권을 정리하는 분산형으로 구분할 수 있다. 업무관리 내용에 따라 (i) 부실자산의 신속한 처리와 청산업무에 주력하는 부실처리형, (ii) 자산매각이나 청산보다는 구조개혁에 따른 자산가치 상승을 목표로 구조조정에 역점을 두는 구조개선형으로 구분하기도 한다.

2) 기업구조조정투자회사(corporate restructuring vehicle: CRV)

CRV란 채권은행 등으로부터 워크아웃(walk out) 기업의 여신이나 출자전환된 주식 등을 양도받아 한 곳에 집결시켜 이를 구조조정을 전문으로 하는 자산관리회사에 위탁운용하여 대상기업의 경영을 정상화시킨 후 그 수익을 주주들에게 배분하는 회사이다. 존속기간이 한시적(5년 이내, 1년 연장가능)인 상호자금 형태의 명목회사이다. 이 회사는 다수의 금융기관이 현금 및 현물을 출자해 설립하는 「상법」상의 주식회사이다. 직원 및 상근임원을 두지 않고 채권 추심업무가 가능한 별도의 자산관리회사에 보유자산의 관리를 위탁한다.

현재 조합원 CRV의 경우 「자산유동화법」상의 유동화전문회사로 지정되어 직접 자산을 유동화할 수 있다. 특히 채권금융기관의 CRV 앞 양도자산의 금융위원회 등록시 자산양도에 대한 절차상 특례, 예를 들면 (i) 채권양도의 대항요건 특례, (ii) 근저당권에 의해 담보된 채권의 확정 특례, (iii) 등기없이 질권 · 저당권 취득 특례 등을 인정하여 자산의 결집을 쉽게 하였다.

CRV는 단순한 자산관리뿐만 아니라 구조조정대상기업을 자회사로 소유하고 기업의 분할, 합병, 관리, 매각 등의 업무를 영위할 수 있는 사실상의 지주회사 기능을 수행할 수 있다. 또한 자산범위 내에서의 약정체결 기업의 경영정상화를 위한 자금대여 및 지급보증 등이 가능하다. 필요한 자금조달이 가능하도록 자기자본의 2배 이내에서 자금차입이 허용되며 자본금과 적립금 합계액의 10배 이내에서 회사채를 발행할 수 있다.

3) 기업구조조정전문회사(corporate restructuring company: CRC)

이 회사는 1998년 4월의 「산업발전법」에 의거 설립되었는데 부실기업이나 구조조정이 필요한 기업을 인수, 사업정리 등을 통해 기업가치를 높인 후 매각을 통해 수익을 추구하는 것을 목적으로 한다. CRC는 지식경제부에 등록하여야 한다. 일반신청자의 경우 「상법」상 주식회사로서 구조조정업무에 전업하여야 하며, 창업투자회사 및 신기술 금융사업자는 겸업이 가능하다.

CRC의 업무는 구조조정 대상기업의 인수, 인수기업의 경영정상화, 인수기업의 매각, 구조조정 대상기업에 대한 투자, 그 자산의 매입, 부실채권의 매입 및 기업간 인수합병의 중개, 회사정리 · 화의 · 파산절차의 대행 등이다. 미국에서 유행했던 Vulture fund(VF)와 비슷하다.[22] CRC는 등록 3년 후 납입자본금의 20% 이상을 핵심업무, 즉 구조조정대상기업의 인수, 정상화 및 매각에

22) 부실기업을 싼값에 사들여 구조조정으로 회생시킨 뒤 비싸게 되팔아 차익을 내는 고위험 고수익을 특징으로 하는 펀드이다. 썩은 고기를 찾아 헤매는 독수리(vulture)에 비유해 VF 또는 vulture capital이라 부른다. 한국의 경우 「산업 발전법」에 따라 자본금 규모 30억원 이상으로 지식경제부에 등록하면 누구나 설립할 수 있다. 투자 대상은 최근 3년 이내에 1회 이상의 부도를 내거나 화의, 회사정리, 파산을 신청한 기업, 부채 비율이 업종 평균의 1.5배를 넘는 기업들이다.

사용하여야 한다. 취득한 날로부터 5년 이내에 투자기업의 주식을 매각하여야 한다.

CRC는 구조조정업무 추진에 필요한 자금을 다른 출자자와 조합을 결성하여 조달할 수 있다. 이 경우 회사는 조합 총출자금액의 5% 이상을 출자하여야 한다. 기업구조조정조합의 법률적 실체는 「민법」상 조합이며 「산업발전법」에 규정된 사항을 제외하고는 「민법」이 적용된다.

4) 기업구조조정증권투자회사(corporate restructuring fund: CRF)

이 회사는 일반투자자가 참여하는 상호기금 형태의 증권투자회사이다. CRF는 다양한 유가증권에 투자할 수 있으나 일정비율 이상을 중소 및 중견기업이 신규로 발행하는 유가증권에 투자하여야 한다. 이 펀드의 관리는 AMC가 맡으며 CRF와 AMC와는 위탁관리계약이 체결된다. 그러나 CRF를 실제 운용하는 AMC의 기능이 현행법상 유가증권관리에 한정되어 실제적인 경영관리에는 다소 어려움이 있다.

CRF는 CRC에 비하여 외부전문기관의 활용이 쉽다는 점에서 기업구조조정을 통한 기업가치 제고를 위해서는 더 효율적이다. 특히 CRC와는 달리 금융기관의 성격을 띠게 됨에 따라 워크아웃제도와 연계하여 다수 금융기관의 참여가 쉽다. CRF는 유동성 부족, 부채과다 등으로 인해 재무적 어려움을 겪고 있는 중소 · 중견기업에 대한 자금지원은 물론 이들에 대한 경영자문과 경영감시 등을 통해 재무구조개선을 도모한다.

(3) 유동화전문회사

이 회사는 대출채권이나 부동산 등을 기초자산으로 하는 유동화증권(asset-backed securities: ABS)시장을 활성화시키기 위해 1998년 9월 제정된 「자산유동화에 관한 법률」에 의거 설립되었다. ABS전문회사는 자신의 명의로 유동화증권을 발행하되 자산보유자와는 법인격이 분리된 서류상의 특수목적회사로 유동화자산의 관리는 자산보유자, 자산관리자나 신용정보업자에게 위탁한다.

유동화를 위해 금융기관 등 자산보유자로부터 자산의 양도나 신탁을 받은

[표 8-8] 기업구조조정 투자회사(CRV), 전문회사(CRC) 및 증권투자회사(CRF)의 비교

	CRV	CRC	CRF
도입목적	•금융회사 경영건전성 제고 •약정체결기업의 경영 정상화	•구조조정 대상기업의 경영정상화	•다양한 투자수단 제공 •자본시장의 투자활성화
대상기업	•약정체결기업	•파산 등 부실기업 •결손발생기업 등 구조조정이 필요한 기업	•제한 없음
설립방식	•채권금융기관 및 법인투자자가 참여하는 명목회사로 발기설립에 의한 주식회사	•상법상 실체를 갖는 주식회사	•일반투자자가 참여하는 증권투자회사(상호기금)
운영주체	•자산운영: 자산관리회사 •자산보관: 자산보관회사 등	•CRC가 직접 자산운영, 자산보관, 구조조정 등 업무를 수행	•자산운용: 자산운용회사 •자산보관: 자산보관회사 등
업무내용	•약정체결기업의 유가증권 매매 •대출채권의 유동화 및 매매 •자금의 차입 및 사채의 발행, 약정체결기업에 대한 투자 등	•구조조정기업의 인수·투자, 자산의 인수 등 •인수기업 정상화를 위한 자금지원 등	•기업의 유가증권, 외화증권, 콜론, 금융기관 예치금 등에 투자
운영방식	•금융기관의 성격 •한시적·제한적 조직	•비금융기관의 성격 •영구적·비제한적 조직	•폐쇄형의 경우 한시적·제한적 조직
감독주체	•금융위원회	•지식경제부	•금융위원회

경우 이 사실을 금융위원회에 등록하여야 한다. 등록을 하면 「민법」상의 특례를 인정받아 채권양도의 경우 제3자에게 대항이 가능하고 저당권이나 질권의 경우 등기없이 이를 취득한다. 또한 이 회사가 자산관리자에게 위탁한 유동화자산은 강제처분이나 「파산법」등에 의한 보전처분이나 중지명령의 대상이 될 수 없도록 하고 있다. 유동화자산의 법적 안전성을 보호하기 위함이다.

7. 금융보조기관

우리나라의 금융보조기관으로는 다음과 같은 것들을 들 수 있다.

기 관 명	근거법률	설립년월일
수출보험공사 Korea export insurance corporation: KEIC	수출보험법	1992년 7월
한국자산관리공사[1] Korea asset management corporation: KAMCO	금융기관부실자산 등의 효율적 처리 및 한국자산관리공사의 설립에 관한 법	1997년 8월
신용보증기금[2] Korea credit gurantee fund: KCGF	신용기금법	1975년 3월
기술신용보증기금 Korea technology credit guarantee fund: KTCGF	신기술사업지원에 관한 법	1989년 4월
농림수산업자신용보증기금	농림수산업자신용보증법	1972년 3월
지역신용보증재단	지역신용보증재단법	1999년 9월
한국주택금융공사 Korea housing finance corporation: KHFC	한국주택금융공사법	2004년 3월
대한주택보증(주)	주택건설촉진법	1995년
자금중개회사	종합금융회사에 관한 법	한국자금중개(주) 1996년 7월; 서울외국환자금중개(주) 2006년 6월
금융결제원 Korea financial telecommunications and clearing institute: KFTCI	민법	1986년 6월
금융정보분석원[3] Financial intettegency unit: FIU	특정금융거래정보의 보고 및 이용 등에 관한 법	2001년 9월
예금보험공사	예금보험공사법	1996년 6월

주: 1) 부실채권 매입과 출자전환, 당해 출자회사에 대한 자금대여 및 지급보증, 구조개선기업의 자산관리와 매각 · 매매의 중개, 인수정리 및 이와 관련된 재산의 매입과 개발, 부실자산 매수자에 대한 자금대여 등 사실상 부실채권정리은행(bad bank)의 기능을 수행하고 있다.

2) 기금 출연이 의무화되어 있는 금융기관은 시중은행, 지방은행, 외국은행 국내지점, 특수은행, 개발기관 및 「신탁업법」에 따른 신탁회사 등이다.

3) 금융위원회 내에 설치.

8. 금융감독기구와 예금보험제도

금융감독제도는 금융기관으로 하여금 금융중개를 공정하게 하고 경영건전성을 유지하도록 함으로써 금융소비자의 재산을 보호하고 금융거래를 활성화하는 것을 목적으로 한다. 금융감독기관은 이를 위해 금융기관의 설립을 인가하고 업무 수행시 지켜야 할 각종 규칙을 제정하며 이의 준수 여부를 감시하는 기능을 수행한다.[23)]

우리나라의 금융감독제도는 금융위원회와 금융감독원이 거의 모든 금융기관을 감독하는 통합형 금융감독제도이다. 전자는 금융감독 관련 법규제 · 개정, 정책 수립 및 금융기관 인·허가 등 금융감독에 필요한 중요사항을 심의 · 의결한다. 후자는 금융위원회가 결정한 사항을 집행하고, 금융기관을 검사 · 감독하는 업무를 수행한다. 그러나 한국은행도 제한적으로 금융기관에 대한 검사권을 가지고 있어서 금융감독체계는 3원화되어 있는 셈이다.[24)]

예금보험제도는 금융기관이 경영부실 등으로 예금원금이나 이자를 지급할 수 없을 때 담당기구가 해당 금융기관을 대신하여 예금주에게 원리금의 전부 또는 일부를 지급하는 일종의 보험제도이다. 이 제도는 소액 예금주들을 금융기관의 경영부실로부터 보호하고 예금인출사태가 발생하지 않도록 방지하는 금융안전망(financial safety net) 구실을 한다.

우리나라의 예금보험제도는 1996년 한국예금보험공사의 설립을 계기로 체계화되었다. 현재 은행예금은 물론 증권회사, 보험회사 등의 일부 금융상품도

23) 미국의 은행은 크게 국법(國法)은행과 주법(州法)은행으로 구분되는데, 그에 따라 감독권한도 각기 다르다. (i) 국법은행은 재무부 산하기관인 통화감독청(Office of the comptroller of the currency)이, (ii) 주법은행 중 FRB가입은행과 금융지주회사에 대해서는 FRS제도가, (iii) 주법은행 중 FRB에 가입하지 않았으나 연방예금보험제도에 가입한 은행은 연방예금보험공사(Federal deposit insurance corporation)가, 그리고 (iv) 주법은행 중 연방준비제도와 연방예금보험제도 모두에 가입하지 않은 은행은 주정부의 은행국이 된 감독권을 갖는다.

24) 2008년 2월 들어선 새로운 정부는 정부부문에서 재정경제부, 금융감독위원회 및 금융감독원으로 3원화되어 금융감독제도를 금융위원회와 금융감독원으로 2원화하였으나 한국은행의 검사권을 감안하면 여전히 3원화되어 있다.

예금보호대상에 포함되어 있다. 그러나 우체국예금 · 보험은 관련 법령에 의거 국가가 지급을 보장하고 있어 예금보험공사의 부보대상에는 포함되지 않는다. 한편 신용협동조합, 새마을금고, 농업협동조합, 수산업협동조합, 산림조합 등의 서민금융기관은 조합원간 상호부조를 목적으로 하는 기관이라는 점에서 금융권별로 자체 예금보호제도를 두고 있다.

9. 새로운 금융기관

금융산업 내의 새로운 변화와 금융시장의 구조적 변화는 여러 가지 형태의 금융변혁을 이끌고 있다. 여기에서는 한국의 금융기관들이 직면하고 있는 변화와 그에 따라 생겨날 가능성이 큰 새로운 금융기관들에 대해 알아보기로 한다.

먼저 은행들은 지급수단의 발행 · 교환 및 결제업무, 예금과 대출업무, 외환업무 등 전통적인 상업은행업무를 넘어 보험상품의 판매업무, 증권회사의 핵심업무 중 유가증권 위탁매매관련업무를 제외한 모든 증권업무와 M&A의 중개, 주선 또는 대리업무와 기업경영컨설팅 업무 등을 취급할 것으로 전망된다. 반면, 현재 자체 내에서 겸영이 허용되고 있는 신탁업무는 이해상충 등 직접 경영에 따른 폐해가 크므로 자회사 방식을 통한 겸영으로 바뀌게 될 것으로 보인다.

그러나 모든 은행들이 똑같은 모양으로 업무를 영위하지는 않을 것으로 본다. 개별은행의 건전성과 업무능력에 따라 몇 가지 형태의 은행으로 나누어 질 것이다.

① 선도은행(leading bank): 주로 국내우량기업이나 외국의 유수기업을 대상으로 주식연계증권, 외화표시채권 · CP 등의 발행주선 · 인수, 프로젝트 파이낸싱, 파생금융상품 취급 등에 주력할 것이다.

② 일반은행(generalized bank): 대기업과 중견기업을 대상으로 원화 및 외화대출, 어음할인, 주식 · 회사채의 발행주선업무 등을 주요 업무로 할 것이다.

③ 지역은행(regional bank): 중소기업을 대상으로 일반대출 및 어음할인, 리스 , 팩터링, 할부금융, 경영컨설팅, 세무상담, 기술정보 알선, 채권회수대행

업무 등에 특화하여야 할 것으로 여겨진다.

④ 특수은행(specialized bank): 성격상 일반은행과 큰 차이가 있는 것은 일반은행으로 전환하고 존립이 꼭 필요한 것은 본래의 설립목적에 충실히 정책금융을 전담하는 기관으로 기능이 재편되어야 한다. 장기적으로 재정과 금융의 기능이 분리됨에 따라 특수은행은 산업정책적 금융만을 전담하고 소득보조적 정책금융은 재정과 금융의 중간적 성격을 갖는 재정투융자로 이관됨이 마땅하다.

한편 증권회사의 경우 현재 고유업무 및 부수업무 이외에 은행 및 보험회사의 핵심업무를 제외한 업무를 취급하게 될 것이다. 그러나 규모나 업무수행능력에 따라 투자은행과 자산관리업 등을 종합적으로 영위하는 종합금융기관과 자신이 경쟁우위를 갖는 특정부문에 역량을 집중하는 전문화된 금융회사로 변형되어야 한다. 특히 2009년 2월부터 시행될 「자본시장과 금융투자에 관한 법률」에 의해 위와 같은 진전은 가속화할 것으로 예상된다.

투자은행은 유가증권인수업무, 자기매매업무, 기업구조조정업무, 파생금융상품 관련업무, 국제금융업무 및 제한적인 여수신업무 등 모든 기업 금융업무를 주로 취급하게 될 것이다. 그리고 기타 전문화회사들은 주로 위탁판매업을 취급하는 증권회사와 자산운용회사 등으로 특화되어야 할 것이다.

보험회사의 경우 현행과 같이 생명보험회사는 생명보험상품에, 손해보험회사는 손해보험상품에 전문화할 수밖에 없다. 이미 두 기관이 공동으로 취급하고 있는 상해, 질병, 간병보험 등 제3보험과 같은 겸영업무는 더욱 많아질 것이다. 그러나 보험회사의 특성상 대출을 제외한 은행업무와 증권업무의 직접 취급은 어려울 것이므로 그러한 업무들은 자회사 또는 지주회사방식을 통해서만 가능하리라고 본다.

리스, 카드, 할부금융, 벤처캐피털 등 단종금융기관들은 여신전문금융회사 또는 겸영여신업자 등으로 정비되어 개별기관의 특성이나 비교우위에 따라 도매금융(리스와 벤처캐피털)이나 소매금융(카드와 할부금융)에 선택적으로 특화하여야 한다. 상호저축은행은 합병이나 증자 등을 통해 일부 지역은행으로 전환하고 나머지는 현재와 같은 형태로 남아 소상공인을 대상으로 하는 틈새시장을 노려야 할 것이다.

위에서와 같은 새로운 금융기관들은 선진금융제도라는 틀 안에서 발전될 수 있다. 그 전제조건은 무엇인가를 생각해보자. 무엇보다 공정경쟁 여건을 조성하는 것이야 말로 제1차적인 조건이다. 통화정책이나 금융감독정책을 수행함에 있어 시장기능을 저해할 가능성이 있는 직접규제(regulation)를 가급적 지양하고 시장을 감시하고 필요시 개입하는 간접규제(supervision) 방식으로 전환하여야 한다.

제2차적 조건은 금융이 제대로 기능하기 위해서 무엇보다 금융거래를 중개하는 금융기관의 역량이 높아져야 하지만 금융거래와 직·간접적으로 관련있는 금융하부구조의 효율화가 매우 중요하다. 이를 위해서는 다음 몇 가지가 긴절하게 요구된다. 첫째, 금융거래는 미래상환 약속을 전제로 개인의 재산을 타인에게 이전하는 것인 만큼 개인의 재산권 보호와 이를 강제할 수 있는 효율적인 법체계가 필요하다.

둘째, 여신심사의 효율을 높이기 위해 경영성과에 관한 정확한 회계정보가 제공되어야 한다. 특히 외국인의 경우 내국인보다 현지 정보 취득이 어려워서 재무제표에 크게 의존하는 등 회계정보의 중요성은 더욱 커지고 있다.

셋째, 금융중개의 효율성은 금융업에 종사하는 금융인의 역량과 직결되므로 전문 금융인을 양성하는 효과적인 교육시스템 구축도 중요한 과제이다.

제3차적 조건은 금융시장의 안정이다. 금융자유화는 금융거래에 대한 정부개입을 최소화하고 시장기능에 의한 자금배분을 활성화함으로써 금융효율이 크게 신장되는 계기가 된다. 그러나 금리 등 자산가격의 가변성이 높아지는 가운데 신용공급량의 변동폭이 커지는 불안도 있다.

더욱이 직접금융이 간접금융을 대체하고 금융의 증권화 현상이 진전되면서 금융의 기관간 위험분담(intertemporal risk sharing) 기능이 점차 약화되고 있다. 나아가 금융기관 보유자산의 시가평가방식 확산으로 자산가격 급락시 금융기관의 자산건전성이 약화될 수 있는 등 금융불안의 가능성도 높아지고 있다. 따라서 자산가격의 급변동이 없도록 수급요인들을 적절히 조절함으로써 금융시장의 안정을 도모하여야만 금융기관들도 건전하게 발전할 수 있을 것이다.

■■ 정리문제

1. 금융기관의 경제적 역할 중 중요한 것 3가지만 말해 주시오.
2. 금융기관의 이윤극대화와 자산극대화를 *AC*, *MC*, *AR*, *MR*곡선을 이용하여 설명해 주시오.
3. 금융기관의 위험에는 어떠한 것들이 있습니까? 최근 들어 운영위험을 중요시 하는 이유는?
4. 금융기관경영이론 중 전통적 이론과 ALM기법의 차이는 무엇입니까?
5. 금융기관경영을 위해 RAROC모형이 활용되고 있는 이유는 무엇일까요?
6. 한국의 금융구조는 어떻게 변화해 왔습니까?
7. 은행중심제도와 시장중심제도는 어떻게 다릅니까?
8. 중앙은행의 목적과 기능에 대해 중요한 것 5가지만 들어 주시오.
9. 한국의 은행주식소유 규제에 대해 귀하의 의견은 무엇입니까?
10. 증권투자회사 중 AOC, IC, ISC, IPC를 구분해 주시오.
11. 한국에서 여신전문기관이라 함은 어떤 것들을 말합니까?
12. 한국의 부실정리금융기관 중 AMC, CRV, CRC, CRF의 특징은 무엇입니까?
13. 외국환평형기금의 목적과 기능에 대해 설명해 주시오.
14. 최근 일어나고 있는 금융산업의 새로운 변화는 무엇이며 앞으로의 변화방향은 어떨까요?
15. 금융시장구조의 변화 속에서 금융기관들이 해나가야 할 급선무 중 3가지만 말씀해 주시오.

CHAPTER 9

한국의 장단기 금융시장

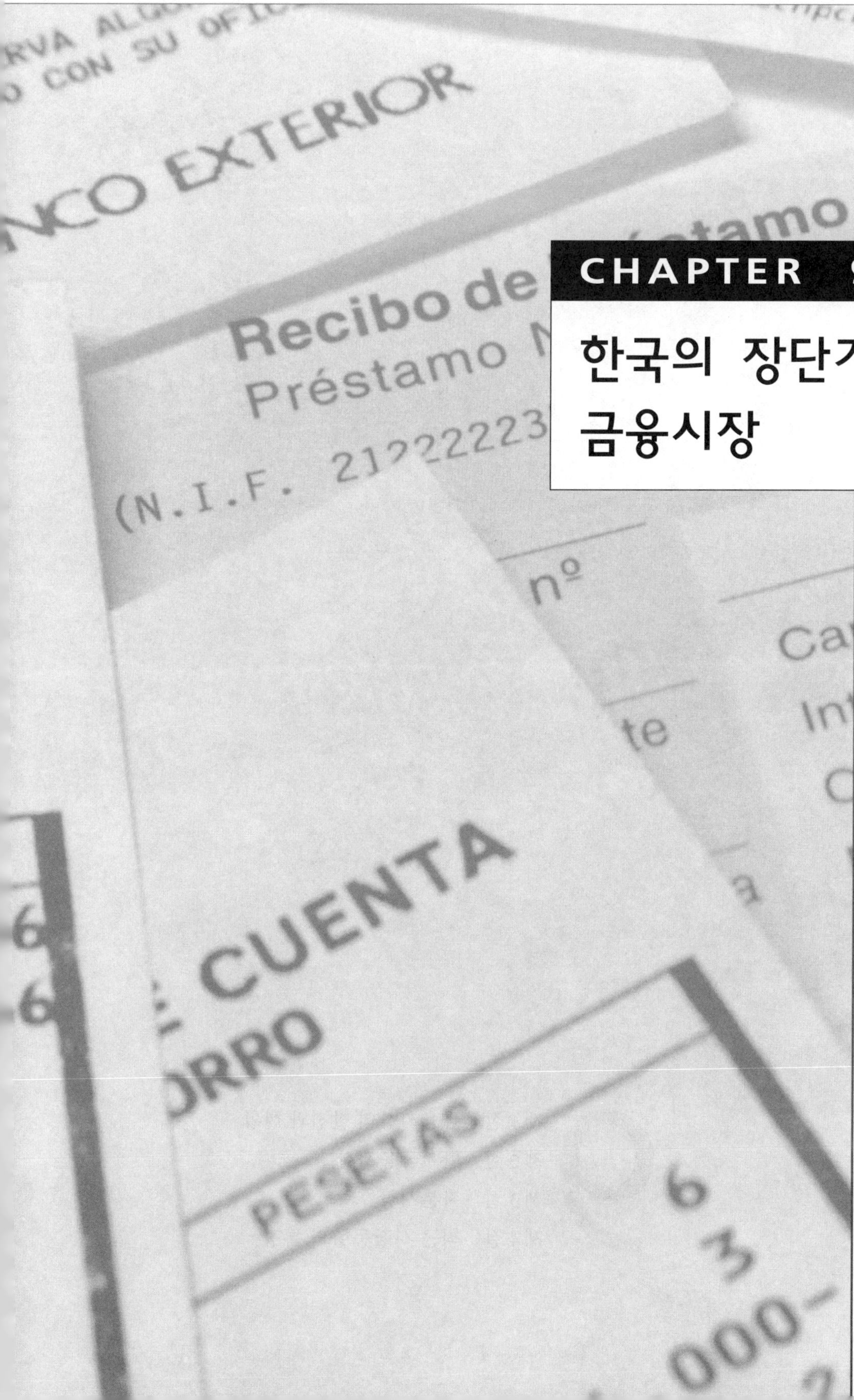

9

제1절 금융시장의 발전과 현황

1. 시장의 구조

한국의 금융시장은 크게 전통적 금융시장과 외환시장 그리고 파생금융상품시장으로 나누어 볼 수 있다([그림 9-1] 참조). 전통적 금융시장은 제1장 제1절에서 설명한 바와 같이 거래되는 금융자산의 만기에 따라 다시 단기금융시장과 자본시장으로 나눈다. 전자는 경제주체들이 단기적인 자금과부족을 조절하기 위해 만기 1년 이내의 단기금융상품을 거래하는 시장이다. 후자는 1년 이상 장기자금의 조달수단인 주식, 채권이 발행되고 유통되는 시장이다.

단기금융시장에는 콜(Call)시장, 환매채권(RP)시장, 양도성예금증서(CD)시장, 기업어음(CP)시장, 표지어음(CB)시장, 통화안정증권(MSB)시장 등이 있다. 이 시장은 일반 고객이 참여하는 대고객시장과 금융기관 상호간의 금융기관간 시장으로 구분된다. 한국의 경우 CP 및 CB시장은 기업이나 은행의 단기자금 조달에 주로 이용되고 있는 대고객시장이다. 금융기관간 시장으로는 콜시장을 들 수 있다. 환매채권시장이나 양도성예금증서시장은 대고객시장과 금융기관간 시장의 성격이 혼합되어 있다.

자본시장 중 주식시장은 (i) 상장주식이 거래되는 유가증권시장 및 코스닥시장과 (ii) 비상장주식이 거래되는 제3시장, 그리고 (iii) 일종의 대체매매체제인 장외전자증권시장(ECN, 2005년 5월 폐지)으로 나눈다. 채권시장에서는 만기 1년 이상 장기채권이 발행되고 유통된다. 채권은 (i) 상장채권이 거래되는 장내시장(유가증권시장)과 (ii) 비상장채권을 포함한 모든 채권이 거래되는 장외시장으로 구분한다. 채권시장은 다시 발행주체에 따라 국채시장, 지방채시장, 회사채시장, 금융채시장, 특수채시장 등으로 나누기도 한다.

자본시장에는 기업 및 금융기관의 자금조달수단으로 새롭게 부각되고 있는 자산유동화증권시장도 포함된다. 이 시장은 부동산, 매출채권, 주택저당채권 등 유동성이 낮은 자산을 기초로 발행되는 자산유동화증권(ABS)이 거래되는 시장이다.

우리나라에서도 외환시장은 환율을 매개로 이종통화가 거래되는 시장을 말하며 전형적인 점두(店頭)시장이다. 외환시장은 거래 당사자에 따라 외국환은행간 외환매매가 이루어지는 은행간시장 외에 은행과 기업 등 고객 간에 외환매매가 이루어지는 대고객시장으로 나눌 수 있다.

파생금융상품시장은 전통적 금융시장과 외환시장에서의 거래결과 발생하는 위험을 관리하기 위해 활용되는 시장이다. 우리나라의 경우 외환파생상품

그림 9-1 한국의 금융시장구조

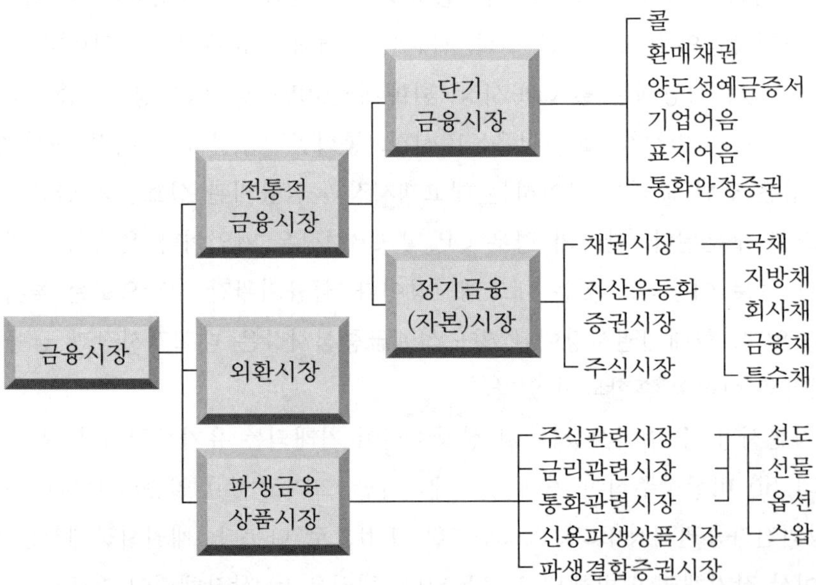

위주로 발전되어 왔다. 그러나 1997년 금융위기 이후에는 주가지수 선물 및 옵션, 채권선물시장 등이 활황을 보이면서 거래수단이 다양화되고 그 규모도 늘어나는 추세이다.

금융시장의 주요 참여자로는 먼저 기업을 들 수 있다. 기업은 투자에 필요한 장기자금을 은행으로부터 차입하거나 자본시장에서 회사채 또는 주식을 발행하여 조달한다. 또한 단기금융시장에서 CP를 발행하여 일시 부족자금을 조달하고 여유자금은 CD 등 단기금융상품으로 운용한다. 기업 말고도 정부나 지방자치단체들은 세수(稅收)만으로 충당하기 어려운 사회간접자본 투자자금 등 거액자금을 조달하기 위하여 자본시장에 적극 참여하고 있다. 종합금융회사, 증권회사, 보험회사, 상호저축은행 등도 콜시장 또는 RP시장 등을 통해 부족자금을 조달하거나 여유자금을 운용한다. 이 밖에 가계도 일시적인 여유자금을 운용하기 위하여 단기금융시장에 참여하고 있다.

한국은행은 통화정책을 수행하기 위해 RP매각(매입) 또는 MSB 발행(상환) 등을 통해 시중유동성을 환수(공급)한다. 일반 및 특수은행들은 CD 또는 CB 발행, RP 매각, 콜차입 등을 통해 자금을 조달(call money)하고 일시적으로 남는 자금을 콜시장 등에서 운용(call loan)하기도 한다.

자본시장의 투자자들은 투자신탁운용회사, 상호펀드, 보험회사, 연기금 등 기관투자가와 개인이 주종을 이루고 있다. 최근에는 채권 및 주식 투자에 따른 위험을 최소화하고 예상수익을 극대화하기 위해 파생금융상품을 통한 헷지 등 전문적인 자산관리기법이 발전되고 있어 개인들도 이들 자산에 직접 투자하는 대신 기관투자가를 통한 간접투자를 늘리고 있는 추세이다.

2. 그동안의 발전과정

한국의 단기금융시장은 1960년 7월 콜시장의 제도적 기반이 마련된 후 한국은행 주관으로 콜거래가 시작되면서 비롯되었다. 이어서 1961년 11월에는 「한국은행 통화안정증권법」이 제정되면서 MSB가 은행을 대상으로 발행되기 시작하였다. 1972년 8월에는 소위 8.3조치에 의해 사채자금을 제도금융권으로 흡수하기 위해 단기금융회사가 설립되었으며 기업이 자기신용을 바탕으로 손쉽게 단기자금을 조달할 수 있는 CP시장이 생겨났다. 곧이어 CD(1974년 5월), RP(1977년 2월), CB(1989년 9월) 등이 도입되어 대고객 단기금융시장이 빠르게 성장하였다.

1990년대 들어서는 금리의 가격기능을 높이고 시장친화적인 통화정책 수행여건을 조성하기 위해 금리자유화 등 일련의 제도개편이 추진되었다. 1991년 11월부터 시작된 단계별 금리자유화 조치가 2004년 2월에 완료됨으로써 단기금융상품의 발행금리, 한도, 만기 등에 대한 거의 모든 규제가 폐지되었다.

한국의 자본시장은 그동안 경제개발에 필요한 기업자금의 원활한 조달이라는 핵심적인 기능을 수행하는 과정에서 양과 질 모두 비약적인 발전을 거듭해 왔다. 1956년 3월 대한증권거래소설립과 1962년 1월 「증권거래법」 제정을 계기로 자본시장은 조직적 체계를 갖추었다. 그러나 당시 주식시장은 규모면에서 작았을 뿐만 아니라 허술한 관리체제와 운영 미숙 등으로 1963년에는 증권파동 등의 혼란을 겪기도 했다. 채권시장도 전후 복구사업을 위한 국채의 발행 및 거래에 국한되는 정도였다.

이와 같이 초보단계에 있었던 자본시장은 1967년 제2차 경제개발 5개년 계획이 시작되면서 기업공개 촉진정책이 본격화됨에 따라 급속한 발전을 이루게 되었다. 먼저 「자본시장 육성에 관한 법률」 제정(1968년 11월)으로 공개기업에 대한 세제상의 우대제도가 도입되고 「기업공개촉진법」이 제정(1972년 12월)됨으로써 일정금액 이상의 금융지원을 받은 기업에 대해 정부가 기업공개를 명령할 수 있게 되었다.

자본시장 육성정책이 주식시장 위주로 이루어짐에 따라 채권시장 발전은 상대적으로 늦어졌다. 1970년대 중반까지 회사채 거래는 미미한 채 국채만이 일부 거래될 뿐이었다. 회사채의 경우 1972년 2월 보증사채 및 일반공모제도가 도입되고 1976년 신주인수권부사채(BW), 전환사채(CB) 등의 발행이 허용되었으나 발행실적은 저조하였다.

회사채시장이 본격적으로 발전한 것은 채권종류의 다양화 및 발행조건의 신축적 운용, 기채 조정, 채권의 유동성 제고 등을 주요 내용으로 하는 정부의

「채권시장 육성방안」이 발표된 1977년 2월 이후라고 할 수 있다. 이어 보증사채의 발행조건 완화와 무보증사채의 발행자격강화, 상장법인에 대한 회사채 발행한도 확대, 증권회사의 환매조건부채권매매 업무 취급허용 등으로 회사채 발행시장이 크게 개선되고 수요기반도 확충되었다.

1980년대 들어서는 주식시장 활성화를 위한 기업공개유도 및 회사채시장 관련 각종 제도정비가 이루어졌다. 먼저 우량법인에 대한 기업공개 및 상장요건이 완화(1983년 7월)된 데 이어 「상법」 개정으로 수권자본의 증액한도가 납입자본의 2배에서 4배로 커졌다. 또한 「자본시장육성에 관한 법률」 개정(1987년 11월)으로 증권감독원이 유상증자 적격법인을 선정하고 기업공개를 권고할 수 있게 되었다.

회사채시장과 관련해서는 회사채발행 한도가 자기자본의 2배 이내로 늘어난 데 이어 장외거래에 관한 규정 제정(1984년 7월)으로 장외시장에서의 채권거래가 제도적으로 뒷받침되었다. 또한 무보증사채 및 교환사채 발행요건 완화와 보증사채 발행조건 자율화가 이루어지고 이익참가부사채 및 교환사채 등 신종사채의 법적 근거가 마련(1987년 11월)되었다.

1990년대 초반에는 정책의 초점이 자본시장 안정 및 증권수요 기반확충에 맞추어졌다. 기업공개와 관련하여 기업공개 전 대주주지분변동 금지 및 기업공개에 대한 실질심사제 도입, 납입자본금과 자기자본요건 등 기업공개요건 강화가 이루어졌다. 또한 증권시장안정기금을 설치(1990년 5월)하여 주식시장의 수요기반을 튼튼히 하는 한편 회사채 및 특수채의 발행물량을 조정하기 위하여 「기채조정협의회」를 설치하였다.

1997년 금융위기 이후 기업의 원활한 자금조달을 뒷받침하기 위해 회사채 발행한도를 자기자본의 4배로 늘리고 증권회사의 회사채 총액인수제도를 의무화 하였다. 아울러 「자산유동화에 관한 법률」(1998년 9월)과 「주택저당채권유동화회사법률」(1999년 1월)을 제정하여 자산유동화증권 발행을 통한 자금조달을 가능하게 하였다.

1999년 3월에는 국채전문유통시장이 설치되고 그 해 7월 국채전문딜러제도가 도입됨으로써 국채의 원활한 소화와 국채유통시장의 활성화에 기여하였다. 같은 해 7월 이후에는 대우그룹의 유동성 문제로 인해 금융시장이 크게 동요함에 따라 투자신탁회사 수익증권환매대책 등 금융시장 안정대책이 추진되었으며 이후 금융시장은 안정을 되찾기 시작하였다.

2000년에 들어서는 자본시장의 선진화를 위한 각종 제도정비가 이루어졌다. 우선 채권시장과 관련하여 딜러간 채권중개회사 설립, 국채전문딜러에 대한 금융지원체제 마련, 민간채권평가회사 설립 허용 및 채권시가평가제도 전면시행, 국채입찰방식을 복수금리결정방식에서 단일금리결정방식으로 변경, 채권결제일자를 당일에서 익일로 변경(2003년 6월)하는 등 채권시장의 활성화와 효율성을 높이기 위한 각종 제도개선이 이루어졌다. 아울러 양곡관리기금채권을 국고채권에 통합하는 등 국채통합발행제도를 도입하였고, 10년만기 장기국채 발행, 외국환평형기금채권을 국고채권에 통합(2003년 11월)하는 등 국채시장의 유동성을 높이기 위한 제도개선도 함께 이루어졌다.

주식시장과 관련해서는 거래소 및 코스닥시장에서 거래되지 않은 주식을 대상으로 한 장외주식호가중개시장(2000년 3월)이, 거래소와 코스닥에서 거래되는 250개 종목을 대상으로 정규시장 종료 후에도 거래가 가능하도록 전자장외증권중개시장(2001년 12월)이 각각 개설되었다. 또한 정부는 증권선물시장 선진화 계획의 하나로 2005년중 거래소, 코스닥 및 선물거래소 등을 하나로 통합하였다.

자본시장의 대외개방은 1981년 1월 자본시장 국제화 장기계획이 발표된 이후 외국인전용수익증권 판매, 코리아펀드 설립(1984년 5월)과 이의 뉴욕증시 상장, 해외전환사채의 발행 등 1980년대 중반까지는 간접투자로 그 범위가 제한되었다. 1988년 이후 직접투자 및 외국 증권회사 국내진출 등에 대해서도 대문을 활짝 열었다. 개방화 내지 국제화는 1993년 6월 발표된 제3단계 금융자율화 및 시장개방계획과 1996년 9월 경제협력개발기구(Organization of Economic Cooperation and Development: OECD) 가입시 제시된 자본자유화계획을 통해 보다 체계적으로 추진되었다.

주식투자에 대해서는 개별종목 발행주식 총수의 10%(1인당으로는 3%) 내에서 외국인 직접투자가 허용(1992년 1월)된 후 단계적으로 확대되었다. 금융위기를 겪고 있던 1997년 12월 그 한도는 55%(1인당으로는 50%)까지로 높아졌다. 이어 1998년 5월에는 공공법인을 제외하고는 상장주식 투자한도가 완전히 폐지되었다. 그 해 7월에는 증권거래소 및 코스닥시장에 상장되지 않은 주식에 대해서도 외국인이 투자할 수 있도록 하였다. 이에 따라 외국인의 상장주식 보유액이 빠르게 늘어나 1992년 말 4.9%에 불과하던 외국인보유상장주식 시가총액비율이 1998년 말 18.6%, 2007년 말 현재 31.0%로 크게 증가하였다.

한편 채권시장은 국내외 금리격차와 국내 수요기반 등을 고려하여 주식시장에 비해 개방을 늦추었다. 1994년 7월 외국인의 중소기업 발행 무보증 상장전환사채 매입이 허용된 이래 1997년 1월부터 그 발행도 가능하게 되었다. 그 후 6월에는 중소기업의 무보증중장기회사채 및 대기업의 무보증전환사채 매입도 허용되는 등 외국인에 대한 시장개방은 단계적으로 이루어졌다. 그러다가 1997년 12월에 모든 상장채권에 대해 외국인의 투자한도 규제가 완전히 폐지되었다. 이와 같은 채권시장의 전면 개방에도 불구하고 외국인 채권투자는 매우 부진한 모습을 보여 2007년 말 현재 외국인 채권보유액은 전체 상장채권잔액의 4.5%에 머무르고 있다.

3. 장단기금융시장의 모습

한국의 금융시장 규모는 1980년대 이후 비약적으로 커져왔다. 2007년 말 현재 단기금융시장과 자본시장을 합한 장단기금융시장 규모는 총 2,173조원으로 1980년 6.6조원의 329.2배에 달하고 있다([표 9-1] 참조). 이 규모는 금융기관유동성 및 대출금(자금순환표상)에 비하여 1980년 말에는 각각 36.7% 및 27.2%였으나 2007년 말에는 각각 132.3% 및 158.9%로 높아졌다. 같은 기간 명목 GDP에 대한 비율도 17%에서 약 256.3%로 상승하였다. 이와 같은 신장세는 그동안의 경제규모 확대, 정부의 자본시장 육성 및 대외개방정책, 1997년 금융위기 이후의 금융시장 하부구조 정비 및 시장참여자들의 금융거래기법 개선 등에 기인한다.

2007년 말 현재 단기금융시장 규모는 총 318.6조원으로 1980년 말에 비해

[표 9-1] 한국의 장단기금융시장 규모(연말 잔액 기준) (단위: 조원)

	1980	1990	2000	2005	2006	2007
단기금융시장[1](A)	1.5	44.3	138.8	212.7	245.2	318.6
자본시장(B)	5.1	114.0	614.2	1,416.8	1,527.0	1,854.4
채 권[2]	2.5	35.0	397.1	690.9	750.3	802.6
주 식[3]	2.5	79.0	217.1	726.0	776.7	1,051.8
합 계(C=A+B)	6.6	158.3	753.0	1,629.6	1,772.2	2,173.0
C/Lf	36.7	79.9	82.6	117.1	115.2	132.3
C/대출금[4](%)	27.2	86.9	111.2	148.5	142.8	158.9
C/명목GDP(%)[5]	17.0	84.8	130.1	202.0	209.0	256.3[5]

주: 1) 콜, 환매조건부채권매매, 기업어음, 양도성예금증서, 표지어음 및 364일물 이하 통화안정증권 합계. 단위, 2007년은 07. 9월 기준.
2) 상장채권 기준(단, 364일물 이하 통화안정증권은 제외).
3) 한국증권선물거래소의 유가증권시장 및 코스닥시장 상장주식의 시가총액.
4) 자금순환표상 대출금(단, 한국은행의 대출금 제외).
5) 명목GDP(2000년 가격)는 2006년 기준.
자료: 한국은행, 자금순환표 및 통화금융 각호; 한국증권선물거래소, 증권선물 각호.

약 205.8배에 달하는 등 급속한 신장세를 이어가고 있다. 이는 금융자산 축적 규모가 늘어나는 가운데 개별 경제주체들의 금리민감도 상승, 자금의 단기운용에 의한 위험회피 경향 확산, 기업의 여유자금 운용기법 발달 등 금융구조의 변화를 반영한 것으로 보인다.

시장별로 보면 1980년대 초반까지 단기금융시장의 대부분을 차지하였던 CP시장의 비중이 1980년 말의 70.2%에서 2007년 말에는 23.4%로 크게 작아졌다. 그 이유는 단기금융시장의 다변화와 1997년 금융위기 이후 기업신용위험 증가에 따른 CP의 발행위축 때문인 것으로 생각된다. 콜시장은 1989년 은행권과 비은행권으로 이원화되어 있던 시장이 통합되고 자금중개회사가 설립되는 등 활성화 영향 등으로 2005년 말에는 16.5%에 달했으나 그 후 점차 낮아지고 있다. RP는 여타 수신상품에 비해 금리면에서 유리한 데다 거래조건이 자유화되어 1980년 말의 8.4%에서 2007년 말에는 24.0%로 상대적으로 높아졌다.

1980년대 중반부터 규모가 커지기 시작한 MSB는 상대적으로 장기물 발행

[표 9-2] 한국의 단기금융시장별 규모(연말 잔액 기준) (단위: 10억원)

	1980		1990		2000		2005		2006		2007	
	금액	구성비(%)	금액	구성비(%)	금액	구성비(%)	금액	구성비(%)	금액	구성비(%)	금액	구성비(%)
콜[1]	179	11.6	3,397	7.7	16,058	11.6	35,194	16.5	28,962	11.8	28,736	9.0
환매채권[2]	130	8.4	3,377	7.6	26,115	18.8	43,107	20.3	58,565	23.9	76,521	24.0
기업어음[3]	1,087	70.2	12,740	28.7	44677,	32.2	35,328	16.6	45,665	18.6	74,405	23.4
양도성 예금증서	0	0.0	6,804	15.4	14,218	10.2	63,877	30.0	79,774	32.5	108,824	34.2
표지어음	0	0.0	277	0.3	11,201	8.1	4,031	1.9	3,675	1.5	4,349	1.4
통화안정 증권[4]	3	0.2	15,241	34.4	26,488	19.1	31,210	14.7	28,580	11.7	25,780	8.1
재정증권	150	9.7	2,500	5.6	0	0.0	0	0.0	0	0.0	0	0.0
합계	1,548	100.0	44,335	100.0	138,757	100.0	212,747	100.0	245,221	100.0	318,615	100.0

주: 1) 기간중 일평균 거래액 기준(1980년은 장내콜시장 거래평잔).
2) RP매도잔액(한국증권금융 · 종합금융회사 포함, 한국은행 유동성조절분 제외).
3) 자금순환표의 금융자산부채잔액표상 기업어음 잔액.
4) 만기 364일 이하 통화안정증권 발행잔액.
자료: 한국은행, 통화금융 및 자금순환표 각호.

이 늘어나면서 1990년 말에 34.4%로 높아졌으나 상대적인 규모감소를 반영 2007년 말에는 8.1% 수준을 보이고 있다. 한편 1976년부터 발행되기 시작하여 1994년에 발행이 중단되었던 재정증권은 2003년 4월부터 재발행되었으나 2007년 말 현재 발행잔액은 없다.

한국의 단기금융시장을 외국과 비교해 보면 우선 규모 면에서 주요 선진국 수준을 크게 밑돌고 있다. 2005년 12월 말 현재 우리나라 단기금융시장 규모의 명목GDP에 대한 비율은 26.4%로 미국(52.8%), 일본(60.9%) 등 주요 선진국 수준보다 매우 낮은 수준이다. 그러나 전체 단기금융시장에서 콜 및 RP시장이 차지하는 비중은 주요국 수준과 비슷하다. RP시장은 금융기관의 대고객 자금조달시장으로 발전하여 금융기관간 자금조절시장으로 발전한 선진국과는 그 성격이 다르다. 또한 선진국의 경우 재정증권의 비중이 높은 데 비해 한국은 MSB의 비중이 높은 것은 특징적인 현상이다(금융선진국에는 MSB가 없다).

2007년 말 현재 한국의 자본시장 규모는 1,854.4조원으로 1990년 말에 비해 16.3배 정도 커졌다. 이 중 채권시장 규모는 종류의 다양화, 수요기반의 확충 등으로 꾸준히 늘어나 2007년 말 현재 802.6조원(전체의 43.2%)에 이르고 있다. 주식시장 규모는 주가변동에 따라 시가총액의 증대 및 수축을 반복하여 1,051.8조원(56.8%) 규모를 나타내고 있다.

채권시장의 구성을 보면 회사채 비중이 1990년 63.0%에서 2007년 말 11.8%로 크게 작아진 반면 국채와 금융채의 비중은 상대적으로 커졌다. 이는 경상수지 흑자 및 외국인투자자금 유입에 따라 늘어난 해외부문통화를 환수하기 위한 통화안정증권 발행과 재정적자보전을 위한 국채 발행이 늘어난 데다 예금보험기금채권 등 금융구조조정을 위한 채권 발행이 엄청나게 증가한 데 주로 기인한 것이다.

주식시장을 통한 기업의 자금조달 규모는 1980년대 중반 이후 큰 폭으로 늘어나기 시작하여 1987년 처음으로 1조원을 넘어섰고 1990년에는 약 3조원에 이르렀다. 특히 1985년까지만 하여도 연간 10건 내외에 머물렀던 기업공개 건수가 1988~89년중에는 100건을 넘어섰다. 이처럼 단기간에의 주식과잉공급으로 발행시장의 수급 불균형이 초래됨에 따라 1990년부터는 주식공급 억제로 정책의 급선회가 있었다. 그러나 1994년부터의 유통시장 활황을 반영하여 유상증자 및 기업공개 규모가 연간 6조원 수준으로 증가하였다. 1997년 금융위기 때에는 유통시장 침체와 발행시장의 저조가 뚜렷했다.

그 후에는 기업 및 금융기관의 구조조정이 추진되면서 자기자본 확충 및 부채비율 축소를 위해 유상증자를 크게 늘렸다. 1998년중 유상증자를 통한 자금조달 규모는 전년에 비해 5배 이상 늘어난 13조원에 이르렀다. 1999년에는 그 규모가 33조원에 달하였고 기업공개 규모도 1조 7천억원을 넘었다. 그러나 2000년대에 들어서는 주가가 큰 폭의 등락을 거듭하여 발행 여건이 악화되고 기업의 현금흐름 개선으로 발행수요도 줄어든 데다 경영환경의 불확실성 등으로 기업의 투자 수요가 저조하였다. 다만 2007년중 유상증자의 폭증을 반영하여 전체 주식발행이 11조원(2006년중 3,507억원)에 달하였다.

한편 주식시장의 경우 코스닥시장의 비중이 꾸준히 높아진 것이 큰 특징

[표 9-3] 한국의 자본시장별 규모(연말 잔액 기준) (단위: 10억원)

	1990		1995		2000		2005		2006		2007	
	금액	구성비(%)	금액	구성비(%)	금액	구성비(%)	금액	구성비(%)	금액	구성비(%)	금액	구성비(%)
채권[1]	35,005	100.0	111,915	100.0	397,115	100.0	690,864	100.0	750,326	100.0	802,638	100.0
국채	3,123	8.9	19,548	17.5	73,294	18.5	223,182	32.3	257,891	34.4	274,860	34.2
지방채	1,060	3.0	3,238	2.9	9,765	2.5	11,142	1.6	11,802	1.6	12,413	1.5
금융채	6,626	18.9	27,688	24.7	49,093	12.4	106,268	15.4	147,253	19.6	190,764	23.8
통화안정증권	0	0	506	0.5	39,890	10.0	124,025	18.0	129,810	17.3	122,990	15.3
특수채	2,128	6.1	4,479	4.0	97,195	24.5	118,802	17.2	102,354	13.6	106,834	13.3
회사채	22,068	63.0	56,456	50.4	127,878	32.2	107,445	15.6	101,216	13.5	94,777	11.8
주식[2]	79,020	100.0	141,151	100.0	217,057	100.0	725,972	100.0	776,725	100.0	1,051,776	100.0
유가증권시장	79,020	100.0	141,151	100.0	188,041	86.6	655,074	90.2	704,558	90.7	951,900	90.5
코스닥시장	–	–	–	–	29,016	13.4	70,898	9.8	72,137	9.3	99,876	9.5
합 계	114,025	–	253,066	–	614,172	–	1,416,836	–	1,527,051	–	1,854,414	–

주: 1) 상장채권 기준(단, 364일물 이하 통화안정증권은 제외).
2) 한국증권선물거래소의 유가증권시장 및 코스닥시장 상장주식의 시가총액.
자료: 한국증권선물거래소, 증권선물 각호; 한국은행.

으로 꼽힌다. 한때 20%를 웃돌기도 하였으나 IT산업의 침체 지속과 함께 그 비중이 작아져서 2007년 말 현재 전체 주식시장의 9.5%에 그치고 있다.

제 2 절 단기금융시장

1. 콜(call)시장

한국의 콜시장은 제 1 절에서 살펴보았듯이 한국은행의 금융통화위원회가 1960년 7월 은행간 콜론을 금융기관 대출최고한도 외로 취급하는 동시에 콜론 최고금리(13.87%)를 결정하면서 발전의 기반이 마련되었다. 이후 여러 차례의 제도개편을 거쳐 참여 금융기관이 늘어나고 거래방식도 개선되어 왔다.

콜거래는 계약체결 방식에 따라 직거래와 중개거래로 구분된다. 전자는 거래당사자들이 직접 금리, 만기, 금액 등에 합의하여 계약을 체결하는 것을 말한다. 대부분의 은행간거래는 직거래로 이루어진다. 후자는 자금중개회사가 금리, 만기, 금액 등 거래조건에 따라 자금의 공급자와 수요자를 연결시켜 줌으로써 계약이 체결되는 거래이다.[1)]

자금중개회사는 콜대여 기관이 콜차입 기관에 설정하는 신용한도를 제외하고는 금리, 접수시점, 금액 등에 대해 무차별적 경쟁방식으로 중개한다. 그러나 실제 운영상으로는 자금공급기관이 자금수요기관을 지정하거나 자금공급시점이나 자금상환시점 등에 대한 조건이 일치하는 경우 거래를 성사시키고 있다.

콜대여 및 차입 기관이 모두 은행인 경우 콜자금의 주고받는 것은 모두 BOK-Wire를 통해 한국은행에 개설된 당좌계정을 거쳐 이루어진다. 두 은행이 콜거래에 합의하면 대여은행이 한국은행의 시스템을 이용하여 차입은행앞으로 자금을 이체해 주도록 요청한다. 콜자금 상환은 별도의 어음교환 등 절차를 거치지 않고 자동 상환된다.

한편 1994년 12월 위의 제도가 시행되면서 이에 참여하는 은행들이 어음교환 등의 차액결제에 소요되는 거액의 자금을 원활하게 조달하기 위해 오전 또는 오후중에만 콜자금을 사용한 후 당일중으로 상환하는 반일물(半日物)콜제도가 시작되었다. 이 거래는 자금중개회사를 거치지 않고 한은금융망 참여기관간에 콜거래 시스템을 통한 직거래방식으로 이루어진다. 콜차입기관은 1억원당 일정액의 수수료를 지급하고 있다.

오전반일물은 오전 9시 30분부터 11시 30분까지 예약신청을 하면 은행지로·은행공동망 등에 대한 차액결제가 실행되는 11시 30분에 차입이 이루어지고 오후 2시 30분에 상환된다. 오후반일물은 오전 9시 30분부터 오후 2시 30분

1) 미국에서 콜자금 대차거래는 기본적으로 무담보대차거래(unsecured lending and borrowing)이기 때문에 자금대여기관은 일정시점에서 차입기관별로 자금대여한도를 설정·운영하고 있다. 특히 2일 이상 콜자금의 한도설정은 1일 만기시장에서보다 중요한 의미를 갖는다. 실제로 대차은행이 중개인을 통하여 차입조건이나 규모에는 합의가 이루어졌으나 차입한도의 초과로 인하여 콜거래가 이루어지지 못하는 경우도 있다.

[표 9-4] 단기금융시장 개요: 한국

		콜 (Call)	환매채권 RP	양도성 예금증서 CD	기업어음 CP	표지어음 CB	통화안정 증권 MSB
도입시기		1960년 7월	1977년 2월	1974년 5월	1972년 8월	1989년 9월	1961년 11월
특 징		금융기관간 자금조달	금융기관간 자금조절 및 단기자금 조달	은행간 자금조절 및 단기자금 조달	기업의 단기자금 조달	금융기관의 단기자금 조달	중앙은행의 유동성 조절
법적 성격		금전소비 대차	채권담보부 금전소비대차 및 채권매매	소비임치 및 유가증권	약속어음	약속어음	유가증권
참가기관	자금조달 (발행)기관	은행, 은행신탁, 종합금융, 증권, 투신운용, 보험 등 총 930개 기관	금융기관간: 한국은행 및 930개 콜시장 참가기관	예금은행	우량 · 적격 기업	은행, 종합금융, 상호저축 은행	한국은행
	자금운용 (매입)기관		대고객: 은행, 증권, 증권금융종금, 체신관서	은행간: 은행 대고객: 금융기관, 법인, 개인	금융기관, 법인, 개인	금융기관, 법인, 개인	금융기관, 법인, 개인
	중개기관	자금중개	자금중개, 증권	증권, 종합금융, 자금중개	증권, 종합금융	은행, 종합금융, 상호저축 은행	증권
만 기		최장 90일 이내	자유화	30일 이상	최장 1년 이내	은행: 30일 이상 종금: 1년 이내 상호저축은행: 자유화	할인채: 14~546일 이표채: 2년
최저발행 (거래)금액		1억원 (중개거래시)	체신관서: 5만원 기타: 제한없음	제한없음	증권: 1억원 기타: 제한없음	제한없음	경쟁입찰: 1억원 일반대출: 100만원
이자지급방식		만기일시 지급	만기일시 지급	할인방식 선지급	할인방식 선지급	할인방식 선지급	할인채: 선지급 이표채: 매3 개월 지급
중도환매		–	제한없음	금지	제한없음	은행: 금지 기타: 허용	원칙적 금지

자료: 한국은행, 「우리나라의 금융시장」, 2006. 12.

까지 예약신청을 하면 어음교환 및 자기앞수표 조정자금의 차액결제가 실행되는 오후 2시 30분에 차입이 이루어지고 오후 4시 30분에 상환된다.

2007년말 현재 콜시장에 참여할 수 있는 기관은 모두 930여개이다. 은행, 종합금융회사, 자금중개회사, 상호저축은행 및 동 중앙회, 신용협동조합중앙회, 새마을금고연합회, 은행신탁, 투자신탁운용회사, 증권회사, 증권금융, 보험회사, 여신전문금융회사, 창업투자회사, 선물회사, 공공자금관리기금, 예금보험공사, 한국자산관리공사, 대한주택보증주식회사, 주택저당채권유동화회사, 유동화전문회사, 증권투자회사, 외국환평형기금, 공적자금상환기금 등을 포함한다. 그러나 실제로는 230여개 기관만이 콜시장에 참여하고 있다.

2. 환매채권(RP)시장

한국은행이 1969년 2월 금융기관에 대해 RP매입거래를 시작한 것이 우리나라에서의 RP거래 처음이었다. 한국은행은 콜금리가 금융통화위원회가 정한 목표수준에서 유지될 수 있도록 시중유동성을 조절하는 공개시장수단으로서 RP를 활용하고 있다.

대고객 RP는 은행, 증권회사, 종합금융회사, 한국증권금융㈜ 및 체신관서에서 취급하고 있다. 증권회사와 한국증권금융㈜은 매입 및 매각업무를 모두 취급하고 있으나 은행, 종합금융회사 및 체신관서는 매각업무만을 취급하고 있다. 대고객 RP거래에 있어서의 매수주체는 증권회사와 종합금융회사의 경우 일반법인이, 체신관서의 경우 개인이 대부분이며, 은행의 경우 일반법인과 함께 개인의 비중도 큰 편이다.

금융기관간 RP거래에는 단기자금과부족 조절을 목적으로 은행, 투자신탁운용회사, 증권회사, 종합금융회사, 보험회사, 상호저축은행 등이 참여하고 있다. 중개주식회사 및 개별 증권회사가 중개업무를 담당하고 있다. 한국증권선물거래소에서는 8개의 표준거래 기간을 설정하고, 복수가격에 의한 개별경쟁매매방식에 의해 RP거래를 중개하고 있다. 중개대상 RP거래기간은 일반적으로 1년 이내이며 중개에 따른 수수료는 거래쌍방으로부터 일정률을 각각 받고 있다.

RP거래시 자금결제 방식은 거래대상에 따라 다르다. 대고객 RP의 경우 자기앞수표를 통한 결제가 일반적이나 거래규모가 거액인 경우 계좌이체 또는 BOK-Wire를 통해 자금결제가 이루어지고 있다. 금융기관간 RP거래는 BOK-Wire를 통해 자금을 주고 받는다.

한국은행은 은행, 증권회사, 투자신탁운용회사 및 보험회사 등을 대상으로 공개시장 조작정책을 쓸 수 있다. 그러나 이것이 신속하고 효율적으로 이루어질 수 있도록 일정한 요건을 갖춘 금융회사들을 사전에 대상 회사로 선정(원칙적으로 연 1회, 7월중)하고 있다. 선정된 거래대상회사들은 한국은행과 공개시장거래에 관한 약정을 체결하고, RP거래 등에 참여할 뿐만 아니라 시장정보 등을 수시로 한국은행에 제공할 의무를 지게 된다.

RP거래 대상채권은 유동성과 안정성이 보장된 국채, 정부보증채, MSB 및 토지개발채권으로 제한하고 있다. 이 중 MSB는 한국은행의 부채증서로서 RP매입시에만 사용할 수 있다. RP거래의 최장만기는 규정상 91일로 되어 있으나 실제로는 지급준비적립기간에 맞추어 15일 이내(주로 1일물)에서 이루어지며 최소입찰금액은 10억원이다. RP거래에 따른 자금결제는 한국은행에 개설된 거래기관의 당좌예금계정을 통해 이루어진다.

한국은행의 RP거래는 상대매매와 경쟁매매로 구분된다. 전자는 특정 상대방만을 대상으로 하는 거래로서 매매가격 등 거래조건이 한국은행과 특정 상대방과의 협의에 의해 결정된다. 후자는 전체 RP거래 대상기관을 상대로 경쟁입찰을 통해 거래조건을 결정하는 방식이다. 경쟁입찰은 BOK-Wire를 통해 이루어지며 낙찰금리(가격)는 상황에 따라 복수금리방식 또는 단일금리방식으로 결정된다.

3. 양도성예금증서(CD)시장

우리나라에서는 1974년 5월과 1978년 3월 두 차례에 걸쳐 CD제도를 도입하려는 시도가 있었으나 실패하였다. 1984년 6월에야 은행의 수신경쟁력을 높이기 위해 시중은행, 지방은행 및 한국외환은행에 대해 CD발행이 다시 허용되었다. 이어서 1985년 3월에는 특수은행도 CD를 발행할 수 있게 되었다. 1986년 9월 외국은행 국내지점, 1997년 7월 한국산업은행 등으로 CD 발행가능 은행 수가 늘어났다.

CD는 최장만기 제한은 없고 최단만기만 30일 이상으로 제한하고 있으나 실제 거래에 있어서는 3개월물과 6개월물이 주종을 이루고 있다. 만기 이전의 중도환매는 엄격히 금지되고 있으나 양도 가능하므로 매수기관이 보유 CD를 현금화하고자 하는 경우 중개기관을 통하여 매각할 수 있다. 최저액면금액에 대한 제한은 없으나 고객이 법인인 경우 10억원 이상이 대부분이며 개인인 경우 1,000만원 이상이 일반적이다.

CD는 예치기간 동안의 이자를 액면에서 할인하는 방식으로 발행되므로 고객은 CD를 살 때 할인액을 차감한 금액만을 지급하고 만기에는 액면금액을 받게 된다. CD금리는 콜금리 등 다른 시장금리, 발행금액 및 기간 등을 감안하여 결정되는데 은행별 신용도에 따라 금리수준이 다르다. 은행이 CD를 직접 발행할 때에는 매수기관이나 발행방식과 관계없이 일률적으로 정형화된 실물을 작성하여 교부한다. 다만, 고객이 보호예수를 요청할 경우 이 증서를 금고에 보관하고 보호예수증서 또는 보관통장을 발급할 수도 있다.

CD중개업무는 증권회사, 종합금융회사 및 콜거래 전문중개기관인 자금중개주식회사가 담당하고 있다. 앞의 두 회사는 모든 기관을 대상으로 중개업무가 가능하지만 자금중개회사는 콜시장 참여기관만을 대상으로 중개업무를 수행할 수 있다. 중개기관은 단순중개와 자기자금을 이용한 매매중개 모두 가능하나 현재 자금력 부족 등으로 발행시장에서의 단순중개에만 치중하고 있다.

중개기관이 CD를 매출하는 경우에는 실물교부와 통장거래가 모두 가능한데 금융회사들과 일반 법인은 실물교부를 선호하는 반면 개인은 통장거래가 일반적이다. 이 경우 실물을 교부받은 금융회사들은 CD를 자체 보관하거나 증권예탁결제원에 예탁한다. 특히 투자신탁운용회사의 경우 「투자신탁업법」상 증권예탁결제원에 보관하는 것이 의무화되어 있다. 개인이 통장거래를 하는 경우 실물은 중개기관이 자체적으로 보관하거나 증권예탁결제원에 예탁한다.

발행된 CD의 만기시에는 소지자가 발행은행 창구에 제시하거나 만기 1영업일 전에 거래은행을 통해 어음교환에 회부하여 자금을 회수한다. 중개기관을 통한 통장거래의 경우 중개기관이 자금을 회수하여 고객통장에 입금시켜 주며, 은행이 소지자인 경우 직접교환에 회부하여 자금을 회수한다. 증권예탁결제원에 예탁된 경우에는 이 원이 대신 교환에 회부하여 결제대금을 입금시켜 주고 있다.

4. 기업어음(CP)시장

1972년 8월 3일 사채동결을 주요 내용으로 하는 정부의 「8.3긴급경제조치」와 함께「단기금융업법」이 제정되면서 CP시장은 제도적 기반을 갖추었다. 이 법에 의해 1972년 9월에 최초의 단기금융회사인 「한국투자금융주식회사」가 CP의 할인 및 매출업무를 취급하기 시작하였으며 1976년에는 종합금융회사도 이 업무를 취급하게 되었다.

CP 발행기업의 요건과 발행조건은 할인금융회사에 따라 약간씩 다르다. 증권회사가 할인하는 경우 발행기업은 상장법인, 협회등록법인 또는 정부투자기관이어야 하고 한국기업평가(주), 한국신용평가(주), 한국신용정보(주), 서울신용정보(주) 등 4개 신용평가기관 중 2개 이상의 기관으로부터 B등급 이상의 신용등급을 받아야 한다. CP의 최장만기는 1년 이내이고 최저액면금액은 1억원 이상으로 제한되어 있다. 증권회사는 CP발행기업과 CP할인에 관한 약정을 맺으며 업체별 한도를 설정한 후 그 한도 내에서 할인하고 있다.

종합금융회사가 할인하는 경우 해당기업에 대한 철저한 신용조사와 함께 재무구조 및 경영상황 등을 분석하여 적격업체를 선정한 후 약정을 체결하고 동일인 여신한도 이내에서 적정할인한도를 설정한다. 다만 할인어음 매출시 적어도 B등급 이상이 요구되고 있기 때문에 증권회사와 마찬가지로 신용등급 B등급 이상 기업을 위주로 하고 있다. 발행규모는 CP의 최저액면금액에 대하여 증권회사처럼 명백한 제한은 없으나 보통 100억원 이상으로 발행되고 있다. 만기는 증권회사와 마찬가지로 1년 이내로 제한된다.

한편 우리나라 신용평가기관의 CP 신용평가등급은 최우량등급으로 A1,

그 다음은 A2, A3, B, C, D의 순으로 분류한다. 이 중 투자등급은 A1~A3등급이며 B등급 이하는 투기등급으로 간주한다. 그리고 A2~B등급에 대해서는 동일등급 내에서 우열을 나타내기 위하여 +, −부호를 부가하여 세분하고 있다. 2007년 말 현재 4개 평가기관의 기업별 CP신용등급 평가현황을 보면 신용평가를 받은 340개 업체 중 A1급이 46개(13.5%), A2급이 78개(22.9%), A3급이 126개(37.1%) 그리고 B급 이하가 90개(26.5%)이다.

CP는 할인방식으로 발행되어 만기가 되면 액면금액을 상환한다. 발행금리는 발행기업과 증권회사, 종합금융회사, 은행신탁 등 할인회사들이 시장금리, 발행기업의 신용등급, 할인기간 등을 감안하여 결정한다. 특히 CP지표금리는 증권업협회가 매일 2차례(11:30, 15:30) 공시하고 있다. 9개 증권회사로부터 91일물 A1급 CP에 대한 할인율을 통보받아 상하 각 2개사의 할인율을 제외한 나머지 5개사의 할인율을 평균하여 산출한다.

CP할인 및 매출은 앞에서와 같이 종합금융회사가 담당하고 있다. 증권회사는 수신기능이 없기 때문에 일반적으로 CP를 할인한 후 자체보유하지 않고 무담보형식으로 매출한다. 종합금융회사는 매출뿐만 아니라 자체보유목적으로도 CP를 할인하며 매출의 경우 담보부매출도 취급가능하나 주로 무담보로 매출하고 있다.

[표 9-5] 한국의 기업어음(CP)신용등급 체계

구 분	평가등급	등 급 정 의
투자등급 (investment grade)	A1	적기상환능력이 최고수준이며 안정성은 예측가능한 장래 환경에 영향을 받지 않을 정도
	A2+, A2, A2−	적기상환능력 우수, 안정성은 A1보다 다소 열등
	A3+, A3, A3−	적기상환능력 양호, 안정성은 A2보다 다소 열등
투기등급 (speculative grade)	B+, B, B−	적기상환능력은 있으나 단기적인 여건변화에 따라 그 안정성에 투기적인 요소가 내포되어 있음
	C	적기상환능력 및 안정성에 투기적인 요소가 큼
	D	현재 채무불이행 상태

자료: 한국은행.

CP발행단위가 거액인 데다 CP가 예금자보호대상에 포함되지 않기 때문에 개인은 CP매수를 기피하며 대개 투자신탁운용회사와 은행신탁이 신탁자산 편입용으로 매수한다. 전자는 주로 증권회사와 종합금융회사가 중개한 CP를 매수하는 데 비해 후자는 할인매출기관이 중개한 CP를 매수하며 직접 할인하기도 한다.

증권회사, 종합금융회사 등은 할인금리에서 연 0.01~0.02%의 매매이익(dealer spread)을 더한 금리로 투자신탁운용회사 등 매수기관에 CP를 매출한다. 이 경우 거래방식은 실물교부와 통장거래 방식이 모두 가능하나 대부분 실물교부 방식에 의해 거래되고 있다. 실물로 교부된 CP는 보유금융기관(투자신탁운용회사의 경우 수탁은행)이 자체 보관하거나 증권예탁결제원에 예탁하여 관리한다.

만기가 되면 CP 보유기관은 자기거래은행을 통해 CP를 교환에 회부하여 지급장소로 지정된 은행 앞으로 결제를 요청한다. 발행기업이 상환자금을 지급은행의 결제계좌에 입금하면 상환자금은 CP 교환회부은행을 통해 보유기관(투자자)에 이체됨으로써 모든 거래가 끝난다. 기업이 교환에 회부된 CP를 결제하지 못하면 담보부거래의 경우에는 CP 매출기관이 갚게 된다. 중개 및 무담보부어음인 경우에는 결제불능임을 어음매수자에게 알리고 어음실물을 넘겨준다.

5. 표지어음(CB)시장

표지어음제도는 수출기업을 지원하기 위해 투자금융회사(현행 종합금융회사)에 표지무역어음 발행이 허용되면서 1989년 9월에 처음 시작되었다. 당시에는 무역어음 보유잔액을 한도로 보유어음의 최장만기 이내에서 액면금액 500만원 이상으로 발행하였다. 1992년 7월에는 중소기업의 자금난을 완화하기 위해 투자금융회사에 표지무역어음과 같은 발행조건으로 표지팩토링어음 발행이 허용되었다. 이어서 1994년 7월에는 은행에 대하여, 1995년 5월에는 상호저축은행에 대하여서도 표지어음 발행은 허용하였다.

CB는 원어음의 남은 만기 이내에서 발행되며 여러 개의 원어음을 통합하여 발행하는 경우에는 개별어음의 남은 만기 중에서 최장만기 이내로 제한하고 있다. 종합금융회사 및 상호저축은행 표지어음은 만기 이전의 중도환매가 가능하나 은행 표지어음은 중도 환매가 허용되지 않는다. 발행금리는 시장금리와 할인기간 등을 감안하여 결정된다. 은행 표지어음의 경우는 지준부과대상에서 제외됨에 따라 대고객CD보다 약간 높은 것이 일반적이다. 발행기관은 할인방식에 의해 이자를 미리 지급하고 만기시에는 액면금액을 지급한다.

CB는 은행, 종합금융회사, 상호저축은행 등이 발행할 수 있으나 2007년 말 현재 은행 CB가 전체의 90%를 차지하고 있다. 보통 500만원 이상으로 발행되어 개인보다는 금융회사 및 일반법인이 주로 매수한다. 다만 상호저축은행 CB는 통장식으로 되어 있어 금리가 다소 높은 예금상품의 하나로 인식되면서 지역 소상공인 등 개인들이 주로 매수하고 있다.

CB는 기관별로 발행방식이 다르다. 은행 CB는 실물증서 교부가 원칙이므로 대부분 은행이 약속어음을 발행 · 교부하고 있다. 이와 달리 상호저축은행은 보관통장만을 발행하고 있으며 종합금융회사의 경우는 실물증서 교부와 보관통장발행이 모두 가능한데 주로 통장식으로 표지어음을 취급하고 있다.

CB의 만기시에는 소지인이 발행금융기관 창구에 제시하거나 만기 1영업일 전에 거래은행을 통해 어음교환에 회부하게 된다. 통장식의 경우에는 발행기관이 고객이 지정한 계좌에 입금한다.

6. 통화안정증권(MSB)시장

MSB는 1961년 11월「한국은행통화안정증권법」이 제정되면서 34억환이 처음 발행되었는데 이때의 발행한도는 통화량(M1)의 10% 이내였다. 이 증권은 시행 모집 또는 매출방식으로 발행되었으며 당시 매매조작에 관한 구체적 사항은 재무부장관, 한국은행총재, 금융통화위원 중 1인 등 3인으로 구성되는 특별소위원회(1969년 2월 금융기관 유동성조절 특별 소위원회로 변경)에서 결정하였다.

일반적으로 한국은행은 유동성과부족이 외환보유액의 변동 등에 따라 나타나는 구조적인 경우 MSB의 발행 또는 상환, 국공채 등 채권의 단순매매를 통해 이를 조절한다. MSB는 공모 또는 상대매출방식에 의하여 발행된다. (i) 공모발행은 경쟁입찰, 일반매출 또는 모집에 의해 발행하는 방식이다. 경쟁입찰은 한국은행 공개시장조작 대상기관에 대해 실시하는 반면 일반매출 및 모집의 경우에는 대상기관이 아니라도 참여할 수 있다. (ii) 상대매출은 유동성조절 또는 통화신용정책의 운용을 위하여 필요한 때 만기 2년 이내에서 특정 금융기관 또는 정부 출자 · 출연기관을 상대로 발행하는 방식이다. 이 경우 증권의 만기 및 발행금리는 공모발행할 때와 다르게 적용할 수 있다.

발행규모와 발행금리 결정에 있어서도 발행방식별로 차이가 있다.

① 경쟁입찰발행의 경우: 발행예상규모가 공시되며 시장금리 수준을 감안하여 단일금리방식(Dutch auction) 입찰로 이루어진다.[2)]

② 일반매출의 경우: 발행금리가 사전에 결정되어 공시되며 내부적으로 설정한 발행예정규모 범위 내에서 매출이 선착순으로 이루어진다.[3)]

③ 모집발행의 경우: 발행예정규모와 발행금리를 미리 정하여 공시한 상태에서 인수희망자를 모집한다. 응모총액이 발행예정금액을 초과할 경우에는 응찰금액에 비례하여 각 응찰기관에 대한 낙찰규모를 결정하게 되는데 현재 모집발행 실적은 없다.

이 증권은 실물교부 및 등록발행이 모두 가능하나 실제로는 등록발행이 일반적이다. 발행된 증권은 증권회사를 중개기관으로 하여 유통시장에서 거래된다. 증권회사는 단순중개와 자기 계산에 의한 매매중개를 다 같이 할 수 있으나 실제로는 자금부담이 없는 단순중개에 치중하고 있다. 매수자로는 은행 및 투자신탁운용회사를 중심으로 한 금융회사와 일반법인이 주로 참여한다. 거래금액은 경쟁입찰의 경우 100억원 이상, 100억원 단위이며, 일반매출의 경우 100만원 이상 100만원 단위이다. 액면금액은 100만원, 500만원, 1,000만원, 5,000만원 및 1억원의 5종류로 정형화되어 있다.

MSB 발행에 따른 자금결제는 발행방식과 매수자에 따라 다르다. 경쟁입

2) 낙찰금액의 합계가 MSB 발행예정금액에 도달할 때까지 가장 낮은 수익률을 제시한 입찰자부터 낙찰자를 순차적으로 결정한다. 발행수익률은 내정수익률 이하에서 낙찰자가 제시한 수익률 중 가장 높은 수익률을 모든 낙찰자에게 일률적으로 적용한다.

3) 한국은행에 당좌계정을 개설한 금융기관에 대해서는 BOK-Wire를 통해 발행한다.

찰의 경우 한국은행에 개설된 해당 금융회사의 당좌계정에서 결제된다. 일반매출은 현금 또는 자기앞수표로 결제하거나 매수기관이 한국은행에 개설한 당좌계정을 통해 결제한다. 만기상환 또는 중도환매시의 대금은 한국은행에 개설된 해당 금융기관의 당좌계정에 입금된다. 한국은행에 당좌계정을 개설하지 않은 금융기관과 개인 및 일반법인에 대해서는 한국은행 창구에서 현금 또는 자기앞수표로 지급한다.

MSB가 유통시장에서 거래되는 경우에는 BOK-Wire를 이용하거나 "통화안정증권 등록변경신청서"를 제출하여 통화안정증권 등록부상의 명의를 변경하는 방식으로 소유권이 이전된다. 대금결제는 BOK-Wire 또는 거래은행의 계좌이체를 통해 이루어진다.

제3절 자본시장

1. 채권시장

한국에서 채권은 1950년 재정적자를 보전하기 위해 발행된 건국국채가 최초였다. 그러나 국채는 국채인수단에서 발행물량을 전액 인수하는 방식으로, 회사채는「기채조정협의회」를 통하여 채권발행물량을 조정하는 방식으로 소화되면서 채권발행이 시장원리에 의해 이루어지지 못하는 상황이 계속되었다.

제1절에서 살펴본바 채권시장에 있어서는 1997년 금융위기를 넘기면서 회사채 발행한도 확대, 외국인에 대한 채권시장 전면 개방 등 본격적인 제도개선이 이루어졌다. 이어서 1998년 증권회사의 회사채 총액인수제도 의무화, 채권시가평가제 일부 시행, 1999년 국채발행의 정례화 및 신탁재산 신규 편입 회사채 등에 대한 신용평가기관의 평가 의무화, 증권거래소내 국채전문유통시장(interdealer market: IDM) 설치, 국채전문딜러제도(primary dealer: PD) 도입 및 대상기관 선정 등 제도개선이 본격적으로 추진되었다.

한편 2007년 말 현재 우리나라에서 발행되고 있는 채권의 근거법 및 발행

[표 9-6] 주요 채권의 근거법률, 발행기관 및 발행한도

채권명	근거법률	발행기관	발행한도
국고채권	국채법	정부	국회동의를 받은 한도 이내
외국환평형 기금채권[1]	외국환거래법	〃	〃
국민주택 채권(제 1 종)	주택법	〃	〃
통화안정증권	한국은행법	한국은행	매분기 말 다음 분기 말의 발행한도를 금통위에서 결정
은행채	은행법	은행	자기자본의 3배 이내
회사채	상법	주식회사	순자산액의 4배 이내
산업금융채권	한국산업은행법	한국산업은행	자본금 및 적립금의 30배 이내
한국전력채권	한국전력공사법	한국전력공사	자본금 및 적립금의 2배 이내
예금보험기금채권	예금자보호법	예금보험공사	국회동의[2]를 받은 한도 이내
예금보험기금채권 상환기금채권	예금자보호법	예금보험공사	〃
부실채권정리기금 채권	한국자산관리공사법[3]	한국자산관리공사	〃

주 : 1) 2003년 11월부터 국고채권에 통합.
2) 통상적으로 정부보증에 의해 발행되는데, 이 경우에는 국회동의가 필요함.
3) 정식명칭은 "금융기관부실자산 등의 효율적 처리 및 한국자산관리공사의 설립에 관한 법률"임.

기관 및 한도는 [표 9-6]과 같다.

(1) 발행시장

1) 국 채

현재 한국에서 발행되고 있는 국채는 국고채권, 재정증권, 국민주택채권, 보상채권 등 자금용도에 따라 4가지가 있다. 국고채권과 재정증권은 경쟁입찰

을 통해 발행되나 국민주택채권은 인허가와 관련하여 의무적으로 매입토록 하는 소화발행방식으로, 보상채권은 당사자앞 교부방식으로 각각 발행된다. 국고채권 및 재정증권의 경우, 금리결정방식이 2000년 8월 복수금리결정방식(conventional auction)에서 단일금리결정방식(Dutch auction)으로 변경되었다. 전자에 비해 후자는 발행자인 정부의 입장에서 낮은 금리(높은 가격)로 발행되어 자금조달비용이 절감되는 측면이 있으며 입찰자의 입장에서는 '승자의 불행'(winner's curse) 가능성이 줄어들어 적극적으로 입찰에 참가할 수 있다는 이점이 있다.

이자지급방식에 따르면 국고채권은 낙찰수익률에 따른 이자를 6개월마다 지급하는 이표채로, 재정증권은 낙찰할인률에 의한 할인채로 발행된다. 국민주택채권은 표면금리 3%로 만기일시상환방식의 연단위 복리채이며, 보상채권은 실세금리수준에서 만기일시상환방식의 연단위 복리채이다. 발행만기별로는 국고채권의 경우 3년물과 5년물이 주종을 이루고 있다. 2007년말 현재 만기별 국고채 발행잔액을 보면 3년물 34.1조원(15.0%), 5년물 98.8조원(43.4%), 10년물 85.8조원(37.7%)이다. 한편 재정증권은 만기가 1년 미만이나 실제로는 3개월 이내로 발행되고 있으며 국민주택채권은 5년 만기로 발행되고 있다.

1999년 7월 제도 시행 후 국채전문딜러는 국채발행시장에서는 3개월마다 만기별 국채 총발행물량의 5% 이상을 인수한다. 증권선물거래소내 국채전문유통시장에서는 국채지표종목의 국채전문유통시장거래 의무화, 국채 매수 · 매도호가 공시, 매 3개월간 당해 전문딜러의 국채거래량 중 40% 이상을 국채 전문유통시장을 이용하여 거래하여야 한다. 장외거래에서는 매 3개월 간의 국채거래실적이 국채 전체거래량의 5% 이상 거래, 매반기별 자기매매용 국채보유평잔 1,000억원 이상 유지 등의 의무를 지는 반면 국채경쟁입찰의 독점적 참여, 국채인수 및 유통자금 수혜, 국채관련 정책에 대한 정부와의 직접대화 등의 혜택을 부여받는다.

현재 국민주택채권 및 양곡증권을 제외한 국채의 발행사무는 한국은행이 대행하고 있다. 통상 발행예정일(일반적으로 수요일) 2영업일 전에 국채전문딜러를 대상으로 경쟁입찰을 실시한다. 입찰형태는 종전의 서면입찰에서

1999년 1월부터 BOK-Wire를 통한 전자입찰로 변경되었다. 입찰은 월요일 13:20~14:00까지 40분간 진행되는 데 입찰방식은 발행예정금액 범위 내에서 단일금리결정방식을 적용한다.

자금결제는 발행당일 이루어지며 BOK-Wire를 통해 발행대금이 입금되면 한국은행은 즉시 증권예탁결제원에 일괄등록을 알리고 이를 통해 계좌이체가 이루어짐으로써 거래가 끝난다. 국민주택채권 또는 양곡증권의 경우는 채권 보유회사가 회사채의 원리금 상환 절차와 마찬가지로 만기일(또는 이자지급일)에 상환업무 대행기관인 국민은행이나 농협 앞으로 채권과 이표를 교환에 회부하여 원리금을 회수한다.

2) 회 사 채

회사채는 모집방법에 따라 공모발행(public issue)과 사모발행(private placement)으로 구분된다. 전자의 경우 인수기관인 증권회사가 총액을 인수하는 방식으로 발행되는 반면 후자의 경우에는 발행기업이 최종매수자와 발행조건을 직접 협의하여 발행한다. 발행금액은 「상법 제470조」에 의해 회사가 현재 보유하고 있는 (순)자산액의 4배 이내로 제한되어 있다. 만기는 일반적으로 1, 2, 3, 5년으로 발행되는데 현재는 3년물이 주종을 이루고 있다. 표면금리는 발행기업과 인수기관이 협의하여 자율적으로 결정한다.

회사채 신용등급은 신용평가기관이 투자자에게 원리금 회수 가능성 정도에 대한 정보를 제공함으로써 결정적인 영향을 미친다. 회사채 발행기업의 입장에서는 신용평가 수수료의 부담에도 불구하고 객관적인 신용등급을 획득함으로써 잠재 투자자를 확보할 수 있기 때문에 총 자금조달비용이 낮아지는 효과가 있다. 한국의 경우 선진국에 비해 회사채의 만기가 매우 짧기 때문에 채권을 발행할 때 부여된 신용등급이 더욱 중요하다. 현재 무보증회사채 발행기업들은 2개 이상의 신용평가회사로부터 기업의 사업성, 수익성, 현금흐름, 재무 안정성 등을 기초로 회사채 상환능력을 평가받고 있다. 회사채평가등급은 AAA~D까지 10개 등급으로 분류하는데 그 내용은 [표 9-7]과 같다.

1997년 금융위기 이후 회사채 발행회사의 채무불이행 위험이 높아지면서

[표 9-7] 한국의 회사채 신용등급 현황(2008년 2월 현재)

등급	정 의	해당 기업수
투자등급		258
AAA	원리금지급 확실성이 최고 수준	37
AA	원리금지급 확실성이 매우 높지만 AAA등급에 비해 다소 낮음	51
A	원리금지급 확실성이 있지만 장래의 환경변화에 대하여 다소 영향을 받을 가능성이 있음	79
BBB	원리금지급 확실성이 있지만 장래의 환경변화에 따라 저하될 가능성이 내포되어 있음	91
투기등급		74
BB	원리금 지급능력에 당면문제는 없으나 장래의 안전성 면에는 투기적 요소가 내포되어 있음	25
B	원리금지급 능력이 부족하여 투기적임	39
CCC	원리금의 채무불이행이 발생할 위험요소가 내포되어 있음	8
CC	원리금의 채무불이행이 발생할 가능성이 높음	0
C	원리금의 채무불이행이 발생할 가능성이 극히 높음	0
D	현재 채무불이행 상태	2
합 계		332

회사채발행은 보증사채에서 무보증사채로 전환되었다. 그러나 무보증사채의 일반화로 투자자 보호 기능이 약화됨에 따라 무보증사채 투자자에 대한 보호장치 강화 필요성이 대두되었다. 이에 따라 무보증사채 발행시 기존 사채모집위탁계약서 대신 사채권자 보호를 강화한 표준무보증사채 수탁계약서를 의무적으로 사용하도록 하고 있다.

회사채 발행절차를 보면 발행회사는 인수기관(주로 증권회사)을 선정하여 발행사무 일체를 위임한다. 이 기관은 발행 회사채를 총액인수한 후 은행, 투자신탁운용회사, 보험회사 등 매수자에게 당일 매각한다. 인수부담을 줄이기 위해 발행계획 수립시 매수자를 미리 물색해 둔다. 매수자는 거래은행에 매매체결 내용을 알리고 회사채 발행기업에게 대금 지급을 지시한다. 발행기업은 매수기관의 거래은행으로부터 회사채 발행자금을 거래 당일 받는다. 회사채의 인수 · 도는 증권회사가 회사채를 매수자 명의로 증권예탁결제원에 개설된 계좌에 등록함으로써 끝난다.

회사채의 원금상환 및 이자지급은 발행기업과 증권예탁결제원, 원리금지급 대행은행, 채권교환 대행은행 및 원리금상환 대행증권회사를 통해 이루어진다. 증권예탁결제원은 원리금지급일 2일 전에 대행은행에 지급기일이 다가왔음을 알리고 만기일에 만기회사채 또는 이표를 채권교환 대행은행을 통해 교환에 회부한다. 발행기업이 원리금지급 대행은행에 예치한 해당원리금이 채권교환 대행은행을 통해 원리금상환 대행증권 회사로 입금되고, 회사채보유자는

[표 9-8] 한국의 채권발행 규모 (단위: 조원)

	1998	2000	2005	2006	2007
국채[1]	17.0	24.7	87.0	76.1	56.8
(국고채)[2]	12.5	15.2	62.6	60.7	48.3
(재정증권)	–	–	16.0	4.8	0
지방채[3]	0.3	0.4	0.5	0.4	0.6
금융채[4]	31.4	38.8	87.8	123.6	143.6
(카드채)	6.0	14.3	5.5	5.1	4.7
특수채[5]	42.7	13.4	9.0	8.1	8.3
(예보채)	21.0	8.9	7.4	2.9	2.7
회사채	56.0	58.7	48.1	40.9	45.2
(ABS)	–	49.4	28.6	23.2	19.8
통화안정증권	364.3	98.8	165.1	150.0	156.7
합 계	511.7	234.8	397.5	399.1	411.2

주: 1) 국채: 국고채권, 재정증권, 국민주택채권(1종, 2종, 3종), 보상채권 등.
2) 양곡기금채권(2000. 1월 이후) 및 외국환평형기금채권(2003. 11월 이후) 포함.
3) 지방채: 서울도시철도채권.
4) 금융채: 은행채(산업금융채권, 중소기업금융채권 포함), 신용카드채권, 할부금융채권, 리스채권.
5) 특수채: 예금보험기금채권, 부실채권정리기금채권, 한국전력채권, 토지개발채권, 기술개발채권.

자료: 한국은행, 금융감독원(회사채).

원리금상환 대행증권회사로부터 이를 회수한다.

(2) 유통시장

채권의 유통시장은 크게 장외시장과 장내시장으로 나눈다([표 9-9] 참조). 현재 대부분의 채권거래가 이루어지고 있는 장외시장은 주로 증권회사의 단순중개를 통하여 이루어지고 있다. 그 이유는 크게 두 가지이다. 첫째, 채권의 종목이 다양하고 거래조건이 표준화되어 있지 않아 증권거래소시장의 자동매매시스템을 통해서는 원활한 거래가 이루어지기 어렵기 때문이다.

둘째, 증권회사들의 자금여력이 크지 않고 금리변동위험을 헷지할 수 있는

[표 9-9] 채권의 장외 및 장내시장 비교

	장외시장		장내시장(증권거래소시장)	
	증권회사 단순중개	IDB중개[1]	일반채권시장	국채전문 유통시장
거래참가기관	제한없음	기관투자가[2], 기금, 투신, 뮤추얼펀드 등	증권거래소 정회원[3]	국채전문딜러, 예비딜러[3]
거래중개기관	증권회사	IDB	증권거래소	증권거래소
주요 거래종목	모든 채권	좌 동	소액국공채 및 주식관련사채	국고채권
매매방식	상대매매	사실상 상대매매[4]	경쟁매매 (자동매매시스템)	좌 동
매매시간	제한 없으나 통상 09:00~15:30	좌 동	09:00~15:00	좌 동
결제시점	익일 결제	좌 동	당일 결제	익일 결제
최소 매매단위	제한 없으나 통상 100억원	좌 동	소액국공채 1,000원 기타 채권 10만원	100억원

주: 1) 2003년 2월「증권거래법 시행령」개정으로 IDB의 중개대상기관이 기관투자가로 확대됨에 따라 사실상 증권회사와 동일하게 채권을 중개하고 있음.
2)「법인세법시행령」제61조 제2항 각호의 1에 해당하는 기관.
3) 일반 투자자의 경우 증권거래소 정회원 및 국채전문딜러를 통한 위탁매매 거래가 가능.
4) 당초 브로커의 개입없이 전산스크린에 의한 완전자동매매시스템을 이용한 거래형태를 지향하였으나 현재는 증권회사와 동일하게 단순중개하는 형태로 운용.

다양한 파생상품이 없는 데다 그들이 과거 채권운용과정에서 큰 손실을 경험하였기 때문에 시장조성 활동보다는 단순중개에만 관심을 가지기 때문이다.

증권회사는 전화 등을 통해 매수 또는 매도를 원하는 투자자의 호가를 받은 후에 반대거래를 원하는 상대방을 찾아 거래를 중개한다. 매수-매도호가(bid-ask quotes)를 미리 제시하지 않고 고객의 거래요청에 반드시 응해야 할 의무도 없다. 따라서 시장조성에 따른 재고상품 보유의 위험이 없다.

채권의 장외시장은 거래의 특성상 매매시간 제한은 없으나 보통 은행의 영업시간 범위 내(09:00~15:30)에서 거래가 일어나며 거래단위는 관행적으로 100억원이다. 일단 거래가 체결되면 매수회사는 자기 거래은행에게 매도기관 앞으로 대금지급을 지시하고 매도회사는 증권회사를 통해 증권예탁결제원에 계좌이체를 요청한다. 자금 및 채권 결제는 통상적으로 거래 다음 날(D+1)에 이루어진다.

채권의 장내시장은 증권선물거래소 내에 개설되어 있는데 크게 일반채권시장과 국채전문유통시장(inter-dealer market: IDM)으로 구분한다. 전자는 불특정 다수의 일반투자자가 참여할 수 있는 시장으로서 국채전문유통시장에서 따로 거래가 이루어지는 국고채를 제외한 모든 거래소 상장채권이 거래대상이다. 현재 소액국공채와 상장전환사채 위주로 거래가 이루어지고 있다. 이 시장의 직접참여자는 거래소의 회원증권회사로 제한된다.[4]

IDM은 국채전문딜러(PD) 등 시장조성 활동을 담당하는 일부 금융기관들만 참여하는 시장이다. 주요 선진국에서는 이 시장에서의 거래가 전체 국채거래의 절반 이상을 차지하고 있다. 한국에서는 1999년 3월 증권거래소 내에 PD, 예비국채전문딜러(PPD), 국채딜러 등 기관투자가들의 국채도매거래를 위해 경쟁매매시장인 이 시장이 개설되었다. 거래체결방식은 PD 등이 증권거래소가 운영하는 국채자동매매시스템(electronic brokerage system)을 통해 종목별로 매수-매도호가를 입력하면 거래조건이 맞는 주문끼리 자동적으로 체결된다.

유통시장에서의 전체 채권거래 규모(월평균)는 1997년중 20조원에 불과하

---

4) 그러나 개인, 일반법인, 증권거래소 회원이 아닌 기관투자가, 외국인 등은 회원증권회사에 개설한 위탁계좌를 통하여 시장에 참여할 수 있다.

였으나 2000년중에는 약 156조원으로 크게 늘어났으며 2007년중에는 약 275조원으로 계속 늘어나는 추세이다. 이는 금융위기 이후 채권발행규모가 커진데다 채권시가평가제의 도입 및 금리의 하향안정세에 따라 기관투자가들이 중도매각을 통해 차익을 실현한 데에 주로 기인한다. 특히 우량채권 선호경향(flight to quality) 확산과 시장 자체의 비약적인 발전에 힘입어 국채시장은 1997년에 비해 20배 이상 커졌고 MSB시장도 발행규모 증대 및 안전자산 선호 등의 영향으로 7배 이상 신장되었다. 그러나 회사채시장은 신용위험에 대한 우려와 우량회사채 발행 축소 등으로 1999년을 정점으로 계속 감소 추세를 보이고 있다.

현재 채권거래는 대부분 장외거래를 통해 이루어지고 있으며 장내거래는 전체 거래의 10%(2007년 기준) 정도에 불과하다. 그러나 2002년 10월 국채전문딜러의 국고채 지표채권 거래시 장내거래 의무화, 국채전문딜러의 장내거래 의무비율 강화, 장내거래 참가기관의 확대 등 장내거래 육성시책이 나오면서 2003년 이후 장내거래금액은 증가추세를 보이고 있다.

[표 9-10] **한국의 채권 거래량**(기간중 월평균) (단위: 10억원)

	1998	2000	2005	2006	2007
장외거래	57,206	154,139	256,834	256,588	248,304
국채	3,833	48,046	139,337	138,303	132,891
지방채	612	1,258	561	643	674
금융채	6,633	14,423	20,309	26,892	26,845
특수채[1]	4,647	16,672	6,149	5,561	5,569
회사채	31,796	22,338	9,957	8636	6,752
통화안정증권	9,685	51,402	80,522	76,553	75,573
장내거래	1,253	1,121	28,141	22,283	26,291
합계	58,459	155,260	284,975	278,871	274,595

주: 1) 한국전력채권, 토지개발채권, 도로건설채권 및 예금보험기금채권, 한국가스공사채권 등.
자료: 한국증권선물거래소, 한국증권업협회.

2. 자산유동화증권(ABS)시장

최근 들어 금융시장의 새로운 변화 중 하나는 ABS가 금융기관과 기업의 새로운 자금조달수단으로 크게 부각되고 있다는 점이다. 1998년 9월 및 11월에 「자산유동화에 관한 법률」 및 「처리규정」이 제정됨에 따라 우리나라에서도 자산유동화를 위한 제도적 기반이 마련되었다. 이 법에 따르면 자산보유자는 금융회사, 한국자산관리공사, 대한주택공사 및 금융위원회가 인정한 법인과 유동화전문회사(SPC), 신탁회사 및 자산유동화를 전문으로 하는 외국법인의 자산유동화전문기구(SPV)가 될 수 있다. 1999년부터 자산보유자의 범위는 계속 넓어지고 있다.

ABS는 다음과 같은 과정을 거쳐 발행된다. 우선 자산보유자(originator)가 기초자산을 모아 이를 SPV에 양도한다. SPV는 양도받은 기초자산을 담보로 발행한 ABS를 일반투자자에게 매각하고 매각대금을 자산보유자에게 지급한다. SPV는 자산보유자와 기초자산의 법률적 관계를 분리하기 위해 설립된다. SPC는 ABS의 발행 및 상환과 이에 부속된 업무만을 수행할 수 있다. 서류상의 유한회사인 SPC를 설립한다.[5)]

자산관리자(servicer)는 실체가 없는 서류상의 회사인 SPC를 대신하여 기초자산을 실제적으로 관리한다. 자산보유자, 신용정보업자 등이 자산관리자가 될 수 있는데 일반적으로 기초자산의 내용을 잘 파악하고 있는 자산보유자가 자산관리자가 된다. 수탁기관(trustee)은 기초자산을 안전하게 보관하는 한편 ABS의 원리금 상환실무와 채무불이행시 담보권 행사 등 SPC를 대신하여 세부적인 실무업무를 총괄한다. 수탁기관은 ABS와 관련된 현금흐름을 관리하는 동시에 투자자의 이익을 최종적으로 보호해 주는 역할을 담당하기 때문에 주로 신인도가 높은 은행이 그 역할을 맡고 있다. ABS법에서 수탁기관을 의무화하지는 않았으나 수탁기관을 선정하는 것이 일반적이다.

---

5) SPC는 ABS를 한 번만 발행할 수 있기 때문에 자산보유자는 자산유동화를 할 때마다 별도의 SPC를 설립하여야 한다.

[표 9-11] 자산유동화증권(ABS)과 주택저당증권(MBS)의 발행현황 (단위: 10억원)

	2001	2002	2003	2004	2005	2006	2007
ABS	49,383	50,934	39,828	39,882	26,946	23,222	19,765
채권	46,738	49,584	38,664	39,307	23,595	19,716	15,579
수익증권	1,794	838	952	326	3,016	3,396	4,046
출자증권	851	514	212	249	365	110	141
MBS	838.0	951.5	326.6	5,046.6	4,630.6	3,766.6	4,430.9
주택금융공사[1]	742.7	528.2	326.6	3,016.0	3,861.0	1,753.1	2,188.4
기타[2]	95.3	423.3	–	2,030.6	769.6	2,013.5	2,242.5

주: 1) 2007년 3월 이전 KoMoCo.
2) 삼성생명, 뉴스테이트캐피탈, 우리캐피탈, SC제일은행 등.
자료: 금융감독원, 한국주택금융공사.

신용평가기관은 기초자산의 기대손실과 신용보강기관의 신용도를 객관적으로 평가하여 ABS의 신용등급을 일반 투자자가 이해할 수 있는 신용등급체계로 표시해 준다. 일반투자자가 ABS의 신용위험을 정확하게 평가하기 어렵기 때문에 신용평가기관의 역할은 투자자 보호를 위해 필수적이라고 할 수 있다. 신용보강기관은 ABS의 안전성을 높이기 위해 일정한도 내에서 ABS에 대해 지급보증을 하거나 신용을 제공(credit line)한다. ABS의 원리금은 일차적으로 기초자산에서 발생하는 현금흐름으로 상환되나 이 현금흐름이 ABS의 원리금을 상환하기에 충분하지 못할 경우에 대비하여 신용보강기관이 필요하다.

(1) 채권담보부증권(CBO)시장

CBO는 채권을 기초로 발행되는 ABS를 말한다. 신규발행 채권을 기초로 하는 발행시장 CBO와 이미 발행된 채권을 기초로 하는 유통시장 CBO로 구분된다. 전자는 신용도가 낮아 채권시장에서 회사채를 직접 발행하기 어려운 기업의 회사채 차환발행 또는 신규발행을 지원하기 위한 것이다. 후자는 금융기관이 보유하고 있는 이미 발행된 채권을 SPC에 매각하고 SPC는 신용을 보강한 다음 CBO를 발행하여 투자자에게 매각함으로써 자금을 조달하는 구조이다.

이와 같은 신용보강은 수탁은행의 신용공급과 선·후순위구조로 이루어진다.

(2) 대출채권담보부증권(CLO)시장

CLO는 금융기관의 대출채권을 기초자산으로 하여 발행되는 ABS이다. 무수익대출채권 등을 포함하는 기존대출채권을 유동화하는 CLO시장과 신규 대출채권을 기초로 하는 발행시장 CLO가 있다. 그러나 한국의 경우 CLO가 대부분 무수익채권을 기초자산으로 하여 발행되고 있는데, 이를 무수익대출채권 ABS라고도 한다. 이것은 자산 자체의 현금흐름이 없으므로 담보의 처분, 채권추심 등을 통해 얻어질 수 있는 현금흐름을 기초로 상품구조를 설계하며 신용보강은 수탁은행의 신용공급과 선·후순위구조로 이루어진다. 한국자산관리공사가 발행하는 것은 채권은행에 대한 환매요구권이 신용보강에 이용된다.

한편 발행시장 CLO는 신용도가 낮은 기업에 대한 은행대출을 지원하기 위해 활용되고 있다. 이것은 은행이 다수의 기업에 대한 신규 대출채권을 SPC에 매각하고, SPC가 이를 기초로 CLO를 발행하여 자금을 조달하는 구조이다. 신용보강은 주로 수탁은행의 신용공급에 의해 이루어지며 신용보증기금은 이 신용공급에 대해 지급을 보증한다.

(3) 원금재투자채무증서(CARD)시장

CARD는 현재 발생한 특정계좌의 신용카드매출채권과 장래 특정시점까지 발생할 신용카드매출채권을 기초로 발행되는 ABS이다. 만기가 짧은 신용카드매출채권을 기초로 장기의 ABS를 만들기 위해 CARD에는 재투자구조(revolving structure)가 이용된다.[6] CARD는 특별계좌로부터의 현금흐름을 자산보유자의 몫과 투자자의 몫으로 구분하고, 자산보유자의 몫을 일종의 내부신용보강장치로 활용하고 있다. 이에 따라 CARD는 투자자 몫을 기초로 ABS가 발행된다는 특징이 있다. 자산보유자 몫은 유입되는 현금흐름의 변동에도 불구하고 투자자

6) 매출채권이 결제되어 회수되는 현금흐름으로 이 ABS의 이자만을 지급하고, 남은 금액으로는 특별계정의 새로운 신용카드매출채권을 매입하여 기초자산 집합에 추가시키는 자산유동화구조이다.

몫이 고정되도록 하는 완충장치의 역할을 한다.

CARD의 원금은 재투자기간이 끝난 후 일정기간(조정상환기간) 분할하여 상환되거나 일정기간(축적기간) 누적하여 만기에 한꺼번에 상환된다. 신용보강은 선·후순위구조, 초과담보, 하자담보책임 및 조기상환구조 등으로 이루어진다.

(4) 유동화CP(ABCP)시장

ABCP는 CP의 형태로 발행되는 ABS인데 우리나라의 경우 ABS/ABCP구조가 주로 활용되고 있다. 이 구조는 SPC가 기초자산을 근거로 ABS를 발행하는 것은 다른 ABS와 같지만 자산유동화기간에 상응하는 장기 ABS를 1회 발행하는 대신 단기 ABS사채를 발행한 후 만기가 되면 ABCP를 발행하여 ABS사채를 상환하고 자산유동화기간 동안 계속 ABCP를 차환 발행한다.

ABS/ABCP는 장단기금리차에 따른 자금조달비용의 절감, 기초자산에서 발생하는 여유자금의 재투자위험 축소 등이 가능해지므로 ABS 발행의 경제성을 높일 수 있다.

(5) 주택저당증권(MBS)시장

MBS는 주택저당채권을 기초로 발행된 ABS이다. MBS시장은 1차 시장, 2차 시장 및 자본시장으로 구성된다. (i) 1차 시장은 주택담보대출(mortgage loan) 차입자와 대출기관 사이에 이루어지는 시장이며, (ii) 2차 시장은 대출기관이 보유하고 있는 주택저당채권을 유동화(증권화)하는 시장이고, (iii) 자본시장은 유동화된 MBS 그대로 기관투자가들에게 매각되고 유통되는 시장이다.

MBS시장은 조기상환위험을 갖는다는 면에서 일반 ABS와 큰 차이가 있다. 이 위험은 주택담보대출차입자가 추가적인 수수료 납부없이 잔존대출원금을 만기일 이전에 상환함으로써 ABS 발행자 또는 투자자의 현금흐름에 불확실성이 발생하는 위험을 말한다. 조기상환위험은 형태에 따라 여러 가지로 나눈다.

① 주택저당증권담보부 채권형(mortgage-backed bond: MBB): 유동화회사가 주택저당증권을 기초자산으로 하여 채권을 발행하는데, 조기상환위험은 발행자가 지며 발행자의 대차대조표에 계상된다.

② 수익증권형(pass-through): 조기상환되는 원리금이 모두 투자자에게 자동이체되어 조기상환위험을 투자자가 지며 발행자의 대차대조표에는 부외처리한다.

③ 다계층증권형(collateralized mortgage obligations: CMO): 채권형과 수익증권형의 성격을 혼합한 형태이다. 즉 MBS 발행자가 주택저당증권의 소유권을 유지하면서 채권을 발행한다는 점에서는 채권형과 같다. 원리금 분할 상환금액과 조기상환금액이 투자자에게 이전되어 투자자가 조기상환위험을 부담한다는 점에서는 수익증권형과 같다.

한때 MBS 발행은 계속 감소하였다. 이는 (i) 주택저당증권을 보유하고 있는 기관(국민주택기금 및 은행들)들이 풍부한 유동성을 보유하고 있고, (ii) BIS 자기자본비율을 산정할 때 주택저당증권의 위험가중치가 50%로서 기업대출 등의 100%에 비해 낮은 데다, (iii) 주택자금 대출의 근저당권 양도에 따른 업무부담이 발생하여 금융회사들이 주택저당증권 양도를 꺼렸기 때문이다.

정부는 이러한 문제점을 해결하면서 장기주택금융을 활성화하여 서민·중산층의 내집 마련을 촉진하고 장기채권시장을 육성하기 위해 2005년 2월 「한국주택금융공사」를 설립하였다. 이 공사가 설립되면서 지금까지 단기 — 변동금리 — 일시상환 방식의 주택금융시장이 장기 — 고정금리 — 원리금 분할상환 방식의 주택금융시장으로 재편되고 있다. 한국주택저당채권유동화주식회사(KoMoCo)와 비교할 때 지급보증한도 및 MBS 취급범위가 넓어지고, 주택저당채권 매입 및 보유도 허용되며, 손실발생시 정부가 보전할 수 있도록 함에 따라 MBS시장발전에 큰 전기를 마련할 것으로 기대된다.

3. 주식시장

주식시장은 주주권을 표시하는 유가증권인 주식이 거래되는 시장이다. 기업에 대해서는 장기자금 조달시장의 역할을 하고, 투자자에 대해서는 자금운용시장으로서의 기능을 맡는다. 주식시장은 회사채시장과는 달리 기업이 자기자본을 조달하는 시장인 만큼 기업의 타인자본 의존도를 낮추어 안정성을 높이는 역할도 한다.

주식시장은 기업공개 및 유상증자 등을 통해 주식이 새로이 공급되는 발행시장과 이미 발행된 주식이 투자자 상호간에 거래되는 유통시장으로 나눈다. 거래대상주식에 따라 거래소시장, 코스닥시장(Korea securities dealers automated quotations: KOSDAQ), 장외주식호가중개시장(제3시장) 및 전자장외증권중개시장(electronic communications networks: ECN)으로 구분하기도 한다.

주식시장은 1956년 3월 대한증권거래소가 개장됨에 따라 조직화되기 시작하였다. 1962년 1월「증권거래법」의 제정으로 법제화되었으며 1977년 2월 증권관리위원회와 증권감독원이 발족되면서 감독 · 관리체제를 갖추었다. 1987년 4월 거래소시장과는 별도로 중소기업과 벤처기업을 대상으로 증권업협회 내에 주식장외시장이 개설되었다. 이 시장은 1997년 1월「증권거래법」개정에 따라 협회중개시장(이하 코스닥시장)으로 법적 지위를 갖게 되었다. 1998년 10월에는 코스닥시장의 등록, 퇴출, 제도운영 등을 결정하는 코스닥위원회가 설립되었다.

이어 2000년 3월 거래소 및 코스닥시장에서 거래되지 않는 주식을 대상으로 제 3 시장이, 2001년 12월에는 거래소와 코스닥에서 거래되는 250개 종목을 대상으로 정규시장 종료 이후에도 거래가 가능하도록 ECN시장이 각각 개설되었다(이 시장은 활용도가 낮아 2005년 5월 폐장됨). 한편 정부의 증권선물시장 선진화 계획 등에 따라 2005년에는 증권거래소, 코스닥, 선물거래소 등을 통합한 (주)한국증권선물거래소(Korea exchange: KRX)가 설립되었다.

시장체제의 고도화와 함께 주식시장의 개방도 단계적으로 이루어졌다. 1981년 11월 외국인전용수익증권을 통해 외국인의 국내주식에 대한 투자가 시작된 데 이어 1992년 1월 일반상장법인에 대해서는 총 주식의 10%, 공공적 법인은 6% 이내에서 외국인의 직접투자가 허용되었다. 외국인 주식투자한도는 여러 차례에 걸쳐 확대되다가 1998년 5월에 폐지되었다.

기업공개(initial public offering: IPO)는 주식회사가 신규발행 주식을 다수의 투자자로부터 모집하거나 이미 발행되어 대주주 등이 소유하고 있는 주식을 매출하는 방법이다. 또 다른 자본금 증액방법으로는 금전의 출자를 받아 자

참고 9-1 미국 및 일본의 주식시장

(1) 미국의 주식시장에는 뉴욕증권거래소(New York stock exchange: NYSE) 등 6개*의 거래소시장과 나스닥시장(national association of securities dealers automated quotations: NASDAQ)이 있다. 대표적 거래소인 NYSE는 거래체결 기준으로 09:30~16:00에 개장되는 정규시장과 16:00~17:15의 시간외시장(crossing session: CS)으로 구분된다.

종합주가지수로는 다우존스공업평균지수(Dow Jones industrial average: DJIA), S&P500지수, 나스닥지수 등이 있다. 나스닥지수는 나스닥시장에 등록된 모든 종목을 대상으로 하며 시가총액방식(1971.2.5=100.00)으로 산출 공표한다. 2007년 말 현재 뉴욕증권거래소에 상장된 기업 수는 2,273개사이며, 나스닥시장 등록기업 수는 3,046개사이다.

(2) 일본의 주식시장에는 동경증권거래소(Tokyo stock exchange: TSE)등 6개의 거래소시장**과 자스닥시장(Japanese association of securities dealers automated quotations: JASDAQ), Mothers(market of the high- growing and emerging stocks) 및 Nasdaq Japan이 있다. 대표적 거래소인 TSE는 거래체결 기준으로 09:00~11:00 및 12:30~15:00에 개장되는 정규시장과 시간외시장으로 구분된다.

일본주식시장의 주가지수로는 TOPLX(Tokyo stock price index), Nikkei 225 지수, 자스닥지수 등이 있다. TOPLX는 동경증권거래소가 제 1 부에 상장된 주식을 대상으로 시가총액방식(1968.1.4=100.00)에 의해서 작성 공표하는 지수이다. 2007년 말 현재 TSE에 상장된 기업 수는 2,414개사이며, 자스닥시장에 등록된 기업 수는 976개사이다.

* New York, American(AMEX), Philadelphia, Boston, Cincinatti, Pacific.
** 도쿄, 오사카, 나고야, 교토, 후쿠오카, 삿포로 등이다.

본금을 증가시키는 유상증자 이외에 무상증자, 주식배당 및 전환사채의 주식전환 등이 포함된다. 주식 발행시장은 넓게는 신규발행 주식이 최초의 투자자에게 매출되는 모든 시장을 뜻하지만 통상 유상증자나 신규공개 기업의 주식매각 등을 위하여 조직된 시장을 말한다.

(1) 발행시장

발행시장은 자금수요자인 발행인, 자금공급자인 투자자, 주식발행사무를 대행하고 발행위험을 부담하는 인수인으로 구성된다. 발행인에는 기업, 금융기관 등이 포함되며 투자자는 개인, 외국인 및 기관투자자로 구분된다. 기관투자자에는 은행, 증권회사, 투자신탁회사, 보험회사 등 금융기관과 연기금이 포함된다. 인수인의 역할은 일반적으로 증권회사가 담당한다.

주식발행은 발행사무를 담당하는 인수인의 위험부담 정도에 따라 총액인수(firm-commitment under writing), 잔액인수(stand-by underwriting) 및 인수주선(offering on commitment)으로 나누어진다. (i) 총액인수는 인수인이 발행주식 전부를 자기명의로 취득하여 발행사무를 담당하는 것을 말한다. (ii) 잔액인수는 모집 결과 소화가 안되는 부분이 발생하면 이를 인수인이 취득하는 경우이다. (iii) 인수주선은 인수인이 주식을 취득할 의무를 지지 않고 단순히 발행사무만을 담당하는 것을 말하며 인수주선에서 발생하는 미소화분은 발행인에게 반환된다.

이 밖에도 주식발행은 발행상대자가 불특정다수인 여부에 따라 회사채의 경우와 같이 공모발행과 사모발행으로 나누어진다. 인수인의 존재여부에 따라 직접발행과 간접발행으로 구분되기도 한다.

우리나라에서 기업공개는 선행조건, 예비절차, 본 절차의 순서로 이루어진다. 첫째, 기업공개를 추진하는 기업은 선행조건으로 금융위원회에 등록하고 증권선물위원회가 지정하는 감사인에게 최근 사업연도 재무제표에 대한 회계감사를 받아야 하며 증권회사 등을 대표주관회사로 선정하여야 한다.

둘째, 예비절차로는 수권주식수 조정, 발행주식 종류, 신주인수권 배제 여부, 전환사채 및 신주인수권부사채발행 등과 관련하여 정관을 개정하고 명의개서대리인을 선정하는 외에 우리사주조합을 결성하여야 한다.

셋째, 본절차는 먼저 신주의 종류와 수, 신주의 발행가액 등에 대한 이사회의 결의, 대표주관회사의 인수가액 결정 및 금융위원회에 대한 유가증권신고서 제출 등으로 진행된다.

대표주관회사는 금융위원회가 유가증권신고서를 수리한 날로부터 15일이 지나면 신주발행기업과 협의를 거쳐 청약안내를 공고하고 청약기간에 청약을 받는다. 납입일에 주금납입이 이루어지고 신주발행기업이 자본금 변경등기, 금융위원회앞 유가증권 발행실적 보고서 제출, KRX 또는 증권업협회앞 상장 또는 등록신청을 함으로써 공개절차가 마무리된다.

한편 유상증자는 신주인수권 배정방법에 따라 주주배정방식, 주주우선공모방식, 일반공모방식, 제3자배정방식 등으로 구분한다.

① 주주배정방식: 주주와 우리사주조합에게 신주를 배정하고 실권주가 발생하면 이사회의 결의에 따라 그 처리방침을 결정하는 것을 말한다.

② 주주우선공모방식: 주주배정방식과 같다. 실권주가 발생할 경우 일반투자자를 대상으로 청약을 받고 만일 청약이 미달되면 이사회의 결의에 따라 그 처리 방침을 결정한다는 점에서 차이가 있다.

③ 일반공모방식: 주주에게 신주인수권을 주지 않고 일반투자자를 대상으로 청약을 받는 방식이다.

④제3자배정방식: 주주 대신 관계회사나 채권은행 등 특정의 제3자에게 신주인수권을 주는 방식이다.

유상증자의 절차는 신주인수권 배정방식에 따라 차이가 있는데 일반적인 주주배정방식의 경우 (i) 이사회의 신주발행 결의, (ii) 금융위원회에 유가증권

[표 9-12] 한국의 주식발행 현황 (단위: 10억원)

	1990	1995	2000	2005	2006	2007
유상증자[1]	2,582 (169)	5,584 (163)	5,779 (86)	1,877 (44)	2,390 (37)	10,480 (65)
기업공개	336 (36)	580 (1)	– (–)	452 (11)	1,117 (9)	525 (9)
모 집	316 (33)	531 (35)	– (–)	449 (10)	1,117 (9)	525 (9)
매 출	20 (3)	49 (1)	– (–)	3 (1)	– (–)	– (–)
합 계	2,918 (205)	6,164 (164)	5,779 (86)	2,329 (55)	3,507 (46)	11,005 (74)

주: 1) 상장기업기준.
( ) 내는 건수.
자료: 금융감독원, 한국은행.

신고서 제출, (iii) 신주발행 및 신주배정기준일 공고, (iv) 신주인수권자에 신주배정 통지, (v) 신주청약 접수, (vi) 실권주처리, (vii) 주금의 납입 및 신주발행등기, (viii) 신주 상장신청 또는 등록신청 등으로 이루어진다.

한편 신주발행가액은 시장가격을 기준으로 결정된 이론권리락주가 또는 기준주가에 기업이 정하는 할인율을 적용하여 산정한다.

(2) 유통시장

유통시장은 발행된 주식이 유통되는 시장이다. 시장성과 환금성을 높여 일반투자자의 투자를 촉진시키고 공정한 가격이 유지되게 하는 등 발행시장과 보완적인 관계에 있다. 현재 한국의 주식 유통시장은 투자자, 증권회사, 거래소시장, 코스닥시장, 제3시장 및 한국증권예탁결제원으로 구성되고 있다.

투자자의 매매주문은 위탁회사인 증권회사를 거쳐 거래소 등에서 체결된다. 매매체결은 거래소, 코스닥시장의 경우 경쟁매매방식으로 이루어지나 제3시장에서는 상대매매방식으로 이루어진다. 전자에서는 매수호가가 매도호가 이상인 경우에 거래가 체결되며 다수의 매매호가에 대해서는 저가 매도호가, 고가 매수호가, 먼저 접수된 호가의 순으로 우선순위가 주어진다. 후자에서는 매도호가와 매수호가가 일치하는 경우에만 거래가 체결되는 매매방식이다.

주식거래에 따른 결제는 매매일로부터 3일째 되는 날(D+2일) 증권예탁결제원을 통해 이루어진다. 증권회사는 투자자의 주문을 이행하기 위한 담보로 위탁증거금을 받고 있는데 거래소와 코스닥시장의 경우에는 증권회사가 자율적으로 결정하는 반면 제3시장에서는 100%를 받도록 의무화되어 있다.

1) 유가증권시장

거래소시장에서 기업공개를 통한 새로운 주식이 거래되기 위해서는 기업규모, 주식분산정도, 재무상태, 기업지배구조 등과 관련된 여러 가지 요건들을 충족하여야 한다. 거래소는 기업의 규모와 산업의 특징에 따라 규모 및 재무요건 등이 차등화된 복수의 상장기준 중 하나를 선택할 수 있다.[7] (i) 기업공개를

7) 상장요건을 보면 (i) 회사 설립 후 3년 이상 지나고 계속적인 영업기업으로서 자본금과 자기자본이 각각 50억원과 100억원 이상이고, (ii) 최근 3년간 평균 매출액과 최근 사업연도 매

참고 9-2　　　　폭락의 월요일(Black Monday: BM)

(1) 1987년 10월 19일(월) NYSE에서 주가대폭락 사건이 일어났다. 그날 개장 초부터 대량의 팔자 주문이 쏟아져 주가는 하룻동안 508포인트, 비율로는 전일대비 22.6%가 폭락했다. 세계대공황의 계기가 됐던 1929년 10월 28일(-12.6%)과 29일(-11.7%)의 NYSE주가 대폭락을 웃도는 놀라운 일이었다. 앞다투어 주식을 처분하려는 매도 잔량이 엄청나게 쌓였으며 브로커들은 주식매매대금을 지불하지 못하는 상황에 처했다.

(2) BM이 있기 전 1987년 8월 25일의 DJIA지수는 연초대비 40%나 높은 수직 상승세가 이어지면서 사상최고치인 2,722.42포인트를 기록했다. 이 같은 호황 분위기에서 대폭락의 조짐을 엿본 사람은 아무도 없었다.

(3) 이 주가 폭락은 며칠 사이를 두고 영국 · 일본 · 싱가포르 · 홍콩 시장에서 큰 폭의 주가하락을 가져와 전세계적으로 1조 7,000억 달러에 달하는 증권투자손실을 초래했다고 추정되었다.

(4) 그 뒤 대통령 특별위원회(Brady committi), 회계검사원 등 여러 기관에서 투자자에게 큰 영향을 끼친 대폭락의 원인 규명에 주력했다. 주요 원인으로는 포트폴리오보험의 대량 팔자 주문이 쏟아져 나온 가운데 그 때까지 명확하지 않았던 증권시장의 문제점이 표면화되어 대폭락으로 이어졌다는 견해가 많았다.

통한 신규상장뿐만 아니라 (ii) 기존 상장기업의 증자, 합병 등으로 주식을 새로이 발행하는 신주상장, (iii) 상호 · 종류 · 액면금액 등의 변경에 따라 기존주식을 새로운 주식으로 교체하는 변경상장, (iv) 상장폐지된 후 5년이 지나지 않은 주식이나 상장법인으로부터 분리설립되거나 합병에 의해 설립된 회사의 주식을 상장하는 재상장이 있다.

상장기업이 상장을 폐지하고자 하는 경우에는 유가증권상장폐지 신청서에 상장폐지를 결의한 주주총회 의사록을 사본으로 첨부하여 거래소에 제출하여야 한다. 주요 상장폐지 요건으로는 최종부도 발생 또는 은행거래 정지, 심각한 자본잠식, 거래량 · 주가수준 · 시가총액의 기준치 미달, 사업보고서 미제출,

---

출액이 각각 200억원과 300억원 이상이며, (iii) 소액주주의 수가 1,000명 이상으로 주식분산비율이 30% 이상이며 최대주주의 주식보유비율은 70% 이하여야 한다. 그리고 (iv) 최근 사업연도 말 부채비율이 동일업종 상장법인 평균부채비율의 1.5배 미만이며, (v) 최근 3년간 감사인의 감사의견이 각각 적정의견(최근 사업연도 직전 2년의 경우 한정의견도 포함)일 것과, (vi) 사외이사 수가 이사총수의 1/4 이상이 될 것 등도 요구된다.

최근 감사의견부적정 또는 의견거절, 주된 영업활동 정지 및 주식분포상황 기준치 미달 등이 있다.

거래소시장은 토요일, 공휴일, 근로자의 날 및 연말일을 제외하고 매일 개장되며 호가접수시간 기준으로 (i) 08:00~15:00의 정규시장, (ii) 개장 전 시간외시장(07:30~08:30), (iii) 개장 후 시간외시장(15:10~18:00)으로 구분된다. 정규시장은 거래체결 방식에 따라 단일가격방식이 적용되는 08:00~09:00 및 14:50~15:00와 복수가격방식이 적용되는 09:00~14:50으로 나누어진다.[8)]

시간외시장은 매매가격에 따라 시간외 종가매매, 대량매매 및 바스켓매매로 구분한다. (i) 시간외 종가매매는 정규시장 종가(이하 종가)로 1주 이상 주문을 받아 접수순에 따라 거래를 체결하는 것을 말한다. (ii) 시간외 대량매매는 투자자 쌍방의 합의에 따라 하한가 및 상한가 범위내에서 종가의 상하 7% 이내 가격에서 1만주 또는 2억원 이상의 거래가 이루어지는 것을 말한다. (iii) 시간외 바스켓매매는 투자자 쌍방의 합의에 의해 하한가 및 상한가 범위 내에서 종가의 상하 5% 이내 가격에서 5종목 이상 그리고 10억원 이상이 거래되는 것을 말한다.

호가는 가격대별로 단위가 다르며 그 내용에 따라 지정가호가(limit order), 시장가호가(market order), 조건부 지정가호가, 최유리 지정가호가, 우선 지정가호가, 최우선 지정가호가로 구분된다. 주문수량은 호가와 달리 일률적으로

〈거래소시장의 호가단위〉

주식가격	호가단위
5,000원 미만	5원
5,000원 이상 10,000원 미만	10원
10,000원 이상 50,000원 미만	50원
50,000원 이상 100,000원 미만	100원
100,000원 이상 500,000원 미만	500원
500,000원 이상	1,000원

8) 단일가격방식은 거래신청분 전체를 대상으로 경쟁매매원칙을 적용하여 거래가 가장 많이 이루어지는 하나의 가격에서 매매가 성립되며 복수가격방식에서는 주문별로 경쟁매매원칙이 적용된다.

10주단위로 이루어진다(다만 당일의 기준가격이 5만원 이상인 경우 1주 단위). 거래소는 실시각으로 체결가능성이 높은 10단계의 매수·매도호가 및 주문량을 공개하고 있으며 전체 유통시장의 움직임을 대표하는 종합주가지수(KOSPI: 1980.1.4=100)를 작성하여 발표하고 있다.

거래소시장은 주가의 급등락에 따른 투자심리의 불안가능성을 최소화하기 위해 가격제한폭제도와 매매거래중단제도 등을 운용하고 있다. 먼저 개별종목의 경우 일중 주가변동률은 전일 종가의 ±15%로 제한되며 풍문 등과 관련하여 주가나 거래량이 급변하거나 그러한 조짐이 나타나는 경우에는 매매거래가 중단된다. 매매가 중단된 주식은 그 기업이 주가 급변동 사유를 공시한 시점으로부터 60분이 지나면 거래가 다시 시작된다.

시장 전체로는 KOSPI가 전일 종가보다 10% 이상 떨어져서 1분간 지속되면 20분간 모든 종목의 호가접수와 매매거래가 중단된다. 이 매매거래중단제도는 시장참여자들에게 냉정한 투자판단 시간을 제공하기 위한 제도로서 개별종목의 경우와 구분하여 매매거래중단(circuit breakers)으로 불린다. 이 밖에 주가지수선물시장의 가격급등락(전일 종가대비 5% 이상 상승 또는 하락)에 연계하여 거래소시장에서 프로그램 매매를 일시 정지시키는 매매거래지연(side car)제도도 운용되고 있다.

거래소는 개별종목에 대한 투자자의 주의를 환기시키기 위해 감리종목과 관리종목을 지정하고 있다. 전자는 단기간 내에 주가가 크게 오른 종목을 대상으로 하며, 후자는 발행기업의 경영상태가 크게 악화된 종목을 대상으로 한다. 이 두 종목은 투자위험이 큰 만큼 신용거래대상에서 제외된다.

한편 상장기업수는 거래소시장 개설 이후 꾸준히 늘어나 1997년 말에는 776개사(958개 종목)에 달하였으나 금융위기 이후 기업·금융구조조정에 따라 상장폐지 기업이 늘어나면서 2007년 말 현재 745개사(906개 종목으로) 줄어들었다. 상장주식의 시가총액은 1997년 말 71.0조원에서 2007년 말 현재 951.9조원으로 늘어나 세계 15위 수준을 기록하고 있다. 그러나 이 같은 양적 성장에도 불구하고 GDP대비 시가총액 규모는 105.6%로 주요국에 비해서는 낮다.

1일평균 거래규모는 1998년 4월부터 당일매수 · 당일매도(이하 day trading)가 가능해짐에 따라 1997년중 4천153만주(거래금액 5천 558억원)에서 2007년중 36,373만주(5조 5,396억원)로 늘어났다. 투자자별 거래대금비중을 보면 개인이 1997년중 73.9%에서 2007년중에는 53.2%로, 기관투자자는 17.4%에서 18.6%로 낮아진 반면 외국인 투자자는 6.7%에서 24.5%로 높아졌다.

2) 코스닥시장

코스닥시장은 증권거래소에 상장하기 어려운 벤처기업이나 유망중소기업들이 신주공모 등을 통해 장기 · 안정적인 자금을 조달할 수 있도록 한다. 투자자들에게는 기존 증권거래소 상장주식 이외 성장가능성이 높은 유망기업 주식에 투자할 수 있는 기회를 제공한다. 이 시장은 1996년 7월 개설한 이래 정부의 중소벤처기업 육성의지와 전세계적인 정보통신 · 인터넷 등 첨단산업에 대한 투자자들의 관심 고조로 비약적으로 성장하였다.

코스닥시장 등록요건은 거래소시장보다 완화된 요건이 적용되고 있다. 코스닥등록(일반기업 기준)의 경우 자기자본에 대한 제한은 없으나 자본금은 10억원 이상이어야 한다. 감사의견도 코스닥 등록의 경우 최근 사업연도만 '적정'이면 된다. 거래제도에 있어서도 매매수량단위(1주, 주당 5만원 이상 종목에 대한 호가단위 100원), 가격제한폭(전일 종가의 ±15%) 등이 완화된 조건이다.[9)]

코스닥시장의 일평균 거래규모는 1997년중 16만주(거래금액 40억원)에서 2003년중 4억 824만주(1조 785억원), 2007년중 6억 1,480만주(2조 354억원)으로 매우 커졌다. 등록기업수는 1997년 말 359개사(408종목)에서 기업구조조정 등의 영향으로 1998년 말에는 331개사(350종목)로 줄어들었으나 1999년 이후 정보통신산업의 급성장과 함께 큰 폭으로 늘어나 2007년 말 현재 1,022개사(1,033종목)에 이르고 있다.

한편 코스닥시장에서 거래되는 종목의 시가총액은 1998년 말 8조원에서 1999년 말에는 99조원으로 크게 늘어났으나 2000년 초 이래 주가가 큰 폭 하락한 후 2005년 들어 급반등하면서 2007년 말에는 100조원으로 1999년 말 수

9) 거래소시장은 10주, 종목별 가격에 따라 100원, 500원 및 1천원, ±15%이다.

준을 회복하였다.

3) 제 3 시장(free board)

제3시장은 코스닥 진입전의 예비시장, 퇴출기업의 회생시장, 장외기업의 자금조달시장 등의 취지로 2000년 3월 출범하였다. 이 시장은 거래소 상장 또는 코스닥 등록이 어려운 기업이 발행한 주식이나 상장 또는 등록이 폐지된 주식을 대상으로 한다. 거래를 위한 지정요건도 매매거래질서 유지에 필요한 기

[표 9-13] 주식시장별 매매제도의 비교

	거래소시장	코스닥시장	제3시장
거래시간	정규시장 09:00~15:00 시간외시장 07:30~08:30 15:10~18:00	좌동	09:00~15:00
가격제한폭	전일종가±15%	전일종가±15%	매매기준가격±50%
매매방식	경쟁매매 동시호가매매	좌동	상대매매 (수량분할매매 가능)
위탁증거금	증권사 자율 결정	증권사 자율 결정	매수: 현금 100% 매도: 주식 100%
day trading	가능	가능	불가능
양도소득세	면제	면제	대기업주식: 20% 중소기업주식: 10%
증권거래세[2]	거래세 0.15% 농특세 0.15%	거래세 0.3%	거래세 0.5%
주문	지정가, 시장가 조건부지정가 최유리지정가 최우선지정가	좌동	지정가
기준가	전일종가	전일종가	전일가중평균주가
매매단위	10주	1주	1주
신용공여	가능	가능	불가능

주: 1) 매매약정대금 기준이며 국가 및 지방자치단체, 정부투자기관, 기관투자가, 외국법인, 자사주 조합, 투자자문회사, 상장등록법인 등에 대해서는 0% 이상으로 할 수 있음.
2) 주식매도시에만 부과되며 세율은 매도금액 기준.

본적인 사항으로 국한되어 있다. 즉 (i) 최근 사업연도 재무제표에 대한 외부감사인의 감사의견이 '적정' 또는 '한정'일 것, (ii) 주식을 증권예탁결제원에 예탁할 수 있고 양도 제한이 없을 것, (iii) 발행 회사의 명의개서업무를 명의개서 대행회사에 위탁하였을 것 등이다.

지정기업수는 개장 초기의 9개사에서 2002년 9월 말에는 187개까지 늘어났다. 그러나 기업실적이 부진하고 시장건전성 제고를 위한 지정취소 기준이 강화된 데다 상대매매제도의 불편과 공시 및 양도세 부담 등으로 신규 지정업체수가 줄어든 데 반하여 지정취소업체수가 늘어남에 따라 2007년 말 현재 109개사로 줄어들었다.

거래제도는 코스닥시장과 비슷하나 오전 9시부터 지정가에 의해 주문을 받아 상대매매방식에 의해 거래가 체결된다. 시간외시장이 개설되지 않으며 가격제한폭은 매매기준가격대비 ±50%이다. 아울러 매매주문시 100%의 위탁증거금이 필요하고 결제 전 매매가 불가능하여 일중거래(day trading)를 할 수 없다.

시장참가자별 거래비중(거래대금 기준)은 2007년 말 현재 개인이 거의 대부분을 차지하는 반면 기관과 외국인의 거래실적은 미미한 수준이다. 한편 제3시장에서 거래되는 종목의 시가총액은 2007년 말 현재 4,570억원 규모이다.

4) 주가지수

주가지수는 주식시장 전체의 움직임을 파악하기 위하여 개별주식의 주가변동을 종합하여 작성한 지수이다. 우리나라의 주요 주가지수로는 코스피지수(Korea composite stock price index: KOSPI), 코스닥지수(KOSDAQ index), KRX100지수(Korea exchange 100) 등이 있다.[10]

KOSPI는 유가증권시장에 상장되어 있는 906개 종목(2007년 말 현재)을 대

10) 주가지수 산정방식은 크게 주가평균식(DJIA지수, 니케이225지수 등)과 시가총액식(코스피지수, 코스닥지수,나스닥지수, S&P500지수 등)으로 구분할 수 있다. 전자는 대상종목의 주가합계를 대상종목수로 나누어 산출하는데 유무상증자, 액면분할, 감자 등 시장외적인 요인이 발생하면 대상종목수를 조정한다. 후자는 비교시점의 시가총액을 기준시점의 시가총액으로 나누어 산출한다.

참고 9-3 주요국의 주가지수

국가	지수명	기준일	포괄종목	작성기관
미국	DJIA	1896. 5. 26 =40.96	NYSE 및 나스닥 상장 30개 우량종목	다우존스사
	NASDAQ	1971. 2. 5 =100	나스닥 상장 전 종목 (3,046개)	나스닥㈜
	S&P500	1941~43년 =10	NYSE, NASDAQ, AMEX상장 500개 우량 종목	Standard& Poors사
	필라델피아 반도체지수 (SOX)	1993. 12. 1 =100	Intel, TSMC 등 반도체 관련 18개 종목	필라델피아 증권거래소
일본	NIKKEI 225 (日 지수)	1949. 5. 16 =176.21	동경거래소 1부 상장 225개 우량종목	일본경제신문사
영국	FTSE 100	1984. 1. 3 =1,000	런던거래소 상장 100개사 시가상위 종목	FTSE(Finani-cal Time와 런던거래소의 합작회사)
독일	DAX	1987. 12. 31 =1,000	프랑크푸르트 거래소 상장 30개 시가상위 종목	프랑크푸르트 거래소
프랑스	CAC40	1987. 12. 31 =1,000	Euronext Paris 상장 40개 시가상위 종목	Euronext(프랑스 주축 4개국 통합 거래소)
대만	가권지수 (Weighted 지수)	1996. 12. 31 =100	대만거래소 상장 전 종목(은행 및 보험 제외)	대만증권거래소
홍콩	Hang Seng	1964. 7. 31 =100	홍콩거래소 상장 43개 시가상위 종목	Hang Seng Index Service Inc(*HSBC손회사)
	H지수 (HSCEI)	2000. 1. 3 =2,000	홍콩거래소 상장 중국기업 중 42개 우량종목(에너지 · 소재기업 중심)	〃
싱가포르	STI	1966. 12. 31 =100	싱가포르 거래소 상장 30개	Straits Times사 시가상위 종목
중국	상해[2] 종합지수	1990. 12. 19 =100	상해 A. B거래소 전 상장 종목(888개)	상해증권거래소

1) 약어설명: DJIA(Dow Jones Industrial Average), SOX(Semiconductor Sector Index), FTSE(Financial Times Stock Exchange), DAX(Deutscher Aktienindex), CAC(Compagnies des Agents de Change), STI(Straits Times Index), Weighted Index(Taiwan Stock Exchange Weighted-Price Index).

2) 상해 B: 외국인전용거래소; 상해 A: 내국인전용거래소(외국인은 인가를 받아 일부 투자 가능).

상으로 산출되는 종합지수로 유가증권시장의 대표지수이다. 1980년 1월 4일을 기준시점으로 하여 이날의 주가지수를 100으로 하고 개별종목의 주가에 상장주식수를 가중한 기준시점의 시가총액과 비교시점의 시가총액을 대비하여 산출되는 시가총액방식 주가지수이다. 이 지수는 1972년부터 발표되어 온 한국종합주가지수를 대체하기 위해 1983년 1월 4일부터 발표되고 있으며 유가증권시장 전체의 주가 움직임을 측정하는 지표 등으로 이용된다.

코스닥지수는 코스닥시장에 상장되어 있는 1,033개 종목(2007년 말 현재)을 대상으로 산출되는 종합지수로 코스닥시장의 대표지수이다. 이 지수는 KOSPI와 같은 시가총액방식으로 산출되며, 1996년 7월 1일을 기준시점(주가지수=1,000)으로 하여 1997년 1월 3일부터 발표되고 있다.

KRX100지수는 유가증권시장과 코스닥시장의 우량종목을 고루 편입한 통합주가지수이다. 유가증권시장 90개 종목, 코스닥시장 10개 종목 등 총 100개 우량기업으로서 시장을 대표하고 유동성이 풍부한 종목들을 대상으로 매년 6월 둘째주 금요일에 정기적으로 조정된다. 이 지수는 최대주주지분, 자기주식, 정부지분 등을 제외한 유동주식만의 시가총액을 합산하여 계산된다. KRX100지수는 2001년 1월 2일을 기준시점(주가지수=1,000)으로 하여 2005년 6월 1일부터 발표되기 시작하였으며 상장지수펀드(ETF), 지수펀드(index fund) 등 다양한 상품에 이용된다.

KOSPI200지수(Korea stock price index 200)는 유가증권시장에 상장된 주식 중 시장대표성, 업종 대표성 및 유동성 등을 감안하여 선정되는 200개 종목을 대상으로 산출되는 지수이다. 주가지수 선물 및 옵션거래에 활용되도록 개발되었으며 1994년 6월 15일부터 발표되고 있다. 이 지수는 주가지수선물 및 주가지수옵션 거래대상으로 활용될 뿐만 아니라 지수펀드, ETF(exchange traded fund), 지수 워런트(index warrant)등 다양한 방면에서 활용되고 있다.

코스닥스타지수(KOSTAR index)는 코스닥시장에 상장된 주식 중 유동성, 경영투명성, 재무안정성 등을 감안하여 선정되는 30개 우량 종목을 대상으로 산출되는 지수이다. 이 지수는 기존의 코스닥 우량 종목지수인 '코스닥50'을 대체하기 위해 2004년 1월 26일부터 산출, 발표되고 있다. 기준시점은 2003

년 1월 2일이며 기준지수는 1,000이다. 이 지수는 주가지수선물, 상장지수펀드(ETF), 지수펀드 등의 거래대상으로 활용되고 있다.

이 밖에 유가증권시장의 IT업종 주식을 대상으로 산출되는 KOSPI IT 지수, 코스닥시장의 50개 IT종목을 대상으로 산출되는 KOSDAQ IT 50 지수, 유가증권시장에 상장된 주식 중에서 배당실적이 우수한 20개 종목을 대상으로 산출되는 KODI지수(Korea dividend stock price index) 등이 있다.

제 4 절 최근 시장동향의 특징

1. 시장의 쏠림현상

(1) 은행의 예금이탈과 펀드 · CMA의 급증

2006년 하반기부터 이어진 저금리와 세계증시 호황 등을 배경으로 한국의 투자자들은 안정성보다는 수익성 위주로 자산운용을 하고 있다. 예를 들어 고금리 특판예금 유치에도 불구하고 은행의 예금수신은 2007년중 4.7조원 증가에 그친 반면 주식형 펀드와 CMA로의 자금유입은 88.4조원으로 급증하였다. 특히 수신원가가 낮은 은행의 수시입출식 예금이 줄어들고 있다.

이와 같은 수신여건 악화에도 불구하고 은행들은 대출을 공격적으로 늘림에 따라 자금조달에 있어 단기 시장성 자금비중을 높일 수밖에 없었다(총대출의 1/3로 추정). 은행들의 자금조달은 주로 CD발행으로 이루어졌다. 그러나 채권형 펀드와 MMF의 수신 감소, 자산운용사의 특수채편입 규제 등으로 시장에서 CD 매수세가 위축됨으로써 CD금리는 크게 오를 수밖에 없다(2007년중 100bp). CD금리 급등세는 은행의 자금조달 비용을 상승시키면서 이에 연동된 주택담보대출금리 등도 덩달아 오르는 상황을 가져온다.

(2) 자산/부채간 만기불일치(mismatch) 심화로 은행의 유동성 위험증대

은행의 자금조달 수단인 CD 및 은행채 등은 만기가 3년 이하인 데 반하여 은행대출의 30% 정도를 차지하는 주택담보대출의 평균 만기는 9년으로 자산/부채간 만기불일치가 상당히 크다. 더욱이 2007년 9월부터 금융감독당국의 유동성비율 규제가 분기별 105%에서 월별 100%로 바뀜에 따라 은행들은 매월 이 비율을 맞추는 자금을 마련하기 위해 만기가 4개월을 초과하는 CD발행을 크게 늘이는 대신 단기 자금은 콜자금으로 충당하는 현상이 벌어진 것이다.

은행들은 예금과 차입(부채) 등으로 마련한 자금을 장기대출(자산)로 운용하고 있는데, 단기성 부채의 비중이 커질수록 자산/부채 간의 만기불일치로 인한 유동성 위험에 노출된다. 단기 시장성 자금의 수신비중이 커지면 은행의 부채 구조가 급속하게 단기화되는데, 이는 은행의 차입 여건이 단기 금융시장의 변화에 직접적으로 영향을 받게 되는 것을 말한다.

한국은 이와 같은 만기불일치 경험을 일찍이 경험한 바 있다. (i) 지난 1997년 금융위기 때 종합금융회사를 중심으로 한 외화의 단기 차입과 장기 운용, (ii) 2003년의 신용카드대란 때 카드사의 단기 자금조달 증대와 위험자산에 대한 과도한 집중이 두드러졌다.

(3) 채권시장의 매수기반 취약과 금리 변동성 확대

2006년부터 주식시장으로의 자금유입이 집중되는 반면 국내 채권형 펀드와 MMF 자금은 감소세를 보이는 등 채권시장의 국내 매수기반은 크게 취약해지고 있다. 그러나 외국인투자자는 채권투자 비중을 높이며(2006년중 0.59% → 2007년중 4.45%) 영향력을 확대해 가고 있는 등 서로 다른 현상이 나타나고 있다.

이러한 여건 아래 미국의 비우량주택담보대출(subprime mortgage loan: SML) 부실문제가 불거지면서 외국인투자자들에 의해 금리 변동성은 더욱 커지고 있다. 예를 들면 2007년 11~12월 초 통화스왑시장을 이용해 금리차익거래를 했던 외국인투자자들이 국내 금리의 상승에 따른 평가손 발생 등으로 국내 채권을 (순)매도하자 시장금리(국고채 3년)가 80bp 가까이 올랐다. 반면 2008년에 들어서는 기간입찰대출(TAF) 등을 통한 미국FRB의 유동성지원으로 풍부해진 국제단기 유동성을 이용해 외국인투자자들이 비교적 안전하고 고수익을 보장하는 국내 채권을 대량 (순)매수하면서 시장금리는 100bp나 급락하였다.

금리변동성을 크게 할 요인은 더 있는 것 같다. 국내외 경제 여건이 급속하게 악화된다면 한국은행이 금리인하조치를 단행할 것이다. 이 경우 외국인투자자금이 차익실현 후 우리나라 금융시장에서 썰물과 같이 빠져나간다면 금리는 크게 오를 것이다. 반대로 국내외 경제환경이 안정된다고 하더라도 주식시장으로의 자금 유입이 늘어나면서 금리상승 압력이 나타날 수 있다. 이 경우 2006년 11월과 같이 평가손을 우려한 외국인투자자들이 채권을 급매도하면 금리는 더 크게 오를 것이다.

그리고 채권시장이 취약해진 상태에서 급속하게 늘어났던 CMA자금이 주가 급락의 영향으로 이탈한다면 이것도 금리 급등의 또 다른 계기로 작용할 가능성이 있다. 특히 CMA 역시 단기부채/장기자산의 만기불일치 구조를 가지고 있어 고객의 환매요구에 따른 채권매각이 빠르게 이루어질 경우 금리 급등을 유발할 여지가 충분히 있다.

2. 금리 및 주가의 불안한 움직임

2007년 초부터 장단기 시장금리는 자금수요 증가, 은행예금 · 채권시장으로의 자금유입 부진, 콜금리목표 인상 등의 영향으로 상승세를 지속하였으며 장기-단기 금리차도 커지고 있다. 장기 시장금리는 외국은행지점의 대규모 채권 매입과 외국인의 국채선물 매입 등으로 한때 내림세를 보였으나 주식시장 호조 등에 힘입어 오름세로 돌아선 후 정책금리 인상이 이어지면서 상승세가 지속되었다.[11] 단기 시장금리는 콜금리 목표수준 인상, 은행의 수신 부진에 따

11) 은행의 CD · 은행채 발행 증대 등으로 국내 채권시장의 수급여건이 악화되면서 국내금리가 상승한 데 더하여 글로벌 신용경색으로 인한 해외자금조달 여건 악화 등으로 통화스왑

른 CD 발행 증대 등으로 2007년에도 오름세를 지속하였다. 시장금리 상승세를 반영하여 은행 여수신금리도 올랐는데 특히 수신금리가 여신금리에 비해 더 큰 폭의 오름세를 나타냈다.

주가는 기업실적 개선, 중국 등 신흥국을 중심으로 한 글로벌 증시 호조 등으로 주식시장으로의 자금유입이 늘어나면서 2007년중에는 크게 상승하였다.[12] KOSPI지수는 2007년 초 중국의 긴축 강화 우려, IT업황 악화 전망 등으로 떨어졌으나 3월 이후 글로벌 증시 호조, 기업 수익성 개선 등으로 상승세로 돌아선 후 7월 25일에는 2,000선을 처음으로 돌파했다. 그러나 미국의 SML부

그림 9-2 2008년 금융시장전망

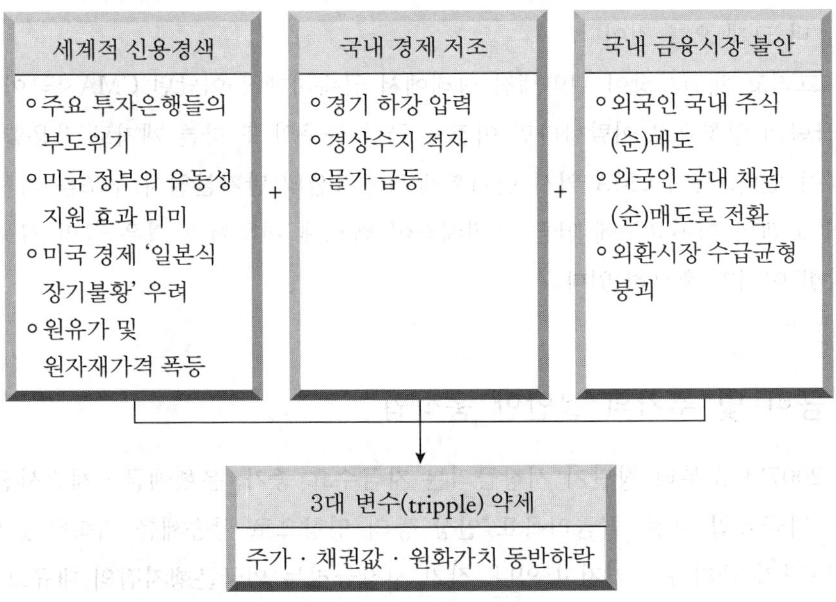

(CRS)금리가 급락하자 금리재정거래 등에서 금융기관의 평가손이 확대되면서 보유채권 손절매도(loss cut)가 발생하여 국고채수익률이 급등하였다.

12) 국내 주식형펀드의 잔고는 2006년 말 38.8조원에서 2007년 말 66.5조원으로 크게 늘어났으며, 해외주식형 펀드 잔고도 해외펀드의 주식양도차익에 대한 비과세 혜택 등에 힘입어 2006년 말 7.7조원에서 2007년 말 49.9조원으로 증가하였다.

실에 따른 글로벌 신용경색 우려가 확산되면서 외국인 투자자의 대규모 (순)매도로 8월 16일에는 사상 최대의 하락폭(125.9)을 보이기도 하였다. 그 후 경기상승세 지속 및 시중자금의 주식시장 유입 등으로 다시 반등하여 10월 31일에 사상 최고치인 2,064.8을 기록한 후 등락을 거듭하였다.

2008년에 들어 한국의 장단기 금융시장은 불확실성이 더욱 높아지고 있다. 미국의 대출부실 및 경기침체, yen carry trade 청산과 고유가 현상 지속 등에 따라 국제금융시장에서 신용경색이 재발될 우려가 크다. 국내경제 및 금융시장도 저조 내지 불안한 모습을 보이고 있다. 특히 2008년 초 국내금융시장에서는 국고채(3년) 수익률이 주식시장 부진, 내외금리차 확대에 따른 콜금리목표의 인하기대, CD금리 하락세 반전 등으로 콜금리목표 수준 가까이 떨어졌다가 소폭 반등하는 등 부조화현상을 보이고 있다. CD(91일) 유통수익률도 MMF 수신 호조에 따른 수요 확대, 은행의 자금사정 개선 등으로 내림세로 돌아섰다.

주가는 외국인의 대규모 (순)매도, 주요 투자은행들의 실적악화 및 미국경기 침체 우려, 중국의 추가 긴축조치 전망 등으로 1,600p선 이하로 급락한 후 등락을 거듭하고 있다. 특히 외국인들은 2008년 1월중 8조 5,000억원의 주식을 (순)매도한 후 2월중 그 규모가 2조원 수준으로 낮아졌으나 3월 들어 다시 매도규모를 늘림으로써 주가하락을 선도하였다.

세계적 투자은행들의 신흥시장국에 대한 주식 포트폴리오를 감안할 때 국

[표 9-14] 외국인의 증권투자[1] (단위: 억 달러)

	2005년	2006년	2007년				2008년 1월	잔액[3]
			1/4	2/4	3/4	4/4		
주식[2]	Δ32.3	Δ120.9	Δ271.1	1.0	Δ3.6	Δ166.9	Δ101.7	Δ95.8	2,800.1 (30.9)
채권	13.1	17.0	359.6	21.4	23.1	130.7	184.5	36.1	427.6 (4.6)
합계	Δ19.2	Δ103.9	88.5	22.4	19.5	Δ36.2	82.8	Δ59.7	3,227.7

주: 1) (순)매수 기준.
2) 유가증권시장 및 코스닥시장 합계(ETF 조정 후).
3) ( ) 내는 전체에서 외국인이 차지하는 비중(주식의 경우 직접투자분 제외)(%).
자료: 한국증권선물거래소.

내주식 (순)매도는 외국인 투자 비중(2008년 1/4분기 현재 약 31%)이 다른 나라의 평균수준(약 25%)까지 떨어질 가능성도 없지 않다. 시기적으로는 2008년 말까지 (순)매도가 지속될 가능성이 있으며 이 경우 한해 동안 있을 추가적인 주식 (순)매도 규모는 약 500억 달러에 달할 것으로 추정된다.

한편 2007년 이후 외국인은 국고채권과 통화안정증권을 중심으로 채권투자를 크게 늘리고 있다. 이에 따라 2006년 말 6.3%에 불과했던 외국인의 채권보유비중이 2008년 3월 말 11.4%로 급상승하였다. 이는 스왑레이트가 내외금리차를, 통화스왑(CRS) · 금리스왑(IRS) 금리가 채권수익률을 밑돎에 따라 재정거래 유인이 높아졌기 때문이다.

스왑을 활용한 재정거래 행태를 보자. 통화스왑의 경우 (i) 외국인이 국제금융시장에서 외화(달러) 자금을 차입하여, (ii) 국내스왑시장에서 「CRS금리 지급－변동금리(Libor) 수취」 계약체결을 통해 외화를 대가로 원화를 조달한 다음, (iii) 국내채권시장에서 국고채권 또는 통화안정증권을 매입한다. 국내시장에서는 조선업체 및 자산운용사 등의 선물환매도 증가 영향으로 은행의 통화스왑을 통한 외화자금수요가 상존하고 있어 대체로 CRS금리가 채권유통수익률을 밑돌고 있다. 이에 따라 외국인들은 "채권유통수익률－CRS금리" 상당의 무위험차익을 얻게 된다.

금리스왑의 경우 (i) 외국인들이 국내스왑시장에서 「IRS금리 지급－변동금리(CD) 수취」 계약을 체결함과 동시에, (ii) 금융시장에서 CD 발행 또는 콜머니 차입 등을 통해 자금을 조달한 후, (iii) 국내채권시장에서 국고채권 또는 통화안정증권을 매입한다. 이론적으로 IRS금리는 무위험채권인 국고채권 또는 통화안정증권 유통수익률보다 높아야 하나 국내은행의 변동금리부 주택담보대출 취급과 관련한 금리위험 헷지수요지속 등으로 채권수익률을 밑돌고 있다. 이에 따라 외국인들은 "채권유통수익률－IRS금리" 상당의 수익을 얻고 있다.

이와 같이 외국인의 채권매수가 재정거래에 크게 의존함에 따라 다음과 같은 부정적 영향이 나타나고 있다. 첫째, 외채관련 건전성지표가 악화되는 모습이다. 외은지점의 경우 단기외채규모가 2006년 말 518억 달러에서 2008년 4월 말 약 859억 달러로 크게 늘어나면서 유동외채(잔여만기 1년 이내) 비율도

82%에 이르고 있다.[13]

둘째, 채권시장과 스왑시장을 연계한 외국인 채권투자가 늘어남에 따라 한 시장에서 발생한 충격이 다른 시장으로 빠르게 파급될 가능성이 높아졌다. 실제로 2007년 11월 하순경 글로벌 신용경색 우려로 통화스왑시장이 불안해지자 채권금리가 급등하고 IRS금리가 급락한 데 이어 일부 금융기관이 손절매에 나서면서 채권시장이 크게 동요한 바 있다.

셋째, 외국인의 채권투자로 인해 장단기 금리의 기간구조가 일부 구간에서 왜곡되고 있다. 2005년 말에는 채권의 수익률곡선이 대체로 우상향하였으나 2006년 이후에는 외국인이 주로 매입하는 1년 및 3년만기 채권을 중심으로 수익률곡선이 평탄해지거나 우하향하는 등 왜곡되는 모습을 나타내고 있다.

3. 펀드시장의 구조 변화와 잠재적 위험

한국의 간접투자시장은 증권투자펀드 상품을 중심으로 성장하여 왔다. 2005년 이후에는 채권형 펀드의 위축에도 불구하고 주식형 펀드와 파생펀드 등 신종 펀드가 호조를 보이면서 외형이 커지고 있다. 특히 주식관련 펀드는 과거 국내주식형펀드 주도의 Buy Korea Boom(1998. 11~1999. 12) 시기와는 달리 해외주식형 펀드가 신장세를 선도하였다.

2007년부터 펀드 편입자산 중 주식의 비중이 채권을 웃돌면서 펀드 운용구조가 주식 위주로 바뀌었다. 아울러 중국 등 신흥시장의 주가상승, 해외투자펀드에 대한 조세특례조치[14] 등에 힘입어 해외투자펀드가 전체 펀드의 25% 수준으로 늘어나는 등 투자대상 지역도 글로벌화되고 있다.

---

13) 이외에 호황을 누리고 있는 조선업체와 해외펀드를 운용하는 자산운용사가 각각 환위험을 줄이기 위해 대규모의 선물환을 외국환은행에 팔고 외국환은행은 이에 상응하는 규모의 달러화를 해외로부터 빌림으로써 우리나라의 단기외채가 크게 늘고 있다. 그 잔액은 2008년 4월 말 현재 약 1,735억 달러(총외채 중 약 42%)이다.

14) 정부는 2007년 6월부터 국내설정 해외투자펀드(역외펀드, off-shore fund 및 재간접펀드 제외)에 해외주식투자 양도차익에 대한 과세(세율 15.4%)를 2009년 말까지 한시적으로 면제하였다.

[표 9-15] 자산운용회사의 펀드유형별 설정액[1] (단위: 조원)

	2003	2004	2005	2006	2007
주식형	9.4	8.5	26.2	46.5	116.3
혼합형	39.2	34.6	42.5	48.0	44.7
주식혼합형	12.1	8.6	8.4	8.9	12.9
채권혼합형	27.1	25.9	34.1	39.1	31.8
채권형	54.4	75.9	51.4	50.4	40.9
MMF	42.0	59.8	64.8	57.2	46.7
신종펀드[2]	–	8.2	19.4	32.5	49.1
총 계	145.0	187.0	204.3	234.6	297.7

주: 1) 기말기준(역외펀드 제외).
2) 파생상품, 부동산 등 투자펀드.
자료: 자산운용협회.

2005년 이후 적립식 투자의 확산[15]으로 펀드투자가 대중화되면서 주식형 펀드에서 차지하는 개인투자자의 비중이 87%로 높아졌다. 이와 함께 전체적인 펀드 대형화 수준은 주요국 수준보다 낮지만 1조원을 초과하는 초대형 주식형 펀드가 여럿 등장하는 등 상품유형별로 차별화되고 있다.[16]

주식형 펀드의 경우 자산운용회사 집중도지수(Herfindahl-Hirshaman index: HHI)[17]가 2004년 말 847에서 2007년 말에는 1,407로 오르는 등 대형 자산운용회사로의 집중현상이 심화되고 있다. 아울러 고수익 추구 과정에서 펀드의 자산운용이 대형 성장주 위주로 이루어지고 있으며 중국관련 해외투자펀드의 비중이 크게 높아지는 등 쏠림현상도 나타나고 있다. 또한 연금형 상품의 비중이 낮고 납입액이 일정하지 않은 자유적립식 상품이 주종을 이루고 있어 수신구조의 안정성은 떨어지고 있다.

15) 2007년 말 현재 적립식 펀드 규모는 58조원으로 전체 펀드의 19.6%를 차지하고 있다. 계좌수도 2005년 3월 230만개에서 2007년 말에는 1,480만개로 늘어났다.

16) 미국 ICI(Investment Company Institute)의 조사(2007년 5월)에 따르면 2006년 말 상호펀드의 평균 규모는 미국 1조 1,920억원, 영국 3,840억원, 독일 2,640억원, 일본 1,950억원으로 우리나라 펀드의 평균규모(2007년 말, 330억원)를 크게 웃돌고 있다.

17) 제12장 제 4 절 1항의 주석을 참조하기 바란다.

이와 같이 시중자금이 국내외 주식형 펀드로 빠르게 유입되면서 금융권간 자금이동, 일부 대형 펀드로의 쏠림현상에 따른 금융시장의 교란과 주식시장 침체에 따른 대량환매 가능성 등의 금융불안 요인도 잠재되어 있는 것으로 생각된다.

먼저 경제주체의 예금-투자간 자산조정이 지나치게 빠를 경우 금융권간 자금흐름이나 시장수급에 예상치 못한 영향을 주어 단기적으로 금융시장의 변동성이 커질 수 있다. 특히 주택담보대출을 중심으로 은행들의 장기자산 보유 규모가 크게 늘어난 상황에서 주식형 펀드 등으로의 예금이탈이 대규모로 진행될 경우 은행의 유동성 관리부담이 커지고 CD · 금융채 등 시장성수신에 대한 의존도가 심화될 수 있다.

다음으로 국내주식형 펀드의 경우 대형 펀드의 주식편입비율이 대부분 90%를 웃돌고 종합주가지수에 대한 베타(β)계수[18]가 꾸준히 상승하는 등 가격 민감도가 높아지고 있어 주식시장 상황에 따라 펀드의 수익 변동성이 커질 수 있다. 그리고 해외주식형 펀드가 일부 신흥시장국에 집중되고 있어 지정학적 위험과 환위험에 노출되어 있는 데다 해외주가의 글로벌 동조화 경향 등으로 세계적 금융충격의 파급효과가 증폭될 가능성이 있다.

마지막으로 주식형 펀드는 펀드수신 유입의 안정성이 떨어지는 거치식 및 자유적립식이 주종을 이루고 있는 외에 단기유동성자산 보유비중도 낮아 국내외 시장여건 악화시 대량환매와 이에 따른 유동성위험을 높이는 요인으로 작용할 가능성이 있다.

자본시장 발전을 위해서는 간접투자시장이 성장하여야 하지만 그 속도가 지나치게 빠르거나 특정펀드 또는 특정 부문에 과도하게 쏠리게 되면 외부충격 발생시 과잉조정(boom & bust)을 초래하는 등 금융불안 요인으로 작용할 수도 있다. 이와 관련하여 펀드 평가 및 공시제도의 내실화, 투자자보호제도 도입 등을 통해 펀드의 위험요소와 조달 · 운용에 관한 정보를 투명하게 공시하

18) 시장수익률 변화에 대한 펀드수익률의 민감도지표로서 $\beta<1$일 경우 펀드수익률이 시장수익률보다 둔감하여 안정적인 펀드, $\beta>1$일 경우에는 민감도가 높아 리스크가 큰 펀드로 볼 수 있다.

는 한편 투자자 자기책임에 의한 장기투자 문화를 정착시켜 나가는 것이 중요하다고 믿는다.

■ 정리문제

1. 우리나라 금융시장구조의 특징을 설명해 주시오.
2. 장단기 금융시장은 어떻게 발전시켜 나가야 합니까?
3. 콜(Call)시장을 더욱 발전시킬 수 있는 방안이 있습니까?
4. 통화안정증권과 함께 그 시장도 없애야 한다는 의견에 대해 어떻게 생각하십니까?
5. 국고채, 은행채 및 회사채의 근거법률, 발행기관 및 발행한도에 대해 아는 대로 말해 주시오.
6. 국채발행에 있어 개선할 점은 없습니까?
7. 회사채모집방법 중 공모발행이 더 좋다고들 하는 데 대해 귀하의 의견을 말해 주시오.
8. 한국에서 채권의 장외시장이 활황인 이유는 어디에 있습니까?
9. 자산유동화증권시장의 발전을 어느 정도 제한해야 한다는 데 동의하십니까?
10. 유가증권시장에서 단일가방식과 복수가방식 중 어느 것이 더 좋을까요?
11. Circuit breakers나 Side car제도는 꼭 필요합니까?
12. KOSDAQ시장의 개선방안을 제시해주시오.
13. 최근 우리나라 금융시장에 나타나고 있는 쏠림현상을 개선할 방안에 대해 말씀해 주시오.

14. 외국인의 증권투자에 대해 귀하의 의견은 무엇입니까?
15. 장단기 금융시장의 위험요인으로 들 수 있는 것은 무엇이며 대응책으로는 어떠한 것들이 있습니까?

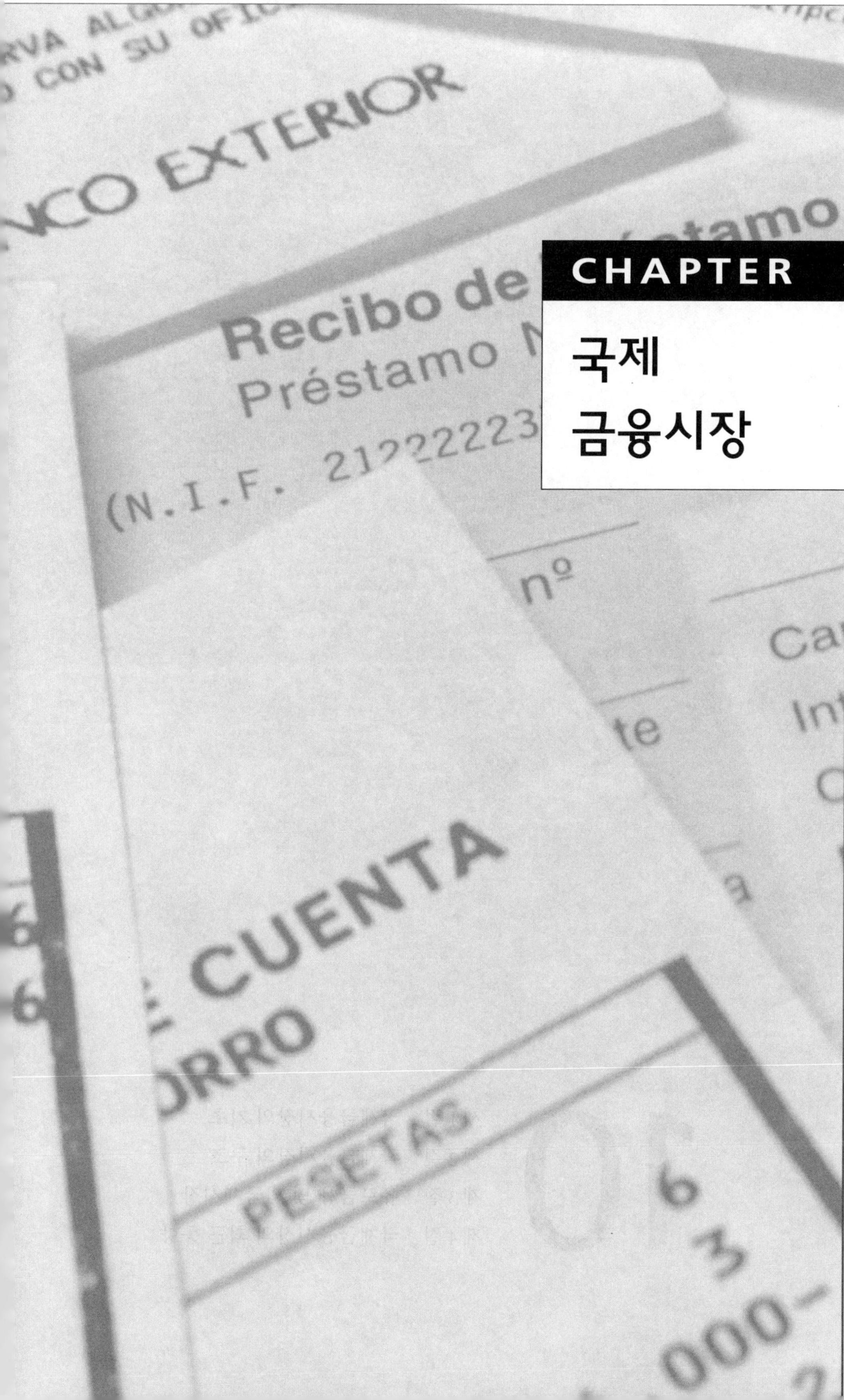

CHAPTER 10

국제 금융시장

10

제1절 국제금융시장의 기초

1. 국제금융시장이란 무엇인가?

국제금융시장이란 국제적으로 자금의 대차가 지속적으로 이루어지는 장소 또는 거래메커니즘을 말한다(제1장 제1절 참조). 이 시장은 거주성이나 장소적 구분을 초월하여 나라 간에 장단기자금의 거래가 지속된다는 특징이 있다. 국제금융시장에는 각 나라의 중앙정부, 지방정부, 정부기관, 중앙은행 등 공적기관 외에도 상업은행을 비롯한 증권, 보험회사 등 금융기관과 기업, 연금기금, 헷지펀드, 국부(國富)펀드 등 헤아릴 수 없게 많은 기관과 회사들이 참여하고 있다. 그리고 이들의 거래를 중개하는 딜러와 브로커들도 큰 역할을 하고 있다.

국제금융시장의 기능은 여러 가지이다.

① 국제대차 결제: 국제간 재화 및 용역거래와 자본거래의 결과로 이미 발생되어 있는 국제간 채권 · 채무를 원활하게 결제하여 준다.

② 국제무역금융 지원: 국제간 상품 및 용역과 수출입 금융을 지원해줌으로써 국제교역을 촉진한다. 수출입금융은 수출입업자 간의 직접금융보다 금융기관의 중개를 통한 간접금융 중심으로 이루어진다.

③ 세계금융자산의 배분: 국제적으로 자금대여자에게는 최대의 수익을 보장하는 최적자산배합을 가능케 하고 자금 차입자에게는 최소의 조달비용으로 최대의 유동성을 확보할 수 있는 최적자금조달배합을 가능케 한다. 금융공학

발전과 정보통신 기술의 혁신에 기초한 금융기법의 고도화는 다양한 헷징이나 재정거래의 기회를 제공하면서 금융자산의 보다 효율적인 배분을 촉진한다.

④ 국제유동성의 과부족조절: 원활한 국제금융거래는 국제수지불균형으로 국제유동성 부족을 겪는 나라들의 문제를 해결해 준다. 1970년대 세계석유파동 때에 비산유국들의 유동성 부족이 국제금융시장을 통한 석유달러 환류로 해소된 것은 좋은 예이다.

⑤ 국제자금 및 위험관리: 국제은행 및 다국적기업의 국제자금관리상 필요한 각종 금융수단과 기법을 제공하고 파생금융상품의 개발을 통하여 환율 및 금리변동위험 등을 관리 가능케 한다.

2. 국제금융시장의 기본이론

국제금융시장에서 가장 중요한 가격변수는 환율이다. 환율은 다른 거시경제변수들과 긴밀한 연관성을 가지면서 변동한다. 특히 관련 나라의 상대적 인플레이션율과 금리의 변동률과 높은 상관관계를 갖는다. 이들 주요 변수 간의 평가관계(parity relations)는 차익거래에 기초한 시장 내에서 상호균형 관계로서 국제금융시장 구조의 골격을 이룬다. 이에 관한 이론이 바로 국제평가이론(international parity theory: IPT)이다.[1)]

IPT는 실물시장, 외환현물 · 선물시장, 금융시장 등에서 결정되는 가격변수들 간의 균형관계를 설명해 준다. 구체적으로는 (i) 화폐시장의 하나인 현물환시장에서 결정되는 환율변동률과 실물시장에서 결정되는 예상인플레이션율 차이 간의 관계는 구매력평가이론(PPPT)에 의해서, (ii) 현물환시장에서 결정되는 현물환율변동률과 금융시장에서 결정되는 국내외 금리차이 간의 관계는 국제 Fisher효과(international Fisher effect: IFE)에 의해서, (iii) 선물환시장에서 결

1) 차익거래(arbitrage)는 재정거래라고도 하는데 일물일가법칙(一物一價法則; the law of one price)이 성립되지 않는 경우, 비싸게 평가된 대상을 매각(shortsale)하고 상대적으로 싸게 평가된 대상을 매입하여 자기 돈을 투자하지도 않고 위험부담 없이 확실한 이익을 얻으려는 거래기법이다(이를 공짜점심(free lunch) 또는 돈기계(money machine or money pump)라고 한다).

그림 10-1 국제평가이론(IPT)의 체계

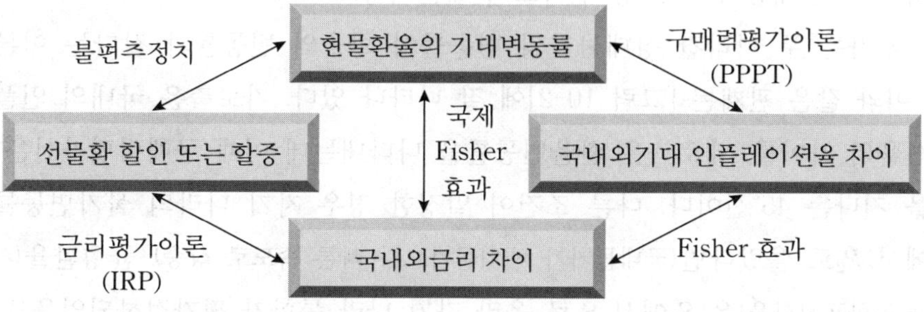

정되는 선물환율 프리미엄 혹은 할인과 금융시장에서 결정되는 국내외 금리차이 간의 관계는 금리평가이론(interest rate parity: IRP)에 의해서, (iv) 현물환시장에서 결정되는 미래현물환율과 선물환시장에서 결정되는 선물환율 간의 관계는 선물환평가이론(forward parity theory: FPT)에 의해서 각각 설명되고 있다.

IPT는 다음 몇 가지 가정 아래 설명된다. 첫째, 어떤 나라에서나 구성내용이 하나의 유일한 상품 내지는 재화의 묶음이 존재하며, 나라간 상품이동이 자유롭고 즉각적이며, 운반이나 관세 등의 거래비용의 부담없이 이루어질 수 있다.

둘째, 장단기 금융 및 외환 시장이 완전하여 관련된 정보취득이 누구에게나 쉬워서 정보의 비대칭문제가 없고, 자본이나 외환의 국제적 이동에 대한 규제, 세금 및 기타 거래비용이 없다.

셋째, 미래의 경제변수 추정과 관련된 불확실성이 없는 확실성의 세계이거나 혹은 불확실하다 하더라도 경제주체들이 위험중립형이다.

(1) 구매력평가이론(PPPT)

우리는 제6장 제1절 환율결정이론편에서 절대적 및 상대적 구매력평가이론을 살펴보았다. 전자의 경우 국내물가와 외국물가는 정확히 말하면 같은 상품이 같은 비율로 구성되어 있는 같은 상품바스켓의 가격이어야 한다. 그러나 이것은 현실적으로 적용되기는 어렵다. 그 이유는 나라간 교역에는 수송비는 물론 관세 및 비관세장벽과 같은 상품이동의 제약이 있고 국내 및 외국 물가의 바스켓 내용과 구성 등이 다르기 때문이다.

후자는 두 나라간 상대물가의 변동률이 환율의 변동률과 같다는 이론이다. 이와 같은 관계는 [그림 10-2]에 잘 나타나 있다. 가로축은 국내의 인플레이션율의 차이를, 세로축은 환율변동률을 나타내는데 이때 구매력평가선은 원점을 지나는 45°선이다. 다른 조건이 일정한 경우 자기 나라의 물가변동률이 P_1에서 P_2로 올랐다면(국내물가가 해외물가보다 빠른 속도로 상승) 균형환율(자기 나라 통화표시환율)은 S_1에서 S_2로 올라 자기 나라 통화가 평가절하되었음을 의미하게 된다.

구매력평가선은 상대물가의 변동이 없을 경우에도 구조적 또는 기술적 요인에 의하여 위·아래로 이동할 수 있다. 즉, 기술 혁신에 의한 생산성 제고, 원유 등 새로운 자원의 발굴 · 생산, 관세 등 무역정책의 변화 그리고 독자적 자본유출입 및 국내외 금융자산에 대한 수요변화 등에 의하여 독자적으로 상하로 이동할 수 있다.

1) PPPT의 제약성

PPPT는 기본적으로 상대가격의 변동을 화폐적 현상으로 설명하는 이론이다. 현실적으로 성립하기 어려운 것은 기술진보 등과 같은 구조적 요인에 의해서도 상대가격이 변동할 뿐만 아니라 상품시장과 외환시장에서 가격조정 메

그림 10-2 환율변동률과 국내외 인플레이션율

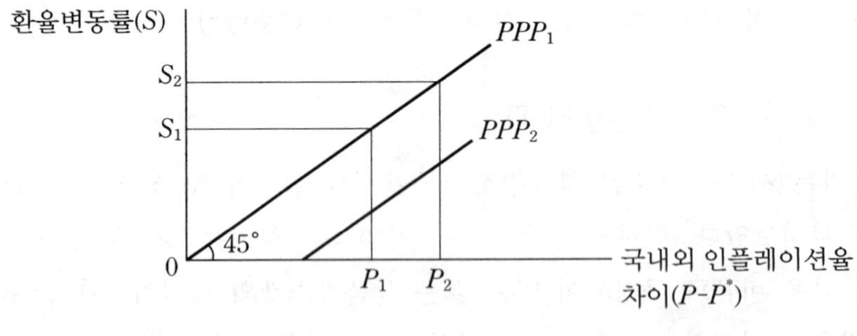

커니즘이 다르기 때문이다. 이를 구체적으로 살펴보면 첫째, 외환시장에서 환율변동은 미래사태에 대한 시장기대에 큰 영향을 받는 반면 물가변동은 과거나 현재의 수급상황 또는 과거의 거래계약에 상대적으로 큰 영향을 받는다.

둘째, 교역상품과 비교역상품 간의 생산성 및 기술격차의 확대나 실물부문의 구조변동이 상대물가의 변동을 초래하기도 한다.

셋째, 독자적인 자본이동이나 경상수지의 변동이 환율에 영향을 주고 있다.

넷째, 상품시장과 외환시장에서의 가격이 균형가격에 접근하는 데는 두 시장 간의 조정시차가 있다. 즉, 상품시장에서는 생산시설의 조정이나 재정거래의 제약성 등으로 균형가격으로의 접근속도가 상대적으로 느리다. 반면 외환시장에서의 환율은 단기적으로 각종 정보에 민감할 뿐만 아니라 일부 투기적 요인도 가세하여 훨씬 빠르게 움직인다.

J. A. Frenkel(1985)은 주요국을 대상으로 물가변동과 주가 및 환율변동의 정도를 비교 · 분석하였는데 상품시장의 가격변동에 비하여 금융자산인 주식이나 외환의 가격변동폭이 큰 것으로 나타났다. 이에 따라 영국, 프랑스, 독일의 대미달러 환율이 이들 나라의 대미 상대소비자물가에 비하여 큰 폭으로 변동하여 단기적으로 구매력평가이론의 성립에 제약이 있음을 보여 주었다.

2) PPPT의 유용성

위에서와 같은 몇 가지 제약에도 불구하고 PPPT는 장기적인 환율예측이나 사후적인 평가조정 기준으로 이용되고 있다. V. K. Ranganathan(1983)는 주요국 통화의 구매력평가환율과 실제환율의 변동 행태가 장기적으로는 대체로 수렴하는 움직임을 보여 장기적 관점에서는 PPPT가 대체로 적용될 수 있음을 입증했다.

PPPT에 의한 환율예측에 있어서는 물가나 금리수준 그리고 국제수지 등 기초경제 여건이 가급적 균형상태에 접근되어 있는 시기를 기준시점으로 선정하는 것이 합리적이다. 아울러 교역상품의 가격변동을 정확히 반영할 수 있는 적정한 가격지수를 이용하여야 하는데, 여기서는 생산자물가지수, 소비자물가지수, 수출입가격지수 등이 이용되고 있다.

생산자물가지수는 소비자물가지수에 비하여 교역재의 비중이 상대적으로 높다는 이점이 있다. 그러나 1980년대 후반 이후 나라 간에 서비스 상품의 교역이 크게 늘어난 데다 임금, 금리 등 요소가격이 소비자물가변동에 영향을 받고 있다는 점에서 구매력평가환율의 산정시에는 소비자물가지수가 보다 중시되고 있다.

(2) 국제Fisher효과(IFE)

이 효과는 두 나라 간의 명목금리 격차가 환율의 기대변동률과 같음을 설명한다. 이들의 관계를 식으로 표시하면 다음과 같다.

$$i - i^* = \frac{E(S_{t+1}) - S_t}{(S_t)} = S^e \qquad (10\text{-}1)$$

i : 국내명목금리, i^* : 외국명목금리
S_t : t시점의 환율, $E(S_{t+1})$: $t+1$시점의 기대환율
S^e : 환율의 기대변동률

IFE에 따르면 고금리상태에 있는 자기 나라 통화표시 채권금리와 다른 나라 통화표시 채권금리와의 격차가 일정시점에서 5%포인트만큼 확대될 경우 자기나라 통화는 연중 5% 평가절하된다. 이와 같은 관계는 투자자가 장래 평가절하가 예상되는 통화표시 증권에 투자할 때 이 증권의 금리가 다른 나라 통화표시 증권 금리보다 환율하락 기대폭만큼 상승함으로써 예상되는 환차손을 금리차익으로 보상받을 수 있기 때문에 생겨난다.

[그림 10-3]에서 가로축은 환율의 기대변동률(S^e)을, 세로축은 두 나라 간의 금리차를 표시하고 있다. 이때 IFE는 원점을 지나는 45°직선(F_0)이다. 지금 일정만기 증권의 국내금리(i)가 해외금리(i^*)보다 높은 상태에서 그 격차가 IA_1에서 IA_2로 커지면 이 기간중 환율의 예상변동률은 S_1^e에서 S_2^e로 되어 결국 국내통화가 ($S_1^e - S_2^e$)폭만큼 평가절하될 것으로 기대한다. 한편 투자자가 두 나라 간의 금리차 외에 투자소득에 대한 세율상의 차등요인 등으로 특정통화를 계속 선호(또는 기피)하게 된다면 IFE 직선은 F_0로부터 F_0'로 이동하게 된다.

그림 10-3 국제 피셔(Fisher)효과

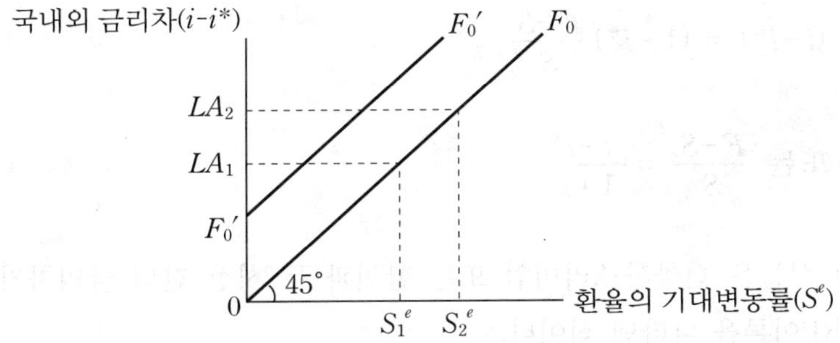

일부 학자들의 실증적 분석에 의하면 IFE의 이탈이 선진국에서보다는 개발도상국에서, 그리고 선진국의 경우에는 장기분석보다 단기분석에서 이탈현상이 뚜렷하게 나타났다. 이것은 기업이 보유한 외화자산 · 부채의 환위험이 단기적으로 크게 노출될 수 있지만 장기적으로는 구매력평가나 국제Fisher효과가 적용됨으로써 그만큼 축소될 수 있음을 뜻한다.

(3) 금리평가(IRP)이론

IRP이론은 나라 간의 자본이동에 규제가 없는 완전한 국제금융시장에서 두 나라 간의 금리격차는 선물환프리미엄 또는 할인과 같다는 이론이다. 이때 거래비용이나 과세문제 등은 고려되지 않는다. 예를 들어 지금 한국의 투자자가 원화 100만원을 투자하고자 할 경우 그는 먼저 미국과 한국 간의 금리격차와 환율변동을 예상한 환차익을 고려하여 유리한 시장을 선택할 것이다. 투자자의 입장에서 보면 두 시장에서의 운용수익이 같게 될 때 두 나라 간의 자금이동은 그친다. 이와 같은 균형관계를 식으로 표시하면 다음과 같다.

$$[1 + i] = \frac{1}{S}[1 + i^* \cdot F] \tag{10-2}$$

i, i^*: 국내 및 외국통화

S: 현물환율, F: 금리선물환율

위 식의 양변에서 $(1+i)$를 차감하여 정리하면 다음 식을 얻는다.

$$(i-i^*) = (1+i^*)\frac{F-S}{S} \qquad (10\text{-}3)$$

$$\text{또는 } \frac{F-S}{S} = \frac{i-i^*}{1+i^*} \qquad (10\text{-}4)$$

위의 식들은 선물환프리미엄 또는 할인과 두 시장 간의 금리차가 균형을 이루는 IRP이론을 나타낸 식이다.

한편 IRP식에서 한국의 입장에서 본 해외금리(i^*)가 아주 낮은 경우에는 $1+i^*=1$이 되어 이 식은 다음과 같은 식으로 나타낼 수 있다.

$$\frac{F-S}{S} = i-i^* \qquad (10\text{-}5)$$

여기서 선물환율과 현물환율과의 격차인 스왑레이트는

$$F-S = S(i-i^*)$$

로 표시되어 현물환율에 두 시장 간의 금리차(연율)를 곱함으로써 스왑레이트가 산출될 수 있음을 알 수 있다.

그러나 금융시장의 완전성을 전제로 한 IRP이론의 성립은 현실적으로 여러 가지 요인에 의하여 제약을 받고 있다. 많은 학자들은 (i) 거래비용의 존재, (ii) 정치적 위험, (iii) 자본이득과 이자소득에 대한 세율의 차이, 그리고 (iv) 국내외증권 간의 유동성격차 등을 지적하고 있다.

한편 J. A. Frenkel과 R. M. Levich(1983)의 실증분석에 의하면 주요 나라 간의 단기 금리격차에 기초한 IRP의 성립 정도는 유로시장에서의 금리평가에 비하여 상대적으로 낮게 나타났으며, 금리자산의 만기가 장기일수록 IRP이론의 적용에 상당한 제약이 있음을 보여 주었다. 유로시장에서 3개월만기 유로달러화와 유로마르크화, 유로엔화 그리고 유로달러화와 유로캐나다달러화 간의 금리평가는 거의 성립된 반면, 유로달러화와 유로리라화 간의 IRP는 상당한 이탈현상을 보인 것으로 나타났다.

(4) 선물환평가이론(FPT)

FPT에 따르면 선물환프리미엄 또는 할인은 현물환율의 기대변동률과 같다. 이때 선물환율은 미래 현물환율의 불편예측치(unbiased predictor)가 될 수 있다. 이러한 관계를 식으로 표시하면 다음과 같다.

$$\frac{F_t - S_t}{S_t} = \frac{S^e_{t+1} - S_t}{S_t} \qquad (10\text{-}6)$$

또한 FPT에서는 선물환율이 미래의 현물환율과 같음을 뜻한다. 이러한 조건이 성립하기 위해서는 (i) 금융시장이 완전하여 모든 거래가 통제나 규제가 없는 상태에서 자유스럽게 이루어질 수 있을 뿐만 아니라, (ii) 거래비용이나 과세요인이 고려되지 않고, (iii) 시장이 효율적이어서 이용 가능한 모든 시장정보가 시장가격에 즉시 반영되며, (iv) 미래에 대한 확실성이 보장되어야 한다.

R. M. Levich(1983)는 선물환율의 예측력을 실증적으로 분석하기 위해 독일마르크화와 일본엔화 등 주요 통화의 현물환율의 월변동률과 1개월 선물환의 프리미엄 변동추이를 비교하였다. 이 분석결과를 보면 마르크화와 엔화의 선물환프리미엄과 이들 통화의 현물환율변동률이 상당한 괴리를 보임으로써 선물환율의 예측력이 크게 제약되어 있음을 보여주었다.

또한 국제통화기금(IMF)의 실증분석에 의하면 7개국 주요 통화의 3개월 선물환율과 3개월 후에 실제로 실현된 현물환율과의 1일 오차를 보면 캐나다 달러화를 제외한 모든 통화의 선물환율이 6% 수준의 상당히 높은 오차를 보인 것으로 나타났다. 이와 같은 현상은 현실적으로 선물환율의 환율 예측력이 상당히 제약되어 있음을 말해주는 것이다.

3. 최근의 접근이론

(1) 통화론적 접근

제6장 제1절 환율결정이론에서 보았듯이 변동환율제도 아래에서 국제수지의 불균형은 통화나 국제준비자산이 국제적으로 이동하지 않아도 환율변동에 의해 자동적으로 조정된다. 환율이 변동하면 국내물가가 변동하고 그 결과 국제수지조정이 이루어진다. 예를 들면, 과도한 통화량으로 인한 국제수지 적자의 결과 그 나라의 통화는 자동적으로 평가절하된다. 이에 따라 통화의 초과공급이 충분히 흡수될 때까지 물가가 오르고 통화수요가 늘어나 자동적으로 국제수지 적자가 해소된다.

한 나라의 실제 환율은 그 나라와 다른 나라의 통화량 및 실질소득의 증가율의 격차에 의해 결정된다. 다른 나라에서는 통화량, 실질소득 및 통화수요의 증가율이 0인 반면, 국내에서는 통화량의 증가가 실질소득 및 통화수요의 증가를 초과하면 국내 물가 및 환율은 올라간다.

통화론적 접근방법에 따르면 한 나라의 통화량이 과다하게 늘어나면 그 나라의 통화는 평가절하되는 반면, 통화량이 충분히 늘어나지 않으면 그 나라의 통화는 평가절상된다. 실질소득이나 통화수요에 비해 통화량이 빠른 속도로 늘어나 인플레이션 압력이 존재하는 나라에서는 환율이 오를 것이고, 반대로 다른 나라보다 낮은 인플레이션 압력을 받는 나라에서는 환율이 내려갈 것이다. 글로벌 통화론자들에 따르면 1970년대에 미국의 달러화가 평가절하되고 독일 마르크화가 평가절상된 이유는 미국에서는 통화가 과도하게 늘어나 인플레이션 압력이 컸던 반면 독일에서는 통화 증가율이 낮아 인플레이션 압력이 낮았기 때문이라고 한다.

관리변동환율제도 아래에서는 통화당국이 자기 나라 통화의 과다한 가치변동을 방지하기 위해 외환시장에 개입하며, 그 과정에서 준비자산이 늘어나거나 줄어든다. 이 제도에서는 국제수지 적자의 일부분은 통화의 평가절하에 의해 자동적으로 조정되는 한편 나머지 부분은 국제준비자산의 감소에 의해 조정된다. 결론적으로 한 나라의 통화량은 국제수지 적자에 의해 영향을 받으며 국내통화정책의 효과는 부분적으로 상실된다. 관리변동환율제도에서는 한 나라의 통화량이 외국의 과도하거나 불충분한 통화증가에 의해 영향을 받는데 그 정도는 고정환율제도의 경우보다는 약하다.

(2) 자산시장 접근

자산시장 또는 포트폴리오 접근방법은 국내채권 및 해외채권이 불완전 대체재임을 가정하고, 각 나라의 금융자산에 대한 총수요와 총공급 또는 저량을 균형시키는 과정에서 환율이 결정된다고 본다. 따라서 자산시장 접근방법은 통화론적 접근방법을 보다 현실적이고 바람직한 방향으로 변형시킨 것이라고 볼 수 있다.

단순한 자산시장 모형에 의하면 개인이나 기업은 그들의 금융자산을 국내통화, 국내채권 및 외화표시 해외채권으로 조합하여 갖는다. 채권을 갖는 이유는 이자수익 때문이다. 그러나 이들 채권은 채무불이행 및 가격변동위험을 수반한다. 국내 및 해외채권은 완전대체재가 아니며 해외채권은 국내채권과 비교하여 추가적인 위험이 있다.

국내통화를 보유하면 위험은 없지만 이자수익을 얻을 수 없다. 따라서 국내통화를 갖는 데 드는 기회비용은 채권을 가짐으로써 얻을 수 있는 이자이며, 채권에 대한 이자가 높을수록 개인이나 기업이 보유하려는 통화량은 줄어들 것이다.

어느 특정시점에서 개인들은 각자의 선호도와 위험회피 성향의 정도에 따라 각자의 금융자산을 통화와 채권으로 보유하려고 할 것이다. 개인이나 기업은 금융자산의 일부를 통화의 형태로 보유하는데 주로 지급수단으로 쓰기 위해서이다. 이러한 선택은 국내통화와 채권 일반에 국한된 것은 아니고 국내통화, 국내채권 및 해외채권에 대한 선택의 문제가 된다. 외화표시 해외채권은 다른 나라 통화가 평가절하되면 채권 보유자의 국내통화로 표시했을 때 자본손실이 발생할 수 있는 위험이 따른다.

한 나라에서 수익률하락과 같은 교란이 다른 나라에서 동시에 발생할 가능성은 별로 없으므로 해외 채권을 가지면 위험을 분산시킬 수 있다. 따라서 금융 포트폴리오에는 국내통화 및 해외채권이 포함될 것이다. 포트폴리오 보유자의 기호나 선호, 금융자산 규모, 국내 및 해외 금리, 다른 나라 통화의 미래가치에 대한 예상, 국내 및 해외의 기대 인플레이션율 등이 주어졌을 때 포트폴리오 보유자는 그의 만족을 극대화할 수 있는 선택을 한다.

위의 요인들 중 어느 한 가지라도 변화하면 포트폴리오 보유자는 자기의 포트폴리오를 재편성하게 되어 최적 포트폴리오가 새롭게 구성된다. 예를 들어 국내 금리가 오르면 국내채권에 대한 수요가 늘어나고 해외채권 및 국내통화 수요는 줄어든다. 투자자들이 해외채권을 매도하고 국내채권을 보유하기 위해 외환을 국내통화로 환전함에 따라 환율은 내려가게 된다.

한편 자산이 늘어나면 국내통화, 국내채권 및 해외채권에 대한 수요가 늘어나고 이때 투자자들이 해외채권을 매입하기 위해 다른 나라 통화를 매입함에 따라 환율은 오르게 된다. 자산시장 모형에 의하면 각각의 금융자산에 대한 수요와 공급이 일치할 때 각 금융시장에서 균형이 이루어진다. 자산시장 접근방법을 포트폴리오 접근방법이라고 하는 이유는 투자자들이 금융자산을 분산되고 안정된 포트폴리오의 형태로 보유하기 때문이다.

국내 금리보다 해외 금리가 더 오르든, 투자자들의 금융자산이 늘어나든 투자자들의 해외채권 수요가 늘어나면, 다른 나라 통화 수요가 증가하여 환율은 올라간다. 반대로 국내 금리가 해외 금리보다 높거나 투자자들의 자산이 줄어들어 해외채권을 매도하면 외환공급이 늘어나 환율은 내려간다. 따라서 각 금융시장이 균형을 이루어가는 과정에서 환율이 결정됨을 알 수 있다.

(3) 과잉조정(over-shooting) 현상

금리, 기대, 부(富) 등이 변화하면 균형이 교란되며 이에 따라 투자자들은 금융자산을 재조정하므로 새로운 균형이 생긴다. 이러한 조정은 포트폴리오를 구성하는 다양한 금융자산의 저량변화를 수반한다. 포트폴리오를 구성하는 금융자산의 총저량은 장기간에 걸쳐 축적되었기 때문에 투자자들의 저축이나 투자를 통한 연간 유량에 비해 규모가 매우 크다. 또한 어느 시점에서 투자자들의 포트폴리오를 구성하는 금융자산의 총저량의 규모가 클 뿐만 아니라 다양한 금융자산 보유에 따른 이익과 비용에 영향을 미치는 금리, 기대 및 기타 요인들이 변화하면 투자자들이 신속하게 균형 포트폴리오를 조정하기 때문에 금융자산의 저량 역시 즉각적으로 변동된다.

예를 들어 예상치 못한 통화량의 증가로 인해 한 나라의 금리가 즉각 내려갈 수 있다. 모든 시장이 균형상태에 있었다면, 앞에서 설명한 바와 같이 국내금리가 내려갈 때 투자자들은 국내채권 대신 국내통화나 해외채권을 가지려고 할 것이다. 이러한 저량 조정은 그 규모가 크며 즉각적으로 또는 단시간 내에 발생한다. 이는 한 나라의 통화가 평가절하된 결과 발생하는 상품 무역의 유량 변화와는 대조적이다. 따라서 금융자산의 저량 조정은 보통 무역의 유량 조정보다 규모가 크고 신속하게 발생한다.

이와 같은 점은 환율의 결정과 변동에 중요한 의미를 가진다. 예상치 못한 통화량의 증가와 이로 인한 금리 하락의 결과 투자자들은 해외채권의 저량을 늘리려 하기 때문에 해외채권의 수요가 대규모로 신속하게 증가할 것이다. 이로 인해 국내통화가치는 즉각 평가절하되며 무역량의 변화와 같은 실물시장의 점진적 소규모 변화를 압도할 수 있다.

장기적으로는 실물시장의 변화가 환율에 영향을 미칠것은 확실하지만, 단기나 초단기에는 환율의 변동이 금융자산의 저량 조정이나 기대의 효과를 대부분 반영할 것이다. 만일 실물부문이 금융부문과 같이 즉각적으로 반영한다면 환율의 과잉조정현상은 나타나지 않을 것이다.

이와 같이 장기균형으로 조정되는 과정에서 환율이 단기적으로 장기균형 환율을 과잉조정하는 현상을 설명할 수 있다. 무역의 유량 조정은 시간이 지남에 따라 점진적으로 발생하기 때문에 단기나 초단기에는 환율 조정의 부담을 대부분 금융시장이 떠안게 된다. 따라서 금융시장이 신속하게 다시 균형을 찾기 위해서는 환율이 과잉조정될 수밖에 없다. 시간이 지나면서 실물부문에서 발생하는 조정의 효과가 누적됨에 따라 환율은 반대방향으로 변화하며 과잉조정이 해소되게 된다.

(4) 미인투표 현상(paradox of beauty contest)

이 현상은 자산가격 형성의 문제점을 설명하기 위해 Keynes가 이용한 우화이다. 미인대회 심사위원은 자신의 미인관에 비추어 후보자 순위를 결정하는 것이 아니라 대중의 순위를 예상하여 평점을 준다. 외환시장에서 투자자들은 환거래를 통한 이익을 올리기 위해 자신이 옳다고 믿는 모형을 근거로 행동하는 것이 아니라 대다수의 사장참여자들이 어떻게 생각하고 있는지에 대한 시장동향(market consensus)에 투자판단의 기준을 둔다는 것이다.

개별 투자자가 기초경제 여건을 참고하여 자기 나라 통화가치의 강세를 예상했다 하더라도 다른 투자자들이 약세를 예상하여 그 통화를 지속적으로 매각한다면 실제로 통화가치는 떨어지게 된다. 결국 자신도 자기 나라 통화를 매각하지 않으면 손실을 입게 된다. 따라서 시장 전반의 기대심리가 실제 시장을 움직이게 되고(self-fulfilling prophecy현상) 결국 환율은 기초경제 여건과 괴리될 수 있다.

(5) 계열상관(fads)

자산시장에는 다른 사람에게는 무의미하다고 생각되는 뉴스나 정보에 바탕을 두어 기대형성을 하는 잡음(noise) 투자자가 있다고 알려지고 있다. 실제 많은 투자자가 객관적인 기초경제 여건에 포함되지 않는 특정한 뉴스나 정보를 고려하여 환투기를 행하면 환율이 그 영향을 받아 결정되고 그것이 다른 투자자의 주목을 모으고 해당 뉴스와 정보가 시장의 대세를 지배할 수 있다.

이처럼 투자자가 주목하는 뉴스, 정보는 변덕스러운 유행처럼 이동하는 경우가 있을 수 있다. 그러한 것들이 기초경제 여건에 포함되지는 않지만 일정한 상관관계를 갖는 정상적인 변수일 때 이를 계열상관(fads)이라 부른다. 투자자가 이러한 요인을 중시하여 기대를 형성하면 환율은 그 영향을 받아 움직인다. 그리고 그와 같은 요인이 변덕스러운 유행처럼 다음으로 이동하면 그것에 따라 환율도 어지럽게 변동한다.

참고 10-1 폭락의 수요일(Black Wednesday)

(1) 유럽환율조정기구(European exchange rate mechanism: ERM)는 1979년 발족 이래 1992년 8월까지 12차례에 걸쳐 회원간의 환율 재조정이 있었으며 1990년 1월의 부분적인 환율재조정을 끝으로 몇 년 간은 안정적인 상태를 유지하였다. 그러나 1992년 9월 들어 ERM체제는 흔들리기 시작했다. 이는 나라간 경제력 격차에 더하여 유럽 경제 · 통화동맹 실현에 대한 불확실성 그리고 통일 이후 독일과 다른 EC국가 간에 거시경제정책의 상호 협조가 더욱 어려워진 것이 주된 요인이었다.

(2) 1980년대부터 ERM제도의 운영에 있어 주도적인 역할을 해온 독일은 재정적자 누증, 통화량 급증, 임금인상 등으로 인플레 압력이 가중되자 1991년 초부터 연방은행의 재할인금리와 Lombard금리를 4차례에 걸쳐 인상하는 등 고금리정책을 폈었다. 이 과정에서 다른 EC국가들은 ERM의 기축통화인 독일마르크화와의 중심환율을 유지하기 위해 경기침체에도 불구하고 금리를 인상하지 않을 수 없었다.

(3) Maastricht조약비준*을 위한 덴마크 국민투표가 부결(1992년 6월)된 데 이어, 프랑스 국민투표(1992년 9월 20일)를 앞두고 그 결과에 대한 의구심이 점증하면서 ERM 일부통화에 대한 평가절하 압력이 가중되었다. 특히 경제정책에 대한 대내외 신뢰도가 상대적으로 취약할 뿐만 아니라 재정적자 및 인플레면에서 단일통화 이행요건에 크게 미달하는 이탈리아와 1990년 하반기 이후 부(-)의 성장에서 벗어나지 못하고 있는 영국, 그리고 ERM 가입역사가 짧은 스페인이 고통스러웠다.

(4) 해결의 실마리가 보이지 않은 가운데 외환시장에서 약세통화의 대량 매각이 발생하면서 1992년 9월 13일 이탈리아 리라화의 7% 평가절하에 이어 9월 14일에는 독일의 소폭적인 금리인하 조치가 있었다. 그러나 독일의 금리인하가 예상보다 소폭에 그쳐 9월 15일부터 영국 파운드화, 이탈리아 리라화, 스페인 페세타화가 다시 급격한 약세를 나타냈다.

(5) 이에 따라 중앙은행들의 외환시장개입이 이루어졌으나 환투기자들의 약세통화 투매를 제어하지는 못하였다. 영국은 9월 16일 하룻동안 2차례에 걸쳐 minimum lending rate를 10%에서 12%로, 다시 15%로 인상하였다. 각국의 금리조정에도 불구하고 파운드화와 리라화 등의 투매현상이 계속됨으로써 이들 통화는 결국 ERM 내의 하한환율을 더 이상 유지할 수 없게 되었다.

(6) 1992년 9월 16일(수)-Black Wednesday-에는 영국이 그리고 9월 17일(목)에는 이탈리아가 ERM에서 잠정 탈퇴하고 스페인(페세타화)은 5%의 평가절하를 단행하였다. 프랑스 프랑화도 투매의 대상이 되면서 절하 압력이 가중되자 중앙은행은 독일 연방은행과 함께 공동시장개입에 나서는 한편 프랑스 상업은행에 대한 단기대출(5~10일)금리를 10.5%에서 13%로 인상하였다.

(7) 이와 같은 EC 각국의 외환시장 방어조치에 힘입어 프랑화가 안정을 회복하고 파운드화와 리라화도 종전보다 크게 절하된 수준에서 대체로 안정됨으로써 ERM위기는 일단 고비를 넘기게 되었다.

*1991년 12월 네덜란드의 Maastricht에 모인 EC 12개국 정상들은 유럽경제통화동맹(European Monetary Union: EMU)과 유럽정치동맹(European Polition Union: EPU)의 실현을 위해 유럽연합조약(treaty on European union) 체결에 합의했다. 연합조약을 통상 마스트리히트조약이라고 하며 이 조약은 각국의 비준절차를 거쳐 1993년부터 발표되었다.

제2절 국제금융시장의 구조

국제금융시장은 크게 국제통화시장과 국제외환시장으로 구분한다. 전자는 만기 1년 이하의 단기자금이 거래되는 국제단기금융시장(international money market)과 1년 이상의 중장기 자금이 거래되는 국제자본시장(international capital market)으로 나눈다. 국제자본시장은 다시 중기자금의 대차가 이루어지는 국제대출시장(international credit market)과 장기자금의 대차가 이루어지는 국제채시장(international bond market)으로 나눈다. 이외에 국제대출의 재원이 되는 국제예금시장이 있다([그림10-4] 참조). 국제외환시장은 국내금융시장에서와 같이 외환(이종통화)이 거래되는 국제금융시장을 말하는데 장소적으로는 국제통화시장과 개념을 같이한다.

최근 들어서는 국제금융시장을 유로금융시장(Euro financial market: EFM)이

그림 10-4 국제금융시장의 구조

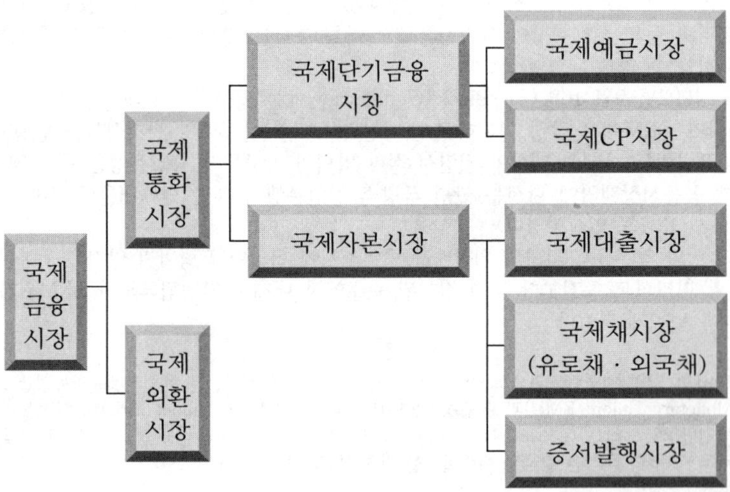

라고 일컫고 있다. 그 이유는 유로통화(Euro currency) 또는 유로달러를 대상으로 한 장·단기금융시장인 EFM이 온 세계에 펼쳐 있기 때문이다. 유로통화란 통화 발행국 이외의 지역에 예치되어 있는 발행국통화이다. 유로달러란 달러의 발행국인 미국 이외의 지역에 소재하고 있는 은행에 예치되어 있는 달러자금이다.

따라서 EFM은 어떤 통화가 그 발행국 이외의 지역에 있는 은행에 예치된 자금으로 장·단기금융이 이루어지는 시장이다. 미국달러자금을 조달 · 운용한다면 그 시장은 유로달러시장이다. 마찬가지로 유로파운드, 유로마르크, 유로엔 등 여타통화에 대해서도 EFM이 형성된다. 싱가포르, 홍콩 등 아시아지역 국제금융센터의 은행에 예치된 달러예금은 아시아달러(Asian dollar)라고 부른다. 그러나 넓은 의미로는 아시아달러도 유로달러에 포함된다.

EFM은 대표적인 통화가 미국달러이므로 유로달러시장이라고까지 불리고 있다. 이 시장은 1950년대 후반에 런던과 파리를 중심으로 자연발생적으로 생겨났다. 1980년대 이후에는 독일마르크, 일본엔 등 신용도 높은 통화도 유럽지역 상업은행에 예금되고 대출되는 등 규제도 국경도 없는 EFM에서 자유롭게 움직이고 있다. 이들은 유로마르크(Euro mark) 또는 유로엔(Euro yen)으로 불리며 유로달러와 함께 유로통화에 포함되고 있다.

이와 같은 EFM 말고 최근에는 역외금융시장(offshore financial market: OFM)이 발전하고 있다. OFM이란 비거주자를 상대로 한 국제금융시장을 말한다. "Offshore"가 연안으로부터 떨어져 있는 해역이란 뜻이듯, 이 시장은 소재국의 규제대상에서 대부분 제외된다는 점에서 EFM의 한 부분을 형성한다고 할 수 있다. 그러나 역외금융시장은 반드시 거래대상이 비거주자이어야 한다는 점에서 거주자와의 거래도 포함하는 EFM에 비해 그 범위가 좁다.

1. 전통적 국제금융시장

금융시장은 정도의 차이는 있지만 항상 국내금융과 국제금융이 혼합되어 있다. 이에 따라 특정 금융시장에서의 국제금융부문이 차지하는 비중이 상대적으로 작은 경우 국내금융센터로, 상대적으로 큰 경우 국제금융센터로 분류한다.

전통적 금융센터는 강력한 국내경제력을 바탕으로 국내자본의 (순)수출 기능을 담당해 온 금융센터를 일컫는다. 이 범주에 속하는 센터들로는 런던, 뉴욕, 프랑크푸르트, 동경, 취리히 등을 들 수 있다.

프랑크푸르트나 동경은 1980년대 후반 이후 유로화 및 엔화의 강세통화 전환으로 국제통화시장으로서의 역할이 한층 높아지고 있으나 아직까지 국제금융시장으로서 충분히 발전된 상태라고 하기는 어렵다. 왜냐하면 독일과 일본은 거액의 국제수지흑자를 보이고 있으나 국제자본거래에 있어서 전통적 주도성을 갖지는 못하고 있기 때문이다. 유로화 및 엔화는 지금까지는 무역거래결제 등에 있어 기축통화로서의 충분한 신뢰를 확보하지는 못하고 있다.

국제금융센터는 국제금융의 비중에 따라 다시 기장센터와 기능적 센터로 구분된다. 일부 작은 섬나라 또는 도시국가들은 금융거래의 기록을 위한 장소를 제공한다. 이러한 기장센터에서는 실제적인 금융거래는 거의 일어나지 않는다. 단순히 거래내역의 기장처리(booking)만을 전담하는 금융센터로서 각종 세금혜택, 금융규제 회피, 거래비밀보장 등의 목적으로 활용된다.

이들 센터에 진출해 있는 금융기관은 명목상의 기업(shell corporation)에 불과하며 실제적인 금융거래는 모두 국제금융센터에 소재하는 모회사에서 이루어진다. 이러한 기장센터의 대표적인 예로서는 Bahama, Cayman Islands, Isle of Man 등을 들 수 있다.

기장센터와는 대조적으로 실제적인 금융서비스를 제공하는 센터들을 기능적 센터라고 한다. 이 센터는 다시 전통적 금융센터(traditional financial center)와 역외금융센터(offshore financial center)로 나눈다. 역외금융(offshore banking)이란 비거주자 간의 금융만을 말하는데 금융거래에 거주자가 개입되는 역내금융(onshore banking)과는 다른 개념이다.

(1) 런던금융시장

런던금융시장은 19세기 후반부터 약 150년에 걸쳐 성장 · 발전해 온 시장이다. 무역금융, 외환, 주식, 보험, 기장(記帳) 등이 잘 발달되어 있어서 국제금융센터로서의 조건을 골고루 갖춘 세계적인 금융시장이다. 이 시장은 지리적으로 런던의 동남부에 위치한 약 1평방 마일의 런던(City of London) 소재 금융시장이다. 대부분의 금융회사 본점과 현지에 진출한 외국금융회사의 지점이나 자회사들이 이곳에 자리잡고 있다.

런던금융시장은 성문법(成文法)에 의한 경직된 규제없이 자율규제의 전통이 관행으로 지속되고 있다. 그러나 영국정부가 1986년 12월 「금융서비스법」을 성문화하는 한편 증권업무의 대변혁이라는 뜻의 증권시장 개혁(big bang)을 이루어 런던금융시장의 활성화를 가져왔다.[2] 특히 1992년 유럽단일시장 형성 이후에도 과거의 기능과 역할을 계속 유지하기 위해 런던금융시장은 국내 금융회사들의 현지법인과 합작은행 신설을 활발히 추진하는 등 기반확충을 도모하고 있다.

런던금융시장에서의 은행간 대출금리인 Libor(London inter-bank offered rate)는 오늘날 가장 중요한 국제금융시장의 기준금리로 통용되고 있다.[3] 그러나 은행간 거래에 Libor가 획일적으로 적용되는 것은 아니다. 거래은행의 신인도에 따라 소수의 일류은행은 은행간 예치금리인 Libid(London inter-bank bid rate)로 조달하거나 offer와 bid의 중간금리인 Limean으로 조달하기도 한다. 신인도에 따라 위험부담료 성격의 가산금리를 차등적용하는 거래가 있는가 하면 같은 시각에도 서로 다른 금리가 적용되기도 한다.

현재 런던금융시장은 전통적인 금융시장과 평행시장(parallel money market)으로 구성되어 있다. 1950년대 초까지만 하더라도 전자는 잉글랜드은행, 할인

---

2) Big bang이란 '우주를 탄생시킨 대폭발'이라는 뜻인데 요즈음은 금융규제완화 또는 금융혁신을 뜻한다. 금융기관들의 경쟁력 제고 및 금융시장의 기능강화를 위하여 영국에서 단행된 증권매매 위탁수수료의 자유화와 증권산업의 재편성 등 대폭적인 제도변경을 가리킨다. 주요 내용으로는 (i) Jobbers와 Broker를 겸업할 수 있는 이중자격제도로의 전환, (ii) 최저 증권매매수수료제를 폐지한 수수료의 자유화, (iii) 개인에 국한되었던 회원제도를 완화하여 법인회원의 가입을 허용, (iv) 국채발생시 인수판매제도를 개선하여 국채시장의 활성화 도모, (v) NASDAQ시스템을 본뜬 증권가격자동고시제도(SEAQ)의 도입 · 운영 등이다. 최근 들어서는 대형은행들이 증권회사를 소유하고 금융자본의 집중과 거대화 현상이 급속도로 진행되는 것을 말하고 있다.

3) Libor는 은행간시장의 대출금리로 1986년부터 공식적으로 산출 · 공표되고 있는데 모두 1일물, 1주일물, 1~12개월물 등 15종의 금리로 구성된다. 매 영업일 오전에 14개 은행이 제시한 금리중 상·하 3개씩을 제외한 나머지 8개를 산술평균하여 오전 11시에 발표한다.

상사(discount houses) 및 상업은행(clearing banks) 등을 중심으로 콜머니, 상업어음 및 무역어음의 할인시장을 주축으로 운영되었다. 1960년대 이후 유로달러시장의 급격한 성장과 함께 평행시장이 빠르게 발전되고 있다.

평행시장은 (i) 유동성 포지션을 조절하기 위하여 초단기(overnight)자금, 콜론·콜머니 등 단기자금의 거래가 이루어지는 은행간 대차시장과, (ii) 스털링 및 달러표시 양도성 예금증서시장, 지방정부예금시장, 할부판매회사의 금융전담 금융회사가 자금조달 목적으로 예금을 받아들이는 금융회사예금시장(inter-company market) 등을 포괄한다.

평행시장의 급속한 규모 증대는 할인시장의 거래가 유(有)담보인 데 반해 평행시장의 거래는 무(無)담보거래이고, 할인시장의 금리가 신사협정이지만 영국중앙은행(Bank of England)에 의해 사실상 규제되고 있는 데 반해 평행시장의 금리는 자유화된 것 등에 기인한다. 이 밖에도 평행시장에 대한 시장참여가 보다 자유롭고 해외로부터의 자금 조달이 쉽다는 점도 그 이유로 꼽을 수 있다.

최근 유로달러시장을 중심으로 한 평행시장의 발전과 더불어 런던금융시장에서는 400~450개 외국은행이 영업중이다. 유로채 발행 및 유통거래의 75%가 런던의 유로머니시장에서 거래되고 있으며 1일평균 외환거래량이 세계외환거래량의 약 30%에 상당하는 3,000억 달러에 이른다. 나아가 약 1,300억 달러의 상호펀드(mutual fund)가 운용되고 있는 등 명실공히 세계적인 금융시장으로서의 역할을 하고 있다.

(2) 뉴욕금융시장

미국은 1913년 연방준비제이사회(FRB)를 설립하는 외에 런던에 집중되어 있는 은행인수어음업무를 뉴욕으로 가져오기 위해 정책적으로 지원하는 등 국제금융업무 활성화를 꾸준히 추진해 왔다. 그러나 국제금융시장으로서의 면모는 제2차 세계대전 이후에야 갖추어졌다. 전쟁을 치르면서 최강의 나라가 된 미국의 경제력을 바탕으로 한 Bretton Woods체제는 국제통화로서의 달러화를 중심으로 한 금융시장의 발전을 당연시하게 되었다. 그 소산물이 뉴욕금융시장이라고 해도 무방하다.

미국은 뉴욕을 국제금융시장의 중심지로 발전시키기 위해 외국은행들에게는 미국내 다른 洲(state)로의 진출금지 규제를 적용하지 아니하였다. 이 덕택에 외국은행들은 미국의 어느 주에서도 지점을 개설하면서 국제금융업무를 선도할 수 있었다. 그러나 이러한 차등대우는 형평원칙에 어긋날 뿐 아니라 경쟁에서 불리해진 국내은행들의 강한 반발에 부딪쳤다. 1978년「국제은행법」(International Banking Act)의 제정으로 외국은행도 미국의 특정 주를 본점소재주(home banking state)로 지정하게 함으로써 미국내 은행과 같은 규제를 받도록 하였다.

1980년대 들어 미국정부는 국내은행들의 경쟁력을 높이기 위해 다른 주에서의 영업을 점차 허용하기 시작하였다. 만성적인 국제수지적자 누증에 따른 자본유출과 국내자금의 유로시장에로의 이탈이라는 이른바 금융의 공동화현상이 발생하자 유출된 자금을 재유입하고 국내금융시장의 활성화를 도모하기 위하여 1981년 12월에는 국제은행기구(international banking facilities: IBF)라는 역외금융제도를 도입하였다.

1990년대 이후 파생금융시장의 발달과 미국 경제호황에 힘입어 뉴욕금융시장은 세계 최대 금융시장으로서의 지위를 견고히 하고 있다. 이와 같은 시장발전은 상당기간 지속될 것으로 예상된다. 그 배경을 보면 첫째, 미국달러화는 국제금융시장에서 가장 활발히 거래되는 기축통화(key currency)이다.

둘째, 미국은 외환관리를 채택하고 있지 않는 나라이다. 그리고 거주자예금과 비거주예금 간에 대우상 어떠한 차별도 두지 않고 있다.

셋째, 뉴욕금융시장은 비거주자에 대해 국제결제의 장소일 뿐 아니라 세계에서 가장 큰 자금운용의 장소이기도 하다.

넷째, 뉴욕금융시장은 국제적인 자금조달의 장소이기도 하다. 비거주자는 잉여자금을 제2선(線) 준비로서 각 투자대상물에 투자하고 있으나 만일 자금부족이 발생하면 이 투자대상물을 매각하든지 아니면 다른 방법으로 필요자금을 조달할 수 있다.

2. 역외금융시장(OFM)

역외금융시장은 비거주자들에게 금융서비스를 제공하기 때문에 거래통화도 주로 비거주자 고객의 소속국 통화 또는 세계 주요국의 통화이다. 이런 의미에서 역외금융은 유로금융과 혼용되기도 하는데 양자는 개념상 약간의 차이가 있다. 유로금융은 거래가 일어나는 나라와 거래통화(법화)의 나라가 서로 다른 거래이므로 대개 거래된 통화의 정부 및 통화당국의 규제를 회피하기 위해 발생한다. 역외금융시장에서의 거래에는 소재국의 여러 가지 법적 규제가 면제된다. 외국은행지점의 설립 및 경영상의 자유재량폭 확대인정, 예금에 대한 지급준비금 적립감면, 외환관리법의 적용면제, 외국은행 지점 등에 대한 법인세 감면, 예금주에 대한 이자소득세의 원천징수(withholding tax)면제 등이 주요 사례이다.

지난 30년간 OFM은 빠르게 성장하였다. 지금은 국제금융거래의 50% 이상이 이 시장을 통하여 이루어지고 있다. 그러나 최근 들어 역외금융시장의 역할이 줄어들고 있다. 이는 금융규제완화의 진전, 금융선진국들의 세율 인하, 파생금융상품의 발전, 일부 선진금융시장에 대한 집중심화 등으로 역외금융시장의 비교우위가 상대적으로 낮아지고 있기 때문이다.

역외금융시장은 조세피난지(tax haven)와 구별된다. 조세피난지는 배당에 대한 원천세 등에 대해 경감 또는 면제해 줄 뿐만 아니라 은행 및 기업의 비밀을 보장해 줌으로써 다른 나라의 금융기관 또는 기업을 유치하여 그 나라의 고용과 소득을 증대시키고자 하는 나라, 도시 또는 지역을 의미한다. 그러나 조세피난지 그 자체가 역외금융시장이 되는 것은 아니다. 조세피난지가 역외금융시장이 되기 위해서는 자본거래, 외환거래 등이 자유로워야 하고 지급준비율, 예금보험, 예금금리 등에 대한 규제가 없어야 한다.

역외금융시장에서의 국제금융업무는 예금 및 대출의 은행업무만을 취급하는 경우가 있고 그 외에 채권의 발행 · 매매 등 증권업무까지 포함하는 경우도 있다. OFM이 은행업무만 포함하느냐 아니면 증권업무까지 포함하느냐 하는

것은 그 나라의 금융관행에 달려 있다.[4)]

한편 역외금융시장은 다른 국제금융시장과 달리 국가경제의 발전에 수반된 자연발생적 시장이 아니고 정부의 시장육성 노력에 따라 정책적으로 개발된 성격이 짙다. 따라서 다음과 같은 구비요건을 그 발전의 필요요건으로 한다. 첫째, 금융의 자유화가 이루어져야 한다. 여기에는 외국은행의 설립, 자본의 유출입, 외환거래, 은행경영 등에 대한 자유화를 포함한다.

둘째, 자금거래비용이 낮아야 한다. 이를 위해서는 지급준비 의무의 감면, 예금보험의무의 철폐, 조세상의 우대조치, 이자소득세 감면 등이 있어야 한다.

셋째, 정치적 · 경제적 · 사회적 안정을 유지해야 한다. 돌연한 정치 · 경제적 변동 또는 변혁으로 민족주의가 대두하여 외국자산에 대한 특권의 폐지, 조세우대조치의 철폐, 해외송금 금지, 외국인 자산의 몰수 또는 국유화가 일어날 위험이 있다면 역외금융시장은 형성될 수 없다.

넷째, 주요 국제금융시장과 밀접한 관계를 맺고 있어야 한다. 예컨대 뉴욕, 런던 등의 국제금융시장과 지리적으로 인접해 있거나 긴밀한 관계가 있어야 한다. 이들 시장으로부터 각종 정보를 신속히 수집하고 또한 이들 시장에서 그 자금을 활용할 수 있기 위해서는 주요 국제금융시장과 깊은 연대를 가지고 있어야 할 것이기 때문이다.

(1) 주요 역외금융시장

역외금융시장은 런던, 룩셈부르크, 스위스의 Liechtenstein, 영국 근해의 Isle of Man, 미국 IBF, 카리브해 연안의 바하마, 버뮤다, 케이만군도, 파나마, 네덜란드령 Antilles제도, 동경 JOM, 싱가포르, 홍콩, 중동의 바레인에 이르기까지 전세계적으로 넓게 퍼져 있다. 우리나라도 1988년 1월부터 미국형태의 역외금융시장을 창설하여 운용하고 있으나 그 규모는 매우 작다.

---

4) 미국과 같이 은행의 겸업주의를 금지하는 경우 OFM이 전적으로 은행업무에 국한되어 있다. 반면 영국 또는 룩셈부르크의 경우와 같이 은행의 겸업주의를 허용한 경우는 증권업무까지 겸업하고 있다.

1) 싱가포르 역외금융시장

싱가포르는 아시아달러시장의 중심지로서 1968년 11월 이른바 아시아통화계정(Asian currency unit: ACU)의 설립을 인가하여 비거주자 예금의 이자지급에 대한 과세를 폐지하면서 역외금융시장으로 출범하였다. 그리하여 동남아 지역의 대표적 역외금융센터로 발전하고 있다. 시장규모는 2007년 말 현재 약 4,400억 달러(추정)로 대외자산을 보유하고 있는 180개 은행이 역외금융업무를 취급하고 있다.

싱가포르 역외금융시장이 발전할 수 있는 요인은 무엇일까? (i) 급속한 경제발전을 보이고 있는 동남아시아에 근접한 데다 사회간접자본이 충실하고, 숙련된 노동력이 풍부하다. (ii) 일반 법인소득세는 33%인 데 반해 역외거래에서 발생한 소득세는 10%에 그치는 등 세제혜택이 크다. (iii) 세금협약을 체결한 나라에 대해서는 역외예금에 대한 이자의 원천징수세를 감면한다. (iv) 역외예금에 대한 지급준비금 및 유동성 비율 준수 의무가 면제된다. (v) 통화당국이 엄격한 감독 및 통제제도를 유지하고 있는 것 등을 그 요인으로 들 수 있다.

2) 미국의 역외금융시장(international banking facilities: IBF)

이 시장은 미국 내의 비거주자를 대상으로 한 역외금융시장으로서 FRB가 1981년 12월부터 그 설립을 허용하였다. 미국은 은행이 증권업무 등 여타업무를 겸업할 수 없기 때문에 IBF는 반드시 예금의 수취 및 대출에 관련된 은행업무에 국한되고 있다. 미국의 예금취급기관, 외국은행의 미국내 지점 또는 대리점, Edge Act 또는 Agreement Corporation은 모두 IBF를 설립할 수 있다. IBF의 설립을 위해서는 특별히 공식적인 신청이 필요한 것은 아니고 그 설립을 FRB에 통보하고 기장, 회계처리 및 보고의무 등에 관한 FRB의 각종 규제를 준수할 것을 약속하면 된다.

IBF 거래는 예금, 차입, 투자(placement) 및 유사형태로 이루어지는데 만기에 대해서는 제한을 두고 있다. 예금주가 비거주자 금융기관인 경우에는 익영업일 결제도 가능하게 하여 만기에 아무런 제한이 없으나 비은행 비거주자인 경우에는 최저 만기 또는 최저 통지일이 2영업일 이상이어야 한다. 비은행 고객인 경우 거래금액은 최저 10만 달러가 되어야 하나 거래주체가 은행인 경우에는 금액상의 제한이 없다. 물론 IBF는 요구불예금을 취급할 수 없다. CD나 BA와 같은 양도가능증서도 발행할 수 없다. 만일 이러한 증서의 발행을 허용했을 경우 그것이 거주자에게로 양도되는 것을 막을 길이 없기 때문이다.

IBF는 비은행 비거주자 고객에 대해 자금을 대여해 줄 수 있는데 반드시 그 자금은 미국 이외의 지역에서 사용되어야 한다. 비은행 비거주자 고객으로부터 예금을 받을 수 있지만 그 예금자금은 반드시 미국 이외의 지역에서 사용되지 않으면 안된다. 이와 같이 운용범위를 엄격하게 규제하는 것은 IBF를 통상적인 국내금융과 완전히 분리시킴으로써 국내통화정책의 효율성을 높이고자 하는 데 그 목적이 있다.

3) 일본의 역외금융시장(Japan offshore market: JOM)

일본 정부는 1986년 12월에 동경 JOM을 설치하였다. 일본경제의 급성장과 경제대국으로의 부상, 외국으로부터의 일본시장 개방압력, 국제통화로서의 일본 엔화의 지위향상 등이 배경으로 작용하였다. JOM에는 외국환공인은행 중에서 일본 재무부의 승인을 받은 은행만이 참여할 수 있다. JOM의 거래상대방은 일본 국내소재 은행과 외국환은행의 특별금융계정, 해외소재은행(일본의 외국환은행 및 증권회사의 해외현지법인, 외국환은행의 해외지점을 포함), 외국정부, 세계은행 등 공적기관, 외국법인(일본기업의 해외현지법인 포함) 등이다. 반면 비거주자 중에서 개인 및 일본기업의 해외지점은 거래대상에서 제외된다.

외국환공인은행은 거래를 위하여 JOM거래계정의 B/S계정으로 특별국제금융계정(JOM special A/C)을 신설한다. 이 계정의 결제를 위해서는 별도의 계리 목적으로 특별금융계정의 상대계정과목으로서 일반계정 내에 특별국제금융이체계정도 신설해야 한다.

JOM의 자금조달은 원칙적으로 비거주자 및 타외국환은행의 특별금융계정으로부터의 비결제성 예금 및 차입금에 한정하되 최저 예입기간은 2일 이상이고, 최저 예입금액은 1억엔 이상이다. 표시통화로는 엔화 또는 다른 나라 통화가 가능하다. 자금운용은 비거주자와 다른 외국은행의 특별금융계정에 대한 대출과 예치금에 한정한다. 비거주자가 발행하는 유가증권의 매입에는 사용할 수 없다. 대출자금은 국내유입 방지를 위해 국외의 영업활동에 한해서만 사용하여야 한다. JOM과의 거래시 일반계정과의 거래는 차단되며 거래 상대방이 은행, 외국정부 및 공적기관이 아닌 경우 비거주자임을 확인할 의무가 있다.

이와 같은 JOM에 대해 일본정부는 금리규제, 지급준비금 및 예금보험 등의 적용을 면제하는 한편 예금이자소득에 대한 원천세를 면제하여 금융, 세제상 우대하고 있다. 한편 JOM은 일본국내경제에 미치는 영향을 최소화시키기 위해 미국의 IBF와 같이 엄격한 내외분리원칙을 채택하고 있다.

4) 홍콩의 역외금융시장

홍콩은 싱가포르와 더불어 아시아의 주요 역외금융시장으로서 유로공동융자, 기금운용 및 주식거래에 특화되어 있으며 중국투자의 교두보 역할을 하고 있다. 특히 유로공동융자의 지역중심지로서 아시아지역 대출의 50%를 차지하고 있는데, 중국에 대한 금융중개기능이 활발하다.

한편 홍콩은 1998년 7월 영국으로부터 중국에 반환된 이후에도 중국의 세계금융시장 진출 거점으로서 중요한 역할을 수행하고 있다. 여전히 국제금융센터의 지위는 유지되고 있는 셈이다. 그러나 지난 몇 년 동안 홍콩주식시장의 눈부신 발전에도 불구하고 지역자본시장으로서 역할은 아직도 미미하다.

(2) 역외금융시장의 문제점

역외금융시장에서의 국제금융활동은 세제상의 우대조치, 외환관리 및 지급준비금 부과의 철폐, 은행규제의 완화 등을 배경으로 자금의 원활한 수급을 통한 효율성 제고라는 긍정적인 측면이 있다. 그러나 다국적은행이나 다국적기업이 비윤리적 영업활동을 할 수 있는 소지를 다분히 가지고 있어 부정적인 측면도 없지 않다.

역외금융시장은 건전한 금융시장발전에 악영향을 미칠 위험성이 있는데 그 이유를 찾아보면 다음과 같다. 첫째, 역외금융시장의 은행들은 거주자와의 자금거래가 대부분 금지되어 있지만 국내금융업무와 역외금융업무의 겸업을 허용하는 나라에서는 국내금융의 건전성을 저해할 가능성이 있다. 특히 투기성 자금의 유출입이 극심한 시장에서 이러한 위험은 크다.

둘째, 조세피난지로서의 역할이다. 개발도상국의 경우 대부분의 역외금융시장은 조세피난지의 기능을 하고 있는데 그것이 자기 나라의 금융발전보다는 선진국의 단순한 조세피난지로서의 역할에 그쳐 그들에 예속될 위험이 크다.

셋째, 국내금융정책을 교란시킬 위험이 있다. 역외금융시장의 경우 조세피난지를 따라온 도피성 자금이 대량으로 유입 · 축적될 수 있다. 이 자금이 금융감독의 범위를 벗어날 때에는 국내통화금융정책의 시행을 교란하는 요인으로 작용할 위험이 크다. 만일 이러한 자금이 국내금융시장으로 흘러들어 올 경우 통화금융정책은 중대한 차질을 빚게 될 것이다.

넷째, 역외금융시장의 시장위험 등 각종 위험이 오히려 높을 수 있다. 역외금융시장은 시장에 대한 규제가 없고 거액의 자금이 자유로이 드나들기 때문에 순식간에 자금경색 현상이 일어나는 등 시장위험이 상대적으로 높다.

다섯째, 금융범죄가 일어날 수 있다. 역외금융시장은 조세피난지 성격을 악용한 탈세자금, 금융규제 · 감독의 부재에 따른 불공정금융거래 등 제반 금융범죄가 생겨날 가능성을 배제할 수 없다.

제3절 유로금융 및 외국채시장

유로금융시장(EFM)은 다음의 4개 시장으로 나눈다. (i) 1년이내의 자금이 거래되는 유로단기금융시장(Euro currency market: ECM 또는 Euro money market: EMM), 유로예금시장(Euro deposit market: EDM), 유로CP시장, (ii) 1년 이상의 중·장기대출이 행해지는 유로대출시장(Euro credit market: ECM), (iii) 중·장기 채권발행과 그 유통이 이루어지는 유로채권시장(Euro bond market: EBM) 그리고 (iv) 유로노트시장(Euro note market: ENM)과 중기사채시장(medium term note market: MTNM)이 있다. 외국채시장은 각 나라에서 발행되어 국제금융시장에서 거래되고 있다.

1. 유로예금시장(EDM)과 기업어음(CP)시장

EDM은 유로예금의 창출과 함께 형성되는 시장이다. 예금은 유로통화의 발행국 내의 은행에 예치된 자금을 발행국 이외의 지역에 소재하는 은행으로 단순히 이체시킴으로써 창출된다. 유로달러예금을 예로 들면 다음과 같다. 미국 뉴욕에 있는 Citibank당좌예금계정에 예금을 가지고 있는 A가 100만 달러를 인출하여 런던소재 유로은행인 Barclays은행에 정기예금으로 이체하고자 한다고 하자. 이때 A가 인출한 100만 달러는 수표나 기타 방법으로 Citibank로부터 빠져나와 Barclays로 이체된다. Barclays는 Citibank의 거래계정에 100만 달러를 개설하게 되는데 바로 이 순간 유로달러예금이 창출된다. 즉 미국 내에 있던 달러표시예금 100만 달러가 그 통화의 발행지가 아닌 런던에 있는 은행에 예치된 것이다.

이와 같이 창출된 유로달러예금은 기업 또는 개인에 대한 대출 또는 은행간 재예치 등으로 활용되는데 이 중에서도 은행간 재예치가 가장 큰 비중을 차지한다. 일차적으로 조성된 유로예금은 유로은행의 신용을 바탕으로 보다 높은 금리를 주는 다른 은행으로 재예치되는데 이러한 과정이 연쇄적으로 진행되어 유로예금의 규모를 크게 한다. 이와 같은 유로예금의 연속적 확대현상을 뾰족탑(pyramiding)이라 부른다.

유로금리는 당해 통화의 국내금리와 밀접한 관련이 있다. 국제자본이동이 완전히 자유로운 상태에서는 유로금리와 국내금리 간에 괴리가 발생할 이유가 없다. 그러나 현실적으로 유로금리는 국내금리와 어느 정도의 격차를 두고 움직인다. 뿐만 아니라 유로시장 자체의 자금수급사정, 외환관리 등을 비롯한 여러여건 변화로 독자적인 움직임을 보이기도 한다.

일반적으로 유로달러의 예금 금리는 미국 국내예금 금리보다 높다. 왜냐하면 달러자금을 가진 투자자들은 미국내 예금보다 국가위험이나 신용위험이 높은 유로예금에 대해 일정수준 이상의 수익률을 요구하기 때문이다. 또한 유로예금에 대하여는 국내예금에 부과되는 지급준비금 및 예금보험료 등의 부담이

없으므로 최소한 부담비용 절약분만큼 높은 금리를 제시할 수 있기 때문이다.[5)]

유로예금시장은 주로 은행간 자금거래가 국제적으로 이루어지는 도매시장이다. 예금거래는 대부분 중개인을 통하여 이루어진다. 최소 거래단위는 100만 달러인데 1,000만 달러나 1억 달러를 넘는 경우도 있다. 유로예금시장은 일원적 감독기관이 존재하지 않는 시장의 성격상 금리규제나 지급준비 등의 의무가 없으며 거래기간에 대하여도 시장외적인 제약이 없다. 실제로 최단 1일 만기부터 5년 만기까지의 금리가 고시되고 있으나 유로예금거래의 절반 이상은 1일 내지 3개월 만기이다.

유로예금거래의 경우 실제적인 자금예입은 예금거래 성립 후 2영업일째에 이루어진다. 예외적으로 1일 만기거래로서 overnight(당일 자금인도 · 익영업일 상환)거래 또는 tomorrow next(익영업일 자금인도 · 익익영업일 상환)거래도 있다. 유로예금거래의 자금결제일은 외환시장에서의 관행을 따르고 있다.

(1) 은행간 시장

은행간 시장에서 자금을 차입하는 은행은 예금을 수취한 것이 되고, 거래 상대은행은 대출을 한 것이 된다. 일반적으로 유로예금시장에서 지명도가 높은 대형 은행은 비은행고객의 예금을 유치하기가 쉬운 반면 지명도가 낮은 중소형 은행에서는 다른 유로은행으로부터 예치된 은행간 예금의 비중이 높다. 비은행고객예금이 은행간 예금보다 조달비용이 상대적으로 낮고 만기도 중장기적인 성격을 갖고 있어 자금차입자들이 선호한다.

은행간 시장에서의 유로예금거래는 거래은행들간에 직접 이루어지기도 하나 주로 유로예금 중개인들을 통해 이루어진다. 이들은 자신의 포지션을 가지고 거래하는 거래당사자가 아니다. 단지 거래의 중개역할만을 한 후 거래를 체결한 쌍방으로부터 각각 0.02% 정도의 중개수수료를 받는다. 반면 시장조성자는 대차스프레드(bid-offer spread)를 갖는 이중가격으로 호가한다. 매수호가는 거래담당자가 예금을 받을 때의 금리이고 매도호가는 대출할 때의 금리이다.

---

5) 1989년 이후 미국은 FRB의 Regulation D로 유로CD나 국내 CD의 구분없이 3%의 지급준비율을 적용하고 있다.

이 스프레드의 차이는 유로달러 거래에 대해 일반적으로 0.125%이다.

유로통화 특히 유로달러에서의 은행간 시장은 정기예금금리, 환율, 선도금리계약(FRA), 유로통화선물 등이 서로 연계되는 복잡한 시장이다. 은행간 유로달러시장은 시카고 상품거래소(CME)의 국제통화시장에서 유로달러선물계약이 거래되는 뉴욕시간 오전 8시 20분과 오후 3시 사이에 가장 활발하다.

미국에서 유로시장과의 자금거래는 뉴욕청산소(New York clearing house)를 통해 이루어졌는데 통상적으로 거래 확정 2일 후에 자금이 이체되는 불편함이 있었다. 이런 불편함을 없애고자 전산화 통신망을 갖춘 은행간 전산자금결제제도(clearing house interbank payment system: CHIPS)를 도입하여 미국 내에서 유로은행 간의 자금결제가 같은 날짜에 이루어지고 있다.

(2) 유로CP시장

국제CP시장은 1960년대 후반부터 형성되기 시작하여 1978년 이후 미국 및 유로CP를 중심으로 국제자본시장에서 비중이 크게 높아졌다. 1985년 중반까지 단기어음시장은 증서발행퍼실리티(note issuance facilities: NIF)가 주종을 이루었으나 그 후 단기어음의 발행이 급증함에 따라 각국의 금융당국이 규제를 강화하자 NIF시장이 위축되면서 금융기관들은 인수약정이 필요없는 CP 발행을 늘리기 시작하였다.

유로CP는 인수약정장치의 설정에 따른 비용과 기간이 절감되어 차입비용이 낮다. 특히 후원장치는 그만큼 금융회사의 채무액을 늘리게 되어 대출여력을 축소시키는 데 반하여 유로CP는 그러한 장치 없이 발행되므로 유로시장에서 더 큰 인기를 끌게 되었다. 최근 유로증서발행퍼실리티(ENIF)의 비중이 줄어들고 유로CP에 의한 차입비중이 커진 것은 바로 이러한 이유 때문이다.

2. 유로대출시장(ECM)

1950년대 이래 달러 유동성의 증대, 유럽각국 통화의 교환성 회복 등으로 유로통화시장이 급성장하였다. 이 시장의 성장 및 발달에 따라 공동융자시장이 1960년대부터 개설되었는데, 이 시장을 흔히 유로대출시장이라고 일컫는다. ECM은 일반적으로 은행차관의 형식으로 제공되고 있다. 유로시장은 원래 1년 이내의 단기자금시장으로 발전되었으나 다국적기업의 급성장, 정부기관의 차입 수요 증가, 개발도상국의 자금수요 증대 등을 반영 계속 신장하고 있다.

1970년대의 석유파동을 계기로 각 나라간 국제수지 불균형이 심화됨에 따라 석유수출자금 환류와 함께 유로대출시장은 급팽창하기에 이르렀다. 그러나 1980년대 중반 이후 석유자금 감소와 국제채시장의 발전으로 이 시장이 위축되는 현상을 보였다. 최근 들어 원유가 급등영향으로 석유자금이 다시 급증함에 따라 이슬람금융 내지 국부펀드 등으로 이어져 활황을 보이고 있다.

유로대출의 실체를 좀더 명확하게 알아보기 위해 유로달러를 예로 들어 유로중장기자금의 창출과정을 살펴보자. Citibank 런던지점이 한국의 '갑' 회사에 1,000만 달러를 대출해 주었다고 가정한다. 이때 대출자금은 '갑' 회사의 Citibank 계정에 입금된다. 그런데 이 회사가 대출자금 1,000만 달러를 아랍의 석유상(J. P. Morgan은행거래)에게 석유구입대금으로 지급하려고 할 경우 '갑' 회사가 Citibank 런던지점에서 1,000만 달러를 인출해야 한다. 이 지점은 뉴욕본점에 지급을 요청하게 되며, 뉴욕본점은 뉴욕연방은행(Federal Reserve Bank of NewYork)의 지급준비금 계정에 있는 자금으로 결제에 응한다.

이에 따라 Citibank의 뉴욕과 런던 간의 달러표시 본지점(本支店)계정상에 상쇄효과가 발생하며, 또 석유상의 거래은행인 J. P. Morgan은행의 본점과 런던지점간에도 반대방향의 상쇄효과가 발생한다. 여기에서 위 거래는 1,000만 달러가 Citibank의 FRB, NY 지급준비금 계정으로부터 J. P. Morgan은행의 지급준비금 계정으로 이체된 것에 불과한 것을 알 수 있다.

유로예금거래에서와 마찬가지로 유로중장기자금거래에 있어서도 예금 자체는 결코 미국지역을 벗어나지 않는다. 이와는 달리 아랍석유상이 받은 달러를 예입하지 않고 전액 인출할 경우 미국의 영역 밖으로 달러가 나갈 수 있으나 결과적으로는 나간 달러자금이 은행에 예입될 것이다. 따라서 미국 FRB에 예치된 지급준비금이 한 은행에서 다른 은행으로 이체된 결과만 낳게 된다.

유로달러의 대출금리는 일반적으로 미국 상업은행의 단기대출 실효금리보다 낮다. 이 금리는 대출기준금리(주로 prime rate)에 보상예금(compensation deposit) 비용과 외국계 은행에 대한 대출 가산금리를 합한 것을 말한다. 보상예금은 대출시 대출총액의 10~20%를 무이자로 예치토록 하는 강제예금이므로 차입자의 입장에서는 대출자금의 실효금리가 높아지는 셈이다.[6]

[표 10-1] 유로대출시장의 전환 과정

I 기간별		시장구분	전환요인
제 I 기	1970년~ 72년 말	대출자 시장	(제 I → II 기) 초기시장이 확대발전됨에 따른 시장 신뢰도 상승
제 II 기	1972년 말~ 74년 중반	차입자 시장	(제 II → II 기 I) (i) 1974. 6월 서독
제III기	1974년 중반~ 77년 중반	차입자 시장	Bankhaus Herstatt의 도산 (ii) 미국 Franklin National Bank의 도산
제IV기	1977년 중반~ 80년 말	차입자 시장	(제III→IV기) (i) 석유자금 환류과정에서 은행들의 성공적 역할수행으로 시장 신뢰감 회복 (ii) 서독계 및 일본계 은행이 유로시장에 대주로 진출
	1980년 말 이후	양극화 시장(Two-layered market) • 선진국: 차입자시장 • 개발도상국: 대출자 시장	(제IV→V기) (i) 1979. 7월 이란 자산 동결 (ii) 2차원 유가인상 여파로 개발도상국의 지급불능, 상환계획재조정(⇒국가위험도 재편성)
제V기	1984년 이후	양극화 시장의 확대 또는 삼극화	(제V기~) (i) 국제정세의 불안(중동, 아프간, 포클랜드 사태) (ii) 폴란드지급불능 사태, 중남미 국가채무 재조정, 필리핀 금융위기 등 (iii) 전세계적 경기불황에 따른 선진국과 개발도상국과의 차입 여건 변화 (iv) 선진국, 신흥공업국, 개발도상국의 3분화 (v) 개발도상국도 자원보유 개도국, 비자원 개도국으로 구분

6) 한국에서는 이를 꺾기예금이라 하여 금융감독원이 각 은행에 대해 금지사항으로 하고 있다.

유로시장에서의 자금거래는 특정통화의 가치하락 및 상승을 예상하여 이루어지는 거래(대부분 환투기성거래)로 금리요인이 거의 무시되고 있다. 그러나 시장소재국이 다른 데 따른 국가위험 또는 정치적 위험의 차이로 인하여 유로금리와 국내금리 간에 차이가 발생할 수도 있다.

공동융자(syndicated loan: SL)

제3장 제3절에서 설명한바 SL이란 다수의 대주(貸主)금융기관들이 차관단을 구성하여 공통의 조건으로 일정 금액을 대출하여 주는 그룹 또는 협조융자의 일종이다. 이는 간사은행에게 융자알선을 의뢰하는 교섭 의뢰서를 발급하고 그 은행이 차관단을 구성하여 대출하는 방법이다. 전통적인 상업은행의 대출 기능과 투자은행의 인수 기능이 복합된 것이라 할 수 있다.

SL의 특징으로는 첫째, 대규모성을 들 수 있다. 국제적인 은행차관단을 통하여 이루어지므로 공개시장모집(open market syndication)을 통한 광범위한 참여, 이의 계층화를 통한 능력별 인수, 경우에 따라 2차 협조(subsyndication)라는 유통시장의 형성 등을 통하여 차주는 거액차입이 쉽다. 차관단 규모는 차관금액에 따라 3~4 또는 6~7개 이상의 금융기관으로 구성된다.

둘째, 대주은행인 국제상업은행들은 주로 단기로 자금을 조달하나 유로시장의 풍부한 유동성 공급 및 단기금융의 roll-over 조작에 의하여 대출 만기가 5~10년의 중장기물이 대부분이다.

셋째, 차주의 높은 신용도와 국제간 담보관리의 어려움에 따라 물적 담보 없이 행하여지는 것이 관례이다. 계약서에는 채권보전을 위해 Negative pledge & pari passu clauses, Cross default clauses, Sovereign immunity 포기조건 등 강력한 법적 의무조항이 규정되고 있다. 신용도가 낮은 차주에 대하여는 금융기관의 지급보증, 계열기업 중 신인도가 높은 기업의 지급보증 또는 Letter of comfort가 요구되는 것이 일반적이다.

넷째, 금리위험의 회피 내지 관리수단으로 만기까지 금리를 고정시키지 않고, 매 이자지급기일(3개월 또는 6개월 단위)마다 당시의 은행간 금리(예: Libor)에 일정 가산금리를 연동시키는 것이 보통이다.

다섯째, 차관금액을 유로달러, 유로엔 등 주요 통화로 지정할 수 있다. 최근에는 공동융자 기법의 발달로 차관계약서에 복수통화 조항을 삽입하여 차관계약 기간 내에 1개의 통화가 아닌 복수통화를 수시로 인출 및 상환할 수 있게 되었다.

위와 같은 특징을 가진 SL은 차주가 차관계약의 성립 이후 미리 약정된 인출기간 동안 약정금액을 인출한다. 원금상환 역시 특정의 상환계획에 의한 분할상환방식으로 이루어지며 이자지급도 정기적으로 실시되는 중장기 대출방식을 취한다. 따라서 대출금의 분산과 이에 따른 위험 분산으로 대규모의 자금을 비교적 신속 · 용이하게 조달할 수 있으며 차입비용의 절감을 도모할 수 있다. 그리고 차입협상의 시기조정을 통하여 높은 신축성, 적응성을 기할 수 있다.

Syndication이란 특정은행이 차주은행의 융자요청에 따라 공동융자를 위한 차관단을 구성하는 작업을 말한다. 이 은행은 차주로부터 차관알선에 관한 교섭의뢰서를 받고 간사단을 조직하여 차관참여은행을 모집하고, 관련서류 및 계약서를 작성하여 차관계약을 성립시키는 일련의 작업을 맡는다. Syndication의 방법으로는 다음 세 가지가 있다.

① Private placement(club deal): 차관금액이 비교적 적은 경우나 차입조건의 공표가 불리한 영향을 미칠 것으로 판단될 경우 공개모집 과정을 거치지 않고 소수의 한정된 은행이 차관단을 구성하여 금액을 인수한다.

② Programmed approach: Syndication에의 초청은행을 차주와의 거래관계, 장래의 기채 전략을 고려하여 특정 은행에 한정시킨다.

③ Open market syndication: 거액의 차관 또는 참여은행 범위가 매우 큰 경우, 참여은행을 공개적으로 모집하는 방법으로 대부분의 SL은 이 방법에 의하여 모집된다.

Syndication의 소요기간은 차주, 금액, 시장상황 등에 따라 차이가 있으나 약 30~45일이 보통이다. 한국에서의 주요 절차는 [표 10-2]와 같다.

[표 10-2] 공동융자 일정 : 한국

1. 제1주(업무개시)
   - Marketing 및 Offer letter 접수
   - 정부 앞 사전신고
   - Mandate letter 발급
   - Syndication team 구성: 임무 부여
   - Time table 작성
   - Information memorandum(I/M) 작성 착수
   - 차관계약서 초안 작성: 법률고문(Legal counsel)
2. 제2주(Management group 구성)
   - Syndication list(초청대상은행 명단) 및 Invitation letter 작성
   - Managers meeting: 계약서(안), I/M(안), Invitation letter(안), Syndication list(안) 등 검토
   - Invitation letter 발송
   - I/M 초안 완성 계약서 및 I/M 초안에 관한 협의
   - 계약서 초안 완성(차입자, 간사단, 법률고문)
3. 제3주
   - Open market syndication 개시
   - 참여은행 앞 I/M 배포
   - 간사단 및 차입자 앞 계약서(안) 배포
4. 제4주
   - 참여은행 앞 계약서(안) 배포
   - Open market syndication 마감
5. 제5주
   - Signing ceremony 준비
   - Tombstone(안) 확정
   - 계약 서명식: 차관계약서 체결
   - 재정경제부 앞 계약체결 보고
   - Agent bank를 통한 자금인출(drawdown)

3. 유로채권시장(EBM)

EBM이란 중·장기 유로채권을 발행 · 인수 및 매매하는 국제장기자본시장을 말한다. 유로채권은 기채자가 유로시장을 통하여 2개국 이상의 채권인수업자들로 구성된 국제적 신디케이트(international syndicate)에 의해 인수 · 판매되어 2개국 이상의 시장에서 유통되는 채권이다.[7] 유로채권은 원칙적으로 소지인

7) 유로채권은 1963년 7월 이탈리아의 고속도로관리회사인 Autos-trade에 의해 처음으로 발행

식(所持人式)이므로 투자자의 내역은 알 수 없다. 물론 Syndicate단을 구성하는 금융기관은 신규발행시 최초매입자의 명세를 알 수 있으나 그 후에는 유통시장에서 자유롭게 거래되므로 투자자의 내역을 더 이상 파악할 수 없다.

유로채권시장의 차입자는 크게 공공부문과 민간부문으로 구분된다. 유로채권이 처음 발행된 1960년대 초에는 두 부문의 발행비중이 거의 비슷했으나 1960년대 후반부터 1970년대 중반까지는 민간부문의 비중이 약 60%로 커졌다. 이것은 1968년에 미국정부가 자본유출 억제조치를 취함에 따라 여러 다국적기업이 해외자회사의 소요자금을 유로채권시장에서 활발하게 조달하였기 때문이다.

그러나 1970년대 중반 이후에는 공공부문의 비중이 다시 50%를 웃돌게 되었다. 그 이유는 미국기업 등의 유로채시장 의존도가 낮아진 데다 각국 정부가 원유가격 급등에 따른 국제수지적자 보전을 위해 유로채권 시장에서의 차입을 늘렸기 때문이다.

차입자의 국별구성을 보면 초기에는 미국, 유럽제국, 일본, 호주, 뉴질랜드가 대부분을 차지하였다. 그 후부터는 미국의 비중이 줄어든 대신 아시아 및 중남미제국의 차입비중이 높아졌다. 특히 1980년대 후반부터는 일본이 미국을 제치고 세계 제1의 기채국으로 떠올랐다.

일반적으로 유로채권에 대해서는 약 1/4이 연금기금, 투자은행, 금융회사, 투자기금 및 중앙은행을 포함한 기관투자가들에 의하여 투자되고 있다. 나머지 대부분은 개인투자가들이 은행을 통하여 매입하는 것으로 추정되고 있다. 특히 스위스은행들이 유로채권시장의 주요 투자자인데, 이는 개인투자자들이 이 은행을 많이 이용하기 때문이다. 이러한 현상은 유로채권의 표시통화에 있어서 스위스프랑화 표시채가 크게 늘어난 것을 보아도 잘 알 수 있다.

(1) 유로채권의 발행절차

유로채권은 그 성격상 대부분 공모발행의 형식을 취하는데 다국적은행 및

되었다. 그 후 미국의 국제수지 적자누증과 자본유출규제 강화와는 달리 서구제국의 금융시장 개방, 외환규제 완화 또는 철폐 등에 힘입어 급속한 발전을 보게 되었다.

증권회사로 구성되는 인수단에 의하여 인수되어 국제적으로 판매된다. 유로채권발행 절차는 (i) 주간사기관을 선정하여 발행내용을 검토하는 준비단계, (ii) 발행공고와 함께 신디케이트단이 구성되는 모집기간, (iii) 발행가격이 결정된 후 채권을 판매하는 판매기간, 그리고 (iv) 발행자의 계정으로 발행대금이 입금되는 종료단계 등 4단계로 나뉘어진다.

먼저 준비단계는 채권발행자가 주간사기관과 발행교섭을 시작하는 시점부터 발행에 관한 모든 준비가 끝나 발행이 공고되기까지의 약 2~3주간이다. 주간사는 채권발행자에게 시장동향과 최근 발행된 채권의 가격조건을 설명하는 동시에 최선의 조건과 대안을 제시하고 양측이 협의하여 가장 합리적인 발행조건을 정한다. 발행금액, 만기, coupon, 발행가격, 수수료 등을 정하는 일이 선행된다. 가장 중요한 것은 coupon 및 발행가격의 조정을 통한 발행수익률 결정이다.[8)]

유로채권발행을 위한 신디케이트단은 주간사 외에 공동간사, 인수단 및 판매단으로 구성된다. 또한 채권발행에 필요한 수탁기관, 변호사, 지급대리인 등도 선정하여야 한다. 신디케이트단 구성방법에는 영국/유럽방식, 미국방식 및 사모방식 3가지 방법이 통용되고 있는데 영국/유럽방식이 전통적인 표준방식이다.

이들 3가지 방법은 기본적인 메커니즘은 비슷하나 발행자와 인수단 사이의 법적 관계가 약간 다르다. 영국/유럽방식에서는 채권발행자는 오직 간사단과만 거래를 하며 간사단은 발행자의 대리인으로 연대인수책임이 있다. 이에 반해서 미국방식에서는 간사단과 인수단이 통합되어 있으며 간사단은 인수단의 대표로서 개별적인 인수책임을 진다.

준비단계가 마무리되면 간사단은 주요 신문 등 각종매체를 통하여 기채자 이름과 발행예정조건, 발행일정, 간사단 등을 공표한다. 동시에 인수단과 판매단의 후보자에게 기채개요를 송신하여 신디케이트단 참여를 요청한다. 이때 기

---

8) 발행 당시의 동일만기 미국국채수익률에 일정 스프레드를 가산한 방식으로 이루어진다. 스프레드는 채권의 만기, 발행자의 신용도, 발행자의 국가위험도와 시장상황 등에 따라 달라진다.

제1과정	제2과정	제3과정	제4과정
발행자의 신용도조사	발행규모 및 조달자금의 용도검토	발행안의 제 시	잠 정 발행조건 결 정

채취지서 및 인수약정서의 초안도 송부된다. 그리고 주간사기관은 다음과 같은 과정을 거치면서 발행자와 잠정적인 발행조건을 결정한다.

다음으로 모집단계에서는 채권판매량을 예측해 가면서 실제로 시장에 내어 놓는다.[9] 판매기간중에는 본격적으로 채권발행이 시작되는데 채권발행 공고 후 채권인수단과 판매단이 정해져서 최종발행조건이 결정되며 판매업자에게 발행채권이 할당되기까지에는 통상 2~3주가 소요된다. 발행공고 후 발행자와 주간사는 판매촉진을 위한 여러 가지 활동을 전개한다. 주요 금융센터를 순방하여 채권발행자에 관한 설명회(road show)를 개최하며 최종투자가나 인수업자와 직접 접촉하여 잠재수요를 파악한다.

발행공고 후 신디케이트단 참여를 요청받은 은행, 증권회사는 기채내용, 시장의 반응, 투자자의 예상수요 등을 검토하여 참여 여부와 참여할 경우의 채권구입희망액 등을 주간사기관에 알린다. 구입희망액은 통상 실수요액보다 많은데 이는 적게 신청할 경우 차후의 신디케이트단에 참여하지 못할 것이라는 우려 때문이다. 이러한 과대평가된 수요에 따라 채권이 과다하게 할당되면 유통시장에서 투매현상이 일어나고 주간사기관뿐만 아니라 채권발행자의 대외신용에 큰 영향을 미치게 되므로 이의 정확한 분석이 필요하다.

간사단은 구입희망액을 집계, 분석한 후 채권발행자와 협의하여 최종적인 발행조건을 결정하는데 이때 회색시장(gray market)에서의 가격동향은 중요한

9) 이 모집기간중에는 발행공고와 함께 회색시장(grey market)에서 미발행채권의 거래가 시작되므로 주간사는 이 시장에 개입하는 등 거래가격을 안정시키는 노력을 기울여야 한다. 회색시장은 채권실물이 발행되기 전에 투자자들 사이에 채권 매수권리를 매매하는 '매수권 전매시장'이다. 선진국에서는 이미 활성화된 발행 및 유통시장의 중간단계 시장인데 매수자가 청약일과 납입일 사이에 금리변동 위험에 노출되는 것을 회피하기 위해 형성되었다.

참고자료가 된다.[10] 시장반응이 당초 예상과 달라 채권의 발행수익률을 조정하지 않을 수 없는 경우에는 발행가격을 조정하여 할증 또는 할인 발행한다. 발행조건에 대한 신디케이트단의 회답이 끝나면(거절시한이 경과하면) 발행 재계약이 이루어지고 동시에 인수단, 판매단에 대한 채권할당액을 통지한다(이것을 정식 발행일로 간주). 발행일에는 인수계약이 법적으로 효력을 발생하게 되는데 신디케이트단에 의한 판매활동이 개시되며 기채취지서, 인수계약서 등 정식서류가 인쇄 · 송부된다.

채권발행일 이후 발행종료일까지의 2~3주 동안 채권이 판매되는데 이 기간중에는 채권의 시장가격을 안정적으로 유지하는 것이 간사단의 중요한 역할이다. 한편으로 거래소 상장수속, 채권인쇄, 묘석 광고 등을 준비한다.[11] 가격안정화를 위해 주간사는 판매채권의 일부를 보유하여 투자가의 매입수요가 클 경우 시장에 직접 매출하거나 인수 · 판매단에 발행액 이상의 채권을 할당하여 일중 최고변동폭을 조정한다. 이와 같은 조치를 통하여 투기꾼들의 개입을 막고 유통가격의 급격한 변동을 방지함으로써 최종 투자자의 시장참여를 쉽게 하는 외에 채권발행자 및 주간사기관의 신인도를 유지할 수 있다.

판매기간중에는 주간사에 의해 형성되는 시장(통상 syndicate bid라고 함)과 신디케이트단 간에 이루어지는 시장 등 구제(救濟)의 시장이 형성된다. 전자는 가격안정화를 위한 시장이고 후자는 일부 기관이 판매하지 못한 채권을 주간사기관에 매각하면 차후에 신디케이트단 내에서 형성되는 시장이다.

인수 · 판매단으로부터 판매대금이 기채자의 계정으로 이체되고 동시에 신디케이트단에 채권이 인도됨으로써 모든 발행절차는 끝난다. 채권인도는 채권실물이나 국제통용채권에 의해 이루어진다. 후자는 인쇄미비 등으로 채권실

---

10) 채권이 발행되기 전에 채권거래가 이루어지는 선도시장(forward market)으로 채권발행 후의 시장가격 안정을 위해 주간사가 주도하는 시장을 말한다.

11) 원래 공동융자나 증권인수가 이루어졌을 때 이를 신문, 잡지 등에 게재하는 광고로서 차입자, 차입금액, 인수회사 등이 기재된다. 차입자 아래 인수회사명이 차례로 나열되는 모습이 묘석(tombstone)과 비슷하기 때문에 묘석광고라고 불리어졌다. 이 광고는 Financial Times, Wallstreet Journal 등 세계적인 유력금융지 2~4개에 게재되는데 차입자의 국내신문, 금융기관 출판물에 게재되는 경우도 더러 있다.

물을 교부할 수 없을 때 실물을 대신할 임시증서이다. 발행종료일에는 발행채권의 적법성에 대한 변호사의 법률의견서, 공인회계사의 감사보고서 등도 신디케이트단에 송부된다. 그리고 채권발행이 끝나면 거래소의 상장과 묘석광고가 다시 이루어진다.

유로채권은 증권거래소에 상장해야 할 법적 의무는 없다. 그러나 대부분

참고 10-2 MSCI(Morgan Stanley Capital International Inc.)지수

(1) 미국 Morgan Stanley 증권회사가 지난 1986년에 인수한 Capital International 사에서 작성 · 발표하는 지수로 글로벌펀드의 투자기준이 되는 대표적인 지수이다. 최초의 국제벤치마크, 특히 미국계 펀드의 운용에 주요 기준으로 사용되고 있다.

(2) 매년 5월 연간 정리 검토를 하고, 8, 11, 2월(중순)에 계간(季間) 검토를 하여 지수 및 편입 종목을 변경한다. 특이 상황 발생시 각국 벤치마크 추적을 위해 수시로 종목을 변경하기도 한다(예: 합병, 부도, 대규모 IPO 등).

(3) MSCI지수의 산출기준은 시가총액 방식이 아닌 '유동주식 방식(free floation)'이다. 이 방식은 정부 보유 및 계열사 보유 지분 등 시장에서 유통되기 어려운 주식을 제외한 실제 유동주식을 기준으로 비중을 계산한다. 시가총액 방식은 정부 보유지분이나 계열사간 상호 보유 지분 등 시장에서 유통되지 않는 주식까지 합쳐 계산하므로 실제공개시장에 대한 영향력을 정확히 반영하지 못한다는 단점을 가지고 있다.

(4) MSCI지수는 전세계를 대상으로 하는 글로벌지수, 특정 지역에 한정하는 지역지수 등 나라, 산업 및 펀드스타일 등에 따른 지수들을 100여개나 산출하고 있다. 나라별 · 지역별 지수는 제한적 투자요인(limited investablility factor: LIF)과 해외요인(foreign inclusion factor: FIF)이 반영된 비중 산술평균방식을 통해 해당국통화와 미국 달러로 계산된다.

(5) MSCI지수 편입 나라는 총 50개이며 크게 선진국 시장과 신흥국 시장으로 구분한다. 현재 MSCI 한국지수는 1998년 9월 1일부터 전세계지수(all country world index)와 신흥시장국(emerging market index), 일본 제외 아시아태평양지수(Asia pacific index ex Japan, Far east ex Japan) 등에 포함되어 있다.

(6) 산업별 지수도 제공한다. IT 등 글로벌 비교를 위해 각국 산업지수를 비교하는 데 분류 기준인 GLCS(global industry classification standard) 중 가장 상위 분류 기준인 10개 산업의 자료까지만 Bloomberg에서 확인 가능하다.

(7) 영국의 Financial Times신문사도 이와 비슷한 글로벌지수를 작성 · 발표하고 있다. 한국의 KRX는 최근 동북아시아 50대 기업을 포괄하는 아시아퍼시픽 톱50(가칭)지수를 개발하기 위해 미국의 S&P사와 양해각서를 체결한 바 있다.

의 유로채권은 유통의 편의를 위하여 유로시장의 중심인 룩셈부르크, 런던 및 싱가포르의 증권거래소에 상장된다. 룩셈부르크증권거래소에 상장하기 위해서는 반드시 거래소로부터 공인된 룩셈부르크은행을 통하여 상장신청을 하여야 한다. 룩셈부르크은행은 주간사기관 및 발행인의 상장대리인과 협조하여 상장절차를 밟는다. 룩셈부르크은행감독위원회(Luxembourg banking control commission)는 상장에 필요한 심사를 한다. 신규기채자인 경우 약 10일 정도 걸리나 신용 있는 기존차입자의 경우 더 빨리 끝난다. 룩셈부르크 증권거래소에 상장된 채권의 가격은 매일 Cote Officielle de la Bourse de Luxembourg에 게재되는데 12시 30분 마감시간에 형성되는 매매가격의 중간가격이 고시된다.

런던에서의 상장절차는 매우 간단하다. 특히 해당 채권을 차입자 본국 증권거래소에 상장하고 있는 경우는 기채취지서와 영국의 신용조사 전문기관인 Extel Statistical Services의 신용평가서만 제출하면 된다. 여기에는 차입자, 보증인, 해당증권에 관한 정보가 수록되어 있다. 또한 상장된 증권의 최초 거래와 더불어 상장에 관한 광고를 런던의 주요 일간지에 게재해야 한다. 런던거래소에 상장하기 위해서는 브로커를 선정하여 증권거래소 상장신청을 해야 한다.

싱가포르에서의 상장절차는 룩셈부르크나 런던보다 복잡하다. 싱가포르 회사법에 의하여 차입자와 보증인에 대한 법적 회계감사보고서를 요구하고 있기 때문이다.

(2) 유로채권의 유통시장

채권이 상장되면 시장가격이 매일 발표되고 증권거래소 규정에 의해 정기적으로 재무정보가 제공되는 등 투자자에게는 정보의 이용에 유리한 점이 많다. 그러나 증권거래소 상장은 명목적인 데 불과하다. 대부분의 거래는 거래중개인을 통하여 전화를 이용해 이루어지고 증권거래소에서는 거래단위 이하의 금액(odd lots)이 주로 거래된다. 여기에서 거래되는 채권은 전체 거래량의 1% 미만이고 대부분은 장외시장(OTC)에서 거래된다.

유통시장의 중요한 참여자는 브로커, 시장조성자(딜러) 및 일반투자자로 구분된다. 이 시장에서는 딜러가 보다 더 중요한 역할을 한다. 이들은 자기계정 및 자기자본으로 유로채권의 매매거래행위를 하는 은행, 증권회사, 기타 금융회사 등의 기관투자가들이다. 이와 같은 이익극대화를 위한 시장조성자의 매매활동에 힘입어 채권의 유동성이 높아지고 시장상황을 반영한 적정가격이 형성된다.

시장조성자들은 자신들이 주로 거래하는 일련의 채권에 대한 가격표를 고객 앞으로 보낸다. 혹은 Bloomberg, Reuter 등을 통하여 매입가와 매도가를 고시하기도 한다. 거래상대방(투자자)은 주로 전화나 메신저를 이용하여 원하는 채권을 매입 또는 매도한다. 일단 거래가 이루어지면 양측은 거래확인서를 교환한다.

한편 채권의 bid-offer 스프레드는 채권의 유동성과 역의 관계가 있다. 유동성이 높으면 스프레드가 낮고 유동성이 낮으면 스프레드가 높다. 일반적으로 미국정부채권의 유동성이 높아 bid-offer 스프레드가 가장 낮으며(0.1% 미만) 유로채권은 통상 0.5~1.0%수준이다.

채권거래에서는 매입 및 매도금액이 언제나 일치하지 않기 때문에 딜러들은 채권포지션을 갖게 된다. 때로는 일정수준의 채권포지션을 의도적으로 보유하는 경우도 있다. 매입초(long position)가 발생하는 경우 딜러들은 고시가격을 조정한다. 이와 같은 가격조정에도 불구하고 매입자는 없고 매도자만 나타난다면 또 다른 딜러와 거래할 수밖에 없다. 이러한 경우에는 다른 딜러와 스프레드를 기준으로 거래를 해야 하기 때문에 손실을 감수해야 한다.

평균적인 거래에서는 차익(margin)이 매우 낮기 때문에 매매가격차에만 의존하는 딜러들은 거래회전율을 크게 높여야만 충분한 이익을 확보할 수 있다. 그 밖의 이익극대화전략으로는 시장상황을 감안하여 적극적으로 채권포지션을 보유하는 것이다.

유로채권은 이자부조건(cum coupon basis)으로 거래되므로 채권매입자는 매도자에게 채권매입원금과 함께 경과이자를 지급하여야 한다. 경과이자는 거래일이 아닌 결제일을 기준으로 계산되며 1개월은 30일, 1년은 360일로 계산하여 일할(日割)계산된다.

채권결제에 따른 세부절차는 거래당사자 간에 합의한다. 일반적으로 국제채권중개인협회(International Securities Market Association: ISMA)에서 정한 지침에 따르고 있다. 거래쌍방은 거래일 후 1영업일 이내에 상대방에게 거래계약서 또는 확인서를 보내야 한다. 여기에는 거래대상채권명세, 거래조건(원금과 채권가격), 결제일, 대금지급 및 채권수도 세부절차 등이 포함된다. 거래확인서를 접수하면 이상 유무를 검토한 후 적어도 3영업일 이내에 상대방에게 동일한 거래확인서를 보내고 적어도 결제일 2영업일 전까지는 결제지시서를 해당 결제기구에 보내야 한다. 유로채권거래는 원칙적으로 지급기준에 의해 수도결제(delivery against payment basis)된다.

유로채권의 결제는 거의 대부분 Euro-clear나 Cedel과 같은 국제결제기구를 통하여 이루어진다. 이들 기관은 증권의 결제, 보관, 증권대여와 차입 및 자금 이체 등의 업무를 담당하고 있다. 현재 유로채 거래의 2/3 이상이 Euro-clear에 의하여 결제되고 있다. Euro-clear를 통한 결제는 예전에는 텔렉스를 주로 이용하였으나 최근에는 개인컴퓨터를 전용결제시스템인 Euclid에 접속하여 이루어지고 있다. 독일이 발행한 유로채는 독일내 결제시스템인 German kassenverein이나 Effekttengiro가 주로 이용된다.

4. 기타 유로금융시장

(1) 유로노트시장(ENM)

유로증서발행 퍼실리티(ENIF)는 변동금리에 의한 유로시장의 중·장기 자금조달수단의 하나이다. 자금차입자는 금융기관과 먼저 어음인수계약을 맺고 단기어음을 투자자에게 매각하여 자금을 조달한다. 어음매각이 제대로 되지 않을 경우 인수약정을 맺은 금융기관이 어음을 인수함으로써 차입자의 원활한 자금조달을 보장하여 준다.

자금차입자는 자금계획에 따라 1, 2, 3, 6개월짜리 단기어음(은행인 경우 통장CD)을 발행하여 모집대리인 또는 입찰단을 통해 일반투자자에게 매각하고 매각 잔여분이 있으면 금융기관들로 구성된 인수단이 당초의 약정비율에 따라 어음을 인수하거나 또는 그 상당액을 대출해 주는 형태로 자금을 조달한다. 만기가 되면 자금차입자가 단기어음을 재발행하여 인수단과의 중·장기 약정기간(3~7년) 내에서 언제나 자금조달이 가능하다. 따라서 ENIF는 유로달러의 회전여신과 유로증권의 발행을 결합시킨 형태라고 할 수 있다.

ENIF는 1978년 뉴질랜드의 해운회사가 처음으로 사용한 바 있었으나 실적이 미미하다가 1981년 이후 몇몇 개발도상국의 외채위기 점증과 함께 우량차입자 유치경쟁으로 크게 발전하였다. 1985년중 전체 국제차입규모의 12.2%를 차지하여 최고실적을 기록하였으나 1990년대 이후부터는 실적이 상대적으로 줄어들고 있다.

(2) 중기사채시장(MTNM)

중기사채 방식은 발행한도 및 유가증권 형태 등을 포괄적으로 담은 프로그램을 만든 뒤 그 프로그램 내에서 금리와 만기가 다른 증권을 딜러를 통하여 소규모로 연속적으로 기관투자가들에게 매각하는 것을 말한다. 유로CP프로그램과 비슷하나 표시 통화, 만기, 금리 등에서 훨씬 다양성이 있어서 ENIF와 유로CP의 대체상품으로 1990년대 이후 폭발적인 인기를 누리고 있다.

MTN이 이처럼 빠르게 인기를 모을 수 있는 것은 (i) 차입자가 상황에 따라 발행시기, 발행금액 및 표시통화를 정하여 발행할 수 있고, (ii) 만기도 CP나 ENIF와는 달리 여러 가지로 정할 수 있으며, (iii) 각종 차입수단의 장·단점을 혼합하여 여러 종류의 MTN 발행이 가능하다는 장점이 있기 때문이다. 이로 인해 환율 및 금리변동이 심한 국제금융환경 아래에서 차입자의 선호에 크게 부응할 수 있다.

5. 외국채시장(foreign bond market)

외국채는 유로채보다 먼저 런던, 뉴욕 등을 중심으로 거래되고 있었다. 최근에는 동경, 서울에 이르기까지 그 시장이 크게 확산되고 있다.[12] 외국채는 발

12) 외국채는 기본적으로 보통채(straight bond)의 형태로 발행되기 때문에 확정금리부인 동시에 상환기간도 확정되어 있다.

행되는 시장이 위치한 나라의 통화로 표시되며 그 나라 증권당국의 법적 규제를 받는다. 외국채는 발행시 소재국의 증권거래소에 상장됨으로써 유통된다. 미국과 일본에서는 증권회사가 주요 딜러의 역할을 하고 있으나 겸업 은행제도를 채택하고 있는 유럽에서는 은행들이 주요 딜러가 되고 있다.

외국채의 가장 큰 차입자는 각국 정부기구로서 시장에서는 흔히 republic, kingdom, commonwealth 또는 government로 표시된다. 몇몇 나라에서는 정부를 대표하는 기구인 재무부 또는 중앙은행의 이름으로 차입하는 경우도 있다. 때로는 정부의 100%소유 국영기업체나 정부기업이 차입자가 되는 경우도 있으며 지방정부도 주요 차입자로 시장에 등장하고 있다.

그 다음으로는 국제금융기구이다. 세계은행(World Bank), 아시아개발은행(Asian Development Bank: ADB), 미주개발은행(Inter-American Development Bank: IADB), 북구투자은행(Nordic Investment Bank: NIB) 외에 유럽 석탄 및 철강공동체(European Coal and Steel Community: ECSC) 등과 같은 초국가기구를 들 수 있다.

상업은행과 기업들도 외국채시장의 주요 차입자이지만 이들은 외국채시장에서보다는 오히려 유로채시장에서 보통채, 전환채 및 변동금리채 등을 중심으로 광범위하게 차입하고 있다. 차입자구성을 국별로 보면 약 90% 이상이 선진국들이다.

외국채시장의 투자자는 개인투자가와 기관투자가로 크게 나눌 수 있는데 전자의 비중은 유로채시장에 비해 크게 낮다. 기관투자가에는 각국 중앙은행, 정부기관, 연금기금, 보험기금, 기업체 및 상업은행과 국제금융기구 등이 포함된다.

(1) 외국채의 발행절차

외국채는 모집방법에 따라 공모발행과 사모발행으로 구분한다. 전자는 여러 기관으로 이루어진 인수단이 발행된 채권을 인수한 후 이를 판매단을 통하여 불특정다수의 투자자에게 판매하며 증권거래소에 상장된다. 후자는 공식적인 인수단을 구성하지 않고 대리인의 주선으로 특정소수의 전문적 투자자(주로 기관투자가)에게 비공개로 직접 판매하는 방식이다. 따라서 증권거래소에 상장되지 않는다.

외국채를 공모발행하기 위해서는 먼저 채권의 발행으로부터 소화에 이르기까지 모든 업무를 관장하고 채권을 인수할 책임을 지는 인수단을 구성하여야 한다. 인수단 구성의 책임을 맡을 주간사가 선정되면 주간사는 인수업자를 모집하여 인수단을 조직한다. 외국채의 인수는 투자회사 또는 투자은행이 담당한다. 인수방법에는 단독인수와 공동인수가 있는데 외국채의 경우 위험분산의 목적상 공동인수가 일반적이다. 인수계약은 주간사와 체결하는데 주간사의 주요 임무는 다음과 같다.

· 등록신청서의 내용 검증 및 확인
· 기재취지서(prospectus) 배부
· 인수단 및 판매단의 구성
· 상장 및 법적 등록절차 수속
· 채권의 작성 및 인쇄
· 인수단계약서의 작성 등

외국채발행에 있어서는 채권의 인증, 원리금지급, 감채기금관리, 채권의 등록 및 이전, 채권 또는 쿠폰의 말소 등 업무를 수행할 재무대리인을 선정하여야 한다. 재무대리인의 인증이 없는 채권은 무효이며 주간사가 재무대리인을 겸하는 경우에는 따로 인증대리인을 두어야 한다. 또한 채권 발행에 따른 법률적 문제의 자문을 위하여 법률고문을 선정하는 동시에 재무제표 검토를 위하여 독립회계사를 두기도 한다.

외국채를 발행하려고 하면 해당국의 증권관리기관에 등록신청서를 작성하여 기채신청서와 함께 제출하여야 한다. 몇 주 간의 심사 후 등록이 발효되면 시장에서 채권을 정식으로 모집할 수 있다. 인수단 및 판매단의 모든 구성원에게 정규의 기채취지서를 배포하는 것부터 모집이 시작된다. 판매단은 채권을 투자자에게 판매할 딜러들의 모임을 말하는데 인수단과 판매단은 채권판매계약을 체결한다. 판매계약의 주 내용은 판매단 구성원의 판매할당액을 결정하는 것이다.

사모발행의 경우 증권관리당국에 등록을 하지 않을 뿐만 아니라 증권거래소에 상장도 하지 않고 전문투자자에게 채권을 직접 판매한다. 따라서 그 절차는 매우 간단하다. 증권의 판매를 발행자가 직접 담당할 수도 있으나 시장 사정에 밝은 대리인을 선정하는 것이 보통이다. 일반적으로 대리인은 투자은행 중에서 선정되는데 예상투자자와의 접촉, 채권의 발행, 가격조건협의 및 보고서 작성 등의 업무를 수행한다. 대리인은 투자자를 물색하여 투자교섭을 하는데 때로는 발행자의 이름을 밝히지 않고 발행자의 성격과 채권의 내용만을 밝히는 무기명권유서(no name canvas)를 예상투자자들에게 발송할 수도 있다. 대리인은 예상투자자에게 발행자에 대한 정보를 포함한 채무이행에 관련된 사항을 보고서로 작성하여 배부한다.

발행조건은 발행인, 대리인, 투자자들이 집합하여 구체적으로 협의 · 결정한다. 발행조건에는 원금, 금리, 만기, 감채기금 및 거치기간 등이 포함된다. 투자자의 법률고문은 약정된 발행조건에 따라 채권구매계약서를 작성하여 발행자와 투자자가 서명한다.

(2) 외국채의 발행조건

발행통화를 어느 통화로 하느냐는 발행시장국의 금융시장상황뿐만 아니라 환율 · 금리의 상관관계까지 감안하여 결정한다. 차입통화를 결정할 때에는 채권의 명목금리 외에 차입통화의 예상 평가절상률 또는 절하율을 전망하여야 한다.

발행규모는 기본적으로 발행자가 필요로 하는 자금수요에 의하여 결정되나 현실적으로는 시장에서 기채가능액이나 기채비용을 감안하여 종합적으로 결정된다. 발행액이 소규모이면 단위당 기채비용이 많이 들게 되지만 대규모이면 채권의 소화가 어렵다. 따라서 처음에는 소액을 발행하고, 점차적으로 발행규모를 늘리는 방법 또는 중기의 연속상환채권(serial bond)과 장기채를 종합하여 발행한 다음 큰 금액의 장기채를 일괄발행하거나 조합발행을 계속하는 등 신축성 있게 적응하는 방법도 있다.

발행자는 자금의 용도, 사업계획 및 기간에 따라 채권의 만기를 정한다.

일반적으로 외국채 발행은 5~10년 이상의 장기채가 대부분이다. 그러나 상환기간은 반드시 발행자의 요구에 따라 결정되는 것이 아니며 투자자들의 반응과 발행자의 신용도 등이 중요한 요소로 작용한다.

외국채발행에서는 간사수수료, 인수수수료 및 판매수수료를 부과하는 것이 전통적인 방법인데 이는 원금액에 대하여 일정비율로 적용된다. 채권만기가 장기화될수록 위험이 커지므로 수수료는 높아진다. 채권발행에서 간사단이 인수단 및 판매단을 겸하게 되는 경우에도 위에서의 3가지 수수료를 모두 받는다. 인수단 역시 판매단을 겸하는 것이 관행이므로 인수 및 판매수수료를 받고, 판매단은 판매금액에 따라 판매수수료만 받게 된다.

간사회사의 법률고문비용, 여비, 통신비 등 실제 지급한 발행 관련 경비는 발행자부담이 원칙이다. 그리고 채권발행에 따른 발행자의 자체비용도 여기에 추가되며 그 밖의 여러 경비는 발행금액의 크기에 따라 서로 다르다.

제4절 국제금융시장의 최근 동향

제8장 제3절에서 우리는 금융산업의 증권화, 정보화, 대형화 · 전문화, 국제화 등을 살펴보았다. 구조적인 면에서의 금융시장의 규제완화, 금융상품 수요의 다양화, 금리 · 환율의 변동성 증대, 직접금융시장의 발전, 파생금융상품의 급증 등에 대해서도 알아보았다. 이와 같은 변화는 세계화되어 있는 국제금융시장에서 그대로 나타나고 있다.

본절에서는 2007년 초부터 나타난 미국 비우량주택담보대출(SML)의 부실과 이에 따라 나타나고 있는 세계유동성의 수축문제 그리고 글로벌자본시장의 중심이전 등을 살펴보고자 한다.

1. 비우량주택담보대출(SML)의 부실

2003년 이후 미국의 낮은 금리수준과 주택경기 활황으로 크게 늘어난

SML이 2006년 들어 주택경기둔화, 금리상승 등으로 부실화되기 시작했다. 이러한 현상은 2007년 초부터 가속적으로 악화되기 시작하여 대출을 기초로 한 주택저당채권(MBS) 및 자산담보부 증권(CDO)의 발행기관과 이에 투자한 국제투자은행, 헷지펀드 및 구조화투자회사(structural investment vehicle: SIV) 그리고 채권보증과 원금보전스왑을 판매한 보험회사 등의 부실로 연결 · 확산되고 있다.

J. Rogers와 G. Soros 등 시장전문가들은 이번 사태로 말미암아 미국경제가 제 2 차 세계대전 이후 최악의 위기를 맞고 있으며 최대호황(super boom)의 끝이라고 진단하였다. 나아가 Pax America의 약화와 함께 국제금융시장에서의 미국달러 영향도 한계에 도달했다고 얘기하고 있다. 더욱이 FRB의 연이은 금리인하조치가 경기침체하의 인플레이션 상황하에서 통제력을 잃음으로써 미국의 통화정책이 장기적으로 오히려 더 큰 위기를 불러올 수 있다고 이들은 걱정했다. 보다 심각한 문제는 지금 나타나고 있는 투자은행들의 손실규모가 앞으로 더욱 커질 것이며 이를 해결하는 데 몇 년이 걸릴 것이라는 일부 전망이다.

먼저 현황을 보면 2006년 말 현재 미국의 SML은 약 1.4조 달러로 전체 주택담보대출(약 10.4조 달러)의 약 13.5%에 달하였다.[13] 이 규모는 뉴욕증권거래소(NYSE), 아메리카증권거래소(American SE), 나스닥(Nasdaq) 상장기업 주식시가총액의 약 7.1%, 전체 개인신용의 약 11%에 해당되는 것으로 추정되고 있다.

SML관련 유동화증권 규모는 2006년 말 현재 7,600억 달러로 전체 MBS 규모(6.5조 달러)의 약 12%를 차지하는 것으로 알려지고 있다. SML의 증권화 비중은 1995년 말 28%에서 2006년 말에 54%로 높아졌는데 우량주택담보대출(prime mortgage loan: PML) 비중은 80% 이상 증권화되고 있다.

2007년 9월 말 현재 SML 연체율 및 주택차압률은 각각 16.3% 및 6.9%로 1년 전에 비하여 크게 높아지는 등 주택담보대출업계의 부실화가 급속히 진행되었다. 특히 SML중 2/28(초기 2년: 고정금리, 그 후 28년: 고정금리) 대출이 전체의 85% 정도를 차지하여 금리상승에 따른 원리금 상환 부담이 가중되고 있었

13) 미국 FRB는 2006년 말 현재 주택담보대출잔액(등급별)은 Prime 7.8조 달러, Alt-A 1.2조 달러, Subprime 1.4조 달러로 추정한다.

그림 10-5 비우량주택담보대출(SML)관련 금융파생상품 개발과 부실

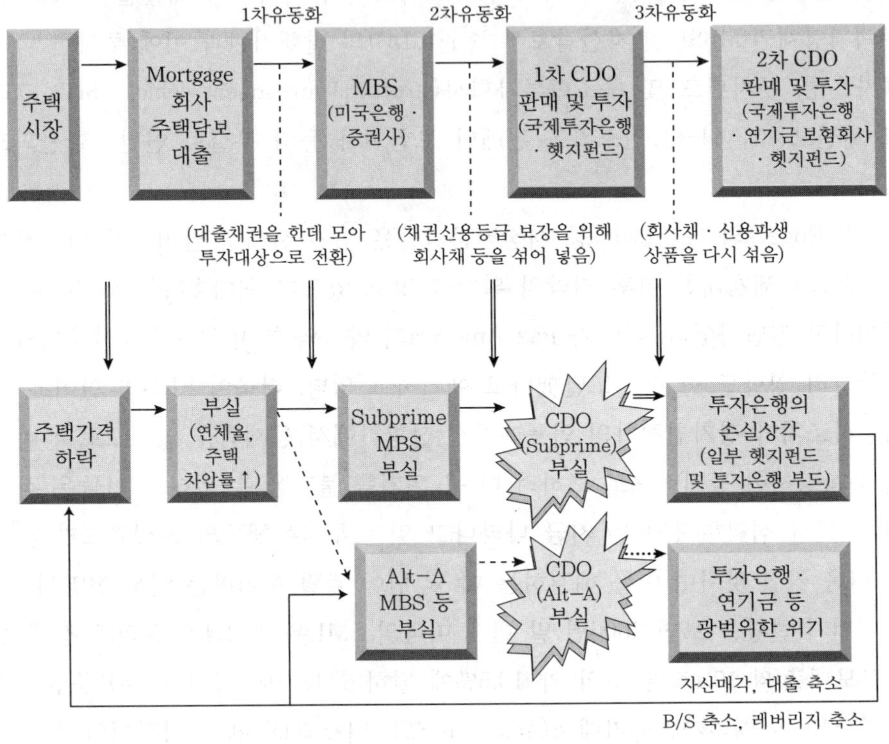

다. SML의 부실 우려가 가시화된 2007년 3월부터 11월까지 약 93개의 주택담보대출업체들이 매각 및 폐업하였다. 특히 2007년 8월 BNP Paribas 충격 등으로 글로벌 금융시장 불안이 심화된 8~9월중에는 41개 업체에 이르렀다.

미국의 최대 주택담보대출업체인 Countrywide Financial, 정부지원기관인 Fannie Mae와 Freddie Mac 등 6개 주요 업체들은 2007년 2/4분기중 총 7.6억 달러의 (순)이익을 보였으나 3/4분기중에는 80.1억 달러의 (순)손실을 기록하였다. 이와 같은 주택담보대출업계의 부실은 2007년경부터 RMBS(주거용 MBS), CDO 등 주택담보대출관련 채권의 보증업무를 수행하는 채권 보증업계에까지 확산되고 있다. 지난 2007년 3/4분기중 주요 14개 투자은행들의 SML관련 자

산상각규모는 412억 달러였는데 4/4분기중에는 700억 달러 수준으로 늘어났다. OECD, Deutsche Bank 등은 SML과 관련한 전세계 금융기관들의 손실규모를 약 2,000~4,000억 달러로 추정하고 있다.

한편 SML부실여파는 투자펀드 등의 주택담보대출 담보부 CP 발행에 의한 자금조달을 크게 위축시키고 있다. 자산담보부 기업어음(ABCP) 발행잔액은 2007년 7월 말에 1조 1,867억 달러였는데 12월 말에는 약 7,800억 달러로 34.3%나 줄어들었다. 또한 투자자들의 위험회피성향 증대로 ABCP(AA등급, 30일물)의 위험프리미엄이 8월중 50bp 수준으로 상승하였다가 하락한 후 12월 말 16bp 수준으로 하락하는 등 급변동하고 있다.

그칠 줄 모르고 불어나는 손실을 매우고자 관련 금융기관들은 갖은 애를 쓰고 있다. 대규모 감원 등 강도높은 구조조정 외에 적극적인 자금조달 활동을 벌이고 있다. 주요 금융기관들의 일자별 자금조달내역을 보면 아래와 같다.

2007년

11월 26일	Citigroup, UAE 아부다비투자청(ADIA)앞 전환사채 매각을 통한 자금조달(75억 달러, Citigroup 총주식의 4.9% 지분 상당)
11월 27일	Freddie Mac, 우선주 매각을 통한 자금조달(60억 달러)
12월 4일	Fannie Mae, 우선주 매각을 통한 자금조달(70억 달러)
12월 10일	UBS, 싱가포르 및 중동지역으로부터 자금조달(약 115억 달러)
12월 19일	Morgan Stanley, 중국투자공사로부터 자금조달(50억 달러)
12월 24일	Merrill Lynch, 싱가포르 Temasek과 미국 자산운용사 Davis Selected Advisors로부터 자금조달(각각 50억 달러, 12억 달러)

2008년

1월 11일	Countywide Financial, BOA에 매각 합의(40억 달러)
1월 15일	Citigroup, 싱가포르 투자청(GIC), 쿠웨이트 투자청(KIA) 등으로부터 자금조달(145억 달러)
1월 15일	Merrill Lynch, 한국투자공사(KIC), 쿠웨이트 투자청(KIA) 및 일본 Mizuho 은행으로부터 자금조달(66억 달러)

아울러 구조화투자회사(SIV)의 자산인수도 있었다. HSBC는 2개 SIV의 자산(약 350억 달러)을 인수했고, Citigroup은 7개 SIV의 자산을 회계장부내 편입

(약 490억 달러)했으며 Societe General도 크레디트라인 제공을 통하여 1개 SIV의 자산을 인수(약 43억 달러)했다.[14)]

이와 같은 긴급상황에 대처하기 위해 'BNP Paribas 충격' 발생 직후 FRB, ECB 등 주요국 중앙은행들은 유동성 공급을 대폭 늘리는 등의 조치를 취했다. 특히 2007년 12월 12일에는 미국, 영국, 캐나다, 스위스, 유로지역 등 5개국 중앙은행이 단기금융시장 안정을 위해 공동 유동성공급 계획을 발표하였다. 이에 따라 12월 17일~21일중 FRB(400억 달러), ECB(200억 달러), 스위스 중앙은행(40억 달러)이 TAF(term auction facility) 경매를 통하여 기일물(28일물 또는 35일물) 자금을 공급하였다.

이와는 별개로 부시 미국대통령은 SML 부실로 촉발된 주택압류 사태를 해소하기 위해 향후 5년간 SML 금리의 동결 추진을 주요 내용으로 하는 종합대책을 발표(2007년 12월)하기도 했다.

2. 세계유동성의 수축

세계유동성은 2003년 이후 저금리 지속 등에 힘입어 풍부한 수준이 이어졌으나 미국의 SML 부실문제가 부각된 2007년 7월 하순 이후에는 금융시장 불안, 위험 회피성향 증가 등의 영향으로 크게 수축된 것으로 보인다. 그동안 미국, 영국, 일본 등 G4국가와 주요 아시아 신흥시장국의 유동성은 모두 꾸준한 상승세를 유지하였다. 특히 달러화유동성은 신흥시장국과 산유국의 미국국채 매입 증가로 장기평균치(10%)를 웃도는 증가세를 지속하였다.[15)] 또한 신흥시장국으로의 자본유입액도 차입 인수(LBO)를 통한 M&A 거래 확대 등으로

14) SIV는 일종의 특수목적회사로 투자은행으로부터 금융자산을 양도받은 뒤 이를 기초로 ABCP를 발행하여 조달한 자금으로 고수익채권(중장기자산)에 투자하는 구조를 갖는다. SIV들이 ABCP를 이용한 투자방법으로 수익률을 높이게 되자 2002년 200억 달러 정도에 불과했던 미국 ABCP시장은 2007년 9월 1조 달러까지 성장했다(미국 CP시장의 60% 차지). 고수익채권인 SML관련 채권에 투자했던 SIV가 손실을 입자 이와 연관된 세계유수의 투자은행들도 잇따라 손실을 입을 수밖에 없다.

15) 미국의 본원통화와 외국공적기관의 미국 재정증권 및 정부보증채 보유분을 합한 금액을 말한다.

[표 10-3] 주요국의 정책대응

<table>
<tr><td>미국</td><td>〈FRB〉
−정책금리(6차례 300bp) 및 재할인금리(8차례 375bp) 인하
<table>
<tr><th></th><th>종전</th><th>07.
8.17</th><th>9.18</th><th>10.31</th><th>12.11</th><th>08.
1.22</th><th>1.30</th><th>3.16</th><th>3.18</th></tr>
<tr><td>정책금리(%)</td><td>5.25</td><td>5.25</td><td>4.75</td><td>4.50</td><td>4.25</td><td>3.50</td><td>3.00</td><td>3.00</td><td>2.25</td></tr>
<tr><td>재할인금리(%)</td><td>6.25</td><td>5.75</td><td>5.25</td><td>5.00</td><td>4.75</td><td>4.00</td><td>3.50</td><td>3.25</td><td>2.50</td></tr>
</table>
−재할인만기 1일에서 최대 30일까지 연장(2007. 8. 17)
−기간입찰대출(TAF) 실시(2007. 12~2008. 4월중 총 3,100억 달러)
−ECB, 스위스중앙은행과 총 240억 달러 규모의 통화스왑 협정 체결(2007. 12. 12)
−TSLF(Term Securities Lending Facility) 도입(2008. 3. 11) · 실시(3~4월중 1,340억 달러)
-JP Morgan Chase를 통해 Bear Stearns에 긴급 자금지원 발표(2008. 3. 14)
-PDCF*(Primary Dealer Credit Facility) 도입 발표(2008. 3. 16)
*primary dealer를 대상으로 하는 1일물 대출제도로 기존의 공개시장조작대상 담보자산 외에 투자등급 회사채, 지방채, MBS, ABS 등도 담보로 인정
〈정부〉
−금융감독체제 개편방안 발표(2008. 3. 31)
○FRB의 감독대상기관을 예금은행에서 투자은행, 보험사, 헷지펀드 등으로 확대
○증권거래위원회(SEC)와 상품선물거래위원회(CFTC)를 통합하고 저축기관감독청(OTS)을 폐지하여 그 업무를 통화감독청(OCC)으로 이관하는 등 감독기구 통폐합
○모기지위원회(MOC) 및 연방보험감독실(OIO) 등을 신설</td></tr>
<tr><td>유럽중앙은행
ECB</td><td>−2007. 9~12월중 정책금리 현 수준(4.00%) 유지
−TAF auction 실시(12. 17일, 21일 총 200억 달러 규모)</td></tr>
<tr><td>영국</td><td>〈영란은행〉
−정책금리 3회 인하(5.75% → 5.50%, 2007. 12. 6, 2008. 2. 7, 4. 10)
−Northern Rock에 대한 긴급 유동성공급계획 발표(2007. 9. 14)
Northern Rock 예금에 대한 전액보장 선언(2007. 9. 17)
−3개월물 RP 실시 계획 발표(2007. 9. 19)
−공개시장조작 규모 및 대상증권 확대(2007. 12. 12)
〈정부 · 국회〉
−하원 재무위원회 및 재무부, 금융안정시스템 개편방안 발표(2008. 1)
○하원 재무위원회: •영란은행내 금융안정관련기구 설치
•영란은행 금융안전담당 부총재에게 부실은행 적기시정조치, 금융감독청 소관의 금융안정업무 총괄, 신설 예금보호기금 관할 등 강력한 권한 부여
○재무부: •재무부 · 금융감독청 권한 강화
•금융위기시 의사결정체계를 영란은행 · 금융감독청 · 재무부 3자합의제에서 재무부장관 중심으로 변경
−Northern Rock 국유화 조치 발표(2008. 2. 17)</td></tr>
<tr><td>스위스중앙은행</td><td>−FRB와의 통화스왑을 통해 조달한 40억 달러 자금으로 RP거래 실시(2007. 12. 17)</td></tr>
<tr><td>캐나다중앙은행</td><td>−공개시장조작 대상증권 확대(2007. 12. 12)</td></tr>
<tr><td>일본은행</td><td>−2007. 9~12월중 정책금리 현 수준(0.5%) 유지</td></tr>
</table>

2006년중 1,700억 달러 수준에서 2007년 상반기중에만도 5,600억 달러 수준으로 빠르게 늘어났다.

세계유동성의 풍부한 수준은 금융시장의 주요 지표에도 나타났다. 2007년 상반기까지 채권의 신용스프레드가 지속적으로 축소되고 선진국 및 신흥시장국 주가도 가파르게 상승하는 등 위험프리미엄이 크게 낮아졌다. 그러나 미국 SML 부실문제가 불거지면서 국제금융시장이 불안해짐에 따라 투자자의 위험회피성향이 높아졌다. 이에 따라 세계유동성은 2007년 하반기 이후 수축되고 있다.

이번에는 채권의 신용스프레드가 급격히 확대되었으며 선진국 및 신흥시장국 주가가 큰 폭으로 하락하였다. 단기금융시장에서는 ABCP 금리와 Libor 및 Euribor 등 단기시장금리가 급상승하였다. 금융시장상황 평가에 활용되는 골드만삭스의 금융상황지수(financial conditions index)도 2007년 7월 중순부터 상승하기 시작하여 금융긴축으로 전환되는 모습을 보였다.[16)]

세계유동성이 수축되는 과정에서 개인투자자, 금융기관 등은 다음과 같은 영향을 받은 것으로 보인다. 첫째, 개인투자자들은 그간 자산가격에 내재된 위험을 낮게 평가해 왔으나 미국 SML의 부실사태를 계기로 그 위험을 정상적으로 인식하기 시작했다. 이 과정에서 비정상적으로 낮아졌던 위험프리미엄이 급등세를 보였다. 자산담보부증권(CDO) 등 SML 연계상품에 레버리지 투자를 크게 확대한 사모펀드 등의 대규모 투자손실이 알려진 후 투자자들이 예민하게 반응했던 것이 이를 뒷받침한다.

둘째, CDO 관련거래의 복잡성 및 불투명성 등으로 시장의 신뢰가 낮아진 가운데 거래상대방 위험이 높아짐에 따라 신용거래가 위축되고 자금시장이 경색되었다. 일부 유럽지역 금융기관들의 경우에는 ABCP 등을 통해 자금을 단기로 조달한 후 유동성이 낮고 가치산정이 어려운 CDO 등에 중장기로 운용하는 행태를 지속한 결과 자금수급의 불균형(funding mismatch)이 심화되면서 유동성 위험에 직면하기도 하였다.

16) 환율, 금리, 신용스프레드, 주가수익률 등을 합성하여 지수화하여 산출한다(제 2 장 제 1 절 1항 참조).

셋째, 헷지펀드와 사모펀드의 손실이 이와 연계된 투자은행 및 대형은행으로 급속히 번짐에 따라 이들 기관의 금융중개기능이 약화되었으며 시장의 불확실성도 증폭되었다.

앞에서 설명한바 2007년 8월 중순 이후 주요국 중앙은행이 유동성 지원, 정책금리 인하 등 금융시장 안정대책을 적극적으로 추진함에 따라 자산가격이 회복세로 돌아서는 등 시장의 불안심리가 다소 진정되는 기미가 있었다. 그러나 그동안 유동성 창출에 기여했던 신용거래 및 자본이동이 위축되면서 앞으로 세계유동성은 더욱 수축될 것으로 전망되고 있다. 이는 SML 부실문제가 당분간 해소되기 어려운 데다 미국의 경기침체 우려가 세계경제의 위축으로 전염될 가능성이 크기 때문이다.

따라서 세계유동성 수축과정에서 예상되는 하방(下方)위험 요인에 대해서는 보다 많은 관심을 기울여야 할 것이다. 우선 시장의 자율조정 기능이 원활히 작동하지 않을 경우 세계경제 불균형(global imbalance) 조정과 yen carry trade(YCT) 청산이 빠르게 진행될 수 있다.[17] 또한 SML 부실이 대형상업은행 등의 건전성 저하로 이어진다면 전체 금융부문의 불안정성이 심화될 수 있다. 이러한 불안이 실물부문에까지 영향을 주게 되면 세계경제의 안정성장기조가 크게 저해될 가능성이 잠재해 있는 것으로 보인다.

엔/달러 carry trade자금의 상반(相反)현상

일본에서 저금리의 엔화를 빌려 해외의 고수익 자산에 투자하는 YCT 청산이 가속되고 있다. 일본은행 조사에 따르면 도쿄에 있는 외국은행 지점들은 2003~07년중 약 250억 달러를 일본에서 빌려 본점에 송금하였다. 그 중 일본과 선진국간 금리 차이가 커진 2005년부터 송금한 금액은 175억 달러에 이른다. 외국인이 일본에서 발행한 엔 채권, 일본 금융기관의 해외송금에 의한 투자, 개인의 투자까지 합하면 YCT 규모가 5,000억~1조 달러에 이를 것으로 추

17) YCT는 저금리의 엔화를 빌려 상대적으로 고금리인 미국(및 신흥시장국) 채권 등에 투자하는 방식으로서 2007년 중반 SML사태 이후 미국의 금리 하락기조에 따른 미-일간 금리차 축소의 영향으로 YCT거래가 청산(unwind)되는 움직임을 보이고 있다. 이에 따른 엔화 매수세의 증가로 엔화가치는 상승하고 있다.

참고 10-3 헷지펀드(hedge funds)

(1) 헷지펀드는 원래 금융시장 또는 상품시장에서 투자위험을 회피하고자 하는 거액 투자자들을 대상으로 한 사모형식의 투자신탁을 일컫는다. 최근에는 외환, 채권, 주식, 파생금융 상품시장에서 단기 고수익을 목적으로 투기적 포지션을 보유 · 운용하고 있는 공격적 민간 투자자금을 말한다. 미국 증권거래위원회(SEC)의 공시규제를 회피하기 위해 주로 100명 미만의 회사형 투자신탁형태로 설립되고 있다.

(2) 헷지펀드는 1949년 Alfred Jones에 의해 미국에서 처음 설립되어 1980년대 말부터 주식투자를 중심으로 급부상하였다. 현재 전세계에 5,000여개에 달하는 헷지펀드가 1조 5,000억 달러 이상의 자금을 운영하고 있는 것으로 알려져 있다. 세계 4대 헷지펀드로는 Quantum Fund, Tiger Management, Steinhardt Partners, Omega Advisors를 들 수 있다.

(3) 세계 주요국 금융위기 때마다 위기의 주범으로 주목받기도 했으며, 지난 1990년대 후반 아시아와 러시아의 위기 때에는 헷지펀드 자신들이 위기를 맞기도 했다. 헷지펀드의 대규모 손실과 파산은 헷지펀드 자체의 엄청난 레버리지 투자방식으로 인해 국제금융시장의 큰 위협이 되기 때문에 최근 미국과 유럽 등에서는 헷지펀드에 대한 규제방안을 마련중이다.

산되고 있다.

한국, 호주, 뉴질랜드, 영국은 금리가 높아 이 자금의 선호지역이었다. YCT는 2007년 7월 SML 부실 이전에 정점에 이르렀다가 8월에 큰 청산을 보였고 11월부터 다시 큰 청산을 보이면서 엔강세의 요인이 되기도 했다. 2007년 상반기중 엔화는 달러당 평균 120엔, 8~10월에 115엔, 11월 말에 108엔선으로 강세를 보였는데 흔히 장기평균 환율이라고 추정된 115엔을 크게 밑도는 수준이었다.

YCT 청산은 다른 자본의 유출도 가져온다. 선진국의 정책금리 인하와 달러약세 예상 때문에 YCT 청산은 계속될 것으로 보인다. 2008년중 미국의 SML 부담이 더욱 커진다면 세계적 금융불안 내지는 주식 및 주택가격의 불안도 크게 될 것이며 이에 따라 YCT 청산은 격심해질 것으로 예상된다.

한편 2007년 말경부터 미국 달러화를 빌려 금리가 높은 해외자산에 투자하는 dollar carry trade(DCT)도 성행하고 있다. DCT의 유행은 미국 금리가 연 1%대로 떨어졌던 2004년 이후 3년 만이다. 이와 같은 현상은 달러화 가치가

[표 10-4] 주요국의 정책 및 장단기금리[1](연말 기준) (단위: 연 %)

		1990	1995	2000	2005	2006	2007
미국	(Federal funds rate)	7.00	5.50	6.50	4.25	5.25	4.25
	(장기)	8.07	5.57	5.11	4.39	4.70	4.02
	(단기)	7.23	5.15	5.10	4.40	4.81	3.05
영국	(Repo rate)	14.00	6.50	6.00	4.07	5.01	5.50
	(장기)	10.81	7.42	4.88	4.10	4.74	4.51
	(단기)	–	6.21	5.28	4.19	5.21	4.36
EU	(Minimum bid rate)[2]	–	0.50	4.75	4.43	5.04	4.00
	(장기)	–	6.90	4.85	3.31	3.95	4.33
	(단기)	–	5.02	4.49	2.86	3.90	3.96
일본	(Overnight call rate)	6.00	–	1.63	2.50	0.25	0.50
	(장기)	6.53	3.07	1.63	1.48	1.69	1.51
	(단기)	6.95	0.74	0.47	0.29	0.81	0.72
중국	(1 year working captial rate)	–	–	–	5.58	6.12	7.47
	(장기)	–	–	–	3.31	3.06	4.46
	(단기)	–	–	–	1.77	2.27	3.98
한국	(Overnight call rate)	–	–	5.25	3.75	4.50	5.00
	(장기)	–	–	6.87	5.63	5.06	5.70
	(단기)	–	–	6.69	5.09	4.96	5.96

주: 1) 장기: 10년물 국채기준, 단기: 2년물 국채기준.
2) EU통합에 따라 독일은 EU에 포함.
자료: Bloomberg.

빠르게 하락하는 가운데 미국 금리인하 기대감이 확산되면서 달러화가 carry trade용 통화로 부상하고 있기 때문이다. 달러를 활용한 carry trade는 4%대의 비교적 높은 금리수준에서 출발하는 거래이기 때문에 자금운용 목표로 삼는 지역도 미국보다 금리가 훨씬 높은 브라질(기준금리 연 11.25%), 멕시코(연 7.5%), 한국(연 5.0%) 등 개발도상국에 쏠려 있다. 달러가 약세를 지속할 것이라는 관측이 지배적인 점도 carry trader들에겐 큰 매력이다. 달러가치는 2007년 중 유로화 및 엔화에 비해 각각 11% 및 5% 이상 하락했으며 2008년 상반기에도 그 추세가 지속되었다.

3. 자본시장의 중심이전

세계자본시장의 중심이 미국 등 선진국으로부터 중동의 석유달러, 아시아 여러 나라들의 국부펀드, 헷지펀드, 사모펀드 등 신흥 세력들로 이동하고 있다. 1980년대 남아메리카의 외채위기 때와 1990년대 아시아 외환위기 때 소방수 역할을 해주었던 미국이 이제는 자기 나라 내에서 불이 났기 때문이다.

비우량주택담보대출의 충격으로 글로벌 은행들이 휘청거리자 중동과 아시아의 국부펀드와 중앙은행들이 그들을 지원하고 있다. 본 절 1항에서 살펴보았듯이 Citi그룹, Morgan Stanley, Merrill Lynch 등이 이들로부터 각각 투자받았다. 2007년중으로 보면 아시아–중동의 국부펀드들이 미국과 유럽 대형 금융회사에 투자한 자금 총액은 약 600억 달러에 이르는 것으로 추정되고 있다. 선진국 금융기관들의 SML관련 손실 약 800억 달러를 이들 국부펀드들이 메워준 셈이다.

이러한 국부펀드들이 세계 금융시장에서 새로운 강자로 급부상하고 있다. Morgan Staney는 2007년 말 현재 3조 5,000억 달러 규모인 전세계 국부펀드가 15년 뒤인 2022년에는 27조 7,000억 달러로 늘어날 것으로 예상했다. 그해 전세계 금융자산 추정 규모의 10%에 가까운 규모다.[18] 중국도 1조 5,000억 달러가 넘는 외환보유액을 토대로 최근 미국, 영국, 동남아 각국의 금융기관과 기업들을 통째로 사거나 지분을 인수하고 있다.

현재 22조 달러 규모인 선진국 연기금은 연간 성장률이 5%대에 머물고 있는 반면 중동의 석유달러와 중국을 비롯한 아시아 중앙은행들의 자산은 매년 20%씩 늘어나고 있는 것으로 추산되고 있다. 2010년대 중반쯤이면 신흥세력의 자산규모가 선진국 연기금을 추월할 것이라는 전망도 있다.

한편 1995년 970억 달러에 불과했던 헷지펀드의 자산규모는 2006년 1조

---

18) 주요 국부펀드의 규모는 2007년 말 현재 중국 1조 2,000억 달러, 아랍에미리트(UAE) 8,750억 달러, 사우디아라비아 3,000억 달러(가까운 장래에 9,000억 달러로 증가예상), 쿠웨이트 2,500억 달러로 추정되고 있다.

5,000억 달러로 늘어나 세계 금융시장의 관심거리가 되고 있다. 헷지펀드들은 기업에 대한 지분 투자 후 경영진 교체, 자산분할 등 기업경영에 직접 간여함으로써 글로벌 기업들에도 막대한 영향력을 행사한다. 그런가 하면 중남미 국가들이 '탈미국'행보를 가속화하면서 '금융 독립'을 모색하고 있다. 아르헨티나, 브라질, 베네수엘라 등 남미 7개국은 지난 2007년 12월 '남미판 국제통화기금'인 방코델수르를 출범시켰다.

이슬람금융

산유국의 석유수출대금을 주축으로 한 이슬람권예금이 유로 예금시장의 주류세력으로 떠오르고 있다. 이로 인해 말레이시아, 사우디아라비아 등 일부 이슬람 나라에 한정됐던 이슬람 금융회사는 현재 50개국/300여개로 불어났다. 영국(22개), 미국(20개), 프랑스(4개), 독일(3개) 등에도 무슬림 자금을 끌어오기 위한 금융회사가 설립됐다. 이들 금융회사가 굴리는 자산은 매년 10% 이상 늘어나 2007년 말 현재 1조 달러에 달하는 것으로 알려지고 있다. 사모펀드 규모(8,000억 달러)를 훨씬 웃도는 수준이다.

이와 같이 이슬람 금융이 활발하게 된 원인은 다음 몇 가지를 들 수 있다.

첫째, 높은 유가로 인한 산유국 자금의 증가이다. 현재 중동 지역을 돌아다니는 석유대금은 약 1조 5,000억 달러나 되는 것으로 추정되고 있다.

둘째, 2001년 터진 미국의 9.11테러 이후 미국이 테러자금을 색출한다는 명목으로 이슬람 자금에 대한 조사를 강화하자 무슬림 자금이 미국, 스위스 등에서 이슬람권 은행으로 이동하고 있다.

셋째, 9.11테러 이후 무슬림 사이에 종교적 보수주의가 득세하고 있다. 가능하면 이슬람 율법을 지키는 금융회사에 돈을 맡기려는 사람들이 늘어난 것이다.

한편 은행의 예금 정도에 그쳤던 이슬람 금융상품도 채권, 신용카드, 파생금융상품 등으로 다양해지고 있다. 이 중에서 수쿠크(sukuk)라고 불리는 이슬람 채권의 성장세가 가장 두드러진다.[19] 말레이시아, 인도네시아 등 이슬람 나

19) '샤리아(sharia)'라는 이슬람 율법에 맞춘 금융상품과 서비스를 일컫는 말이다. 이자를 주고

라는 물론 미국에서도 이미 수쿠크가 발행되었다. 2004년 50억 달러 정도에 그쳤던 수쿠크 발행잔액은 2007년에는 500억 달러에 달한 것으로 추정되고 있다. 이것은 2007년 한 해 동안 약 364억 달러의 수쿠크가 발행된 데 힘입은 것이다.

정리문제

1. 국제금융시장의 기본이론 중 구매력평가이론과 국제Fisher효과의 다른 점은 무엇입니까?
2. 금리평가이론과 선물환평가이론을 비교 · 설명해 주시오.
3. 국제금융시장에 관한 최근의 접근이론 중 한국의 경우에 가장 알맞는 이론은 무엇일까요?
4. 역외금융시장의 문제점과 개선방안에 대한 의견을 말해 주시오.
5. 뉴욕 및 런던금융시장은 앞으로 어떻게 발전할 것으로 전망하십니까?
6. 중국을 중심으로 한 아시아금융시장의 발전방향에 대한 의견은?
7. Syndication의 방법에는 어떠한 것들이 있습니까?
8. 유로채권의 발행절차에 대해 설명해 주시오.
9. ENM, 유로채 및 MTN시장 중 어느 시장이 더욱 발전할 수 있을까요?
10. 외국채의 발행절차를 단계별로 설명해 주시오.
11. 국제금융시장의 동향으로 보아 한국의 금융허브전략은 어떻게 세워나가야 합니까?
12. 미국의 비우량주택담보대출(SML) 부실문제의 심각성을 금융파생상

받는 것을 금지하는 것이 특징이다. 돈도 하나의 상품이라는 것을 인정하지 않는 셈이다. 이자 대신 예금에 대한 수익을 나눠갖는다. 술, 담배, 도박 등 비윤리적 사업에 대한 투자도 금지한다. 이슬람 금융 회사에는 자금조달–운용에 이르는 각 단계가 율법에 어긋나지 않는지를 점검하는 '샤리아 위원회'가 설치된다.

품의 개발과정을 이용하여 설명해 주시오.

13. 최근 일고 있는 일본 Yen과 미국 Dollar의 carry trade청산문제에 있어 한국의 금융기관들은 어떠한 대책을 세워나가야 합니까?
14. 국부펀드와 이슬람금융에 대한 전망은 어떠한가요?
15. 한국의 보다 적극적인 국제금융시장진출을 위해 풀어가야 할 과제는 무엇이라고 생각하십니까?

CHAPTER 11

경제정책과 금융시장

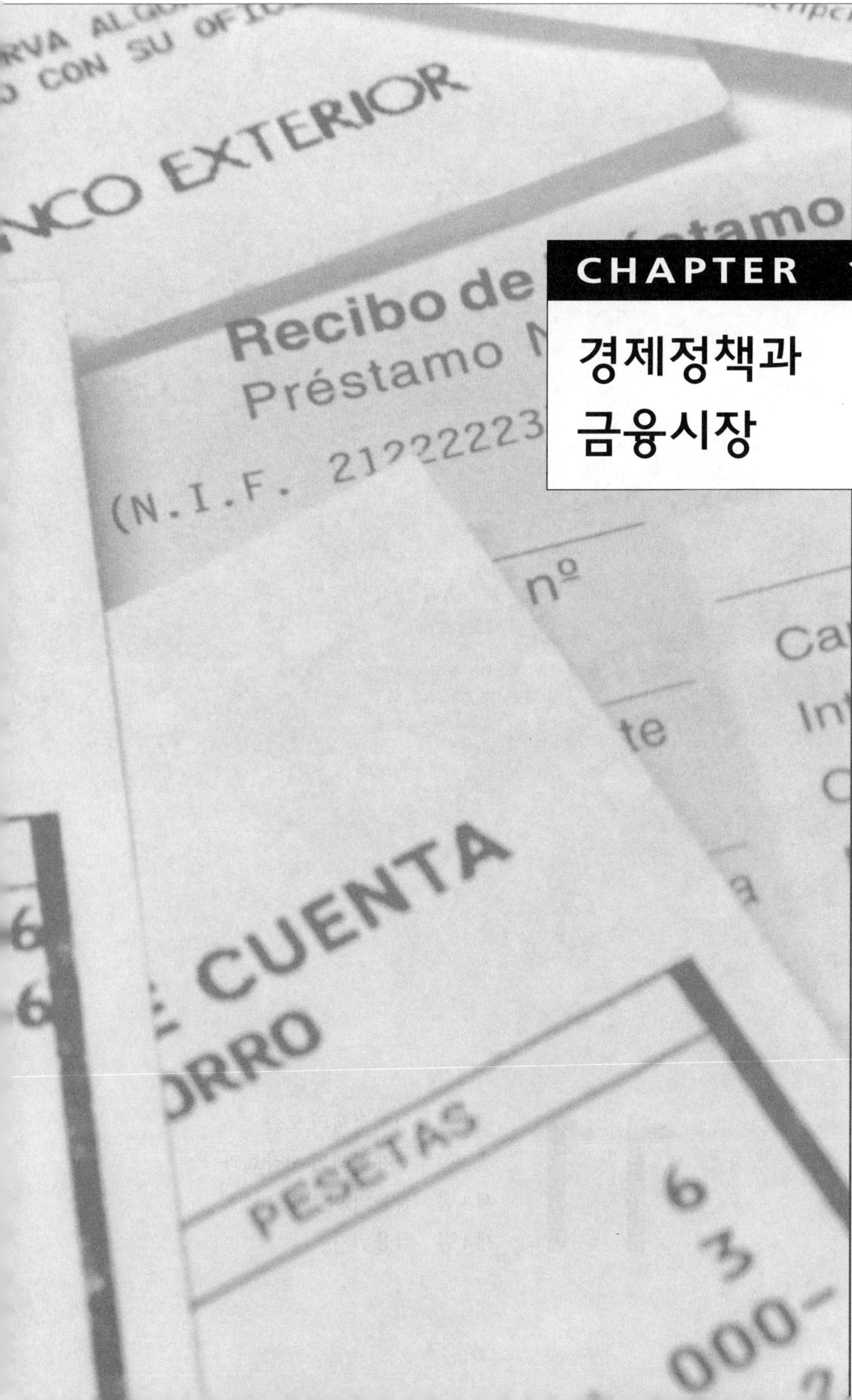

11

제1절 경제정책의 모습

1. 경제정책이란 무엇인가?

세계적으로 정부가 시장경제에 개입하기 시작한 것은 1930년대 세계대공황을 극복하는 과정에서였다. 이 과정에서 자유방임을 주창하는 신고전학파 경제학이 후퇴하고 정부 개입을 옹호하는 Keynes 경제학이 득세하였다. Keynes의 기본생각은 정부의 소비 및 투자수요를 늘림으로써 국민경제 전체의 유효수요를 창출하여 생산 및 고용의 증대를 유도하여야만 경제가 호황으로 전환된다는 것이었다. 정부는 스스로 소비와 투자를 증가시키는 것 말고도 통화정책과 재정정책을 통한 시장개입으로 국민경제 전체의 유효수요를 늘려야 한다는 주장이다.

이와 같은 논리에 따라 세계 각국에서는 정부의 시장개입이 폭넓게 이루어졌다. 그러나 1970~80년대 초에 있었던 두 차례의 석유파동을 계기로 자본주의 경제의 누적된 모순들이 나타나면서 세계경제는 장기간의 불황에 빠지게 되었다. 이 불황을 타개하는 과정에서 시장예찬론이 신자유주의(neo-liberalism)라는 형태로 거세게 대두되었다.

정부의 시장개입과 불개입 속에서 경제정책(economic policy)이라는 말이 생겨난 것 같다. 경제정책이란 어느 나라의 경제문제 해결을 위한 정부의 선택적 행동이라고 할 수 있다. 구체적으로는 국가로부터 특정 권한을 위임받은 기관들이 특정 목표를 달성하기 위해 국민경제와 시장에 영향을 미치거나 경제구조 및 질서를 변화하도록 정책수단을 운용하는 행위이다.

경제정책은 (i) 기본적으로 추구해야 할 궁극적인 목적, (ii) 이 목적을 추구하기 위해 설정해 놓은 목표, (iii) 이를 달성하기 위해 강구하는 수단으로 구성된다. 어느 나라에서건 경제정책은 사회 전체의 후생을 증대시키는 것을 궁극적인 목적으로 삼는다. 정책당국은 이 목적 달성에 직접적인 영향을 미치는 변수들을 상정하는데, 이를 목표라고 한다. 이 목표달성에 사용되는 변수가 바로 수단이다.

경제정책의 목적이 보편타당성을 지녀야 한다는 측면에서 윤리적 가치, 공동선(共同善)이나 사회적 후생의 극대화를 경제정책의 궁극적 목적으로 삼을 수 있다. 이 목적은 자칫 추상적일 수 있으므로 보다 구체적인 목표를 설정하여 정책을 수행해 나갈 필요가 있다. 경제정책의 목표는 나라와 시대에 따라 다를 수 있으므로 공통적인 목표를 제시하기는 어렵다. 대체로 경제안정 및 성장, 국제수지 균형 등을 그 목표로 꼽고 있다. 목표에도 상위목표와 중간목표가 있는데 후자는 전자의 수단이 된다.

한편 경제정책은 단기적인 조정정책만이 아니고 장기적인 전망에도 기초를 두어 대내외 경제구조의 변화에 대응하고 바람직한 방향으로의 구조변화를 전개해 가는 노력이 포함된다. 효율적인 자원 배분을 위해 각종 대책을 강구하는 한편 이와 관련되는 사회적 규범으로서의 경제제도 및 체제를 바꾸는 것도 국민경제의 구조변화를 위해 필요하다.

실제적인 면에서 경제정책이란 제2장 제2절에서 살펴본바 자본주의 경제가 겪는 순환적 국면을 예방하거나 그 진폭을 작게 하여 국민과 정부가 목적하는 안정 속의 경제성장과 발전을 추구하는 종합적 정책이라 할 수 있다. 현대적 의미로 보면 생산요소 · 생산물 · 금융의 3대시장의 건전한 발전을 추구하는 정책이라고 할 수 있다.

2. 경제정책의 형태

경제정책은 나라에 따라 서로 다른 모습을 보인다. 개별정책에 중점을 두는 나라가 있는가 하면 종합정책에 치중하고 있는 나라도 있다. 대부분 나라에서 거시적으로 종합정책을 세운 후 미시적으로 개별정책을 세우고 있다. 여기에서는 경제의 성장 및 안정정책, 인플레이션 및 디플레이션 대책, 소득 및 분배정책, 통화금융 및 재정정책, 소득정책, 대외경제정책 등으로 나누어 살펴보기로 한다.

(1) 경제의 성장 및 안정정책

한 나라의 경제성장은 흔히 국내총생산(GDP)의 증가율로 따진다. 경제성장률이 높다는 것은 기업과 근로자가 벌어들인 소득의 증가율이 높다는 것이고, 국민의 생활 형편도 좋아진다는 것을 의미한다. 따라서 국민들이 높은 수준의 경제성장률이 달성되고 유지되기를 바라는 것은 너무나 당연하다.

그렇다면 경제성장률은 높으면 높을수록 좋은 것일까? 반드시 그렇지만은 않다. 경제성장률이 높다는 것은 생산 활동이 활발하다는 것을 의미하는데 생산을 아무리 많이 해도 사는 사람이 없다면 소용이 없을 것이다. 생산은 소비 · 투자 · 수출과 같은 수요가 있기에 이루어지는 것이다. 경제성장률이 높다는 것은 그만큼 수요도 활발하다는 것을 뜻한다.

그렇다고 수요가 공급능력 이상으로 과도하게 늘어나 생산이 수요를 충족하지 못하게 되면(수요초과) 물가가 지속적으로 오르는 인플레이션이 초래된다. 또한 국내에서의 공급 능력이 한계에 부딪치면 부족분을 해외에서 들여오게 되므로 국제수지가 악화된다. 정책당국의 입장에서는 이 같은 부작용을 최소화하면서 경제성장률을 적정한 수준에서 유지하려고 한다.

여기에서 적정 성장의 기준은 무엇인가?라는 문제가 생기는 데 잠재GDP라는 개념이 그 해답을 준다. 흔히 인플레이션을 가속화하지 않으면서(대내균형) 달성할 수 있는 최대생산수준을 뜻한다. 최근에는 그것뿐 아니라 적자 없는 대외 경상수지 상황(대외균형)을 추가하는 학자도 있다.

실제GDP가 잠재GDP를 넘어섰다면 이는 경기가 과도하게 상승해 인플레이션과 국제수지 악화를 초래할 가능성이 높아졌음을 뜻한다. 이때 정책 당국은 경기를 진정시키기 위한 긴축정책 시행을 검토한다. 반대로 실제GDP가 잠재GDP를 밑돌 때에는 생산 설비, 노동력 등 생산요소가 충분히 활용되지 못하고 있다는 것을 뜻한다. 정책 당국은 경기를 활성화하는 방향으로 정책을 시행할 것을 고려해야 한다.

잠재GDP는 경제 정책의 관점에서 매우 중요한 개념이지만 실제GDP와는 달리 관측할 수 없다. 그리하여 잠재GDP규모와 성장률은 여러 가지 기법을 이용해 간접적으로 추정하는 것이 일반적이다. 따라서 누가 어떤 방법으로 추정하느냐에 따라 그 결과가 달라질 수밖에 없다.[1)]

대부분의 정부는 경제성장정책으로 균형성장정책을 추구한다. 균형성장을 위해서는 국민경제 내의 3대시장에서 수요와 공급의 균형유지가 필요하다. 생산물시장에서의 수급균형을 달리 표현하면 국민소득에 있어서 지출국민소득과 생산국민소득을 사전적으로 같게 하는 것이다. 균형성장을 위해 국민소득 면에서 필요한 또 하나의 조건은 수급관계에 의해 정해지는 생산국민소득을 분배국민소득과 같아지게 하는 것이다.

국민소득은 사후적으로는 같아지지만 사전적으로 같아지게 하는 장치가 없기 때문에 생산 · 지출 · 분배, 이 3가지 국민소득을 사전적으로 같아지게 하는 균형성장정책이 필요하다. 생산국민소득과 지출국민소득을 사전적으로 같게 하는 정책이 총수요관리정책이고, 생산국민소득과 분배국민소득을 사전적으로 같게 하기 위한 정책이 소득정책이다.

국제수지의 제약은 경제의 성장을 저해하고 인플레이션 및 불황의 한 요인이 되기 때문에 대외 균형이 필요하다. 이를 위한 정책으로서는 (i) 국내의 총수요조정, (ii) 국내의 소득정책 및 산업정책, (iii) 환율정책과 수출입 통제 ·

---

1) 한국의 경우에도 현재의 잠재GDP 성장률이 어느 수준인가에 관해서는 많은 논란이 있다. 지금까지의 연구 결과를 종합해 볼 때 금융위기 이전 1990년대 초반의 7% 정도에서 1997년 금융위기 직후 크게 낮아졌다가 최근에는 4% 중반 수준을 유지하고 있는 것으로 보인다.

자본이동 규제 등이 있다.

경제변동은 일반적으로 총수요와 총공급의 변화로부터 비롯된다. 총수요곡선을 이동시키는 충격을 수요충격이라 하며 총공급곡선을 이동시키는 충격을 공급충격이라 한다. 이런 충격으로 인한 단기적인 경제적 변동을 완화시키기 위해 고안된 것이 안정화정책(stabilization policy)이다. 생산량과 고용량은 장기적인 자연율을 중심으로 변동하기 때문에 안정화정책은 생산량과 고용량을 가능한 자연율에 근접시켜 경기순환폭을 축소시키려 한다.

석유파동과 같은 불리한 공급충격이 생기면 물가가 오르고 생산량은 자연율 이하로 감소한다. 이와 같은 현상을 경기침체하의 물가상승(stagflation)이라 한다. 이때 정책입안자는 두 가지 중 하나를 선택하는 어려운 결정을 해야 한다. 첫번째 선택은 총수요를 일정 수준으로 유지하는 것이다. 이런 경우 생산량과 고용량은 자연율보다 낮아지며 궁극적으로는 물가가 하락하여 당초 물가수준에서 완전고용으로 회복된다. 그러나 불경기를 감내해야 하는 고통스런 비용을 지불하지 않으면 안된다.

두번째 선택은 경제를 자연율 상태로 더 신속하게 이동시키기 위해 통화 및 재정정책을 활용하여 총수요를 늘리는 것이다. 총공급에 대한 충격과 총수요증대가 동시에 이루어지면 경제는 즉각적으로 활성화된다. 이때의 단점은 물가가 오래도록 상승하게 된다는 것이다.

(2) 인플레이션 및 디플레이션 대책

인플레이션 대책은 각각의 원인에 따라 그 내용이 달라질 수 있다. 우선 통화팽창이 근원인 통화인플레이션의 경우에는 통화량이 실질생산액에 비하여 지나치게 많지 않도록 억제하는 것이 중요한 대책이 된다. 이를 위해서는 (i) 증세와 정부지출 감소를 통한 재정을 흑자로 유지하며, (ii) 재정적자 보전을 위한 정부의 국채발행을 중앙은행이 떠안는 방법을 억제하고, (iii) 민간의 유통화폐를 흡수하는 공개시장조작, 대출억제를 위한 재할인율인상 및 은행에 대한 지급준비율인상 등 전통적인 통화정책수단을 동원해야 할 것이다.

이러한 수단들은 수요압력인플레이션을 억제하는 데에도 도움이 된다. 그

[표 11-1] 인플레이션 대책의 구분

- (1) 수요인플레이션 대책
  - 통화팽창의 억제
  - 실물 수요의 억제
    - 민간수요 억제, 설비투자 및 개인소비 → 금융긴축
      - 재할인율 인상
      - 지급준비금률 인상
      - 공개시장 조작
      - 창구규제 강화
    - 정부지출의 억제와 증세 → 재정흑자
  - 공급능력의 증대 – 생산성 향상
- (2) 비용인플레이션 대책
  - 임금규제
    - 임금인상 억제(가이드라인정책)
    - 사회계약적 임금 결정
    - 임금인상의 자율 규제
  - 이윤규제
    - 배당 제한
    - 과세 강화
    - 독점규제, 공정경쟁 여건의 조성
    - 가격 규제
    - 지대 · 임대료 규제
    - 자본이득 규제
    - 소득인상의 억제
- (3) 구조정책
  - 공급능력 과잉부문의 투자 및 자본설비 이용의 조정
  - 저생산성, 공급능력 부족부문의 생산성 향상
- (4) 가격의 직접규제
  - 공공요금의 인상 억제
  - 기타 가격의 규제
- (5) 수입인플레이션 대책
  - 환율상승억제
  - 원자재 비축대책과 국제협력

자료: 김효명, 경제정책의 이해, 2005년 2월, p. 170.

러나 오늘날의 선진자본주의 나라에서 겪고 있는 인플레이션은 통화정책 및 수요억제정책으로만 막기는 어렵다. 불황과 인플레이션이 함께 존재하는 경제에 있어서는 부문간의 불균형을 해소하는 것과 비용인플레이션 요인 또는 소득인플레이션 요인에 대해 적절한 대책을 강구하는 것이 필요하다.

디플레이션을 초래하는 근본 원인이 무엇인지에 대하여는 아직 일치된 견해가 없다. 일반적으로 주가, 부동산가격 등 자산가격 거품의 붕괴, 과도한 통화긴축, 과잉설비 및 과잉공급, 디플레이션의 국제파급 등의 경로를 통해 발생하는 것으로 분석되고 있다.

경제가 완전한 디플레이션 상황에 빠지기 전에 조기에 대처하는 것이 중요하나 1930년대 미국 대공황기와 1990년대 초반의 일본 등 주요국의 사례를 보면 정책당국이 디플레이션을 사전에 예측하기란 매우 어려운 일이다. 만일 디플레이션이 우려될 때에는 어떠한 대책을 마련해야 할까?

첫째, 디플레이션하의 통화정책은 명목금리의 0하한(zero bound)과 유동성함정(liquidity trap)으로 인해 그 유효성을 상실한다.[2)] 금리와 물가상승률이 0에 가까워질 경우 통화정책은 경기 및 물가에 대한 기준전망(baseline forecasts)뿐 아니라 추가적인 디플레이션 위험에 대응하여 보다 신속하고 강력하게 대처할 필요가 있다.

둘째, 통화정책의 유효성이 제약된다면 재정정책이 그 대안이 될 수 있으나 경기부양을 위한 재정정책의 유효성에도 한계가 있다. 재정적자 보전을 위해 조세증가가 예상된다면 소비자들은 소비를 줄이고 저축을 늘릴 것이므로 재정정책의 효과가 상쇄(Ricardo-Barro equivalence effect)될 것이다.[3)] 그리고 확대재정을 위한 정부차입 증가는 장기금리 상승을 초래하여 민간투자를 위축시킬 수 있을 뿐 아니라 환율하락을 초래하여 (순)수출을 감소시킬 수 있다. 따라서 재정정책의 경우도 통화정책과 마찬가지로 디플레이션이 우려될 경우 조기에 큰 폭으로 대응하는 것이 좋다.

---

2) Keynes학파는 화폐공급이 늘어나더라도 화폐보유의 기회비용이 0에 가까워 돈이 마치 함정에 빠지는 것처럼 공급된 화폐를 무한정 흡수해 버린다고 보았다. 화폐공급을 늘린다 해도 화폐시장에서 초과공급이 발생하지 않고 투자가 늘어나지 않기 때문에 국민소득은 증가하지 않는다. 이에 대해 고전학파는 부(富)의 효과가 존재하는 경우 통화공급증가는 *LM*곡선과 *IS*곡선을 동시에 오른쪽으로 이동시킴으로써 유동성함정에서 탈출할 수 있다고 주장한다.

3) 확대재정정책은 실물경제에 아무런 영향을 주지 못하며, 조세 · 공채발행 등 정부자금 조달방법들도 국민경제에 미치는 영향이 없다는 주장이다. Ricardo는 정부지출에 필요한 자금을 조세로 조달하든 공채발행을 통해 보전하든 국민경제에 미치는 영향은 별로 없다고 주장했다. Barro를 중심으로 한 신고전학파는 이와 같은 중립성 명제를 받아들여 공공자금의 조달을 위한 조세정책이 몇 가지 가정을 전제로 할 때 경제주체의 실물 부문에 영향을 주지 못한다고 주장했다.

셋째, 가계 및 기업의 과다부채를 억제해야 할 필요가 있다. 그들의 부채 수준이 높을 경우 물가하락은 부채와 실질부담을 가중시킴으로써 전형적인 Fisher 유형의 부채-디플레이션을 유발하여 국민경제에 악영향을 증폭시키게 될 가능성이 높아지기 때문이다(제3절 2항 참조).

넷째, 디플레이션의 가장 큰 위험은 부실채권 급증에 따른 금융기관 부실화로 금융중개기능이 마비되는 것이다. 디플레이션에 따른 부실화를 금융기관이 감내하여 신용위기를 피할 수 있도록 금융기관의 건전성을 강화하는 것도 중요한 일이다.

(3) 통화금융 및 재정정책

통화금융정책이란 금융현상을 대상으로 하는 경제정책이다. 주로 통화 당국이나 정부가 통화와 신용의 수요 · 공급을 직접 또는 간접적으로 조절하고, 금융기관의 규제와 감독을 통하여 이들의 건전성을 유지시킴으로써 국민경제의 안정, 성장 등의 목표를 추구하는 정책이다. 보다 구체적으로는 불완전한 금융시장에 있어서 자금의 수요와 공급을 탄력적으로 조절하며, 금융자산의 구조를 변경시킨다. 특히 통화량이나 금리를 조절함으로써 이것이 실물부문에 바람직한 효과를 가져오도록 유도하는 정책을 말한다.

그 중에서도 통화정책은 경제성장, 고용안정, 물가안정, 국제수지개선 등 특정 목표를 달성하고자 하는 중앙은행의 거시경제정책의 하나이다. 정책 운용 수단은 금융시장이 발달되기 전에는 주로 재할인정책이나 지급준비율 변경 등의 역할이 중시되어 왔으나 금융시장이 발달되면서부터 공개시장정책이 주로 이용되고 있다. 금융정책은 금융기관, 금융상품, 금융시장으로 구성된 금융시스템의 정상적 작동과 발전을 위한 미시정책이라 할 수 있으며 규제와 감독을 중심으로 한다.

재정정책이란 좁은 의미로는 조세와 국공채 발행을 통해 들어오는 재정수입으로 정부가 추진하고자 하는 정책목표의 실현을 위해 지출하는 정부의 행위를 말한다. 넓은 의미로는 정부가 공공목적을 달성하기 위해 필요한 재원을 조달하고 이를 관리 · 운용하는 여러 활동이다.

재정정책은 지출정책과 조세정책으로 구분한다. 전자는 정부가 정책목표의 달성을 위해 재정수입을 효율적으로 집행하는 공공지출 행위이다. 후자는 정부가 재정수입을 확보하기 위한 목적으로 특정한 개별적 보상없이 민간 경제주체들로부터 화폐 또는 재화를 강제로 징수하는 정부의 행위를 뜻한다.

재정정책의 기능으로는 경제안정화, 자원배분, 소득분배의 3대 기능을 들 수 있다. 이에 따라 재정정책의 목표 역시 3가지 기능과 매우 밀접하게 연관될 수밖에 없다. 정부는 고용 및 물가 등의 안정을 위한 정책수단을 찾는 한편, 자원의 효율적 배분을 위한 지출의 조정과 비용 부담을 결정하고 공평한 소득분배를 위한 조치를 취한다.

(4) 소득정책

소득정책이란 임금을 비롯하여 이윤, 이자, 임대료 등 모든 소득의 증가율을 국민경제 전체의 장기적 목표에 어긋나지 않도록 일정 수준에 맞추어 나가는 정책수단이다. 이 정책은 그 자체로서 독립적인 효과를 가질 수는 없고 다른 정책들과 상호 보완적 성격을 가지고 있다. 적절한 통화금융 · 재정정책과 구조조정정책과 조화를 이루어야 하며 여러 가지 제도적 요인과도 긴밀한 관계가 있다.

경제협력개발기구(OECD)는 소득정책을 "정부당국이 물가안정과 모순되지 않는 소득개선의 필요성을 인식하고 소득의 증대를 가져온다는 원칙에 대해 일반국민의 이해를 넓히며 국민으로 하여금 자발적으로 이 지침에 따르도록 노력하는 것"이라고 했다.

(5) 산업정책

국민 경제의 균형적 발전을 위해서는 단기적으로 수요를 조절하는 통화금융정책이나 재정정책을 사용한다. 중기적으로는 끊임없이 저축과 투자를 균형시키면서 공급능력을 증대시키는 한편 수요 증대를 보장하는 정책을 편다. 장기적으로는 자원 · 기술 · 제도 등 보다 광범위한 산업정책을 전개한다. 정책목표의 관점에서 넓은 뜻의 산업정책 내용을 살펴보면 다음과 같다.

① 산업기반정책: 산업발전의 기반이 되는 공공적 시설이나 그 밖의 하부구조 구축에 충실을 기하는 정책이다. 산업용 도로 · 항만 · 공업용수 등을 갖추기 위한 건설사업이 좋은 예이다. 더 넓게는 지식이나 정보를 축적하기 위한 연구개발이나 정보관리, 그리고 산업용 인재육성을 위한 교육에 관련된 정책을 포함한다.

② 산업조정정책: 산업의 전반적 혹은 개별적 조성 혹은 보호정책이다. 자본축적이나 기술혁신을 촉진하기 위한 각종 시책을 포괄한다. 물론 기계공업 · 화학공업 · 섬유공업 · 해운업 · 농업 또는 중소기업과 같은 특정업종이나 분야에 대한 조성책도 여기에 속한다.

③ 산업규제정책: 거시경제정책관점에서 산업발전을 유도하거나 특정 부문을 규제하기 위한 정책이다. 근로조건이나 고용선택에 관한 규칙, 환경보전에 관한 규칙, 독점적이거나 불공정한 거래를 방지하기 위한 규칙 같은 것이다.

④ 산업구조정책: 어떤 특정 산업을 발전시킴으로써 나라 전체의 산업구조를 크게 변화시킬 목적으로 특정 체계를 세워 가려는 정책이다.

⑤ 산업조직정책: 산업조직의 본질에 대하여 확실한 규칙을 제시하고 그것을 준수하게 하는 정책이다. 이때 산업조직은 산업의 조직적 편성을 뜻하며 경제 전체 및 개별산업의 기업체 수나 규모, 기업 간의 공동행위나 제휴 등에 대한 실태, 기업의 행동양식 등을 말한다.

(6) 외환정책

대부분의 외환결제는 외환시장을 통해 이루어지며 이 과정에서 자기 나라 통화의 대외가치는 외환시장의 수급상황에 따라 결정된다. 이처럼 외환의 수급조절을 통해 대외거래에 영향을 주는 정책이 바로 외환정책이다. 이 정책은 크게 외환수급에 직접 개입하는 방법(외환관리정책)과 통화의 대외가치를 나타내는 환율의 변동을 통해 외환수급에 영향을 주는 정책(환율정책)으로 나눌 수 있다. 전자는 중앙은행(또는 외환당국)이 특정한 정책목표를 달성하기 위하여 은행간 외환시장에 참여하는 등 민간 부문의 외환거래에 인위적으로 개입하는 조치를 말한다.

후자는 환율을 변경시키는 정책이지만 넓게 보아 환율변동을 위한 목적으로 시행되는 여러 거시정책과 시장 자체 내의 미시정책을 포함한다. 이에 따라 환율정책은 적정환율 유지와 환율의 안정성 등이 중심 과제가 되고 있다. 환율정책의 목표는 환율을 균형수준에서 안정되게 움직이도록 함으로써 대외균형을 달성하는 동시에 물가안정, 완전고용 등 대내균형을 달성하는 것이라고 할 수 있다. 이외에도 미시경제적 효과를 들 수 있는데, 이는 환율이 미시경제적 채널을 통해서도 개별 경제부문에 영향을 미치기 때문이다.

3. 종합적인 경제정책

경제정책은 어떤 하나의 목표를 달성하기 위해 몇 가지의 정책수단을 합쳐 사용하는 것이 더욱 효과적일 수 있다. 복합적인 정책목표를 위해 여러 가지 정책수단을 종합해 사용하는 것을 우리는 정책의 종합화(integration of policies)라 부른다. 여기에서 말하는 종합화 속에는 다음과 같은 것들이 포함된다.[4)]

① 여러 가지 경제정책수단의 종합화: 이미 언급한 통화금융 · 재정 · 환율정책의 혼합이 그 전형적인 예이다.

② 시간적 · 공간적 종합화: 이는 정책의 단기 · 중기 · 장기 조정계획의 종합화 또는 단기 · 중기의 정책과 장기 계획과의 적절한 관계이다. 그리고 전국적인 계획과 지역적인 계획의 종합화 또는 보다 넓은 범위의 지역계획과 보다 좁은 범위의 지역계획의 적절한 조합일 때도 있다.

③ 경제정책과 다른 정책과의 조화: 최근 들어 넓은 의미에서의 사회정책과 경제정책을 종합화할 필요성이 대두되고 있으며 외교정책과의 조화도 필요하다. 무역, 국제금융 등 국제경제문제에는 종종 정치나 군사문제가 얽혀 있고, 이들 문제의 처리에 있어서 종합적인 대외정책의 검토가 요구되는 경우가 많다.

한편 정책혼합은 비교적 단기의 정책목표를 위해서 조정적인 성격을 가진 경제정책수단을 동원하는 경우에 사용된다. 그 전형은 완전고용 · 물가안정 · 국제수지균형 등의 3가지 정책목표를 추구하기 위해 통화금융 · 재정 · 환율의

4) 김효명, 전게서, pp. 471~472를 인용 · 참조하였다.

3가지 정책수단을 동시에 실시하는 경우이다. 경제이론에 따르면 완전고용의 목표를 위해서는 재정정책이, 물가안정을 위해서는 통화정책이, 그리고 국제수지 균형을 위해서는 환율정책이 일반적으로 유효하다.

정부가 고용을 늘리는 것과 물가를 안정시키는 것, 이 두 가지 정책 목표 사이에서 고민하고 있다고 가정해 보자. 일반 경제 주체들이 예상하는 물가상승률이 4%이고 실업률이 2%이라면 실업률은 어느 정도 낮은 상태이니 정책당국은 물가를 잡고 싶을 것이다. 통화 당국이 물가상승률을 3%로 낮추는 긴축정책을 쓰면 기업이나 가계는 "이젠 물가가 3% 정도로 잡히겠구나"라고 생각할 것이다.

물가가 어느 정도 잡히면 정책당국은 슬슬 실업률도 낮추고 싶은 생각이 들 것이다. 이를 위해 확장적 통화정책을 편다면 경제주체들은 "통화가 늘어나니 물가가 또 오르겠네"라고 예상하게 될 것이다. 3%의 낮은 인플레이션정책을 신뢰하지 않게 되고 실업률을 낮추려는 확장정책은 결국 물가를 다시 끌어 올리는 셈이 된다. 이와 같이 정책당국이 단기적 목표를 달성하기 위해 실시한 정책이 장기적 목표와 상충되는 경우를 우리는 동태적 비일관성(dynamic inconsistancy)이라고 한다. 가계 · 기업 · 정부 등 경제주체들이 어느 시점에서는 '최적의 선택'이었으나 다른 시점에서는 '최적'이 아니게 되는 경우이다.

한국의 경우 금융위기 이후의 부동산정책이야말로 '동태적 비일관성'문제에 빠져 있다고 지적되고 있다. 전체 경기를 살리려고 건설경기 부양정책을 쓰다보니 덩달아 부동산 가격이 급등했다. 이를 막기 위해 여러 정책을 펼쳤지만 기대만큼 성과를 거두지 못했고 사람들은 어느덧 "언젠가는 부동산경기 부양책이 또 나올거야, 집값은 안 떨어져"라고 생각하게 됐다.

따라서 일관성있는 정부 및 통화당국의 정책이 요구된다. 일관성있는 정책의 집행을 위해서는 정부정책을 변경하고자 할 때 까다로운 법률적 절차를 거치게 하거나 정책당국의 평판을 높이는 방식 등을 생각할 수 있다. 우리나라에서 2007년중 「국가재정법」을 제정하여 추가로 예산을 쓰기 위해서는 까다로운 법률적 과정을 거치게 하는 것이나 한국은행이 1998년 이후 물가안정목표제를 공개적으로 천명하는 것도 그러한 방법 중 하나라고 볼 수 있다.

제 2 절 경제정책의 시장효과

1. 고정환율제하의 정책효과

1960년대 초 발표된 Mundell-Fleming(MF)모형은 개방경제국가의 통화, 재정, 환율정책의 유효성 분석에 관한 이론적 틀을 제시하고 있다.[5] 이 모형은 재화시장과 화폐시장의 상호작용을 강조하는 점에서 IS-LM모형과 비슷하다. 두 모형은 가격이 고정되어 있다고 가정하면서 어떤 요인들이 국내총생산의 단기적인 변동(총수요곡선의 이동)을 일으키는지 설명해 준다.

주요한 차이점은 IS-LM모형은 폐쇄경제를 가정하는 반면에 MF모형은 완전자본이동이 가능한 소규모국개방경제를 가정한다. 후자는 국민소득 단기 모형에 대외무역 및 금융의 영향을 포함시켜 확장시킨 것이다. 아울러 각 나라 경제는 세계금융시장에서 원하는 만큼 차입하거나 대출을 제공할 수 있어서 해당 나라 경제의 금리는 세계금리수준에서 결정된다고 가정한다.

MF모형은 정부가 채택한 환율제도에 따라 경제 형태가 결정되고 있음을 보여준다. 실제로 이 모형은 다양한 환율제도가 어떻게 운용되며 각 환율제도가 통화금융 및 재정정책에 어떤 영향을 미치는지 이해할 수 있도록 개발되었다. MF모형은 (i) 재화시장의 균형을 IS곡선식으로, (ii) 화폐시장의 균형을 LM곡선식으로, (iii) 국제수지균형을 BP곡선식으로 보여준다.

[그림 11-1]은 고정환율제하에서 소득수준이 어떻게 결정되는가를 보여주고 있다. 고정환율 e^*에서 *IS*, *LM*곡선을 그릴 경우 균형점이 a라 하자. 점 a에 대응하는 균형금리는 r_0이므로 국제금리 r_w보다 높아 금리차를 노린 해외자본이 유입되고, 자기 나라 중앙은행에는 교환을 요구하는 대량의 다른 나라 통화가 몰려올 것이다. 중앙은행은 이와 같은 요구에 대해서 응해 주어야 하기 때문에 통화량은 늘어난다.

5) 이에 대해서는 제6장 제1절 3항을 참고하기 바랍니다.

그림 11-1 고정환율제하의 소득수준 결정

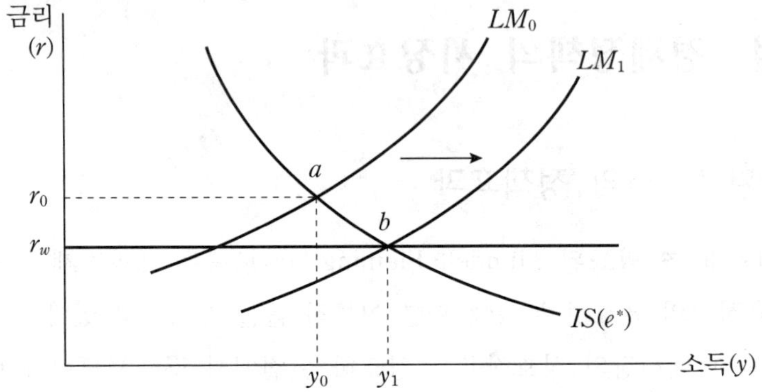

통화량이 늘어나면 LM곡선이 LM_1까지 아래로 이동하므로 균형점도 b로 이동한다. 점 b는 재화시장과 통화시장을 동시에 균형시키고 투기목적의 자본 유출입도 없기 때문에 고정환율과 시장환율이 균형을 이루는 상태가 된다. 점 b는 MF모형에서의 3개의 균형식을 동시에 만족시킨다. 반대로 국내 균형금리 r_0가 국제금리 r_w에 비해 과도하게 낮으면 자본유출이 일어나기 때문에 자기 나라 통화를 다른 나라 통화로 바꾸려는 움직임이 활발해진다. 중앙은행은 이러한 요구에 응해주어야 하므로 자기 나라 통화는 환수되면서 통화량은 줄어든다. 곧 LM곡선은 위쪽으로 이동한다.

이와 같이 고정환율제하에서 국내금리와 국제금리의 불균형은 통화량의 변화를 통하여 LM곡선이 이동함에 따라 해소된다. 중앙은행은 불태화(不兌貨) 정책에 의해 단기적으로 LM곡선의 이동을 저지할 수 있으나 자본이동이 자유로운 나라에서는 대량의 자본이 유입되거나 유출되기 때문에 장기적으로 불태화정책을 지속할 수 없다.

이러한 경향은 특히 경제규모가 작은 나라에서 뚜렷하다고 할 수 있다. 미국과 같이 경제규모가 큰 나라는 불태화정책을 계속할 여지가 크다. 하지만 최근과 같이 자본시장의 세계화가 진전된 상황에서는 어떤 나라도 국제정세와 관계없이 불태화정책을 추진하기는 어려울 것이다.

(1) 통화정책의 효과

고정환율제하에서 통화정책의 효과를 보기로 하자. [그림 11-2]의 점 c는 통화정책이 수행되기 이전의 균형점이다. 확장적인 통화정책을 펼치면 LM곡선이 아래쪽으로 이동하면서($LM_0 \rightarrow LM_1$) 국내 균형금리가 r_0수준으로 낮아지므로 국내에 있던 자본은 금리가 높은 해외로 유출되기 마련이다. 국내 통화량은 줄어들고 LM곡선은 이전의 위치로 되돌아온다($LM_1 \rightarrow LM_0$). 따라서 고정환율제하에서 통화정책은 실질소득수준에 영향을 미치지 못하는 셈이다.

그림 11-2 고정환율제하의 통화정책 효과

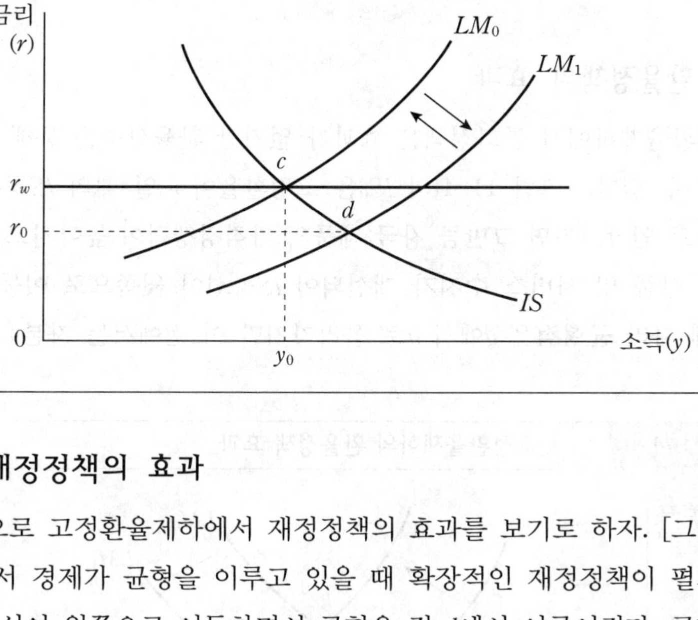

(2) 재정정책의 효과

다음으로 고정환율제하에서 재정정책의 효과를 보기로 하자. [그림 11-3]의 점 c에서 경제가 균형을 이루고 있을 때 확장적인 재정정책이 펼쳐진다고 하자. IS곡선이 위쪽으로 이동하면서 균형은 점 d에서 이루어진다. 균형금리가 국제금리보다 높아지기 때문에 자본유입이 늘어나 통화량이 증가하므로 LM곡선은 아래쪽으로 이동한다($LM_0 \rightarrow LM_1$). 새로운 균형점은 f로 된다. 그림에서 알 수 있듯이 점 f의 소득수준은 점 c에 대응하는 소득을 웃돈다. 따라서 고정환율제하에서 재정정책은 실질소득수준에 영향을 미친다.

그림 11-3　고정환율제하의 재정정책 효과

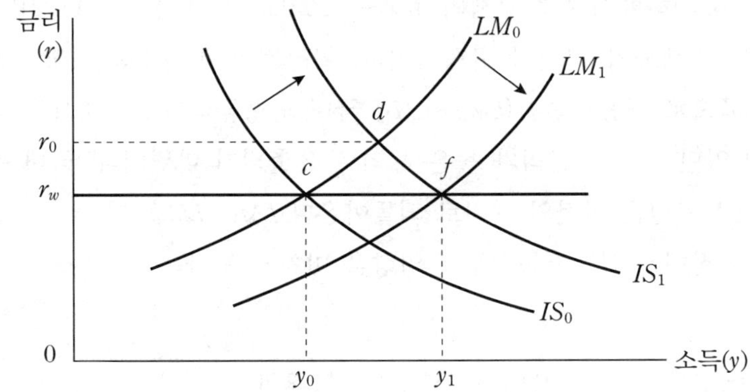

(3) 환율정책의 효과

고정환율제하에서 통화정책은 효과가 없지만 환율상승을 통해 경제를 활성화시킬 수 있다. [그림 11-4]의 IS_0은 고정환율이 e_0일 때의 IS곡선이다. 환율을 e_1으로 인상시키면 그만큼 자국 제품의 가격경쟁력이 높아지고 수출이 늘어나므로 상품 및 서비스 수지가 개선되어 IS곡선이 윗쪽으로 이동한다($IS_0 \rightarrow IS_1$). 이에 따라 균형점은 g에서 h로 올라가지만 이 점에서는 자본유입에 의해

그림 11-4　고정환율제하의 환율정책 효과

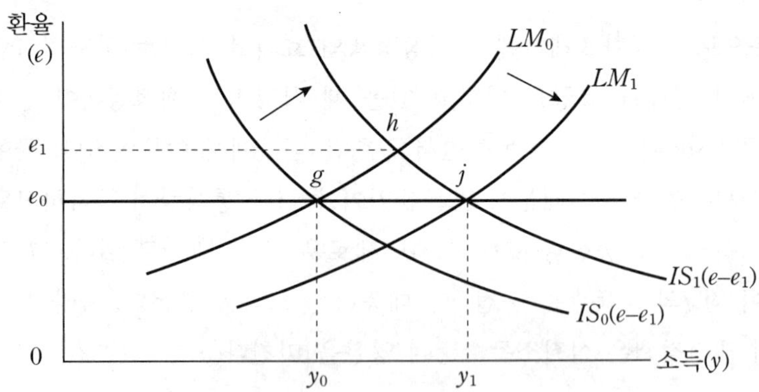

통화량이 늘어나므로 *LM*곡선이 LM_1의 위치까지 아래쪽으로 이동한다. 결국 환율상승에 의한 새로운 균형점은 *j*가 되고 소득은 증가한다. 고정환율제하에서 환율정책도 효과가 있는 셈이다.

2. 변동환율제하의 정책효과

(1) 금리조정 효과

변동환율제하에서는 어떤 메커니즘이 작동하는가를 역시 MF모형을 이용하여 살펴보기로 하자. 지금까지와 마찬가지로 물가수준은 불변이라고 가정한다. [그림 11-5]는 변동환율제하에서 금리가 조정될 때 소득이 어떠한 과정을 거쳐 결정되는가를 보여주고 있다.

일시적인 균형점을 IS_0와 *LM*이 만나는 점을 *a*라고 하자. 국내 균형금리 r_0가 국제금리 r_w보다 높은 수준이므로 금리 차를 노린 자본이 유입된다. 환율은 내려가고 상품 및 서비스 수지는 악화된다. 그 결과 *IS*곡선이 아래쪽으로 이동($IS_0 \rightarrow IS_1$)하여 점 *b*가 새로운 균형점이 된다. 점 *b*에서는 국내금리와 국제금리

그림 11-5 변동환율제하의 금리조정 효과

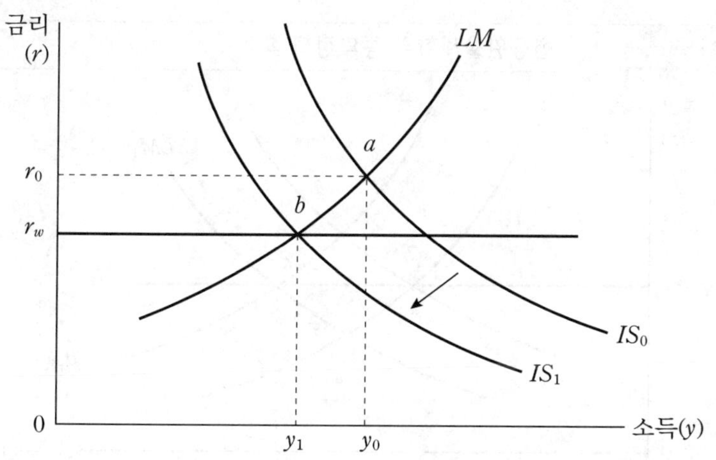

가 같게 되어 그 이상의 자본유입은 일어나지 않는다. 점 b는 재화시장 및 화폐시장을 동시에 균형시키며 투기목적의 자본유출입도 없는 상태이다. 따라서 점 b는 MF모형에서의 3개 균형식을 동시에 만족시킨다.

한편 국내 균형금리 r_0가 국제금리 r_w에 비해 지나치게 낮은 경우에는 자본유출이 일어나기 때문에 환율이 올라가고 상품 및 서비스 수지가 개선됨에 따라 IS곡선은 위쪽으로 이동한다. 이와 같이 변동환율제하에서 국내금리와 국제금리의 불균형은 환율변동을 통해 IS곡선이 이동함으로써 해소된다.

(2) 통화정책의 효과

변동환율제하에서 통화정책의 효과에 대해 살펴보자. [그림 11-6]의 점 c는 통화정책이 발동되기 전의 균형점이다. 이 상태에서 확장적인 통화정책이 시행되면 LM곡선이 아래쪽으로 이동($LM_0 \rightarrow LM_1$)하지만 국내의 균형금리가 r_0 수준까지 내려가기 때문에 국내에 머물고 있던 자본이 높은 금리를 찾아 해외로 유출된다. 자본유출로 환율이 올라가면 상품 및 서비스 수지가 개선되기 때문에 IS곡선은 위쪽으로 이동($IS_0 \rightarrow IS_1$)하며 새로운 균형점인 점 d에서는 종전보다 높은 소득이 실현된다. 변동환율제하에서 통화정책은 유효하다고 할 수 있다.

그림 11-6 변동환율제하의 통화정책 효과

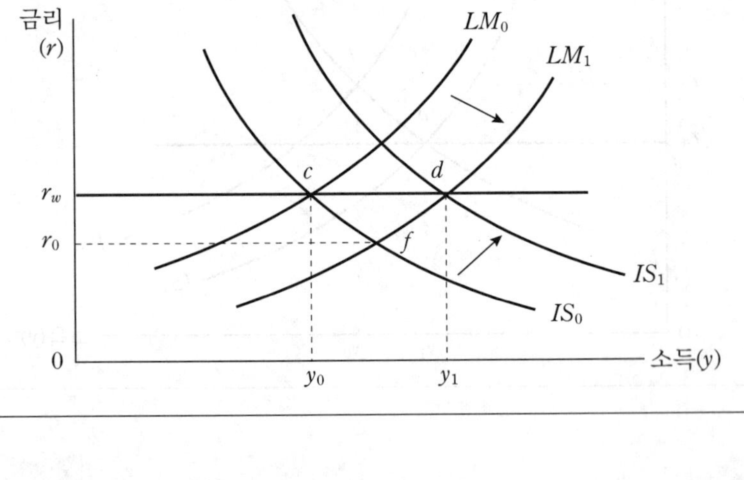

이와 똑같은 효과가 중앙은행의 다른 나라 통화 매입을 통한 외환시장 개입에 의해서도 나타날 수 있다. 왜냐하면 중앙은행이 다른 나라 통화를 매입하면 자기 나라의 통화량이 늘어나기 때문이다. 의도적으로 확장적인 통화정책을 취하는 것은 일종의 관리변동환율제로 간주될 수 있다. 중앙은행의 외환시장 개입이 오염된 변동환율제(dirty float)라고 비난받는 것은 자기 나라의 불황대책으로서 환율을 조정하는 것이 실업의 수출로 이어진다고 생각하기 때문이다. 이와 같은 개입을 근린궁핍화정책(begger-the-neighbor policy)이라고 한다.

(3) 재정정책의 효과

변동환율제하에서 재정정책이 펼쳐지는 경우 거시경제에 어떠한 영향을 미치는가 살펴보자. [그림 11-7]의 점 g에서 경제가 균형을 이루고 있을 때 확장적인 재정정책이 취해졌다고 하자. IS곡선이 위쪽으로 이동($IS_0 \rightarrow IS_1$)함에 따라 균형점은 h로 이동하고 이때 국내금리가 국제금리보다 높기 때문에 자본유입이 일어난다. 환율은 떨어지므로 IS곡선은 다시 원래 위치까지 아래로 이동($IS_1 \rightarrow IS_0$)하게 되고 균형점도 이전의 점 g로 되돌아간다, 변동환율제하에서 시행된 재정정책은 실제적인 소득증가에 영향을 주지 않음을 알 수 있다.

그림 11-7 변동환율제하의 재정정책 효과

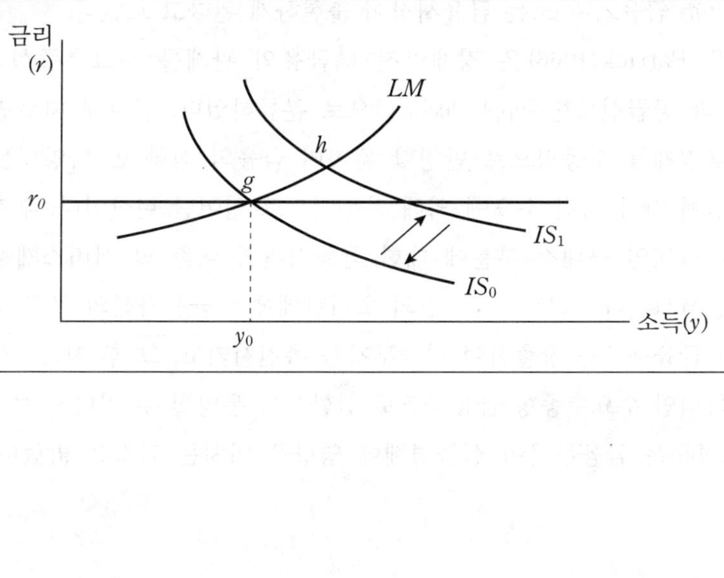

제3절 금융의 발전과 안정

1. 금융발전과 경제성장

금융발전과 경제성장의 관계에 관한 이론적 연구는 오랜 전통을 갖고 발전해왔는데 서로 다른 견해가 대립되기도 하였다. 예를 들어 W. Bagehot, J. A. Schumpeter, J. Hicks, R. W. Goldsmith, R. I. Mckinnon, R. G. King & R. Levine 등은 금융발전이 경제성장을 촉진하는 요인이라는 견해를 보였다. 이와 반대로 J. Robinson, G. M. Meier & Seers, R. E. Lucas, A. Chandavarkar 등은 기본적으로 중요한 것은 경제성장이며 금융발전은 단지 경제성장을 추수한다는 입장을 견지하였다.

최근 들어서는 많은 연구성과를 바탕으로 금융발전이 경제성장에 긍정적인 영향을 미친다는 견해가 학자들 사이에서 대체로 받아들여지고 있다. R. G. King과 R. Levine(1993)에 따르면 금융거래가 성립되기 위해서는 관련 정보 획득 및 계약이행 과정에서 비용 지출이 불가피하기 때문에 특정 금융거래가 효율적으로 이루어지도록 하는 사회적 유인이 존재한다. 이로 인해 점차 일정한 형태를 갖춘 금융기관 또는 금융시장이 출현하게 된다고 보았다.

H. T. Patrick(1966)은 경제발전과 금융의 관계를 수요추종형(demand-following)과 공급선도형(supply-leading)으로 분류하였다. 전자에 따르면 금융현상은 실물경제를 수동적으로 반영할 뿐이며 금융의 심화 및 다양화는 실물경제의 발전에 따라 생긴 수요에 의해 자동적으로 일어난 현상이다. 후자에 따르면 성장유발적인 근대적 부문에 대한 금융기관의 대출 및 서비스제공이 실물경제를 발전시킨다. 그는 경제발전의 초기단계에는 금융자산의 공급에 의한 공급선도현 금융구조를 창출하여 실물투자를 촉진시키고, 그 후 지속적인 경제성장이 이룩되면 수요추종형 금융구조로 전환시켜 운영될 수 있다고 보았다.

J. Tobin은 금융부문이 실물경제에 영향을 미치는 과정을 밝혔다. 통화량

증가가 실질 금리를 하락시켜 자본축적을 많게 함으로써 경제성장을 촉진한다고 보았다. 최근에는 세대교차모형(overlapping generation model)이나 화폐선불모형(cash in advance model)을 사용하여 통화공급의 증가가 내생적인 성장을 유발한다는 주장도 생겼다.

내생적 성장이론을 중심으로 한 경제성장이론이 학계의 관심을 불러일으키자 금융에 대한 분석도 새롭게 이루어졌다. D. Valderrama(2003)는 금융발전과 경제성장 간의 관계에 대한 그동안의 실증연구 성과를 크게 (i) 금융발전이 과연 경제성장을 촉진하는가? (ii) 금융발전이 어떤 경로로 경제성장을 촉진하는가? (iii) 금융규제가 금융발전과 경제성장간의 관계에 미치는 영향은 무엇인가 등 3가지 문제로 구분하였다.

첫번째 주제에 대한 실증연구에 있어서는 금융연관비율(금융자산/국부)을 창안한 Goldsmith(1969)가 선구적인 역할을 하였다. 그는 35개 국가를 대상으로 1860~1963년중의 시계열자료를 이용하여 금융발전과 경제성장 사이에 정(+)의 상관관계가 있음을 보였다. King & Levine(1993)은 Goldsmith의 연구를 바탕으로 금융발전이 경제성장을 촉진할 수 있다는 실증적인 증거를 제시하였다. 이들은 80개 나라의 시계열자료(1960~89년)를 이용하여 1960년 당시의 금융발전 정도(대용변수로 M3/GDP을 사용)가 이후 기간의 경제성장에 유의한 정(+)의 영향을 미친다는 결론을 끌어냈다.

다른 한편으로 금융구조가 경제성장에 미치는 영향을 밝히고자 하는 연구도 활발하게 이루어졌다. R. Levine & S. Zervos(1998)는 주식시장에서의 회전율(거래량/총자본금)로 평가되는 금융발전 정도가 경제성장에 정(+)의 영향을 미친다는 결과를 보였다. 금융기관뿐만 아니라 금융시장을 통한 금융발전도 경제성장에 긍정적인 영향을 미칠 수 있음을 보인 셈이다.

P. Aretis, P. O. Emetriades & L. B. Luintel(2000)은 벡터오차수정모형(VECM)을 이용한 계량분석을 통해 은행중심 금융시스템이 시장중심 금융시스템에 비해 장기적인 경제성장에 기여하는 바가 크다는 결론을 제시하였다. 반면 T. Beck, A. Demirguc-Kunt & R. Levine(2005) 은 150개 국가의 1960~95년중 시계열자료를 분석한 결과 은행 또는 시장 중심의 금융구조가 경제성장

에 유의한 차이를 보이지는 않으나 선진국일수록 금융시장의 역할이 커지는 경향을 보인다는 결론을 얻었다.

두번째 주제에 대해서도 다양한 실증연구가 진행되었다. R. Rajan & L. Zingales(1998)는 성장산업에 속한 신생기업일수록 외부금융 의존도가 높으며 금융발전 정도가 높을수록 이들 기업이 싸게 자금을 조달할 수 있을 것이라는 가설을 검증하였다. 이를 통해 금융발전이 기술혁신 경로를 통해 경제성장을 촉진하다는 분석결과를 제시하였다. 이 연구결과를 기초로 Beck 등은 일반적으로 규모가 작은 신생기업이 기존 기업에 비해 효율적인 기술을 사용한다는 가정 아래 금융이 발전한 나라일수록 규모가 작은 기업들이 빠르게 성장한다는 가설을 추가로 검증하였다.

기업투자와 관련한 금융제약(financial constraint)에 주목하는 연구는 금융발전 정도가 높을수록 저축이 투자와 더 원활하게 연결될 수 있을 것이고 따라서 금융제약 정도가 낮을 것이라는 가설을 제시한다. T. M. Whited(1992) 그리고 M. Gertler와 S. Gilchrist(1994) 등은 정보의 비대칭성이 클수록 투자와 관련한 기업의 의사결정이 기업 내부의 현금흐름에 민감하게 반응한다는 결론을 제시하고 있다.

세번째 주제에 대해서도 최근 성과가 나타나고 있다. 우선 Levine, Loayza & Beck(2000)은 국별 비교를 통해 금융규제 측면에서 주주보다는 채권자를 우선하는 나라일수록, 그리고 엄격하고 구체적인 공시제도를 운영하는 나라일수록 금융이 발전한 나라로 볼 수 있다는 증거를 제시하였다.

A. Galindo, F. Schiantaarelli & A. Weiss(2002)는 금융자유화가 기업활동 측면에서 자원배분의 효율성을 향상시켜 장기적으로 경제성장에 도움을 준다는 결론을 제시하면서 금융자유화를 실효성 있게 추진하기 위해서는 잘 정비된 금융규제와 감독체계가 필요하다는 결론을 이끌었다. 이러한 연구결과는 일반적인 관점에서 금융규제와 감독의 질이 높을수록 금융발전과 경제성장간 정(+)의 관계가 강화됨을 시사해준다.

이상의 많은 실증연구들이 각 주제별로 일치된 결론에 도달한 것은 아니며 금융발전과 경제성장간의 관계에 대한 실증연구가 많은 한계를 지니고 있음도 명백하다. 그러나 기존의 연구성과를 종합적으로 볼 때 금융발전과 경제성장간 관계에 관하여 잠정적인 결론을 내릴 수 있다.

R. Levine은 이를 4가지로 정리하였다.[6] (i) 잘 발달된 금융기관 · 금융시장을 보유하고 있는 나라는 그렇지 못한 나라에 비해 빠른 경제성장을 보인다. (ii) 한 나라가 은행 또는 시장 중심 금융구조 가운데 어떠한 구조를 택하고 있느냐 하는 것은 경제성장에 큰 차이를 유발하지 않는다. (iii) 위의 두 결론은 계량분석상의 오류, 특히 설명변수의 내생성(endogeneity)에서 비롯된 것이 아니다. (iv) 금융발전이 경제성장에 영향을 미치게 되는 경로는 여러 가지가 있을 수 있으나 기존의 연구성과를 볼 때 '금융발전→기업의 외부자금조달 제약 완화→투자 확대→경제성장'의 경로는 유효하다.

2. 금융안정의 조건

국제결제은행(BIS)의 전 사무총장 A. Crockett(1997)은 금융안정을 금융시스템을 구성하고 있는 금융기관의 안정(institution stability: IS)과 금융시장의 안정(market stability: MS)으로 구분하였다. 전자는 개별 금융기관이 자체 능력으로 별 어려움 없이 정상적인 영업활동을 할 수 있고 시장참여자들이 이를 신뢰하는 상태를 말한다. 후자는 시장에서 형성되는 금리, 주가, 환율 등 금융자산의 가격이 그 나라 경제의 기초 여건을 제대로 반영하고 있어 이것들이 변하지 않는 한 가격변동이 심하지 않은 상태를 말한다. 다시 말하면 각종 금융변수에 거품이 없는 상태를 의미한다.

그런데 이 둘은 상호 독립적인 것이 아니며 밀접히 관련되어 있다. 어떤 요인에 의해 거품이 형성되었다가 꺼지면 금융시장의 안정이 흔들리고, 이는 부실채권을 양산하여 금융기관의 도산으로 이어지는 등 금융기관의 안정을 해친다. 반대로 금융기관의 경영상태가 불안하면 이들 기관을 중심으로 고수익-고위험 자산운용 행태가 확산될 뿐 아니라 전반적인 시스템위험에 대한 우려

6) R. Levine, "Finance and Growth: Theory and Evidence," NBER Working Paper, No. 10766, 2006 참조.

때문에 자금순환의 경색현상이 초래되어 금리, 주가 등의 움직임이 불안해지는 등 금융시장 안정이 저해된다.

세계적으로 1980년대 이후 본격화된 금융자유화와 금융국제화로 금융시스템의 불안정성이 커지고 실제 여러 나라가 금융위기를 겪게 되면서 최근에는 금융안정이 통화정책의 주요 관심사로 떠오르고 있다. 이와 같이 금융안정이 중앙은행의 핵심적 기능의 하나로 중시되는 것은 다음과 같은 이유에서이다.

첫째, 금융의 안정은 경제의 지속적이고 안정적인 성장을 위해 없어서는 안될 필수적 토대이다. 잘 발전된 금융은 자원배분의 효율성을 높여 경제성장을 뒷받침하지만, 그렇지 못하면 심각한 경제위기의 진원지가 될 수도 있다. 금융불안은 국민경제를 크게 동요시킬 가능성이 있으므로 경제안정을 책임지고 있는 중앙은행의 입장에서는 이러한 사태를 미연에 방지하는 것이 중요한 과제가 된다.

둘째, 통화정책의 효과는 금융부문을 통해 생산활동과 물가로까지 파급된다. 금융부문이 불안하거나 제 기능을 수행하지 못하면 통화정책의 파급경로가 원활히 작동하지 않게 되고 이로 인해 통화정책의 효과를 기대만큼 얻을 수 없다.

셋째, 금융시장은 통화정책 결정에 유용한 많은 정보를 제공해 준다. 중앙은행이 통화정책을 효과적으로 수행하기 위해서는 파급경로와 효과 등에 관한 정보가 필요하다. 금융시장에서 형성되는 금융자산의 가격이나 거래량 등은 앞으로의 경제상황에 대한 시장의 평가와 전망, 그리고 통화정책에 대한 기대 등을 집약적으로 보여주는 귀중한 정보의 역할을 한다. 만약 금융시장이 불안하여 여기에서 형성되는 정보가 왜곡되거나 잘못된 신호를 주게 되면 이를 바탕으로 하는 통화정책 역시 실패할 가능성이 높아진다.

이러한 이유 때문에 여러 중앙은행들은 금융안정을 중요한 정책목표의 하나로 설정하고 있으며 설령 법제상으로 그렇지 않다 하더라도 실제 정책운용에 있어서는 이를 중시하고 있다. 그러면 중앙은행은 금융안정을 위해 무엇을 하며 금융불안이 실제 나타났을 때 어떤 일을 해야 하는가?

(1) 물가안정기조의 유지

장기적으로 볼 때 중앙은행은 물가안정기조의 유지를 통해 금융안정에 기여한다. 즉 물가가 안정되어 있으면 미래에 대한 불확실성이 낮아져 금리, 환율 등 경제변수뿐 아니라 주가 및 부동산가격 등 자산가격의 변동폭도 축소되는데 이에 따라 금융시장 불안의 발생확률도 낮아진다.

물가안정과 금융안정이 어떤 관계를 갖느냐는 것은 많은 학자들의 연구대상이었다. A. J. Schwartz(1995)는 물가불안이 금융불안을 야기한다고 주장하였는데 이를 통상 "슈워츠 가설(Schwartz hypothesis)이라고 한다. 이 교수의 가설은 여러 실증연구를 통해 사실로 뒷받침되고 있다. 예를 들어 M. D. Bordo, M. J. Dueker, D. C. Wheelock(2000)이 1790년부터 1997년 사이의 미국자료를 분석한 결과 예상보다 높은 인플레이션이 발생했을 때 기업 · 은행의 도산율과 실질금리가 높아지고 신용등급간 격차가 확대되는 등 금융시장이 불안해진 것으로 나타났다.

F. Mishkin(1997)도 개발도상국의 경우 금융위기를 촉발한 가장 중요한 원인은 인플레이션이라고 주장하였다. 그에 따르면 인플레이션이 체질화되어 있는 경제에서는 금융계약이 장기로 이루어지기 어려워 부채구조가 단기화되며 국내통화가치에 대한 불신으로 다른 나라 통화표시 부채의 비중이 높아진다. 이렇게 만기별로는 단기부채가, 통화별로는 다른 나라 통화표시 부채가 많은 상태에서 외부충격에 의해 국내통화가 큰 폭으로 평가절하되고 인플레이션 기대심리의 확산으로 국내금리도 상승하면 기업 및 가계의 채무부담이 크게 늘어나 금융기관의 부실채권이 양산되고 금융위기가 발생한다는 것이다.[7]

---

7) 호주 중앙은행 총재였던 McFarlane은 낮은 물가기조는 금융시장 안정을 자동적으로 보장해 주는 충분조건은 아니며 필요조건이라고 말했다. 물가가 안정되어 있으면 화폐환상(money illusion) 때문에 금리가 낮은 듯이 느껴져 차입수요가 늘어나고 위험자산에의 투자가 성행하여 자산가격 거품이 초래된다. 물가안정이 지속되면 사람들은 중앙은행이 금리를 인상할 이유가 없으며 현재의 호경기 국면이 상당기간 계속될 것이라는 환상(economic euphoria)에 빠지게 되는데, 이것도 자산에 대한 과도한 투자로 이어지게 된다.

(2) 금융자산가격의 안정

금융안정이 유지되기 위해서는 금융시장에서 형성되는 자산가격들이 기초경제 여건을 적절히 반영하여야 한다. 급격한 변동이 없는 한 이 가격은 안정적으로 움직여야 한다. 금융시장에서 결정되는 가격에는 때때로 수급상의 애로나 시장참여자들의 투기적 기대, 거품 등 비정상적 요인들이 혼재되어 있어서 조그마한 충격에도 급격한 변동을 보이면서 금융불안을 초래하는 경우가 있다. 이를 방지하거나 교정하는 것도 금융안정을 위한 통화정책의 역할이라고 할 수 있다.

통화정책이 관심을 갖는 금융자산의 가격으로는 특히 기대요인이 중요하게 작용하는 장기금리와 환율을 들 수 있다. 장기금리가 급격히 변동하면 장기채권을 보유하거나 거래하는 금융기관은 물론 이의 발행을 통해 자금을 조달하는 기업의 재무위험이 높아져 금융안정을 해치게 될 가능성이 커진다. 이 경우 중앙은행은 정책수단의 활용, 공개구두정책(open mouth operation)의 구사 등을 통해 대처할 수 있을 것이다.

자유변동환율제도를 채택하고 있는 나라의 경우 환율은 시장에서 결정되므로 통화정책의 역할은 제한적일 수밖에 없다. 이때 장기금리와 마찬가지로 환율도 단기적으로 시장의 일방향적 기대에 의해 움직일 수 있으므로 이를 완화하기 위한 통화정책적 대응이 필요하다.

(3) 지급결제제도의 안정

중앙은행은 지급결제제도의 중심에 위치하여 경제주체간 모든 채권 · 채무의 결제가 안전하고 효율적으로 이루어지도록 한다. 모든 거래의 최종결제는 중앙은행 계정을 통해 이루어지는데 그 과정에서 어느 한 은행이라도 자금부족, 또는 결제시스템의 고장 등으로 자금을 결제하지 못하면 그 여파가 다른 은행에 연쇄적으로 파급됨으로써 금융시장이 일시에 불안해질 수 있다. 최근 들어 금융의 자유화 · 개방화로 금융거래가 다양해지고 그 규모도 커짐에 따라 이러한 위험성도 함께 커지고 있어 금융시장 안정을 도모하기 위한 지급결제시스템의 관리가 매우 중요한 과제로 떠오르고 있다.

우리나라에서는 금융기관간 거액자금거래를 전자자금이체방식에 의해 건별로 즉시 지급결제하는 총액결제시스템인 한은금융망(BOK-Wire)을 운영중이다. 최근에는 PC · 텔레뱅킹, 인터넷뱅킹 등 금융의 전자화에 대응하여 금융공동망을 안정적으로 운용하기 위한 여러 가지 대책을 수립하여 시행하고 있다. 또한 어음교환, 타행환 등 다자간 차액결제에 따른 위험을 최소화하기 위하여 참여기관에 대해 (순)채무한도를 설정하고 통화안정증권 및 국공채권 등을 담보증권으로 징구하여 결제위험 관리에 만전을 기하고 있다.

한편 금융기관간 채권거래에 따른 결제위험을 원천적으로 제거하기 위하여 증권거래시 대금이 동시에 결제되는 DVP(delivery vs payment)제도를 1999년 1월부터 시행하고 있다. 2000년 9월부터는 하루중 일시적으로 발생하는 금융기관의 지급결제부족자금을 일정한도 내에서 실시각으로 지원하는 일중당좌대출제도를 도입 · 운영하고 있다. 아울러 최근 크게 늘어나고 있는 기업간(B2B) 전자상거래의 대금결제를 온라인으로 처리할 수 있는 지급결제시스템을 은행권과 공동으로 하고 있다.

(4) 최종대부자 역할

금융안정은 사전적 위기 방지와 사후적 위기 관리를 통해 달성될 수 있는데 중앙은행의 최종대부자(lender of last resort) 기능은 후자에 해당한다. 이는 금융위기가 발생하여 개별 금융기관 또는 전체 금융시장에 유동성 부족사태가 나타날 때 위기극복을 위해 충분한 유동성을 공급해 줄 수 있는 마지막 보루를 뜻한다. 이러한 기능은 현실적으로 화폐의 독점적 발행권과 무제한 공급능력을 가지고 있는 중앙은행만이 할 수 있는 일이다.

금융기관 특히 은행은 단기로 예금을 수취해서 장기로 대출을 해 주기 때문에 보유자산과 부채의 만기가 일치하지 않는다. 또한 고객의 예금인출요구에는 즉각 부응해야 하지만 대출을 회수하는 데는 시간이 걸린다. 이에 따라 유사시 예금인출사태(bank-run)가 발생할 경우 은행은 지급요구에 응하지 못하는 유동성 위기에 처할 가능성이 높다. 한 은행의 유동성 위기는 금융시스템 전체에 대한 불신으로 이어져 건전한 은행이라도 동반 위기에 처해질 수 있다.

중앙은행은 필요시 개별 금융기관에 대해 직접적으로 유동성을 지원하기도 하지만 공개시장조작을 통해 금융시장 전체에 유동성을 여유 있게 공급하는 방식으로도 최종대부자 기능을 수행한다. 뿐만 아니라 중앙은행의 최종대부자 기능은 유사시 금융시스템에 유동성을 충분히 공급한다는 강력한 의지를 표명하는 방식으로도 이루어진다.

중앙은행의 최종대부자 기능수행이 금융불안의 확산을 막고 금융위기를 방지하는 순기능이 있는 것은 사실이나 반대로 금융기관의 도덕적 해이와 시장규율기능의 약화를 가져올 우려도 있다. 금융위기가 발생하면 중앙은행이 나서서 유동성을 지원해 주고 나아가 정부가 부실금융기관을 구제해 줄 것이라는 인식이 일반화되면 금융기관들은 고수익-고위험자산을 더욱 선호하게 된다. 예금자들도 자신들이 거래하는 금융기관의 경영 및 재무상태의 건전성에 대한 판단 없이 고금리를 제시하는 곳에 자금을 맡기게 된다.

이러한 도덕적 해이를 방지하기 위해서는 중앙은행 이론의 창시자로 불리우는 영국의 W. Bagehot(1873)가 제시한 최종대부자 기능 수행에 있어 중앙은행이 지켜야 할 원칙을 기억할 필요가 있다. (i) 최종대부자는 자금지원시 시장금리보다 높은 벌칙금리를 적용해야 한다. (ii) 최종대부자는 유동성 위기에 직면한 은행(solvent but illiquid banks)들이 파산에 이르지 않도록 건전한 담보를 제공하는 경우 자금을 충분히 지원해야 한다. (iii) 중앙은행만이 최종대부자 기능을 수행하여야 한다. (iv) 이러한 원칙은 위기발생 이전에 공표되어야 하며 위기발생시 반드시 실행되어야 한다.

(5) 금융시스템의 긴장도검정(financial system stress test)

여기에 금융시스템의 긴장도검정(stress test: ST)을 소개한다. 이것은 예외적이지만 발생 가능한 사건(exceptional but plausible events)에 대한 금융시스템의 잠재적 취약성을 측정하는 다양한 분석기법이다. ST는 경제상황이 극도로 악화될 경우 직면하게 되는 영업중단위험을 측정 · 관리하기 위해 1990년대 이후 금융선진국들의 대형투자은행에 의해 도입되었다.

참고 11-1 금융안정지도

(1) 국제통화기금(IMF)은 2007년 4월부터 세계 금융안정보고서(global financial stability report)에 금융시스템의 위험 평가도구로 세계금융안정지도(global financial stability map: GFSM)를 작성하여 발표하고 있다. GFSM은 세계 금융경제 여건 및 위험요인의 변화가 앞으로 금융시스템의 안정에 어떠한 영향을 줄 것인지를 일괄 평가한 것이다. 우리나라에서는 한국은행이 2007년부터 금융안정지도를 활용하여 국내 금융시스템의 안정성 수준을 설명하고 있다.

(2) 금융안정지도 작성을 위해서는 다음과 같이 6개 부문 아래 20개의 세부항목과 여러 개의 분석지표를 활용한다. 분기별 자료 사용을 원칙으로 하되 여의치 않을 경우 반기 또는 연간 자료를 이용하며, 주가, 환율 등 분기보다 짧은 일별 통계는 90일 이동평균자료 중 분기말 자료를 이용한다. 각 지표의 시계열 범위는 금융위기 상황이 포함될 수 있도록 1995년 이후를 기준으로 한다.

부 문	세부항목	분석지표
금융시장	채권시장	국채수익률변동성, 회사채신용스프레드
	주식시장	주가변동성, 거래대금/시가총액
	외환시장	환율변동성, 단기외채/외환보유액, 외평채가산금리
은행 건전성	신용위험	연체율, 고정이하여신 비율
	수익성	NIM, ROA
	자본적정성	BIS 자기자본비율
	자금조달	자금조달갭(funding gap)/총자산
세계경제	경제성장	경제성장률
	물가안정	인플레이션율
	신용위험	미국 회사채신용스프레드, TED스프레드
국내경제	경제성장	경제성장률
	물가안정	인플레이션율
	부동산가격	아파트매매가격 상승률
가계채무 부담능력	유동성	금융부채대비 금융자산 비율
	원금상환능력	금융부채대비 가처분소득 비율
	이자상환부담	지급이자대비 가처분소득 비율
기업채무 부담능력	수익성	매출액 영업이익률
	자본적정성	자기자본비율
	유동성	유동비율
	순이자보상비율	순이자보상비율이 100 미만인 업체 비중

(3) 금융안정지도에서 각 부문의 위험 수준은 중심에서 바깥쪽으로 나아갈수록, 즉 1분위에서 10분위로 갈수록 불안정성이 높아지는 것을 의미한다. 평가시점의 금

융시스템 안정성 수준을 비교 · 판단할 수 있도록 금융안정지도에는 직전 평가시점의 안정성 수준도 함께 수록한다.

한국의 금융안정지도[1)]

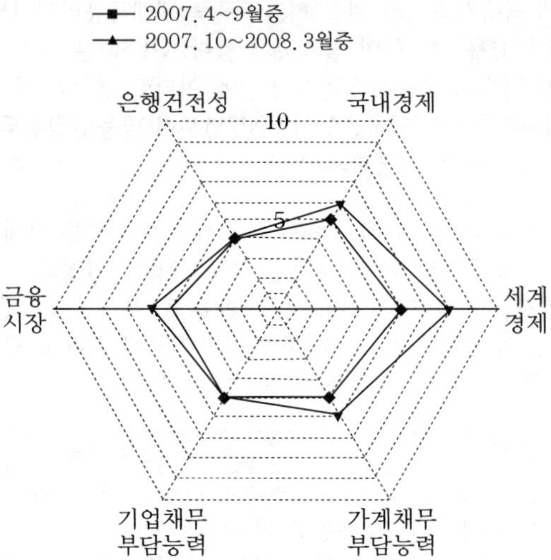

주: 1) 10분위에 가까울수록 불안정성이 증대됨을 의미.
자료: 한국은행.

1990년대 후반 아시아 금융위기 이후 IMF와 World Bank는 금융시스템 안정성 평가를 위한 금융부문평가 프로그램(financial sector assessment program: FSAP)에서 ST를 핵심적인 계량 평가수단으로 활용하기 시작하였다. 이후 많은 중앙은행들이 금융시스템의 구조적 취약성, 외부충격 흡수능력 및 정상상태로의 복원력 등 금융안정성을 평가하는 수단으로 활용하고 있다.

금융시스템의 ST는 수행주체에 따라 (i) 중앙은행이 제시한 시나리오에 따라 개별 금융기관이 자체적으로 검정을 수행하고 중앙은행이 그 결과를 취합하는 상향식 접근법(bottom-up approach), (ii) 중앙은행이 ST모형을 개발하여 시나리오별로 총체적 영향을 직접 파악하는 하향식 접근법(top-down approach)으로 구분할 수 있다. 최근에는 상향식과 하향식을 동시에 수행하는 절충식 접근법(hybrid approach)을 채택하는 경우가 늘어나고 있다.

그림 11-8 금융시스템의 긴장도 검정(ST) 체계

시나리오 생성	모형설계 및 스트레스 테스트 실시	금융안정성 평가 및 파급효과 분석
대외 충격 · 유가등급 · 세계경제침체 · 국제금리 · 환율의 급변동 거시경제 충격 · GDP 감소 · 물가상승 · 금리 · 환율 · 주가의 급변동	금융기관 손익 · 가계 · 기업의 연체율 상승 · 부실여신의 증가 · 유가증권 손실	금융시스템 안정성 · 대손충당금 · BIS자본비율 2차 파급효과 · 상호 익스포저 손실 · 금융기관 연쇄 부실

ST의 분석기법은 주로 시나리오분석과 민감도분석이 이용되며 최대손실접근법, 극단치이론 등도 부분적으로 활용되고 있다.

① 시나리오분석: 역사적(historical) 또는 가상(hypothetical)의 위기시나리오를 설정하여 여러 위험요인들의 동시 변화에 따른 포트폴리오의 가치변화를 분석한다.

② 민감도분석: 특정 위험요인을 다양한 수준으로 변화시키면서 이에 따른 포트폴리오의 가치변화를 분석한다. 예를 들면 환율을 위험요인으로 보는 경우 ±2%, ±4%, ±6% 등으로 변화시키면서 이에 따른 포트폴리오의 가치변화를 분석하는 방법이다.

③ 최대손실접근법: 포트폴리오에 가장 큰 손실을 가져올 수 있는 위험요인들의 조합을 찾아내어 손실규모를 측정한다.

④ 극단치이론: 확률분포의 꼬리부분의 움직임에 관한 통계이론을 이용하여 위기상황하에서 포트폴리오의 가치변화를 분석한다.

한국은행은 지난 2007년 6월에 금융시스템 스트레스 테스트(BOKST-07) 모형을 구축하였다. 신용 · 시장 및 금리위험 계량모형으로 충격에 따른 금융기관의 위험 변화를 비교하여 금융시스템의 안정성을 평가할 수 있도록 설계하였다. 앞으로의 활용도가 기대된다.

제 4 절 금융위기

1. 금융위기란 무엇인가?

제2장 제2절에서 살펴보았듯이 자본주의 경제는 필연적으로 순환적 국면을 거친다. 한나라의 경제가 팽창경기를 거치면서 여러 가지 문제점에 부딪쳐 공황으로 빠질 수도 있는 위험한 국면에 들어가는데, 바로 이 국면을 우리는 경제위기(economic crisis)라고 한다. 경제위기는 경제가 공황으로 빠질 것인가의 기로에 서 있는 상황이다.

호황국면에서는 설비규모가 커지면서 생산과 고용이 동시에 늘어나지만 공황국면에서는 수많은 기업들이 쓰러지고 많은 수의 실업자가 생긴다. 새로운 생산방식 · 상품 · 시장 · 노동조직 · 금융조직 등에 힘입어 경제가 다시 성장하는 회복 국면에 이르기까지 상당기간 불황과 침체가 계속된다.

이러한 산업위기(industrial crisis)가 닥치면 많은 기업들이 쓰러진다. 기업의 도산은 주가를 폭락시켜 증권시장을 혼란에 빠뜨림으로써 주식시장 침체를 가져온다. 동시에 금융기관의 대출 중 부실대출의 비중이 커지면서 금융기관의 수익성과 신뢰도를 떨어뜨리고 일부 금융기관을 도산시킨다. 이것이 금융위기(financial crisis)이다.

위기는 곧 금융시장의 혼란으로 이어진다. 금융기관은 자신의 도산을 방지하기 위해 그리고 건전성을 확보하기 위해 추가 대출을 삼가기 때문에 국민경제 전체적으로는 현금이 부족하다는 아우성이 들린다. 이것이 '신용공황'(credit crisis) 또는 '화폐공황'(monetary crisis)이다. 주가는 폭락하고 금리는 폭등하며 산업생산은 격감하고 실업자가 격증하게 된다.

이와 같이 산업위기에서 비롯된 국민경제의 불황국면이 금융부문으로 퍼지는 경우가 일반적이지만 금융부문 자체 내에서 은행 및 외환위기에 선도되어 금융위기가 나타나기도 한다. 흔히 금융공황, 금융불안정 등으로 불리고 있다. R. W. Goldsmith(1969)는 단기금리, 주가, 부동산가격 등 각종 금융지표의 갑작스런 악화와 더불어 전반적인 금융제도의 파산 및 붕괴를 금융위기로 보았다.

H. Minsky(1982)는 금융위기를 소득과 가격의 하락은 물론 금융기관과 기업의 대규모 채무불이행 상태로 보았다. M. Wolfson(1989)은 예기치 못한 사태에 직면하여 잠재적 금융위기와 금융회사의 파산 등에 의해 정상적인 경제 및 금융제도의 기능이 와해되는 것을 금융위기라고 정의하였다. L. H. Summers(1991)에 따르면 금융위기는 외생적 요인에 의한 자산이동, 근본적인 가치변화, 자산가격의 상승(부채비율 상승), 기타 조세 등의 요인이 가세하여 위기의 예상을 정당화시키는 징후가 먼저 나타난다. 이런 경향은 개인, 기업부문 모두에서 발생하는데 대출수요 증대와 금리상승, 화폐유통속도 증가, 유동성 증가, 상품 및 서비스 수요확대와 경기 팽창을 결과하여 호황이 가속화된다. 그래서 거품이 발생한다.

M. Friedman과 A. Schwartz(1963)의 생각은 달랐다. 은행의 대출 및 자산구성에 대한 정보는 사적 정보이기 때문에 은행은 계속해서 시장의 자산구성에 대한 정보를 공시할 수 없다. 따라서 예금자의 자금인출에 응할 수밖에 없으며 이것은 예금인출사태를 발생시킬 가능성을 내포한다. 반면에 은행자산은 비유동적이기 때문에 정책적 개입이 없으면 은행의 안정을 유지하기 어렵다. 특히 사람들의 예상이 자기충족적 예견으로 실현될 경우는 더욱 어려울 것이다.

자기충족적 예견에 따른 불안정성은 다음과 같은 3가지 상황에서 더욱 커진다.

① 한 은행의 부도는 다른 은행 역시도 건전하지 못할 것이라는 예감을 심어준다. 그것은 타은행의 자산구성도 파산한 은행과 같을 것이라고 생각하기 때문이다.

② 은행의 실패는 그 은행과 거래하는 기업에 연쇄적으로 영향을 미친다. 자금차입자나 채권자 모두에게 손실을 끼친다. 그것을 방지하기 위해서는 대출선을 다변화해야 하는데, 그러기 위해서는 비용이 든다.

③ 은행의 실패에 따른 기업의 실패는 총수요에도 영향을 미친다. 은행이 대출을 줄이면 통화공급 역시 줄어든다. 물가가 신축적이지 못한 경제구조에서는 이것이 실질금리를 인상시킨다. 이는 지출의 억제를 가져오고 재무구조가 취약한 기업 및 금융기관의 수지에 압박을 가한다. 이것이 공황을 야기하는 경로이기도 하다.

2. 금융위기의 가설

(1) Fisher의 부채-디플레이션 가설

I. Fisher(1933)는 1930년대 대공황을 해석하면서 다음과 같이 결론지었다. 과다한 부채가 누적된 경제에서 물가하락에 따른 부채의 실질부담이 가중되면 이를 완화하기 위한 부채청산 목적의 자산처분 행동이 더욱 물가를 하락시키고 경기를 침체시켜 역설적으로 부채의 부담이 더욱 늘어나게 하여 공황이 야기된다.

그는 자신의 가설을 9단계로 설명하였다. (i) 부채 청산이 자산의 강요된 매각 야기, (ii) 대출금 상환에 따른 예금통화 감소와 화폐유통속도 저하, (iii) 앞의 두 요인에 따른 물가수준의 하락, (iv) 물가하락이 저지되지 않는 한 기업 (순)자산의 추가적 감소, (v) 기업의 이윤 감소와 부도, (vi) 산출량 · 거래량의 감소, 고용수준 하강, (vii) 비관적 전망과 확신의 상실, (viii) 통화량 격감과 유통속도의 추가적 저하, (ix) 명목금리의 하락과 실질금리의 상승이다.

이 과정의 핵심은 물가수준의 하락과 경제적 효과이다. 부채와 부채지급이자를 제외하면 모든 변동은 물가하락을 통한 것임을 지적하고 있다. F. Mishkin(1997)은 선진국형 금융위기의 요인으로 Fisher의 가설을 인정하면서 대공황에 관한 설명에 몇 가지 의문을 제기하였다. 우선 물가하락의 가능성 여부이다. 실제로 물가상승률이 낮아지는 나라도 있지만 과연 물가수준이 낮아지겠는가? 다음으로 Fisher는 은행제도의 역할에 부차적으로 언급했으나 분석에 있어서 중요성을 부여하지는 않고 있다. 마지막으로 부채-디플레이션의 원천이 어디에 있는가이다. 이에 대해 채권의 담보가치 하락에서 찾기도 하고, 금리로서 설명하기도 한다.

(2) Minsky의 금융불안정화 가설(financial instability hypothesis)[8)]

H. Minsky(1982)는 자본주의 경제구조로 볼 때 내재적으로 금융 취약성이 커지고, 금융안정성이 점차적으로 낮아져서 금융위기가 발생한다고 주장하였다. 이 가설의 기본 전제는 (i) 금융중층화(financial layering) 진전과 투기적 금융의 증대, (ii) 부채의존도 심화에 따른 금융구조 취약으로 부채-디플레이션의 확산(심각한 침체의 야기)이라고 요약된다.

Minsky는 금융위기의 발생원인을 경기변동의 정점에서부터 단서를 찾는다. 경기확장 국면에서 기업들은 부채수단을 통한 자금조달로 투자를 늘린다. 이윤이 많아지면서 현금흐름이 좋아지고 주가도 날개를 편다. 대출의 만기가 길어지고, 투자에 있어서도 회임기간이 긴 장기투자가 진행된다. 그러나 자본조달 측면에서는 주식에 의한 조달은 상대적으로 불리하고 장기부채는 일정한 한도가 있으므로 부채계약에 따른 단기부채의 비중이 높아진다. 아울러 현금비중은 낮아져서 기업은 자금조달 방식에 있어 보다 급격하게 투기적 행태로 옮겨간다.

결국 경기확장에 따라 금융취약성이 오히려 증대된다. 채무계약을 이행하기 위해 항상 재연장 및 추가자금이 필요하고, 자금 공급 역시 한계에 도달하여 금리는 점차 올라간다. 부채의 현재가치와 상환부담은 가중되어 재무 및 금융구조의 취약성이 커진다. 투자수익의 현재가치는 줄어들고 투자수요는 감퇴

8) 여기에서 민스키전기(Minsky moment)를 소개한다. 이 말은 외부 충격에 의해 낙관적인 시장기대가 어느 순간 비관적 기대로 급반전하면서 시장 혼란이 나타나는 상황을 뜻한다. '금융 불안정화 가설'에서 은행과 투자자들의 급격한 기대변화가 금융위기의 주요인이라고 지적한 뒤 생겼다. 최근 미국의 SML 사태도 이와 같은 현상과 크게 닮았다. 처음에는 주택시장에 대한 낙관적 기대로 주택담보대출이 급팽창하고 자산가격도 올랐지만 어느 순간 이런 기대감이 무너지면서 대출부실에 이어 자산가격 급락과 신용경색 현상이 나타난 것이다.

한다. 투자감소와 경기후퇴로 기업 이윤이 줄어들어 현금흐름이 압박을 받기 시작한다. 부채구조의 악화로 점차 차입도 어려워지고 은행들은 만기연장을 꺼린다. 따라서 단기금리의 상승에 이어 장기금리도 올라간다. 부채원금 및 이자 지급을 위해 자산의 강요된 매각과 자산가격의 하락이 불가피해진다. 이로 인해 금융안정성의 영역이 축소된다.

(3) 비대칭적 정보이론: 역선택과 도덕적 해이

B. S. Bernanke(1983)는 대공황에 대한 해석으로 비통화적 요인을 중시하면서 비대칭적 정보이론에 입각하여 설명하였다. 정보의 비대칭 상황에서 외부차입은 차입의 한계비용을 상승시켜 그 비중이 더욱 커진다. 이때 부채-디플레이션이 진행되면 차입자의 (순)자산가치가 줄어들어 은행의 (순)자산도 잠식된다. 채권발행과 같은 외부차입 수단은 차단되고 효율적인 자금배분기능이 저하 또는 마비되는 은행공황에 이어 대공황이 나타난다.

F. S. Mishkin(1997)은 I. Fisher와 H. Minsky 등의 주장을 수용하여 역선택과 도덕적 해이 등 대리인비용에 의한 금융시장의 불안정성에 초점을 맞추어 금융위기를 설명하였다. 특히 개발도상국의 금융위기를 은행위기 외에 외환위기를 추가시켜 설명하고 있다. 역선택은 정보를 가진 측이 자신에게만 유리하게 행동함으로써 결과적으로 정상수준 이상의 이득을 챙기거나 충분한 정보를 가지지 못한 측에게 정상수준이상의 손해 또는 비용을 전가하는 현상을 가리킨다. 도덕적 해이는 정보를 가진 측이 정보를 갖지 못한 측에 대해 올바른 정보를 제공하지 않거나 비윤리적인 행동과 태도를 보이는 현상이다.

역선택의 사례를 보면 (i) 은행의 경우: 대출시장에서 우량고객과 불량고객을 구별하는 장치가 없어 신용위험이 큰 불량고객에게 자금을 대출할 수 있고, (ii) 보험의 경우: 보험가입자의 건강에 대한 충분한 정보파악 곤란으로 불량가입자에게 우량가입자와 같은 보험료율을 적용한다거나, (iii) 증권의 경우: 투자자는 증권발행자에 대한 정보 부족으로 내재가치보다 높은 가격으로 발행되는 불량증권만을 구입하게 됨으로써 시장붕괴를 초래할 수 있다.

도덕적 해이의 사례로서는 (i) 예금자가 예금자보호제도를 악용하여 자산건전성은 불량하나 높은 이자를 지급하는 은행에 예금한다거나, (ii) 보험가입자가 보험가입 후 사고예방 및 손실 축소를 위한 노력을 게을리하거나, (iii) 연체자가 신용회복 프로그램을 악용하여 고의적으로 채무를 불이행하는 것 등이다.

Mishkin에 따르면 투자위험의 재평가 기회를 제공하는 충격이 발생하면 개별주체들은 누가 이것에 영향을 받는가를 의식하지 못한 채 자신의 행동을 결정해야 한다. 재평가가 실시되는 과정은 경제에 부정적 충격이 있을 때 나타난다. 결국 경기변동과정에서도 주로 침체가 비대칭적으로 나타나므로 위축이 시작되는 경기정점이나 정점의 후기에 신용경색과 은행공황이 나타난다는 것을 암묵적으로 전제하고 있다. Mishkin의 비대칭적 정보이론의 난점은 금리, 주가, 환율, 불확실성 등을 외생적으로 다루고 있다는 점이다.

(4) 국제수지위기론

이 위기론은 대외의존도가 높은 개발도상국의 경우 국제수지위기를 통해 경제위기가 초래될 가능성이 크다는 이론이다. 이론의 요체는 다음과 같다. (i) 경상수지 적자부담을 완화하기 위한 자본유입 증대는 고정환율을 유지하는 체제하에서 실질환율을 지나치게 고평가 되도록 하여 경상수지를 더욱 악화시킨다. (ii) 적자보전을 위한 외화차입이 늘어나며 외채 누적을 초래하는 악순환을 거듭한다. (iii) 증권시장에서의 급격한 자본유출을 방지하기 위한 중앙은행의 외환시장개입이 계속되면서 외환보유액은 고갈되어 간다. (iv) 이때 투기적 공격이 가해져 결국 외환보유액이 급감함으로써 환율방어를 포기하거나 환율제도가 붕괴되는 상황이 되고 외환시장은 마비되는 상태에 이른다.

P. Krugman(재정적자 중시)과 G. Calvo & K. Mendoza(금융제도의 취약성 중시) 등은 국제수지위기의 근원은 자본이동의 가변성과 금융의 국제화라고 보았다. 이런 환경에서 해외자본 유입의 역전과 은행제도의 취약성에 따라 발생하는 구제금융신청 예상이 투기적 자본공격을 가속화시킨다. 이렇게 되면 금융자산 잔액과 외환보유액 간의 불균형이 고정환율제를 더 이상 지탱하기 힘들게 만들고 자기충족적 예언에 따른 위기를 조성하는 풍토를 배양한다. 여기에 군중심리에 의한 집단행동이 뒤따른다. 그 다음은 평가절상의 행진과 경기침체

로 이어진다는 것이다.

M. Goldstein은 금융위기를 실증적으로 분석하기 위해 다음과 같은 25개의 경제지표를 선정하였다.

[표 11-2] 금융위기 실증분석 지표

지 표	이용수치	계 열
실질생산	전년동월대비 증가율	월
주식가격	〃	〃
외환보유액	〃	〃
내외실질금리차	수 준	〃
초과실질통화(M1) 잔고	〃	〃
M2/외환보유액	전년동월대비 증가율	〃
은행예금	〃	〃
M2승수	〃	〃
국내신용/GDP	〃	〃
실질예금금리	수 준	〃
대출금리/예금금리	〃	〃
실질환율	추세치로부터의 괴리	〃
수출	전년동월대비 증가율	〃
수입	〃	〃
교역조건	〃	〃
Moody's 신용평가	전월대비 변동	〃
Institutional Investor 신용평가	전반기대비 변동	반 기
일반정부소비/GDP	전년대비 증가율	연 간
재정수지/GDP	수 준	〃
공공부문실질신용/GDP	전년대비 증가율	〃
단기자본유입/GDP	수 준	〃
외국인직접투자/GDP	〃	〃
경상수지/GDP	〃	〃
경상수지/투자	〃	〃

주: 은행대출의 자산부문(property sector) 비중 지표는 자료이용이 불가능해 제외.

3. 한국의 금융위기

많은 사람들이 1997년의 한국경제위기를 외환위기라고 일컫고 있으나 저자는 Mishkin의 구분과 같이 금융위기라고 하고 싶다. 왜냐하면 외환위기에서 촉발되었을지는 몰라도 외환위기와 은행위기가 가중된 전형적인 금융위기였기 때문이다.

(1) 금융위기의 원인과 진행

1990년대 중반에 접어들어 한국경제는 구조적 모순과 대기업 부실 등 내부결함이 누적된 상태에서 개방화를 급속하게 진전시켰으나 새로운 경제시스템으로의 전환은 이를 따르지 못하고 있었다. 특히 세계화의 추진, OECD 가입 등 표면적 변화 노력은 있었지만 경제구조개선, 경쟁력 강화, 시스템 개혁 등 근본적 대책은 미흡한 형편이었다. 이를 배경으로 금융위기가 다가왔다.

1997년의 금융위기 원인에 대해서는 여러 가지 논의가 있으나 크게 3가지 견해로 모아진다. 첫째 견해는 경제체제의 특수성(이른바 '아시아 모형')이 위기의 핵심적 원인이라고 본다. 금융시장의 대내외적 자유화가 아시아 모형의 특수성을 해체함으로써 위기를 초래했다는 주장이다. 아시아 모형은 다음과 같이 서로 연관된 특성을 갖고 있다. (i) 산업부문의 투자자금을 채권이나 주식의 발행 등 직접금융보다 은행으로부터 차입하는 간접금융에 의존한다. (ii) 정부가 전략부문을 선정하여 조세 · 금융 면에서 적극적으로 지원하는 등 정부의 산업정책이 강력하다. (iii) 이 과정에서 정부 · 은행 · 기업은 매우 밀접한 관계를 맺게 되고, 정부는 이 관계를 주도하고 조정한다.

금융위기의 원인과 관련하여 A 그룹은 아시아 모형이 내재적으로 큰 문제점을 가지고 있었기 때문에 위기 가발생했다고 주장한다. B 그룹은 이 아시아 모형이 경제의 성장과 안정을 보장하고 있었는데, 미국 등 초국적자본이 아시아 모형을 파괴함으로써 위기가 발생했다고 주장한다.

A에 따르면 도덕적 해이와 연고자본주의(crony capitalism)가 금융위기 발생의 주된 요인이다. 이들은 기업의 투자 실패에 대해 정부가 금융지원 등의 수단을 통해 대부분 구제해 주었기 때문에 기업이나 은행은 위험을 고려하지 않고 무모한 투자나 대출을 함으로써 위기를 야기했다고 본다.[9] 그러나 이러한

9) 나아가 정부 · 기업 · 은행 사이의 밀접한 관계로 대출과 투자가 사업의 경제적 수익성보다

견해는 금융위기가 도덕적 해이나 연고자본주의 없이도 발생한다는 점에서 이론적으로 타당하지 않다. 한국에서는 위기 이전에 이미 아시아 모형이 크게 와해되고 있었다는 점에서 실증적으로도 타당치 않은 것으로 생각된다.

B에 따르면 한국경제의 고도성장 지속은 아시아 모형의 채택에 힘입은 바 컸는데, 이것이 약화 또는 와해됨으로써 위기가 닥쳐왔다는 것이다. 1990년대 초부터 진행된 금융자유화가 신용흐름과 사적 투자에 대한 정부의 통제 · 조정 능력을 약화시켰으며, 그 결과 과잉투자, 투기적 투자, 과도한 대외부채가 발생하고, 이것이 금융위기를 유발했다는 것이다. 그러나 이 견해는 정부개입이 한국자본주의의 경기순환을 효과적으로 제어할 수 있다고 과대평가하는 반면 아시아 모형의 내재적 약점을 과소평가하고 있다.

둘째 견해는 주기적 요소와 제도적 요소가 결합되어 위기가 발생했다고 본다. 한국경제가 자본주의경제이기 때문에 필연적으로 주기적 순환을 겪을 수밖에 없었는데, 주기적 불황이 그 당시 특수한 제도적 요소에 의해 각각 증폭되고 악화되었다는 것이다. 서울대학교의 김수행 교수는 자본주의 경제에 특징적으로 나타나는 주기적 성격을 강조하면서 다른 시기의 경기순환과는 달리 1997년 말에 격심한 외환위기와 경제적 파국을 동반한 이유는 한국경제의 제도적 특성에 기인한다고 보았다.[10)]

먼저 주기적 성격은 1996년 3월을 정점으로 하여 한국 경제는 수축국면으로 진입해 GDP성장률과 고정투자증가율이 감소하기 시작했으며, 경상수지 적자도 크게 늘어난 데서 알 수 있다. 이에 따라 수많은 기업들의 도산, 은행의 부실채권 누적 및 손실확대는 파산을 초래함으로써 은행위기를 가져왔다.

제도적 특성을 보면 은행과 기업 사이의 밀착관계가 특히 대기업의 투자계획에 대해 거액의 자금을 대출해 주도록 만들었다. 이들 기업은 이미 높은 부채비율을 갖고 있었음에도 더 많은 자금을 차입하기 위해 정부에 대해 금융시장의 규제 완화와 해외자본의 유입자유화를 끈질기게 요구했다. 이에 따라

는 정실과 뇌물수수에 의거해 결정됨으로써 부실대출, 채무누적 및 은행위기를 낳았다는 것이다.

10) 김수행, 알기쉬운 정치경제학, 제 1 개정판, 2007. 1, pp. 210~226 참조.

[표 11-3] 1970년 이후 한국의 경기순환

	저 점	정 점	저 점
1 순환	1972. 3	1974. 2	1975. 6
2 순환	1975. 6	1979. 2	1980. 9
3 순환	1980. 9	1984. 2	1985. 9
4 순환	1985. 9	1988. 1	1989. 7
5 순환	1989. 7	1992. 1	1993. 1
6 순환	1993. 1	1996. 3	1998. 8
7 순환	1998. 8	2000. 8	?

자료: 한국은행.

해외업무에 경험이 없는 신설 종합금융회사까지도 거액의 자금을 해외로부터 차입할 수 있었다.

그 위에 정부가 장기보다 단기차입을 더욱 장려함으로써 단기차입의 비중이 해외차입의 55%에 달할 정도로 높아졌다. 위기가 오자 단기차입은 곧바로 상환해야 하는 부담이 있었다. 그리고 줄기차게 진행해 온 금융자유화로 정부의 규제와 감독이 느슨해짐으로써 기업의 과욕 투자계획에 대한 금융권의 부실대출이 늘어났고 대내외 여건 급변에 따라 그들의 파산 가능성이 현실화함으로써 위기를 불러왔다는 주장이다.

셋째 견해는 국제금융질서의 불안정 등 해외로부터의 충격에 그 원인이 있다고 본다. 여기에는 국제금융시장에 나타나고 있는 군집행동(herd behavior)에 원인이 있다는 견해로부터 태국의 외환위기로부터의 전염, 일본 엔화의 절하에 따른 YCT 청산, 미국의 음모에 의해 발생했다는 견해도 있다. 그 중에서도 태국의 위기가 동남아시아의 위기로 확산되어 한국까지 그 영향을 받지 않을 수 없었다는 것이 폭넓은 지지를 받고 있는 것 같다.

1990년 당시 미국 달러화에 peg된 고정환율제도를 채택하고 있던 태국은 해외자본철수와 헷지펀드들의 투기적공격 등으로 외환보유액이 격감하자 그해 7월 2일 환율제도를 관리변동환율제도로 바꾸었다. 그러자 통화의 평가절하현상이 두드러지게 나타났다. 환율이 종전의 1달러당 24.35baht에서 7월 말에는

32baht로 오르는 등 바트화위기가 뚜렷해졌다.

태국과 마찬가지로 대규모 경상수지 적자를 안고 있으면서 환율변동폭을 제한했던 인도네시아의 rupiah화와 필리핀의 peso화, 그리고 외환시장개입을 통해 자국통화의 절하를 억제해 왔던 말레이시아의 ringgit화도 절하되었다. 구체적으로 7월 11일 인도네시아와 필리핀은 환율의 변동폭을 8%에서 12%로 확대하였으며, 7월 14일 말레이시아는 환율방어를 포기하였다. 결과적으로 1997년 8월 인도네시아, 필리핀 및 말레이시아의 통화는 baht화위기 이전인 6월 말에 비해 각각 12.3%, 14.0% 및 16.7%절하되었다.

경상수지 흑자기조가 유지되는 가운데 기초경제조건이 튼튼한 Singapore dollar는 8월부터, Taiwan dollar는 10월부터 각각 절하되기 시작했다. 10월 23일 홍콩의 주가가 10.4%의 대폭락을 보였는데 이는 Hongkong dollar의 해외자본들이 선(先)매도함으로써 비롯된 것이었다.

위에서와 같이 금융위기의 원인에 대해서는 많은 설명이 있을 수 있지만 저자는 직접적인 원인을 다음 여섯 가지로 요약하고 싶다. 첫째, 한국경제의 구조적 문제점이다. 1997년 당시 한국경제는 높은 임금과 낮은 근로의욕, 높은 땅값과 물류비, 낮은 기술수준 및 생산효율, 기업재무구조의 취약, 영세한 중소기업, 경직된 노동시장, 금융기능 미발달, 외환시장의 후진성과 높은 단기외채 비중 등 고질적인 병에 걸려 있었다.

둘째, 국제수지상의 경상수지적자 과다로 해외차입 여건이 매우 불리했다. 경상수지적자는 1994년중 45.9억 달러, 1995년중 89.5억 달러, 1996년중 237.2억 달러(GDP의 약 5%)로 매년 눈덩이처럼 불어났다. 이러한 적자누적은 1996년까지는 기초경제 여건이 비교적 건실하여 주로 해외자금차입으로 보전될 수 있었다. 그러나 1997년 초부터 기업도산으로 빚어진 금융기관의 부실화 우려가 고조되면서 차입금리가 급상승하는 등 해외차입 여건이 크게 악화되기 시작하였다.

셋째, 자본수지흑자 구성내용의 불건전과 가용외환보유액의 고갈이다. 환율안정의 마지막 보루라고 할 수 있는 중앙은행의 외환보유액마저 IMF의 권고수준(3개월 수입 결제분)인 360억 달러에 크게 미치지 못했다. 특히 가용외환보유액은 1997년 11월 말에는 72.6억 달러로 사실상 고갈되었음이 밝혀져 이 또한 대외신인도를 크게 떨어뜨리는 요인이 되었다.

넷째, 기업의 연쇄부도이다. 한보사태에서 비롯된 기업의 부실화는 진로 · 해태 · 기아 등으로 파급되어 1997년 11월까지 수많은 기업이 무너짐으로써 채권자인 금융기관들은 부실화되지 않을 수 없었다. 이에 따라 1997년 10월 하순에는 국제신용평가기관인 S&P와 Moody's가 우리나라 개별금융기관의 신용도는 물론 국가신용도까지 잇따라 하향조정함으로써 국제금융시장에서 한국 기업 및 금융기관의 해외자금조달이 거의 불가능하게 되었다.

다섯째, 정부 및 중앙은행의 경제 및 통화정책의 잘못이다. 취약성을 더해가는 실물경제구조를 어쩔 수 없는 양 방치했으며 외환관리정책의 미숙과 혼란으로 대외지급 준비가 매우 허술했다. 연이어 내놓은 금융시장 안정을 위한 종합대책은 초단기 응급조치에 불과했을 뿐 근본적 대책이 되지 못했다. 나아가 정부를 포함한 경제주체들의 위기관리능력은 전형적인 후진국형으로 유치하기 짝이 없었다. 특히 금융기관과 정부의 예측 및 위기대처 능력 부족은 지탄받아 마땅한 것이었다.

여섯째, 태국에서 시작된 동남아의 외환위기의 전염이다. 한국은 동남아 나라들과 교역 · 직접투자 등 밀접한 실물경제관계를 가지고 있을 뿐만 아니라 포트폴리오 투자규모도 큰 편이어서 그들의 위기 영향을 받지 않을 수 없었다. 그리고 태국의 위기가 발생하기 전까지는 해외자본들은 우리나라의 위험에 대하여 경계하지 않는 편이었는데, 동남아위기 발생은 한국의 신용을 재평가하도록 일깨워 주는 작용(demonstration or wake-up call effect)을 하였다고 볼 수 있다.[11)]

종합적으로 기업부도에서 촉발된 한국의 금융위기 전파과정을 보면 [그림 11-9]와 같다.

11) Morris Goldstein, The Asian Financial Crisis' Causes, Cures, and Systemic Implications, June 1998, pp. 18~19 참조.

그림 11-9 1997년 한국의 금융시장 충격

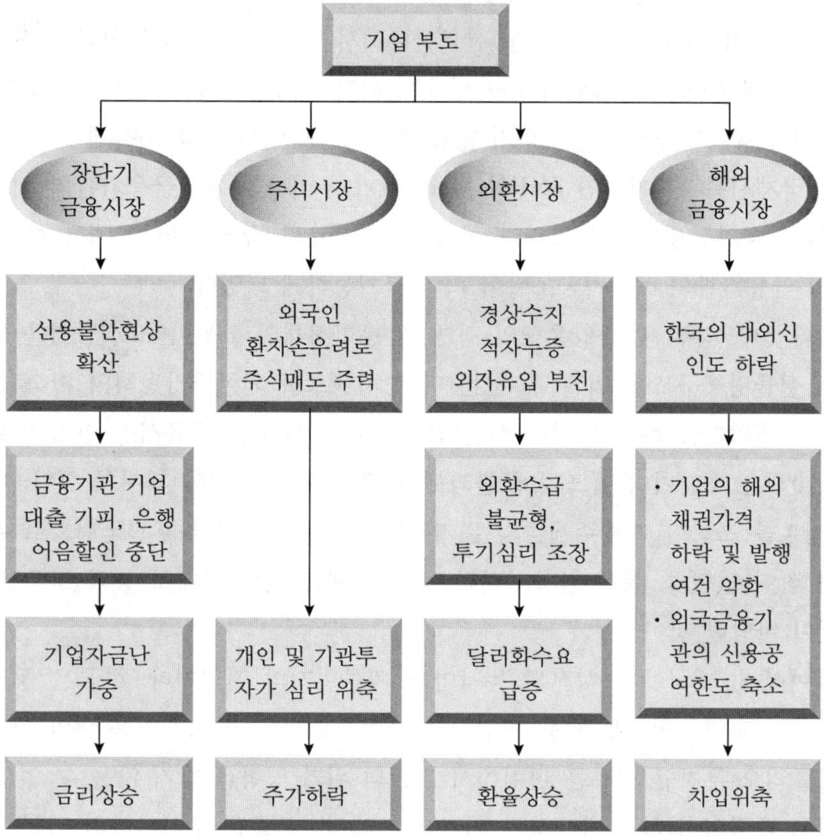

(2) 정부의 대책

1997년 10월 이후의 금융위기 진행과정에서 정부는 금융시장 안정을 위한 종합대책을 여러 차례 발표하였다.

① 1997년 11월 3일에 외국인 주식투자한도 확대(23% → 26%)에도 불구하고 외국인 주식투자자금이 재유입되지 않고 국내 금융시장의 불안정이 지속되면서 주가가 폭락함에 따라 12월 11일에 다시 외국인 주식투자한도를 인상(26% → 50%)하였다.

② 종합주가지수가 1996년 말 651.2에서 1997년 11월 초 497.2로 폭락하고 외환시장심리가 크게 불안해지면서 달러/원 환율의 상승압력이 계속 가중되자 외환당국은 11월 20일에 환율의 1일 변동허용폭을 확대(±2.25% → 10%)하였다.

③ 달러/원 환율이 1일 변동허용폭까지 상승하는 현상이 나타나고 외환거래가 중단되는 사태가 발생하자 12월 16일에 정부와 한국은행은 환율의 가격기능을 높이고 외환시장을 활성화하기 위해 그동안 유지해 온 시장평균환율제도에서 자유변동환율제도로 옮겨갔다.

참고 11-2　　1997년의 금융위기 진행과정: 한국

◇ 10/22	화의상태에 있는 기아그룹의 공기업화조치 발표
◇ 10/24, 27	S&P 국내 6 대 시중은행 신용등급 재조정(10/24), 국가신용등급 하향조정(10/27)
◇ 10/27	홍콩증시 폭락영향으로 원화환율 급등시작 (외환보유액 350억 달러)
◇ 10/28~29	환율 이틀 연속 가격제한폭까지 폭등 외환거래중단, Morgan Stanley 한국투자비중 50% 감축 발표
◇ 10/30	한국산업은행채권 정크본드로 전락: 2006 본드 스프레드 300bp
◇ 11/3	국책은행 및 우량시중은행 CP차환발행 실패
◇ 11/10	국책은행에 대한 외환 money market라인 축소
◇ 11/21	IMF에 200억 달러 stand-by금융 요청
◇ 11/27	S&P사 국가신용등급 2단계 하락: A+ →A-
◇ 12/4	IMF, 구제금융 총 570억 달러 지원 결의
◇ 12/11	5대 종합금융회사 영업정지
◇ 12/16~22	외환거래 중단, 환율 2,000원대 육박
◇ 12/23	Moody사와 S&P사는 국가신용등급을 투기등급으로 하향조정 (Baa3→Bal)
◇ 12/24	IMF, 추가자금 지원 발표

④ 종합금융회사를 비롯한 부실 금융회사를 조기에 정리하기 위해 14개 부실 종합금융회사에 대해 업무정지를 명령하고 금융산업의 구조조정을 위한 종합계획을 발표하였다.

위에서와 같은 정부의 다각적인 긴급조치에도 불구하고 단기외채 상환능력에 대한 해외투자자들의 우려는 불식되지 않았다. 나아가 금리와 환율이 폭등하는 등 금융시장은 걷잡을 수 없는 혼란에 빠져 들었다.

(3) 국제통화기금의 지원프로그램

정부는 IMF의 지원 없이는 시급한 외화유동성 부족문제를 해결할 수 없다고 판단하여 1997년 11월 21일 IMF에 유동성 조절자금의 지원을 요청하였다. 이에 대해 IMF이사회는 12월 4일 총 570억 달러의 자금을 지원하기로 결의하면서 대기성차관협정(stand-by agreement)을 맺도록 하였다. 이 협정에 따라 한국정부는 경제정책운영에 있어 IMF와의 합의 내용대로 실행하여야 했다.

불행하게도 IMF의 자금지원 후에도 일부 대기업과 증권회사의 부도 등으로 국가신인도는 계속 떨어졌다. 국내 금융기관의 단기외화차입금 만기연장이 어려워져 외환부족이 심화됨으로써 달러/원 환율은 계속 큰 폭의 오름세를 보였다. 달러/원 환율은 1997년 12월 3일 1,240.60원에서 12월 24일에는 1,964.80원까지 무려 36.9%나 올랐다.

여기서 IMF와 G7 등 주요 선진국들은 한국의 외환부족 사태를 해결하기 위해 1997년 12월 말과 1998년 1월중 총 100억 달러의 자금을 추가지원하기로 하는 한편 주요 선진국 금융기관들이 한국에 외화자금을 계속 공여하도록 설득해 나가기로 하였다. 이와 같은 조기 자금지원계획이 1997년 12월 24일 자정에 발표되면서 달러/원 환율은 1,500원 수준으로 내려가는 등 진정세를 보이기 시작했다.

IMF의 조기 자금지원에 발맞추어 정부는 채권, 주식 등 자본시장의 조기 전면개방, 수입선 다변화품목의 단계적 폐지, 부실화된 은행 및 종합금융회사의 정리를 위한 노력을 가속화하는 외에 이자제한법을 폐지하고, 근로자 정리해고제 도입 등을 위한 입법도 적극 추진하였다. 이와 같은 종합대책과 함께 1998

[표 11-4] 국제통화기금(IMF) 금융지원에 따른 주요 합의사항: 한국(1997년 12월)

항 목	합 의 내 용
1. 거시경제목표	• 경상수지 적자는 1998, 1999년에 GDP의 1%이내 • 물가는 5% 이내에서 억제 • 경제성장률은 1998년에 3%선 유지. 1999년에는 잠재성장률 수준으로 회복
2. 통화 및 환율정책	• 금융시장의 안정, 원화가치 하락에 따른 물가상승 압력흡수 등을 위해 즉시 통화 긴축으로 전환 • 환율정책은 신축적으로 운영, 외환시장개입은 급격한 환율변동을 완화하는 데 국한
3. 재정정책	통화관리의 부담을 덜고, 금융부문의 구조조정 비용을 충당하기 위해 1998년도에는 긴축재정기조 유지
4. 금융산업	• 1997년 말까지 금융개혁법안 통과 • 회생불가능한 부실 금융기관은 조기에 폐쇄 • 회생가능한 부실 금융기관은 구조조정과 자본확충
5. 정보공개	• 외환보유액의 구성 및 선물환 등을 포함한 외환보유액 관련 자료는 당해 월말, 분기말로부터 2주 이내에 정기적으로 발표 • 부실여신, 자본의 적정성, 소유구조 및 결합형태 등을 포함한 금융기관 자료들은 1년에 2번 공개 • 단기외채자료는 분기별로 공표
6. 기 타	• 무역자유화 및 외국인 주식투자한도의 추가확대 등 자본 자유화를 조속히 시행 • 일반적으로 인정된 국제회계원칙의 적용으로 기업재무제표의 투명성을 높여 기업지배구조 및 기업구조의 건실화 도모 • 노동시장의 유연성을 높이기 위해 노동시장 개혁

년 400억 달러에 이르는 경상수지흑자와 외국인 투자자금의 (순)유입 지속으로 금융기관들의 단기외채 218억 달러의 장기전환과 40억 달러의 외국환평형기금 채권이 성공적으로 발행됨으로써 한국은 금융위기를 벗어나기 시작했다.

우리나라의 금융위기에 대한 IMF의 초기 처방은 너무나 가혹했다. 초긴축 통화정책, 환율인상의 가감없는 수용, 긴축적 재정운용 등은 모든 경제주체들의 감량을 요구했다. 경기안정 등 다른 정책목표들과의 조화는 아예 무시됐고, 고금리를 통해 짧은 시일 내에 금융시장을 안정시키겠다는 것이었다. 한국의 경우에는 긴축정책보다는 구조조정이 위기해결의 핵심이었지만 이를 성공적으로 추진하려면 우선 금융시장의 안정을 위해 해외자본을 다시 유입시켜야

그림 11-10 고금리 장기화의 부정적 영향: 한국

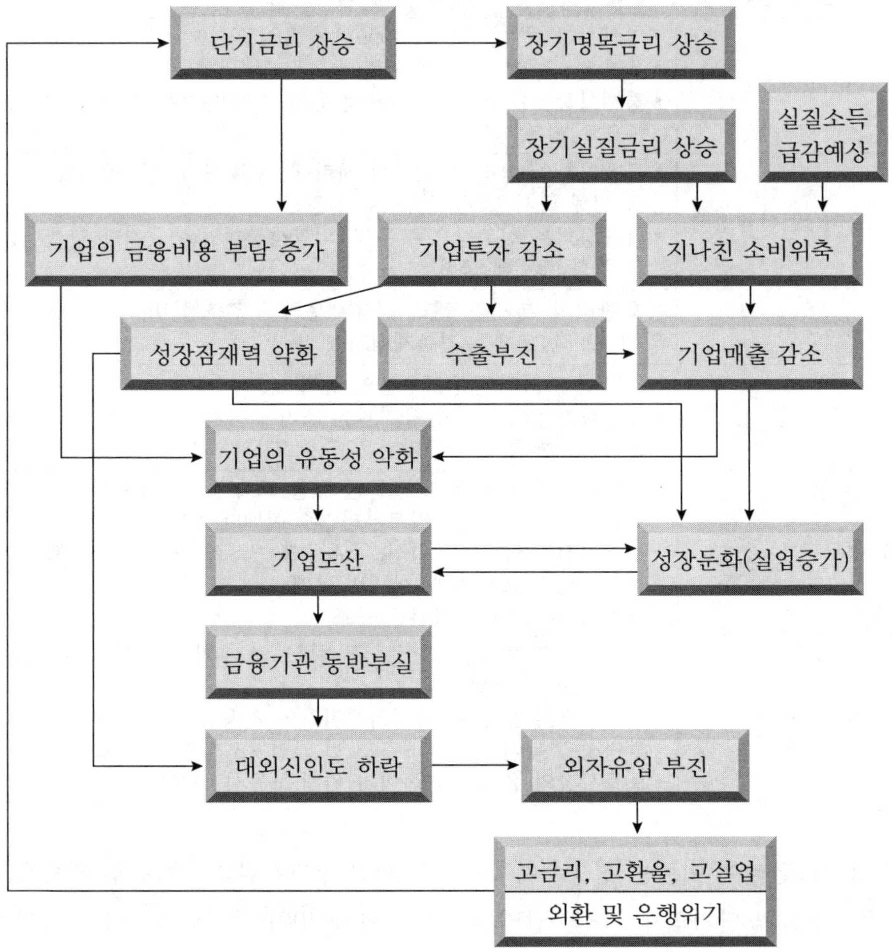

한다는 논리였다. 그러나 고금리정책의 지속은 한국경제에 감내하기 어려운 부정적 영향도 있었다([그림 11-10] 참조).

1998년 3월 말 이래 환율이 안정세를 보임으로써 금리인하를 보다 적극적으로 추진할 수 있게 된 점 등은 국제적으로 긍정적인 평가를 받기에 이르렀다. 그해 5월 정부는 IMF와의 제 6 차 정책합의를 통해 경제 전반에 걸친 구조조정을 시작했다. 이것은 금융위기 극복에 있어 무엇이 정책의 최우선 순위인가에 대한 해답과 금융 및 기업구조개혁에 정책의 주안점을 두는 등 한 단계 진전된 정책전환이었다.

특히 IMF는 실물부문의 자금경색 완화와 중소기업 및 수출부문의 금융애로 해소 등 한국정부의 의견을 적극적으로 수용했다. 거시경제 지표도 현실화됐다. 우선 재정수지의 균형 또는 소폭 흑자에서 적자불가피 쪽으로 방향을 전환하는 데 IMF는 동의했다. 또한 금융건전성에 관한 바젤협약의 핵심원칙에

[표 11-5] 국제통화기금(IMF) 정책합의 내용의 변화: 한국

구 분	1차 (1997.12.3)	2차 (1997.12.24)	4차 (1998.1)	5차 (1998.2)	6차 (1998.5)	7차 (1998.7)	8차 (1998.11)
통합재정 수지적자	균형 또는 소폭 흑자	–	적자 불가피	GDP 0.8% 적자	GDP 1.7% 적자	GDP 4% 적자	GDP 5% 적자 (1999년 에도 5% 수준 유지)
본원통화 (증가율)	–	–	1·4분기 23.523조 (14.9%)	1·4분기 23.580조 (15.2%)	2·4분기 28.540조 (14.1%)	3·4분기 25.430조 (14.2%) 4·4분기 25.640조 (13.9%)	1999. 1~4 한도 삭제
M3 증가율	1997년 말 15.4% 1998. 1·4 9.0%	–	1·4분기 13.2%	1·4분기 13.5%	2·4분기 14.1%	3·4분기 14.0% 4·4분기 13.5%	1999.4 14.1%
이자율	단기금리 외 빠른 상승 허용	이자율상한 폐지, 환율 안정 위해 콜금리를 30% 수준 유지	환율안정시 까지 고금리 정책 유지, 콜금리 30% 수준 유지	외환시장 안정에 따라 콜금리 인하 조심스럽 게 허용	외환시장 안정을 바탕으로 콜금리 계속 인하	신축적인 금리변동 허용	신축적인 금리변동 허용
가용외환 보유액	–	–	–	1·4분기 200억 달러	2·4분기 320억 달러	3·4분기 340억 달러	4·4분기 450억 달러 이상, 1999년 증가 지속

자료: 한국은행.

따라 국제적 기준의 은행건전성 규제와 구체적 내용, 도입시한 등에 대해 합의가 이루어졌다.

1998년 5월을 기점으로 구조조정과 경기부양을 동시에 추진하는 것으로 IMF의 생각도 바뀌었다. 이후 몇 차례 수정이 있었지만 그러한 흐름은 계속 이어져갔다. 이 같은 흐름은 통화정책의 자율화, IMF 차관상환의 재량권 부여 등을 골자로 한 1998년 10월의 4/4분기 협상결과로 연결됐다. IMF는 1999년 한국의 경제성장률이 부(−)를 벗어나지 못할 것이라는 종래의 의견 대신 정(+)으로 돌아설 것이라고 후퇴했다. 이는 1999년중 GDP가 (+) 성장을 보일 것이라는 한국 정부의 의견을 존중하겠다는 IMF측의 유연성이 반영된 것이었다.

(4) 금융구조조정

IMF는 한국경제가 특징적으로 지니고 있는 은행중심의 금융구조, 정부-은행-기업 사이의 밀접한 상호관계 그리고 강력한 정부 개입이 1997년의 금융위기를 야기했다고 진단하고 한국경제 시스템을 완전히 개혁할 것을 요구했다.

금융개혁의 주요 내용을 보면 (i) 금융부문을 더욱 투명하게 하고 시장지향적으로 만들며 감독하기 쉽도록 하고, (ii) 자본시장에 대한 규제를 근본적으로 없애고 주식시장의 매력을 강화하기 위해 인수와 합병에 대한 제한을 제거하며, (iii) 기업의 국제금융시장 진출을 자유화하고 외국인의 국내 화폐시장과 채권시장에 대한 투자 허용과 외국인 주식투자한도를 확대하며, (iv) 한국은행을 독립시켜 물가안정을 그 주된 임무로 하는 법률 개정을 조기에 실시한다 등이었다.

구체적인 금융구조조정정책은 다음과 같다. 첫째, 부실 금융기관의 퇴출 · 매각 및 금융기관 종사자 · 점포수 감축이다. 금융위기 이후 2001년 12월 말까지 전체 금융기관수(1997년 말 기준, 2,072개)의 28.8%에 해당하는 596개의 금융기관이 퇴출 또는 합병되었다. 특히 은행의 경우 1997년 말의 33개에서 2001년 말에는 20개로 줄어들었다. 금융기관 종사자수는 1997년 말의 31만 7,623명에서 2001년 말에는 21만 8,726명으로 31.3% 감소(은행의 경우 14만 5,530명에서 8만 9,729명으로 38.3% 감소)하였다.

[표 11-6] 공적자금의 권역별 지원 현황: 한국(1997년 11월~2008년 2월 말)

(단위: 조원)

		출자	출연	예금 대지급	자산 매입 등	부실채권 매입	합계
은 행		34.0	13.9	-	14.4	24.6	86.9
제2금융권	종 금	2.7	0.7	18.3	-	1.2	22.9
	증권 · 투신	10.9	0.4	0.01	2.0	8.5	21.7
	보 험	15.9	3.1	-	0.3	1.8	21.2
	신 협	-	-	4.8	0.1	-	4.9
	저축은행	-	0.4	7.3	0.6	0.2	8.5
	소 계	29.5	4.7	30.3	3.0	11.7	79.2
해외금융기관 등		-	-	-	-	2.4	2.4
합 계		63.5	18.6	30.3	17.4	38.6	168.5

〈기관별 지원〉

	출자	출연	예금 대지급	자산 매입 등	부실채권 매입	합계
예금보험공사	50.8	18.6	30.3	11.0	-	110.7
자산관리공사	-	-	-	-	38.6	38.6
정 부	11.8	-	-	6.4	-	18.2
한 국 은 행	0.9	-	-	-	-	0.9
합 계	63.5	18.5	30.3	17.4	38.6	168.5

둘째, 공적자금에 의한 금융기관의 부실채권 정리 및 자본확충 지원이다. 정부는 1997년 11월~2001년 12월중 채권발행(102조원), 재정자금 등 155조원의 공적자금을 조성하여 금융기관 부실채권 매입(38.7조원) 및 출자(60.2조원), 퇴출금융기관의 예금대지급(25.8조원) 등에 사용하였다.

셋째, 금융기관의 건전성 규제가 강화되었다. 금융감독당국은 금융기관의 자산건전성 분류기준을 차주의 미래채무상환능력까지 감안(forward looking criteria: FLC)하도록 변경하였고, 과다여신 취급 등에 따른 위험을 축소하기 위해 동일인 및 동일계열기업군 신용공여 한도 등을 축소하였다. 그리고 은행 및 종합금융회사를 대상으로 적기시정조치제도를 도입 · 실시하고 이를 증권사 보

험사, 상호저축은행 등으로 확대하였다.[12)]

넷째, 금융기관의 경영투명성과 관련된 각종 제도가 정비되었다. 정부는 일정규모 이상의 금융기관에 대해 사외 이사, 감사위원회, 준법감시인 제도의 도입을 의무화하였다. 은행과 종합금융회사에 대한 대손충당금의 100% 적립 의무 부과, 금융기관 보유 유가증권에 대한 시가평가제 도입, 은행에 대한 분기공시제도 도입 등 금융기관의 회계 및 공시제도를 강화하였다.

참고 11-3　　Chiangmai Initiative: CMI

(1) CMI는 2000년 5월 태국의 Chiangmai에서 개최된 'ASEAN+3 재무장관회의'에서 만든 금융위기 발생시 통화스왑을 통해 자금을 지원해 주는 제도이다. 이 제도는 자국통화를 담보로 외국통화를 차입하고 일정기간 후 환매하는 중앙은행간 단기 신용공여계약이다.

(2) CMI는 기존의 ASEAN Swap Arrangements(ASA)에 중국, 일본, 한국이 가세하여 확대된 형태이다. ASA는 ASEAN 나라들이 한시적인 유동성 부족이나 경상수지 다자간 스왑제도이다. 이 제도는 기본적으로 다자간 자본공여시스템이었으나 위의 세 나라가 참여하면서 양자간 스왑제도가 추가되었다.

(3) CMI는 3가지 자금지원제도를 가지고 있다. (i) ASA: ASEAN 국가들 간의 다자간 자금지원제도로 10억 달러의 지원이 가능하다. (ii) 양자간 지원제도: ASEAN+3로 지칭되는 13개 나라가 서로간의 협약에 의해 자금을 지원하는 제도로 2005년 7월 기준으로 495억 달러의 자금지원이 가능하다. (iii) REPO: 해당국 통화를 제공하였다가 다시 구매하는 방식으로 추가적인 10억 달러의 지원이 가능하다.

(4) CMI에 따르면 13개 나라 모두가 참가할 경우 이론적으로 가능한 스왑계약은 총 33건이다. 이 중 50%를 초과하는 17건의 계약이 현재 체결되었다.

(5) 2005년 5월 터키의 앙카라에서 개최되었던 '제8차 ASEAN+3 재무장관회의'에서는 양자간 스왑을 통한 자금공여규모를 현재의 495억 달러에서 790억 달러로 늘리는 것에 합의했다.* IMF 융자기준에 대한 구속도 완화하기로 하여 10%에서 20%로 자율적인 지급기준을 확대하였다. 또한 자금공여의 불확실성 문제를 해결하기 위해 양자간 스왑계약을 다자간 지원체제로 전환하기로 합의했다.

* 한국은행은 2005년 5월 기준 아시아 6개 나라와 총 130억 달러 규모의 스왑계약을 체결한 바 있으며 통화스왑 대상나라와 규모를 지속적으로 늘려나갈 계획이다.

12) 적기시정조치제도는 자기자본비율 등이 일정수준에 미달하는 경우 감독당국이 의무적으로 해당 금융기관에 경영개선 권고 · 요구 · 명령 등의 조치를 취하도록 하는 제도이다. 1997년 12월에 개정된 「금융산업구조개선에 관한 법률」에 근거한다.

다섯째, 금융지주회사제도의 도입 및 은행소유제한을 완화하였다. 정부는 금융기관의 대형화 및 겸업화를 촉진하기 위해 금융지주회사제도를 도입하였다. 그 결과 우리금융지주회사, 신한금융지주회사, 하나금융지주회사 등이 설립되었다. 또한 건전한 금융자본의 출현을 유도하고 은행의 책임경영을 촉진하기 위해 「은행법」을 개정하여 은행소유제한을 완화하였다. 이와 관련하여 내국인의 동일인 주식보유한도를 4%에서 10%로 확대하였다. 다만 비금융주력사(산업자본)에 대해서는 4% 초과 보유분의 의결권을 제한하였다.

여섯째, 금융기관부실의 원초적 요인이었던 기업부실을 막기 위해 주 채권은행이 부실징후기업을 평가하여 회생이 불가능한 기업은 합병, 매각, 청산 등으로 정리하고 회생가능한 기업은 워크아웃을 추진하였다. 특히 1998년 8월 대우그룹에 대해 채무조정 및 신규자금지원 등을 통해 워크아웃을 추진하기로 결정하였다. 2000년 5월 이후 유동성 문제가 발생한 현대그룹에 대해서는 자동차 · 중공업의 계역분리, 지배주주의 퇴진 등을 포함한 경영개선계획의 추진을 전제로 채무조정, 출자전환 등을 실시하였다.

■ 정리문제

1. 대부분의 선진국들이 채택하고 있는 경제정책의 목표와 이를 달성하기 위한 수단으로는 어떤 것들이 있습니까?
2. 인플레이션대책을 강력히 추진할 때 금융시장은 어떠한 영향을 받을까요?
3. 고정환율제와 변동환율제 아래에서의 금리조정의 효과는 어떻게 다릅니까?
4. 변동환율제 아래에서 통화정책과 재정정책 중 어느 것이 더욱 효과적일까요?

5. 한국경제가 경기침체하의 물가상승(stagflation)상태일 때 통화 · 재정 · 환율정책은 어떻게 펴 나가야 합니까?
6. 금융발전이 과연 경제성장에 기여한다는 말에 동의하십니까?
7. 금융기관안정과 금융시장안정은 어떤 관계가 있습니까?
8. 금융안정의 조건으로 4가지만 설명해 주시오.
9. Minsky의 금융불안정가설은 개발도상국에도 적용될 수 있습니까?
10. 국제수지 악화에 따라 금융위기가 올 수 있다는 가설이 있습니다. 개발도상국 단계를 벗어났다고 하는 한국에서도 가능한 일일까요?
11. 1997년에 있었던 한국의 금융위기의 원인은 무엇이었다고 생각하십니까?
12. 한국의 금융위기에 대한 IMF의 처방은 타당했습니까? 너무 지나쳤습니까?
13. 고금리지속이 국민경제에 미치는 부정적 영향은 무엇입니까?
14. 금융시장안정을 위해 중앙은행이 해야 할 일 4가지만 들어주시오.
15. 금융시장의 안정적 발전을 위해 한국경제는 어떤 모습으로 달라져야 합니까?

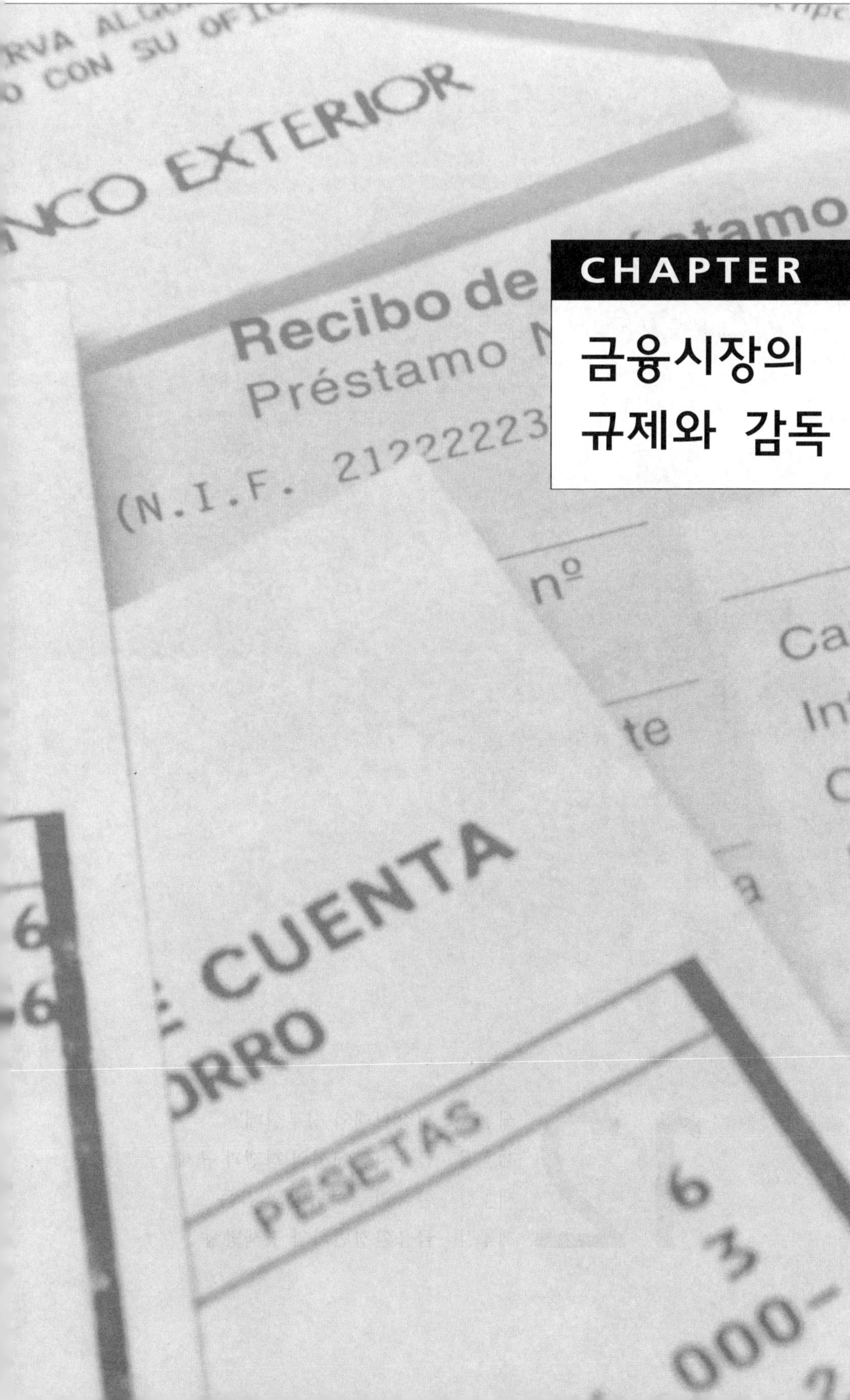

CHAPTER 12

금융시장의 규제와 감독

12

제 1 절　시장실패와 정부실패
제 2 절　금융시장에서의 경쟁과 규제
제 3 절　한국의 금융규제와 감독
제 4 절　금융환경변화와 정책방향

제 1 절 시장실패와 정부실패

1. 시장실패란 무엇인가?

시장경제가 효율적이라고 할 때는 완전경쟁시장을 묵시적으로 가정하고 있다. 완전경쟁시장에서는 수많은 생산자와 소비자가 있으므로 기업은 가격순응자가 되며 가격과 한계비용이 항상 일치되어 이른바 교환 · 생산 · 총체적 효율조건이 충족된다. 그러나 불완전경쟁시장에서는 기업들이 가격에 영향을 미칠 수 있게 되므로 가격과 한계비용 사이에 격차가 발생한다. 이런 경우 효율조건이 위배되게 되는데 독점, 과점, 독점적 경쟁과 같은 시장구조는 모두 이에 해당된다.

시장실패(market failure)란 시장을 통한 자원배분이 Pareto 효율성을 달성할 수 없는 경우로서 시장질서가 원활하게 작동되지 못하여 자원을 최적으로 배분하지 못하는 상황이다. 후생경제학 제 1 정리에 따르면 '완전한 시장경제는 자원을 가장 효율적으로 배분하는 상태'라고 하는데 이것은 현실적으로 성립되기 어려운 과제이다. 현실경제에서는 불완전한 경쟁 · 시장 · 정보와 비대칭적 정보가 있기 때문이다.

그러면 시장실패를 야기시키는 원인에 대해 살펴보기로 하자.

공공재(公共財)는 사용재(私用財)에 대비되는 개념이다. 공공재는 같은 재화를 여러 소비자가 동시에 소비할 수 있는 비경합성과 가격을 지급하지 않아도 소비로부터 배제되지 않는다는 배제불가능성이라는 특징을 가지고 있다. 이러한 공공재의 예로는 공원이나 등대와 같은 것을 들 수 있다. 이에 반해 사용재는 그 소비를 위해 경쟁을 해야 하고, 일단 한 소비자가 소비를 하면 다른 소비자는 그로부터 배재된다.

공공재가 시장의 실패(market failure)를 가져오는 이유는 모든 소비자가 공공재의 소비로부터 배제되지 않으므로 그 대가를 지급하지 않으려 하기 때문이다. 모든 소비자들이 무임승차자(free rider)가 되려고 하기 때문에 공공재가 사회적 적정수준보다 적게 공급되는 경향이 나타난다. 이러한 문제를 해결하기 위해서는 정부가 직접 개입하여 공공재를 공급해야 하는데 이 경우 재원조달방법이 주요한 과제가 된다.

외부성(externality)은 개인이나 기업의 행동이 시장가격체계를 통하지 않고 다른 경제주체들에게 직접적으로 해롭거나 이로운 영향을 미칠 때 발생한다. 외부성에는 부정적 외부성(negative externality: NE)과 긍정적 외부성(positive externality: PE)이 있다. NE의 예로는 오염행위를 들 수 있다. 이때 오염배출자는 오염을 유발하는 상품의 생산량을 결정할 때 직접적인 생산비용만을 고려할 뿐 오염으로 인한 질병의 발생, 환경의 훼손과 같은 사회적 비용은 고려하지 않으므로 사회적 적정수준보다 더 많이 생산하는 경향이 있다.

PE의 예로는 교육이나 기술개발 등을 들 수 있다. 이러한 재화들은 사회적으로 매우 바람직스러운 파급효과가 있음에도 불구하고 그에 대한 대가가 정당하게 지급되지 않기 때문에 사회적 적정수준보다 적게 공급되는 경향이 있다.

같은 종류의 재화일지라도 오늘의 그것과 내일의 그것이 다르고 불확실한 사건이 발생했을 때와 그렇지 않았을 때의 그것이 다르다. 예를 들면 불안정한 공급에 직면한 석유의 경우 오늘의 가격과 6개월 후의 가격은 다를 것이다. 또한 호황기의 임금과 불황기의 임금도 서로 다르다. 전자의 경우에는 선물시장이 필요하고 후자의 경우에는 보험시장과 같은 조건부시장이 필요하다. 그러나 이러한 재화에 대한 시장이 존재하기는 어려운 형편이다. 그 이유는 역선택과 도덕적 해이 때문이다. 이와 같은 문제를 해결하기 위하여 정부는 정보를 공유함으로써 재화의 수요자와 공급자간에 존재하는 정보의 비대칭성을 없애거나 보험의 경우 실업보험, 의료보험, 연금보험 등의 사회보험을 도입하기도 한다.

완전경쟁가격체제에서는 모든 사람들이 완전한 정보를 가지고 있다는 것을 가정한다. 그러나 현실은 그렇지 못하다. 개인들이 경제적 결정을 하기 위하여 필요한 정보를 획득하는 데에는 시간이 걸릴 뿐만 아니라 그러한 정보 자체를 구할 수 없는 경우도 흔히 있다. 이처럼 정보가 완전하지 않을 경우에는 비효율적인 자원배분이 초래될 수도 있다. 불충분하거나 왜곡된 정보로 인해 중고차, 식료품, 약품 등의 시장에서 소비자들이 피해를 보게 되는 경우나 정부발주사업에서의 특혜, 증권시장에서의 내부자거래 등이 그 예이다.

따라서 정보는 일종의 공공재가 되며 정부는 모든 사람이 추가비용 없이 모든 정보를 다 같이 이용가능하도록 보장하는 역할을 할 필요가 있다. 이를 위해 정부는 정보를 수집, 처리, 배포할 수 있으며 또 시장에서 과대광고를 규제하여 그릇된 정보로 인한 자원배분의 왜곡을 막을 수도 있다.

시장경제체제가 제대로의 기능을 발휘하기 위해서는 시장의 균형과 안정이 전제되어야 한다. 그러나 현실적으로 시장기구가 제대로 작동하지 못하는 상황이 자주 나타난다. 위에서와 같은 이유 때문에 시장의 실패가 생긴다. 시장의 실패는 크게 배분적 실패(allocative failure), 분배적 실패(distribution failure) 그리고 순환적 실패(cyclicle failure)로 나눌 수 있다.

① 배분적 실패: 공공재, 외부경제 및 경쟁제한행위가 존재하기 때문에 시장기구가 자원의 효율적 배분을 달성하지 못하는 것을 말한다. 이 경우에는 자원의 효율적 배분을 증진시키기 위한 경제정책이 필요하다.

② 분배적 실패: 시장기구에 의해 결정되는 분배가 사회정의와 사회보장이라는 측면에서 만족스럽지 못하게 되는 경우를 말한다. 이 경우에는 정부가 개입하여 분배문제를 적극적으로 개선하는 정책이 필요하다.

③ 순환적 실패: 자본주의 시장경제가 불안정성과 불확실성을 내포하고 있기 때문에 시장기구에만 의존해서는 지속적 성장과 완전고용이 보장되지 않는 경우이다. 많은 나라에서 경제성장, 고용, 물가, 국제수지 등 거시경제변수의 불안정 현상이 보편화되고 있다. 이러한 현상은 국민경제의 안정적이고 지속적인 성장을 저해하기 때문에 정부가 개입하여 거시경제의 안정을 도모한다.

결국 시장의 실패란 정부개입을 위한 필요조건일 뿐이다. 왜냐하면 시장이 효율적으로 기능한다면 시장의 실패가 없을 것이다. 따라서 정부의 개입이 필요치 않을 것이므로 정부의 개입을 위해서는 시장의 실패가 있어야 한다. 그러나 시장의 실패가 정부개입을 위한 충분조건이 될 수는 없다. 왜냐하면 정부의 개입이 제대로 이루어지면 효율성을 회복할 수 있겠지만 과다한 경우에는 또 다른 형태의 자원배분 왜곡을 초래할 수도 있기 때문이다.

자본주의 시장경제에서 정부의 개입이 왜 필요한 것인가? 그 이유는 앞에서 언급한 일련의 가정과 관련되어 있다. 시장경제가 본래의 기능을 발휘하기 위해서는 이 가정들이 충족되어야 한다. 이 가정들 중 어느 하나라도 충족되지 않으면 시장이 제대로 기능하지 못하는 이른바 시장의 실패가 발생한다. 이런 경우 정부가 개입하여 시장의 실패를 교정하여 자원배분을 효율적으로 만드는 것이 바람직하다.

그러나 경쟁시장체제가 효율적인 자원배분을 달성할 수는 있지만 언제나 공평한 자원배분을 보장하는 것은 아니다. 두 소비자 A와 B 사이에 두 재화 X, Y를 배분하는 것을 나타내는 [그림 12-1]의 Edgeworth 상자도형에서 점 α, β, γ는 모두 효율적인 자원배분점이지만 α나 β를 공평한 자원배분점이라고 볼 수

그림 12-1 공평한 자원배분

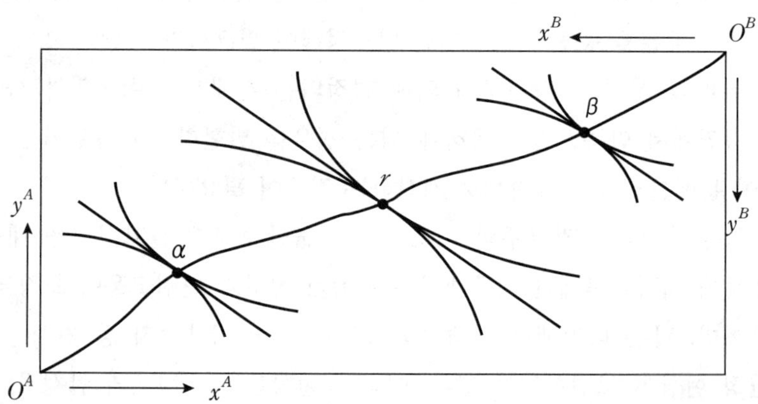

는 없다.

자본주의 시장경제에서는 남보다 열심히 일하거나 능력이 있는 사람이 그만큼 더 보상받아야 하므로 어느 정도의 불평등은 불가피하다. 그러나 지나친 불평등은 실업자나 가난한 사람들로 하여금 사회적 소외감을 느끼게 하고 범죄의 유혹에 빠지게 하여 부정적인 사회적 외부비용을 초래할 가능성이 있다. 어느 정도의 평등이 적절한가에 대해서는 절대적인 기준이 있을 수 없다. 그 사회의 구성원들이 지니고 있는 평등도(degree of equality)에 대한 성향에 의존할 수밖에 없다. 적절한 평등도에 대한 사회적 합의가 이루어졌을 때 정부는 불평등한 소득이나 부의 재분배를 통하여 그 평등도를 달성할 수 있다.

시장경제에 의하여 효율적인 자원배분이 달성될 수 있다 하더라도 공정한 분배가 달성된다는 보장은 없다. 자본주의 시장경제에서 어느 정도의 불평등이라 하더라도 사회적 불안정을 초래하는 등 여러 가지 역기능이 있을 수도 있으므로 이러한 경우에도 정부의 개입이 필요하다.

여기에서 정부개입과 관련하여 세 가지 손(hand)을 소개하고자 한다. 먼저 Peteion-Rajan(1995)과 Keely(1990)가 설명한 지원의 손(helping hand)이다. 정부의 시장개입에 대한 전통적인 시각은 독점력, 외부성, 정보의 비대칭성 때문에 시장의 실패가 발생하므로 사회적 후생을 증진하기 위해 정부의 지원의 손이 필요하다. 이 견해에 따르면 시장실패는 존재하며 정부가 이를 치유할 수 있다는 것이다.

이에 대한 대립적인 시각은 J. Shleifer와 O. Vishny(1998)에 의해 주장된 약탈의 손(grabbing hand)이다. 이것은 정부의 실패가 시장의 실패에 못지않게 중요하다는 가정 아래 강력한 금융감독, 영업활동에 대한 제한, 진입에 대한 규제를 행사하는 나라들에 있어서 부패의 정도가 심각하고, 은행의 경영성과나 안정성이 개선되지 못할 것이라는 주장이다.

마지막으로 정부개입에 대해 효과 없는 손(ineffective hand)의 시각도 있다. 시장의 실패가 있고, 정부가 규제를 매우 청렴하게 실행한다고 하더라도 공적 규제와 감독은 실제 시장실패를 완화하는 데 별 효과가 없다는 주장이다. 따라서 강력한 규제와 감독은 이를 집행하는 사람들의 부패 여부와 관계 없이 금융시장의 안전성을 개선시키지 못할 것이란 주장이다.

2. 정부실패란 무엇인가?

정부의 시장개입이 경제적 효율성을 가져다 준다는 보장은 없다. 정부가 시장에 개입하지만 정부의 과다한 통제와 비효율적 성과로 시장실패가 악화되어 자원배분의 효율성이 오히려 떨어질 수 있다. 이와 같이 정부의 시장개입으로 시장실패가 더욱 악화되는 상황을 정부실패(government failure)라고 한다.

정부실패로 인해 인허가 제약, 관치금융 등과 같은 시장질서의 왜곡이 시정되지 않는다면 시장경제가 제대로 그 기능을 발휘하지 못하기 때문에 경제적 피해만 안겨준다. 시장질서가 왜곡되면 지하경제가 활성화되고, 불공정한 소득과 부의 분배가 가속화되며, 경제활동의 윤리의식이 타락하게 된다. 그리고 정치논리, 이익집단의 부적절한 기부 및 로비에 의한 정치적 압력이 성행할지도 모른다.

정부의 운영에 있어서는 일반적으로 비용과 수입 간의 연계가 제대로 이루어지지 않아 비용이 지속적으로 증가한다. 경쟁이 없으므로 X-효율성(X-efficiency)을 달성하기 위한 동기부여가 부족하다는 문제점이 나타난다. 그리고 관료제의 속성상 장기적이고 효율적인 생산보다는 단기적으로 금방 눈에 띄는 생산에 치중하는 경향도 있다.

정부의 성과나 관료의 업적을 쉽게 평가할 수 있는 객관적인 지표가 없을 경우에는 공공의 목적과 거리가 먼 내부적인 상벌이 정부나 관료들의 행위에 더 큰 영향을 미치게 된다. C. Wolf(1973)는 이러한 경향을 외부성에 대응하여 내부성(internality)이라고 불렀다.

한편 정부가 정책결정에 필요한 모든 정보를 갖추기는 어려우므로 정부의 개입이 원래 의도한 대로 효율적인 자원배분을 달성하기는 어렵다. 이러한 현상은 경제의 규모가 커지고 시장경제가 발달할수록 더욱 두드러진다. 정부의 정책결정 과정은 경제적 원리에 따르기보다는 이해당사자들 간의 타협을 통한 정치적 의사결정과정을 거치게 된다. 이 과정에서 경제적 효율성이 희생되는

참고 12-1 **X-효율성**

(1) 비효율적 경영 및 관리요인을 제거하여 비용통제를 이루어 경영관리의 효율을 높이는 것을 *X*-효율성(X-efficiency) 제고라 한다. 이것은 관측자료로부터 추정되는 가장 효율적인 조직의 투입비용 또는 수익조직의 규모, 상품혼합, 투입가격 및 기타 외생변수의 영향을 고려하여 측정된다.

(2) 실증분석결과 금융업 합병의 경우 *X*-효율성이 규모의 효율성 등 여타 효율성보다 훨씬 크다는 것이 공통된 결론이다. 미국은행을 대상으로 한 실증분석 결과에 의하면 합병으로 인한 *X*효율성은 총비용의 20% 이상인 것으로 나타났다.*

* A. N. Berger, W. C. Hunter and S. G. Timme, "The Efficiency of financial institutions: A Review and Preview of Research, Past, Present and Future," Journal of Banking and Finance 17, Apr. 1993, pp. 221~249.

경우가 많다. 따라서 정부의 개입은 각각의 시장실패에 대해 정부개입의 장점과 단점을 비교하여 이루어져야 한다.

그러면 정부의 실패원인을 구체적으로 찾아보자. 정부실패의 주된 원인에 대한 J. E. Stiglitz와 J. M. Buchanan 분석(1988)을 종합하면 다음과 같다. 첫째, 정부의 의사결정을 담당하는 개인들은 시장에 대해 제한된 정보를 가지고 있다. 이에 따라 정부정책의 입안과 집행이 의도대로 이루어지지 않으며 부적절한 수단의 사용으로 비효율적인 자원사용을 결과한다. 설령 완전한 정보를 가지고 있다 하더라도 정책을 수행하는 데 드는 비용이 많으면 이를 집행할 수 없다.

둘째, 정치적 의사결정이 정부의 실패를 초래한다. 정치적 의사결정자들은 그들 유권자의 선호에 따라 좌지우지되기 쉽다. 공익을 위해 선출되거나 임명된 사람들이 때로는 이익집단이나 자신의 편익을 위해 행동하는 유인을 지니고 있다.

셋째, 정부를 구성하고 있는 개인에게 열심히 일하도록 유인을 부여하는 방법을 찾기 어렵다. 그들은 공익을 위하기보다 자신의 효용을 극대화하기 위해 일하는 경우가 흔히 있다. 정치가의 경우에는 득표나 수익의 극대화를, 정부관료는 조직 · 예산 · 부하직원수 등 자기 지배력의 증가와 같은 자기 자신의 효용극대화를 추구하기 쉽다.

넷째, 정부조직은 파산과 경쟁의 위협이 없으며 정부활동의 생산성을 측정하기가 어렵다. 그러므로 얼마만큼 효율적으로 생산활동을 했는가를 시장제도와 비교한다는 것은 어렵다. 정부도 궁극적으로 국민의 의사에 반하여 행동을 하지는 않으나 파산과 경쟁의 결여는 정부조직이 국민의 요구를 채워주는 행위에 있어서 매우 비효율적이 된다는 것을 의미한다.

다섯째, 정부에 대한 입법부의 견제가 어렵고 한정된 통제에 그침으로써 비효율성을 줄이는 데 기여하지 못한다. 입법부는 법률을 제정하지만 의사결정 단계에서는 많은 부분의 자유재량권을 정부에 위임하고 있다. 최근의 공공선택이론은 관료주의의 자유재량권에 대한 입법적 규제의 한계를 입증하고 있다.

여섯째, 정부기업은 민간기업에 비하여 조직적 및 개인적 유인이 부족하여 비효율성이 초래되기 쉬우며 이것이 정부실패로 연결되기도 한다. 정부기업은 파산과 경쟁의 위협이 없다. 방만한 경영으로 커다란 적자를 보더라도 정부의 보조금이나 다른 기업의 참여를 금지하는 진입장벽을 통하여 기업의 규모를 더욱 크게 할 수 있다. 또한 정부기업의 경우 효율적으로 생산하고 있는지를 확인하는 것은 매우 어렵고, 사회적 변화에 대해 덜 민감하다.

일곱째, 정부 및 정부기업의 급여제도와 임기제도는 좋은 성과에 대한 보상을 제한하고 나쁜 성과에 대한 벌칙이 상대적으로 결여되어 있으므로 자원배분의 비효율성을 가져오기 쉽다.

이처럼 정부의 실패 가능성이 지적되었음에도 불구하고 정부는 계속 비대화되고 있다. M. Friedman(1984)은 미국의 경우 1933년 이후 정부의 힘이 급격히 강해졌는데, 이것은 여론이 개인적 책임과 제한된 정부를 지지하기보다 사회적 책임과 강력한 정부를 지지하는 방향으로 바뀌었기 때문으로 보았다. 1980년대 이후 그러한 여론이 바뀌었음에도 의회, 관료기구 및 정부개입의 직접적 수혜자들의 반발로 변화가 저지되고 있다는 점을 아울러 지적하고 있다.

S. Peltzman(1980)은 정부 기능의 확대와 정부의 비대화는 담합 또는 특별이익집단의 등장 때문인데 그 배경은 소득분배의 불평등이 줄어들고 결집력이 강한 이익집단이 등장한 것이라고 분석했다. 소득분배가 개선되어 중산층화가

진행되면 정부 비대화에 대한 요구가 커진다. 그것은 이들 계층이 특정의 정책 방안 강구를 위한 정치적 기반을 가지고 있고 정부의 개입을 통한 이익을 인식하고 주장할 수 있는 능력이 있기 때문이다.

국민경제의 발전을 위해 시장을 이용할 것인가? 정부라는 강제력을 사용할 것인가? 이 두 가지는 비용에 의해 결정되어야 한다. 그래야만 유한한 자원의 사용을 효율적으로 사용할 수 있을 것이다. 시카고학파는 일반적으로 정부의 실패가 시장의 실패보다 더 크고 비용이 더 많이 든다고 주장한다. 그러므로 시장에 대한 믿음을 가지고 정부의 시장에 대한 개입을 최소한으로 줄여야 한다는 작은 정부를 지향하고 있다.

큰 정부는 경제적, 정치적 자유를 저해할 수 있으므로 제한된 정부를 유지해야 한다는 R. Nozick(1974)과 같은 자유주의자들은 정부가 맡아야 하는 최소한의 역할을 인정했다. 이것을 '최소국가론'이라고 한다. 정부는 최소한 폭력, 도둑질, 사기와 같은 범죄로부터 국민들을 보호해야 할 의무를 지니며 또한 시장경제에서 체결되는 계약이 이행되도록 강제하는 역할을 해야 한다. 이러한 최소국가론의 관점에서도 시장경제에 대한 정부의 역할은 있다.

제 2 절 금융시장에서의 경쟁과 규제

1. 경제규제가 필요한가?

경제규제에 관한 이론은 시카고학파의 G. J. Stigler의 연구를 분계점으로 하여 이전의 전통적 견해와 이후의 자기보호가설 또는 포획설(capture theory)로 대표되는 새로운 견해로 나눌 수 있다. 이러한 견해차이는 정부에 대한 시각의 차이에서 비롯되었다. 전통적 견해는 정부가 교정적 대리인의 역할을 수행함으로써 시장실패를 극복할 수 있다고 주장한다. 반면 새로운 견해는 비록 좋은 뜻을 가지고 있다고 하더라도 정부가 스스로의 이익을 위해 특정집단에 의해 매수되기 쉽기 때문에 특정이익의 보호자 역할을 수행할 뿐이라는 것이다.

공공이익가설(public interest hypotheris)에 따르면 독점·과점, 외부성, 공공재, 정보의 비대칭성 등으로 시장실패가 존재하는 경우 개별 경제주체들의 효용극대화를 위한 행위가 사회적 후생의 극대화를 보장할 수 없기 때문에 경제규제가 필요하다.[1] 개인들은 그들의 사적 효용의 극대화만을 추구하기 때문에 사적 효용이 사회적 효용보다 적은 경우 생산은 과소생산이 되고, 그 반대의 경우에는 과잉생산이 된다. 따라서 정부가 개입하여 사적 생산수준을 사회적 최적생산수준으로 접근시킴으로써 사회적 후생을 극대화시켜야 한다는 것이다.

전통적 후생경제학자인 A. Pigou(1932)는 환경오염을 예로 들면서 외부비경제를 제거하기 위하여 환경규제가 정당화된다고 하였다. 그의 분석은 공공의 이익에 집중됨으로써 사적 경제의 어떠한 의사결정이 제 3 자에게 중요한 이익이나 손해를 입는지에 대해서는 답을 하지 못하였다.

이 문제에 대해 R. H. Coase(1960)는 그의 논문 「사회적 비용의 문제(The problem of social cost)」에서 거래비용이 존재하는 현실세계에서는 법이 당사자들의 권리와 의무를 어떻게 규정하느냐에 따라 자원배분의 효율성이 달라진다고 보았다. 따라서 외부성으로 인한 손해와 이득을 교정하기 위하여 무조건적으로 정부가 시장에 개입하는 것보다 시장결함의 근본적인 원인이 어디에 있으며 그에 대한 대안이 무엇이고, 또 어떠한 대안으로 사회적 이득이 가장 크게 될 것인가를 검토한 다음 교정책을 세워야 한다고 주장했다.

전통적 학자들은 한 개의 기업이 재화나 용역을 독점적으로 생산할 경우 독점의 횡포와 거기에 따르는 자중손실이 발생한다고 보았다. 이러한 독점의 횡포를 막고 효율적인 생산을 위하여 정부의 규제가 있어야 한다고 주장했다. 이에 대해 H. Demsetz(1968)는 규제를 하지 않으면 상품의 가격 및 생산량은 독점수준에서 결정된다는 논리는 타당하지 않음을 보였다. 특정시장의 집중도로써 가격과 생산량이 경쟁적인지 아닌지를 판별할 수는 없다는 것이다. 생산에서의 규모의 경제가 판매시장에서의 독점가격을 가져다 준다는 논리는 타당

1) G. J. Stigler, "The Theory of Economic Regulation," Bell Journal of Economics and Management Science(1971), pp. 3~21 참조.

성이 없다고 본 것이다.

Stigler는 전통적인 경제규제 이론에 대해 반론을 제기하였다. 규제란 특정 규제에 이해관계를 가진 소규모집단이 자원배분의 강제력을 가진 정부를 움직여 획득한 것이라고 지적했다. 그의 제자인 Peltzman은 이 이론을 더욱 발전시켜 경제규제론을 경제학의 새로운 주요 분야로 확장시키는 데 공헌하였다. 그들에 따르면 예전에는 정부의 규제조치가 시장의 실패를 치유하는 조치로서 인식되었다. 그러나 근래에는 이러한 규제조치가 경제주체 간에 소득 또는 부의 재분배 기능을 수행할 뿐이고, 오히려 공공대중을 비용삼은 것이며 사회 전체적으로도 자중손실(deadweight loss)을 유발한다는 것이다.

한편 변증법가설은 새로운 규제가 변증법적으로 반복된다고 보았다. E. J. Kane(1984)은 기존의 규제를 이용하는 집단이 생겨나게 되면 이것을 방지하기 위한 새로운 규제가 도입되고 새로운 규제가 효과를 발휘하여 자본의 흐름을 재편하게 된다. 그 후 다시 규제를 우회하는 집단이 나타나게 되어 이를 방지하기 위한 규제가 다시 반복되는 현상(cat and mouse game)이 계속된다는 것이다.

2. 포획설(capture theory)과 공공선택이론(theory of public choice)

(1) 포 획 설

Stigler는 경제규제가 시장의 실패를 교정하는 수단으로 발효되는 것이 아니라, 이해관계가 강한 소규모집단이 자원배분의 강제력을 가진 정부를 포획하여 자원을 재분배하는 메커니즘에 의해 발효되는 것이라고 주장했다. 그는 A. Downs(1957)의 합리적 무지(rational ignorance)와 M. Olsen(1965)의 무임승차자 문제에 대한 연구를 계승하여 포획설의 이론적 기초를 제공하고 처음으로 체계적인 분석을 시도했다.

Stigler에 따르면 경제규제는 정부 또는 정당에 의해 가장 높은 가격을 지불하는 집단에 판매되면서 대개 공공의 후생 증대를 위한다는 명목으로 발효된다. 경제규제는 하나의 상품이 되어 정치시장(political market)에서 매매가 이루어진다. 그는 규제가 정치적 과정으로부터 나온 결과이지만 그것이 경제적 이익과 관련된 경제규제인 한 규제에 대한 수요와 공급의 원리에 의해 더 잘 설명된다고 보았다. 규제는 그 규제를 어떤 이유로 사고자 하는 주체(산업체 · 기업체)와 규제를 파는 주체인 정부가 있기 때문에 생긴다고 믿은 것이다.

Peltzman(1976)은 스승의 연구결과를 근간으로 간단한 수학적인 모형을 이용하여 수혜집단의 크기를 결정하는 요인을 분석하였다. 그에 따르면 규제자는 득표극대화가 목적인데 이를 달성하는 과정에서 수혜집단의 크기가 결정된다.

$$M = n \cdot f \cdot (N \cdot n) \cdot h \qquad (12\text{-}1)$$

M : 지지표, n : 수혜집단의 투표자 수
f : 집단이 지지표를 던질 (순)확률, N : 총유권자수
h : 비수혜집단이 반대표를 던질 (순)확률

이제 각 수혜자가 얻는 이득을 g라 하고, T를 수혜집단에게 이전되는 부의 총량, K를 수혜집단이 규제자를 위한 캠페인 및 로비활동 그리고 반대파 무마를 위해 지불하는 비용, C_n은 수혜집단이 조직적인 행동을 하기 위하여 필요한 비용이라고 하고, 수혜의 폭이 수확체감 현상을 보인다는 Stigler의 견해에 따라 $f_g>0$, $f_{gg}<0$으로 가정하면 다음과 같은 관계가 성립된다.

$$g = \frac{T - K - C_n}{n} \qquad (12\text{-}2)$$

$$f = f(g) \qquad (12\text{-}3)$$

또한 수혜집단에게 이전되는 부는 비수혜집단에 세율 t의 조세를 부과함으로써 얻어내기 때문에 다음 식으로 표현할 수 있다.

$$\mathrm{T} = \mathrm{t} \cdot \mathrm{B}\ (\mathrm{N}-\mathrm{n}) \qquad (12\text{-}4)$$

$$\text{또는 } t = T / B\ (N-n) \qquad (12\text{-}4)'$$

B : 비수혜집단의 부(富)의 총량

만일 피해집단의 반대가 조세(t)와 무마를 위하여 사용하는 비용(z)에 의

존한다면 $h_z<0$, $h_{zz}>0$이라고 가정할 때 다음식이 된다.

$$h = h(t\ ,\ z) \qquad (12\text{-}5)$$
$$z = K\ /\ (N-n)$$

이제 규제자는 지지표(M)을 극대화하는 n, T 그리고 K를 결정하는 것이다.

$$M_n = 0 = -(g + C_n)f_g + f - h_t(\frac{tB}{B + tB_t}) - h_t \cdot z + h \qquad (12\text{-}6)$$

$$M_T = 0 = f_g - h_t(\frac{1}{B + tB_t}) \qquad (12\text{-}7)$$

$$M_K = 0 = f_g - h_t \qquad (12\text{-}8)$$

위의 세 식을 결합하면 Peltzman 방정식을 얻을 수 있다.

$$\frac{n}{N} = 1 - \frac{f_n(g + C/n)}{f + h - f_n(C/n - C/n)} \qquad (12\text{-}9)$$

위 식에서 알 수 있는 것은 조직화 비용이 $0(C_n = C/n = 0)$일 때, f_g. $g < f$이므로 n/N은 1보다 작게 된다. 또 조직화하는 데 규모의 비경제가 존재해서 $C_n > C/n$이면 이 비율은 더 작아진다. 규제로 인한 수혜를 보는 집단은 전체 인구의 일부임을 알 수 있다.

식 (12-9)는 규제자가 수혜집단에 부를 이전시킴으로써 얻는 정치적 한계이득이 피해집단에 조세를 부과함으로써 유발하는 정치적 한계비용과 일치함을 보여준다. f_g와 h_t가 양(+)이므로 내부해는 $(B+tB_t)$도 양일 때만 얻어질 수 있다. 이것이 양이라는 사실은 피해집단에게 부과하는 조세율이 수혜집단이 원하는 조세율보다 작아야 한다는 것을 의미한다.

이로부터 우리는 첫번째의 규제원리를 얻을 수 있다. "하나의 경제적 이익집단이 정부규제로 인한 모든 이익을 향유한다고 하더라도 그 양은 수혜집단이 사적으로 조직화했을 때 얻어낼 수 있는 양보다 작게 되고 그 차이는 규제자가 자신의 위치를 보존하는 데 사용한다."

한 걸음 더 나아가 두 번째의 규제원리도 얻을 수 있다. "규제자는 수혜집단이나 피해집단 각각의 내부적 차이를 이용할 수 있기 때문에 규제자의 선택문제는 수혜집단과 피해집단의 적절한 크기만을 결정하는 것만이 아니라 수익과 비용의 적절한 구조를 선택하는 문제까지도 포함한다." 즉 수혜집단의 일부는 피해자가 될 수도 있고 피해집단의 일부는 수혜자가 될 수도 있다. 위에서와 같은 Peltzman의 분석을 J. Hirshleifer(1976)는 이득과 고통의 분담원리(principle of share the gain and share the pain)라고 이름하였다.

한편 G. S. Becker(1976)는 포획설에만 집착하는 것은 경제적 사고와 부합하지 않는다고 지적했다. 경제학은 균형의 이론이지 전부 또는 전무의 이론이 아니라는 것이다. 따라서 규제로 인한 자중손실이 발생할 경우 정부 또는 정당이 강제력을 가지고 있다 하더라도 방법상 아무렇게나 규제하는 것이 아니라, 여러 가지 형태의 규제중에서 규제로 인한 자중손실을 최소화하면서 표(票)의 극대화를 꾀할 수 있는 규제가 시행된 다는 것이다.

그러므로 현존하는 규제는 부를 재분배하는 규제 중에서 최적의 것으로 간주될 수 있다. 예를 들면 관세나 수입 쿼터 등은 특정 산업에 현금을 지급하는 것보다 자중손실이 작기 때문에 시행되고 있다고 볼 수 있다. 또한 Becker는 자중손실을 최소화하는 산업규제가 시행된다는 의미에서 Peltzman의 모형은 산업규제뿐만이 아니라 실업수당, 아동부양 세대보조 등 현금보조정책에도 똑같이 적용될 수 있음을 지적하고 있다.

(2) 공공선택이론

경제학의 궁극적 목표인 효율적 자원배분이 시장가격기구에 의해서 달성되지 않는 경우가 더러 있다. 전통적인 후생경제학자들은 이를 시장실패로 규정하고 그 치유는 정부의 규제나 통제에 의해서 가능하다고 보아 공공정책을 합리화하기 위한 각종 규범적 근거를 제시하는 논리를 전개하였다. 이들에게는 시장실패 자체의 치유가 주요한 관심사이므로 이를 치유하는 정부정책의 주체, 대상, 수립 그리고 실행과정은 전혀 분석대상이 되지 않고 있다.

시장 중심의 경제학을 현실정치에 적용한 공공선택 이론은 1870년대 신고전학파 경제이론의 확대이면서 정치의 경제이론 또는 새로운 정치경제학(new political economy)이라고 평가되고 있다. 이들은 공공선택이론의 창시자이며 선구자로 1986년도 노벨경제학상을 수상한 시카고학파의 Knight와 스웨덴학파 선구자 Wicksell의 학문적 경향과 이탈리아 재정학의 영향을 크게 받았다. Mashallian과 Pigou로 대표되는 Auglo-Saxon식의 전통적 재정학과 대비되는 새로운 이론을 전개한 셈이다.

J. M. Buchanan을 비롯한 E. Lindahl, M. Olsen 등 이론가들은 시장실패를 교정하기 위한 정부개입이 정책의 주체, 대상, 방법, 과정 그리고 내용을 무시하고 경제적 효율성 달성을 위한 최적 모색과정에만 치중한 결과 정부실패를 초래했다고 지적하고 있다. 이 같은 정부실패에 대한 해결책을 마련하기 위해서는 전통적인 경제학 영향을 보다 확대하여 정부정책의 수립, 집행과정에서 현실 정치가 어떠한 영향을 미치는가를 이론적으로 정립해야 한다고 생각했다. 공공선택이론에서는 개인이 자신들 이익의 일부를 집단적으로 이루려고 하기 때문에 국가나 정부가 존재한다고 보고 있다.

국가나 정부는 집합적 행동자이므로 별개의 의사결정단위가 될 수 없고 개인의 집단적 의사결정이 곧 국가의 의사결정이 된다. 이는 방법론적으로 초개인적(supraindividual), 유기체적(organic) 그리고 거시집계적(macro-aggregated)인 행동주체를 분석하는 것을 배제하고 개개인의 선택과정을 분석하는 개인주의적인 입장을 취하고 있음을 의미한다.

자발적 교환모형을 제시한 스웨덴의 경제학자 Lindahl은 이익설의 입장에서 공공재의 공급기구를 제창하였다. 각 경제주체는 최적의 공공재가 공급되는 것을 보고 협상하여 그 과정에서 공공재의 공급에 필요한 비용 중에서 자신이 부담하는 금액을 자발적으로 결정하게 된다. 이때의 조세지불액은 균형상태의 Lindahl 가격이고 각 개인의 사용재에 대한 공공재의 한계대체율과 동일하다. Lindahl 모형은 모든 사회구성원이 동의하는 조세부담액과 공공재의 공급수준이 존재하는데, 이때 공공재 공급수준의 결정은 시장과정과 비슷하며 자원배분은 Pareto 최적상태임을 보여준다.[2)]

2) G. Johansen(1963)은 두 사람과 하나의 공공재가 존재하는 세계를 가정하고 사적 재화 – 공

3. 경쟁논리와 규제논리

금융시장에 대해서는 경쟁의 논리와 규제의 논리가 팽팽히 맞서 있다. 급변하는 금융환경 아래에서 금융시장의 효율성을 높이기 위해 경쟁을 촉진하다 보면 금융시스템의 안정성이 저해될 우려가 있다. 반대로 금융시스템의 안정성을 강조하여 경쟁을 제한하게 되면 금융서비스의 '질'이 저하되는 부작용이 나타난다. 그러면 금융시장에 대한 경쟁과 규제는 어떻게 해야 할까?

먼저 경쟁의 논리를 살펴보자, 금융시장의 효율성을 위해서는 무엇보다도 경쟁을 촉진해야 한다는 논리는 시장경제의 가격기능을 신뢰하는 시카고학파의 금융자유론자들의 주장에 그 근거를 두고 있다. 금융기관 간의 경쟁으로 금융상품의 가격이 경쟁가격으로 형성되면 자금거래 및 금융시장의 효율성이 높아져서 경제주체들의 후생증대를 가져온다는 것이 경쟁논리자들의 주장이다.

경쟁은 그 자체가 스스로 효율적인 안정장치이다. 경쟁에 의해 비효율적 금융기관이 도태되고 효율적인 금융기관만이 살아남게 될 때 금융시스템의 안정성이 더욱 높아지고 장기적으로 경쟁으로 인해 소비자에게 돌아가는 혜택이 커진다. 금융기관의 경쟁 촉진은 긍정적 외부경제를 가져온다. 예컨대, 금융기관들이 고객지향적으로 경쟁할 경우 고객에게 보다 유익한 서비스를 제공하기 위하여 서로 제휴하는 전략을 구사함으로써 예수금의 상호증대나 관리비용의 절감을 가져올 수 있다.

경쟁은 역선택이나 도덕적 해이 등 정보의 비대칭성 문제를 감소시킬 수 있다. 금융산업에 대한 정부의 과다한 보호는 금융기관이 정보의 공시를 충분하게 하지 않음으로써 소비자에게 역선택을 유발하게 할 수 있다. 또한 금융기관 경영자로 하여금 정부를 믿고 지나친 위험을 부담하고 이윤을 추구할 소지를 제공함으로써 이러한 잘못된 판단은 곧 금융기관의 안전성을 저해할 우려

공재의 공간에서 공공재와 조세지불액의 공간으로 대응하는 무차별곡선을 이용하여 Lindahl의 모형을 설명하고 있다.

가 있다.[3] 이외에도 경쟁의 촉진은 금융산업에 기술혁신을 가져와 새로운 상품의 개발과 시장의 확대를 가능케 함으로써 범위의 경제(economies of scope)를 가능하게 한다. 소비자는 그들의 기호에 맞는 다양한 상품을 싼 가격으로 제공받아 소비자잉여(consumer surplus)를 증대시킬 수 있다.

경쟁을 통하여 금융시스템이 효율적으로 될 때 이를 통해 통화금융정책의 효과를 보다 향상시킬 수 있다. 금융기관이 금융환경 변화에 민감하게 대응할수록 정책당국이 정책변수를 신속하게 변경시켜 정책의 효과를 극대화할 수 있기 때문이다. 그리고 규제의 실패 가능성도 크기 때문에 이를 없애야 한다. 특히 규제에 따른 비용이 규제의 효과보다 크다면 경쟁을 제한하는 논리는 의미가 없다.

그러면 금융규제는 어떠한 논리를 바탕으로 하여 이루어지고 있을까? 앞에서 설명한 일반적인 규제논리 외에 Minsky의 금융불안정화 가설이 주제가 되고 있다. 이 가설에 따르면 경제주체들은 투기에 빠질 수 있는 비이성적인 면을 갖고 있으며, 일단 투기 열풍이 불게 되면 금융기관의 신용증대를 기반으로 대출가능 화폐자본이 급증하게 되고, 이 자본은 이익추구에 몰두하게 되어 이에 따른 과잉유동성이 경제의 거품을 초래하게 된다.[4]

그러나 이러한 상태는 오래 지속될 수 없고 어떤 단계에서 반전의 국면을 맞게 된다. 이때 신용증대가 더 이상 지속될 수 없는 한계를 넘어서게 되면 자산가격의 하락, 즉 거품이 해소되기 시작한다. 투자자들이 이러한 상황을 인식하게 되면 손해에 대한 공포감으로 투기대상자산을 서둘러 화폐로 전환하려 한다. 이 결과는 '구성의 오류'(fallacy of composition)가 작동되어 자산가격의 폭락과 금융중개기능이 상실되는 금융위기로 연결될 수 있다. 결국, 금융시장은 외생적인 충격이 없다 하더라도 본질적으로 불안정하기 때문에 규제가 필요하다고 주장한다.

3) G. G. Kaufman, L. R. Mote, and H. Rosenblun(1983), "Implications of Deregulation for Product Lines and Geographical Markets of Financal Institution," Journal of Bank Research, Spring, pp. 8~21 참조.

4) H. Minsky, "Can 'It' Happen Again?" 1963, in Minsky, H., Can 'It' Happen Again?: Essays on Instability and Finance, M. E. sharpe 참조.

4. 금융규제의 필요성

금융의 효율성은 한정된 자원을 생산성이 가장 높은 부문에 분배할 수 있는 분배효율성(allocational efficiency: AE)과 이런 기능을 저렴한 비용에 수행하는 운영효율성(operational efficiency: OE)으로 구분된다. AE는 금융자산의 가격이 모든 수요자와 공급자의 한계수익률을 일치시키도록 결정되는 상태이다. 변화하는 금융수요자의 욕구를 신속정확하게 충족시켜 줄 수 있는 금융체제가 전제되어야 한다. OE는 자원이 얼마나 신속하고 싸게 이전될 수 있느냐는 것인데 이론적으로는 모든 금융자산의 거래비용이 0에 가깝게 되고 또 거래가 즉시에 이루어지는 상태를 말한다. 이것은 금융산업의 규모 및 범위의 경제를 최대한으로 살릴 수 있을 때 가능해진다.

이와 같은 AE와 OE가 성립되기 위한 조건은 다음 4가지로 요약할 수 있다. 첫째, 어느 누구나 금융시장에의 접근이 자유로울 뿐만 아니라 시장이 수많은 참여자로 구성되어 있어서 어느 한 수요자나 공급자 단독으로 금융자산의 가격에 영향력을 행사할 수 없어야 한다.

둘째, 모든 금융자산에 관한 정보는 시장참여자 누구에게나 동시에 비용의 부담없이 이용될 수 있어야 한다.

셋째, 금융자산에 대한 거래비용이 존재하지 않음으로써 금융자산의 공급자 측은 언제라도 발행비용의 부담 없이 자금을 차입할 수 있고, 수요자측도 별 부담 없이 서로 다른 금융자산에의 투자나 투자전환이 가능해야 한다.

넷째, 금융자산이 보다 작은 단위로 분할될 수 있을 때 등이다.

현실적으로 이러한 조건들을 다 충족시킬 수는 없으므로 금융시장의 효율성은 보장되지 못한다. 이를 보완하기 위해 생겨난 것이 여러 가지의 규제와 감독이라는 정부의 시장개입이다. 그러나 금융시장에 대한 정부개입이 경쟁을 저해하고, 자원배분을 왜곡하여 오히려 시장의 비효율성을 초래한다는 비판도 제기되고 있다. 금융기관의 입장에서 보면 규제와 감독은 자유로운 경영을 제약하는 일종의 제약조건이므로 늘 회피하려고 한다.

금융시장에 대한 규제와 감독은 다양한 배경 아래 이루어지고 있지만 시장실패에 근거하는 목적론적 이론이 규제의 논리적 타당성을 설명하는 데 가장 효과적 수단이 되고 있다. 규제가 없을 경우 금융산업의 특성상 사회적으로 적절하다고 판단되는 균형에 도달하지 못하는 시장실패의 가능성이 높기 때문에 이의 교정을 위해 정부의 개입이 필요하다는 것이다.

금융시장의 실패를 초래할 수 있는 요인으로는 앞에서 설명한바 (i) 정보의 비대칭성으로 인한 '레몬시장'(the markets for lemons) 가능성,[5] (ii) 공공재 성격의 금융서비스를 제공하는 금융기관의 근원적인 불안정요인, (iii) 부정적인 외부효과, 금융산업의 독과점성격 등이 거론되고 있다.

이와 같은 금융시장의 불안을 초례 하는 요인이 작용하게 되면 실물 및 금융경제 전반에 악영향을 주어 경제의 효율성을 저해하게 된다. 금융불안정으로 자산 가격이 균형에서 이탈하게 되면, 소비와 투자에 관한 의사결정 및 자원배분에 왜곡을 가져올 수 있고 개별금융회사 및 금융시장이 동요하게 되면 금융부문의 자금중개 및 신용창출 기능을 약화시킬 것이다. 또한 금융시장이 본궤도에서 이탈하여 시장기능이 마비되는 경우 각 시장참여자의 합리적인 의사결정도 더 이상 정상적으로 작동되지 않는 시장실패를 초래하게 된다.

따라서 금융시장의 실패를 예방할 뿐만 아니라, 설령 시장실패가 발생하더라도 그 피해를 최소화하기 위한 시스템이 갖추어져 있어야 한다. 이러한 기능이 바로 금융시장에 대한 규제 및 감독이며 이는 국민경제의 지속적이고 안정적인 성장을 위한 중요한 필요조건이라고 할 수 있다.

5) 미국의 경제학자인 Akerlof에 의해 설명된 것으로 중고차 시장에서는 중고차를 사려는 사람에 비해 팔려는 사람이 자동차의 결함 등에 대해 훨씬 잘 알고 있기 때문에 중고차 구입자가 겉만 멀쩡한 레몬(자동차)을 구입했다가는 낭패를 보기 쉽다는 이론이다(Akerlof는 1970년대 정보의 비대칭성이 시장과 경제에 미치는 영향을 분석해 현대 정보경제학 이론의 핵심적 토대를 마련하는 데 이바지한 공로로 2001년 노벨 경제학상을 수상하였다).

5. 금융시장의 규제와 감독

(1) 규제의 범위와 기본형태

규제의 범위를 어느 수준까지 설정할 것인가?는 매우 중요한 문제이다. 정부개입을 금융시장과 금융거래에서 발생하는 모든 문제를 담당하는 것으로 이해하고 이에 대한 책임도 부담해야 한다는 견해가 있다. 다른 한편에서는 시장과 개인의 자율적 판단에 따라 금융거래를 하도록 하고 정부개입은 최소화하여야 한다는 견해도 있다.

금융시장 참여자들인 금융기관이나 기업 등은 대부분 정부개입의 범위를 최소화하길 원하면서도 자신의 이해가 얽힌 부분에서는 정부의 인위적인 개입을 요구하는 사례도 많다. 따라서 정부는 개입을 최소화하되 시장규율이 잘 작동되어 시장실패가 발생되지 않는 선에서의 개입수준 최적화를 위해 노력하여야 할 것이다. 다만, 사전적으로 개입수준을 설정하여 운영함에도 불구하고 시장실패로 인한 금융혼란이 우려되는 경우에는 정부의 인위적 개입 불가피성도 인정할 수밖에 없는 것이 현실이다.[6)]

금융시장에 대한 각종 규제의 당위성에 대해서는 논란이 있지만 정부는 대략 3가지 형태의 시장개입을 하고 있다.

① 경제적 규제: 거시경제 목적 달성을 위한 것으로 (i) 전체 경제활동에 영향력을 행사하기 위한 지급준비금제도, 금리규제, 신용규제, 외환규제 등이며, (ii) 시장기능만으로는 배분효율성이 미흡하다는 판단에서 금융자원의 배분에 선택적으로 개입하는 형태로 정책금융, 여신관리제도, 우대금융 등이 있고, (iii) 금융구조에 관한 규제로 금융과 산업의 분리, 증권과 은행의 분리, 진입규제, 업무지역 및 업무영역 규제, 흡수합병에 관한 규제 등이 이에 속한다.

---

6) (i) 미국의 경우 1998년 9월 러시아 금융위기 이후 파산위기에 처했던 헷지펀드 Longterm Capital(LTCM)에 대하여 FRB가 금융회사를 설득 · 동원하여 37억 달러의 구제금융제공, (ii) 한국의 경우 2003년 3월 카드채 유동성 위기시 4.3 금융시장안정대책을 통하여 전체 금융권의 협조를 얻어 만기연장 등 시장실패로 인한 금융혼란을 방지한 바 있다.

② 건전성감독: 금융시장의 건전성과 안전성에 목표를 둔 규제로 건전경영 및 영업행위규제를 포함한다. 전자는 개별금융기관의 건전성과 금융제도의 안전성 유지에 목적을 두고 있으며, 진입기준의 강화, 적정자본금, 유동성기준, 편중여신방지 등이다. 후자는 금융시장 전체의 원만한 기능과 정보의 흐름을 보장하기 위한 규제로 증권거래규칙의 제정, 금융정보의 공개강화, 내부자거래의 금지 등이다.

③ 소비자보호감독: 금융서비스의 품질을 판단하기 어려운 일반이용자들을 보호하기 위한 것으로 금융기관과 고객관계에 영향을 미치는 정보비대칭성 문제를 주로 다룬다. 소비자에게 정확한 정보를 제공할 의무(예금자 및 투자자 보호), 보험상품의 승인제도, 예금보호제도의 도입 등을 포괄한다.

위와 같은 목표를 달성하기 위한 규제와 감독의 내용은 각 나라의 경제발전단계 또는 특정시점의 상황을 반영하여 동태적으로 변화되어 왔다. 금융효율성 측면에서 보면 개발도상국들의 초기발전단계에서는 미미한 시장기능을 대체하기 위한 정부 주도의 경제적 규제가 강조된다. 그러나 경제가 성숙되어감에 따라 통제 위주의 경제적 규제는 오히려 시장기능 억제에 따른 폐해가 가시화됨으로써 완화로 연결되는 것이 일반적이다.

정부 주도에서 탈피하여 시장기능의 활성화를 통해 효율성을 높이려는 노력은 세계적 추세이며 한국도 예외가 아니다. 동시에 규제완화에 따른 금융불안전성 증대와 이해상충 문제의 심화는 과거에는 중요시되지 않던 건전성 감독과 소비자보호감독이 상대적으로 중요시되고 있는 배경이라 하겠다.

(2) 개별 금융기관의 규제와 감독

1) 시장 진입 및 퇴출제도

금융중개기능을 수행하는 금융기관이 하나라도 새로 생기거나 없어지는 경우 시장에 미치는 영향은 크다. 때문에 그 진입과 퇴출에 대해 일정한 요건과 절차를 정한다. 거의 모든 금융감독당국은 신설기관의 예상 수익성, 건전성 및 자본조달능력 등을 감안하여 금융기관의 설립을 인가한다. 설립인가시에는 먼저 법규에서 정하는 계량적 요건 충족 여부를 확인한다. 위험선호적 기업가가 금융기관을 지배하는 것을 방지하기 위해 경영진과 대주주에 대한 자격요건을 정하고 적격성 심사(fit and proper test)를 한다.

금융기관의 해산 · 합병 또는 영업의 양수·도의 경우에도 금융소비자의 재산을 보호하고 금융시스템에 미치는 충격을 완화하기 위해 금융감독당국의 퇴출인가를 받아야 한다. 또한 특정 금융기관이 부당한 행위를 하거나 부실이 심화된 경우 금융감독당국은 인허가를 취소하거나 또는 적기시정조치(prompt corrective action) 중 퇴출조치 등을 통해 강제퇴출시키기도 한다.

2) 자기자본규제제도

금융기관들은 그 자신이 예금주와 투자자들에 대한 채무자로서 고위험 · 고수익 자산에 투자하여 초과수익은 자신에게, 초과위험은 예금주와 투자자에게 부담시키려고 하는 도덕적 해이에 빠질 우려가 있다. 이에 따라 금융감독당국들은 금융기관 보유 자산의 부실화에 대비하여 충분한 자기자본을 적립토록 함으로써 고위험자산에 편중투자하고자 하는 도덕적 해이를 방지하고 있다.

은행에 대한 자기자본규제제도는 국제적으로 국제결제은행(BIS)의 바젤은행감독위원회의 권고안이 채택되고 있다. 이 위원회의 권고안은 'BIS 비율'로 불리는 위험가중자산대비 자기자본비율을 8% 이상 유지하는 것으로 BIS 회원국들에게 의무화하고 있다.

증권회사들에 대해서는 IOSCO의 권고안이 준용되고 있다. 예를 들면 총위험액 대비 영업용순자본 비율을 100% 이상 유지토록 의무화하고 있다. 이는 증권회사의 파산시에도 고객의 재산을 보호하고 여타 금융회사로 위기가 전염되는 것을 방지하기 위한 것이다. 보험회사에 대해서도 앞으로 지급해야 할 보험금 규모를 충분히 감당할 수 있는 일정 규모의 (순)자산을 항상 갖도록 하는 지급여력제도를 운영한다.

3) 자산운용 및 보유에 대한 제한

자기자본규제제도는 금융기관이 고위험자산에 편중투자하고자 하는 도덕적 해이를 간접적으로 억제하기는 하나 고위험 부담행위를 완전히 예방하지는 못한다. 이러한 도덕적 해이 가능성을 해소하기 위해 금융감독당국들은 금융기관의 자산 보유 · 운용에 대해 수익성과 자율성을 크게 훼손하지 않는 범위 내에서 직접적인 제한을 가한다.

예를 들어 은행에 대해서는 유가증권에 대한 투자한도를 자기자본의 일정 부분 이내로 제한하는 한편 동일 차주에 대한 신용공여한도를 자기자본의 일정비율 이내로 정하는 등 특정 개인 또는 집단에 대한 편중여신을 제한하고 있다. 비금융자회사는 전산센터, 연구소 등 금융업과 밀접한 관련이 있는 것만 허용하는 등 금융업과 관련 없는 상행위를 금지하고 있다.

자산운용을 직접적으로 제약할 수 있는 수단은 자산건전성 규제이다. 이것은 크게 두 단계로 나누는데 (i) 신용위험이 있고 부실화 가능성이 큰 자산에 대한 건전성 분류, 그리고 (ii) 분류된 자산에 대한 대손충당금 적립이다. 대손충당금은 자산의 예상손실을 흡수할 수 있는 완충장치(cushion)에 해당되는데, 손실이 예상되거나 실현되었을 때에는 상각비용으로 이용하게 된다.

자산건전성은 미래 수익성과 연결된다. 자산건전성이 나쁘다는 의미는 미래 수익성이 좋지 않다는 의미이고 더불어 대손충당금 비용도 불어나므로 수익성을 더욱 악화시키게 된다. 따라서 대손충당금이 잘 쌓여진 금융기관이라도 자산건전성이 나쁘면 경영상태를 좋게 평가할 수 없다.

4) 경영공시제도

금융감독당국들은 금융기관의 경영정보를 예금주, 주주 및 채권자 등 이해관계인에게 공개하는 경영공시제도를 운용하고 있다. 시장규율의 작동을 통해 금융기관의 건전 경영을 도모하고 도덕적 해이를 방지키 위함이다. 구체적으로는 조직 · 인력 · 재무상황 · 경영방침 등 기본적인 경영정보에 대해 정기적으로 공시토록 하는 한편 거액의 부실 채권이나 금융사고가 발생하는 경우 또는 적기 시정조치가 부과된 경우 등 시급한 현안에 대해서는 수시공시토록 의무화하고 있다.

바젤은행감독위원회 등 국제금융감독기구에서는 금융기관의 투명성과 시장규율 확립을 위해 공시강화를 지속적으로 권고하고 있다. 기본적으로 재무성과, 자기자본, 지급능력 및 유동성을 포함한 재무상태, 위험관리전략 및 실행, 신용 · 시장 · 유동성 · 운영위험 정도, 회계정책 및 실무지침, 주업무, 경영층 및 지배구조에 관한 정보의 공시이다. 특히 금융기관의 전통적인 회계처리방식에 근거한 재무회계정보보다는 위험과 관련된 정보의 공시를 더욱 중요시하고 있다.

5) 금융산업내 경쟁 제한

금융산업 내의 경쟁 격화로 수익성이 저하되는 경우 금융기관들은 수익성 만회를 위해 과도한 위험을 부담하려는 유인을 갖게 된다. 이에 따라 대부분의 나라들은 금융산업 내의 경쟁을 일반산업보다 더욱 강도높게 제한하고 있다. 우선 금융권역간 고유업무에 대한 진입장벽을 두어 성격이 다른 금융기관들이 같은 금융상품 시장에서 과도하게 경쟁하는 것을 막고, 금융기관간 업무제휴에 있어서도 방카슈랑스 상품을 판매하는 은행직원은 대출업무를 취급하지 못하게 하는 등 제한을 두고 있다.[7] 그러나 금융산업내 경쟁 제한은 금융시스템의 효율성과 소비자 후생을 저해하는 측면이 있어 최근 들어서는 이를 완화하는 추세이다.

6) 금융회사에 대한 검사

지금까지 설명한 규제와 감독이 금융기관의 역선택과 도덕적 해이현상을 방지하는 데 실제적 효과를 발휘하려면 금융현장에서의 법규준수 여부를 밀착 점검할 필요가 있다. 이에 각국의 금융감독당국은 금융기관에 대한 임점검사(on-site examination)와 금융기관이 제출한 업무보고서에 근거한 상시감시를 병행하여 자산건전성 분류 및 대손충당금 적립의 적정성 여부, 자기자본규제 충족 여부, 자산 보유 · 운용에 대한 제한 준수 여부, 금융기관 공시기준 준수 여부 등을 점검하고 있다.

미국에서는 이러한 점검결과를 CAMELS 방식으로 종합하여 금융기관 평가지표로 활용한다. CAMELS방식이란 자본적정성(capital adequacy), 자산건전

---

7) 그러나 한국의 시중은행들처럼 대출실행시 보험가입을 강요한다면 이 제한은 별로 효과가 없을 것이다.

성(asset quality), 경영효율성(management), 수익성(earnings), 유동성(liquidity) 및 시장위험 민감도(sensitivity to market risk) 등 6개 부문으로 구성된 평가방식이다. 그 평가결과에 따라 취약부문을 지적하고 개선을 권고하거나, 평가등급이 낮은 경우에는 적기시정조치를 한다.

한편 영국, 캐나다, 홍콩, 네덜란드 등의 금융감독기관들은 위험중심의 감독체제 구축을 통하여 금융기관의 위험관리감독(risk based supervision: RBS)을 강화하고 있다. RBS는 넓은 의미로 금융기관의 감독 · 검사시 위험현황(profile)

참고 12-2 미국의 Sarbanes-Oxley 법

(1) 이 법은 금융시스템을 개혁하기 위한 제도적 차원의 기틀 마련을 위해 2002년 7월 30일 부시 대통령에 의해 서명된 기업개혁법이다. 법률안을 제출한 민주당 상원의원 Paul Sarbanes와 공화당 하원의원 Michael Oxley의 이름을 따서 Sarbanes-Oxley 법이라고 이름 지었다.

(2) 주요 골자를 보면 최고경영자(CEO)와 최고재무책임자(CFO)에 의한 재무제표에 대한 확인서(certification) 제출, 내부통제에 대한 경영자 보고서(assertion), 외부감사인의 감사(attestation), 감사위원회(audit committee)의 책임확대와 감사인의 독립성 강화, 회계법인을 감독하기 위한 증권감독위원회(SEC) 산하에 독립기구인 공개기업회계감독위원회(Public Company Account Oversight Board: PCAOB)의 신설, 내부자 거래의 제한과 증권사기의 방지, 기업부정에 대한 처벌강화 등이다.

(3) Sarbanes-Oxley 법 이전에도 미국 금융시스템의 신뢰성을 높이기 위해 기업개혁조치들이 SEC, NYSE, NASDAQ에 의해 제정된 바 있다. 예를 들어, 1999년에는 감사위원회의 책임과 독립성을 강화하기 위해 "Blue Ribbon Committee"가 설립되었고, NYSE, NASDAQ, American Stock Exchange가 기업의 상장기준을 엄격히 규정하기도 하였다.

(4) 이 법의 실행을 위해 SEC가 마련한 시행령의 주요 내용은 (i) 기업의 윤리강령제정과 공시, (ii) 감사위원회에 포함된 재무전문가에 의한 공시, (iii) 연금기금의 Blackout 기간 동안의 내부자 거래금지, (iv) 변호사의 책임에 관한 규정, (v) 감사위원회에 의한 감사인의 서비스 사전승인, (vi) 감사인에게 금지되는 비감사 서비스, (vii) 감사파트너의 정기적 교체, (viii) 감사위원회에 대한 감사인의 보고 등이다.

(5) 특히 PCACB의 주요 권한은 (i) 미국증권시장에서 거래되는 상장회사를 감사하는 회계법인을 규제하고, (ii) 등록된 회계법인을 조사하며, (iii) 감사, 감사품질, 윤리 및 독립성의 기준을 마련하여, (iv) 등록된 회계법인과 관련 회계사들이 법과 전문적인 기준에 위배 여부를 조사하는 것 등이다.

에 초점을 두는 과정 전반을 일컫는다. 좁은 의미로는 금융기관의 경영활동에 수반되는 위험의 양과 관리 수준에 대해 영업활동별로 상시 평가를 한다. 그 결과 포착된 고위험 영업활동에 대한 감독 · 검사자원을 집중 할당함으로써 효율성을 높이고자 하는 제도이다. 따라서 RBS는 금융기관의 각종 위험을 유발시키는 주요 영업활동, 영업활동별로 발생될 수 있는 고유위험, 노출된 위험에 대하여 측정 · 모니터링 · 통제하는 관리 수준으로 구성될 수 있다.

우리나라에서는 금융감독원이 은행의 경우 위험 관리실태평가제도(risk assessment and dynamic analysis rating system: RADARS)를 2006년부터 시행하고 있으며, 보험의 경우 위험평가제도(risk assessment and application system: RAAS)를 2007년부터 시행하고 있다.

(3) 유가증권시장의 규제와 감독

1) 회계감독 · 감리업무

대부분 선진국에서 금융감독당국들은 기업정보 공개의 표준화와 투명성 제고를 위해 기업회계준칙을 제정하여 시행하고 있다. 기업회계준칙은 개별 기업의 회계처리 기준을 제시할 뿐만 아니라 대규모 기업집단에 대해서는 결합재무제표 작성을 의무화하여 기업지배구조의 투명성을 높이고 있어 매우 중요하다.

또한 상장 · 등록법인에 대해서는 해당 기업을 지배하는 대주주 · 경영진과 소액투자자 · 채권자 간의 정보 비대칭성문제를 해소하기 위해 외부감사인 제도를 두어 회계법인이 정기적으로 기업을 감시토록 하고 있다. 감독당국은 외부감사인의 감사결과와 절차의 적정성에 대한 감리업무를 통해 경영감시의 실효성을 높이고 있다.

2) 유가증권 발행심사 및 공시제도

금융선진국들은 유가증권의 적정발행 여부를 점검하기 위해 유가증권신고제도를 운영하고 있다. 이 제도는 유가증권 모집 · 매출 금액이 일정 규모 이상인 경우 발행회사로 하여금 유가증권의 매출 조건 및 회사의 경영내용을 일반

투자자에게 공시토록 하여 유가증권 발행회사와 투자자 사이의 정보균형이 이루어지도록 하는 발행시장의 핵심적인 공시수단이다.

유가증권이 발행된 이후에도 기업과 일반투자자 간의 정보공유를 위해 유통시장 공시제도를 운영한다. 이 제도는 시장에서 거래되고 있는 유가증권 관련 정보를 현재 또는 미래의 투자자에게 발행회사가 투명하게 공시토록 한다. 유통시장의 공정성을 높이는 동시에 내부자 거래 등 사기적 행위를 방지하기 위한 것이다.

이 밖에도 기업지배구조에 중대한 변화 또는 불공정거래 소지가 있는 경우 여러 가지 신고 · 보고제도를 통해 공시제도를 보완하고 있다. 합병, 영업양수·도, 자기주식 취득 · 처분 및 공개매수의 경우 절차에 제한을 두고 이를 신고토록 하여 소액주주를 보호한다.

3) 불공정거래 조사

자본시장의 공정성 확보를 위해서는 회계 · 공시에 대한 사전적 감독도 중요하지만 시장의 공정성을 사후적으로 확보하기 위한 불공정거래 조사 또한 매우 중요하다. 불공정거래 조사는 불공정 행위자를 밝혀내어 형사상 · 행정상 조치를 취하는 일련의 절차로서 자본시장의 공정성 확보와 투명성 제고를 위한 초석이라 할 수 있다.

조사대상이 되는 불공정거래의 주요 유형은 여러 가지이다.

① 미공개정보 이용행위: 기업의 임직원 및 주주 등이 일반인에게 공개되지 않은 경영정보 또는 주식공개매수의 실시 · 중지에 관한 정보를 사전에 유출하거나 이를 이용하여 당해 회사의 유가증권거래에 사용하는 행위

② 시세조종행위: 유가증권의 시세를 자의적으로 변동시키고 이를 다른 사람으로 하여금 공정한 시세로 오인케 함으로써 이득을 도모하는 행위

③ 이익취득행위: 상장 · 등록법인의 임직원 또는 주요 주주가 당해 기업의 주식을 단기간에 매매하여 이익을 얻는 행위 등이다.

제 3 절 한국의 금융규제와 감독

수많은 규제 중에서 전통적으로 경제적 규제, 그 중에서도 금융규제만큼 다양하고 포괄적인 내용을 담고 있는 규제도 없을 것이다. 2007년 9월 현재 한국의 규제개혁위원회에 등록된 규제건수 42개 부문 총 8,029건 중 금융규제가 882건으로 약 11%를 차지하여 재정경제부문 199건에 비하여 4.4배나 많다는 것은 놀라운 사실이 아닐 수 없다.

이것은 금융부문에서 지급결제 시스템의 안정이 갖는 중요성과 금융이용자보호의 사회 · 경제적 필요성 때문만이 아니라 금융산업이 여타산업과 달리 산업연관성이 높고 전염효과가 크므로 특정금융부문에 조그마한 문제가 생기더라도 전체 금융산업, 나아가 경제 전반에 악영향을 줄 수 있기 때문이다. 더욱이 예금을 수취하는 금융기관은 도산할 경우 공적 자금투입에 따른 국민의 부담이 불가피하기 때문에 더욱 엄격한 규제와 감독을 받는다.

한국은 1997년 금융위기를 경험하면서 금융감독의 중요성을 더욱 깨닫게 되었다. 나아가 금융시장의 불안정에 효과적으로 대응하면서 중립성을 높이는 방안으로 은행감독원 · 보험감독원 · 증권감독원 · 신용관리기금으로 분산되어 있던 금융감독 기능을 하나로 통합하였다.[8]

1. 은행에 대한 규제와 감독

(1) 설립의 인허가

종래 은행을 위시한 모든 금융기관의 설립에 관한 인·허가권을 재정경제부장관이 가지고 있었으나 1999년 5월 「정부조직법」의 개정으로 이 권한이 금

8) 한국에서 금융감독이라는 용어가 처음 사용된 것은 1950년 한국은행 내에 은행감독부를 설치한 때부터이다. 그 후 1962년 한국은행 내에 은행감독원이 설립되었고, 이어서 1977년 증권감독원 및 보험감독원, 1982년 신용관리기금이 각각 설립되었다.

융감독위원회로 이관되었고, 2008년 2월에는 금융위원회로 다시 이관되었다. 이에 따라 은행의 설립, 합병, 해산, 은행업의 폐지, 영업의 전부 또는 일부의 양도·양수 등 진입 및 퇴출은 금융위원회의 인가를 받아야 한다. 인가대상은 시중은행, 지방은행 및 외국은행국내지점이다. 허가대상은 신탁겸영은행(별도 법인이 아니라 기존은행이 신탁계정을 설치)이다.

금융감독당국은 은행업을 영위하려는 자에 대하여 법인 성격의 적합성, 사업계획의 타당성, 자본금 및 주주구성과 설립·인수자금의 적정성, 발기인·대주주·경영진의 경영능력과 성실성 및 공익성 등을 확인한 후 인가 여부를 결정한다. 은행업을 수행하기에 부적절한 법인 또는 사람이 은행업에 진출하는 것을 사전적으로 차단하고 있는 셈이다.

먼저 은행이 개인 또는 특정 단체에 의해 완전 소유·지배되는 경우를 방지하기 위해 법인의 성격을 「상법」상 주식회사로 한정하고 있다. 사업계획의 타당성 판단기준은 추정 재무제표와 수익전망 등 계량적 분석과 함께 신설은행의 계속기업성(going-concern)에 대한 정성적 분석에 따라 해당 은행이 장기적 경쟁력을 확보할 수 있는지 여부와 은행권역 및 전체 금융산업에 미치는 영향 등을 포괄적으로 판단하게 된다.

은행설립을 위한 최저 자본금 요건을 부과하는 이유는 자본금이란 은행이 부담하는 위험에 대한 기본적인 완충장치(buffer)이기 때문이다. 최저자본금 요건은 시중은행의 경우 1,000억원, 지방은행은 250억원이다. 주주에 대한 적합성 검증에 있어서는 발기인, 대주주, 주요 주주, 주요 출자자뿐만 아니라 이들의 특수관계인인 주주 및 출자자 등 은행 경영에 중대한 영향을 미칠 수 있는 자에 대하여 투자, 인수, 출연 등 법률적 구분에 불구하고 사실상의 은행설립자금의 출자능력, 재무상태, 사회적 신용, 법규 및 건전한 거래관행 위반전력, 출자금의 적법성·적정성 등을 검증한다.

금융자본과 산업자본의 분리(金産分離) 원칙에 따라 은행이 특정 개인, 기업 및 기업집단에 의해 사실상 지배되는 것을 방지하기 위해 주주구성의 적합성 여부도 함께 판단한다.

은행의 경우 동일인 주식보유한도제도를 통하여 소유를 제한하고 있다.[9] 이 제도는 동일인(본인)을 비롯하여, 그의 친·인척, 그가 소유하고 있는 비영리법인, 그가 30% 이상의 지분을 소유하고 있는 회사 및 동사의 임원이나 계열사 등(특수관계인 포함)은 의결권 있는 발행 주식총수의 10%(지방은행의 경우 15%)를 초과하여 은행주식을 보유(타인 명의 포함)할 수 없도록 규제하는 제도이다. 다만, 산업자본에 해당하는 비금융주력자(비금융부문의 자본비중이 25% 이상이거나 비금융부문의 자산합계가 2조원 이상인 자 및 이에 해당하는 자가 4%를 초과하여 투자한 뮤추얼펀드 포함)에 대해서는 시중은행의 주식보유한도가 4%로 축소된다(지방은행에 대해서는 15% 유지).

(2) BIS기준 자기자본비율

BIS 산하의 바젤위원회는 1988년 7월 은행감독업무의 국제적 협조를 위해 감독에 관한 지도기준을 마련하였는데 이를 바젤협약이라 한다. BIS 주주은행들은 어떤 외국은행도 감독을 회피할 수 없도록 외국은행에 대한 감독을 모국 및 진출국 감독당국의 공동책임하에 수행하게 한다. 이를 위해 두 감독당국이 검사권을 공유하는 등 협조체제를 구축하도록 합의하였다.

바젤위원회는 신용위험을 측정하기 위해 먼저 은행의 자기자본 범위를 기본자본(core capital)과 보완자본(supplementary capital)으로 구분한다.[10] 은행의 모든 자산을 주로 거래상대방의 신용위험에 따라 5개 그룹으로 구분, 서로 다른 위험가중치를 적용하여 위험가중자산총액을 산출한 뒤 자기자본이 위험가중자산총액에서 차지하는 비율을 산정하게 한다. 이 비율이 최소한 8% 이상(이 중 4% 이상은 기본자본으로 충당)이 되도록 요구하고 있다.

금융산업을 영위하는 자회사를 포함한 연결재무제표에 의한 자기자본비율은 다음과 같이 계산한다.

---

9) 이에 대해서는 제 8 장 제 3 절 <참고 8-2>를 참조하기 바란다.

10) 기본자본(tier1)에는 자본금, 자본준비금, 이익잉여금, 연결자회사의 외부주주지분, 신종자본증권(hybrid capital instru-ments) 등이 포함된다. 보완자본(tier2)에는 미공표적립금, 재평가적립금, 일반대손충당금, 부채성자본 및 기한부 후순위채무로 구성되고 기본자본의 100%까지만 산입이 허용된다.

$$\frac{OC}{RWA} = \frac{CC + SC - M}{\Sigma(A \times RW) + \Sigma(OA \times CCF \times RW)} \quad (12\text{-}10)$$

OC : 자기자본, A : B/S자산
RWA : 위험가중자산, RW : 위험가중치
CC : 기본자본, OA : 부외자산
SC : 보완자본, CCF : 신용환산율
M : 공제항목[11)]

바젤위원회가 규정한 자산종류별 위험가중치는 [표 12-1]과 같다.

또한 최근 은행의 영업 중 그 비중이 높아지고 있으나 대차대조표에 계상되지 않는 부외거래항목에 대하여도 각각의 거래형태와 만기에 따른 위험도를 감안한 후 계약금액에 신용환산율(credit conversion factor)을 곱하여 금액을 산정, 이를 대차대조표 계정자산으로 환산하도록 하고 있다. 이 제도는 1996년 은행이 시장위험에 대비하여 자기자본을 추가로 보유하도록 하는 '시장위험기준 자기자본보유제도'로 개정되어 강화됐다.

현행 제도는 1988년 도입된 후 1996년 일부 수정된 바 있으나 몇 가지 문제점이 드러났다. 첫째, 위험가중치 적용방식이 차주의 신용위험을 정확히 반영하지 못하고 은행별 위험 수준에 관계없이 획일적인 기준을 적용(one-size-fits-all)하는 등 문제점이 노출되었다. 이에 위원회는 차주의 신용평가등급에 따라 위험가중치를 차등 적용하고 위험이 높은 은행에 대해서는 최저 자기자본비율 이상의 자기자본 보유를 요구하게 되었다.

둘째, 금융기관의 위험측정 및 관리 방식의 발전으로 은행들이 새로운 측정방법론을 수용할 수 있게 되었기 때문에 좀더 위험에 민감하고 정교한 규제자본을 산출함으로써 경제적 자본과 규제자본의 차이를 줄일 수 있게 되었는데도 이를 시행하지 않고 있었다.

셋째, 세계의 금융산업은 M&A 등을 통하여 대형화되고 소수의 대형은행들로 집중화됨에 따라 하나의 대형은행이 문제가 있는 경우 금융시장에 심각한 영향을 줄 수 있는 체제위험이 점차 커지는 추세에 있다. 따라서 은행들에

11) 미상각된 영업권(good will), 금융업을 영위하는 비연결자회사 및 관계은행에 대한 출자, 타은행이 발행한 자본조달수단의 보유분 등이 해당된다.

[표 12-1] 자산종류별 위험가중치

위험가중치	자 산 내 용
0%	(a) 현금 (b) 현지통화로 조달 표시된 중앙정부 및 중앙은행에 대한 채권 (c) OECD 가맹국 중앙정부 및 중앙은행에 대한 채권 (d) 현금 및 OECD 가맹국 중앙정부발행증권으로 담보되었거나 그들 나라 중앙정부의 보증을 받은 채권
0, 10, 20% 또는 50%	(a) 국내공공부문(중앙정부 제외)에 대한 채권과 이 부문의 보증을 받은 채권
20%	(a) 국제개발은행(IBRD, IADB, AsDB, AFDB, EIB)에 대한 채권과 이 은행들의 보증을 받았거나 이 은행발행증권으로 담보된 채권 (b) OECD 가맹국의 은행에 대한 채권과 이 은행의 보증을 받은 대출 (c) OECD 가맹국의 증권사 중 위험에 기초한 자기자본규제 등 은행과 동등한 수준의 규제를 받는 증권사에 대한 채권과 이 증권사의 보증을 받는 채권 (d) OECD 비가맹국의 은행에 대한 잔존만기 1년 이내의 채권과 이 부문의 보증을 받은 잔존만기 1년 이내의 대출 (e) OECD 가맹국 공공부문(중앙정부 제외)에 대한 채권과 이 부문의 보증을 받은 채권 또는 이 기관발행증권으로 담보된 채권 (f) 추심중인 현금
50%	(a) 자가소유 또는 임대주택에 대한 저당권설정으로 전액 담보된 대출
100%	(a) 민간부문에 대한 채권 (b) OECD 비가맹국의 은행에 대한 잔존만기 1년 초과의 채권 (c) OECD 비가맹국의 중앙정부에 대한 채권(현지통화표시로 조달된 부분은 제외) (d) 공공부문소유 일반기업에 대한 채권 (e) 영업용 토지, 건물, 동산 및 기타 고정자산 (f) 부동산 및 기타 투자(비연결회사에 대한 출자금 포함) (g) 다른 은행이 발행한 자본조달수단(자기자본에서 공제되지 않은 경우) (h) 기타 모든 자산

게 최선의 위험측정 및 관리 기법을 수용하도록 유도함과 동시에 대형은행의 다양한 영업특성을 반영해야 하는 시대적 요구가 있었다.

이와 같은 개선안을 반영하여 바젤위원회는 2004년 6월 현행 BIS 자기자본보유제도(Basel I)를 수정하여 Basel Ⅱ 최종안을 발표하였다. 한국의 금융감독원은 신용위험표준방법, 기본내부등급법, 운영위험 기초지표법, 운영표준방법은 2008년 1월부터 도입하였으며, 신용위험 고급내부등급법, 운영위험 고급측정법은 2009년 1월부터 도입할 예정이다.

Basel Ⅱ는 최저 자기자본규제(Pillar 1)에 감독당국 점검(Pillar 2) 및 공시 확충을 통한 시장규율 강화(Pillar 3)로 구성되어 있다. Pillar 1에서 신용위험은 표준방법과 내부등급법(기본 내부등급법, 고급 내부등급법)으로 측정하고, 자기자본을 부과하는 위험의 범위에 현행 기준상의 신용 및 시장위험 이외에 운영위험(기초지표법, 표준방법, 고급측정법)을 추가하였다.

Pillar 2는 은행경영진과 감독당국간 위험규모 및 자본에 대한 의견교환

[표 12-2] 현행 국제결제은행(BIS) 기준(Basel Ⅰ과 Basel Ⅱ)의 비교

항 목		Basel Ⅰ	Basel Ⅱ(안)
자기자본 비율 산출시 감안할 위험	신용위험 측정방법	◦신용위험 ◦시장위험	◦신용위험 ◦시장위험 ◦운영위험 <추가>
최저자기 자본규제 (Pillarl 1)	시장위험 측정방법	◦획일적 방법 국가 0% 은행 20% 기업 100%	◦표준방법(standardized approach): 외부신용평가등급에 따라 위험가중치 차등화(0%, 20%, 50%, 100%, 150%)
			◦은행의 내부등급법(internal ratings based approach)
	시장위험 측정방법	◦표준방법 ◦내부모형법	<수정 없음>
	운영위험 측정방법	<없음>	◦기초지표법(basic indicator approach): 총수익의 일정비율 부과 ◦운영표준방법(standardized approach): 영업영역별로 운영리스크를 산정하고 이를 단순합산 ◦고급측정법(advanced measurement approach): 영업영역과 부문별 손실자료, 부문간 상관관계 등을 감안하여 운영위험을 측정
감독기능 강화 (pillar 2)		<없음>	◦은행 자기자본 적정성 및 내부모형의 점검 강화 ◦은행 위험상황에 대한 상시 감시 ◦적기시정조치 시행
시장규율 강화 (Pillar 3)		<없음>	◦은행의 가지자본 및 위험수준 · 특성 · 측정방법 및 회계처리방법 등 공시 의무화

수단으로 마련된 것으로 위험측정 절차에 대한 감독당국의 검증뿐 아니라, 은행이 위험을 측정하는 내부 절차를 갖도록 요구하고 있다. Pillar 1에서 파악하지 못한 신용 및 운영위험과 관련된 잠재 손실 및 비정상적 자본필요에 중점을 두며 개별 은행의 고유위험특성, 사업전략 및 경기 주기와 이에 따른 자본 요구량 등에 대한 내용도 검토한다.

Pillar 3는 공시 확충을 통하여 시장규율을 강화하는 것이다. 은행의 건전성에 대한 양적, 질적 정보를 공시토록 함으로써 은행간 비교를 증진하여 이해당사자로 하여금 자기자본비율에 관한 투명한 해석이 가능토록 한 것이다.

한편 위험가중자산에 대한 자기자본비율은 Basel I 에서와 같이 연결재무제표를 기준으로 하여 산출한다. 은행들은 자기자본비율 산출시 신용 · 시장 · 운영위험별로 표준방법 또는 내부모형의 적정한 방법을 선택하여 적용한다. Basel Ⅱ 기준 자기자본비율 산식은 현행 협약과 같게 자기자본을 총위험가중자산(신용위험가중자산 + 시장위험가중자산 + 운영위험가중자산)으로 나누어 산출한다. 최저자기자본비율도 현행 협약과 같은 8%이다.

(3) 유동성 확보

은행의 유동성은 고객의 예금청구에 대한 지급, 기타 채무의 상환 및 신규대출취급, 경영에 필요한 자산의 취득과 적정성장에 필요한 자금 등 은행의 자금수요에 적절히 대처할 수 있는 기능을 나타낸다. 은행이 고객의 수요에 충분한 자금(sufficient volume)을 시의적절하게(in a timely manner) 그리고 합리적인 비용(at a reasonable cost)으로 조달할 수 있을 때에 유동성이 양호한 것으로 평가된다.

은행의 유동성 상태를 측정하기 위해서는 원화유동성비율을 이용한다. 이 비율은 은행계정 내의 모든 자산과 부채뿐만 아니라 장부외계정도 포함하여 잔존만기 3개월 이내의 원화유동성자산을 잔존만기 3개월 이내의 원화유동성부채로 나누어 계산한다. 그러나 3개월 이내에 현금화가 불가능하거나 현금화에 비용이 소요되는 고정자산, 담보로 제공된 자산 등은 유동성자산에서 제외한다. 원화 유동성비율의 산식은 다음과 같다.

$$\frac{\text{잔존만기 3개월 이내 유동성자산}}{\text{잔존만기 3개월 이내 유동성부채}} \times 100 \geq 100\%$$

일반은행 및 외국은행지점은 원화유동성비율을 100% 이상으로 유지하여야 하고, 외화자산 및 부채의 비중이 높은 수출입은행을 제외한 산업, 기업, 농협, 수협 등의 특수은행은 70% 이상을 유지하여야 한다. 「외국환거래법」에 의한 외국환업무 등록 기관은 국내 본지점 외에 해외지점과 해외현지법인 역외계정의 외화자산 · 부채를 모두 포괄하여 외화 자금조달 및 운용에 적정을 기하여야 한다. 다만, 외국은행지점은 국내은행과는 달리 유사시에도 외화유동성 악화가능성이 낮은 점 등을 감안하여 적용을 배제하고 있다.

(4) 적기시정조치

급격한 유동성악화로 예금지급이 불가능하거나 파산위험이 뚜렷한 경우 등 긴급사태 발생시 금융위원회는 예금의 수입 · 지급 및 여신의 제한, 채무행위의 동결 등 긴급조치를 취한다. 적기시정조치는 긴급사태가 발생하기 전에 금융기관에 대한 상시감시를 통해 부실징후가 있는 금융기관에 대해 적기에 시정조치를 내림으로써 금융기관의 부실과 이에 따른 금융시스템의 불안을 예방하기 위한 제도이다.[12]

현재 이 제도는 BIS 자기자본비율, 경영실태평가결과 및 부실금융기관 여부를 기준으로 3단계로 나누어 발동요건을 정하고 있다. 적기시정조치를 받은 금융기관이 제출한 경영개선계획이 승인되지 않을 경우에는 그 다음 단계에 해당하는 조치를 취할 수 있다. 적기시정조치 대상에 해당되지는 않으나 경영건전성 확보를 위하여 필요하다고 판단되는 경우 문제부분의 개선 · 보완을 위해 약정서(commitment letter)요구 또는 경영개선협약(memorandum of understanding) 체결 등의 자율적 경영개선조치를 취할 수 있다.

12) 상당수 유럽계 은행들은 이미 2006년 말 바젤 Ⅱ 체제로 전환했고 이 중 일부 은행들은 기본 내부등급법을 사용중에 있다. 일본의 경우 유럽과 동일한 사항이 2008년에 진행되고 있다.

(5) 자산건전성 분류제도

이 제도는 금융기관이 보유한 자산에 대해 건전성분석을 통하여 불건전 자산을 찾아내고 이의 조기정상화를 촉진함으로써 자산운용의 건전화를 도모하기 위한 제도이다. 자산건전성은 차주의 채무상환능력을 기초로 연체기간, 부도 여부 등 과거실적뿐만 아니라 차주의 미래 채무상환능력까지 종합적으로 감안하여 분류한다. 이를 미래지향적인 자산건전성 분류방법(FLC)이라고 하여 1999년 말부터 시행되고 있다.

자산건전성은 [표 12-3]에서와 같이 정상(normal), 요주의(specially mentioned), 고정(substandard), 회수의문(doubtful) 및 추정손실(loss) 등 5단계로 분류한다. 부실여신이라 함은 고정 이하로 분류된 여신을 말한다. 자산건전성 분류에 따라 부실자산 또는 부실징후자산으로 분류된 자산에 대하여는 조기상각을 유도함으로써 자산의 과대계상 방지, 적정자기자본규모의 산출, 여신사후관리 강화 등을 통한 은행의 자산건전성 확보의 목적으로 활용된다.

은행은 자산건전성 분류에 따라 대손충당금을 적립하여야 한다. 대손충당금은 은행의 보유채권으로부터 발생하는 예상손실을 흡수하는 동시에 회계적 측면에서는 대출자산 등을 공정가액으로 평가하고 수익 · 비용을 정확히 반영하기 위한 것이기도 하다. 대손충당금은 각 은행의 보유자산별 예상손실률을 기초로 적립되는 것이 원칙이지만 현재는 금융감독원이 최저적립률을 제시하고 이에 따라 은행은 그 비율 이상으로 대손충당금을 적립토록 하고 있다. 1994년 6월 이전에는 감독당국이 매년 충당금 적립기준이 포함된 결산지침을 통보하였다. 그 후로는 과거 경험 손실률을 기반으로 산정된 최저적립비율을 설정하는 방식을 사용하고 있다.

원칙적으로 은행은 과거의 손실, 현재의 경제상황, 은행의 자산 구성 및 대출정책, 문제여신 보유 여부, 업종별 여신의 집중도 등을 종합적으로 감안하여 미래 발생가능한 손실을 충분히 흡수할 수 있도록 보수적으로 대손충당금을 적립하여야 한다. 신 BIS 협약에서는 예상손실에 따른 대손충당금 적립을 기본원칙으로 하고 있으며 예상손실은 정상자산 예상손실과 부도자산 예상손

[표 12-3] 자산건전성의 분류단계별 정의

구분	채무상환능력수준	연체기간	부도 여부 등
정상	경영내용, 재무상태 및 미래 현금흐름 등을 감안할 때 채무상환능력이 양호하여 채권회수에 문제가 없는 것으로 판단되는 거래처(정상거래)에 대한 자산	-	-
요주의	경영내용, 재무상태 및 미래 현금흐름 등을 감안할 때 채권회수에 즉각적인 위험이 발생하지는 않았으나 앞으로 채무상환능력의 저하를 초래할 수 있는 잠재적인 요인이 존재하는 것으로 판단되는 거래처(요주의거래처)에 대한 자산	1개월 이상 3개월 미만 연체대출금을 보유하고 있는 거래처에 대한 자산	-
고정	경영내용, 재무상태 및 미래 현금흐름 등을 감안할 때 앞으로 채무상환능력의 저하를 초래할 수 있는 요인이 현재화되어 채권회수에 상당한 위험이 발생한 것으로 판단되는 거래처(고정거래처)에 대한 자산 "회수의문거래처" 및 "추정손실거래처"에 대한 자산 중 회수예상가액 해당부분	3개월 이상 연체대출금을 보유하고 있는 거래처에 대한 자산 중 회수예상가액 해당 부분	최종부도발생, 파산·청산절차진행 또는 폐업 등의 사유로 채권회수에 심각한 위험이 존재하는 것으로 판단되는 거래처에 대한 자산 중 회수예상가액 해당부분
회수의문	경영내용, 재무상태 및 미래 현금흐름 등을 감안할 때 채무상환능력이 현저히 악화되어 채권회수에 심각한 위험이 발생한 것으로 판단되는 거래처(회수의문거래처)에 대한 자산 중 회수예상가액 초과부분	3개월 이상 12개월 미만 연체대출금을 보유하고 있는 거래처에 대한 자산 중 회수 가능액 초과부분	-
추정손실	경영내용, 재무상태 및 현금흐름 등을 감안할 때 채무상환능력의 심각한 악화로 회수불능이 확실하여 손실처리가 불가피한 것으로 판단되는 거래처(추정손실거래처)에 대한 자산 중 회수예상가액 초과부분	12개월 이상 연체 대출금을 보유하고 있는 거래처에 대한 자산 중 회수예상가액 초과부분	최종부도발생, 파산·청산절차진행 또는 폐업 등의 사유로 채권회수에 심각한 위험이 있는 것으로 판단되는 거래처에 대한 자산 중 회수예상가액 초과부분

자료: 금융감독원.

대손충당금 최저적립비율 (단위: %)

	정 상	요 주 의	고 정	회수의문	추정손실
기 업	0.85(0.9)[1)]	7	20	50	100
가 계	1.0	10	20	55	100
신용카드	1.5	15	20	60	100

주: 1) 건설, 부동산업, 도·소매업, 숙박 · 음식점업.

실의 합으로 구해진다. 전자는 여신금액에 부도율과 부도시 손실률을 곱하여 산출(정상 · 요주의 충당금 요적립액)하고, 후자는 부도금액에 부도시 손실률을 곱하여 산출(고정 이하 충당금 요적립액)한다.

(6) 경영실태평가제도(management status evaluation)

이 제도는 개별 금융기관의 경영부실위험을 적기에 파악 · 대처하기 위하여 금융기관의 경영상태를 체계적이고 객관적으로 평가하는 제도이다. 평가방식은 금융기관 본점 및 해외 현지법인은 앞서 설명한 CAMELS 방식으로, 외은지점 및 국내금융기관 국외지점은 ROCA 방식으로 평가한다. 후자는 위험관리(risk management), 경영관리 및 내부통제(operational controls), 법규준수(compliance), 자산건전성(asset quality) 등 4개 부문을 금융감독원이 선정한 다수의 계량 및 비계량 항목으로 평가한다. 평가결과는 1등급(우수: strong), 2등급(양호: satisfactory), 3등급(보통: fair), 4등급(취약: marginal), 5등급(위험: unsatisfactory)으로 구분된다.

종합평가등급이 3등급 이상으로서 자산건전성 또는 자본적정성 부문의 평가등급이 4등급으로 판정된 은행에 대하여는 경영개선권고를 내린다. 종합평가등급이 4등급 이하인 금융기관은 경영개선요구를, 그리고 자산건전성 또는 자본적정성 부문의 평가등급이 5등급으로 판정된 은행에 대해서는 부실금융기관 결정을 위한 자산과 부채의 평가 및 산정을 실시하게 된다.

최근 들어 금융감독원은 앞에서 설명한 위험관리실태 평가제도(RADARS)에 의해 은행들의 경영실태를 평가하고 있다. 은행의 영업활동을 10개 부문으로 구분하여 각 부문별 고유위험(5)규모와 그 관리수준(4)을 계량 및 비계량

구성요소	내 용
영업활동 (10)	① 소매금융 ② 신용카드 ③ 기업금융 ④ Trading ⑤ Treasury ⑥ 신탁 ⑦ 지급/결제 ⑧ 전자금융과 IT 부문 ⑨ 내부감사 ⑩ 기획/위험관리
고유위험 (5)	① 신용 ② 시장 ③ 금리 ④ 유동성 ⑤ 운영
위험관리수준 (4)	① 이사회와 경영진의 감시(board & management oversight) ② 적절한 정책 · 절차 · 한도의 설정(policy, procedure & limits) ③ 리스크 측정 및 모니터링(measurement & monitoring) ④ 내부통제(internal control)

적으로 평가한 후 은행 전체에 대한 위험등급과 등급방향을 산정하고 있다. 전자는 현재의 위험수준(1: 우수, 2: 양호, 3: 보통, 4: 취약, 5: 위험)을 뜻하며 후자는 미래의 위험개선 여부(1: 개선, 2: 유지, 3: 악화)를 뜻한다.

금융감독원은 10개 영업활동별 계량 및 비계량등급을 영업활동별 중요도로 가중평균하여 종합평가등급을 산정하고, 앞으로 1년내 은행 전체 위험의 감소, 유지 또는 증가 여부(등급방향)를 평가한다.

① 위험매트릭스: 영업활동별 순위험 등급과 종합평가 등급을 산출하는 방식이다.

② 순위험 등급: 영업활동 부문별 위험등급으로서 고유 위험등급과 위험관리수준 등급을 평가한다.

* 1등급(우수), 2등급(양호), 3등급(보통), 4등급(취약), 5등급(위험)

③ 위험관리실태 종합평가등급: 영업활동별 순위험 등급을 평균한 은행전체의 종합등급을 판정한다.

* 1등급(우수), 2등급(양호), 3등급(보통), 4등급(취약), 5등급(위험)

④ 등급방향: 위험등급 또는 종합평가등급에 대한 향후전망 등이다.

* 1등급(개선 전망), 2등급(안정적), 3등급(악화 전망)

(7) 신용공여한도(credit-exposure limits)제도

이 제도는 은행별로 특정 차주에 대한 신용공여규모를 일정비율 이내로 제한함으로써 은행의 자산건전성을 확보하고 여신 포트폴리오의 분산과 금융자금의 공정한 배분을 도모하기 위한 제도이다. 여기서 신용공여란 종전의 여신(대출, 지급 보증) 이외에 자금지원적 성격의 유가증권매입, 기타 신용위험을 초래하는 직·간접거래를 포함한다.

현재「은행법」에 의한 신용공여한도제도로는 동일 차주신용공여한도(자기자본의 25%), 동일인신용공여한도(같은 개인이나 법인 각각에 대하여 자기자본의 20%), 거액신용공여총액한도(자기자본의 5배) 및 대주주신용공여한도(지분율범위내)가 있다.

2. 비은행예금취급기관에 대한 규제와 감독

종합금융회사, 상호저축은행 및 신용협동조합의 설립 및 퇴출은 금융위원회의 허가 또는 인가를 필요로 한다. 특히 상호저축은행의 경우 부적격자에 의한 경영권 이전을 방지하기 위해 주주 1인 및 특수관계인이 최대주주가 되거나 30%를 초과하는 지분을 취득하고자 하는 경우 금융위원회의 승인을 얻어야 한다. 최저자본금요건은 금융기관별, 취급업무별 및 취급지역 범위 등에 따라 다르다. 종합금융회사는 300억원, 상호저축은행은 40~120억원, 신용협동조합은 4,000만원~3억원 등이다.

종합금융회사와 상호저축은행은 BIS 비율과 경영실태평가등급에 따라, 그리고 신용협동조합과 농·수·산림조합은 (순)자본비율과 경영실태평가등급에 따라 적기시정조치제도가 적용된다.[13] 신협중앙회에 대해서는 위험가중자기자본비율과 경영실태평가에 따라 적기시정조치를 적용한다. 위험가중자기자본비

13) 적기시정조치권자는 상호저축은행, 종합금융회사 및 신협중앙회의 경우 금융위원장 또는 금융감독원장, 신용협동조합의 경우 금융위원장의 위임을 받은 신용협동조합중앙회장이다. 농업협동조합의 회원조합에 대해서는「농협의 구조개선에 관한 법률」에 의거 농수산식품부 장관이다.

율이 5% 미만이면 경영개선권고, 3% 미만이면 경영개선요구, 0% 미만이면 경영개선명령이 적용된다.

지난 2000년부터 종합금융회사, 상호저축은행, 신용협동조합에 대하여도 CAMELS 방식에 의한 경영실태평가제도가 도입·운영되고 있다. 경영실태평가결과는 금융기관 경영개선지도 및 적기시정조치 등의 기준으로 연계시켜 상시감독을 실시하고 있다.

비은행예금취급기관에 대한 재무건전성 규제로는 채무부담한도, 자기자본비율 규제, 내부유보 규제, 여신한도 규제, 지급준비자산의 보유, 업무용 부동산 보유에 대한 규제 등이 있다. 상호저축은행과 종합금융회사는 은행의 BIS 비율과 같은 자기자본비율의 수준에 따른 단계적 시정조치가 적용되고 있다. 거액의 금융사고나 부실채권의 발생으로 자기자본비율이 기준비율에 미달되는 것이 확실한 금융기관에 대해서는 경영개선권고나 개선조치가 발동될 수 있다.

종합금융회사의 경우 동일차주에 대한 신용공여한도는 자기자본의 25%, 동일한 개인 및 법인에 대한 한도는 자기자본의 20%이다. 종합금융회사의 주주, 임원 등 관계인에 대한 신용공여한도는 자기자본의 15%이고 동일차주에 대한 신용공여가 자기자본의 10%를 초과하는 거액신용공여의 합계액은 당해 종합금융회사 자기자본의 5배를 초과할 수 없도록 제한하고 있다. 상호저축은행의 경우 동일 차주에 대한 대출이 자기자본의 25%를 초과하지 못하도록 하는 한도관리 규제가 있다. 신용협동조합은 동일인 여신한도를 자기자본의 10% 이내로 하고 있다.

이들 기관들도 최저지급준비자산을 보유하여야 한다. 그 형태는 현금, 금융기관예금, 국공채 및 금융채, CD 또는 금융기관예금 및 소속 중앙회 예치 등의 형태이다.

3. 증권 및 자산운용업에 대한 규제와 감독

한국은 전업주의를 채택하여 증권업, 선물업 및 자산운용업의 상호겸영이 금지되고 있으며 각각 증권거래법, 선물거래법 및 간접투자자산운용업법의 규제를 받고 있다. 현행 증권관련법은 증권산업에 대한 규제와 함께 거래행위에 대한 규제를 포괄적으로 담고 있다.

거래행위에 대한 규제의 근거는 증권이라는 상품의 특성에 기인한다. 증권은 '무엇인가에 대한 권리를 표창하는 증서'에 불과하여 그 가치를 잘못 판단하거나 거래가 공정하게 이루어지지 않을 경우 투자자나 자금을 조달하는 사람 모두가 부당한 피해를 입을 소지가 크다. 따라서 증권 및 자산 운용업에 대한 규제는 증권의 발행과 거래를 공정 · 투명하게 하여 투자자를 보호하고 경제주체들의 자금조달을 원활하게 하자는 데 일차적인 목적이 있다.

은행과 보험산업에 대한 규제는 금융기관의 부실로부터 예금자와 보험가입자를 보호하기 위한 건전성 감독이 주된 목적이다. 그러나 증권산업의 경우 투자자는 자기책임하에 투자해야 한다는 원칙 아래 공정한 게임이 이루어질 수 있도록 게임의 규칙을 정하고 시장감시, 불공정거래에 대한 제재나 정보의 공시확대 등을 통해 공정하고 투명한 투자의 장(場)을 마련하는 것이 규제의 주된 목적이다.

진입규제의 대표적인 수단으로는 설립의 제한을 들 수 있다. 증권업 및 자산운용업을 영위하기 위해서는 영업의 종류별로 금융위원회의 허가를 받아야 한다. 허가요건은 자본금요건과 영업에 필요한 인적 · 물적 요건 등 적합성 기준이 있다. 증권회사의 인허가를 위한 자본금 요건은 유가증권위탁 및 자기매매의 형태와 인수업무의 유형에 따라 최소자본금 규모에 차이가 있다. 자산운용업, 간접투자증권판매업, 투자자문업 및 투자일임업 등에 대해서도 별도의 자본금 요건이 있다.

국제감독자기구(International Organization of Supervision Committee: IOSCO)는 1989년 9월 제14차 총회에서 증권시장의 국제적인 상호의존성 증대, 증권업무 국제화의 급속한 진전 등에 따른 체계적 위험의 축소와 국제증권시장 및 투자자보호를 위해 증권회사의 적정자기자본수준을 전세계적으로 통일할 것을 제안하는 보고서를 제출하였다. 주요국들은 이 권고의 기본 틀을 유지하면서 각 나라의 특성에 맞는 자기자본규제제도를 도입하여 시행하고 있다. 한국도 1997년 4월부터 이 제도를 도입하였다.

자기자본규제제도의 핵심은 종합적인 재무건전성의 척도로 영업용 순자본비율(영업용 순자본/총위험액)을 산출하고 이 지표에 의해 적절한 규제를 실시한다는 것이다.[14] 영업용 (순)자본은 증권회사가 신속하게 현금화할 수 있는 자산에서 상환의무가 있는 부채총액을 차감한 금액이다. 증권회사에 대한 적기시정조치제도는 영업용 (순)자본비율과 경영실태평가의 평가등급에 따라 실시된다.

선물회사도 적기시정조치의 기준 및 내용은 증권회사의 경우와 같다. 다만 증권회사와는 달리 비율단계별(150%, 120%, 100%)로 영업용 (순)자본비율이 떨어지거나 떨어질 우려가 있는 경우 금융감독원에 즉시 알리도록 함으로써 재무상황 악화에 대한 조기경보시스템(early warning system: EWS)을 구축하고 있다. 이 밖에도 선물회사의 재무건전성 유지를 위해 특수관계인 발행증권의 소유한도 설정, 특수관계인과의 장외파생상품 거래시 헷지거래 등을 통한 손실위험 회피의무를 추가하고 있다. 다른 사람에 대한 채무보증 금지 등 선물회사의 경영행위에 대한 직접적인 제한도 규정하고 있다.

자산운용회사에 대한 적기시정조치제도는 위험대비 자기자본비율(순자기자본/총위험액×100)과 경영실태평가등급을 기준으로 한다.[15]

1999년 1월부터 증권회사와 자산운용회사의 재산 및 업무상태를 종합적으로 분석 · 평가하기 위한 경영실태평가제도가 도입되었다. (i) 증권회사의 경우 자본적정성, 수익성, 위험관리 및 내부통제를, (ii) 자산운용회사의 경우 자본적정성, 경영관리, 수익성, 유동성 및 신탁재산운용의 적정성을 평가항목으로 한다. 검사 등을 통하여 이를 점검하며 검사 이외의 기간에는 평가항목 중 계량평가가 가능한 항목에 대해서만 분기별로 평가를 실시한다.

한편 정부는 지난 2007년 8월 증권거래법, 선물거래법, 간접투자자산운용업법, 증권선물거래소법, 신탁업법 등 14개 자본시장 관련 법률을 통합한「자

14) 영업용 (순)자본은 증권회사가 신속하게 현금화할 수 있는 자산에서 상환의무가 있는 부채를 차감한 (순)자산액을 말한다. 총위험액은 증권회사의 각종 위험을 수치화한 것으로 시장위험액, 거래상대방위험액, 기초위험액, 신용집중위험액 등을 합하여 산정한다.

15) (순)자기자본은 자산에서 부채를 차감한 금액에 일정요건을 충족하는 후순위차입금을 가산하여 산정한다. 총위험액은 시장위험액, 거래상대방위험액, 신용집중위험액, 기초위험액 및 신탁재산위험액으로 한다.

본시장과 금융투자업에 관한 법률」을 공표하여 2009년 2월부터 시행하기로 하였다. 이 법은 증권회사를 자본시장과 관련된 모든 업무를 영위하는 금융투자회사로 육성하는 것을 목표로 하고 있다. 직접투자, 기업금융, 증권서비스, 자산관리 등을 포괄하는 영업모델의 선택이 가능케 되어 세계적 수준의 투자은행이 출현될 수 있을 것으로 기대되고 있다.

주요 내용을 보면 첫째, 금융투자상품을 포괄적으로 정의하여 앞으로 선보일 모든 금융투자상품을 법률의 규율대상으로 포괄함으로써 금융투자회사의 취급가능 상품과 투자자 보호 규율의 대상을 크게 늘렸다(포괄주의 규제로 전환).

둘째, 투자매매업, 투자중개업, 집합투자업, 투자일임업, 투자자문업, 신탁업 등 모든 금융투자업의 겸영 허용, 부수업무의 포괄적 허용, 투자권유대행인 제도 도입, 집합투자기구의 다양화 등 금융투자업의 업무범위를 넓혔다(금융투자업자의 업무범위 확대).

셋째, 규제체계를 금융투자업의 종류, 금융투자상품의 범위, 투자자의 유형을 구성요소로 하는 기능별로 개편하여 취급 금융기관을 불문하고 경제적 실질이 같은 금융기능을 똑같이 규율하도록 하였다(기능별 규제방식으로의 전환).

넷째, 투자자보호 체계를 개편하여 불초청 권유, 의사에 반하는 재권유, 계약해제제도(cooling-off)의 도입 등 부당권유를 규제하는 한편, 투자위험 감수능력을 기준으로 투자자를 일반투자자와 전문투자자로 구분하고 일반투자자에 대하여는 설명의무 · 적합성원칙 등을 도입하여 투자자 보호를 강화하였다(투자자보호제도의 정비).

4. 보험회사에 대한 규제와 감독

정부는 1997년 4월 각종 보험회사의 설립기준을 「보험회사 설립허가기준」으로 통합하였다.[16] 그 후 1999년 5월 금융기관에 대한 인·허가권이 재정경

16) 여기에는 지방생명보험회사 설립허가기준, 합작생명보험회사의 설립허가기준, 외국생명보험 사업자의 국내지점 설립허가기준, 전국 규모의 순수내국생명보험회사의 허가기준, 외국손해보험사업자의 국내지점 설립허가기준 등이 포함된다.

제부에서 금융감독위원회로 이관됨에 따라 금융감독위원회는 그 해 7월「보험업 인·허가지침」을 제정하여 시행하고 있다.

1990년 이전까지는 보험감독당국에서 보험요율, 자산운용, 준비금 적립 등에 대해 규제를 엄격히 하였기 때문에 보험회사의 지급불능사태는 발생하지 않았다. 그러나 보험시장의 개방, 규제완화, 자격자유화 등에 의해 일부 보험회사의 재무건전성이 악화될 가능성이 높아지면서 여러 가지 문제가 불거졌다. 이에 대응코자 금융감독원은 예측 불가능한 위험에 대응할 수 있도록 보험회사가 책임준비금 이외에 별도의 여유자금을 확보하도록 하는 지급여력제도를 도입하였다.

1999년 5월에 도입된 EU 방식의 현행 지급여력제도는 자본의 적정성을 측정하는 척도로서 금액이 지급여력 기준금액을 100% 이상 유지되도록 요구하고 있다. 지급여력금액은 예기치 않은 미래의 손실발생에 대한 충격흡수기능(buffer)을 하는 (순)자산에 해당하는 것으로 보험회사가 책임준비금 이상으로 보유하고 있는 잉여금 항목 등으로 구성된다.

지급여력금액은 금리, 시장 및 보험위험 등 각종 위험을 감안하여 합리적으로 산출한 금액으로서 보험회사가 보유해야 할 적정잉여금을 말한다. 지급여력비율이 100% 미만인 보험회사는 적기시정조치의 대상이 된다.[17] 지급여력비율에 따라 경영개선권고, 경영개선요구, 경영개선명령 등 3단계로 구분하여 경영개선조치를 취할 수 있다.

금융감독원은 보험회사에 대해 1999년 4월 CAMELS형 경영실태평가제도를 도입하였다. 새로 도입된 경영실태평가제도는 보험회사 재무제표상의 실적을 기준으로 자본적정성, 자산건전성, 수익성, 유동성 및 경영관리를 종합적으로 평가하여 경영실태를 1등급(우수)부터 5등급(위험)으로 등급화하여 나타내고 있다. 아울러 금융감독원은 보험회사의 위험 관리능력을 높이고 위험 중심의 경영문화를 확산시키기 위해 2000년 12월에「보험회사 위험관리 모범규준」을 제정하였다. 2003년 12월부터는 보험위험 측정시스템과 신용위험 관리시스

17) 보험회사에 대한 적기시정조치는 1998년 6월「금융산업의 구조개선에 관한 법률」제10조에 근거하여 최초로 도입되었다.

템 개발을 적극 지원하고 있다.

보험회사의 자산은 보험계약자로부터 받는 신탁 성격의 자산이므로 이들의 이익을 보호하기 위해 건전한 운용이 무엇보다 중요하다. 이를 위해 보험업법규에서는 자산건전성 분류기준 운영, 위험관리 시스템 구축, 사금고화(私金庫化) 방지를 위한 대주주 및 자회사에 대한 편중지원 제한 등의 규제장치를 마련하고 있다. 특히 여신 운용 및 유가증권 투자시 편중위험을 적절히 관리할 수 있도록 한도관리제를 시행하고 있다. 우선 동일인에 대한 신용공여한도를 총자산의 3%, 동일차주에 대한 신용공여한도는 총자산의 12%로 정하고 있다. 동일회사에 대한 채권 및 주식취득 한도는 총자산의 7%로, 동일차주에 대해서는 12%로 하고 있다.

보험상품은 무형의 관념적 상품이고 고도의 전문적인 내용이 포함된 약관 형태로 이루어져 있기 때문에 이 상품의 내용을 잘 이해하고 있는 전문가에 의해 판매되는 것이 중요하다. 이러한 이유로 「보험업법」에서는 모집종사자에게 일정한 자격을 구비하도록 요구하고 있다. 보험모집을 할 수 있는 사람은 보험설계사, 보험대리점, 보험중개사, 보험회사의 임·직원, 그리고 보험대리점 또는 보험중개사의 임원 및 사용인으로서 신고되어야 한다.

지난 2003년부터 우리나라는 방카슈랑스제도를 시행하고 있다. 주요 목적은 은행-보험사-소비자 모두가 win-win을 추구하는 것이다. 취급기관은 일반은행, 증권회사, 상호저축은행, 신용카드사, 중소기업은행 및 한국산업은행 등이다. 신용카드사의 경우 1988년 이후 보험대리점으로 이미 등록되어 현재 보험상품을 판매중인 점을 감안하여 허용대상에 포함하였다. 방카슈랑스 판매 허용상품의 범위는 제도의 도입취지와 도입에 따른 기존 설계사의 실적 부진 등의 부작용을 종합적으로 고려하여 약 4년에 걸쳐 단계적으로 확대하도록 하였다([표 12-4] 참조).

보험회사에 비해 상대적으로 약자의 위치에 있는 보험계약자를 보호하기 위한 장치로서 보험회사 경영공시제도, 보험상품 비교공시제도, 계약자 배당제도, 손해보험계약의 제3자 보호제도 등을 운영하고 있다. 보험상품은 일반상품과 달리 무형이며 추상적 · 관념적인 성격을 지니고 있다. 보험료, 지급준비

[표 12-4] 방카슈랑스 시행 단계별 판매 허용 상품

구 분	1단계 (2003. 8. 30. 이후)	2단계 (2005. 4. 1. 이후)	3단계 (2007. 4. 1. 이후)
생명보험	-개인저축성보험 (연금, 교육, 생사혼합 그 밖의 개인저축성) -신용생명보험	-1단계 허용상품 -개인보장성보험	모든 생명보험 상품
손해보험	-개인연금 -장기저축성 -화재보험(주택) -상해보험 -종합보험 -신용손해보험	-1단계 허용상품 -장기보장성보험 -자동차보험(개인용)	모든 손해보험 상품

금 등은 복잡한 수리 계산을 통하여 산출 또는 확정되기 때문에 보험료 및 책임준비금 등의 산출 오류를 예방하는 것이 중요하다.

이에 따라 보험계약자 등의 권익 보호를 위하여 감독당국은 보험상품 심사기준을 제시하고, 보험회사로부터 개별 보험상품에 대한 사업방법서, 보험약관, 보험료 및 책임준비금 산출방법서 등의 기초서류를 제출받아 심사기준에 부합되는지를 심사하고 불합리한 내용을 수정토록 지도하고 있다.

5. 금융소비자의 보호

금융소비자보호란 금융시장에서 전문지식이 부족하거나 교섭력이 약자의 지위에 있어 스스로 권익과 재산을 보호하지 못하는 금융소비자의 불공정한 상태를 보정하기 위한 기능이다. 특히 금융수급자 간의 정보 비대칭성 문제를 최소화하여 교섭력의 균형을 유지시킴으로써 금융소비자의 권익을 보호하고 금융시장을 통한 자금배분의 효율을 높이는 데 그 목적이 있다. 이 경우 금융소비자는 최소의 비용으로 최고의 금융서비스를 제공받아 소비자효용을 극대화하고 소비자로서의 권익을 보호받을 수 있다. 반면 금융공급자는 양질의 금융서비스를 공급함으로써 시장의 신뢰를 확보하고 금융분쟁으로 인한 평판

[표 12-5] 금융소비자보호제도별 관련 법규: 한국

목 적	제 도	관련법규
정보의 비대칭성 문제 해소	예금자보호제도	예금자보호법, 금융감독기구의 설치 등에 관한 법률
	약관제도	약관의 규제에 관한 법률, 독점규제 및 공정거래에 관한 법률, 은행법, 신탁업법, 증권거래법, 증권투자신탁업법, 보험업법
	공시제도	표시 · 광고의 공정화에 관한 법률, 주식회사의 외부감사에 관한 법률, 은행법, 신탁업법, 증권거래법, 증권투자신탁업법, 보험업법
	공정한 정보이용	신용정보의 이용 및 보호에 관한 법률
	분쟁조정제도	소비자보호법, 금융감독기구의 설치 등에 관한 법률
	교육	소비자보호법
경쟁 촉진	시장구조 개선	독점규제 및 공정거래에 관한 법률, 금융산업의 구조개선에 관한 법률
	불공정거래 규제	독점규제 및 공정거래에 관한 법률, 금융감독기구의 설치 등에 관한 법률
경영효율성 제고	경영지도	은행법, 신탁업법, 증권거래법, 증권투자신탁업법, 보험업법
	효율적 정보이용	신용정보의 이용 및 보호에 관한 법률

(reputation)의 훼손을 예방할 수 있다.

한국의 소비자보호 관련 정책은 「소비자보호법」을 기초로 각 정부부처와 유관기관의 소관 법령에 의해 분산되어 있다. 「소비자보호법」은 독과점 및 불공정거래 등으로부터 소비자의 기본적인 권리와 이익을 보호하고 국민소비생활의 안정과 향상을 확보하기 위하여 1980년에 제정되었다. 이외에 금융소비자보호와 관련된 법규로는 「금융감독기구의 설치 등에 관한 법률」, 「예금자보호법」, 「금융실명거래 및 비밀보장에 관한 법률」, 「독점규제 및 공정거래에 관한 법률」, 「신용정보의 이용 및 보호에 관한 법률」, 「약관의 규제에 관한 법률」 등이 있다. 특히 「금융감독기구의 설치 등에 관한 법률」에서는 금융감독기구의 설립 목적을 건전한 신용질서와 공정한 금융거래 관행을 확립하는 외에 예금자 및 투자자 등 금융수요자 보호를 규정하고 있다.

한편 우리나라에서 금융소비자보호 업무는 금융감독원이 종합적으로 담당하고, 소비자보호원 · 예금보험공사 · 공정거래위원회 등과 기타 소비자 및 시민단체 등에서 부분적으로 수행하고 있다.

제 4 절 금융환경변화와 정책방향

1. 새로운 금융환경

제8장 제3절에서 살펴보았듯이 금융산업은 21세기에 들어 엄청난 변화를 보이고 있으며 그에 따라 국내외 금융시장도 갖가지 변화를 겪고 있다. 이러한 환경 변화는 어느 나라이든 적절하게 대응하지 못할 경우 금융시스템의 안정성을 저해할 수 있는 위협요인으로 작용할지 모른다는 우려가 많다.

그러면 구체적인 사례를 들어 금융환경의 질적 변화 모습을 찾아보기로 하자. 첫째, 외국자본의 국내 유출입이 늘어나고 국제금융시장과의 상호 연계성이 훨씬 커지고 있다. 특히 아시아 여러 나라들에서는 이전에는 대부분 지점 및 사무소 개설 등의 제한된 방식으로 외국자본의 국내 금융업진출이 이루어졌으나 2000년대에 들어서는 국내 금융사인수 또는 지분 참여, 현지법인 설립 등 보다 적극적 형태로 이루어지고 있다.

이와 같은 금융의 세계화로 금융시장의 변동성이 커져서 금융기관에 영향을 미치는 위험의 범위가 대외적 위험요인까지로 넓어지고 있다. 각 나라의 금융시장이 국제금융시장에 밀접히 연계됨에 따라 다른 나라에서 발생한 금융위기가 국내 금융시장으로 쉽게 전염될 염려도 있다. 이것 말고도 국내 경제 · 정치 상황에 따라 외국자본이 급격하게 움직일 경우 금융체제 전체의 안정을 해칠 우려도 커지고 있다.

둘째, 종래의 금융서비스는 은행, 보험, 증권 등 금융업종별로 뚜렷한 구분이 있었으나 오늘날에는 기술혁신 및 규제완화를 반영하여 그 구분이 어려운 신개념의 복합상품 및 서비스가 새롭게 등장하고 있다. 이에 따라 금융기관들은 인수 · 합병을 통한 대형화, 자회사 또는 지주회사의 설립을 통한 금융그룹화, 다른 금융기관과의 전략적 업무제휴 확대 등의 방법을 통해 기존의 고유업무영역을 초월한 통합금융서비스를 제공하고 있다.[18)]

한국의 경우 1997년의 금융위기 이후 은행을 중심으로 금융기관간 인수 · 합병을 통한 대형화가 추진되어 왔다. 2000년 12월 금융지주회사법의 도입으로 기존의 자회사 방식 이외에 지주회사방식에 의한 금융그룹화가 진행되고 있다. 또한 그동안 고수해 오던 은행 · 증권 · 보험의 영역간 분리주의를 허물어 금융기관의 업무제휴에 대한 규제를 완화(2000년 1월)하고, 「간접투자자산운용업법」이 제정(2003년 10월)되었으며 「자본시장과 금융투자업에 관한 법률」(2009년 2월 시행예정) 등에 영향받아 금융기관의 겸업화가 늘어나고 있다.

이와 같은 대형화 · 그룹화 · 겸업화 등은 자산포트폴리오의 다변화를 촉진하고 수익의 변동성을 감소시킴으로써 당해 금융기관의 파산위험관리는 물론 금융제도 전체의 안정성을 높이는 긍정적 효과도 가져온다. 그러나 대형 복합금융기관은 파생금융상품 등 고위험 · 고수익 업무의 취급비중을 크게 하거나 주주 및 경영자의 대마불사형(大馬不死型) 도덕적 해이를 초래함으로써 오히려 부실위험을 증대시키는 측면도 없지 않다. 금융기관의 대형화는 시장집중도를 높이고 소수 대형 금융회사의 담합 등에 의한 독과점화를 초래함으로써 자원배분을 왜곡시킬 우려도 있는 것으로 지적되고 있다.[19)]

셋째, 최근 발달된 정보통신기술을 활용하여 금융업무를 수행하는 이른바 디지털 금융이 빠른 속도로 진행되고 있다.[20)] 지금까지 금융기관들은 CD/

18) 2005년 미국 Bank of America의 MBNA 인수 등 2000~2006년중 은행권의 국제적 M&A는 총 4,334건(인수대금기준 총 1조 1,170억 달러)에 달했다.

19) 시장집중도(concentration ratio: CR)를 산정하기 위해 주로 사용되는 Herfindahl-Hirshman 지수(HHI)로 측정할 경우 한국의 은행산업 총여신 기준 CR은 1997년 695에서 2006년 현재 1,548로 크게 높아졌다. HHI는 개별 은행의 시장점유율 제곱의 합을 합산해 산출한다.

미국 법무부의 은행합병 가이드라인에서는 (i) HHI가 1,000 미만이면 '경쟁적인 시장'으로, (ii) 1,000 ~ 1,800이면 '다소 집중된 시장'으로, (iii) 1,800 이상이면 '매우 집중된 시장'으로 분류한다. 미국의 경우 합병으로 HHI가 200포인트 이상 상승하여 은행산업이 변모할 것으로 예상될 때에만 합병을 인가한다.

20) M. F. Cronin, Banking and Finance of the Internet(ed); R. Kalakato and A. B. Whinston(1996), Frontiers of Electronic Commerce, Addison Wesley; U.S Dept. of

[표 12-6] 한국의 전자화폐 현황

카드 (시스템)명	사업자	주요 현황
K-cash	한국은행, 금융결제원 및 금융기관	•「전자화폐 공동사업 추진계획」에 따라 금융기관 공동으로 개발중인 IC카드형 전자화폐로 접촉식/비접촉식 기능 겸용 - 직불, 신용카드 및 전자화폐기능 통합 - 2000년 7월 시범사업, 2001년부터 상용화
Mondex	Mondex Korea	• 전자화폐시장의 선두주자로 국민 · 조흥은행과 제휴 - 2000년 6월 서울 CIEX 몰에서 시범서비스 - 2001년부터 상용화 - 2005년 4월 이후 영업 중지
Visacash	Visa 및 삼성물산	• 2000년 초 Visacash Korea가 설립되어 개발 착수 - 2001년 5월부터 시범서비스 착수
A-cash	삼성 · LG · 국민카드	• 2001년 8월 말부터 의정부, 수원 등 수도권과 원주를 시작으로 전자화폐를 발급하여 사용서비스에 돌입
마이비	부산은행 등	• 부산 · 경남에 기반을 둔 마이비는 2000년 상용화 단계 돌입 - 2000년 3월 부산시 디지털 교통카드서비스에 채택 - 2000년 6월 울산시 디지털 울산카드 협약

ATM 등 각종 전자적인 수단을 사용하여 금융의 기능을 수행하여 왔으나 요즘은 가상공간에서 금융업무를 수행하거나 기존의 화폐를 대신하는 전자화폐를 사용하는 등 금융업무의 혁명적 변화가 일어나고 있다([표 12-6] 참조).

금융산업 전체로 보면 인터넷의 활성화로 원격지에서의 금융거래가 가능해짐에 따라 각종 정보를 쉽게 접할 수 있고, 새로운 금융서비스를 제공받을 수 있게 되었다. 이로 인해 사이버거래(cyber trading)가 급증하고 있는 추세이며, 네트워크형 전자화폐의 확산을 촉진시켜 금융의 디지털화는 빠르게 진행되고 있다. 이에 따라 금융기관의 자금중개 및 지급결제방식이 바뀌고, 은행 및 증권사의 영상화(virtual)가 진행되어 영상 금융서비스가 확산되고 있다.

이러한 금융서비스는 인터넷 이용의 확대 및 거래비용 감소 등의 영향으

Commerce(1998), The Emerging Digital Economy, April. 참조.

참고 12-3　　Dikson의 Mega Trend

(1) 차세대 미래학자인 P. Dikson이 제시하는 미래사회는 속도전(fast), 도시화(urban), 부족주의(tribal), 세계보편주의(universal), 급진주의(radical), 윤리의식(ethical) 등으로 특징지을 수 있다.

(2) 앞으로는 '속도'가 모든 것을 좌우한다. 그런 의미에서 시장조사도 믿어선 안 된다. 고객의 소리에 귀를 기울이는 일은 중요하지만 시장조사는 '현재' 고객이 생각하고 느끼는 것을 반영할 뿐 가까운 장래의 삶에 대해서는 거의 말해주지 못한다.

(3) '도시화'는 인구사회학적 변화 등 전세계적으로 많은 변화를 가져올 것이다. 특히 물 부족 때문에 국가 간에 물 전쟁이 일어날 수도 있다. 물 교역은 주목할 만한 성장 분야다.

(4) '부족주의'가 득세할 것이다. 아프리카의 부족간 전쟁이 아니라 '같은 공동체에 속해 있다고 생각하는 사람들이 모인 단체'가 바로 부족주의 세력이다. 부족주의를 통해 소속감이나 정체성을 찾을 수도 있지만 부족주의의식이 지나치면 분리주의, 폭력, 대량학살을 초래할 수도 있다.

(5) '세계보편주의'는 부족주의와 반대 개념처럼 보이지만 공생관계에 있다. 세계화가 진행될수록 부족주의가 점점 강화된다. 세계화된 시대에 국가를 지배하는 주체는 시장과 거대 다국적기업이 될 것이다. 그 과정에서 전통적인 정치운동이 시들어가는 대신 '급진적' 성향을 가진 단체가 많이 등장할 것이다.

20세기 가치에 대항하는 새로운 가치들이 생겨나고 디지털 혁명과 세계화 속에서 어떤 식으로 살아야 하는지에 대한 기준들이 나타날 것이다. 특히 환경문제 등 단일 현안을 위한 행동주의자들이 많이 생겨날 것이다.

(6) 변화의 속도와 규모가 클수록 그것을 아우를 수 있는 '윤리'의 영향력은 더욱 커질 수밖에 없다. 앞으로 다가올 변화 가운데 가장 최종적이고 영향력이 큰 것이 윤리의식의 변화다. 앞으로 사람들은 '더 나은 세상을 만드는 일'에 많은 가치를 부여할 것이다. 미래에는 직원들이 가치 있는 일을 하고 있다고 느끼도록 만드는 기업만 살아남을 수 있을 것이다.

로 더욱 증대될 전망이다. 결국 IT 혁신에 따른 금융디지털화의 심화는 금융의 각종 기능뿐만 아니라 금융구조에도 변화를 가져와 21C 금융업의 틀을 새로운 형태로 바꿔나갈 것으로 전망된다.

2. 금융시장 여건의 변동

1997년 금융위기 이후 한국정부와 금융감독당국은 금융구조조정과 금융시스템 개선 작업을 계속적으로 추진하여 왔다. 부실금융기관 정리와 부실채권 감축 등 강도 높은 구조조정을 통해 금융산업의 건전성 및 수익성을 높이는 데 힘을 기울였다.[21] 1999년 대우사태, 2003년 카드채위기, 2004년 가계신용위기 등을 겪으면서 시스템위험 발생 가능성에 효과적으로 대응하여 금융시장중개 기능을 복원하고 안정적 실물경제 지원기반을 구축하는 데 상당한 성과를 거두었다고 평가된다.

그러나 지난 10년 간을 돌아볼 때 부족한 점도 많았다. 먼저 금융기관들이 국내시장에서 외형경쟁에 치중함에 따라 주기적으로 금융시장의 불안을 경험하고 있다. 이것은 위험중심의 감독시스템이 정착되지 못하여 금융시장의 불안요인에 선제적으로 대응하는 데 한계가 있기 때문인 것으로 지적된다.

다음으로 우리 금융기관들의 규모와 다각화 수준은 선진국 금융기관과 경쟁하기에 크게 미흡하고 국제적 경쟁자(global player)를 하나도 배출하지 못하고 있는 등 국제 경쟁력이 매우 취약하다.[22] 이는 금융기관의 자산운용 등 개별 영업행위에 대한 규제가 엄존하는 상황에서 금융감독방식도 아직까지 칸막이식 규제방식을 고수하고 있어 대형화 · 겸업화에 걸림돌로 작용한 데 기인한다고 볼 수 있다.

최근 세계적 금융기관들은 신흥개발도상국의 금융시장선점 노력을 가속화하고 있고, 세계각국은 금융허브유치를 위해 치열하게 경쟁하고 있다. 한국의 경우 금융기관들의 해외진출이 미미한데다 금융허브로의 도약도 아직 가시

---

21) 금융기관 개수: (1997 말) 2,103개 → (2001 말) 1,510개 → (2007 말) 1,905개
은행 고정이하여신비율: (1999 말) 12.9% → (2001 말) 3.4% → (2007년) 0.7%
은행 당기순이익: (1999년) 5.4조원 → (2001년) 4.6조원 → (2007년) 15.2조원

22) 상위 4개 은행 총자산 평균: 2006년 기준 한국(1,497억 달러), 미국(11,166억 달러)
은행 총수익 중 비이자수익 비중: 2006년 기준 한국(18.7%), 미국(48.0%), 영국(46.4%)

적 성과를 거두지 못하고 있다.[23] 그 이유는 금융관련 규제가 국내 금융기관들의 탄력적인 해외진출에 적합하지 않은데다 외국인 투자환경도 친화적이지 못하기 때문이다.

마지막으로 IT 기술발전에 힘입어 파생금융상품 등 첨단 금융기법이 빠르게 전파되는 상황에서 시의적절하게 대응할 수 있는 금융감독기구의 전문성과 정보시스템 구축이 미흡한 수준이다. 금융소비자 보호를 위한 제반 시스템도 미비한 실정인데 이를 개선하기 위한 감독기구의 노력도 뚜렷하게 나타나지 않고 있다.

아울러 국제결제은행(BIS) · 국제감독자기구(IOSCO) · 국제보험감독협회(International Association of Insurance Supervisor: IAIS) 등의 금융감독 논의에 적극적으로 참여하지 못했으며 국제적 감독기구들과 연계망도 취약한 형편이다.

그러면 금융시장의 여건이 어떠한가를 구체적으로 살펴보기로 하자. 현재 긍정적 시장 여건으로는 2008년 2월 새로운 정부출범에 따른 경기 상승기대, 개인투자자의 직·간접 투자 확대, 연기금 주식투자 증가 등에 영향받아 금융시장으로의 자금 유입은 이어질 것이다. 부정적 시장 여건으로는 경제성장률은 낮아지는데 물가상승률은 높아지는 Stagflation하에서 금융시장침체가 우려되고 있다. 미국의 비우량주택담보대출(SML) 사태 여파, 국제유동성의 수축경향, YCT 청산 가능성, 고유가 및 원자재 가격 상승, 미국 달러 약세 등으로 글로벌 신용경색 가능성이 커지고 있고 그에 따라 국제금융시장의 변동성도 확대될 것이라는 걱정이다.

금융시장 내부적으로는 시중자금이 은행권에서 자본시장으로 이동하는 추세가 지속된다고 하지만 장단기 금리의 급변동은 주식시장에 부정적 영향을 미치고 있다. 2009년의「자본시장과 금융투자업에 관한 법률」시행을 앞두고 (i) 은행-증권업 결합을 통한「은행중심 금융그룹」, (ii) 보험업-자산운용업 결합을 통한「보험중심 금융그룹」, (iii) 증권-자산운용업간 결합을 통한 금융투

23) 은행권 TNI*: 2006년 기준 한국(4.3%), (48.1%), 독일(42.7%), (37.5%), 미국(24.7%), 영국(40.3%)

* TNI = [(해외자산/총자산) + (해외수익/총수익) + (해외인력/총인력) × 100/3]

자회사들간의 경쟁이 치열해지고 있다.

금융권역별 동향을 보면 은행권의 수익구조(특히 비이자부문)는 여전히 취약하고 순이자마진도 구조적으로 축소될 가능성이 있으며 자금중개 기능도 약화되고 있어 새로운 사업모델이 절실하다. 비은행권에서는 상호저축은행은 우량 대형은행 대 부실 중소형은행의 이원구조가 심화되고 있고, 카드사는 구조조정의 성과로 업황은 좋으나 과당경쟁 우려가 있으며 상호금융은 건전성, 수익성이 취약한 일부 조합의 추가 구조조정 가능성이 높다.

보험권에서는 상위 3~5개 대형사의 과점구조가 유지되는 가운데 외국계 약진으로 국내 대형사의 시장점유율이 낮아지고 있어서 새로운 사업전략이 필요한 상황이다. 증권부문은 신규진입 확대로 위탁매매 등 brokerage 업무의 경쟁이 심화되어 수수료 수입이 감소하고 있어서 인수 및 M&A 업무 등 투자서비스 업무 강화를 통한 수입증대 노력이 우선되어야 하는 실정이다.

3. 금융규제 및 감독정책 방향

위에서와 같은 국내금융환경 및 시장 여건의 변동 말고도 세계적으로 나타나고 있는 금융시스템의 구조변화는 매우 복잡하다. 특히 금융거래의 세계화, 새로운 금융상품과 금융서비스의 출현, 금융기관간 업무영역 구분의 모호, 금융기관의 포트폴리오 재구성의 신속성 증가와 업무의 복잡성 증대 등으로 금융시장은 보다 경쟁적으로 재편성되어 가고 있다. 근본적으로 새로운 금융환경이 조성되고 있는 셈이다.

그러면 한국의 금융부문이 시급히 해결해야 할 과제는 과연 무엇인가? 첫째, 성장기반확보를 위해 금융기관의 세계화 전략을 새로이 수립하고 사모펀드, 헷지펀드 등 대체투자기구를 활용한 투자은행업무를 강화하는 일이다. 주택담보대출 및 중소기업대출의 위험관리를 위해 각각에 걸맞는 위험관리 체제를 갖추고 개인금융(PB) 및 투자 서비스(IB) 경쟁력 확보를 위한 관계형 금융모델을 구축하는 등 투자서비스를 확충해야 한다 ·

둘째, 지속가능 성장을 위한 금융인프라를 정비하는 일이다. 금융지주회사제도의 개선을 위해 연결납세제도 도입, 지주회사 경영 및 지배구조 개선, M&A 활성화 등을 시행해 나가고 금융산업 소유/지배구조를 개선해야 한다. 금융허브 구축, 남북경협 등 신시대 새로운 정책과제와 관련한 금융기관의 역할을 정립할 필요가 있다.

셋째, 2008년 Basel Ⅱ 도입과 2009년 「자본시장과 금융투자업에 관한 법률시행」 등을 앞두고 자본시장을 활용한 금융기관의 수익원 다변화와 위험관리 강화 방안을 시급히 마련하는 일이다. 투자은행업무의 경쟁력 강화, 물가파생상품 개발 등을 통해 수익원을 다변화하며 M&A 관련 환경개선 및 활용전략, 금융회사의 해외진출 방안 등이 마련되어야 한다. 장외파생금융상품시장 및 장기채권시장 활성화, 자산유동화증권시장 정비 등 위험관리강화를 뒷받침하는 체제도 개선되어야 할 것이다.

여기에서 경제협력개발기구(OECD)와 세계무역기구(World Trade Organization: WTO)가 제시하고 있는 금융시장 규제와 감독의 원칙을 소개한다. 크게 나누어 (i) 시장진입의 자유(free market access), (ii) 내외국민동등대우(equal treatment), (iii) 원칙 중심에 의한 투명성(transparency with negative system)을 들고 있다.

시장진입의 자유는 시장퇴출의 자유도 포함한다. 차별없는 동등대우란 국내에 진출해 있는 외국금융기관들도 똑같은 대우를 받는다는 것을 말한다. 규제와 감독의 투명성이란 한국의 현행 법규와 같이 '무엇 무엇'은 된다는 Positive system이 아니라 '무엇 무엇'은 안된다는 원칙인정 · 예외허용의 Negative system에 의한 것을 말한다.

모든 제도와 관행이 그러하듯이 법과 제도가 아무리 잘 정비되어 있다 하더라도 경제주체들의 의식변화가 뒷받침되지 않으면 어떤 개혁이나 제도개선도 제대로의 성과를 거두기 어렵다. 금융시장의 규제와 감독도 각국 고유의 특성과 대내외 여건에 따라 방향성을 가지고 발전하여야 금융의 선진화에 기여할 수 있을 것이다.

(1) 규제 및 감독의 선진화: 건전성 제고

금융환경 변화에 대응하여 가장 우선적으로 해야 할 것은 금융시장안정을 위해 금융기관의 건전성을 높이는 일이다. 이는 무엇보다 경영실태평가와 적기시정조치 등 금융기관의 건전성 제고를 위한 감독제도를 법과 원칙에 따라 시행해 나가는 것이다. Positive system에 의한 현행법규체제를 Negative syetem으로 전환해 가면서 원칙중심(principles-based)의 감독으로 바꾸어 나가야 한다.[24)]

법과 원칙을 강조하는 것은 금융시장의 불안요인을 해결하기 위해 일시적인 편법에 의존하는 경우 감독정책의 일관성이 사라지게 되고 금융시장의 불확실성이 오히려 커질 수 있기 때문이다. 특히 대형 금융기관과 관련한 규제곤란(too big to discipline) 또는 대마불사(too big to fail)의 도덕적 해이를 근절하기 위해서는 금융기관의 규모 또는 지배구조와 상관없이 감독기준을 똑같이 적용할 필요가 있다.

대한상공회의소가 지난 2007년 9월 제조업체 500개를 대상으로 한 금융기관 관련 조사에 따르면 시급히 해결해야 할 제일의 과제로 조사대상자의 35.8%가 금융규제를 꼽았다. 앞서 제 2 절에서 지적한바 우리나라의 총 규제건중 금융규제가 약 11%를 차지하고 있다. 세계시장화되어 가는 금융 여건 아래에서 이와 같은 규제는 시급히 철폐 내지 완화되어야 한다. 영국의 Big bang 때처럼 정부의 과감한 금융규제 철폐가 있어야 할 것이다.

금융감독의 선진화를 위해서는 (i) 감독목적상 중요한 위험을 정확히 평가하고 감독자원을 이에 집중 배분하는 위험중심 감독(risk-based supervision), (ii) 금융시장의 위험을 조기에 파악하고 적기에 대응하는 능력을 높이기 위한 조기경보시스템(early warning system), 그리고 (iii) BIS 등을 중심으로 제정되는

24) 금융관련 법규상 세부규정을 개괄적인 원칙과 상위기준으로 대체하고, 감독당국은 그 이행여부 점검에 중점을 두는 감독방식이다. 이때 감독당국은 업계 공동의 표준사례(best practice)나 국제기준을 제시해 준다. 영국의 금융감독청(Financial Supervisory Agency: FSA)은 금융기관이 충족해야 할 규제원칙을 정하고, 그 원칙이 요구하는 규제수준 도달 여부만을 감시하며 그 도달과정은 금융기관 자율에 맡긴다.

국제감독기준의 국내 조기 도입 등이 실현되어야 할 것이다.

(2) 규제 및 감독의 패러다임변화: 시장규율 강화

최근 들어 각국의 금융시장이 보이고 있는 두드러진 특징 중의 하나는 시장원리가 중시되고 시장의 영향력이 커지고 있다는 것이다. 이와 같은 시장환경하에서 금융감독 정책의 유효성을 높이기 위해서는 시장의 신뢰를 확보하는 것이 무엇보다 중요하다. 이를 위해 금융감독당국은 정책의 수립 및 집행에 있어 과거의 일방적인 지시와 규제에 의존하던 방식에서 투명성을 높이고 시장참여자들과의 대화와 설득을 통해 문제를 파악 · 해결하는 방향으로 감독의 패러다임을 바꾸어야 한다.

금융감독당국에 의한 전통적인 규제 · 규율만으로는 금융체제의 안전성을 보장하는 데 한계가 있다. 금융선진국의 감독당국들은 금융부실의 방지를 위한 1차적 방어선 내지 규제의 실효성을 높이기 위한 보완장치로서 시장규율(market discipline)의 필요성을 강조하고 있다. 법규로 명문화되어 고착성을 띤 시장규율로는 금융혁신에 대응한 효율적 규율기능 수행에 한계가 있다. 반면, 시장원리에 의해 작동되는 시장규율은 환경 변화에 대응한 신축적 조정이 가능하므로 규제규율을 보완할 수 있다.

시장규율 강화를 위해 금융감독당국은 우선 미국의 Sabanes-Oxley법에서와 같은 투명한 회계 및 공시제도를 구축할 필요가 있다. 국제회계기준위원회(IASC)가 마련하고 IOSCO 등이 권고한 국제회계기준(international financial reporting standards: IFRS)이 참고가 될 것이다.

또한 금융시장에서의 경쟁을 유도하는 한편, 풍부한 대체 투자상품 도입을 촉진하는 등 기초 여건을 마련하여야 한다. 최근 도입된 증권관련 집단소송제도와 같은 투명성 제고노력과 금융공학에 기초한 금융혁신 상품의 개발이 뒤따를 수 있는 정책적 노력이 요망된다.[25)]

---

25) 주식투자자가 주가조작, 허위공시, 분식회계 등으로 피해를 받았을 경우 한 사람이 소송을 제기해 승소하면 같은 피해를 입은 나머지 투자자들은 별도의 소송을 거치지 않고도 보상을 받을 수 있는 제도이다.

참고 12-4 국제회계기준(IFRS)

(1) 국제회계기준위원회(international accounting standards committee: IASC)가 기업의 회계 처리와 재무제표에 대한 국제적 통일성을 높이기 위해 마련해 공표한 회계기준으로 국제재무보고기준이라고도 한다. 재무제표의 작성 절차, 공시 시스템, 재무정보시스템, 경영성과 지표, 경영 의사결정 등 기업의 전반적인 재무보고 시스템과 회계 및 자본시장의 감독 법규, 실무 등에 대한 국제적 기준을 규정하고 있다.

(2) IASC는 1973년 세계 각국의 회계 전문가들이 런던에서 설립한 민간단체로 상임위원 12명과 비상임위원 2명으로 구성된 국제회계기준이사회에서 관장한다.

(3) 2000년 5월 국제감독자기구(IOSCO)가 IASC에서 규정한 회계기준을 전세계적인 단일 기준으로 채택할 것을 만장일치로 의결한 뒤, 이 기준을 도입하는 것이 세계적인 추세다. 한국에서도 2007년 3월 15일 '국제회계기준 도입 로드맵'을 발표하고, 2009년부터 2011년까지 순차적으로 국내 상장기업에 도입하기로 하였다.

(4) 현행 국내회계기준(generally accepted accounting principles: GAAP)과 IFRS와의 차이를 보면 다음과 같다.

구 분	국내회계기준	국제회계기준
1. 공시체계 (주재무제표)	개별재무제표	연결재무제표
2. 연결범위	·소유지분율 30% 초과 최다출자자 및 실질지배력 ·외부감사 대상 제외 등의 사유로 일부 종속회사는 연결대상에서 제외	·지배의 정의에 근거하여 종속회사 여부를 결정 ·소유지분을 50% 초과 및 실질지배력
3. 자산 · 부채의 평가방법	·정보의 신뢰성을 중시하여 객관적 평가가 어려운 항목은 역사적 원가로 평가 ·투자부동산은 취득원가로 평가 ·유형자산은 취득원가로 평가	·시의적절한 정보 제공을 위해 자산부채를 원칙적으로 공정가치로 평가 ·공정가치 평가 허용 ·취득원가 평가 또는 공정가치로 재평가
4. 법률 및 정책의 목적에 따른 기준의 차이	·법률 및 정책적 목적에 따라 현실을 고려하여 일부 항목에 대해 특정한 회계처리를 규제 또는 허용 ·상환우선주 자본 처리	·거래의 실질에 맞는 회계처리 방법을 규정 ·부채 처리
5. 재무제표 표시의 차이	·대차대조표와 손익계산서의 표시 방법 정형화 ·임대목적 부동산은 유형자산으로 분류	·선택가능한 대안을 제시하여 재무제표 표시방법의 다양성 인정 ·투자자산으로 분류
6. 측정의 차이	·사업결합시 매수법과 지분풀링법 허용 ·종업원급여 측정시 연도 말 현재 전임직원이 일시에 퇴직할 경우 지급하여야 할 퇴직금에 상당하는 금액(청산기준)으로 측정	·매수법만 허용 ·예측급여 채무의 개념을 채택하여 보험수리적 방법으로 측정

자료: 금융감독원.

(3) 금융감독정책의 일관성: 시장기능별 감독

금융의 통합화 추세로 특정 권역에 속하지 않는 복합금융상품 및 서비스가 늘어남에 따라 기존의 권역별 규제와 감독이 포괄하지 못하는 사각지대가 나타날 가능성이 커지고 있다. 사각지대를 줄이고 전체 금융권역을 포괄한 일관성 있는 감독정책을 견지하기 위해서는 시장기능별 감독을 강화할 필요가 있다. 이를 위한 구체적 실천방안이 마련되어야 할 것이다.

한국의 경우 1997년 금융위기 이후 금융산업은 전반적으로 건전성이 개선되고 경쟁력도 강화되고 있으나, 금융권역별로는 불균형적 발전을 보이고 있다. 은행에 비해 증권 , 보험 등 제2금융권의 경쟁력이 상대적으로 뒤쳐진 상황이다. 특히 시장중심의 금융시스템으로 발전하기 위해 그 중요성이 강조되고 있는 자본시장의 활성화를 위해 다각적인 감독노력을 기울일 필요가 있다. 이를 위한 구체적인 방안의 하나로서 증권회사의 대형화를 고려할 수 있다.

오는 2009년 2월부터의「자본시장과 금융투자업에 관한 법률」시행을 계기로 우리나라의 증권회사도 커다란 변모를 겪게 될 것이다. 우선 인수 · 합병을 통하여 자본시장의 발전을 선도할 수 있는 대형 증권회사의 출현을 기대해 본다. 이와 함께 자본시장의 활성화를 지원할 수 있는 각종 인프라의 확충을 도모할 것이 요망된다. 무엇보다 자본시장의 수요기반 확충을 위한 대형 사적연금 등 기관투자가의 육성, 투자자의 신뢰 확보를 위한 기업지배구조의 개선과 회계 투명성의 제고, 투자정보의 충실한 제공을 위한 공시제도의 개선과 신용평가기관의 역할 강화 등의 기초 여건을 구축하는 노력을 지속하여야 할 것이다.

시장조성자 중에서는 은행의 역할이 특히 중요하다. 왜냐하면 자본시장 등 금융산업의 균형적 발전은 은행부문의 안정적이고 효율적인 기능 수행을 전제로 하기 때문이다. 은행은 그 자신이 자본시장의 주요한 참여자일 뿐만 아니라 여신심사 및 사후감시 과정에서 기업에 대한 정보를 생산하는 중요한 기능을 담당하고 있다. 그러기에 은행부문의 안정없이 금융시스템의 발전을 도모할 수는 없다. 잘 발달된 자본시장을 갖고 있는 미국, 영국 등 선진국의 경우에도 은행부문이 안정되어 있고 효율적으로 기능하고 있다는 점을 참고하여야 할 것이다.

(4) 금융감독의 국제적 협조: 국제표준(international standard)

최근 금융환경의 변화로 금융기관간 경쟁이 치열해짐에 따라 그들의 수익성이 크게 낮아지고 있다. 이를 보전하기 위해 고위험 · 고수익 경영을 추구함으로써 결과적으로 금융기관의 경영위험이 커지면서 금융시장의 안정성도 점차 약화되고 있다. 이에 따라 금융기관의 안전성과 건전경영을 유도하기 위한 건전성규제는 대부분의 나라에서 오히려 강화되는 추세이다.

건전성규제는 주로 위험관리형(risk-managed based) 감독방식으로 전환되고 있다. 이 방식의 목적은 금융기관 경영의 위험을 완전히 제거하자는 것이 아니라 금융기관이 직면할 수밖에 없는 위험을 적절하게 인식(identification), 측정(measurement), 통제(control) 및 감시(monitor)할 수 있는 체제를 갖추자는 것이다. 이를 위해 일차적으로 개별 금융기관 스스로 선택한 위험관리방식을 허용하되 감독당국은 이들이 선택한 방식의 적정성 여부를 검증하고, 필요한 경우 시정을 요구하는 형태로 운영해야 한다.

BIS, IOSCO, IAIS 등 국제금융감독기구들도 국제금융시스템의 안정과 금융기관들의 공정경쟁 촉진을 위해 금융기관의 자기자본 충실기준을 일원화하고 국제적인 통일회계기준을 권고하기에 이르렀다. 특히, 2006년 말부터는 Basel Ⅱ 협약이 시행(우리나라는 2008년 초)되고 있음은 우리가 알고 있는 바이다.

또한 1995년 7월 위의 3 감독기구는 공동으로 "복합금융그룹에 관한 감독"(Supervision of Financial Conglomerates)이란 보고서를 발표하고, 이어서 1996년에는 통합감독기준을 마련하기 위한 공동포럼(Joint forum)을 출범시켰다. 이 포럼은 그동안의 연구성과를 토대로 1999년 2월 복합금융그룹의 감독에 대한 최종보고서를 발표하고 각 나라 금융감독당국들에게 이 보고서에 제시된 원칙을 이행하도록 권고하였다.

이 제도의 핵심은 연결재무제표 등 연결기준에 의하여 은행, 증권, 보험 등 다른 업종을 영위하는 복합금융그룹 전체의 경영상태를 확인 점검하는 것이다.

자본의 이중계산(double gearing) 방지, 부당한 내부거래 및 경영관여 방지, 그룹 차원의 위험관리 등을 통해 그룹 전체의 경영 건전성을 확보하고 특히 그룹내 회사간 부실확산을 방지하는 것도 포함하고 있다.

기존의 우리나라 금융감독은 금융제도의 안정성 확보보다는 개발경제체제 하에서 정부규제의 실효성을 확보하기 위한 수단으로서의 의미가 더 컸다. 특히 정부규제의 실효성을 위해 감독행정은 법령상으로 근거가 없음에도 불구하고 훈령, 예규, 지침, 고시 등에 의한 자의적인 규제와 심지어는 창구지도라는 명목으로 지시나 간섭을 하는 경우가 적지 않았다.

금융 여건은 국내외적으로 복합적으로 변환되고 있다. 이러한 때에 투박하게 강한 힘(hard power)으로의 규제와 감독보다는 연하고 부드러운 힘(soft power)으로의 정책이 필요하고 이것은 세련된 힘(smart power)으로 시행되어야 한다. 특히 강조하고 싶은 것은 앞으로의 규제 및 감독정책은 위에서 제시한 몇가지 원칙 아래 추진하되 감독기관 중심이 아닌 피감독기관 중심으로 전환하여야 할 것이다. 무엇보다 금융감독규정은 어서 속히 '원칙중심 예외허용'으로 고치되 명시적이고 투명하게 함으로써 국제표준에 타당한 것이 되어야 할 것이다.

■ 정리문제

1. 시장실패와 정부실패의 원인을 각각 설명해 주시오.
2. 시장실패와 정부실패 중 어느 것을 더 중요시해야 합니까?
3. 현대경제사회에서 Stigler와 Peltzman의 포획설에 동의할 수 있습니까? 포획설을 원용하여 정부개입을 줄인다면 금융시장은 매우 활성화 될까요?
4. 경쟁논리와 규제논리 중 어느 것이 더 한국의 금융시장 형편에 어울릴

까요?

5. 금융시장에 대한 규제는 어느 수준으로 하는 것이 좋습니까?
6. 금융선진국들이 주로 시행하고 있는 개별금융기관에 대한 규제와 감독에는 어떠한 것들이 있습니까?
7. BIS의 자기자본비율은 어떻게 계산합니까?
8. CAMELS 방식과 ROCA 방식은 어떻게 다릅니까?
9. 한국에서 규제하고 있는 신용공여한도라 함은 무엇을 말합니까?
10. 한국의 증권 및 보험회사에 대한 규제와 감독 중 가장 중요한 것 3가지씩만을 들어 주시오.
11. 2009년 2월부터 시행할 「자본시장과 금융투자업에 관한 법률」은 한국의 금융산업을 근본적으로 바꾸어 놓을 수 있을까요?
12. 금융시장의 발전을 위해 한국의 금융규제와 감독은 어떠한 방향으로 운용되어야 할까요?
13. OECD와 WTO의 3대원칙이란 free market access, equal treatment 및 transparency를 말합니다. 각각의 의미는 무엇인가요?
14. 원칙인정 · 예외허용이란 어떻게 한다는 것입니까?
15. 시장규율이란 무엇이며 이것의 강화를 위해 해야 할 것을 말해 주시오.

참 고 문 헌

강병호 김석동,「금융시장론」, 제8개정판, 2008. 1, 박영사.
______,「금융기관론」, 제11개정판, 2005. 1, 박영사.
강정미, "金融發展과 經濟成長," 금융연구 ISSUE, 2005-03, 한국은행.
강호상,「글로벌 금융시장」, 2000. 2, 법문사.
구재운 김영룡 김일태 김태기 서종석 손용엽 전용덕 정기화,「시카고학파의 경제학」, 1995. 2, 믿음사.
김수행,「알기쉬운 정치경제학」, 제1개정판, 2007. 1, 서울대학교 출판부.
김시담,「통화와 금융」, 초판, 2008. 2, 박영사.
김용덕,「아시아외환위기와 신국제금융체제」, 2007. 11, 박영사.
김원희,「최신 금융상품」, 2005. 8, 부연사.
김인기,「신금융론」, 개정판, 2004. 1, 박영사.
김종선 김종오,「금융시장론」, 제3판, 2007. 1, 학현사.
김철교 백용호,「금융증권시장론」, 전정판, 2002. 8, 형설출판사.
김철중 윤평식 역,「파생상품의 평가와 헷징전략」, 2003. 2, 탐진.
김형철,「증권시장론」, 2003. 9, 신론사.
김효명,「경제정책의 이해」, 2005. 2, 박영사.
나성린 전영섭,「공공경제학」, 2001. 3, 박영사.
도모노 노리오,「행동경제학」, 이명희 옮김(2007), 지형.
박진근,「환율경제학」, 1997. 12, 박영사.
박해식 장원창, "변동환율제하에서 미시구조적 정보를 이용한 원/달러 환율의 예측가능성 분석,"「금융조사보고서」99-08, 한국금융연구원, 1999.
신상기,「국제금융시장」, 2003. 3, 무역경영사.
______,「신외환시장론」, 2005. 2, 무역경영사.
어윤대 임윤수,「국제금융」, 2003. 2, 학현사.
이강남,「국제금융론」, 제4전정수정판, 2006. 2, 법문사.
이규성,「한국의 외환위기」, 2007. 2, 박영사.
이명훈, "금융발전이 경제성장에 기여하는가? – 안정성 검증을 중심으로," 금융시스템리뷰, 13, 2005, 한국은행.

이영섭 함준호, “외환시장내 미시정보의 환율 예측력 분석,” 「한국경제의 분석과 패널」, 1998.

이요섭 황의각, 「금융시장과 금융상품」, 2005. 9, 연암사.

이재기, 「현대한국금융론」, 2007. 8, 청록출판사.

이태봉, 「장단기금융시장의 효율화 방안」, 경제분석 제3권 제4호, 1997. 11, 한국은행 금융경제연구소.

정운찬, 「화폐와 금융시장」, 2003. 8, 율곡출판사.

정찬우 차백인, “원/달러 환율모형의 예측력 분석: 시장평균환율제도 기간을 대상으로,” 「금융연수」, 제12권 제1호, 1999, 한국금융연구원.

조하현 이승국, 「카오스와 금융시장」, 2002. 9, 세경사.

_____ _____, 「금융리스크」, 제1판, 2002. 11, 세경사.

최명식, 「시장경제」, 2007. 6, 세영사.

홍훈, 「경제학의 역사」, 2007. 8, 박영사.

금융감독원, 「금융감독원 5년사」, 2005. 2.

_____, 「금융감독개론」, 2008 개정판, 2008. 2.

한국산업은행, 「한국의 채권시장과 수익률곡선」, 2000. 11.

한국은행, 「한국경제의 계량경제모형」, 2000. 12.

_____, 「우리나라의 통화정책」, 2001. 12.

_____, 「우리나라의 외환제도와 외환시장」, 2003. 12.

_____, 「우리나라의 금융제도」, 2005. 12.

_____, 「우리나라의 금융시장」, 2006. 12.

_____, 조사통계월보 및 연보 각호.

Akerlof, G.A., “Behavioral Macroeconomics and Macroeconomic Behavior,” American Economic Review, 92(3), 2002.

_____, Dickens, W.T. and Perry, G.L., “The Macroeconomics of Low Inflation,” Brookings Papers on Economic Activity, 1, 1996.

Allen, H. and Taylor, M.P., “Charts, noise and fundamentals in the foreign exchange market,” Economic Journal, 100, supplement, 1990.

Andersen, P. and Rasmussen, T.H., “Economic forecasting: moldels, indicators and data needs,” Danish Economic Council, 2000.

Andersen, L. and Jordan, J.L., “Monetary and Fiscal Actions: A Test of their Relative Importance in Economic Stabilization,” 50 FRB of St. Louis Review, 1968.

Aretis, P., Demetriades, P.O. and Luintel, K.B., “Financial Development and

Economic Growth: The Role of Stock Markets," Journal of Money, Credit, and Banking, 33, 2000.

Ariel, R.A., High stock returns before holiday: existence and evidence on possible causes, Journal of Finance, 1990; 45.

Aristotle Ethica Nichomachea, The Works of Aristotle, Vol. IX, trans. Ross, W.D., Oxford University Press, 1966.

_____, The Politics of Aristotle, ed. & trans, E. Barker, Oxford: Oxford University Press, 1952.

Arrow, L.J., Social Choice and Individual Values, John Wiley and Sons, Yale University Press, 1963.

Artis, M., Banerhee, A. and Malellino, M. "Factir firecasts firtge UK," European University Institute Working Paper, European University Institute, 2001.

Bagehot, W., "Lombard Street, Homewood," Richard, D., Irwin, 1962 edition, 1873.

_____, "Lombard Street: Description of the Money Market," London, King, H.S., 1873.

Barucci, E., Financial Markets Theory, Springer, 2003.

Baxter, M. and Jermann, U., The International Diversification Puzzle is worse than you think, American Economic Review, 1997.

Beck, T., Demirguc-Kunt, A. and Levine, R. "The Financial Structure Database," In Financial Structure and Economic Growth, eds. MIT Press, 2005.

Becker, G.S., Economics of Discrimination, Chicago: University of Chicago. 1957.

Bernanke, B.S., "Nonmonetary Effects of the Financial Crisis in the Propagation of the Great Depression," 73 American Economic Review, 1983.

_____ and Boivin, J., "Monetary Policy in a Date-Rich Environment," Journal of Monetary Economics 50, 2003.

_____, Laubach, T., Mishkin, F. and Posen, A., eds. Inflation targeting: Lessons from the International Experiences. Princeton, N.J.: Princeton University Press, 1999.

_____ and Blinder, A., "The Federal Funds Rate and Channels of Monetary Transmission," American Economic Review, September 1992.

Bilson, J.F.O., Rational expectations and the exchange rate, In Johnson, H.G. and Frenkel, J.A.(eds), The Economics of Exchange Rates, Reading, Addison-Wesley, 1978.

_____, The Current Experience with Floating Exchange Rates: An Appraisal of the Monetary Approach, American Economic Review, 1978.

_____, The speculative efficiency hypothesis. Journal of Business, 54, 1981.

Binder, B.F., "Asset and Liability Management, Part I, "The Magazine of Bank Administration, Nov. 1980.

Bhonnes, H. and Rime, D., "FX Trading...Live! Dealer Behavior and Trading Systems in Foreign Exchange Markets," mimeo, 2000.

Black, F., "How We Came Up with the Option Formula," Jounal of Portfolio Management, Winter 1989.

_____, "Central Bank Credibiliy: Why Do We Care? How Do We Build It?," NBER Working Paper, No. W7161, 1999.

_____ and Scholes, M.S., The valuation of options contracts and a test of market efficiency, Journal of Finance, 1972; 27.

_____ and _____, The pricing of options and corporate liabilities, Journal of Political Economy, 1973; 81.

_____ and _____, Jensen, M.C., The capital asset pricing model: some empirical tests, In: Jensen, M.(ed.) Studies in the Theory of Capital Markets, New York: Praeger, 1972.

Blanchard, O.J. and Watson, M.W., Bubbles, rational expectations and financial markets, In: Wachtel, P.(ed.), Crisis in the Economic and Financial System, Lexington, Massachusetts: Lexington Books, 1982.

Blinder, A., Central Banking in Theory and Practice, MIT Press, 1998.

Bordo, M.D. et al., "Is globalization today really different than globalization a hundred years ago?," National Bureau of Economic Research, Working Paper No.7195, 1999.

_____, Dueker, M.J. and Wheelock, D.C., "Aggregate Price Shocks and Financial Instability: A Historical Analysis," NBER Working Paper No. W7652, 2000.

_____ and Schwartz, A., "What Has Foreign Exchange Market Intervention since the Plaza Agreement Accomplished?" Open Economies Review 2, 1991.

Bhm-Bawerk, E.V., Capital and Interest, Vol. I & II, trans. Hunke, G. D., South Holland, III.: The Libertarian Press, 1959(1884).

_____, Dueker, M.J. and Wheelock, D.C., "Aggregate Price Shocks and Financial Instability: A Historical Analysis," NBER Working Paper No. W7652, Apr. 2000.

Branson, W., Macroeconomic Theory and Policy, New York: Macmillan, 1978.

_____, Exchange rate dynamics and monetary policy. In A. Lindbeck(ed.), Inflation and Employment in Open Economies, North Holland, 1979.

Brunner, K. and Meltzer, A., "What Did We Learn from the Monetary Experience of the United States in the Great Depression?" Canadian Journal of Economics, May 1968.

_____ and _____ , "The Place of Financial Intermediaries in the Transmission of Monetary Policy," 53 American Economic Review, 1963.

Bryson, J., Macroeconomic determinants of real exchange risk. In Herring, R.J.(ed.), Managing Foreign Exchange Risk, Cambridge University Press, 1983.

_____, Jensen, H. and VanHoose, D., "Rules, Discretion, and International Monetary and Fiscal Policy Coordination," Open Economies Review 4, April 1993.

Buchanan, J.M., "An Economic Theory of Clubs," Economica 32, 1965.

_____, Public Finance in Democratic Process, Chapel Hill: University of North Carolina Press, 1967.

Calvo, G.A., "Staggered Prices in a Utility Maximizing Framework," Journal of Monetary Economics 12, 1983.

_____, "Political Equality and Private Property," Markets and Morals, ed. G. Dworkin et al., Washington: Hemisphere Pub. Corp, 1977.

_____, "Political Economy and Social Philosophy," in Liberty, Market and State: Poilitical Economy in the 1980s, New York: New York University Press, 1985.

_____ and Mendoza, E.G., Rational contagion and the globalization of securities markets, Jr. of Int'l Economics/2000, 6(Vol.51 No.1).

_____, _____ and Mundell, R.A., Money, capital mobility, and trade, MIT Press, 1980.

Campbell, J.Y. and Shiller, R., Stock prices earnings and expected dividends, Journal of Finance, 1988; 43.

Case, K.E., Shiller, R.J. and Quigley, J.M., "Comparing Wealth Effects: the Stock Market versus the Housing Market," NBER Working Paper, No. W8606, 2001.

Chandavarkar, A., "Of Finance and Development: Neglected and Unsettled Questions," World Development, 20, 1992.

Chen, N., Ross, S.A. and Roll, R., Economic forces and the stock market, Journal of Business, 1986.

Chinn, M.D., Cheung, Y.W. and Antonio, G.P., "Empirical Exchange Rate Models of the Nineties: Are Any Fit to Survive?," mimeo, 2003. 2.

Clarke, E.J., "Multiple Pricing of Public Goods," Public Choice II, 1971.

Coase, R.H., "The Problem of Social Cost," Journal of Law and Economics 3, 1960.

_____, "The Institutional Structure of Production," 82 American Economic Review, 1992.

Cooley, T.F. and Prescott, E.C., "Economic Growth and Business Cycles," in Cooley, T.F.(ed.), Frontiers of Business Cycle Research, Princeton University Press, 1995.

Crockett, A., "Why Is Financial Stability a Goal of Public Policy?" at a symposium sponsored by the FRB of Kansas City, Aug. 1997.

Cutler, D., Poterba, J. and Summers, L., What moves stock prices? Journal of Portfolio Management, 1989.

Daniels, J.P. and VanHoose, D.D., International Monetary and Financial Economics, 2nd edi, South-Western, 2002.

Demirguc-Kunt, A. and Levine, R., "Financial Structure and Economic Growth: Perspectives and Lessons," In Financial Structure and Economic Growth, eds, MIT Press, 2001.

Demsetz, H., Limit orders and the alleged Nasdaq collusion, Jr. of Financial Economics/1997.07 Vol.45, No.1, Dominguez, K.P. and Frankel, J.A., Does Foreign Exchange Intervention Work? Washington, D.C. Institute for International Economics, 1993.

Dooley, M., Exchange rate expectations and monetary policy, Journal of International Economics, 6, 1976.

_____ and Isard, P., The portfolio balance model of exchange rates, 1979

_____ and _____ , Country preference, currency values and policy issues. Journal of Policy Modeling, 9(1), 1987.

Dornbusch, R., "Expectations and Exchange Rate Dynamics," Journal of Political Economy vol. 84, 1976. 12.

_____ , Exchange rate economics, Economic Journal, 97, 1987.

Enders, W., Applied Econometric Time Series, John Wiley&Sons, 1995.

Engle, R.F., Autoregressive conditional heteroscedasticity with estimates of the variance of the United Kingdom rate of inflation. Econometrica, 50, 1982.

English, W., Tastsaronis, K. and Zoli, E., "Assessing the Predictive Power of Measures of Financial Conditions for Macroeconomic Variables," BIS Papers No.22, 2005.

Evans, C.L. and Marshall, D.A., "Monetary Policy and the Term Structure of

Nominal Interest Rates: Evidence and Theory," Working Paper 97-10, FRB of Chicago, 1997. 12.

Evans, M. and Lyons, R., "Order Flow and Exchange Rate Dynamics," Journal of Political Economy vol. 110, 2002.

Fama, E.F., Efficient capital markets: a review of theory and empirical work, Journal of Finance, 25, 1970.

_____ ,"The Information in the Term Structure," Journal of Financial Economics Vol. 13, 1984.

_____ , Forward and spot exchange rates, Journal of Monetary Economics, 14, 1984.

_____ , "Agency Problems and Theory of the Firm," Journal of Political Economy, 88(2), 1980.

_____ and Jensen, M.C., "Organizational forms and Investment Decisions," Journal of Financial Economics, 14(1), 1985.

_____ , Term-structure forecasts of interest rates, inflation, and real returns, Journal of Monetary Economics, 1990a.

_____ , Efficient capital markets: a review of theory and empirical work, Journal of Finance, 1990b.

Fabozzi, F.J., Modigliani, F., Jones, F.J. and Ferri, M.G., Foundations of Financial Markets and Institutions, 3rd., Prentice Hall, 2002.

Feldman, A.M., Welfare Economics and Social Choice theory, Kluwer Nijhoff Publishing, 1986.

Fisher, I., The Theory of Interest, Macmillan, 1933.

Fisher, S., Rules versus Discretion in Monetary Economics, Vol. 1, North-Holland, 1990.

_____ and Modigliani. F. "Toward an Understanding of the Real Effects and Costs of Inflation," In Stanley Fischer, ed., Indexing, Inflation. and Economic Policy, MIT Press, 1986.

Flood, R.P. and Garber, P.M., and Kramer, C., Collapsing Exchange Rate Regimes: Another Linear Example, Jr. of Int'l Economics/1996.11 Vol.41 Nos.3/4.

_____ and Hodrick, R.J., Testable implications of indeterminances in models with rational expectations, NBER Working Paper No.2903, 1989.

Frenkel, J., A monetary approach to the exchange rate: doctrinal aspects and empirical evidence. Scandinavian Journal of Economics, 78, 1976.

_____, On the mark: a theory of floating exchange rates based on real interest differences, American Economic Review, 69, 1979.

_____, "Flexible Exchange Rates, Prices and the Role of 'News'; Lessons from the 1970s," International Financial Management, John Wiley & Sons, 1981.

_____, Tests of monetary and portfolio-balance models of exchange rate determination. In Bilson,J. and Marston, R.(eds.), Exchange Rate Theory and Practice, University of Chicago Press. Chicago, 1984.

_____ and Dornbusch. R., The flexible exchange rate system: experience and alternatives, in Borner,S.(ed.), Internatinal Finance and Trade, Macmillan, 1988.

_____ and Froot, K., Understanding the US dollar in the eighties: the expectations of chartists and fundamentalists. Economic Record, special issue, 1986.

_____ and _____, Chartists, fundamentalists and the demand for dollars, In Courakis, A.S. and Taylor, M.P.(eds.), Policy Issues for Interdependent Economies, Oxford: Oxford University Press, 1990.

_____ and Levich, R.M., Covered interest arbitrage: unexploited profits? Journal of Political Economy, 83, 1975.

_____ and Rose, K., "A Survey of Empirical Research on Nominal Exchange Rates," NBER Working Paper No. 4865, 1994.

Frank, R.H., Does Absolute Income Matter?, in Bruni, L. and Porta, P.L.(eds.), Economic and happiness: Framing the Analysis, Oxford University Press, 2005.

Friedman, M., The case for flexible exchange rate, In Essays in Positive Economics, Chicago University Press, 1953.

_____, "A Monetary and Fiscal Framework for Economic Stability," 38 American Economic Review, 1984.

Fuhrer, J., "The Phillips Curve Is Alive and Well," FRB of Boston, New England Economic Review, March/April 1995.

_____, "Lessons of Monetary Policy form the 1980s," 2 Journal of Economic Perspectives, 1988.

_____ and Schwartz, A., "Money and Business Cycles," 45 Review of Economics and Statistics, 1963.

Galindo, A., Schiantaarelli, F. and Weiss, A., Second moments in speculative attack model: panel evidence, Jr. of Int'l Economics, 2002. 1(Vol.56 No.1).

Gambacorta, L., "How do banks set interest rates?" NBER Working Paper No. 10295, 2004.

Gertler, M., "Financial Structure and Aggregate Economic Activity: An Overview," Jiurnal of Money, Credit and Banking, 1988.

_____ and Gilchrist, S., "Monetary Policy, Business Cycles, and Behavior of Small Manufacturing Firms," Quarterly Journal of Economics, 1994. 5.

Girton, L. and Roper, D., A monetary model of exchange market pressure applied to the postwar Canadian experience, American Economic Review, 67, 1977.

Goldberg, L.S., and Tenorio. R., "Strategic Trading in a Two-Sided Foreign Exchange Auction," Journal of International Economics, vol. 42, 1997. 5.

Goldstein, M., The Asian Financial Crisis' Cures and Systemic Implications, June 1998.

Goldsmith, R., Finnancial Structure and Development, New Haven, Yale University Press, 1969.

Goodfriend, M., "Interest Rates and the Conduct of Monetary Policy," Carnegie-Rochester Series on Public Policy 34, 1991.

Goodhart, C.A. and Bhansali, R.J., "Political Economy," 18 Political Science, 1970.

Gordon, R.J., Inflation, flexible exchange rates and the natural rate of unemployment, In: Bailym M.N. (ed.), Workers, Jobs and Inflation, Washington, D.C., Brookings Institution, 1982.

Greenspan, A., The Challenge of Central Banking in a Democratic Society, Remarks at The Annual Dinner and Francis Boyer Lecture at the American Enterprise Institute for Public Policy Research, Washington, D.C., 1996

De Graeve, F., De Jonghe, O. and Vennet, R.V., "The determinants of pass-through of market conditions to bank retail interest rates in Belgium," mimeo, 2004.

Kok Sorensen, G. and Lichenberger, M., "The dynamics of bank spreads and financial structure," ECB Working Paper No.713, European Central Bank, 2007.

Hallwood, C.P. and MacDonald, R., International Money and Finance, Blackwell, 1986.

Hansen, A., A Guide to Keynes, New York: Macmillan, 1953.

Henning, C., Pigott, W. and Scott, R.H., Financial Markets and the Economy, 4th edi., Prentice Hall, 1984.

Hicks. J.R., "Mr. Keynes and the Classics: A Suggested Interpretation," Econometrica 5, April 1937.

_____, A Theory of Economic History, Oxford: Clarendon Press, 1969.

Hirshleifer, J., "The Expending Domain of Economics," American Economic Review, 75(6), 1985.

_____, "Comment," Journal of Law and Economics, August, 1976.

_____, "Economics Form a Biological Viewpoint," 20 Journal of Law and Economics, 1977.

Hodrick, R.J., An empirical analysis of the monetary approach to the determination of the exchage rate, In H.G. Johnson and J.A. Frendel(eds.), The Economics of Exchange Rates, Addison-Wesley, 1978.

Hooper, P. and Morton, J., fluctuations in the dollar: a model of norminal and real exchange rate determination, Journal of International Money and Finance, 1, 1982.

Houthakker, H.S. and Williamson, P.J., The Economics of Financial Markets, Oxford University Press. Inc, 1996.

Hsieh, Tsun-yan, Think global, hire local, The McKinsey Quarterly/1999 No.4.

Jensen, M.C., Some anomalous evidence regarding market efficiency, Journal of Financial Economics, 1978.

Kahn, A. E., The Economics of Regulation: Principles and Institutions,4 vol. 1 and vol. 2, The MIT Press, 1991.

Kahneman, D., Autobiography, Nobel e-Museum, 2003

_____ http:www.nobel.se/economics/laureates/2002/kahneman-aoutobio.html

_____ and Tversky, A., Choices, values, and frames, American Psychologist, 1994.

_____, Knetsch, J.L. and Thaler, R.H., Experimental tests of the endowment effect and the Coase theorem, Journal of Political Economy, 1990.

Kane, E.J., "Technological and Regulatory Forces in the Developing Fusion of Financial Services Competition," Journal of Finance, vol.39, s 1984.

Kashyap, A.K., Stein, J.C. and Wilcox, D.W., Banks as Liquidity Providers: An Explanation for the Coexistence of Lending and Deposit-Taking, The Jr. of Finance/2002, 2. Vol.57, No.1.

_____, Kaufman, G.G., Mote, L.R. and Rosenblun, H., "Implications of Deregulation for Product Lines and Geographical Markets of Financal Institution," Journal of Bank Research, Spring, 1983.

Kaufman, G.G., "Central Banks, Asset Bubblels and Financial Stability," Working Papers Series, Research Department(WP-98-12), FRB of Chicago.

_____, "Lender of Last Resort: A Contemporary Perspective," Journal of Financial Series Research, Vol. 5, Oct. 1991.

Kettell, B., economics for financial markets, Plant A Tree, 2002.

_____, What Drives Financial Markets? Financial times-Prentice Hall, 1998.

Keynes, J.M., The General Theory of Employment, Interest, and Money. Harcourt Brace Jovanovich, 1964.

Kidwell, D.S., Peterson, R.L., Blackwell, D.W. and Whidbee, D.A., Finanical Institutions, Markets and Money, 8th edi., John Wiley & Sons, 2003.

Killeen, W., Lyons, R. and Moore, M., The euro as an international currency: explaining puzzling first evidence from the foreign exchange markets, Jr. of Int'l Money & Finance/Vol.21 No.3, 2002. 6.

_____, _____ and _____, "Fixed versus Flexible: Lessons form EMS Order Flow," NBER Working Paper No. 8491, 2002.

King, R.G. and Levine, R., "Finance and Growth: Schumpeter Might Be Right," Quarterly Journal of Economics 108(3), Aug. 1993.

Kindleberger, C., Manias, Panics, and Crashes, New York: Basic Books, 1978.

Klein, M. and Lewis, K., "Learning about Intervention Target Zones." Journal of International Economics 35, 1993.

Kozicki, S., "How Useful Are Taylor Rules for Monetary Policy?" FRB of Kansas City, Economic Review 84(Second Quarter 1999).

Krugman, P., Target zones and exchange rate dynamics. NBER Working Paper No.2481, 1988.

_____, Currencies and crises, Norton, W.W. 1990.

_____ and Miller. M., eds. Exchange Rate Targets and Currency Bands, Cambridge University Press, 1992.

_____, The Accidental Theorist, W.W. Norton, 1998.

_____ and Obstfeld, M., International Economics, Addison Wesley, 1998.

Lakonishok, J. and Smidt, S., Are seasonal anomalies real? A ninety-year perspective, Review of Financial Studies, 1988.

Land, R.F., "Evolution and Overview of Asset-Liability Management," The Bankers Handbook(ed.), Dow Jones Irwin, 1978.

Lange, J. Sack, B. and Whitesell, W., "Anticipations of Monetary Policy in Financial Markets," FRB of Boston, 2001. 4.

Van Leuvensteijn, M., Kok Sorensen, C., Bikker, J.A. and van Rixtel, A.A.R.J.M., "Impact of bank competition on the interest rate pass-through in the euro area," mimeo, European Central Bank, 2006.

Levich, R.M., International Financial Markets, 2nd edi., Mcgraw-Hill Irwin, 2001.

Levine, R., "Finance and Growth: Theory and Evidence," NBER Working Paper No. 10766, 2004.

_____, "Financial Development and Economic Growth: Views and Agenda," Journal of Economic Literature, 35, 1997.

_____ and Prescott, E.C., "Investment under Uncertainty," Econometrica, 39, 1971.

_____ and Zervos, S., "Stock Markets, and Economic Growth," American Economic Review 88, June 1998.

_____, Loayza, N. and Beck, T., "Financial Intermediation and Growth: Causality and Causes," Journal of Monetary Ecomomics 46(1), 2000.

_____, _____ and _____, "Finance and the Sources of Growth," Journal of Financial Economics 58(1-2), 2000.

Lewis, K., "Are Foreign Exchange Intervention and Monetary Policy Related, and Does It Matter?" Journal of Business 68, 1995.

Lindahl, E., "Just Taxation-A Positive Solution," Translated from the German(1958) in R.Musgrave and A.Peacockeds., Classics in the Theory of Public Finance, New York: St. Martins Press, 1919.

Lintner, J., The aggregation of investors, diverse judgements and preferences in purely competitive security markets, Journal of Livingston, M., Money and Capital Markets, Blackwell Business, 1995.

De Long, J.B., Shleifer, A., Summers, L.H. and Waldmann, R.J., Noise trader risk in financial markets, Journal of Political Economy, 1990.

Lucas, R.E., "Expectations and the Neutrality of Money," 4 Journal of Economic Theory, 1972.

_____, "Tobin and Monetarism: A Review Article," 21 Journal of Economic Literature, 1981.

_____ and Sargent, T. "After Keynesian Macroeconomics," in After the Phillips Curve: Persistence of High Inflation and High Unemployment, FRB of Boston, 1978.

_____, On the efficiency of markets for foreign exchange. In Dornbusch, R. and Frenkel, J.A.(eds.), International Economic Policy: Theory and Evidence, Johns Hopskins University Press, 1979.

_____, Understanding business cycles, In: Brunner, K. and Meltzer, A.H.(eds.), Carnegie-Rochester Conference Series on Public Policy, 1977.

_____, On the mechanics of economic development, Journal of Monetary

Economics, 1986.

Lucas, R.E. Jr., "On the Mechanics of Economic Development," Journal of Monetary Economics, 22, 1988.

MacDonald, R. and Taylor, M.P., Economic analysis of foreign exchange markets: an expository survey, In R.MacDonald and M.P. Taylor(eds.), Exchange Rates and Open Economy Macroeconomics, Oxford: Blackwell, 1989.

Maikiel, B.G., Expectations, bond prices and the term structure of interest rates, Quarterly Journal of Economics 1962.

_____, A Random Walk down Wall Street, 10th edi. W.W.Norton and Company, 2000.

_____ and Cragg, J.C., Expectations and the structure of share prices. American Economic Review 1970.

_____, Expectations, bond prices and the term structure of interest rates, Quarterly Journal of Economics, 1962.

_____, A Random Walk Down Wall Street, 10th edi, W.W. Norton 2000.

_____ and Cragg, J.G., Expectations and the structure of share prices, American Economic Review, 1970.

Madura, J., Financial Markets and Institutions, 5th ed., South- Western, 2001.

Mankiw, N.G., Macroeconomics, 4th edi., Worth Publishers, 2000.

Mandelbrot, B., (The)(Mis)behavior of markets: a fractal view of risk, ruin, and reward, Basic Books, 2004.

_____, Fractals and Scaling in Finance; Discontinuity, Concentration, Risk, New York: Springer-Verlag, 1997.

Markowitz, H.M., Portfolio Selection, New haven Connecticut: Yale University Press, 1959.

Marshall, A., Principles of Economics. Macmillan, 1925.

McCallum, B., "Rational Expectations and Macroeconomic Stabilization Policy," 12 Journal of Money, Credit and Banking, 1980.

_____, Monetary Ecnonomics: Theory and Policy, New York: Macmillan Inc. 1989.

McKinnon, R.I., Money and Capital in Economic Development, Washington, DC: Brookings Institution, 1973.

Meese, R. and Rogoff, K., "Empirical Exchange Rate Models of the Seventies," Journal of International Economics, vol. 14, 1983.

Meier, G.M. and Seers, D., Pioneers in Development, New York: Oxford University Press, 1984.

Meiselman, D., Varieties of monetary experience, The Univ. of Chicago Press, 1970.

Merton, R.C., The theory of rational option pricing, Bell Journal of Economics and Nanagement Science, 1973.

Miller, M.H., "Behavioral Rationality in Finance: The case of Dividends," Rational Choice: the Contrast between Econmics and Psychology, ed. Robin M. Hogarth and M. Reder, The University of Chicago Press, 1986.

Mishkin, F.S., The Economics of Money, Banking and Financial Markets(Third Edition), Haper Collins Publishers, 1992.

_____, "The Causes and Propagation of Financial Instability: Lessons for Policymakers" at a symposium sponsored by the FRB of Kansas City, Aug, 1997.

Mill, J.S., Principles of Economics, New York: Macmillan, 1848.

Miller, R.L. and Van Hoose, D., Money, Banking & Financial Markets, South-Western, 2001.

Minsky, H., "Can 'It' Happen Again?" Essays on Instability and Finance, M.E. Sharpe. 1982.

Modigliani, F., and Miller, M., The cost capital, corporation finance and the theory of investment. The AER 1958; 48.

_____ and Papademos, L., Targets for monetary policy in the coming year. Brookings Papers on Economic Activity 1975; I.

_____ and Cohn, R.A., Inflation, rational valuation and the market. Financial Analysts' Journal 1979; 35(Reprinted in Johnson, S.(ed.), The collected Papers of Franco Modigliani, Vol. 5, MIT Press, 1989.

Mossin, J., Theory of financial markets, Prentice-Hall Inc, 1973. 1.

_____, Equilibrium in a capital assets market, Econometrica, 1966; 34

Mueller, D.C., "Public Choice" A Survey, Repr.(1984) in J.M. Buchanan and R.D. Tollison eds., The Theory of Public Choices-II, Ann Arbor: University of Michigan Press, 1976.

_____, Public Choice II: A Revised Edition of Public Choice, Cambridge: Cambridge University Press, 1989.

Mundell, R.A., International monetary policy after the euro, MIT Press, 2005.

_____, Monetary stability and economic growth: a dialog between leading economists, MIT Press, 2002.

_____, Money, capital mobility, and trade, MIT Press, 2001.

Mussa, M., the exchange rate, the balance of payments and monetary and fiscal policy under a regime of controlled floating. Scandinavian Journal of Economics, 78, 1976.

Neumann, M.J.M., Intervention in the Mark/Dollar market: the Authorities' reaction function, Journal of International Money and Finance, 3, 1984.

Nozick, R., Anarchy, State and Utopia, Oxford: Basil Blackwell, 1974.

O'Hara, M., Market Microstructure Theory, Financial management vol.18, 1995.

_____, "Marking market microstructure matter," Financial Management, vol. 28, 1999.

Obstfeld, M., Exchange rates, inflation, and sterilization problem-Germany, 1975-1981, European Economic Review, 21, 1983.

_____ and Rogoff, K., The six major puzzles in inter-national macroeconomics: is there a common cause? NBER Working Paper No.7777, 2000.

Olsen, M., The Logic of Collective Action, Cambridge: Harvard University Press, 1965.

_____, The Rise and Decline of Nations: Economic Growth, Stagflation and Social Rigidities, New haven: Yale University Press, 1982

Pareto, V., Manual of Political Economy, Manuel d'eonomie politique, Paris: Giard et Briere, trans, Ann S. Schwier, New York: A. M. Kelley, 1971(1909).

Peters, R., Chaos in order in capital markets, Wiley, 1991.

_____, Financial Market Analysis, Wiley, 1994

Peltzman, S., "An Evaluation of Consumer Protection Legislation: The 1962 Drug Amendments," Journal of Political Economy, October, 1973.

_____, "The Gains and Losses from Industrial Concentration," 20 Journal of Law&Economics, 1977.

_____, "Toward a More General Theory of Regulation," 19 Journal of Law and Economics, 1976.

_____, "The Growth of Government," 23 Journal of Law and Economics, 1980.

Phillips, A.W., The relation between unemployment and the rate of change of money wage rates in the United Kingdom, 1861-1957, Economica, 1958.

Pigou, A.C., Study in Public Finance, London: Macmillan, 1928.

_____, The Economics of Welfare, New York: Macmillan, 1932.

_____, The Veil of Money, London: The Macmillan, 1941.

Poole, W., "Financial Stability," Presented at the Council of State Governments, Southern Legislative Conference Annual Meeting, Louisiana, August, 2002.

_____, "Speculative prices as random walks: an analysis of ten time series of flexible exchange rates," Southern Economic Journal, 33.

_____, "Monetary Policy Lessons of Recent Inflation and Disinflation," 2 Journal of Economic Perspectives 1988.

La Porta, R., "Optimal Choice of Monetary Policy Instruments in a Simple Stochastic Macro Model," Quarterly Journal of Economics 84, May 1970.

_____, The Economics of Money, Banking, and Financial Markets, 6th ed., Addison Wesley Longman, 2000.

_____ and Schmidt-Hebbel, K., "One Decade of Inflation Targeting in the World: What Do We Know and What Do We Need to Know?" NBER Working Paper No. W8397, 2001.

_____, Lopez-de-Silanes, F. and Shleifer, A., "Government Ownership of Commercial Banks," Journal of Finance, 1977.

Rajan, R. and Zingales, L., "Financial Dependence and Growth," American Economic Review, 88, 1998.

Ranganathan, V.K., "Does Purchasing Power Matter Now?" Euromoney, August 1983.

Ricardo, D., The Principles of Political Economy and Taxation, London: Dent, 1817.

_____, On the Principles of Political Economy and Taxation, Vol. I, Works of D. Ricardo, ed. P. Sraffa, Cambridge University Press, 1970(1817).

Rime, D., "Trading in Foreign Exchange Markets: Four Essays on the Microstructure of Foreign Exchange," mimeo, 2001, 6.

Ritter, L.S., Silber, W.L. and Udell, G.F., Principles of Money, Banking & Financial Markets, 11th edi., Pearson, 2004.

Robinson, J., "The Generalization of the General Theory," in The Rate of Interest, and Other Essays, London: Macmillan, 1952.

Robinson, W.L., "Social theory and globalization," Theory and Society, 30, 2001.

Rogoff, K., "Can International Monetary Policy Cooperation Be Counter-productive?" Journal of International Economics 18, May 1985.

Romer, C. and Romer, D., "New Evidence on the Monetary Transmission Mechanism," Brookings Papers on Economic Activity, 1990.

_____ and _____, "Does Monetary Policy Matter? A New Test in the Spirit of Friedman and Schwartz," in O. Blanchard and S.Fischer eds., NBER Macroeconomics Annual, 1989.

Rose, A.K. and Svensson, L.E.O., Expected and predicted realignments: the FF/DM exchange rate during the EMS. Institute for International Economic Studies, Paper 485, Stockholm, 1991

Rose, P.S., The Financial System in the Economy(2nd. Edition), Business Publication, 1986.

Ross, S.A., The arbitrage theory of capital asset pricing, Journal of Economic Theory, 1976.

_____, The current status of the capital asset pricing model(CAPM). Journal of Finance, 1978.

Roll, R. and Ross, S.A., An empirical investigation of the arbitrage pricing theory, Journal of Finance, 1980; 35.

Rudebusch, G., "Federal Funds Interest Rate Targeting, Rational Expectations, and the Term Structure," Journal of Monetary Economics 35, April 1995.

_____, "GEM: A New International Macroeconomic Model," IMF, 2004.

Samuelson, P.A. and Solow, R.M., Analytical aspects of anti-inflation policy, American Economic Review, 1960.

Sargent, T. and Wallace, N., Rational Expectations, the Optimal Monetary Instrument, and the Optimal Money Supply Rule," 83. Journal of Political Economy, 1975.

Say, J.B., A Treatise on Political Economy, London: Longmans, 1821, Wicksell. K.G.K. Interest and Prices, trans, Kahn, R.F., London: MacMillan, 1936

Schiller, R.J., Market Volatility, Cambridge, Massachusetts: Cambridge University Press, 1989.

Schumpeter, J.A., The Theory of Economic Development, Leipzig: Dunker & Humblot; translated by Redvers Opie, Havard University Press, 1934.

_____, History of Economic Analysis, New York: Oxford University Press, 1954.

_____, "Money and the social product," International Economic Papers, 6, 1956.

Schwartz, A.J., "Why Financial Stability Depends on Price Stability," Economic Affairs, Autumn 1995.

Schwartz, B., The Paradox of Choice: Why more is less, Harper Collins, 2004.

Scitovsky, T., "A note on welfare propositions in economics," Readings in Welfare Economics, London: George Allen and Unwin, 1969.

Selody, J.G., "The Benefits and Costs of Price Stability: An Empirical Assessment," paper presented at the AEA meeting, 1990.

Shafir, E.P., Diamond and A. Tversky, 1993, Reason-Based Choice, Cognition, vol.49.

Sharpe, W.F., Capital asset prices: a theory of market equilibrium under condition of risk, Journal of Finance, 1964.

_____, Portfolio analysis, Journal of Financial and Quantitative Analysis, 1967; 2.

_____, Alexander, G.J. and Bailey, J.V., Investments, Prentice Hall, 1995.

Shleifer, J., Inefficient Markets: an introduction to behavioral finance, Oxford University Press, 1995.

_____ and Vishny, R., The Grabbing hand: Government Pathologies and their cures, Harvard University Press, 1998.

Simon, H.A., Reason in Human Affairs, Stanford University Press, 1983.

Simonson, I., Choice Based on Reason: The Case of Attraction and Compromise Effect, Journal of Consumer Research, vol.16, 1989.

Smith, P.F., Money and Financial Intermediation. Prentice-Hall, 1978.

Kok Sorensen, C. and Werner, T., "Bank interest rate pass-through in the euro area: A cross-Country comparison," ECB Working Paper, No. 580, European Central Bank, 2006.

Stigler, G.J., "Free Rider and Collective Active," 5 Bell Journal of Economics, 1974.

_____, "The Theory of Economic Regulation," Bell Journal of Economics and Management Science, Spring, 1971.

_____, "The Economist's Traditional Theory of the Economic Functions of the State," in The Citizen and the State: Essays on Regulation, Chicago: University of Chicago Press, 1975.

_____, The Theory of Price, 4th ed., New York: Macmillan Publishing Co. 1987.

_____, "Dose Economics Have a Useful Past?," in The Economist as Preacher and Other Essays, Chicogo: University of Chicago Press, 1982.

Stiglitz, J.E., "The causes and consequences of the dependence of quality on price," Journal of Economic Literature, 25(1), 1987.

_____, "Information and the Change in the Paradigm in Economics," American Economic Review,92(3), 2002.

_____, "Credit Markets and the Control of Capital," Journal of Money, Credit, and Banking, 17, 1985.

_____ and Stigler, G.J., The Theory of Economic Regulation," Bell Journal of Economics and Management Science, 1971.

_____ and Buchanam, J.M., Economics of The Public Sector, New York: W.W. Norton & Company Inc, 1988.

Stock. J.H., and Watson, M.W., "Macroeconomic Forecasting Using Diffusion Indexed," Journal of Business & Economic Statistics, 20(2). 2002.

_____ and _____, "Diffusion Indexed," NBER Working Paper No.6702, 1998.

Summers, L.H., Distinguished Lecture on Economics in Government; Reflections on Managing Global Integration, 전경련/통권424호, 2000. 3.

Svensson, L., "An Interpretation of Recent Research on Exchange Rate Target Zones," Journal of Economic Perspectives 6, 1992.

_____, "Price-Level Targeting versus Inflation Targeting: A Free Lunch?" Journal of Money, Credit and Banking 31, August 1999.

Taylor, J.B., "Discretion versus Policy Rules in Practice," Carnegie−Rochester Conference Series on Public Policy 39, 1993; 39.

_____, Monetary Policy Rules, University of Chicago Press, Chicago, 1999.

_____, The inflation/output variability trade-off revisited, In: Goals, Guidelines, and Constraints Facing Monetary Policymakers, FRB of Boston, 1994.

_____, Behavioural economics, NBER Reporter, National Bureau of Economic Research, 1995.

_____, Tversky, D. and Knetsch, J.L, Endowment effect, loss aversion, and status quo bias, Journal of Economic Perspectives, 1991.

Thiessen, G.G., "The Canadian Experience with Monetary Targeting," in Central Bank Views on Monetary Targeting, proceedings of conference held at the FRB of New York, May 1982.

Thomas, L.B., Money, Banking and Financial Markets, Mcgraw-Hill, 1997.

Tobin, J., "Inflation and Unemployment," American Economic Review, Vol. 62, 1972.

_____, "A general equilibrium approach to monetary theory," Journal of Money, Credit and Banking, 1(1), 1969.

_____, Liquidity preference as behaviour toward risk. Review of Economic Studies, 1958.

Thaler, R.H., The Psychology of Choice and Assumptions of Economics, in: Roth, A.E.(ed.), 1987, Laboratory Experimentation in Economic: Six Points of View, Cambridge University Press, 1987.

Theil, H., Principle of Econometrics, New York, Wiley, 1971.

Tversky, A. and Kahnemann, D., Judgement under uncertainty: Heuristics and biases. Science, 1974.

Valderrama, D., "Financial Development, Productivity and Economic Growth,"

Economic Letter, FRB of San Francisco, 2003.
Walsh, C.E., "Interest Rates and Monetary Policy," Chapter 10 in Monetary Theory and Policy. Cambridge, Mass.: MIT Press, 1998.
West, K.D. and Kenneth D., On optimal instrumental variables estimation of stationary time series models, Int'l Economic Review/Vol.42 No.4 (2001. 11), Asymptotic Inference About Predictive Ability Econometrica/Vol.64 No.5.
Weth, M.A., "The pass-through from market interest rates to bank lending rates in Germany," Discussion Paper, 11/02, Deutsche Bundesbank, 2002.
Williamson, J., The Exchange Rate System, Institute for International Finance, 1983.
Whited, T.M., "Debt, Liquidity Constraints and Corporate Investment: Evidence from Panel Data," Journal of Finance, 47, 1992.
Wolfson, M.H., Irving Fisher's Debt-deflation theory: Its relevance to current conditions, Cambridge Journal of Economics / 1996.05 Vol.20 No.2,
Zak, P.J., Neuroeconomics, Philosophical Transactions of the Royal Society of London: B, vol. 359, 2004.
Zarnowitz, V., Theory and history behind business cycles: are the 1990's the onset of a golden age? Journal of Economic Perspectives, 1999.

Reference of web site

〈국 내〉

삼성경제연구소: http://seriecon,seri.org
한국금융연구원: http://www.kif.re.kr
한국은행: http://www.bok.or.kr

〈국 외〉

국제결제은행(BIS): http://www.bis.org
국제통화기금(IMF): http://www.imf.org
미국통화감독청: http://www.occ.treas.gov
Olsen연구소: http://www.ilsen.ch
Tinbergen연구소: http://www.tinbergen.nl
무디스사 홈페이지: http://www.moodys.com/moodys/cust/default.asp

S&P사 홈페이지: http://www.standardandpoors.com
http://www.gutenberg.or/catalog
http://www.online-literature.com/author_index.php

색 인

저자 약력

연세대학교 상경대학 경제학과(경제학사)
Long Island University 대학원(경제학석사)
University of Santo Tomas 대학원(경제학박사)

한국은행 뉴욕사무소과장, 통화관리과장, 조사1부차장, 은행감독원수석부국장, 비서실장, 국제부장, 경제연구소장

Asian Development Bank(Economist)

한국외환은행 상근감사위원
대한화재해상보험(주) 상임감사
동서에프인(주) 대표이사

University of Santo Tomas 대학원 강사
연세대학교 경영대학원 강사
연세대학교 경제대학원 강사, 겸임교수
한국금융학회 이사

새로운 금융시장

2008년 8월 10일 초판인쇄
2008년 8월 20일 초판발행

著 者 허 고 광
發行人 安 鍾 萬
發行處 (株)博 英 社
서울特別市 鍾路區 平洞 13-31番地
電話 (733) 6771 FAX (736) 4818
登錄 1959. 3. 11. 제300-1959-1호(倫)

www.pakyoungsa.co.kr e-mail: pys@pakyoungsa.co.kr

定 價 35,000원 ISBN 978-89-7189-845-1